Sebastian Schanz

BUCHFÜHRUNG UND ABSCHLUSS

Aufgabensammlung

Version 2.0

SEBASTIAN SCHANZ

BUCHFÜHRUNG & ABSCHLUSS

AUFGABENSAMMLUNG

Buchmanufaktur Bayreuth

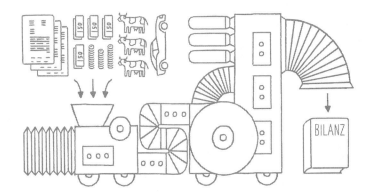

Quelle: Schanz, Sebastian/Koschmieder, Simon (2014): Humoristische Zeichnungen zum Betrieblichen Rechnungswesen, Selbstverlag, Bayreuth, ISBN 978-3-00-047631-0, abgebildet ist die Vorderseite des Umschlags.

Alle Rechte vorbehalten
Copyright © 2017 BT Buchmanufaktur GmbH

WWW.BUCHMANUFAKTUR-BAYREUTH.DE

ISBN 978-3-946262-04-6

IMPRESSUM

Buchführung und Abschluss, Aufgabensammlung zur gleichnamigen Veranstaltung an der Universität Bayreuth. Gesetzt wurde von Sebastian Schanz aus der Palatino. Druck und Bindung erfolgte durch die Rosch-Buch Druckerei GmbH, Bamberger Straße 15, D-96110 Scheßlitz. Das Papier in der Stärke 80 g/m² und 1,5-fachem Volumen stammt aus der Serie *Elk* der Firma Munken (Munken Elk). Bei der Bindung handelt es sich um eine Kaltleimbindung. Es wurde in Oberfranken gedruckt und gebunden. Die Gestaltung des Umschlags erfolgte durch Sebastian Schanz. Die Zeichnungen stammen von Simon Koschmieder.

Version 2.0, Oktober 2017

»QUICCX« – DIE APP ZUM BUCH

Verfügbar unter app.quiccx.de oder über die AppStores.

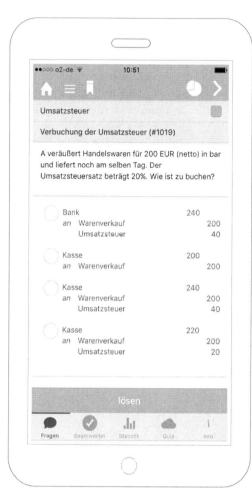

- ✓ Enthält über 1 500 Fragen zum Thema Buchführung und Abschluss
- ✓ Lernkontrolle durch Anzeige der Begründungen zu den Lösungen
- ✓ Ortsunabhängiges Lernen
- ✓ Tests selbst zusammenstellen und auswerten
- ✓ Drei unterschiedliche Schwierigkeitsgrade
- ✓ Sehr enge Abstimmung auf die vorliegende Aufgabensammlung
- ✓ Fragen nach den Lerneinheiten der vorliegenden Aufgabensammlung sortiert
- ✓ Angenehmes Design
- ✓ Intuitive Bedienung
- ✓ Läuft unter Apple iOS und Google Android

In der vorliegenden Aufgabensammlung sind »ShortCodes« abgedruckt. Einfach den Code in die App eingeben, um direkt zum Fragenset des betreffenden Themas zu gelangen.

Der Code »1010« verweist z. B. auf das Fragenset zu den Grundbegriffen des betrieblichen Rechnungswesens.

HUMORISTISCHE ZEICHNUNGEN ZUM BETRIEBLICHEN RECHNUNGSWESEN

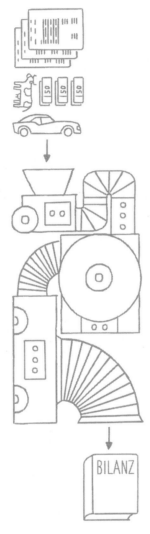

Die humoristischen Zeichnungen karikieren klassische Probleme der Buchführung und der Bilanzierung. Die hochwertig produzierte Sammlung ist insbesondere als Geschenkidee für Tätige im Rechnungs- und Steuerwesen gedacht. Die Zeichnungen sind zum großen Teil entnommen aus der Monographie »Betriebliches Rechnungswesen – Buchführung und Abschluss« von Sebastian Schanz. Sie sind Teil des didaktischen Konzepts des vorstehend erwähnten Lehrbuchs und wurden speziell dafür entwickelt.

Preis 16,45 EUR

www.buchmanufaktur-bayreuth.de

IDEE
SEBASTIAN SCHANZ
ZEICHNUNGEN
SIMON KOSCHMIEDER

ISBN 978 3 00 047631 0

Vorwort

Die umfangreichere, zweite Auflage erscheint zwei Jahre nach der ersten Auflage. Die Aufgaben und Lösungen wurden an die aktuelle Rechtslage angepasst, redaktionell überarbeitet, um Fehler inhaltlicher und orthographischer Natur bereinigt und um die bisher im Lehrbuch abgedruckten Kontrollfragen samt Lösungen erweitert. Damit sind neben Aufgaben zur reinen Technik der Doppelten Buchführung jetzt vermehrt Aufgaben und Fragen zu betriebswirtschaftlichen Aspekten der Buchführung und des Jahresabschlusses enthalten.

Mit der zweiten Auflage geht die Überarbeitung der App einher. Die App wurde um zahlreiche Fragen und Funktionen erweitert und steht unter *app.quiccx.de* zur freien Verfügung.

Bayreuth, im Oktober 2017 *Sebastian Schanz*

Vorwort zur 1. Auflage

Die Grundlagen der doppelten Buchführung zu erlernen ist vergleichbar mit dem Aneignen einer neuen Sprache. Kern der Universalsprache »Doppik« ist der Buchungssatz, der als Kommunikationsmittel dient, um buchhalterische Auswirkungen von Sachverhalten in Form von Geschäftsvorfällen eindeutig und effizient zu beschreiben.

Die Sprache der doppelten Buchführung ist Grundlage für die Periodisierung von Zahlungen, die Darstellung von Vermögen (Bilanzierung) und das Verständnis für viele Teilbereiche der Betriebswirtschaftslehre, wie etwa die Kosten- und Leistungsrechnung (Controlling) und das Steuerwesen, aber auch der betrieblichen Finanzwirtschaft. Die vorliegende Lektüre deckt mit ihren Übungsaufgaben und -klausuren die Inhalte meines Lehrbuchs *Betriebliches Rechnungswesen, Band I: Buchführung und Abschluss* ab. Die Struktur der Aufgabensammlung folgt dabei den Kapiteln des Lehrbuches. Grob lassen sich die Inhalte in zwei Teile gliedern:

Teil I *Technik der Buchführung*
Teil II *Grundzüge des Jahresabschlusses nach HGB*

Hervorgegangen ist die vorliegende Aufgabensammlung aus dem Manuskript, das mir Prof. Dr. Dirk Kiesewetter zu Beginn meiner Tätigkeit an der Ottovon-Guericke Universität Magdeburg im Jahr 2009 zur Verfügung gestellt hat. Dafür gebührt ihm herzlicher Dank.

Ohne meinen akademischen Vater, Herrn Prof. Dr. Dr. h.c. Franz W. Wagner, der nicht müde wurde, zu betonen, dass der Zuschlag zur Implementierung der zinsbereinigten Einkommensteuer in Kroatien Mitte der 1990er Jahre der Universalsprache der Doppik in Form von Buchungssätzen geschuldet war, da durch diese Sprache die Idee der Zinsbereinigung einfach transportierbar wurde, wäre mir die sorgfältige Ausbildung in den Kenntnissen der Buchführung wohl nicht ganz so wichtig. Aus Erfahrung weiß ich inzwischen eine fundierte Grundlagenausbildung im Bereich der Buchführung und des Jahresabschlusses sehr zu schätzen.

Für inhaltliches Feedback und Bestärken hinsichtlich der Sinnhaftigkeit dieser Lektüre bin ich meiner Frau, Prof. Dr. Deborah Schanz, sowie meinem Kollegen Prof. Dr. Kay Blaufus sehr dankbar.

Zeitgleich mit der Aufgabensammlung in Papierform erscheint eine Applikation für Smartphones mit über 1 300 Fragen zum Thema Buchführung und Grundlagen des Jahresabschlusses nach HGB. Die Inhalte der Fragen sind auf die vorliegende Aufgabensammlung eng abgestimmt.

Die Erschaffung eines neuen Werkes folgt erfahrungsgemäß einem stochastischen Prozess von der Erstellung der Gliederung bis zum druckfertigen Manuskript. Mannigfache inhaltliche Überarbeitung und akribisches Korrekturlesen sind dabei zwingend erforderlich. Für diesen sehr zeitaufwendigen Prozess bin ich insbesondere Frau Susann Sturm, M. Sc. und Frau Claudia Schulze, B. Sc. dankbar, die mir in sorgfältiger und akribischer Weise beim Korrekturlesen behilflich waren.

Bayreuth, im Oktober 2015   *Sebastian Schanz*

Verzeichnis der Übungsaufgaben

Die Ziffern in runden Klammern verweisen auf die Lösung der jeweiligen Aufgabe.

TEIL I   ÜBUNGSAUFGABEN   1

1 Features   3

2 Grundbegriffe des Betrieblichen Rechnungswesens   6

A-1	Wahr oder falsch?	6	(187)
A-2	Grundbegriffe	7	(187)
A-3	Mengen-, Wert-, Strom- und Bestandsgrößen	7	(189)
A-4	Grundbegriffe des Betrieblichen Rechnungswesens	7	(190)
A-5	Vermögenssphären und deren Veränderung	8	(190)
A-6	Vermögensänderungen	8	(191)
A-7	Vermögensebenen	9	(193)
A-8	Stromgrößen	9	(194)
A-9	Geschäftsvorfälle und Ermittlung des »Gewinns«	10	(195)
A-10	Kontrollfragen	11	(197)

3 Technik der doppelten Buchführung I   14

A-11	Wahr oder falsch?	14	(204)
A-12	Begriffe der doppelten Buchführung	15	(205)
A-13	Darstellung von Geschäftsvorfällen in T-Konten	15	(205)
A-14	Zuordnung von Konten	16	(206)
A-15	Erste erfolgsneutrale Buchungssätze	16	(207)
A-16	Erfolgsneutrale Buchungssätze	17	(208)
A-17	Eröffnungs- und Abschlussbuchungen, Geschäftsvorfälle	17	(209)
A-18	Eröffnungs- und Abschlussbuchungen, Geschäftsvorfälle	18	(211)
A-19	Deutung von Buchungssätzen	20	(214)
A-20	Kontrollfragen	20	(215)

4 Technik der doppelten Buchführung II   22

A-21	Wahr oder falsch?	22	(218)
A-22	Wahr oder falsch?	23	(219)
A-23	Typen von Buchungssätzen	24	(219)
A-24	Zuordnung von Konten	24	(223)
A-25	Erfolgswirksame und -neutrale Geschäftsvorfälle	24	(223)
A-26	Grundfragen zur Ermittlung des Periodenerfolgs	25	(225)
A-27	Ermittlung des Periodenerfolgs	26	(226)
A-28	Ermittlung des Periodenerfolgs	27	(228)
A-29	Kontrollfragen	27	(228)

A-30	Gewinnermittlung und Jahresabschluss	27	(230
A-31	Ermittlung des Periodenerfolgs	29	(234
A-32	Buchungssätze	30	(237
A-33	Überleitung vom Gewinn zur Veränderung der liquiden Mittel	31	(241
A-34	Totalerfolg und Zahlungsüberschüsse	32	(242
A-35	Zahlungsüberschüsse und Gewinn in der Totalperiode	33	(242
A-36	Kontrollfragen	34	(246

4.1 Verbuchung der Umsatzsteuer ... 36

A-37	Wahr oder falsch?	36	(252
A-38	Allphasen-Nettoumsatzsteuer	37	(253
A-39	Allgemeines zur Umsatzsteuer	37	(253
A-40	Eingangsrechnung für den Zweck des Vorsteuerabzugs	37	(254
A-41	Verbuchung der Umsatzsteuer	38	(255
A-42	Abschluss der Umsatzsteuerkonten	38	(256
A-43	Tauschgeschäfte (Grundlagen)	39	(257
A-44	Tauschgeschäfte (Vertiefung)	39	(258
A-45	Kontrollfragen	40	(260

4.2 Erfassung des Warenverkehrs ... 42

A-46	Wahr oder falsch?	42	(265
A-47	Abschluss des gemischten Warenkontos	43	(265
A-48	Warenkontenabschluss bei getrennten Warenkonten	43	(266
A-49	Abschluss des gemischten/getrennten Warenkontos	44	(270
A-50	Warenkonto, Umsatzsteuer und Jahresabschluss	45	(271
A-51	Betroffene Konten bei der Warenverbuchung	46	(273
A-52	Retouren	46	(274
A-53	Rabatte	47	(275
A-54	Boni	47	(277
A-55	Skonti	48	(279
A-56	Inanspruchnahme des Skontos	49	(280
A-57	Retouren und Preisnachlässe	49	(281
A-58	Anzahlungen	50	(283
A-59	Eigenverbrauch, Entnahmen und Einlagen	50	(284
A-60	Kontrollfragen	51	(286

4.3 Verbuchung von Steuern ... 52

A-61	Wahr oder falsch?	52	(291
A-62	Klassifizierung von Steuern	53	(291
A-63	Verbuchung von Steuern	54	(292

4.4 Besonderheiten im Industriebetrieb ... 55

A-64	Wahr oder falsch?	55	(294
A-65	Typen von Unternehmen aus buchhalterischer Sicht	56	(295
A-66	Zuordnung von Begriffen zum GKV und UKV	56	(295
A-67	Abschluss der Konten beim GKV und UKV	57	(295

A-68	Umsatzkostenverfahren	58	(296)
A-69	Gesamtkostenverfahren	58	(297)
A-70	Gesamt- und Umsatzkostenverfahren	58	(298)
A-71	Periodenerfolg und Totalerfolg	59	(301)
A-72	Kontrollfragen	61	(302)

5 Lohn und Gehalt 63

A-73	Wahr oder falsch?	63	(306)
A-74	Bestandteile der Lohnbuchhaltung	64	(307)
A-75	Relevante Zeitpunkte der Lohnverbuchung	65	(307)
A-76	Ermittlung von Sozialversicherungsbeiträgen	65	(307)
A-77	Jahreslohnsteuer und Solidaritätszuschlag	66	(308)
A-78	Ermittlung der Steuern und der SV-Abgaben	66	(311)
A-79	Lohnverbuchung	67	(313)
A-80	Kontrollfragen	68	(315)

6 Jahresabschluss nach HGB 70

A-81	Wahr oder falsch?	70	(319)
A-82	Wahr oder falsch?	70	(319)
A-83	Buchführungspflicht	72	(321)
A-84	Vermögensgegenstände	73	(321)
A-85	Zivilrechtliches und wirtschaftliches Eigentum	73	(322)
A-86	Allgemeine Ansatz- und Bewertungsvorschriften	74	(323)
A-87	Kontrollfragen	75	(323)

7 Anlagevermögen 76

A-88	Wahr oder falsch?	76	(329)
A-89	Verbuchung von Abschreibungen	78	(331)
A-90	Planmäßige Abschreibungen	79	(333)
A-91	Anschaffungskosten und Zeitpunkt der Anschaffung	79	(336)
A-92	Ermittlung des Geschäfts- oder Firmenwerts	80	(338)
A-93	Lineare Abschreibung (Ermittlung)	81	(339)
A-94	Lineare Abschreibung (Verbuchung)	81	(340)
A-95	Leistungsabhängige Abschreibung	82	(340)
A-96	Geometrisch-degressive Abschreibung (Ermittlung)	82	(342)
A-97	Geometrisch-degressive Abschreibung (Übergang)	83	(343)
A-98	Arithmetisch-degressive Abschreibung (Ermittlung)	83	(344)
A-99	Arithmetisch-degressive Abschreibung (AfA-Tabelle)	83	(345)
A-100	Außerplanmäßige Abschreibungen	85	(346)
A-101	Folgebewertung im Anlagevermögen	85	(349)
A-102	Kontrollfragen	86	(350)

8 Umlaufvermögen 89

A-103	Wahr oder falsch?	89	(360)
A-104	Ermittlung der Herstellungskosten	91	(361)
A-105	Folgebewertung im Umlaufvermögen	91	(362)

A-106	Einzelwertberichtigung	92	(36:
A-107	Pauschalwertberichtigung (Verbuchung)	92	(36:
A-108	Pauschalwertberichtigung (Berechnung)	93	(36₄
A-109	Einzel- und Pauschalwertberichtigung von Forderungen	93	(36₄
A-110	Fremdwährungsforderungen	94	(36₇
A-111	Sammelbewertung (periodisch)	95	(36₇
A-112	Sammelbewertung (periodisch und permanent)	95	(368
A-113	Bewertungsvereinfachungsverfahren	96	(36₉
A-114	Sammelbewertung und Warenverbuchung	96	(37₀
A-115	Festwert (Zeitpunkt der Bildung)	97	(37:
A-116	Anpassung des Festwerts	97	(37:
A-117	Kontrollfragen	97	(37₄

9 Verbindlichkeiten 99

A-118	Wahr oder Falsch?	99	(37₉
A-119	Darlehenstypen	99	(37₉
A-120	Fremdwährungsverbindlichkeiten	100	(38:
A-121	Fremdwährungsverbindlichkeiten	101	(38
A-122	Kontrollfragen	101	(38

10 Periodenabgrenzung 102

A-123	Wahr oder falsch?	102	(38₆
A-124	Typen der Rechnungsabgrenzung	103	(38
A-125	Rechnungsabgrenzung	103	(38
A-126	Verbindlichkeiten	104	(38
A-127	Rückstellungen	105	(39
A-128	Erkennen latenter Steuern	107	(39
A-129	Latente Steuern (zweiperiodig)	108	(39
A-130	Latente Steuern (fünfperiodig)	109	(40
A-131	Periodenabgrenzung	109	(40
A-132	Kontrollfragen	110	(40

11 Hauptabschlussübersicht 112

A-133	Hauptabschlussübersicht	112	(40
A-134	Hauptabschlussübersicht	114	(41

12 Rechtsformen und Verbuchung deren Eigenkapital 116

A-135	Wahr oder falsch?	116	(41
A-136	Verbuchung der Gewinnverteilung bei der OHG	117	(41
A-137	Gewinnverwendung bei der OHG	117	(41
A-138	Gewinnverteilung bei der KG	118	(41
A-139	Gewinnverteilung bei der OHG	118	(41
A-140	Gewinnverwendung bei der AG (Viel-Wenig)	119	(41
A-141	Verbuchung des Rückkaufs eigener Aktien	120	(41
A-142	Zulässigkeit des Rückkaufs eigener Aktien	121	(41
A-143	Kontrollfragen	121	(41

TEIL II ÜBUNGSKLAUSUREN 123

Übungsklausur 1 .... 131 (427)

A-1	Formulierung von Buchungssätzen	131	(427)
A-2	Deutung von Buchungssätzen	132	(429)
A-3	Beispiele in Form von Buchungssätzen	132	(430)
A-4	Kontrollfragen	133	(432)

Übungsklausur 2 .... 134 (434)

A-1	Buchungssätze und Überleitungsrechnung	134	(434)
A-2	Zahlungsüberschüsse und Gewinne	135	(437)
A-3	Kontrollfragen	136	(438)

Übungsklausur 3 .... 137 (439)

A-1	Wertäquivalentes Tauschgeschäft	137	(439)
A-2	Verbuchung des Warenverkehrs	137	(439)
A-3	Verbuchung des Materialverbrauchs	138	(442)
A-4	Kontrollfragen	139	(443)

Übungsklausur 4 .... 140 (445)

A-1	Verbuchung des Eigenverbrauchs	140	(445)
A-2	Verbuchung von Steuern	140	(446)
A-3	Verbuchung von Anzahlungen	141	(446)
A-4	Kontenabschlüsse nach GKV und UKV	141	(447)
A-5	Löhne und Gehälter	142	(449)
A-6	Kontrollfragen	142	(450)

Übungsklausur 5 .... 143 (452)

A-1	Grundsätze der Buchführung	143	(452)
A-2	Buchführungspflicht	144	(453)
A-3	Verbuchung von Geschäftsvorfällen	144	(454)
A-4	Geschäfts- oder Firmenwert	145	(455)
A-5	Kontrollfragen	146	(456)

Übungsklausur 6 .... 147 (458)

A-1	Lineare Abschreibung	147	(458)
A-2	Geometrisch-degressive Abschreibung	148	(459)
A-3	Digitale Abschreibung	148	(459)
A-4	Leistungsabschreibung	148	(460)
A-5	Außerplanmäßige Abschreibungen	149	(461)
A-6	Kontrollfragen	149	(462)

Übungsklausur 7 .... 150 (463)

A-1	Herstellungskosten	150	(463)
A-2	Folgebewertung im Anlage- und Umlaufvermögen	151	(463)
A-3	Wertberichtigung von Forderungen	151	(464)
A-4	Bewertungsvereinfachungsverfahren	152	(465)

VERZEICHNIS DER ÜBUNGSAUFGABEN

A-5	Kontrollfragen	153	(467
Übungsklausur 8		154	(469
A-1	Verbindlichkeiten	154	(469
A-2	Periodenabgrenzung	155	(470
A-3	Fragen zur Periodenabgrenzung	156	(472
A-4	Kontrollfragen	157	(473
Übungsklausur 9		158	(474
A-1	Gewinnverwendung bei der AG (Viel-Wenig)	158	(474
A-2	Gewinnverteilung bei der OHG	159	(474
A-3	Erwerb eigener Anteile	160	(475
A-4	Hauptabschlussübersicht	160	(475
A-5	Kontrollfragen	162	(477
Übungsklausur 10		163	(479
A-1	Verbuchung von Geschäftsvorfällen	164	(479
A-2	Vermögensebenen und Auswirkungen im Jahresabschluss	167	(481
A-3	Bewertungsvereinfachungsverfahren	169	(486
Übungsklausur 11		170	(488
A-1	Vermögensebenen	170	(488
A-2	Vermögensebenen	170	(488
A-3	Kontensystematik	171	(489
A-4	Typen von Geschäftsvorfällen	171	(489
A-5	Ermittlung des Periodenerfolgs	171	(489
A-6	Buchungssatz	171	(490
A-7	Deutung von Geschäftsvorfällen	172	(490
A-8	Warenkonto	172	(490
A-9	Umsatzsteuer und Skonto	173	(49
A-10	Lohn und Gehalt	173	(49
A-11	Anschaffungskosten	174	(49
A-12	Rechnungsabgrenzung	174	(49
A-13	Abschreibungen	175	(49
A-14	Einzelwertberichtigungen auf Forderungen	175	(49
A-15	Pauschalwertberichtigungen	176	(49
A-16	Bewertung im Anlage- und Umlaufvermögen	176	(49
A-17	Gewinnverwendung bei der AG (Viel-Wenig)	177	(49
A-18	Gewinne und Zielgrößen	177	(49
Übungsklausur 12		178	(49
A-1	Aufgaben und Grundbegriffe des Rechnungswesens	178	(49
A-2	Größenbegriffe im Rechnungswesen	179	(49
A-3	Typen von Geschäftsvorfällen	179	(49
A-4	Bilanz als Instrument im Rechnungswesen	180	(49
A-5	Vermögensebenen und Geschäftsvorfälle	180	(49

A-6	Eigenkapitalunterkonten		181	(497)
A-7	Warenverkehr		181	(498)
A-8	Steuern, Eigenverbrauch und Tausch		182	(498)
A-9	Grundlagen der Lohnbuchhaltung		183	(499)
A-10	Verbuchung von Lohn und Gehalt		184	(499)

TEIL III   LÖSUNGEN ÜBUNGSAUFGABEN   185

TEIL IV   LÖSUNGEN ÜBUNGSKLAUSUREN   425

TEIL V   VERZEICHNISSE   501

TEIL I

ÜBUNGSAUFGABEN

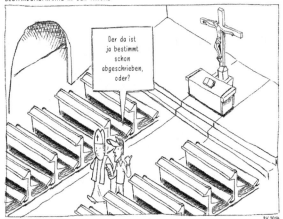

Quelle: Schanz, Sebastian/Koschmieder, Simon (2014): Humoristische Zeichnungen zum Betrieblichen Rechnungswesen, Selbstverlag, Bayreuth, ISBN 978-3-00-047631-0, Seite 12.

1 Features

ÜBUNGSAUFGABEN

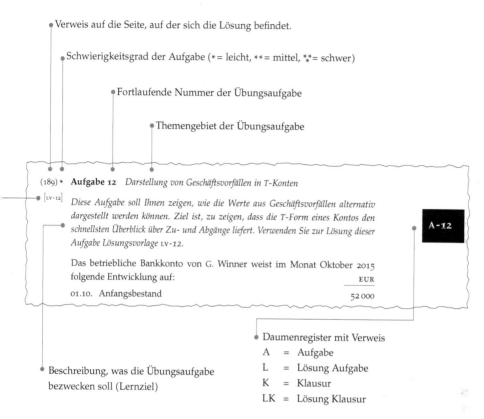

- Verweis auf die Seite, auf der sich die Lösung befindet.
- Schwierigkeitsgrad der Aufgabe (* = leicht, ** = mittel, *** = schwer)
- Fortlaufende Nummer der Übungsaufgabe
- Themengebiet der Übungsaufgabe
- Daumenregister mit Verweis
  A = Aufgabe
  L = Lösung Aufgabe
  K = Klausur
  LK = Lösung Klausur
- Beschreibung, was die Übungsaufgabe bezwecken soll (Lernziel)

Verweis auf eine Lösungsvorlage (LV). Die Lösungsvorlagen stehen unter *www.steuern.uni-bayreuth.de* zur Verfügung. Die Ziffern stehen für die Nummer der Übungsaufabe. Darüber hinaus werden die Abkürzungen J (Journal), T (T-Konten) und B (Bilanz und GuV) verwendet.

BUCHUNGSSÄTZE

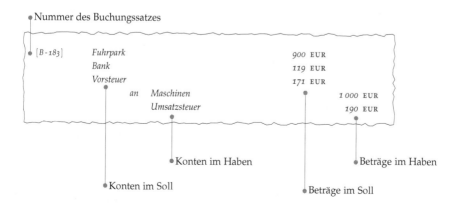

- Nummer des Buchungssatzes
- Konten im Haben
- Beträge im Haben
- Konten im Soll
- Beträge im Soll

1 FEATURES

ÜBUNGSKLAUSUREN

ÜBUNGSKLAUSUR 1

Schwerpunkte der Klausur

Die Klausur deckt die Themengebiete der Einführung in das Betriebliche Rechnungswesen sowie die Grundlagen der Technik der doppelten Buchführung ab. Geprüft wird, ob Sie mit den Grundbegriffen des Betrieblichen Rechnungswesens und den Vermögensebenen der betriebswirtschaftlichen Terminologie vertraut sind und ob Sie in der Lage sind, einfache Geschäftsvorfälle im Rahmen der Doppik zu dokumentieren. Des Weiteren sollen Sie zeigen, dass Sie die Begriffe der doppelten Buchführung verstehen sowie die Auswirkungen von Geschäftsvorfällen auf Bilanz und GuV beurteilen können.

Bearbeitungshinweise

Die Bearbeitungszeit der Klausur beträgt 60 Minuten, dabei kann eine Gesamtpunktzahl von 60 Punkten erreicht werden. Eine zusätzliche Einarbeitungszeit wird nicht gewährt. Die Aufgabenstellung umfasst vier Aufgaben. Es sind alle Aufgaben zu bearbeiten. Die Klausur ist mit Tinte oder Kugelschreiber zu bearbeiten. Mit Bleistift bearbeitete Klausuren werden nicht gewertet.

Hilfsmittel

Nichtprogrammierbarer Taschenrechner.

K-1

(367) **Aufgabe 1** *Formulierung von Buchungssätzen* (22 Punkte)

HINWEIS: *Verwenden Sie zur Lösung dieser Aufgabe Lösungsvorlage LVK-1-1.*

● Verweis auf Lösungsvorlage
(1. Ziffer = Nr. der Klausur, 2. Ziffer = Nr. der Aufgabe)

● Verweis auf die Seite der Lösung.

● Anzahl Punkte ≈ Bearbeitungszeit in Minuten

● Gibt die Schwerpunkte und den Schwierigkeitsgrad der Klausur an (*= leicht, **= mittel, ***= schwer). Insgesamt existieren 12 Schwerpunkte, die nach den Kapiteln des Lehrbuches geordnet sind. Diese sind im Einzelnen (rechts befinden sich einige Beispiele; »MC« steht für Multiple-Choice-Klausur):

1. Grundbegriffe des Betrieblichen Rechnungswesens
2. Technik der doppelten Buchführung (Grundlagen)
3. Technik der doppelten Buchführung (Abschluss)
4. Besondere Geschäftsvorfälle
5. Lohn und Gehalt
6. Grundlagen des Jahresabschlusses nach HGB
7. Anlagevermögen
8. Umlaufvermögen
9. Verbindlichkeiten
10. Periodenabgrenzung
11. Hauptabschlussübersicht
12. Rechtsformen und Verbuchung deren Eigenkapital

MC

LÖSUNGSVORLAGEN

Die Lösungsvorlagen sind unter *www.buchmanufaktur-bayreuth.de* abrufbar und bestehen einerseits aus Vorlagen zur Lösung von Übungsaufgaben und andererseits aus Vorlagen zur Lösung von Übungsklausuren.

VORLAGE ZUR LÖSUNG EINER ÜBUNGSAUFGABE

LV-121			
Konten	Summen	Salden I	Umbu
Grundstücke	100	100	
BuGA	6	6	
Wareneinkauf	20+5	25	
Lieferantennachlässe	3	3	

Es handelt sich hier um die Lösungsvorlage für Übungsaufgabe 121.

VORLAGE ZUR LÖSUNG EINER AUFGABE AUS EINER ÜBUNGSKLAUSUR

LVK-2-1 (1/4)				
	Sollbuchungen			Habenbuch
#	Konten	Beträge	an	Konten
1.				

Es handelt sich hier um die Lösungsvorlage für Aufgabe 1 von Übungsklausur 2. Hier ist die 1. Seite von insgesamt 4 Seiten abgebildet.

VORLAGE ZUR LÖSUNG EINER MULTIPLE-CHOICE KLAUSUR

ⓘ WICHTIGE HINWEISE, BITTE ZUERST LESEN!

1. Markieren Sie nur durch *vollständiges Ausfüllen* der Felder, also so: ●, NICHT mit ⌀ oder ⊗.
2. Verwenden Sie ausschließlich einen *dokumentenechten Stift, keinen Bleistift!*
3. In Bereich 1 müssen Sie die Matrikelnummer sowohl als Zahl in der ersten Zeile als auch »kodiert« darunter *linksbündig* angeben. Beispiel: Angenommen Ihre Matrikelnummer ist 120011, dann muss das Feld wie folgt aussehen:

    Matr.: 1 2 0 0 1 1 _ _ _
    0 ○ ○ ● ● ○ ○ ○ ○ ○ 0
    1 ● ○ ○ ○ ● ● ○ ○ ○ 1
    2 ○ ● ○ ○ ○ ○ ○ ○ ○ 2

4. Machen Sie *keine handschriftlichen Korrekturen!* Falls eine Korrektur nötig ist, können Sie einen neuen Antwortzettel verlangen und neu ausfüllen (streichen Sie den alten dann durch!). *Verwenden Sie keinesfalls Tipp-Ex!*

BEREICH 1 *(Ihre persönlichen Angaben)*

Vorname: ....
Nachname: ....
Matr.: _ _ _ _ _ _ _ _ _
0 ○ ○ ○ ○ ○ ○ ○ ○ ○ 0
1 ○ ○ ○ ○ ○ ○ ○ ○ ○ 1
2 ○ ○ ○ ○ ○ ○ ○ ○ ○ 2

BEREICH 2 *(Ihre Antworten)*

Frage	(a)	(b)	(c)	(d)	(e)
1	○	○	○	○	○
2	○	○	○	○	○
3	○	○	○	○	○
4	○	○	○	○	○
5	○	○	○	○	○

2 Grundbegriffe des Betrieblichen Rechnungswesens

ShortCode
App # 1010

A-1

(187)* **Aufgabe 1** *Wahr oder falsch?*
Dieser Aufgabentypus prüft im Antwort-Wahl-Verfahren, ob Sie die Grundlagen der Kapitel 1 und 2 (»Prolog« bzw. »Aufgaben und Grundbegriffe des Rechnungswesens«) im Wesentlichen verstanden haben.

Sind die nachstehenden Aussagen wahr oder falsch?
Begründen Sie Ihre Antwort *kurz*!

		wahr	falsch
a)	In der neoklassischen Investitionstheorie wird angenommen, dass der Konsumnutzen ausschließlich durch Transformation von Zahlungen generiert wird.	☐	☐
b)	Gewinnmaximierung und (Konsum-)Nutzenmaximierung sind deckungsgleiche Ziele.	☐	☐
c)	Die Unternehmung dient als Mittel zum Zweck der Konsumnutzenmaximierung.	☐	☐
d)	Die Dokumentationsfunktion der Rechnungslegung besagt, dass alle Geschäftsvorfälle lückenlos und chronologisch erfasst werden.	☐	☐
e)	Zum internen Rechnungswesen gehört die Finanzbuchhaltung.	☐	☐
f)	Wertgrößen stellen bewertete Mengengrößen dar.	☐	☐
g)	Stromgrößen sind zeitpunktbezogen.	☐	☐
h)	Bestandsgrößen können Mengengrößen oder Wertgrößen sein.	☐	☐
i)	Bei Auszahlungen und Einzahlungen handelt es sich um Stromgrößen.	☐	☐
j)	Das Geldvermögen stellt eine Bestandsgröße dar.	☐	☐
k)	Das Reinvermögen besteht aus dem Geldvermögen zuzüglich Sachvermögen.	☐	☐
l)	Der Buchwert ist der Wert, zu dem ein Vermögensgegenstand angeschafft wurde (abzüglich Wertminderungen in Form von Abschreibungen).	☐	☐
m)	Wird der Gewinn als Änderung des Zahlungsmittelbestands definiert, ergeben sich kaum Bewertungsspielräume bei der Ermittlung des Gewinns.	☐	☐
n)	Wird der Gewinn als Änderung des Reinvermögens definiert, besteht das Problem, dass das Vermögen bewertet werden muss. Es existieren dann erhebliche Bewertungsspielräume.	☐	☐
o)	Der Verkauf von Handelswaren auf Ziel vermindert das Geldvermögen.	☐	☐

187)* **Aufgabe 2** *Grundbegriffe*
Durch die Übungsaufgabe soll Ihnen die Struktur des Rechnungswesens mit seinen Teilbereichen klar werden. Zudem soll das Verständnis für die Grundbegriffe des Rechnungswesens gefestigt werden.

a) Unterscheiden Sie die Teilbereiche des Rechnungswesens und beschreiben Sie deren Funktion!
b) Was sind Bestands- und Stromgrößen, was Mengen- und Wertgrößen und in welchem Zusammenhang stehen sie?
c) Was versteht man unter Einzahlung, Auszahlung, Einnahme, Ausgabe, Ertrag und Aufwand?

189)* **Aufgabe 3** *Mengen-, Wert-, Strom- und Bestandsgrößen*
Ziel dieser Übung ist die Anwendung der in Aufgabenteil c) von Aufgabe 2 definierten Grundbegriffe auf konkrete Sachverhalte.

Geben Sie an, ob es sich bei nachfolgenden Größen jeweils um Mengen-, Wert-, Strom- bzw. Bestandsgrößen handelt!

a) Familie Kilo-Watt verbrauchte im Jahr 2017 1 000 m³ Wasser.
b) Ein berüchtigter Zigarettenhersteller hat am 31.12.2017 500 Mio Zigaretten auf Lager.
c) Der Kindersitzhersteller ZyBox verkaufte im Jahr 2017 Kindersitze im Wert von 15 Mio EUR.
d) An der Universität werden pro Semester 150 000 EUR für Kopierpapier ausgegeben.

190)* **Aufgabe 4** *Grundbegriffe des Betrieblichen Rechnungswesens*
In dieser Übung sollen Sie lernen, die in Aufgabenteil c) von Aufgabe 2 definierten Begriffe anzuwenden, indem Sie den Zusammenhang der Begriffe beschreiben und eigene Beispiele geben.

Erläutern Sie formal den Zusammenhang zwischen Zahlungsmittelebene, Geldvermögen und Reinvermögen und geben Sie jeweils ein Beispiel in Form eines Geschäftsvorfalls an, bei dem

a) der Zahlungsmittelbestand sich verändert, das Geldvermögen aber nicht und umgekehrt.
b) das Geldvermögen sich verändert, das Reinvermögen aber nicht und umgekehrt.
c) der Zahlungsmittelbestand sich verändert, das Reinvermögen aber nicht und umgekehrt.

(190) ** **Aufgabe 5** *Vermögenssphären und deren Veränderung*
Die Aufgabe soll die Trennung von betrieblichem und privatem Vermögen aufzeigen und deutlich machen, dass nicht jede Vermögensveränderung automatisch »Gewinn« oder »Verlust« im unternehmerischen Sinne bedeutet.

a) Nennen und erläutern Sie die beiden Vermögenssphären eines Unternehmers/einer Unternehmerin! Unterstützen Sie Ihre Erläuterungen durch eine Skizze der Vermögenssphären!

b) Welche drei Typen von Vermögensänderungen/-verschiebungen lassen sich bezüglich der unter a) identifizierten Vermögenssphären unterscheiden?

c) Erläutern Sie, ob und in welcher Höhe in den folgenden Fällen eine Vermögensänderung vorliegt!
1. Die Unternehmerin U erwirbt für ihr Unternehmen eine Maschine für 1 000 EUR gegen Barzahlung und veräußert diese für 1 500 EUR gegen Banküberweisung.
2. Zur Geburt seiner vierten Tochter erhält der Unternehmer Willi Bald (B) von seinen Eltern 25 000 EUR geschenkt.
3. Die Unternehmerin U überweist von ihrem Privatkonto 1 000 EUR auf ihr Betriebskonto.
4. Rechtsanwalt Paul Graph (G) erhält von einem Mandanten 2 500 EUR per Banküberweisung für Beratungsleistungen.

(191) ** **Aufgabe 6** *Vermögensänderungen*
Aufgabe 6 vertieft die Inhalte von Aufgabe 5. Es müssen Vermögensveränderungen beurteilt und den beiden Vermögenssphären zugeordnet werden. Ziel ist es zudem, die Wechselbeziehungen zwischen den Vermögenssphären verstehen zu lernen.

Sarah Meindl (M) besitzt eine kleine Buchhandlung in Bayreuth, in der sie exklusive Lehrbücher verkauft. Erläutern Sie, ob und inwieweit sich in den nachstehenden Fällen

1. das Gesamtvermögen,
2. das Betriebsvermögen bzw.
3. das Privatvermögen

von M verändert. Die Umsatzsteuer ist zu vernachlässigen.

a) Es werden Bücher für 200 EUR gegen bar verkauft. M hatte die Bücher für 120 EUR vom Großhändler bezogen und bereits bezahlt.

b) M erwirbt eine seltene Bibel für 1 500 EUR auf Ziel und ein historisches Dokument über die Geschichte der Buchführung für 850 EUR. Die Bezahlung erfolgt erst ein paar Monate später.

c) Anfang des Jahres ist die Mutter von M verstorben. Die Mutter hat M eine Immobilie in bester Lage in Berlin vererbt. Die Immobilie ist an einen gut situierten Schwaben für private Zwecke vermietet. M veräußert die Immobilie für 645 000 EUR.

d) Da M so fasziniert von der Bibel aus b) ist, nimmt sie die Bibel mit nach Hause und schenkt sie – nach eingehendem Studium – ihrem Ehemann. Der Wert der Bibel hat sich seit dem Kauf der Bibel nicht verändert.
e) Zur Finanzierung einer neuen Regalwand aus massiver Eiche in ihrer Buchhandlung nimmt M einen Kredit i. H. v. 12 500 EUR auf.
f) Der Schreiner fertigt das Regal aus e), baut es ein und schickt eine Rechnung über 12 500 EUR.
g) M bezahlt die Rechnung aus f).
h) Ihre alte (analoge) Kasse verkauft M für 250 EUR auf Ziel. In ihren Geschäftsunterlagen wird die Kasse mit einem Wert von 30 EUR aufgeführt.
i) Am Endes des Jahres schätzt ein Gutachter, dass das Dokument aus b) 5 500 EUR wert ist.

Aufgabe 7 *Vermögensebenen*

Diese Übungsaufgabe stellt eine Erweiterung von Aufgabe 4 dar. Sie sollen die Vermögensänderungen anhand eines konkreten Beispiels über zwei Perioden ermitteln.

Franz Peters Vermögen besteht am 1.1.2017 aus 45 000 EUR in bar. Sonst liegt kein Vermögen vor. Am 3.3.2017 erwirbt Franz Peter ein unbebautes Grundstück für 45 000 EUR, wobei er 20 000 EUR sofort in bar bezahlt und 25 000 EUR erst am 15.6.2018 entrichtet. Am 12.12.2017 verunglückt ein Tankwagen auf regennasser Fahrbahn und verseucht das Grundstück mit Schweröl. In einem honorarfreien Gutachten kommt sein Freund Klaus Klauber zu dem Ergebnis, dass bei sofortigem Verkauf des Grundstücks nur noch 30 000 EUR erlöst werden können.

Am 23.11.2018 beschließt der Gemeinderat, dass Franz Peters Grundstück zu Bauland wird. Daraufhin veräußert Franz Peter das Grundstück am 1.12.2018 für 50 000 EUR. Das Geld erhält er sofort in bar.

Ermitteln Sie unter Verwendung der Lösungsvorlage LV-7 die Endbestände der Vermögensebenen (Zahlungsmittelebene, Geldvermögensebene, Reinvermögensebene) jeweils zum 31.12. eines Jahres. Ermitteln Sie dann die Vermögensänderung je Vermögensebene über beide Jahre insgesamt.

Aufgabe 8 *Stromgrößen*

Bei dieser Aufgabe wird geprüft, ob Sie die Auswirkungen der (teilweise sehr anspruchsvollen) Geschäftsvorfälle auf die verschiedenen Vermögensebenen verstanden haben. Verwenden Sie zur Lösung dieser Aufgabe Lösungsvorlage LV-8.

HINWEIS: *Bei der Beurteilung, ob es sich bei Geschäftsvorfällen um Einzahlungen/Auszahlungen, Einnahmen/Ausgaben bzw. Erträge/Aufwendungen handelt, wird zwischen der saldierten (ausgeglichenen) und der unsaldierten Betrachtung differenziert. Bei der saldierten Betrachtung zählt, anders als bei der unsaldierten Betrachtung, als Ergebnis der ausgeglichene Betrag aus den jeweiligen Paaren.*

A-9

Beispiel: Aufnahme eines Darlehens i. H. v. 1 000 EUR.

1. Ergebnis bei unsaldierter Betrachtung: Es liegen Einzahlungen, Einnahmen und Ausgaben jeweils i. H. v. 1 000 EUR vor.
2. Ergebnis bei saldierter Betrachtung: Es liegen Einzahlungen i. H. v. 1 000 EUR vor, aber keine Einnahmen und keine Ausgaben, da sich die Einnahmen und Ausgaben gerade ausgleichen. Der Saldo ist null.

Beurteilen Sie, ob die folgenden Geschäftsvorfälle Einzahlungen, Einnahmen, Erträge, Auszahlungen, Ausgaben oder Aufwendungen darstellen. Die Umsatzsteuer ist zu vernachlässigen. Verwenden Sie zur Beurteilung die *unsaldierte Betrachtung*:

a) Anschaffung von Rohstoffen gegen Barzahlung.
b) Verbrauch von Rohstoffen aus dem Rohstofflager.
c) Verkauf von Waren auf Ziel zum Einkaufspreis.
d) Verkauf von Waren gegen Barzahlung über Einkaufspreis.
e) Zahlung von Löhnen und Gehältern.
f) Vernichtung von Zwischenprodukten durch einen Wasserrohrbruch im Lager.
g) Zinsen gehen auf dem Firmenkonto ein.
h) Aufnahme eines Bankdarlehens.
i) Kauf eines Lkw auf Ziel.
j) Vollständige Rückzahlung eines Kredits.
k) Einzahlung von 1 000 EUR aus der Firmenkasse auf das Girokonto.

(195) **Aufgabe 9** *Geschäftsvorfälle und Ermittlung des »Gewinns«*
[LV-9] Im Unterschied zu Aufgabe 8 werden die Geschäftsvorfälle hier detaillierter beschrieben. Die Geschäftsvorfälle gehören zu einem bestimmten Unternehmen und beziehen sich auf eine konkrete Rechnungsperiode, für die Sie insgesamt die Auswirkungen auf die Vermögensebenen beurteilen sollen. Verwenden Sie zur Lösung dieser Aufgabe Lösungsvorlage LV-9.

Max Müller betreibt seit einigen Jahren einen Lieferservice für große Empfänge. Er hatte klein angefangen und den Namen seiner Einzelunternehmung »Max Müller's Würstchenbude« (MMW) nie geändert. Die nachstehenden Geschäftsvorfälle betreffen das Einzelunternehmen MMW.

Beurteilen Sie, in welcher Höhe bei den nachstehenden Geschäftsvorfällen in 2017 Einzahlungen, Auszahlungen, Einnahmen, Ausgaben, Erträge bzw. Aufwendungen vorliegen. Ermitteln Sie jeweils den »Gewinn« auf Basis (i) einer reinen Zahlungsmittelrechnung, (ii) des Geldvermögens und (iii) der Änderung des Reinvermögens! Interpretieren Sie Ihre Ergebnisse hinsichtlich der »Genauigkeit« der jeweiligen »Gewinnermittlung«. Die Umsatzsteuer und planmäßige Abschreibungen sind zu vernachlässigen.

a) MMW bezahlt am 24.3.2017 eine Großlieferung tiefgefrorener Würstchen im Wert von 20 000 EUR zu 50 % in bar und zu 50 % auf Ziel. Die Würstchen werden erst in 2018 verkauft. Die Verbindlichkeit wird erst in 2018 beglichen.
b) Aufgrund von Expansionsplänen kauft MMW am 26.5.2017 zwei Immobilien für jeweils 100 000 EUR per Banküberweisung.
c) Da MMW seine Pläne kurzfristig ändert, veräußert er eine der Immobilien aus b) für 115 250 EUR. Das Geld geht am 12.12.2017 auf dem Bankkonto von MMW ein.
d) Für seinen Lieferservice erwirbt MMW am 27.8.2017 einen Kleinbus für 22 750 EUR und bezahlt noch am selben Tag per Banküberweisung.
e) Am 20.9.2017 erwirbt MMW eine Kühleinrichtung für 70 000 EUR, die noch am selben Tag an ihn geliefert wird. Zur Finanzierung der Kühleinrichtung nimmt MMW einen Kredit zu 4 % Zinsen p.a. über 70 000 EUR auf, der am 1.10.2017 an ihn ausbezahlt wird. Am 2.10.2017 bezahlt MMW die Kühleinrichtung per Banküberweisung.
f) Mit dem Kleinbus aus d) erleidet MMW am 24.10.2017 um 3:00 Uhr während der Auslieferung von Waren einen Unfall auf regennasser Fahrbahn. Ein unabhängiger Gutachter bestätigt MMW, dass er für das Auto im Fall einer Veräußerung nur noch 16 870 EUR erhalten würde. Von der Versicherung bekommt MMW kein Geld.
g) Am 11.11.2017 führt MMW einen Großauftrag über 137 000 EUR aus. 20 % des Betrags gehen am 15.11.2017 per Banküberweisung ein. Für 80 % des Betrags liegt das Zahlungsziel erst in 2018.
h) Da der Lieferservice so gut läuft und dringend noch ein Lieferwagen benötigt wird, legt MMW am 5.12.2017 seinen bisher ausschließlich privat genutzten VW-Bus in das Unternehmen ein. Ein unabhängiger Gutachter schätzt den Wert zum Zeitpunkt der Einlage auf 34 800 EUR.
i) Am 31.12.2017 bezahlen wir die Zinsen für den Kredit aus e) für ein Vierteljahr per Banküberweisung.
j) MMW erhält am 31.12.2017 Miete i.H.v. 12 000 EUR für das Jahr 2017 für eine Immobilie, die er an einen Schlachter vermietet hat, der in dieser Immobilie sein Gewerbe betreibt.
k) Aufgrund eines Rohrbruchs ist die Kühleinrichtung aus e) am 31.12.2017 nur noch 63 000 EUR wert.

7)** **Aufgabe 10** *Kontrollfragen*
Die Kontrollfragen decken die wesentlichen Grundbegriffe und das wesentliche Grundverständnis des betrieblichen Rechnungswesens ab. Sie sollten die Fragen beantworten, nachdem Sie das entsprechende Kapitel im Lehrbuch und die vorangehenden Übungsaufgaben bearbeitet haben.

1. Erläutern Sie den Begriff »Zielgröße« der Investoren!
2. Warum stellt »das Unternehmen« nur Mittel zum Zweck dar?
3. Nennen Sie die wesentlichen Funktionen des betrieblichen Rechnungswesens und deren Rechenwerke.

4. Worin unterscheiden sich internes und externes Rechnungswesen im Wesentlichen?
5. In welcher Beziehung stehen Mengengrößen und Wertgrößen?
6. Welche Probleme bringen Wertgrößen mit sich?
7. Warum sind in der Bilanz nur Wertgrößen enthalten?
8. Geben Sie an, ob es sich bei nachstehenden Größen jeweils um Mengen-, Wert-, Strom- bzw. Bestandsgrößen handelt:
   a) Am 31.12.2017 befinden sich vier Tonnen Sand auf Lager.
   b) Im Jahr 2017 wurden Fahrräder im Wert von 100 000 EUR produziert.
   c) Am 1.1.2017 betrug der Wert der Maschinen 2,3 Mio EUR.
   d) Im Jahr 2017 wurden 350 000 Fahrzeuge verkauft.
9. Wie unterscheiden sich Ein-/Auszahlungen, Einnahmen/Ausgaben und Erträge/Aufwendungen in der betriebswirtschaftlichen Terminologie?
10. Was versteht man unter den Begriffen *Forderungen*, *Verbindlichkeiten*, *Zielkauf* und *Buchwert*?
11. Welche »Mängel« der Einzahlungs-Auszahlungs-Rechnung werden durch die Einnahmen-Ausgaben-Rechnung korrigiert?
12. Erläutern Sie, weshalb eine Ertrags-Aufwands-Rechnung einerseits »vollständiger« und anderseits »ungenauer« als eine Einnahmen-Ausgaben-Saldierung ist.
13. Welche Rechenwerke lassen sich den verschiedenen Vermögensebenen (Zahlungsmittel-, Geldvermögens- und Reinvermögensebene) zuordnen?
14. Erläutern Sie, inwiefern die Rechenwerke der Finanzbuchhaltung (Bilanz und GuV) ebenso wie die Investitionsrechnung pagatorische Rechenwerke darstellen.
15. Welche Rechnungsperioden sind denkbar?
16. Was versteht man unter dem Begriff »Totalperiode«?
17. Was stellt die Totalperiode bei Investition in ein Mietobjekt dar?
18. Warum ist die Totalperiode als Rechnungsperiode nicht geeignet?
19. Geben Sie Beispiele für Rechnungsperioden in der Praxis!
20. Wann führen Vermögensänderungen der unterschiedlichen Vermögensebenen (Zahlungsmittelebene, Geldvermögensebene, Reinvermögensebene) zum selben Ergebnis und warum?
21. Erläutern Sie, was unter Abgrenzungsproblemen zu verstehen ist, sofern die Totalperiode in mehrere Berichtsperioden zerlegt wird.
22. Was versteht man im Kontext des Reinvermögens unter der »Realisierung« von Erträgen? Wann gilt der Verkauf von Erzeugnissen/Waren als realisiert?
23. Erläutern Sie anhand eines selbstgewählten Beispiels, was man unter nicht realisierten Vermögenszuwächsen versteht!
24. Welcher Rechnungsperiode (= Kalenderjahr) werden die Reinvermögensänderungen in den nachstehenden Fällen zugewiesen? Geben Sie jeweils an, ob es sich um eine Reinvermögenszu- oder -abnahme handelt!
   a) Aufnahme und Auszahlung eines Darlehens am 1.1.2017 und Rückzahlung desselben am 30.6.2018.

b) Zinszahlungen für das Darlehen aus a) erfolgen ausschließlich am 30. 6. 2018.
c) Barkauf einer Maschine am 30. 9. 2017.
d) Barkauf von Wertpapieren am 1. 1. 2017 für 1 000 EUR. Der Wert der Wertpapiere am 31. 12. 2017 (31. 12. 2018) beträgt 1 200 EUR (750 EUR).
e) Am 25. 12. 2017 erhalten wir Dividenden für die Wertpapiere aus d).
f) Barkauf eines Grundstücks am 31. 8. 2017 für 20 000 EUR. Das Grundstück hat am 31. 12. 2017 unstreitig einen Wert von 22 000 EUR. Am 23. 4. 2018 wird das Grundstück für 25 000 EUR gegen bar verkauft.

25. Geben Sie jeweils zwei Beispiele an für
    a) Auszahlung, nie Aufwand,
    b) Auszahlung vor Aufwand,
    c) Auszahlung nach Aufwand,
    d) Auszahlung, Aufwand in derselben Rechnungsperiode,
    e) Einzahlung, nie Ertrag,
    f) Einzahlung vor Ertrag,
    g) Einzahlung nach Ertrag,
    h) Einzahlung, Ertrag in derselben Rechnungsperiode.

Quelle: Schanz, Sebastian/Koschmieder, Simon (2014): Humoristische Zeichnungen zum Betrieblichen Rechnungswesen, Selbstverlag, Bayreuth, ISBN 978-3-00-047631-0, Seite 14.

3 Technik der doppelten Buchführung I

ShortCode App # 1030

A-11

(204)* **Aufgabe 11** *Wahr oder falsch?*
Diese Aufgabe deckt die Grundlagen der Technik der doppelten Buchführung ab (ohne erfolgswirksame Buchungssätze). Geprüft wird, ob Sie den Grundaufbau von T-Konto, Bilanz und GuV verstanden haben und ein Grundverständnis der Abbildung erfolgsneutraler Geschäftsvorfälle in Form von Buchungssätzen haben.

Sind die nachstehenden Aussagen wahr oder falsch?
Begründen Sie Ihre Antwort *kurz*!

		wahr	falsch
a)	Das Inventar ist das Ergebnis der Inventur.	☐	☐
b)	Das Inventar ist aufgegliedert in Vermögen, Schulden und Eigenkapital.	☐	☐
c)	Bei der einfachen Buchführung existieren ausschließlich Bestandskonten.	☐	☐
d)	Das Vermögen ist nach der Fristigkeit geordnet.	☐	☐
e)	Im Anlagevermögen sind Vermögensgegenstände bilanziert, die dazu bestimmt sind, dauernd dem Geschäftsbetrieb zu dienen.	☐	☐
f)	Kraftfahrzeuge gehören immer zum Anlagevermögen.	☐	☐
g)	Die Schulden sind nach der Liquidität geordnet.	☐	☐
h)	Die »linke Seite« der Bilanz enthält das Eigenkapital und die Schulden.	☐	☐
i)	Besonders illiquide Vermögensgegenstände stehen auf der Aktivseite ganz oben.	☐	☐
j)	Für die Bilanz ist in Deutschland die Kontoform zwingend vorgeschrieben.	☐	☐
k)	Bei der Bilanz in Staffelform sind Zwischensummen nicht möglich.	☐	☐
l)	Aktivkonten nehmen im Soll zu.	☐	☐
m)	Passivkonten nehmen im Haben ab.	☐	☐
n)	Der Anfangsbestand bei Passivkonten steht im Haben.	☐	☐
o)	Der Endbestand bei Aktivkonten steht im Soll.	☐	☐
p)	Bei einfachen Buchungssätzen berührt jeder Geschäftsvorfall genau zwei Konten.	☐	☐
q)	Bei zusammengesetzten Buchungssätzen müssen die Summen der Beträge aus den Sollbuchungen nicht zwingend der Summe der Beträge der Habenbuchungen entsprechen.	☐	☐
r)	Das Eröffnungsbilanzkonto stellt das Spiegelbild zur Bilanz dar.	☐	☐
s)	Das Schlussbilanzkonto ist das Spiegelbild der Bilanz.	☐	☐

3 TECHNIK DER DOPPELTEN BUCHFÜHRUNG I

Aufgabe 12 *Begriffe der doppelten Buchführung*

Diese Übungsaufgabe prüft, ob Sie den Aufbau der Bilanz verstanden haben und die Inhalte der Bilanz der jeweiligen Bilanzseite zuordnen können.

Sind die nachstehenden Begriffe auf der Aktivseite oder der Passivseite der Bilanz verortet?

		Aktiva	Passiva
a)	Mittelherkunft	☐	☐
b)	Verbindlichkeiten	☐	☐
c)	Anlagevermögen	☐	☐
d)	Mittelverwendung	☐	☐
e)	Vermögen	☐	☐
f)	Bruttovermögen	☐	☐
g)	Kapital	☐	☐
h)	Schulden	☐	☐
i)	Nettovermögen	☐	☐
j)	Eigenkapital	☐	☐
k)	Reinvermögen	☐	☐
l)	Umlaufvermögen	☐	☐

Aufgabe 13 *Darstellung von Geschäftsvorfällen in T-Konten*

Diese Aufgabe soll Ihnen zeigen, wie die Werte aus Geschäftsvorfällen alternativ dargestellt werden können. Ziel ist, zu zeigen, dass die T-Form eines Kontos den schnellsten Überblick über Zu- und Abgänge liefert. Verwenden Sie zur Lösung dieser Aufgabe Lösungsvorlage LV-13.

Das betriebliche Bankkonto von G. Winner weist im Monat Oktober 2017 folgende Entwicklung auf:

		EUR
01.10.	Anfangsbestand	52 000
02.10.	Überweisung der Ladenmiete (durch uns)	1 400
03.10.	Überweisung der Sozialaufwendungen für Aushilfskräfte	3 000
05.10.	Einzahlung von Kunde Schmitz	1 100
08.10.	Auszahlung wegen Reparatur eines Kopierers	2 000
10.10.	Zinsgutschrift	5 000
12.10.	Überweisung vom Kunden Müller	350
13.10.	Überweisung von betrieblichen Steuern an das Finanzamt	3 700
14.10.	Bezahlung eines Rechnungsbetrags	6 500
15.10.	Einzahlung von Kunde König	850

a) Ermitteln Sie den Endbestand bei chronologischer Vorgehensweise.
b) Stellen Sie die Geschäftsvorfälle in Form eines Kontos in Reihenform dar und ermitteln Sie den Endbestand.
c) Stellen Sie die Geschäftsvorfälle in Form eines T-Kontos dar und bilden Sie den Saldo (Endbestand).

A-15

(206) * **Aufgabe 14** *Zuordnung von Konten*
Vor der Formulierung von Buchungssätzen sollte man die Verortung der betroffenen Konten studieren. Die vorliegende Übungsaufgabe dient der Überprüfung, ob Sie Konten innerhalb der Bilanz korrekt zuweisen können.

Beurteilen Sie, ob es sich bei den nachstehenden Konten jeweils um ein

a) aktives Bestandskonto im Anlagevermögen,
b) aktives Bestandskonto im Umlaufvermögen,
c) Eigenkapitalkonto bzw.
d) Fremdkapitalkonto

handelt.

	(a)	(b)	(c)	(d)
1. Forderungen aus L. u. L.	☐	☐	☐	☐
2. Fuhrpark	☐	☐	☐	☐
3. Fertige Erzeugnisse	☐	☐	☐	☐
4. Betriebs- und Geschäftsausstattung	☐	☐	☐	☐
5. Beteiligungen	☐	☐	☐	☐
6. Rohstoffe	☐	☐	☐	☐
7. Verbindlichkeiten aus L. u. L.	☐	☐	☐	☐
8. Bank	☐	☐	☐	☐
9. Privatkonto	☐	☐	☐	☐
10. Sachanlagen	☐	☐	☐	☐
11. Grundstücke und Gebäude	☐	☐	☐	☐
12. Patente	☐	☐	☐	☐
13. Kapitalkonto	☐	☐	☐	☐
14. Verbindlichkeiten gegenüber Kreditinstituten	☐	☐	☐	☐
15. Kasse	☐	☐	☐	☐
16. Unfertige Erzeugnisse	☐	☐	☐	☐

(207) * **Aufgabe 15** *Erste erfolgsneutrale Buchungssätze*
Bei dieser Übung lernen Sie, Geschäftsvorfälle in Form von Buchungssätzen zu dokumentieren. Dabei entwickeln Sie den Buchungssatz Schritt für Schritt anhand eines vorgegebenen Schemas.

Verbuchen Sie die nachstehenden Geschäftsvorfälle unter Vernachlässigung der Umsatzsteuer. Orientieren Sie sich dabei an nachstehender Vorgehensweise:

1. Welche Konten sind betroffen?
2. Handelt es sich um Aktiv- oder Passivkonten?
3. Nehmen die Konten zu oder ab?
4. Formulierung des Buchungssatzes.

3 TECHNIK DER DOPPELTEN BUCHFÜHRUNG I

Geschäftsvorfälle:

a) Kauf eines Grundstücks für 100 000 EUR per Banküberweisung.
b) Unser Kunde Moshammer begleicht unsere Forderungen gegenüber ihm i. H. v. 1 500 EUR in bar.
c) Wir tilgen einen Kredit per Banküberweisung i. H. v. 2 000 EUR.
d) Wir kaufen einen Geschäftswagen (Audi A6), indem wir unseren alten Geschäftswagen (BMW) in Zahlung geben und noch 13 500 EUR in bar dazuzahlen. Der BMW steht zum Zeitpunkt des Kaufs bei uns mit 30 000 EUR in der Bilanz.

Aufgabe 16 *Erfolgsneutrale Buchungssätze*

Die schrittweise Entwicklung eines Buchungssatzes sollte Ihnen aus Aufgabe 15 klar sein. Jetzt gilt es, schneller zu werden. Buchungssätze zu entwickeln ist Übungssache. Jetzt sollte so viel wie möglich gebucht werden.

Zu den folgenden Geschäftsvorfällen der Brauerei Auerhahn sollen die Buchungssätze gebildet werden. Die Umsatzsteuer ist zu vernachlässigen!

1. Die Brauerei kauft eine Abfüllanlage im Wert von 75 000 EUR gegen Banküberweisung.
2. Brauzutaten (Rohstoffe) werden auf Ziel gekauft (Wert 10 000 EUR).
3. Bezahlung der Ware aus 2. in bar.
4. Barabhebung von der Bank in Höhe von 2 000 EUR.
5. Barverkauf eines ausgedienten Brauerei-Lieferwagens für 5 000 EUR.
6. Aufnahme eines Kredits in Höhe von 100 000 EUR. Die Gutschrift erfolgt auf dem Bankkonto.
7. Banküberweisung eines Kunden zur Begleichung einer Forderung im Wert von 2 400 EUR.
8. Eine Lieferantenverbindlichkeit über 3 500 EUR wird in ein langfristiges Darlehen umgewandelt.
9. Die Brauerei erhält Waren im Wert von 45 000 EUR, wovon Waren im Wert von 40 000 EUR auf Ziel gekauft und 5 000 EUR sofort bar bezahlt werden.

Aufgabe 17 *Eröffnungs- und Abschlussbuchungen, Geschäftsvorfälle*

Die vorliegende Aufgabe simuliert die Dokumentation einer gesamten Rechnungsperiode. Bisher wurden die Geschäftsvorfälle losgelöst vom zeitlichen Anfall innerhalb einer Rechnungsperiode verbucht. Jetzt üben Sie die lückenlose Dokumentation vom Beginn bis zum Ende einer Rechnungsperiode mit der Einschränkung, dass es sich ausschließlich um erfolgsneutrale Geschäftsvorfälle handelt. Verwenden Sie zur Lösung dieser Aufgabe die Vorlagen für das Journal, die T-Konten und die Bilanz. Die Umsatzsteuer ist zu vernachlässigen.

A-18

Aktiva	Eröffnungsbilanz		Passiva
	EUR		EUR
Grundstücke/Gebäude	75 000	Eigenkapital	100 500
Fuhrpark	15 000	Verb. ggü. KI	40 000
Waren	30 000	Verb. aus L. u. L.	52 000
Forderungen	7 500		
Bank	39 000		
Kasse	26 000		
Summe Aktiva	192 500	Summe Passiva	192 500

Ausgehend von vorstehender Eröffnungsbilanz sowie der nachstehenden Geschäftsvorfälle:

a) Erstellen Sie das Eröffnungsbilanzkonto.
b) Verbuchen Sie die Geschäftsvorfälle.
c) Erstellen Sie die T-Konten und ermitteln Sie die Salden.
d) Verbuchen Sie den Abschluss der T-Konten und erstellen Sie das Schlussbilanzkonto bzw. die Schlussbilanz.

Geschäftsvorfälle:

1. Ein Lieferant begleicht seine Schuld und bezahlt 1 000 EUR per Banküberweisung auf das betriebliche Bankkonto.
2. Wir kaufen Waren für 8 000 EUR ein und bezahlen sofort 2 000 EUR in bar. Den Rest bezahlen wir erst im nächsten Jahr.
3. Wir kaufen einen neuen Lieferwagen von einem unserer Lieferanten für 9 500 EUR, indem wir Waren im Wert von 3 000 EUR hingeben und auf Forderungen i. H. v. 6 500 EUR gegenüber dem Lieferanten verzichten.
4. Wir kaufen Beteiligungen für 20 000 EUR gegen Barzahlung.
5. Wir tilgen das Bankdarlehen i. H. v. 40 000 EUR.

(211) ***
[LV-J|T|B]

Aufgabe 18 *Eröffnungs- und Abschlussbuchungen, Geschäftsvorfälle*

Die vorliegende Aufgabe stellt eine Erweiterung von Aufgabe 17 dar. Es werden ausschließlich erfolgsneutrale Geschäftsvorfälle betrachtet. Im Unterschied zu Aufgabe 17 müssen mehr Geschäftsvorfälle dokumentiert werden und das Privatkonto wird in die Geschäftsvorfälle miteinbezogen. Verwenden Sie zur Lösung dieser Aufgabe die Vorlagen für das Journal, die T-Konten und die Bilanz. Die Umsatzsteuer ist zu vernachlässigen

Ausgehend von nachstehender Eröffnungsbilanz sowie der nachstehenden Geschäftsvorfälle:

a) Erstellen Sie das Eröffnungsbilanzkonto.
b) Verbuchen Sie die Geschäftsvorfälle.
c) Erstellen Sie die T-Konten und ermitteln Sie die Salden.
d) Verbuchen Sie den Abschluss der T-Konten und erstellen Sie das Schlussbilanzkonto bzw. die Bilanz.

Aktiva	Eröffnungsbilanz		Passiva
	EUR		EUR
Grundstücke/Gebäude	75 000	Eigenkapital	241 800
Fuhrpark	36 000	Verb. ggü. KI	40 000
Wertpapiere	21 500	Verb. aus L. u. L.	4 700
Waren	45 000		
Forderungen	12 500		
Bank	87 000		
Kasse	9 500		
Summe Aktiva	286 500	Summe Passiva	286 500

Geschäftsvorfälle:

1. Der Unternehmer legt 1 500 EUR aus seinem Privatvermögen in die Betriebskasse ein.
2. Es werden Wertpapiere im Wert von 6 500 EUR verkauft. Die Anschaffungskosten betrugen 6 500 EUR. Der Erlös wird dem Bankkonto gutgeschrieben.
3. Zur Begleichung einer Lieferverbindlichkeit überweist ein Kunde 2 500 EUR auf das Bankkonto und übernimmt eine Verbindlichkeit im Wert von 4 700 EUR, die das Unternehmen gegenüber einem Lieferanten hat.
4. Das Unternehmen nimmt einen Kredit über 20 000 EUR auf. Der Kredit wird zu 100 % auf das Firmenkonto ausbezahlt.
5. Zur Erweiterung unseres Fuhrparks wird ein Lieferwagen für 28 000 EUR gekauft. Den Lieferwagen bezahlt das Unternehmen mit den Mitteln aus 4. per Banküberweisung, dazu werden 1 500 EUR in bar bezahlt. Der Rest wird im nachfolgenden Geschäftsjahr beglichen.
6. Ein Computer für 1 200 EUR für die Verwaltung wird angeschafft und per Banküberweisung bezahlt.
7. Das Unternehmen kauft Waren für 12 000 EUR, davon werden 1 600 EUR bar bezahlt, der Rest wird kreditiert.
8. Ein Debitor (Schuldner) überweist 2 500 EUR auf das Bankkonto zur Begleichung seiner (!) Lieferverbindlichkeit.
9. Es werden Waren zum Buchwert von 19 000 EUR veräußert. Der Kunde überweist den Betrag auf das Bankkonto.
10. Eine Darlehensrate i. H. v. 8 000 EUR (ausschließlich Tilgung) wird per Banküberweisung bezahlt.
11. Ein Gebäude wird für 120 000 EUR angeschafft. Dazu werden 90 000 EUR per Banküberweisung bezahlt, Wertpapiere zum Buchwert von 15 000 EUR hingegeben, 5 000 EUR in bar bezahlt und der Rest im nachfolgenden Geschäftsjahr bezahlt.
12. Das Unternehmen kauft einen neuen Geschäftswagen und gibt dafür den alten Geschäftswagen mit einem Buchwert (= Marktwert) von 16 000 EUR in Zahlung und bezahlt noch 10 000 EUR per Banküberweisung.
13. Der Unternehmer entnimmt Waren zum Buchwert (= Marktwert) von 2 200 EUR.

(214) ** **Aufgabe 19** *Deutung von Buchungssätzen*
In Aufgabe 19 sollen Sie im umgekehrten Fall, nämlich ausgehend vom Buchungssatz, auf den zugrunde liegenden Geschäftsvorfall schließen. Dazu ist zunächst zu identifizieren, ob es sich bei den betroffenen Konten um Aktiv- oder Passivkonten handelt und ob sie zu- oder abnehmen. Es werden ausschließlich erfolgsneutrale Geschäftsvorfälle betrachtet.

Deuten Sie die nachstehenden Buchungssätze; welcher Geschäftsvorfall liegt jeweils zugrunde? Die Umsatzsteuer wurde vernachlässigt.

a) Forderungen aus L. u. L. // Waren
b) Bank // Verbindlichkeiten gegenüber Kreditinstituten
c) Fuhrpark // Verbindlichkeiten aus L. u. L.
d) Bank // Kasse
e) Roh-, Hilfs- und Betriebsstoffe // Bank
f) Verbindlichkeiten gegenüber Kreditinstituten // Maschinen
g) Fuhrpark // Maschinen
h) Waren // Verbindlichkeiten aus L. u. L. und Kasse
i) Verbindlichkeiten aus L. u. L. // Fertige Erzeugnisse
j) Betriebs- und Geschäftsausstattung // Waren
k) Beteiligungen // Bank und Verbindlichkeiten gegenüber Kreditinstituten
l) Bank // Forderungen aus L. u. L.

(215) ** **Aufgabe 20** *Kontrollfragen*
Die Kontrollfragen beziehen sich auf die Grundlagen der Technik der doppelten Buchführung, erfolgsneutrale Geschäftsvorfälle sowie Bilanz und Eröffnungs- bzw. Schlussbilanzkonto.

1. Warum ist die doppelte Buchführung »doppelt«?
2. Nennen Sie die wesentlichen Unterschiede zwischen Bilanz und Inventar!
3. Beschreiben Sie den Aufbau einer Bilanz in Kontoform! Gehen Sie auch auf die Struktur einer Bilanz hinsichtlich Liquidität und Fristigkeit ein!
4. Sind Zwischensummen in der Bilanz in Kontoform möglich?
5. Welche Form der Darstellung einer Bilanz außer derjenigen in Kontoform kennen Sie noch? Welchen Vorteil hat diese Form der Darstellung?
6. Warum bleibt das Gleichgewicht der Bilanz bei der »Aufzeichnung« eines Geschäftsvorfalls immer bestehen?
7. Beschreiben Sie das Prüfungsschema mit den einzelnen Schritten zur Bildung erfolgsneutraler Buchungssätze!
8. Warum sind die Vermögensgegenstände des Umlaufvermögens »liquider« als die Vermögensgegenstände des Anlagevermögens?
9. Nennen Sie jeweils fünf Positionen des »Umlaufvermögens« und des »Anlagevermögens«!
10. Was versteht man unter »Fristigkeit« der Mittelherkunft?
11. Worin unterscheiden sich Bilanz und Bestandskonten?
12. Wie ermittelt sich das Eigenkapital / Reinvermögen?

13. Was steht bei Bestandskonten im Soll, was im Haben?
14. Geben Sie sowohl einen einfachen als auch einen zusammengesetzten Buchungssatz an, der sich jeweils auf einen erfolgsneutralen Geschäftsvorfall bezieht. Formulieren Sie den Geschäftsvorfall aus. Die Umsatzsteuer ist zu vernachlässigen.
15. Wozu ist das Eröffnungsbilanzkonto erforderlich und welche Unterschiede bestehen im Vergleich zur Bilanz?
16. Welche wesentlichen Unterschiede bestehen zwischen Eröffnungs- und Schlussbilanzkonto?

Quelle: Schanz, Sebastian/Koschmieder, Simon (2014): Humoristische Zeichnungen zum Betrieblichen Rechnungswesen, Selbstverlag, Bayreuth, ISBN 978-3-00-047631-0, Seite 19.

4 Technik der doppelten Buchführung II

ShortCode App # 1030

A-21

(218)* **Aufgabe 21** *Wahr oder falsch?*
Schwerpunkt dieser Aufgabe ist die Überprüfung, ob Sie die Kontensystematik verstanden haben und den Inhalt der verschiedenen Konten (Erfolgskonto, Bestandskonto, Bilanz, GuV, Eröffnungsbilanzkonto, Schlussbilanzkonto) kennen.

Sind die nachstehenden Aussagen wahr oder falsch?
Begründen Sie Ihre Antwort *kurz*!

		wahr	falsch
a)	Bei jedem Buchungssatz werden genau zwei Konten angesprochen.	☐	☐
b)	Bei einem Buchungssatz, der ausschließlich Bestandskonten anspricht, kann kein Gewinn entstehen.	☐	☐
c)	Bei jedem Buchungssatz muss die Summe der im Soll gebuchten Beträge der Summe der im Haben gebuchten Beträge entsprechen.	☐	☐
d)	Das Eröffnungsbilanzkonto ermöglicht die Übernahme der Bestände der Bilanz in T-Konten.	☐	☐
e)	Das Eröffnungsbilanzkonto stellt lediglich eine Spiegelung der Bilanz dar und wird mit »Aktiva« und »Passiva« überschrieben.	☐	☐
f)	Das Schlussbilanzkonto entspricht der Bilanz.	☐	☐
g)	Der Anfangsbestand bei aktiven Bestandskonten steht immer im Soll.	☐	☐
h)	Der Anfangsbestand bei passiven Bestandskonten steht im Haben.	☐	☐
i)	Ein Verlust in der GuV steht im Soll.	☐	☐
j)	Bestandskonten erfassen ausschließlich Stromgrößen.	☐	☐
k)	Bei Erfolgskonten sind keine Eröffnungsbuchungen erforderlich, da sie keinen Anfangsbestand kennen.	☐	☐
l)	Bestandskonten werden über die GuV abgeschlossen.	☐	☐
m)	Erfolgskonten werden direkt über das Eigenkapital abgeschlossen.	☐	☐
n)	Erfolgskonten sind Unterkonten des Eigenkapitals.	☐	☐
o)	Das Privatkonto wird über die GuV abgeschlossen.	☐	☐
p)	Privatentnahmen werden im Soll, Privateinlagen im Haben gebucht.	☐	☐
q)	Nur Buchungen auf Erfolgskonten verändern das Eigenkapital.	☐	☐
r)	Der Endbestand der Erfolgskonten wird an die Gewinn- und Verlustrechnung gebucht.	☐	☐
s)	Ertragskonten werden nie im Soll gebucht.	☐	☐

4 TECHNIK DER DOPPELTEN BUCHFÜHRUNG II

		wahr	falsch
t)	Aufwandskonten werden i. d. R. im Soll gebucht.	☐	☐
u)	Privateinlagen und Privatentnahmen können auch erfolgswirksam sein.	☐	☐
v)	Das Privatkonto ist ein Unterkonto des Eigenkapitalkontos und wird über dieses abgeschlossen.	☐	☐
w)	Die Bilanzpositionen Grundstücke und Gebäude und Fuhrpark gehören immer zum Anlagevermögen.	☐	☐
x)	Die Aktivseite der Bilanz ist nach der Liquidität der einzelnen Positionen (des Vermögens) geordnet.	☐	☐
y)	Die Staffelform hat gegenüber der Bilanz in Kontoform den Vorteil, dass Zwischenergebnisse gebildet werden können.	☐	☐
z)	Die Passivseite der Bilanz ist nach der Fristigkeit der einzelnen Positionen geordnet.	☐	☐

19) * **Aufgabe 22** *Wahr oder falsch?*
Mit dieser Aufgabe können Sie überprüfen, ob Sie die Grundlagen der doppelten Buchführung verstanden haben und die Begriffe bezüglich der Organisation der Buchführung einordnen können.

Sind die nachstehenden Aussagen wahr oder falsch?
Begründen Sie Ihre Antwort *kurz*!

		wahr	falsch
a)	Das Geschäftsjahr eines Unternehmens entspricht immer dem Kalenderjahr.	☐	☐
b)	Die Informationsfunktion der Finanzbuchhaltung umfasst die Selbst- und Fremdinformation.	☐	☐
c)	Zur Erfüllung der Informationsfunktion werden insbesondere die Bilanz und die Gewinn- und Verlustrechnung (Jahresabschluss) eingesetzt.	☐	☐
d)	Die Finanzbuchhaltung speichert alle wirtschaftlich relevanten Vorgänge (Geschäftsvorfälle) eines Geschäftsjahres (Dokumentationsfunktion).	☐	☐
e)	In der Bilanz wird nur das Vermögen zu einem bestimmten Zeitpunkt dargestellt.	☐	☐
f)	Im Grundbuch erfolgt die sachliche, im Hauptbuch dagegen die zeitliche Dokumentation.	☐	☐
g)	Das Hauptbuch wird auch als Journal bezeichnet.	☐	☐
h)	Die Gewinn- und Verlustrechnung ist eine Zeitpunktrechnung, keine Zeitraumrechnung.	☐	☐
i)	Die Bilanz ist eine Zeitpunktrechnung.	☐	☐

(219) ** **Aufgabe 23** *Typen von Buchungssätzen*
Zur Selbstprüfung, ob Inhalte tatsächlich verstanden wurden, ist die Erstellung selbstgewählter Beispiele hilfreich. Hier sollen Sie Buchungssätze anhand vorgegebener Kriterien bilden. Dabei soll nicht der Geschäftsvorfall an sich, sondern nur die buchhalterische Erfassung beschrieben werden.

Geben Sie für die vier Typen erfolgsneutraler Geschäftsvorfälle jeweils vier und für die vier Typen erfolgswirksamer Geschäftsvorfälle jeweils zwei Beispiele in Form von Buchungssätzen an!

(223) ** **Aufgabe 24** *Zuordnung von Konten*
Vor der Formulierung von erfolgswirksamen Buchungssätzen muss man Bestands- und Erfolgskonten korrekt identifizieren können. Die vorliegende Übungsaufgabe dient der Überprüfung, ob Sie Konten der Bilanz bzw. der GuV korrekt zuweisen können.

Beurteilen Sie, ob es sich bei den nachstehenden Konten jeweils um ein Bestandskonto oder um ein Erfolgskonto handelt.

	Bestand	Erfolg
1. Löhne und Gehälter	☐	☐
2. Beteiligungen	☐	☐
3. Umsatzerlöse	☐	☐
4. Betriebssteuern	☐	☐
5. Grundstücke	☐	☐
6. Patente	☐	☐
7. Zinserträge	☐	☐
8. Sachanlagen	☐	☐
9. Abschreibungen	☐	☐
10. Reisekosten	☐	☐
11. Umsatzsteuer	☐	☐
12. Rückstellungen	☐	☐
13. Mietaufwendungen	☐	☐

(223) ** **Aufgabe 25** *Erfolgswirksame und -neutrale Geschäftsvorfälle*
[LV-25] Im Unterschied zu Aufgabe 23 sind hier die Geschäftsvorfälle gegeben und müssen verbucht und kategorisiert werden. Die Aufgabe dient zur Verfestigung der Buchungskenntnisse. Verwenden Sie zur Lösung der Aufgabe Lösungsvorlage LV-25.

a) Verbuchen Sie die nachstehenden Geschäftsvorfälle! Die Umsatzsteuer ist zu vernachlässigen.

b) Handelt es sich bei den Geschäftsvorfällen um einen Aktivtausch (AT), Passivtausch (PT), Aktiv-Passiv-Mehrung (APMe), Aktiv-Passiv-Minderung (APMi), Aufwand verbunden mit Abgang auf aktivem Bestandskonto, Aufwand verbunden mit Zugang auf passivem Bestandskonto, Ertrag ver-

4 TECHNIK DER DOPPELTEN BUCHFÜHRUNG II A-26

bunden mit Zugang auf aktivem Bestandskonto oder Ertrag verbunden mit Abgang auf passivem Bestandskonto?

1. Wareneinkauf gegen Barzahlung i. H. v. 500 EUR.
2. Versendung einer Honorarrechnung für eine Dienstleistung, die wir bereits erbracht haben i. H. v. 5 000 EUR.
3. Privateinlage in bar i. H. v. 100 EUR.
4. Kundenzahlung durch Banküberweisung i. H. v. 300 EUR.
5. Kauf eines Computers gegen Barscheck für 900 EUR.
6. Tilgung einer Kontokorrentschuld durch Bareinzahlung bei der Bank i. H. v. 250 EUR.
7. Bezahlung der betrieblichen Kraftfahrzeugsteuer i. H. v. 625 EUR durch Banküberweisung.
8. Der Unternehmer lässt seinen privaten Garten durch den im Betrieb angestellten Gärtner herrichten. Die Lohnkosten hierfür betragen 158 EUR.
9. Ein Lieferant verkauft an uns auf Ziel Waren im Wert von 2 340 EUR.
10. Es gehen Zinsen i. H. v. 350 EUR auf dem Bankkonto ein.
11. Kauf eines betrieblichen Grundstücks in bar für 120 000 EUR.
12. Die Bank gewährt uns ein Hypothekendarlehen i. H. v. 50 000 EUR.
13. Zinslastschrift der Bank i. H. v. 450 EUR.
14. Die Miete i. H. v. 650 EUR für die Privatwohnung wird vom betrieblichen Bankkonto abgebucht.
15. Kauf eines Lieferwagens für 23 000 EUR per Banküberweisung.
16. Lohnzahlung in bar i. H. v. 13 500 EUR.
17. Zahlung einer Tilgungsrate auf die Hypothek in bar i. H. v. 5 000 EUR.
18. Verkauf des Lieferwagens unter Buchwert für 7 500 EUR (Buchwert = 10 000 EUR) per Bank.
19. Umwandlung einer langfristigen Darlehensverbindlichkeit i. H. v. 1 500 EUR in Eigenkapital.
20. Bildung einer Rückstellung i. H. v. 600 EUR.

225) * **Aufgabe 26** *Grundfragen zur Ermittlung des Periodenerfolgs*
Ziel dieser Übung ist es, Ihnen klar zu machen, dass bei der doppelten Buchführung zwei Wege zur Ermittlung des Periodenerfolgs (Gewinns) existieren.

a) Wie ermittelt man den Buchwert des Eigenkapitals (= Reinvermögen) eines Unternehmens?
b) Zeigen Sie, wie sich der Periodenerfolg (Gewinn) auf Basis des Betriebsvermögensvergleichs schematisch ermitteln lässt!
c) Warum müssen bei der Ermittlung des Gewinns durch bilanziellen Vermögensvergleich Entnahmen hinzuaddiert und Einlagen subtrahiert werden?
d) Wo steht ein Gewinn/Verlust im T-Konto »GuV«?
e) Worin besteht der wesentliche Unterschied in der Gewinnermittlung durch Betriebsvermögensvergleich und der Ermittlung des Gewinns mittels GuV?

(226) * **Aufgabe 27** *Ermittlung des Periodenerfolgs*
Durch diese Übung sollen Sie lernen, den Gewinn durch (Betriebs-)Vermögensvergleich (Distanzrechnung) zu ermitteln.

Ermitteln Sie auf Basis der nachstehenden Informationen den Gewinn von Werner Gerhold e. K. (W) für das Geschäftsjahr (= Kalenderjahr) 2017!

Aktiva	Bilanz zum 31. 12. 2016		Passiva
	EUR		EUR
Grund und Boden	25 000	Kapitalkonto W	
Gebäude	100 000	Verb. ggü. KI	180 000
Fuhrpark	10 000	Verb. aus L. u. L.	30 000
BuGA	2 500		
Beteiligungen	30 000		
RHB	5 000		
UE	35 000		
FE	20 000		
Forderungen aus L. u. L.	40 000		
Bank	25 000		
Kasse	3 000		
Summe Aktiva		Summe Passiva	

Aktiva	Bilanz zum 31. 12. 2017		Passiva
	EUR		EUR
Grund und Boden	40 000	Kapitalkonto W	
Gebäude	150 000	Verb. ggü. KI	160 000
Fuhrpark	8 000	Verb. aus L. u. L.	60 000
BuGA	1 000		
Beteiligungen	30 000		
RHB	10 000		
UE	50 000		
FE	25 000		
Forderungen aus L. u. L.	80 000		
Bank	60 000		
Kasse	6 000		
Summe Aktiva		Summe Passiva	

Das Privatkonto von W enthält für das Geschäftsjahr 2017 folgende Einträge:

Soll		Privatkonto	Haben	
Kasse	20 000	Fuhrpark	5 000
Bank	20 000	Kasse	3 000
Waren	500		
Summe		Summe	

228)* **Aufgabe 28** *Ermittlung des Periodenerfolgs*

Im Unterschied zu Aufgabe 27 werden hier die relevanten Daten zur Ermittlung des Periodenerfolgs aggregiert zur Verfügung gestellt. Mit dieser Übung können Sie nochmals prüfen, ob Sie die Vorgehensweise zur Ermittlung des Gewinns durch Vermögensvergleich verstanden haben.

Der Einzelkaufmann Alois Ludwig Frisch (ALF) präsentiert Ihnen folgende Daten (Werte in EUR):

	31.12.2016	31.12.2017
Summe Aktiva	95 124	75 397
Schulden	50 000	40 000

	2016	2017
Entnahmen	43 000	45 000
Einlagen	2 300	4 300

Ermitteln Sie den Gewinn in 2017!

228)* **Aufgabe 29** *Kontrollfragen*

Aufgabe 29 enthält Wiederholungsfragen zu den Inhalten der vorangegangenen Übungsaufgaben.

a) Warum ist ein Aktiv- oder Passivtausch erfolgsneutral?
b) Wann spricht man von Bilanzverkürzung, wann von Bilanzverlängerung?
c) Welche Geschäftsvorfälle verändern die Eigenkapitalgröße und sind trotzdem nicht erfolgswirksam?
d) Warum stellt sich auf dem Schlussbilanzkonto immer ein gleich hoher Erfolgssaldo wie auf dem Gewinn- und Verlustkonto ein?
e) Systematisieren Sie alle Möglichkeiten, durch die der Stand des Eigenkapitalkontos beeinflusst werden kann.
f) Welche »Mängel« der Einzahlungs-Auszahlungs-Rechnung können durch die Einnahmen-Ausgaben-Rechnung korrigiert werden?
g) Erläutern Sie, weshalb eine Ertrags-Aufwands-Rechnung einerseits »vollständiger« und andererseits »ungenauer« als eine Einzahlungs-Auszahlungs-Saldierung ist.

30)** **Aufgabe 30** *Gewinnermittlung und Jahresabschluss*

[J|T|B] In dieser Aufgabe lernen Sie, die Geschäftsvorfälle strukturiert in einem Journal zu dokumentieren und von dort aus auf T-Konten zu übernehmen. Mit der Erstellung des Jahresabschlusses können Sie dann selbst überprüfen, ob Ihre Dokumentation der Geschäftsvorfälle korrekt war. Im Unterschied zu Aufgabe 18 werden jetzt auch erfolgswirksame Geschäftsvorfälle dokumentiert. Verwenden Sie zur Lösung dieser Aufgabe die Vorlagen für das Journal, die T-Konten und die Bilanz. Die Umsatzsteuer ist zu vernachlässigen.

A-30

Aktiva	Eröffnungsbilanz zum 1.1.2017		Passiva
	TEUR		TEUR
Grundstücke/Gebäude	55	Eigenkapital	264
Sachanlagen	175	Verb. ggü. KI	36
Rohstoffe	44	Verb. aus L. u. L.	14
Forderungen	13		
Bank	25		
Kasse	2		
Summe Aktiva	314	Summe Passiva	314

Eine Unternehmerin hat zu Beginn des Geschäftsjahres 2017 vorstehende Eröffnungsbilanz erstellt (Werte in TEUR). Die nachstehenden Geschäftsvorfälle betreffen das Jahr 2017. Erstellen Sie den Jahresabschluss in 2017 und gehen Sie dabei wie folgt vor:

a) Verbuchen Sie die Geschäftsvorfälle 1. bis 8. in 2017!
b) Erstellen Sie die Bestandskonten (mit Ausnahme des Eigenkapitalkontos) und das Privatkonto und ermitteln Sie die Salden!
c) Ermitteln Sie den Gewinn durch Vermögensvergleich!
d) Erstellen Sie die Erfolgskonten und ermitteln Sie die Salden!
e) Erstellen Sie die GuV. Schließen Sie das Privatkonto sowie die GuV ab und erstellen Sie das Eigenkapitalkonto sowie die Schlussbilanz!
f) Ermitteln Sie durch eine Überleitungsrechnung ausgehend vom Gewinn und mit Hilfe der Eröffnungs- und Schlussbilanz, die Änderung des Zahlungsmittelbestands (Kasse + Bank).

Geschäftsvorfälle in 2017 (Werte in 2015)

1. Fertigerzeugnisse werden für 120 TEUR verkauft. 75% des Betrags wird per Banküberweisung beglichen, der Rest wird auf Ziel verkauft.
2. Für die Herstellung der Fertigerzeugnisse aus 1. werden Rohstoffe im Wert von 23 TEUR verbraucht.
3. Es werden 54 TEUR für Löhne und Gehälter per Banküberweisung bezahlt!
4. Die Zinszahlungen für das Bankdarlehen betragen 6 TEUR und werden per Banküberweisung beglichen.
5. Zum Ausgleich eines kurzfristigen Liquiditätsengpasses werden 13 TEUR auf das betriebliche Bankkonto eingelegt.
6. Es werden Sachanlagen (Buchwert = 45 TEUR, Marktwert = 55 TEUR) ins Privatvermögen entnommen.
7. Es werden Lieferantenverbindlichkeiten i. H. v. 5 TEUR per Banküberweisung beglichen.
8. Sachanlagen werden i. H. v. 30 TEUR abgeschrieben.

4 TECHNIK DER DOPPELTEN BUCHFÜHRUNG II

34) ***** **Aufgabe 31** *Ermittlung des Periodenerfolgs*

31|T|B] *Diese Aufgabe entspricht vom Typus her Aufgabe 30. Sie lernen, die Geschäftsvorfälle strukturiert in einem Journal zu dokumentieren und von dort aus auf T-Konten zu übernehmen. Mit der Erstellung des Jahresabschlusses können Sie dann selbst überprüfen, ob Ihre Dokumentation der Geschäftsvorfälle korrekt war. Im Unterschied zu Aufgabe 18 werden hier auch erfolgswirksame Geschäftsvorfälle dokumentiert. Verwenden Sie zur Beantwortung dieser Aufgabe die Lösungsvorlage LV-31 sowie die Vorlagen für die T-Konten und die Bilanz.*

Der Fleischermeister Jonathan Fleisch-Wurst (FW) verkauft im Rahmen seiner Einzelunternehmung Würste, Fleisch und Käse. Die Bilanz zum 31. 12. 2016, die FW selbst erstellt hat, sieht wie folgt aus:

Aktiva	Bilanz zum 31. 12. 2016		Passiva
	EUR		EUR
Grund und Boden	100 000	Kapitalkonto FW	388 000
Gebäude	400 000	Verb. ggü. KI	300 000
Fuhrpark	42 000	Verb. aus L. u. L.	75 000
Waren	12 000		
Ford. aus L. u. L.	50 000		
Bank	119 000		
Kasse	40 000		
Summe Aktiva	763 000	Summe Passiva	763 000

Geschäftsvorfälle in 2017

1. Am 1. 1. 2017 veräußert FW eines seiner Kühlhäuser in der Karl-Marx Str. 25 in Magdeburg an Gustav Gierig. Das Kühlhaus war überflüssig geworden, weil er seine eigene Schlachtung eingestellt hatte. 40 % des Veräußerungspreises, der 120 000 EUR betrug, entfielen auf das Gebäude, das mit einem Buchwert von 20 000 EUR in der Bilanz steht. Der Grund und Boden, auf dem das Kühlhaus steht, war am 31. 12. 2016 mit 50 000 EUR bilanziert. Gierig zahlte noch am 1. 1. 2017 40 000 EUR per Banküberweisung und versprach, am 31. 12. 2017 den Rest per Banküberweisung zu begleichen. Tatsächlich überwies Gierig dann am 31. 12. 2017 den noch verbleibenden Betrag auf das Bankkonto des FW.
2. Die Mietzahlungen für die Geschäftsräume der Metzgerei (Verkaufsraum, Kühlhaus und Büro) des FW betragen in 2017 monatlich 1 750 EUR. Die Miete für 2017 wurde von FW, wie mit dem Vermieter vereinbart, im Voraus am 1. 1. 2017 per Banküberweisung gezahlt.
3. Am 24. 3. 2017 traf eine Großlieferung an Fleischwaren bei FW ein. Der Rechnungsbetrag belief sich auf 6 250 EUR. FW beglich noch am selben Tag 60 % der Rechnung per Banküberweisung. 50 % des verbleibenden Betrags überwies FW noch am 31. 12. 2017.
4. Am 15. 9. 2017 erwarb FW 100 kg Rinderfilet für 30 EUR/kg. Die Rechnung begleicht FW erst in 2018. Am 30. 9. 2017 feierte FW eine Privatparty und

ÜBUNGSAUFGABEN · BUCHFÜHRUNG & ABSCHLUSS

A-32

entnahm hierfür 20 kg des am 15.9.2017 erworbenen Rinderfilets. Die Wiederbeschaffungskosten zu diesem Zeitpunkt betrugen 40 EUR/kg.

5. Die Verkaufserlöse in 2017 betrugen insgesamt 75 000 EUR. 90% der Erlöse gingen in 2017 auf dem Bankkonto ein, der Rest wurde auf Ziel verkauft. An Personalaufwendungen hatte FW in 2017 insgesamt 35 000 EUR per Banküberweisung zu zahlen.

6. Am 30.6.2017 nimmt FW zur Finanzierung einer neuen Verkaufstheke ein Tilgungsdarlehen i. H. v. 20 000 EUR mit einem Nominalzinssatz von 4% p. a. bei seiner Hausbank auf. Das Darlehen wird zu 100% ausbezahlt und hat eine Laufzeit von 5 Jahren. Mit der Bank ist vereinbart, dass die Zins- und Tilgungszahlungen jeweils zum 30.9., 31.12., 31.3. und 30.6. eines Jahres erfolgen sollen. Die erste Zins- und Tilgungszahlung erfolgt am 30.9.2017 per Banküberweisung. Zins und Tilgung werden von FW stets pünktlich entrichtet.

7. Am 31.12.2017 legte FW seinen privaten VW-Bus in das Betriebsvermögen ein. Den VW-Bus verwendet FW fortan für Cateringaufträge im Rahmen seines Unternehmens. Der Wert des Pkw betrug am 31.12.2017 unstreitig 15 000 EUR. Den VW-Bus hatte FW am 12.4.2002 für umgerechnet 45 000 EUR erworben.

Aufgabenstellung:

a) Verbuchen Sie die Geschäftsvorfälle 1. bis 7. in 2017 und geben Sie an, in welcher Höhe Einzahlungen, Auszahlungen, Einnahmen, Ausgaben, Erträge und Aufwendungen vorliegen.
b) Übertragen Sie Ihre Buchungen auf T-Konten und schließen Sie die Bestands- und Erfolgskonten ab. Erstellen Sie die Schlussbilanz und die GuV.
c) Ermitteln Sie den Gewinn sowohl durch Betriebsvermögensvergleich als auch durch die Gewinn- und Verlustrechnung.

HINWEIS: *Eröffnungsbuchungen sowie Buchungen an das Schlussbilanzkonto können vernachlässigt werden. Die Umsatzsteuer sowie Abschreibungen können ebenfalls vernachlässigt werden.*

(237) *:* **Aufgabe 32** *Buchungssätze*

Die Übungsaufgabe verlangt, dass Sie bei der Bildung selbstgewählter Beispiele mehrere Kategorien (z. B. Vermögensebene, Erfolgswirkung und Auswirkung auf die Bestände) simultan berücksichtigen. Die Aufgabe soll helfen, dass Sie souverän im Umgang mit diesen Kategorien werden.

Geben Sie jeweils – soweit dies möglich ist – ein Beispiel (saldierte Betrachtung) in Form von Buchungssätzen (wenn nötig mehrere) an für

a) Einzahlung, die niemals erfolgswirksam wird,
b) Ertrag, gleichzeitig Abgang auf passivem Bestandskonto,
c) Ertrag, gleichzeitig Zugang auf passivem Bestandskonto,
d) Ertrag, gleichzeitig Abgang auf aktivem Bestandskonto,

4 TECHNIK DER DOPPELTEN BUCHFÜHRUNG II

e) Ertrag, gleichzeitig Zugang auf aktivem Bestandskonto,
f) Aktivtausch, keine Einnahme,
g) Aktivtausch, gleichzeitig Einnahme,
h) Bilanzverlängerung, keine Einnahme,
i) Bilanzverlängerung, gleichzeitig Einnahme,
j) Passivtausch, gleichzeitig Einnahme,
k) Passivtausch, keine Einnahme,
l) Bilanzverkürzung, keine Einnahme,
m) Bilanzverkürzung, gleichzeitig Einnahme,
n) Aufwand, gleichzeitig Abgang auf passivem Bestandskonto,
o) Aufwand, gleichzeitig Zugang auf passivem Bestandskonto,
p) Aufwand, gleichzeitig Abgang auf aktivem Bestandskonto,
q) Aufwand, gleichzeitig Zugang auf aktivem Bestandskonto,
r) Ertrag vor Einzahlung,
s) Einzahlung, keine Einnahme,
t) Einzahlung, gleichzeitig Einnahme,
u) Auszahlung, keine Ausgabe,
v) Auszahlung, gleichzeitig Ausgabe,
w) Bilanzverlängerung, keine Einnahme,
x) Bilanzverlängerung, gleichzeitig Ausgabe,
y) Bilanzverkürzung, gleichzeitig Auszahlung,
z) Bilanzverkürzung, keine Auszahlung.

HINWEIS: *Geben Sie lediglich die Buchungssätze an. Eine Erläuterung der Buchungssätze ist nicht erforderlich. Beachten Sie bei der Bezeichnung der von Ihnen verwendeten Konten, dass ersichtlich ist, ob es sich um ein Erfolgs- oder Bestandskonto handelt.*

1) **Aufgabe 33** *Überleitung vom Gewinn zur Veränderung der liquiden Mittel*
Diese Übungsaufgabe prüft, ob Sie den Zusammenhang von Periodenerfolg und Zahlungsmitteländerung verstanden haben. Dazu müssen Sie in der Lage sein, zuordnen zu können, ob ein Geschäftsvorfall beide Größen, nur eine der beiden Größen oder keine der beiden Größen beeinflusst.

Einzelunternehmer Wilfried möchte im Frühjahr 2018 eine Luxusreise unternehmen. Da seine Kenntnisse im buchhalterischen Bereich überschaubar sind, benötigt er Ihre Unterstützung. Wilfried ist vor allem daran interessiert, wie sich sein Zahlungsmittelbestand im letzten Jahr verändert hat. Der Gewinn des Jahres 2017 beträgt 67 500 EUR.

Aus dem Geschäftsjahr 2017 sind folgende Informationen bekannt:

1. Von den Verkaufserlösen in Höhe von 400 000 EUR wurden 12,5 Prozent noch nicht beglichen.
2. Der Rohstoffbestand verminderte sich um 100 000 EUR (Verbrauch).
3. Es wurden 217 500 EUR für Löhne und Gehälter bezahlt.
4. Die Abschreibungen betrugen 15 000 EUR.

A-34

5. Kunden bezahlten ihre Verbindlichkeiten in Höhe von 23 000 EUR.
6. Wilfried beglich Verbindlichkeiten in Höhe von 18 000 EUR.
7. Wilfried legte einen Pkw (Wert: 11 500 EUR) in das Unternehmen ein.
8. Für seinen Maschinenpark schaffte er eine Maschine für 50 000 EUR an.
9. Für ein im Vorjahr aufgenommenes Darlehen (50 000 EUR, Laufzeit 5 Jahre, Tilgung in gleichen Jahresbeträgen) zahlte er die erste Tilgungsrate.

Ermitteln Sie ausgehend vom Gewinn die Veränderung des Zahlungsmittelbestands im Jahr 2017. Beurteilen Sie, welche der genannten Vorgänge für die Korrekturen herangezogen werden müssen. Steuern sind zu vernachlässigen.

(242)** **Aufgabe 34** *Totalerfolg und Zahlungsüberschüsse*
Grundlegend für die Buchführung ist das Verständnis des Zusammenhangs zwischen der buchhalterischen Größe Gewinn und der Zielgröße Zahlungen. Diese Aufgabe soll diesen Zusammenhang über die Totalperiode verdeutlichen.

Alois Klück (K) gründete in 2014 ($t=0$) ein Unternehmen, in dem er Murmeln herstellt. Dazu legte er 1 050 TEUR in das Unternehmen in bar ein und kaufte für 1 000 TEUR eine Maschine, die über 4 Jahre mit jährlich 250 TEUR abgeschrieben wird. Beginnend mit $t=0$ erwirbt K in jedem Jahr Rohstoffe für 50 TEUR per Banküberweisung, die in der folgenden Periode zur Herstellung von Murmeln verbraucht werden. In $t=4$ werden keine Rohstoffe mehr erworben. In den Perioden $t=1$ bis $t=4$ verkauft K jeweils Murmeln für 320 TEUR, wobei in den Perioden $t=1$ bis $t=3$ jeweils 25% des Umsatzes auf Ziel erfolgt und in der Folgeperiode bezahlt wird. In $t=4$ erfolgt der Verkauf gegen sofortige Banküberweisung. Am Ende von $t=4$ wird der Betrieb aufgelöst. Die Maschine ist nichts mehr wert.

a) Tragen Sie die Einzahlungen (EZ), Auszahlungen (AZ), Erträge (Er) und Aufwendungen (Au) betreffend die Maschine, die Rohstoffe und die Umsatzerlöse in das unten stehende Schema ein!
b) Ermitteln Sie für jede Periode die Änderung des Zahlungsmittelbestands (ΔZ) und den Gewinn (G).
c) Ermitteln Sie die Änderung des Zahlungsmittelbestands sowie den Gewinn der Totalperiode. Interpretieren Sie Ihr Ergebnis!

	Maschine		Rohstoffe		Umsatzerlöse			
t	AZ	Au	AZ	Au	EZ	Er	ΔZ	G
0	( )		( )		( )		( )	( )
1		( )	( )	( )	( )	( )	( )	( )
2		( )	( )	( )	( )	( )	( )	( )
3		( )	( )	( )	( )	( )	( )	( )
4		( )	( )	( )	( )	( )	( )	( )
						Summe		( )

4 TECHNIK DER DOPPELTEN BUCHFÜHRUNG II

42) **Aufgabe 35** *Zahlungsüberschüsse und Gewinn in der Totalperiode*
Diese Übungsaufgabe setzt Zahlungsüberschüsse und Periodenerfolge ins Verhältnis. Die Aufgabe zeigt, dass über die Totalperiode die Summe der Gewinne der Summe der Zahlungsüberschüsse entspricht. Siehe hierzu auch Aufgabe 71 auf Seite 59.

Ein Unternehmer gründet in t = 0 ein Einzelunternehmen und legt 1 200 TEUR (alle Werte in TEUR) per Banküberweisung auf das betriebliche Konto ein. In den Perioden t = 1, 2 und 3 fallen folgende Geschäftsvorfälle an (die Umsatzsteuer ist zu vernachlässigen):

1. t = 1
   a) Kauf einer Maschine am 1.1. mit einer betriebsgewöhnlichen Nutzungsdauer von drei Jahren für 120 TEUR per Banküberweisung. Es wird linear abgeschrieben.
   b) Kauf von Immobilien am 1.1. für 900 TEUR per Banküberweisung. Die Hälfte des Kaufpreises entfällt auf den Grund und Boden. Die Immobilien werden linear über 50 Jahre abgeschrieben.
   c) Umsatzerlöse auf Ziel i. H. v. 100 TEUR.
   d) Mieteinnahmen i. H. v. 50 TEUR per Bank.
   e) Bezahlung des Personals per Banküberweisung i. H. v. 20 TEUR.
2. t = 2
   a) Umsatzerlöse auf Ziel i. H. v. 120 TEUR.
   b) Eingang der Umsatzerlöse auf Ziel aus t = 1.
   c) Mieteinnahmen i. H. v. 50 TEUR per Bank.
   d) Bezahlung des Personals per Banküberweisung i. H. v. 20 TEUR.
3. t = 3
   a) Eingang der Umsatzerlöse aus t = 2.
   b) Umsatzerlöse i. H. v. 140 TEUR gehen per Banküberweisung ein.
   c) Mieteinnahmen i. H. v. 50 TEUR per Bank.
   d) Bezahlung des Personals per Banküberweisung i. H. v. 20 TEUR.
   e) Veräußerung der Immobilien (nach deren planmäßigen Abschreibung in t = 3) für 900 TEUR per Bank.
   f) Veräußerung der Maschine (nach deren planmäßigen Abschreibung in t = 3) für 10 TEUR per Bank.
   g) Entnahme aller verbleibenden Zahlungsmittel.

Aufgabenstellung:

a) Verbuchen Sie die Geschäftsvorfälle und erstellen Sie den Jahresabschluss (Bilanz und GuV) für die Perioden 1 bis 3. In der Schlussbilanz in t = 3 sollen das Vermögen und das Kapital vor der Entnahme der verbleibenden Zahlungsmittel dargestellt werden.
b) Leiten Sie anhand einer Kapitalflussrechnung, ausgehend vom Gewinn, die Zahlungsüberschüsse für die Perioden 1 bis 3 her.
c) Ermitteln Sie die Zahlungsüberschüsse und den Gewinn über die Totalperiode. Interpretieren Sie Ihr Ergebnis.

(246)** **Aufgabe 36** *Kontrollfragen*
Die Fragen decken die Positionen der GuV und der Bilanz ab, beziehen sich auf das Verhältnis von GuV und Bilanz, befassen sich mit erfolgswirksamen Geschäftsvorfällen und alternativen Formen der Ermittlung des Erfolgs. Die Umsatzsteuer ist zu vernachlässigen.

1. Charakterisieren Sie die Typen erfolgsneutraler Geschäftsvorfälle!
2. Bilden Sie jeweils ein Beispiel anhand von Buchungssätzen für
   a) Aktivtausch,
   b) Passivtausch,
   c) Aktiv-Passiv-Mehrung,
   d) Aktiv-Passiv-Minderung,
   e) Aufwand verbunden mit Abgang auf aktivem Bestandskonto,
   f) Aufwand verbunden mit Zugang auf passivem Bestandskonto,
   g) Ertrag verbunden mit Zugang auf aktivem Bestandskonto,
   h) Ertrag verbunden mit Abgang auf passivem Bestandskonto.
3. Bilden Sie jeweils ein Beispiel anhand von Buchungssätzen im Fall des Aktivtauschs für:
   a) Zunahme und Abnahme im Anlagevermögen,
   b) Zunahme im Anlage- und Abnahme im Umlaufvermögen,
   c) Zunahme und Abnahme im Umlaufvermögen,
   d) Zunahme im Umlauf- und Abnahme im Anlagevermögen.
4. Bilden Sie jeweils ein Beispiel anhand von Buchungssätzen für:
   a) Eine Zunahme im Eigenkapital geht mit einer Zunahme im Umlaufvermögen einher.
   b) Eine Zunahme im Eigenkapital geht mit einer Zunahme im Anlagevermögen einher.
   c) Eine Zunahme der Schulden geht mit einer Zunahme im Umlaufvermögen einher.
   d) Eine Zunahme der Schulden geht mit einer Zunahme im Anlagevermögen einher.
5. Geben Sie konkrete Beispiele in Form von Buchungssätzen an für:
   a) Ertrag, aber keine Einzahlung,
   b) Einzahlung, aber kein Ertrag,
   c) Aufwand, aber keine Auszahlung,
   d) Auszahlung, aber kein Aufwand.
6. Geben Sie zwei Beispiele für erfolgsneutrale Geschäftsvorfälle an, bei denen die Bilanz in allen Positionen wertäquivalent bleibt!
7. Welche beiden Typen von Eigenkapitalveränderungen kennen Sie? Bilden Sie jeweils ein Beispiel!
8. Warum werden für das Eigenkapital Unterkonten gebildet?
9. Geben Sie Beispiele für Geschäftsvorfälle an, die über Erfolgskonten dokumentiert werden, das Eigenkapital aber nicht verändern.
10. Sind die folgenden Aussagen wahr oder falsch?
    a) Die vier Grundtypen erfolgsunwirksamer Geschäftsvorfälle haben gemeinsam, dass durch sie das Eigenkapital nicht verändert wird.

b) Bestandskonten haben Anfangsbestände, Erfolgskonten nicht.
c) Erträge stehen grundsätzlich im Haben, Aufwendungen im Soll.
d) Der Gewinn steht im Soll.
e) Leistungsbeziehungen zwischen Unternehmen und Unternehmer sind niemals erfolgswirksam.
f) Die GuV wird über das Eigenkapitalkonto abgeschlossen.
g) Konten, die Stromgrößen abbilden, haben keinen Anfangsbestand.
h) Die doppelte Buchführung wird nur für das externe, nicht für das interne Rechnungswesen verwendet.
i) Bei Veräußerung von Anlagevermögen über Buchwert in bar ist die Veränderung des Zahlungsmittelbestands größer als die Veränderung des Reinvermögens.

11. Welche beiden Möglichkeiten der Gewinnermittlung existieren bei der doppelten Buchführung?
12. Wie lässt sich das Reinvermögen mittels Bilanz ermitteln?
13. Warum sind Entnahmen und Einlagen bei der Ermittlung des Gewinns mittels Distanzrechnung speziell zu berücksichtigen?
14. Nennen Sie jeweils zwei konkrete Beispiele für
    a) private Steuern des Unternehmers,
    b) die private Nutzung betrieblicher Vermögensgegenstände,
    c) Sachentnahmen,
    d) Sacheinlagen!
15. Warum ist ein Aktiv- oder Passivtausch erfolgsneutral?
16. Was bedeutet Bilanzverkürzung bzw. -verlängerung?
17. Für welchen Typus erfolgsneutraler Geschäftsvorfälle existiert kein korrespondierender erfolgswirksamer Geschäftsvorfall?
18. Welche Typen erfolgswirksamer Geschäftsvorfälle können als Analogon zum Passivtausch verstanden werden?
19. Welche Geschäftsvorfälle verändern das Eigenkapital erfolgsneutral?
20. Geben Sie ein Beispiel für eine Privateinlage oder -entnahme an, bei dem sich das Eigenkapital in Summe nicht verändert.
21. Geben Sie ein Beispiel für eine Privateinlage oder -entnahme an, bei dem sich das Eigenkapital nur partiell verändert.
22. Nennen Sie jeweils fünf Aufwandskonten und Ertragskonten!
23. Stellt der buchhalterische Gewinn eine »Zielgröße« dar? Erläutern Sie etwaige Abweichungen des Gewinns von der Zielgröße!
24. Was bedeutet »Habensaldo«, was »Sollsaldo«?
25. Warum stellt sich auf dem Schlussbilanzkonto immer ein gleich hoher Erfolgssaldo wie auf dem Gewinn- und Verlustkonto ein?
26. Kann das Eigenkapital auf der Aktivseite der Bilanz erscheinen? Wie kann es ggf. hierzu kommen?
27. Ein Kenner der doppelten Buchführung behauptet, dass die doppelte Buchführung die korrekte Erfassung der Geschäftsvorfälle gewährleiste, da andernfalls die Summen von Aktiva und Passiva nicht übereinstimmen. Nehmen Sie Stellung zu dieser Aussage!

4.1 Verbuchung der Umsatzsteuer

ShortCode App # 1031

(252)* **Aufgabe 37** *Wahr oder falsch?*
Die vorliegende Übungsaufgabe deckt das Themengebiet zur Umsatzsteuer ab.

Sind die nachstehenden Aussagen wahr oder falsch?
Begründen Sie Ihre Antwort *kurz*!

		wahr	falsch
a)	Die Umsatzsteuer wird nur auf körperliche Gegenstände erhoben.	☐	☐
b)	Mieten sind immer von der Umsatzsteuer befreit.	☐	☐
c)	Hauptsächlich Grundnahrungsmittel unterliegen dem ermäßigten Umsatzsteuersatz.	☐	☐
d)	Die Vorsteuer gehört in der Regel nicht zu den Anschaffungskosten.	☐	☐
e)	Die Vorsteuer kann auch in Ausnahmefällen zu den Anschaffungskosten gehören.	☐	☐
f)	An den Vorsteuerabzug sind strenge Auflagen bezüglich der zugrunde liegenden Rechnung geknüpft.	☐	☐
g)	Bemessungsgrundlage für die Umsatzsteuer ist immer das Entgelt.	☐	☐
h)	Aus wirtschaftlicher Sicht stellt die Umsatzsteuer eine Verbrauchsteuer dar.	☐	☐
i)	Die Umsatzsteuer der Produktionsstufe entspricht der Vorsteuer der nachfolgenden Produktionsstufe.	☐	☐
j)	Die Umsatzsteuer ist sofort nach Rechnungsstellung an das Finanzamt abzuführen.	☐	☐
k)	Die Vorsteuer hat Verbindlichkeitscharakter.	☐	☐
l)	Ein Vorsteuerüberhang bedeutet, dass die Vorsteuer die Umsatzsteuer übersteigt.	☐	☐
m)	Bei der Ermittlung der Umsatzsteuerzahllast mittels Zwei-Konten-Methode wird das Vorsteuerkonto über das Umsatzsteuerkonto abgeschlossen.	☐	☐
n)	Bei der Ermittlung der Umsatzsteuerzahllast mittels Drei-Konten-Methode wird das Vorsteuerkonto sowie das Umsatzsteuerkonto über die GuV abgeschlossen.	☐	☐
o)	Die Existenz eines Sollsaldos auf dem Umsatzsteuerkonto nach Abschluss des Vorsteuerkontos über das Umsatzsteuerkonto bedeutet insgesamt einen Erstattungsanspruch an das Finanzamt.	☐	☐
p)	Es kann sein, dass die Umsatzsteuer an das Finanzamt abgeführt werden muss, obwohl der Kunde noch gar nicht gezahlt hat.	☐	☐

4 TECHNIK DER DOPPELTEN BUCHFÜHRUNG II   A-40

(253)* **Aufgabe 38** *Allphasen-Nettoumsatzsteuer*
Bei dieser Aufgabe lernen Sie die Funktionsweise des Umsatzsteuersystems kennen. Es wird deutlich, wie Vorsteuer, Umsatzsteuer, die Belastung mit Umsatzsteuer auf den einzelnen Wertschöpfungsebenen und die Belastung des Endverbrauchers zusammenspielen.

Ein Produkt durchläuft von der Urerzeugung bis zum Endverbraucher mehrere Stufen. Der Urerzeugungsbetrieb verkauft das Produkt für 1 000 EUR (netto) an einen Industriebetrieb, der es wiederum für 1 500 EUR (netto) an den Einzelhandel weiterveräußert. Der Einzelhändler schließlich verkauft es für 1 800 EUR (netto) an einen Endverbraucher. Ermitteln Sie die jeweilige Vorsteuer, die berechnete Umsatzsteuer und die Zahllast.

(253)* **Aufgabe 39** *Allgemeines zur Umsatzsteuer*
Mit der Beantwortung der nachstehenden Fragen können Sie Ihren Wissensstand zur Umsatzsteuer überprüfen.

a) Welche Umsätze unterliegen in Deutschland der Umsatzsteuer?
b) Welche Umsatzsteuersätze existieren? Was ist die Bemessungsgrundlage?
c) Nennen Sie mindestens fünf Umsätze, die steuerbefreit sind!
d) Nennen Sie drei Umsätze, die dem reduzierten Steuersatz unterliegen!
e) Wie erfolgt die Bezahlung / Erstattung der Umsatzsteuer?

(254)* **Aufgabe 40** *Eingangsrechnung für den Zweck des Vorsteuerabzugs*
Für den Vorsteuerabzug müssen die dazu benötigten Dokumente – insbesondere Rechnungen – bestimmte gesetzliche Normen erfüllen. Hier sollen Sie zeigen, dass Sie die Anforderungen an eine Rechnung gem. § 14 UStG kennen.

Holz & Hölzer | Honecker Strasse 3 | 04157 Leipzig   *www.hoelzer.de*

Herrn August Hobel   *Holz & Hölzer GmbH*
Magdeburger Str. 5   *Honecker Str. 3*
39108 Magdeburg   *04157 Leipzig*
                                                                      holz@hoezler.de

Rechnungs-Nr.	Kunden-Nr.	Datum	Berater	Zahlungsweise	Lieferdatum
518249-2012291	518249	25.1.2017	Max May	Lastschrift	

NR.	ARTIKELNAME	ANZAHL	EINZELPREIS	ENDPREIS
1	imprägnierte Latten	10	2,50 EUR	25,00 EUR
2	gehobelte Bretter	25	13,90 EUR	347,50 EUR
3	Tropenholz (extra)	3	42,50 EUR	127,50 EUR

St   79,83 EUR   **Rechnungsbetrag**   500,00 EUR

Steuernummer 102 / 142 / 02358

a) Betrachten Sie vorstehende Eingangsrechnung und prüfen Sie, ob die Kriterien des § 14 Abs. 4 UStG erfüllt sind.
b) Verbuchen Sie die Eingangsrechnung!

(255) ** **Aufgabe 41** *Verbuchung der Umsatzsteuer*

[LV-J|T] *Die nachstehenden Fälle decken die typischen Situationen ab, in denen Vor- und Umsatzsteuer zu dokumentieren sind. Zusätzlich lernen Sie, wie die Umsatzsteuerkonten am Ende des Jahres verbucht werden bzw. Eingang in die Bilanz finden. Dabei werden Sie mit den beiden Möglichkeiten des Abschlusses der Umsatzsteuer konfrontiert. Verwenden Sie zur Lösung dieser Aufgabe die Vorlagen für das Journal und die T-Konten.*

Nachstehend sind unsere Geschäftsvorfälle im Dezember 2017 aufgeführt. In allen Fällen erfolgt Barzahlung. Der USt-Satz beträgt 19% (außer bei umsatzsteuerbefreiten Umsätzen).

1. Es wird Handelsware zum Bruttowert von 5 950 EUR an einen Endverbraucher verkauft.
2. Es wird ein PC zu 1 500 EUR zuzüglich Umsatzsteuer gekauft.
3. Ein Mieter zahlt uns die Miete i. H. v. 2 053 EUR.
4. Es werden Handelswaren im Wert von 4 440 EUR (netto) veräußert.
5. Das Unternehmen kauft Handelsware im Einzelhandel zu einem Preis von 2 380 EUR inkl. USt.
6. Es wird Büromaterial (Stifte, Papier und Toner für den Drucker) zum Preis von 464 EUR (netto) erworben.
7. Wir erhalten Zinsen i. H. v. 1 190 EUR.

Aufgabenstellung:

a) Verbuchen Sie die Geschäftsvorfälle im Dezember 2017 und stellen Sie die Geschäftsvorfälle in den Konten »Umsatzsteuer« und »Vorsteuer« dar. Die Umsatzsteuerschuld bzw. der Vorsteuerüberhang werden erst im Geschäftsjahr 2018 beglichen.
b) Wie lauten die Abschlussbuchungssätze der Umsatzsteuerkonten bei Anwendung der b1) Drei-Konten- bzw. b2) Zwei-Konten-Methode? Erstellen Sie für b1) das T-Konto für die »USt-Verrechnung«.

Ermitteln Sie die Umsatzsteuerzahllast für diesen Voranmeldungszeitraum.

(256) ** **Aufgabe 42** *Abschluss der Umsatzsteuerkonten*

Aufgabe 42 greift den zweiten Aufgabenteil von Aufgabe 41 auf. Es soll der Abschluss der Umsatzsteuerkonten anhand der beiden gängigen Methoden geübt werden.

Ein Unternehmen hat im Laufe des Jahres insgesamt 15 900 EUR Vorsteuer in Rechnung gestellt bekommen und selbst insgesamt 12 900 EUR Umsatzsteuer berechnet. Wie lauten die Abschlussbuchungssätze der Umsatzsteuerkonten bei Anwendung der (a) Drei-Konten- bzw. (b) Zwei-Konten-Methode? Der Saldo wird erst im nächsten Jahr überwiesen.

4 TECHNIK DER DOPPELTEN BUCHFÜHRUNG II

Aufgabe 43 *Tauschgeschäfte (Grundlagen)*
Tauschgeschäfte erfordern besondere Aufmerksamkeit bei der Dokumentation. Als schwierig stellt sich dabei nicht die Identifizierung der Konten heraus, sondern die Ermittlung der Werte. Deshalb soll in der Aufgabe zunächst ein Schema zur Ermittlung der relevanten Werte erarbeitet werden, bevor das Schema auf konkrete Geschäftsvorfälle Anwendung finden soll.

a) Wie ermitteln sich grundsätzlich die Anschaffungskosten *des erworbenen Wirtschaftsgutes* beim Tausch mit Baraufgabe?
b) Wir geben eine Maschine zum Buchwert hin und erhalten von unserem umsatzsteuerpflichtigen Geschäftspartner einen Pkw. Der Buchwert der Maschine beträgt 1 000 EUR.
c) Wir geben eine Maschine zum Buchwert hin und erhalten von unserem umsatzsteuerpflichtigen Geschäftspartner einen Pkw. Zusätzlich erhalten wir eine Baraufgabe i. H. v. 100 EUR (netto). Der Buchwert der Maschine beträgt 1 000 EUR.
d) Wir geben eine Maschine hin und erhalten von unserem umsatzsteuerpflichtigen Geschäftspartner einen Pkw im Wert von 1 100 EUR (netto). Zusätzlich erhalten wir eine Baraufgabe i. H. v. 100 EUR (netto). Der Buchwert der Maschine beträgt 800 EUR.
e) Wir kaufen einen Pkw. Der Pkw-Händler nimmt unsere Maschine zum Wert von 1 000 EUR in Zahlung. Wir zahlen zusätzlich noch 200 EUR (netto) als Baraufgabe. Der Buchwert der Maschine beträgt 1 100 EUR.

Aufgabe 44 *Tauschgeschäfte (Vertiefung)*
Aufgabe 44 soll die Inhalte von Aufgabe 43 nochmals vertiefen. Verwenden Sie zur Ermittlung der zu verbuchenden Werte der nachstehenden Geschäftsvorfälle das unter Aufgabenteil a) von Aufgabe 43 erarbeitete Schema.

a) Der Kfz-Händler August Diddler (Audi) verkauft dem Privatmann Hajo Haja (HH) einen Pkw für 4 500 EUR (netto). Der Buchwert des Pkws beträgt 3 800 EUR. Audi nimmt den alten Ford Fiesta von HH für 350 EUR in Zahlung. Den Rest zahlt HH per Banküberweisung. Verbuchen Sie den Geschäftsvorfall aus Sicht des Kfz-Händlers!
b) Der Feinmechaniker Urs Dübel tauscht eine Maschine (er gibt die Maschine hin) im Wert von 500 EUR (netto) (Buchwert = 400 EUR) gegen einen Computer des Elektronikhändlers Karl Bel und zahlt 476 EUR per Banküberweisung. Der Buchwert des Computers beträgt 600 EUR. Verbuchen Sie den Geschäftsvorfall aus Sicht des Dübel sowie aus Sicht des Bel!
c) Der Kfz-Händler Justus Liebig (L) tauscht einen Geschäftswagen (Buchwert = 7 000 EUR) gegen einen anderen Pkw und überweist zusätzlich 595 EUR per Banküberweisung. Der Wert des anderen Pkws beträgt 6 600 EUR. Verbuchen Sie den Geschäftsvorfall für Liebig! Der Tauschpartner ist zum Abzug der Vorsteuer berechtigt.

(260) ** **Aufgabe 45** *Kontrollfragen*
Die Kontrollfragen wiederholen die Inhalte der vorangegangenen Lerninhalte, befassen sich mit der Organisation der Buchführung und insbesondere mit der Umsatzsteuer.

1. Worin unterscheiden sich einfache und doppelte Buchführung?
2. Für welchen Zweck wird die einfache Buchführung i. d. R. eingesetzt?
3. Welcher der Vermögensebenen (Zahlungsmittel, Geldvermögen, Reinvermögen) entspricht die durch die einfache Buchführung ermittelte Vermögensänderung am ehesten?
4. Wie bestimmt man den Gewinn bei einfacher Buchführung?
5. Welche Anpassungen zur Ermittlung der steuerlichen Bemessungsgrundlage sind ausgehend von der einfachen Buchführung durchzuführen?
6. Was versteht man unter einem Kontenplan?
7. In welchem Verhältnis stehen Kontenrahmen und Kontenplan?
8. Welchen Vorteil bringt ein allgemeiner Kontenrahmen mit sich?
9. Was versteht man unter einem Grundbuch, was unter einem Hauptbuch? Was verbindet diese Bücher?
10. Was versteht man unter einem Nebenbuch? Geben Sie zwei Beispiele an!
11. Worin besteht der Unterschied zwischen der Abschlussgliederung und der Prozessgliederung eines Kontenrahmens?
12. Was versteht man unter einem »Einkreissystem«, was unter einem »Zweikreissystem« bezüglich der Organisation der Buchhaltung?
13. In welchen Fällen erscheint es sinnvoll, Kontenrahmen mit Einkreissystem zu verwenden?
14. Kann es sein, dass ein Unternehmer trotz hoher Gewinne seine Miete nicht bezahlen kann?
15. Worin besteht der wesentliche Unterschied zwischen Verbindlichkeiten ggü. Kreditinstituten und Verbindlichkeiten aus L. u. L.?
16. Erläutern Sie, inwiefern der Grundsatz der Pagatorik durch Geschäftsvorfälle, die erfolgswirksam sind, aber niemals zahlungswirksam werden, durchbrochen wird!
17. Was versteht man unter einer Verbrauch- bzw. Verkehrsteuer?
18. Was bedeutet »Vorsteuer«, was »Umsatzsteuer«?
19. Geben Sie jeweils ein Beispiel an für
    a) Ertrag vor Einzahlung,
    b) Einzahlung vor Ertrag,
    c) Aufwand vor Auszahlung,
    d) Auszahlung vor Aufwand,
    e) Einzahlung, niemals Ertrag,
    f) Auszahlung, niemals Aufwand,
    g) Aufwand, nie Auszahlung,
    h) Ertrag, nie Einzahlung.
20. Warum lässt sich die Umsatzsteuer nicht immer vollständig auf den Endverbraucher »überwälzen«? Geben Sie ein konkretes Beispiel an, anhand dessen Sie erläutern, welche Auswirkungen es auf das Unternehmen hat,

wenn der Umsatzsteuersatz steigt und sich die Erhöhung nicht auf den Endverbraucher »überwälzen« lässt.
21. Welche Überlegung liegt dem ermäßigten Umsatzsteuersatz zugrunde?
22. Was versteht man unter »Allphasen-Nettoumsatzsteuer«?
23. Erläutern Sie in formaler Schreibweise die Beziehung zwischen Bemessungsgrundlage, Umsatzsteuer und Bruttobetrag!
24. Nennen Sie Beispiele für Umsätze, die umsatzsteuerbefreit sind!
25. Welche Voraussetzungen müssen von einem »externen« Beleg in Form einer Rechnung gem. § 14 Abs. 4 UStG erfüllt sein?
26. Warum gehört die Umsatzsteuer grundsätzlich nicht zu den Anschaffungskosten?
27. In welchen Fällen stellt die Umsatzsteuer Anschaffungskosten dar? Geben Sie ein konkretes Beispiel an!
28. Was versteht man unter einem durchlaufenden Posten?
29. Welcher Nachteil ergibt sich durch die Saldierung der Umsatzsteuer und Vorsteuer am Jahresende?
30. Warum ist der saldierte Ausweis von Vermögen und Schulden generell nicht sinnvoll?
31. Welche Vor- bzw. Nachteile bestehen bei der Ermittlung der Umsatzsteuer-Zahllast mittels der »Drei-Konten-Methode« im Vergleich zur »Zwei-Konten-Methode«?
32. Was versteht man unter einem Voranmeldezeitraum bei der Umsatzsteuer? Welche Voranmeldezeiträume existieren?
33. Wann »entsteht« die Umsatzsteuer aus steuerlicher Sicht?
34. Wann ist die Umsatzsteuer/Vorsteuer buchhalterisch zu dokumentieren? Gehen Sie insbesondere auf den Zeitpunkt der Realisation ein.
35. Erläutern Sie, welche Liquiditätsvor- und -nachteile mit der Abführung der Umsatzsteuer bzw. dem Abzug der Vorsteuer einhergehen!
36. Was versteht man unter einem Tausch?
37. Wie ermitteln sich Anschaffungskosten, Umsatzsteuer und Vorsteuer beim Tausch?
38. Was versteht man unter einer Baraufgabe beim Tausch?
39. Verbuchen Sie anhand selbstgewählter Beispiele
    a) den Tausch ohne Baraufgabe
        i. zum Buchwert
        ii. unter Buchwert
        iii. über Buchwert
    b) den Tausch mit Baraufgabe
        i. zum Buchwert
        ii. unter Buchwert
        iii. über Buchwert
40. Welche Fälle werden beim nicht wertäquivalenten Tausch unterschieden?

4.2 Erfassung des Warenverkehrs

ShortCode App # 1040

A-46

(267)* **Aufgabe 46** *Wahr oder falsch?*
Aufgabe 46 deckt die Grundlagen der Verbuchung des Warenverkehrs ab.

Sind die nachstehenden Aussagen wahr oder falsch?
Begründen Sie Ihre Antwort *kurz*!

	wahr	*falsch*
a) Ein Warenrohgewinn ergibt sich beim gemischten Warenkonto auf der Habenseite.	☐	☐
b) Das gemischte Warenkonto kann mittels Brutto- oder Nettomethode abgeschlossen werden.	☐	☐
c) Im Fall, dass EB = 0 ergibt sich ein Warenrohgewinn wenn gilt: AB + Zugänge < Abgänge.	☐	☐
d) Im Fall, dass gilt, Anschaffungskosten = Veräußerungspreis, ergeben sich beim gemischten Warenkonto (ohne Kenntnis des Endbestands laut Inventur) keine Interpretationsprobleme.	☐	☐
e) Beim Abschluss des gemischten Warenkontos hat die GuV dieselben Einträge wie beim Abschluss im Fall der Anwendung der Nettomethode beim getrennten Warenkonto.	☐	☐
f) Rabatte werden buchhalterisch bei Rechnungseingang/-ausgang erfasst.	☐	☐
g) Boni sind Gutschriften, die sofort bei Rechnungseingang/-ausgang erfasst werden.	☐	☐
h) Der buchtechnischen Idee der Verbuchung von Skonti nach der Bruttomethode liegt ein Preisnachlass zugrunde. Das Skonto stellt einen nachträglichen »Rabatt« dar.	☐	☐
i) Der Interpretation des Skontos als Kredit wird der buchhalterischen Erfassung nach der Nettomethode Rechnung getragen.	☐	☐
j) Der Eigenverbrauch ist grundsätzlich umsatzsteuerpflichtig. Damit wird der Unternehmer dem Endverbraucher gleichgestellt.	☐	☐
k) Geleistete Anzahlungen haben Verbindlichkeitscharakter und werden beim Empfänger passiviert.	☐	☐

4 TECHNIK DER DOPPELTEN BUCHFÜHRUNG II

Aufgabe 47 *Abschluss des gemischten Warenkontos*
Mit Aufgabe 47 können Sie überprüfen, ob Sie die Ermittlung des Warenrohgewinns und die Systematik des Abschlusses beim gemischten Warenkonto verstanden haben.

Das (gemischte) Warenkonto liefert folgendes Bild:

Soll		Warenkonto		Haben
AB	9 200	Warenverkauf		23 000
Zugang 1	6 300			
Zugang 2	7 400			
Zugang 3	5 900			
Retouren	3 200			
Summe		Summe		

Die Inventur am Ende des Geschäftsjahres ergibt, dass sich noch zwei Typen von Waren auf Lager befinden. Von Typ 1 sind noch 250 Stück vorhanden, die zu 30 EUR/Stück bewertet werden. Von Typ 2 befinden sich noch 300 Stück auf Lager, die mit 24 EUR/Stück bewertet werden.

a) Ermitteln Sie unabhängig vom Warenkonto den Warenrohgewinn!
b) Schließen Sie das Warenkonto ab und geben Sie alle erforderlichen Abschlussbuchungen an!
c) Schließen Sie das Warenkonto ab, wenn der Warentyp 1 mit 5 EUR/Stück und der Warentyp 2 mit 2 EUR/Stück bewertet wird.

Aufgabe 48 *Warenkontenabschluss bei getrennten Warenkonten*
Aufgabe 48 ergänzt Aufgabe 47 um eine Alternative zum Warenkontenabschluss. Beim getrennten Warenkonto existieren zwei Warenkonten. Zusätzlich bestehen zwei Alternativen zum Abschluss der beiden Warenkonten.

a) Die Warenkonten liefern folgendes Bild:

Soll		Wareneinkauf	Haben	Soll		Warenverkauf	Haben	
AB	12 000			Retouren	4 000	UE		65 000
Zugänge	25 000							
Summe		Summe		Summe		Summe		

1. Ermitteln Sie den Warenrohgewinn unabhängig vom Abschluss der Konten!
2. Schließen Sie die Warenkonten nach der Bruttomethode ab und erstellen Sie die GuV!
3. Schließen Sie die Warenkonten nach der Nettomethode ab und erstellen Sie die GuV!

Der Warenbestand am Bilanzstichtag beträgt laut Inventur 20 000 EUR.

A-49

b) Die Warenkonten liefern jetzt folgendes Bild:

Soll	Wareneinkauf		Haben		Soll	Warenverkauf		Haben
AB	30 000	Retouren	6 000				UE	57 000
Zugänge	56 000							
Summe		Summe			Summe		Summe	

Der Warenbestand am Bilanzstichtag beträgt laut Inventur 12 000 EUR.
Schließen Sie die Warenkonten nach der Nettomethode ab!

(272)** **Aufgabe 49** *Abschluss des gemischten/getrennten Warenkontos*

[LV-J|T|B] *Die Dokumentation des Warenverkehrs kann durch ein gemischtes Warenkonto oder getrennte Warenkonten erfolgen. Zudem kann der Abschluss bei getrennten Warenkonten durch die Brutto- bzw. Nettomethode erfolgen. Die unterschiedlichen Möglichkeiten sollen anhand dieser Übungsaufgabe angewendet werden. Verwenden Sie zur Lösung dieser Aufgabe die Vorlagen für das Journal, die T-Konten und die Bilanz. Der Umsatzsteuersatz beträgt 19 %!*

Verbuchen Sie die nachstehenden Geschäftsvorfälle und schließen Sie die Warenkonten ab, unter der Maßgabe der Verwendung

a) eines gemischten Warenkontos. Erstellen Sie das T-Konto »Warenkonto« sowie das GuV-Konto.
b) eines getrennten Warenkontos und Abschluss nach b1) der Bruttomethode bzw. b2) der Nettomethode. Erstellen Sie die T-Konten »Wareneinkauf« sowie »Warenverkauf« sowie das GuV-Konto.

Der Anfangsbestand des Waren(einkaufs)kontos beträgt 90 400 EUR.

Geschäftsvorfälle	EUR
1. Verkauf von Waren auf Ziel lt. Rechnungsbetrag	10 710
2. Kauf von Waren gegen Barzahlung (netto)	2 400
3. Verkauf von Waren gegen Banküberweisung lt. Rechnungsbetrag	18 207
4. Zielkauf von Waren lt. Eingangsrechnung (ER)	9 758
5. Verkauf von Waren gegen Übernahme einer Verb. aus L. u. L. lt. Ausgangsrechnung (AR)	15 470

Der durch Inventur ermittelte Warenendbestand wird mit 60 000 EUR bewertet.

4 TECHNIK DER DOPPELTEN BUCHFÜHRUNG II A-50

74)** **Aufgabe 50** *Warenkonto, Umsatzsteuer und Jahresabschluss*

Die Aufgabe dient der erschöpfenden Übung der Dokumentation des Warenverkehrs. Der Aufgabentypus entspricht demjenigen aus Aufgabe 31 mit dem Unterschied, dass hier der Fokus auf der Warenverbuchung liegt und zusätzlich der Abschluss der Umsatzsteuerkonten zu erfolgen hat. Verwenden Sie zur Lösung dieser Aufgabe die Vorlagen für das Journal, die T-Konten und die Bilanz. Die USt beträgt 19%.

Buchen Sie unter Verwendung getrennter Warenkonten die folgenden Geschäftsvorfälle ausgehend von nachstehender Eröffnungsbilanz und erstellen Sie die T-Konten und die Schlussbilanz. Eröffnungsbuchungen und Kontenabschlüsse (außer im Fall der Warenkonten und der Umsatzsteuerkonten) brauchen nicht durchgeführt werden. Schließen Sie die Warenkonten nach der Bruttomethode ab und ermitteln Sie die Zahllast der Umsatzsteuer auf Basis der 2-Konten-Methode.

Aktiva	Eröffnungsbilanz		Passiva
	EUR		EUR
Grundstücke/Gebäude	80 000	Eigenkapital	116 900
Warenbestand	30 600	Verb. ggü. KI	40 000
Forderungen	12 300	Verb. aus L. u. L.	24 000
Bank	40 000		
Kasse	18 000		
Summe Aktiva	180 900	Summe Passiva	180 900

Geschäftsvorfälle: EUR

1. Zielkauf von Waren lt. Eingangsrechnung (ER) 9 758
2. Der Eigentümer entnimmt in bar 1 000
3. Verkauf von Waren auf Ziel lt. Ausgangsrechnung (AR) 41 650
4. Kauf von Waren gegen Barzahlung lt. Eingangsrechnung 2 856
5. Verkauf von Waren per Banküberweisung (brutto) 18 207
6. Das Unternehmen überweist per Bank für Mietzins 3 400
7. Ein Kunde begleicht seine (!) Verbindlichkeit in bar 12 200
8. Verkauf von Waren gegen Übernahme einer Verb. aus L. u. L. lt. Ausgangsrechnung 15 470
9. Kauf von Handelswaren lt. Eingangsrechnung gegen Hergabe einer Forderung 5 950
10. Zinsgutschrift durch die Bank 500
11. Banküberweisung für Geschäftsführergehalt 22 200
12. Barzahlung der übrigen Gehälter 4 800
13. Eine Lieferantenrechnung wird durch Banküberweisung beglichen (brutto) 5 950
14. Tilgung eines Darlehens durch Banküberweisung 12 000

Der durch Inventur ermittelte Warenendbestand beträgt 15 000 EUR!

(276) ** **Aufgabe 51** *Betroffene Konten bei der Warenverbuchung*
Bei der Warenverbuchung sind neben den eigentlichen Warenkonten häufig noch weitere Konten betroffen. Dabei ist wichtig zu verstehen, wie die Kontenbeziehungen untereinander sind. Die vorliegende Übungsaufgabe prüft, ob Sie die betroffenen Konten einordnen können in Bestands- und Erfolgskonten bzw. ob Sie wissen, über welches Konto das jeweilige Konto abgeschlossen wird.

Bestimmen Sie, ob es sich bei den folgenden Konten jeweils um ein

a) aktives Bestandskonto,
b) passives Bestandskonto,
c) Ertragskonto bzw.
d) Aufwandskonto

handelt und über welches Konto das jeweilige Konto abgeschlossen wird. Die Warenkonten sollen nach der Nettomethode verbucht werden. Kundenskonti werden nach der Bruttomethode verbucht. Der Abschluss der Umsatzsteuerkonten erfolgt nach der 2-Konten-Methode. Gehen Sie von einem Umsatzsteuerüberhang aus.

	(a)	(b)	(c)	(d)	Abschluss über ...
1. Wareneinkauf	☐	☐	☐	☐	
2. Warenverkauf	☐	☐	☐	☐	
3. Vorsteuer	☐	☐	☐	☐	
4. Umsatzsteuer	☐	☐	☐	☐	
5. Warenbezugsaufwand	☐	☐	☐	☐	
6. Warenversandaufwand	☐	☐	☐	☐	
7. Lieferantenboni	☐	☐	☐	☐	
8. Kundenboni	☐	☐	☐	☐	
9. Lieferantenskonti	☐	☐	☐	☐	
10. Kundenskonti	☐	☐	☐	☐	
11. Emballagen	☐	☐	☐	☐	

(277) ** **Aufgabe 52** *Retouren*
Diese Übung soll die Dokumentation von Rücksendungen von Kunden bzw. Rücksendungen an Lieferanten trainieren.

Verbuchen Sie die nachstehenden Geschäftsvorfälle!

a) Ein Kunde schickt Waren aufgrund einer Falschlieferung an uns zurück, die wir auf Ziel an ihn geliefert hatten. Die ursprüngliche Ausgangsrechnung lautete über 4 522 EUR (brutto). Die Rücksendung an uns wird von uns organisiert. Wir tragen die Kosten der Rücksendung (Transport und Versicherung), die sich auf 250 EUR (netto) belaufen und von uns sofort per Banküberweisung beglichen werden.

b) Wir senden Waren aufgrund von offensichtlichen Mängeln an den Lieferanten zurück. Die Waren waren noch nicht bezahlt. Der Warenwert der Retoure beträgt 2 500 EUR.

c) Ein Kunde schickt Waren aufgrund von Mängeln an uns zurück, die wir auf Ziel an ihn geliefert hatten. Die Rücksendung führt zu einer Umsatzsteuerkorrektur i. H. v. 798 EUR.

Aufgabe 53 *Rabatte*

Bei dieser Aufgabe sollen Sie lernen, Rabatte zu verbuchen. Dabei ist zunächst wichtig, dass Sie lernen, Rabatte als solche zu erkennen bzw. dass Sie in der Lage sind, Rabatte von Boni und Skonti zu unterscheiden.

Verbuchen Sie die nachstehenden Geschäftsvorfälle!

a) Wir kaufen Waren auf Ziel. Der Warenwert (netto) beträgt 7 500 EUR. Der Lieferant gewährt 10 % Rabatt.

b) Wir verkaufen Handelswaren für 10 234 EUR (brutto) und gewähren auf die Hälfte des Warenwerts 10 % Mengenrabatt. Der Kunde bezahlt sofort per Banküberweisung.

c) Wir kaufen ursprünglich (telefonisch) Waren für 1 663,44 EUR (brutto) auf Ziel ein. Bei Erhalt der Rechnung sehen wir, dass uns der Lieferant 7 % Rabatt gewährt hat.

d) Wir verkaufen Handelswaren für 2 000 EUR (netto) auf Ziel und gewähren 5 % Sonderrabatt.

Aufgabe 54 *Boni*

Diese Übungsaufgabe dient der erschöpfenden Dokumentation von Boni. Sie sollen zeigen, dass Sie sowohl Kunden- als auch Lieferantenboni verbuchen können.

Verbuchen Sie die nachstehenden Geschäftsvorfälle!

a) Unsere Warenverkäufe in 2017 betragen 10 000 EUR (netto) auf Ziel. Am Jahresende gewähren wir einen Bonus i. H. v. 3 %.

b) Unsere Warenverkäufe in 2017 betragen 5 000 EUR (netto). Das Geld erhalten wir jeweils sofort per Banküberweisung. Am Jahresende gewähren wir eine Gutschrift i. H. v. 5 %.

c) Unsere Warenkäufe in 2017 betragen 12 000 EUR (netto) auf Ziel. Am Jahresende erhalten wir einen Bonus i. H. v. 10 %.

d) Am Jahresende schulden wir aufgrund von Lieferverträgen unserem Kunden einen Bonus i. H. v. 500 EUR (netto), den wir aber erst im neuen Jahr gutschreiben. Der Kunde hat zum Zeitpunkt der Gutschriftserteilung noch nicht bezahlt.

(279) ** **Aufgabe 55** *Skonti*
Die Verbuchung von Skonti gestaltet sich etwas schwieriger als die Verbuchung von Rabatten und Boni. Insbesondere existieren zwei Möglichkeiten der Dokumentation von Skonti. Der Schwerpunkt dieser Übung liegt in der Verbuchung von Skonti nach der Brutto- bzw. Nettomethode.

a) Wir verkaufen Waren für 100 EUR (netto) auf Ziel und gewähren 5 % Skonto bei Zahlung innerhalb von 7 Tagen. Verbuchen Sie den Verkauf sowie die Bezahlung per Banküberweisung
   1. ohne Abzug bzw.
   2. unter Abzug
   von Skonto bei Anwendung der Nettomethode!

b) Wir kaufen Waren für 300 EUR (netto) auf Ziel. Der Lieferant gewährt Skonto i. H. v. 3 % bei Zahlung innerhalb von 14 Tagen. Verbuchen Sie den Kauf sowie die Bezahlung per Banküberweisung
   1. ohne Abzug bzw.
   2. unter Abzug
   von Skonto bei Anwendung der Bruttomethode!

c) Wir kaufen Waren für 500 EUR (netto) auf Ziel. Der Lieferant gewährt Skonto i. H. v. 2 % bei Zahlung innerhalb von 14 Tagen. Verbuchen Sie den Kauf sowie die Bezahlung per Banküberweisung
   1. ohne Abzug bzw.
   2. unter Abzug
   von Skonto bei Anwendung der Nettomethode!

d) Wir verkaufen Waren für 800 EUR (netto) auf Ziel und gewähren 4 % Skonto bei Zahlung innerhalb von 7 Tagen. Verbuchen Sie den Verkauf sowie die Bezahlung per Banküberweisung
   1. ohne Abzug bzw.
   2. unter Abzug
   von Skonto bei Anwendung der Bruttomethode!

e) Ein Kunde bezahlt für eine Rechnung durch Banküberweisung unter Abzug von 2 % Skonto den Betrag von 1 166,20 EUR. Wir verbuchen nach der Bruttomethode.

f) Ein Kunde bezahlt eine Rechnung, die über 3 094 EUR lautet, per Banküberweisung unter Abzug von 3 % Skonto. Wir verbuchen nach der Bruttomethode.

g) Wir kaufen Waren im Wert von 8 500 EUR (netto) zu folgenden Konditionen der Bezahlung:
   - 10 Tage – 3 % Skonto,
   - 20 Tage – 2 % Skonto,
   - 30 Tage netto.
   Wir zahlen einen Betrag von 4 040,05 EUR innerhalb von 10 Tagen, einen Betrag von 2 332,40 EUR am 15. Tag und den Restbetrag am 29. Tag nach Rechnungsstellung jeweils durch Banküberweisung. Wir verbuchen nach der Bruttomethode.

4 TECHNIK DER DOPPELTEN BUCHFÜHRUNG II

Aufgabe 56 *Inanspruchnahme des Skontos*
Häufig stellt sich im Unternehmen nicht nur die Frage nach der Dokumentation von Skonti oder der Methode der Dokumentation, sondern auch die Frage, ob ein Skonto in Anspruch genommen werden soll oder nicht. Die vorliegende Aufgabe soll Ihnen zeigen, wie bei der Beantwortung der Frage nach der Vorteilhaftigkeit der Inanspruchnahme eines Skontos vorzugehen ist.

Wir kaufen am 1. 3. 2017 Waren für 1 000 EUR (netto) mit den Modalitäten: Innerhalb von 7 Tagen 2 % Skonto, innerhalb von 21 Tagen netto Kasse. Zur Inanspruchnahme des Skontos müssten wir einen (Kontokorrent-)Kredit zu einem Zinssatz von 12 % per annum (p. a.) aufnehmen.

Werden wir das Skonto in Anspruch nehmen? Verbuchen Sie den Kauf und die Bezahlung per Banküberweisung bei Anwendung der Bruttomethode.

Aufgabe 57 *Retouren und Preisnachlässe*
Aufgabe 57 befasst sich mit Retouren, Rabatten, Boni sowie Skonti. Retouren und Preisnachlässe fallen im Rahmen »eines« Geschäftsvorfalls an.

a) Verbuchen Sie die nachstehenden Geschäftsvorfälle!
b) Ermitteln Sie rechnerisch (ohne Rückgriff auf die Doppik) den Gewinn aus den nachstehenden Geschäftsvorfällen.
c) Schließen Sie die Konten (mit Ausnahme der Umsatzsteuer- und Zahlungsmittelkonten sowie den Verbindlichkeiten aus L. u. L.) ab und ermitteln Sie buchhalterisch den Gewinn aus den nachstehenden Geschäftsvorfällen. Die *Verbuchung* des Abschlusses ist nicht erforderlich. Gehen Sie von einem getrennten Warenkonto aus! Schließen Sie die Warenkonten nach der Nettomethode ab! Der Anfangs- und Endbestand (lt. Inventur) des Wareneinkaufskontos beträgt 0 EUR.

Wir kaufen Waren auf Ziel ein. Die Eingangsrechnung lautet auf 11 305 EUR.

1. Die Eingangsrechnung wurde unter Berücksichtigung eines Rabatts von 5 % ausgestellt. Wie hoch war der Warenwert ursprünglich?
2. Wir stellen nachträglich fest, dass 20 % der Waren mit Mängel behaftet sind. Die Rücksendung führt zu einer Gutschriftanzeige. Die Kosten der Rücksendung für Transport und Versicherung betragen 80 EUR (netto) und sind von uns zu tragen. Die Kosten der Rücksendung werden sofort per Banküberweisung beglichen.
3. Die Warenverbindlichkeiten werden unter Abzug von 3 % Skonto per Banküberweisung beglichen. Wir verbuchen nach der Bruttomethode.
4. Trotz Rücksendung wird durch den Einkauf der Waren eine Umsatzgrenze erreicht. Der Lieferant gewährt uns im Nachhinein einen Bonus i. H. v. 500 EUR netto. Wir erhalten den Bonus per Banküberweisung.
5. Wir verkaufen die Waren für 14 000 EUR netto per Banküberweisung.

(284) ** **Aufgabe 58** *Anzahlungen*
Diese Aufgabe zeigt Ihnen, wie geleistete und erhaltene Anzahlungen zum Zeitpunkt der Vorauszahlung und der Abschlusszahlung zu verbuchen sind.

Verbuchen Sie die folgenden Geschäftsvorfälle!

a) Wir zahlen 2 500 EUR (netto) für eine in Auftrag gegebene Sonderanfertigung einer Maschine per Banküberweisung an. Der Rechnungsbetrag bei Lieferung beläuft sich auf 7 000 EUR (netto).

b) Wir erhalten eine Anzahlung über 800 EUR (netto) per Banküberweisung für eine Warenlieferung. Bei Lieferung schreiben wir eine Rechnung über 1 500 EUR (netto).

c) Ein Kunde bestellt Waren zu einem Warenwert von 4 000 EUR. Da der Kunde in Fachkreisen für seine kurzfristigen Meinungsänderungen bekannt ist, verlangen wir eine Anzahlung in voller Höhe des zu erwartenden Rechnungsbetrags. Der Kunde leistet die geforderte Anzahlung fristgerecht per Banküberweisung.

d) Der Kunde aus c) storniert die Bestellung tatsächlich. Wir behalten 15 % der Anzahlung für uns enstandene Kosten ein und erstatten den Rest per Banküberweisung.

e) Zur Erweiterung unseres Maschinenparks bestellen wir eine Spezialmaschine zum Nettopreis von 16 500 EUR und leisten eine Anzahlung in Höhe von 9 520 EUR per Banküberweisung.

f) Die Maschine aus e) wird drei Monate später geliefert. Die Rechnungstellung erfolgt zeitgleich mit der Lieferung. Zwei Wochen nach Lieferung wird unter Abzug von 5 % Skonto auf den noch offenen Betrag per Banküberweisung bezahlt. Wir verbuchen nach der Bruttomethode.

(285) ** **Aufgabe 59** *Eigenverbrauch, Entnahmen und Einlagen*
Der Eigenverbrauch wird hier als Unterkapitel des Warenverkehrs geführt. Allerdings ist der Leistungsaustausch zwischen der betrieblichen Sphäre und der privaten Sphäre des Unternehmers nicht begrenzt auf den Warenverkehr. Die vorliegende Übungsaufgabe soll Ihnen zeigen, welche Probleme grundsätzlich bei Leistungsbeziehungen zwischen Unternehmen und Unternehmer bestehen. Sie sollen dann anhand von Beispielen zeigen, ob Sie die Verbuchung dieser Leistungsbeziehungen beherrschen.

a) Bei welchen Unternehmensformen sind Entnahmen und Einlagen möglich? Geben Sie Beispiele für Unternehmensformen an!

b) Welches Problem besteht grundsätzlich bei der Bewertung von Entnahmen und Einlagen? Beschreiben Sie dieses Problem in Form von Buchungssätzen anhand eines selbstgewählten Beispiels! Wie wird dieses Problem in der Praxis gehandhabt?

c) Zeigen Sie anhand eines selbstgewählten Beispiels die Verbuchung der Entnahme eines Vermögensgegenstandes (1) zum Buchwert, (2) unter Buchwert, (3) über Buchwert.

d) Der e. K. (eingetragener Kaufmann) Siegfried Rödiger (R) entnimmt am 31.4.2017 einen Pkw in sein Privatvermögen. Der Pkw hat zu diesem Zeitpunkt einen Buchwert von 7 500 EUR. Der Pkw wurde vor 10 Jahren für 30 000 EUR angeschafft. Laut Schwacke-Liste könnte R den Pkw an einen fremden Dritten für 9 000 EUR verkaufen. Verbuchen Sie den Geschäftsvorfall!

e) Der e. K. Balduin Baldauf (B) zahlt in 2017 vom betrieblichen Konto 20 000 EUR Einkommensteuer, 1 100 EUR Solidaritätszuschlag (SolZ) und 2 300 EUR Gewerbesteuer. Des Weiteren entrichtet B in 2017 750 EUR an Grundsteuer für das bebaute Betriebsgelände und 550 EUR an Kfz-Steuer für seinen betrieblichen Pkw (Audi A6). Verbuchen Sie die Geschäftsvorfälle! Was wäre, wenn die Beträge jeweils vom privaten Bankkonto des B entrichtet werden?

f) Die Cocktail-GmbH zahlt in 2017 vom betrieblichen Konto 30 000 EUR Körperschaftsteuer, 1 500 EUR SolZ und 4 000 EUR Gewerbesteuer. Verbuchen Sie die Geschäftsvorfälle!

g) Am 20.4.2017 kauft der Bäckermeister Adalbert Speer (S) e. K. für betriebliche Zwecke 500 kg Mehl für 0,20 EUR/kg ein. Zu seinem 60. Geburtstag am 17.5.2017 verwendete S 20 kg des am 20.4.2017 erworbenen Mehls für Backwaren, die er seinen privaten Gästen servierte. Am 17.5.2017 hätte S für 1 kg Mehl 0,25 EUR/kg bezahlen müssen. Was muss S buchungstechnisch veranlassen?

h) Am 1.6.2017 mähte der bei der AB-OHG angestellte Gärtner den Rasen des zum Privathaus des Gesellschafters A gehörenden Gartens. Er benötigte dafür 3 Stunden. Der Gärtner erhielt von A keine Zahlungen. Der Arbeitsvertrag des Gärtners sieht 180 Stunden Arbeitszeit pro Monat vor. Der monatliche Bruttolohn beträgt 2 700 EUR. Wie wird der Sachverhalt bei der AB-OHG bilanziell abgebildet?

i) Der Unternehmer Schlau entnimmt am 12.12.2017 Waren zum Eigenverbrauch. Der Einkaufspreis zum Zeitpunkt der Entnahme beträgt 3 500 EUR netto; die Anschaffungsnebenkosten (netto) betragen zum Zeitpunkt der Entnahme 300 EUR.

7)** **Aufgabe 60** *Kontrollfragen*
Die Kontrollfragen beziehen sich auf das getrennte bzw. gemischte Warenkonto sowie Retouren, Preisnachlässe und den Eigenverbrauch.

1. Worin besteht das Problem des gemischten Warenkontos?
2. Unter welchen Voraussetzungen besteht das Problem beim gemischten Warenkonto nicht mehr?
3. Ist die Inventur Bestandteil der doppelten Buchführung? Warum?
4. Erläutern Sie anhand eines selbstgewählten Beispiels die beiden Fälle, bei denen beim gemischten Warenkonto keine Probleme bei der Interpretation eines Saldos (ohne Inventur) bestehen!

A-61

5. Worin besteht der Unterschied zwischen der Brutto- bzw. Nettomethode beim getrennten Warenkonto? Welche Methode ist für den Bilanzleser aufschlussreicher und warum?
6. Worin besteht der Unterschied zwischen Rabatten und Boni?
7. Welches Problem besteht bei der erfolgswirksamen Verbuchung von Preisnachlässen (Boni, Skonti)?
8. Verbuchen Sie einen Lieferantenbonus (Kundenbonus) anhand eines selbstgewählten Beispiels!
9. Welche Verfahren der Skontoverbuchung existieren? Welche Vor- und Nachteile bestehen bei diesen Verfahren?
10. Was versteht man unter dem Begriff des »Teilwerts«?
11. Welche Probleme ergeben sich in der Praxis bei der Bestimmung des Teilwerts?
12. Sind Privatentnahmen immer erfolgsneutral? Warum?
13. Nennen Sie mindestens 5 Beispiele des Eigenverbrauchs!
14. Erläutern Sie den Grund der Umsatzsteuerpflicht des Eigenverbrauchs!
15. Verbuchen Sie den Fall, bei dem August Hobel afrikanisches Tropenholz aus seinem Betrieb zur Täfelung seiner Privatwohnung entnimmt, das er zu 1 000 EUR (netto) angeschafft hatte und dessen Teilwert bzw. Einkaufspreis zum Zeitpunkt der Entnahme 3 500 EUR beträgt!

4.3 Verbuchung von Steuern

ShortCode App # 1041

(291)* **Aufgabe 61** *Wahr oder falsch?*
Aufgabe 61 beinhaltet die Grundlagen der Verbuchung von Steuern.

Sind die nachstehenden Aussagen wahr oder falsch?
Begründen Sie Ihre Antwort *kurz*!

		wahr	falsch
a)	Steuern stellen immer Aufwand dar.	☐	☐
b)	Die Kfz-Steuer des ausschließlich privat genutzten Pkws stellt Aufwand dar.	☐	☐
c)	Für Umsatzsteuerbeträge, die am Bilanzstichtag noch nicht an das Finanzamt abgeführt wurden, muss eine Rückstellung gebildet werden.	☐	☐
d)	Es existieren Steuern, die zwar vom Unternehmen gezahlt werden müssen, die aber nicht erfolgswirksam sind (durchlaufende Posten).	☐	☐
e)	Die Grunderwerbsteuer erhöht die Anschaffungskosten. Sie stellt kein Sofortaufwand dar.	☐	☐
f)	Die Körperschaftsteuer stellt handelsrechtlich einen Aufwand dar.	☐	☐

4 TECHNIK DER DOPPELTEN BUCHFÜHRUNG II

		wahr	*falsch*
g)	Die Kirchensteuer des Unternehmers stellt immer dann Aufwand dar, wenn sie vom betrieblichen Bankkonto bezahlt wird.	☐	☐
h)	Die Kirchensteuer der Angestellten stellt für den Unternehmer Aufwand dar.	☐	☐

91)** **Aufgabe 62** *Klassifizierung von Steuern*

Steuern fallen in den unterschiedlichsten Formen an. Die Aufgabe dient zur Überprüfung, ob Sie in der Lage sind, die existierenden Steuern im buchhalterischen Sinne korrekt zu klassifizieren.

Geben Sie an, ob in den nachstehenden Fällen die jeweilige Steuer ...

a) Ertrag,
b) Aufwand,
c) Privatentnahme,
d) Privateinlage,
e) Anschaffungskosten,
f) Forderungen bzw.
g) Verbindlichkeiten darstellt oder
h) die betriebliche Sphäre nicht berührt.

buchhalterische Erfassung als ...

1. Der Unternehmer überweist seine Einkommensteuer vom privaten Bankkonto.
2. Die Brauerei bezahlt die Biersteuer vom Betriebskonto.
3. Grundsteuer für Betriebsvermögen wird vom Betriebskonto bezahlt.
4. Umsatzsteuer auf den Eigenverbrauch von Handelswaren.
5. Einkommensteuerzahlung des Unternehmers vom Betriebskonto.
6. Der Solidaritätszuschlag auf die Einkommensteuer des Unternehmers wird vom betrieblichen Konto bezahlt.
7. Grunderwerbsteuer beim Kauf einer betrieblichen Immobilie.
8. Vorsteuer beim Kauf von Sachanlagen für die Produktion.
9. Vorsteuer bei Kauf einer Maschine, die zum Anlagevermögen gehört, im Fall, dass der Unternehmer nicht vorsteuerabzugsberechtigt ist.

buchhalterische Erfassung als ...

10. Vorsteuer bei Steuerberatungskosten im Fall, dass der Unternehmer nicht vorsteuerabzugsberechtigt ist.
11. Körperschaftsteuerzahlung einer Aktiengesellschaft (Kapitalgesellschaft).
12. Solidaritätszuschlag eines Arbeitnehmers wird vom Betriebskonto bezahlt.
13. Die Lohnsteuer eines Arbeitnehmers wird vom privaten Bankkonto bezahlt.
14. Am Ende des Geschäftsjahres besteht ein Umsatzsteuerüberhang.
15. Der Gewerbesteuerbescheid fällt niedriger aus als die Gewerbesteuerrückstellung am Bilanzstichtag.
16. Es wird Kirchensteuer für einen Arbeitnehmer vom betrieblichen Konto bezahlt.
17. Die Kfz-Steuer für ein betriebliches Kfz wird vom betrieblichen Konto bezahlt.
18. Es wird Versicherungsteuer für die Gebäudeversicherung betrieblicher Gebäude vom Betriebskonto bezahlt.

(293)** **Aufgabe 63** *Verbuchung von Steuern*
Nachdem das Ziel von Aufgabe 62 die Einordnung von Steuern war, sollen jetzt Geschäftsvorfälle, die Steuern betreffen, konkret verbucht werden.

Verbuchen Sie die folgenden Geschäftsvorfälle!

a) Bezahlung der Einkommensteuer des Unternehmers über das betriebliche Bankkonto i. H. v. 1 250 EUR.
b) Bezahlung der Körperschaftsteuer der A-GmbH über das betriebliche Bankkonto i. H. v. 4 560 EUR.
c) Wir rechnen am 31.12. damit, dass die
   1. Gewerbesteuernachzahlung,
   2. Einkommensteuernachzahlung
   im neuen Jahr jeweils 500 EUR beträgt.
d) Wir erhalten den Grunderwerbsteuerbescheid (23 000 EUR) für das im letzten Jahr erworbene Betriebsgrundstück.
e) Wir bezahlen die Grundsteuer für unsere Produktionshallen i. H. v. 1 500 EUR per Banküberweisung vom betrieblichen Konto.
f) Wir erhalten den Kfz-Steuerbescheid über 650 EUR für unseren umweltfreundlichen Firmenwagen.
g) Wir bezahlen die Kfz-Steuer für unseren »privaten« Audi A6 i. H. v. 1 200 EUR per Überweisung von unserem Privatkonto.

4.4 Besonderheiten im Industriebetrieb

ShortCode App # 1042

294)* **Aufgabe 64** *Wahr oder falsch?*
Aufgabe 64 befasst sich thematisch mit der Aufteilung und Gliederung der GuV und dem Kontenabschluss nach UKV bzw. GKV.

A-64

Sind die nachstehenden Aussagen wahr oder falsch?
Begründen Sie Ihre Antwort *kurz*!

	wahr	falsch
a) Nach deutschem Handelsrecht (HGB) ist die Kontoform für die GuV vorgeschrieben.	☐	☐
b) Die Bewertung von Fertigerzeugnissen ist vor allem für Handelsbetriebe von Bedeutung.	☐	☐
c) Eine Aufgliederung der GuV nach der Regelmäßigkeit bedeutet, dass die Gliederung zwischen monatlich, vierteljährlich, halbjährlich und jährlich anfallenden Erträgen und Aufwendungen unterscheidet.	☐	☐
d) Eine Aufteilung der GuV nach Finanzergebnis bzw. Betriebsergebnis bedeutet eine Aufteilung nach der Art der Erträge.	☐	☐
e) Ohne die Gewinn- und Verlustrechnung könnte der Periodenerfolg (Gewinn) bei Anwendung der doppelten Buchführung nicht bestimmt werden.	☐	☐
f) Im Handelsbetrieb findet im Rahmen der Produktion ein Transformationsprozess statt.	☐	☐
g) Wird der Materialverbrauch durch die Inventurmethode erfasst, ist eine unterjährige Erfolgsmessung (bei Inventur am Bilanzstichtag) nicht möglich.	☐	☐
h) Bei der Skontrationsmethode werden lediglich die Zugänge buchhalterisch erfasst. Der Abgang ergibt sich durch die Inventur.	☐	☐
i) Im Fall einer Bestandserhöhung ist die Summe der GuV beim GKV höher als beim UKV.	☐	☐
j) Das Gesamtkostenverfahren und das Umsatzkostenverfahren führen zu unterschiedlicher Erfolgswirkung.	☐	☐
k) Bestandsveränderungen existieren nur beim Gesamtkostenverfahren, nicht beim Umsatzkostenverfahren.	☐	☐
l) Das Gesamtkostenverfahren ist kostenträgerorientiert.	☐	☐

A-66

(294)** **Aufgabe 65** *Typen von Unternehmen aus buchhalterischer Sicht*
Um den Betriebsablauf aus buchhalterischer Sicht dokumentieren zu können, muss klar sein, um welchen Typus von Unternehmen es sich handelt. Bei dieser Aufgabe werden die unterschiedlichen Typen von Unternehmen aus buchhalterischer Sicht benannt und existierenden Unternehmen zugewiesen.

a) Erläutern Sie kurz die wesentlichen buchhalterischen Unterschiede der nachstehenden Typen von Unternehmen!

   1. Handelsbetrieb (= H)
   2. Industriebetrieb (= I)
   3. Dienstleistung (= D)
   4. Finanzdienstleistung (= F)

b) Welcher der vorgenannten Typen tritt jeweils auf die nachstehend genannten Unternehmen zu? Weisen Sie jeweils die Buchstaben H, I, D oder F zu!

#	Unternehmen	Typ	#	Unternehmen	Typ
1.	Adidas	⊔	2.	Allianz	⊔
3.	BASF	⊔	4.	Bayer	⊔
5.	Beiersdorf	⊔	6.	BMW	⊔
7.	Commerzbank	⊔	8.	Continental	⊔
9.	Daimler	⊔	10.	Deutsche Bank	⊔
11.	Deutsche Börse	⊔	12.	Deutsche Post	⊔
13.	Deutsche Telekom	⊔	14.	E.ON	⊔
15.	Fresenius	⊔	16.	HeidelbergCement	⊔
17.	Henkel	⊔	18.	K+S	⊔
19.	LANXESS	⊔	20.	Linde	⊔
21.	Lufthansa	⊔	22.	Merck	⊔
23.	Münchner Rück	⊔	24.	RWE	⊔
25.	SAP	⊔	26.	Siemens	⊔
27.	Thyssen Krupp	⊔	28.	Amazon	⊔

(295)* **Aufgabe 66** *Zuordnung von Begriffen zum GKV und UKV*
Bevor Sie den Kontoabschluss nach GKV und UKV in Form von Buchungssätzen durchführen, sollen Sie bei dieser Aufgabe zunächst zeigen, dass Sie die Unterschiede zwischen den beiden Verfahren verstanden haben.

Ordnen Sie die nachstehenden Begriffe dem GKV bzw. UKV zu! Mehrfachnennungen sind möglich.

	GKV	UKV
a) Kontoform	☐	☐
b) Staffelform	☐	☐
c) kostenartenorientiert	☐	☐
d) Erfolg der einzelnen Produkte könnte aus der GuV ermittelt werden.	☐	☐

	GKV	UKV
e) kostenträgerorientiert	☐	☐
f) Ein Konto (Erfolgskonto) »Bestandsveränderungen« muss eingerichtet werden.	☐	☐
g) Es findet eine Anpassung der Gesamtaufwendungen an die Umsatzerlöse statt.	☐	☐
h) In der GuV werden nur die Herstellungsaufwendungen des Umsatzes ausgewiesen.	☐	☐
i) Veränderungen im Lagerbestand beeinflussen die Betriebsleistung.	☐	☐
j) Anpassung der Ertragsseite an die Gesamtaufwendungen.	☐	☐

Aufgabe 67 *Abschluss der Konten beim GKV und UKV*

Diese Übungsaufgabe prüft, ob Sie die Systematik der Kontenabschlüsse beim GKV und UKV verstanden haben. Geprüft wird dabei nicht, ob Sie die jeweilige Reihenfolge der Kontenabschlüsse kennen, sondern ob Sie das Konto bzw. die Konten benennen können, über die das betrachtete Konto abgeschlossen wird.

Über welches Konto bzw. welche Konten werden die in der linken Spalte aufgeführten Konten abgeschlossen? Verbinden Sie dazu die Konten in der linken Spalte mit den Konten in der rechten Spalte!

a) *Gesamtkostenverfahren*

Abschluss des Kontos ...	*über das Konto ...*
Umsatzerlöse	Eigenkapital
Fertige Erzeugnisse	Schlussbilanzkonto
Unfertige Erzeugnisse	GuV
Personalaufwand	Bestandsveränderung
Mietaufwand (Leasing)	Fertige Erzeugnisse
Rohstoffe	Unfertige Erzeugnisse
GuV	

b) *Umsatzkostenverfahren*

Abschluss des Kontos ...	*über das Konto ...*
Umsatzerlöse	Eigenkapital
Fertige Erzeugnisse	Schlussbilanzkonto
Unfertige Erzeugnisse	GuV
Personalaufwand	Fertige Erzeugnisse
Mietaufwand (Leasing)	Unfertige Erzeugnisse
Rohstoffe	
GuV	

(296) ** **Aufgabe 68** *Umsatzkostenverfahren*

Aufgabe 68 stellt eine einführende Übungsaufgabe zur Anwendung des Umsatzkostenverfahrens (UKV) dar. Anhand eines sehr stark vereinfachten Beispiels soll die Verbuchung der relevanten Konten anhand des UKV gezeigt werden.

Ihnen liegen folgende Informationen aus dem Geschäftsjahr 2017 vor (jeweils Nettowerte):

Umsatzerlöse: 1 150 000 EUR,
produziert: 110 Stück,
abgesetzt: 123 Stück,
Herstellungskosten je Stück: 5 600 EUR,
Anfangsbestand fertige Erzeugnisse: 240 800 EUR (43 Stück à 5 600 EUR).

Schließen Sie die Konten »Fertige Erzeugnisse« und »GuV« nach dem Umsatzkostenverfahren ab.

(297) ** **Aufgabe 69** *Gesamtkostenverfahren*

Aufgabe 69 stellt eine einführende Übungsaufgabe zur Anwendung des Gesamtkostenverfahrens (GKV) dar. Anhand eines sehr stark vereinfachten Beispiels soll die Verbuchung der relevanten Konten anhand des GKV gezeigt werden.

Wir produzieren in 2017 160 unfertige Erzeugnisse, wobei die Herstellungskosten 690 EUR/Stück betragen. Am 1. 1. 2017 waren 89 unfertige Erzeugnisse auf Lager, die zu 670 EUR/Stück bewertet wurden. Insgesamt konnten wir 183 unfertige Erzeugnisse zu 1 428 EUR/Stück (brutto) per Bank verkaufen. Gehen Sie davon aus, dass die zuletzt hergestellten Erzeugnisse zuerst verkauft werden. Führen Sie alle Buchungen in 2017 durch, die das Konto »Unfertige Erzeugnisse« betreffen und erstellen Sie die GuV! Es wird dabei das Gesamtkostenverfahren unterstellt.

(298) *** **Aufgabe 70** *Gesamt- und Umsatzkostenverfahren*
[LV-J|T] *Aufgabe 70 fasst die Aufgaben 68 und 69 zu einer Aufgabe zusammen. Hier können Sie überprüfen, ob Sie den Unterschied der beiden Verfahren verstanden haben. Verwenden Sie zur Lösung dieser Aufgabe die Vorlagen für das Journal und die T-Konten.*

Ein Industrieunternehmen weist folgende Bestände an unfertigen und fertigen Erzeugnissen aus (Werte in EUR):

Bestand	Anfang	Schluss
Unfertige Erzeugnisse	110 000	117 000
Fertige Erzeugnisse	220 000	125 000

Die Umsatzerlöse der Periode betragen 1 005 000 EUR. Der Aufwand setzt sich aus folgenden drei Aufwandsarten zusammen, die jeweils in Stufe I (unfertige Erzeugnisse) und Stufe II (fertige Erzeugnisse) anfallen (Werte in EUR):

	Gesamt	Stufe I (UE)	Stufe II (FE)
Aufwand Rohstoffe	330 000	330 000	-
Personalaufwand	400 000	250 000	150 000
Mietaufwand (Leasing)	200 000	80 000	120 000

Schließen Sie die entsprechenden Konten nach

a) dem Gesamtkostenverfahren,
b) dem Umsatzkostenverfahren ab und geben Sie jeweils die zugehörigen Buchungssätze an.
c) Erläutern Sie den wesentlichen Unterschied zwischen Gesamtkostenverfahren und Umsatzkostenverfahren!

Aufgabe 71 *Periodenerfolg und Totalerfolg*

Bei dieser Aufgabe sollen Sie zeigen, ob Sie die Beziehung von Zahlungen und Gewinnen (Periodenerfolge) verstanden haben. Dazu wird eine Zahlungs- und Erfolgsrechnung über zwei Perioden simuliert. Aufgabe 71 folgt dem Prinzip aus Aufgabe 35 auf Seite 33 mit dem Unterschied, dass sich Aufgabe 71 auf einen Industriebetrieb bezieht!

Zum Ende des Jahres 2017 bekommen Sie – als Leiter der Rechnungswesenabteilung – von der Geschäftsleitung die Aufgabe übertragen, die Plan-Erfolgsrechnung für die kommenden zwei Geschäftsjahre (2017 und 2018) zu erstellen. Hierzu werden Sie von der Geschäftsleitung über folgende geplante Sachverhalte informiert:

- Zu Beginn des Jahres 2017 wird eine Maschine zum Preis von 10 000 EUR gekauft. Die Nutzungsdauer der Maschine, die linear abgeschrieben wird, beträgt 2 Jahre.
- Zu Beginn eines jeden Jahres werden Rohstoffe zum Preis von 20 000 EUR eingekauft. Für die Produktion fertiger Erzeugnisse werden die angeschafften Rohstoffe in jeder Periode vollständig verbraucht.
- Im Jahr 2017 können noch nicht alle fertigen Erzeugnisse verkauft werden, so dass ein Lageraufbau, bewertet mit Herstellungskosten i. H. v. 5 000 EUR, die Folge ist. Die auf Lager genommenen fertigen Erzeugnisse können in 2018 (wie auch die in diesem Jahr produzierten fertigen Erzeugnisse) vollständig verkauft werden.
- Durch den Verkauf der fertigen Erzeugnisse werden in jedem Jahr Umsatzerlöse i. H. v. 35 000 EUR erzielt. Ein Teil der Kunden aus dem Jahr 2017 bezahlt unsere Rechnungen i. H. v. 15 000 EUR jedoch erst im Jahr 2018, so dass mit einem entsprechenden Forderungsaufbau zu rechnen ist. Im Jahr 2018 werden alle Rechnungen sofort bezahlt.

A-71

Aus den angegebenen Informationen konnte bereits die folgende Zahlungsrechnung erstellt werden.

Zahlungsrechnung (in EUR)	2017	2018	Summe
Auszahlung (Kauf Maschine)	−10 000		−10 000
Auszahlungen (Kauf Rohstoffe)	−20 000	−20 000	−40 000
Einzahlungen (Verkauf fertiger Erzeugnisse)	+20 000	+50 000	+70 000
Periodenüberschuss/-fehlbetrag	−10 000	+30 000	
Totalüberschuss			+20 000

Ihre Aufgabe ist es, die Zahlungsrechnung in eine Erfolgsrechnung überzuleiten. Hierzu sind die Zahlungen gegebenenfalls zu periodisieren.

1. Geben Sie hierzu die notwendigen Buchungssätze für die nachstehenden Geschäftsvorfälle an! Alle Zahlungsvorgänge werden über das Bankkonto abgewickelt. Die Umsatzsteuer ist zu vernachlässigen!

   Geschäftsvorfälle zum Jahresanfang 2017:
   a) Einkauf der Maschine
   b) Einkauf der Rohstoffe

   Geschäftsvorfall im laufenden Jahr 2017:
   c) Verkauf fertiger Erzeugnisse

   Geschäftsvorfälle zum Jahresende 2017:
   d) Abschreibung der Maschine
   e) Verbrauch der Rohstoffe
   f) Lageraufbau fertiger Erzeugnisse

   Geschäftsvorfall zum Jahresanfang 2018:
   g) Einkauf der Rohstoffe

   Geschäftsvorfälle im laufenden Jahr 2018:
   h) Verkauf fertiger Erzeugnisse
   i) Eingang der Forderung aus dem Vorjahr

   Geschäftsvorfälle zum Jahresende 2018:
   j) Abschreibung der Maschine
   k) Verbrauch der Rohstoffe
   l) Lagerabbau fertiger Erzeugnisse

2. Erstellen Sie nun die entsprechende Erfolgsrechnung, indem Sie die nachfolgende Tabelle ausfüllen.

Erfolgsrechnung (in EUR)	2017	2018	Summe
Aufwand (Abschreibung Maschine)			
Aufwand (Verbrauch Rohstoffe)			
Ertrag (Umsatzerlöse)			
Ertrag/Aufwand (Lageraufbau/-abbau)			
Gewinn/Verlust			
Totalerfolg			

3. Vergleichen Sie den in der Erfolgsrechnung für die Jahre 2017 und 2018 ermittelten Periodenerfolg und den Totalerfolg mit dem Periodenüberschuss/-fehlbetrag und dem Totalüberschuss, die sich aus der Zahlungsrechnung ergeben haben. Begründen Sie in einer kurzen stichpunktartigen Stellungnahme, ob und warum sich Übereinstimmungen und Unterschiede ergeben.

02)** **Aufgabe 72** *Kontrollfragen*
Die Kontrollfragen decken die Themen Steuern, Anzahlungen, Grundlagen der Materialwirtschaft, Bestandsveränderung von Erzeugnissen sowie Gliederung der Gewinn- und Verlustrechnung ab.

1. In welche Kategorien lässt sich die Erfassung von Steuern grundsätzlich einteilen (Wie lassen sich Steuern typisieren)?
2. Wie lässt sich die zeitliche Erfassung von Steuern aus buchhalterischer Sicht untergliedern?
3. Inwiefern bestehen Unterschiede bei der Erfassung von Steuern bei Personenunternehmungen und Kapitalgesellschaften?
4. Geben Sie jeweils einen Geschäftsvorfall samt Buchungssatz an, bei dem die Erfassung der Steuer zu
    a) einem Ertrag,
    b) einem Aufwand,
    c) einer Privatentnahme,
    d) einer Privateinlage,
    e) Anschaffungkosten,
    f) Forderungen bzw.
    g) Verbindlichkeiten führt bzw.
    h) die betriebliche Sphäre nicht berührt.
5. Erläutern Sie die Behandlung von geleisteten (erhaltenen) Anzahlungen durch Buchungssätze jeweils zum Zeitpunkt der Anzahlung und der Endabrechnung!
6. Warum stellen Anzahlungen umsatzsteuerlich kein Kreditgeschäft dar?
7. Erläutern Sie den Unterschied zwischen Handels- und Industriebetrieben!

8. Worin bestehen die Unterschiede zwischen Skontrations- und Inventurmethode? Erläutern Sie jeweils Vor- und Nachteile!
9. Erläutern Sie die Vorteile der Staffelform gegenüber der Kontoform bei der Darstellung der GuV.
10. Welche Aufgliederungen der GuV sind denkbar?
11. In welche Kategorien lässt sich der Gesamterfolg aufspalten?
12. Was spricht dafür, das Betriebsergebnis und das Finanzergebnis getrennt auszuweisen?
13. Worin besteht der Unterschied zwischen Gesamtkostenverfahren und Umsatzkostenverfahren?
14. Wann entstehen Bestandsmehrungen (Bestandsminderungen)? Welchen Zweck erfüllt ihre Verbuchung?
15. Welche Probleme außerhalb der doppelten Buchführung ergeben sich bei Bestandsmehrungen?

Quelle: Schanz, Sebastian/Koschmieder, Simon (2014): Humoristische Zeichnungen zum Betrieblichen Rechnungswesen, Selbstverlag, Bayreuth, ISBN 978-3-00-047631-0, Seite 23.

5 Lohn und Gehalt

ShortCode App # 1050

306)* **Aufgabe 73** *Wahr oder falsch?*
Diese Aufgabe deckt die Grundlagen der Ermittlung und Verbuchung von Lohn und Gehalt ab und damit die Inhalte des gleichnamigen Kapitels des Lehrbuches.

Sind die nachstehenden Aussagen wahr oder falsch?
Begründen Sie Ihre Antwort *kurz*!

		wahr	falsch
a)	Sozialversicherungsbeiträge für Arbeitnehmer sind ausschließlich zur Renten-, Kranken- und Pflegeversicherung zu entrichten.	☐	☐
b)	Die Beiträge zur Rentenversicherung sind jeweils zu 50 % vom Arbeitgeber und -nehmer zu entrichten und stellen für den Arbeitgeber jeweils Aufwand dar.	☐	☐
c)	Die Beitragssätze zur Krankenversicherung sind für den Arbeitnehmer höher als für den Arbeitgeber.	☐	☐
d)	Bei Kinderlosigkeit wird in jedem Fall ein Zusatzbeitrag zur Pflegeversicherung erhoben.	☐	☐
e)	Die Beitragssätze zur Pflegeversicherung sind – bei Vorhandensein von Kindern – für den Arbeitgeber und den Arbeitnehmer identisch.	☐	☐
f)	Der Arbeitgeber hat zusätzlich zu den Sozialversicherungsbeiträgen zur Renten-, Kranken-, Pflege- und Arbeitslosenversicherung auch noch diverse Umlagen zu entrichten.	☐	☐
g)	Die Umlage U1, die der Arbeitgeber zu entrichten hat, stellt für den Arbeitgeber eine Versicherung für die Entgeltfortzahlung im Krankheitsfall dar.	☐	☐
h)	Die Sozialversicherungsbeiträge sind unabhängig von der Höhe des Bruttolohns immer mit den vollen Sätzen zu entrichten.	☐	☐
i)	Bei sog. Minijobs zahlen weder Arbeitnehmer noch Arbeitgeber Beiträge zur Sozialversicherung.	☐	☐
j)	Die Sozialversicherungsbeiträge sind gedeckelt.	☐	☐
k)	Die Höhe der Sozialversicherungsbeiträge hängt vom Wohnort innerhalb von Deutschland ab.	☐	☐
l)	Die Beitragsbemessungsgrenzen für die Renten- und Arbeitslosenversicherung sind identisch.	☐	☐
m)	Bei der Kranken- und Pflegeversicherung spielt der Wohnort innerhalb von Deutschland keine Rolle.	☐	☐
n)	Alleinerziehende, ledige Steuerpflichtige werden in Lohnsteuerklasse I eingeordnet.	☐	☐

ÜBUNGSAUFGABEN · BUCHFÜHRUNG & ABSCHLUSS

A-74

		wahr	falsch
o)	Verheiratete Steuerpflichtige mit nur einem Verdiener werden immer in Lohnsteuerklasse III eingeordnet.	☐	☐
p)	Verheiratete Steuerpflichtige mit zwei Verdienern werden immer in Lohnsteuerklasse IV eingeordnet.	☐	☐
q)	Bei der Ermittlung der Lohnsteuer finden Kinder keine Berücksichtigung.	☐	☐
r)	Bei der Ermittlung des Solidaritätszuschlags und der Kirchensteuer finden Kinder keine Berücksichtigung.	☐	☐

(307)** **Aufgabe 74** *Bestandteile der Lohnbuchhaltung*

Charakteristisch für die Lohnbuchhaltung ist, neben der teilweise komplizierten Berechnung der zu verbuchenden Beträge selbst, die Anzahl der zu verbuchenden Teilbeträge. Vor der eigentlichen Verbuchung der einzelnen Bestandteile sollte klar sein, welche Bestandteile existieren, welche Auswirkungen sie auf den Nettoarbeitslohn haben und wohin die Beträge fließen.

Bestimmen Sie, ob die nachstehend aufgeführten Positionen der Lohn- und Gehaltsabrechnung für einen Arbeitnehmer jeweils vom

a) Arbeitnehmer bzw.
b) Arbeitgeber

zu tragen sind, d.h. mindern die Beiträge/Zahlungen den Nettolohn oder nicht? Kreuzen Sie beide Boxen an, falls beide einen Teil der Zahlungen übernehmen. An wen sind die Beträge jeweils abzuführen?

	(a)	(b)	Abführung an ...
1. Beiträge zur Krankenversicherung	☐	☐	
2. Umlage U1	☐	☐	
3. Kirchensteuer	☐	☐	
4. Beiträge zur Unfallversicherung	☐	☐	
5. Insolvenzgeldumlage	☐	☐	
6. Zusatzbeitrag zur PV	☐	☐	
7. Lohnsteuer	☐	☐	
8. Beiträge zur Rentenversicherung	☐	☐	
9. Solidaritätszuschlag	☐	☐	
10. Beiträge zur Arbeitslosenversicherung	☐	☐	
11. Beiträge zur Pflegeversicherung	☐	☐	
12. Umlage U2	☐	☐	

5 LOHN UND GEHALT

307)* **Aufgabe 75** *Relevante Zeitpunkte der Lohnverbuchung*
Bei dieser Aufgabe sollen Sie zeigen, dass Sie in der Lage sind, die Bestandteile der
Lohnbuchhaltung in den zeitlichen Ablauf der Dokumentation einzuordnen.

a) Betrachten Sie den nachstehenden Zeitstrahl und ordnen Sie die Ziffern
   (1)–(4) den nachstehenden Begriffen zu!

   Ziffer
   1. Bezahlung der Steuern an das Finanzamt   └──┘
   2. Drittletzter Bankarbeitstag   └──┘
   3. Bezahlung der Löhne/Gehälter   └──┘
   4. Fünftletzter Bankarbeitstag   └──┘

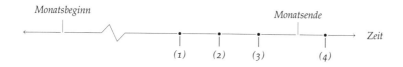

b) Ausgehend von der Abbildung aus Aufgabenteil a): Beurteilen Sie (sofern
   möglich) durch Zuordnen der Ziffern (1)–(4) wann in den nachstehenden
   Fällen eine Verbindlichkeit bzw. Auszahlung vorliegt!

	Verbindlichkeit	*Auszahlung*
1. Beiträge zur Rentenversicherung	└──┘	└──┘
2. Gehaltszahlung	└──┘	└──┘
3. Kirchensteuer	└──┘	└──┘
4. Beiträge zur Krankenversicherung	└──┘	└──┘

7)** **Aufgabe 76** *Ermittlung von Sozialversicherungsbeiträgen*
Bei der Dokumentation der Geschäftsvorfälle, die Lohn- und Gehaltszahlungen betreffen, liegt die Herausforderung meist nicht in der Verbuchung selbst, sondern in der Ermittlung der entsprechenden Beträge. Bei dieser Aufgabe sollen Sie zeigen, dass Sie in der Lage sind, die Sozialversicherungsbeiträge korrekt zu ermitteln.

In der nachstehenden Tabelle sind die Sozialversicherungsbeiträge in 2017 für
ein kinderloses »Mitglied«, das das 23. Lebensjahr vollendet hat, zusammenfassend dargestellt (*Annahme: Zusatzbeitrag = 0,9%):

	AG	AN	Zusatz	Summe	West Jahr	West Monat	Ost Jahr	Ost Monat
RV	9,350%	9,350%		18,700%	76 200	6 350	68 400	5 700
ALV	1,500%	1,500%		3,000%	76 200	6 350	68 400	5 700
KV*	7,300%	8,200%		15,500%	52 200	4 350	52 200	4 350
PV	1,275%	1,275%	0,250%	2,800%	52 200	4 350	52 200	4 350
Σ	19,425%	20,325%		40,000%				

A-78 Ermitteln Sie unter den nachstehenden Voraussetzungen die jährlichen Beiträge zur jeweiligen Versicherung:

	(a)	(b)	(c)	(d)	(e)	(f)
Jahresarbeitslohn	20 000	60 000	40 000	80 000	36 000	70 000
Wohnort	Dresden	Frankfurt	Köln	Jena	Passau	Halle*
Alter	22	45	33	53	44	39
Kinder	nein	ja	nein	ja	ja	nein
Beiträge für	AN	AG	AN	AG	AN	AG
Beiträge zur	RV	KV	PV	RV	ALV	PV

* Halle an der Saale

(308) ** **Aufgabe 77** *Jahreslohnsteuer und Solidaritätszuschlag*
Hier sollen Sie zeigen, dass Sie in der Lage sind, ausgehend von zu versteuernden Jahresbeträgen, die Lohnsteuer zu ermitteln.

Robert Rauch, ledig, keine Kinder, aus München hat im Veranlagungszeitraum 2017 einen abgerundeten zu versteuernden Jahresbetrag von

a) 4 000 EUR,
b) 10 235 EUR,
c) 20 000 EUR,
d) 60 000 EUR,
e) 300 000 EUR.

In welche Lohnsteuerklasse wird Rauch eingeordnet? Ermitteln Sie die Jahreslohnsteuer und den Solidaritätszuschlag.

Variante: Was wäre, wenn Rauch verheiratet ist, Alleinverdiener ist und zwei Kinder hat, für die er Kindergeld bekommt?

(311) *** **Aufgabe 78** *Ermittlung der Steuern und der SV-Abgaben*
Aufgabe 78 fasst die Ermittlung der Beträge für die Lohnbuchung zusammen. Wurde in den Aufgaben 76 und 77 jeweils der Fokus auf Teilbereiche der Lohn- und Gehaltsabrechnung gelegt, erfolgt jetzt die Ermittlung aller Beträge simultan.

Hildegard Nagel (N), ledig, evangelisch, keine Kinder, wohnt und arbeitet in Halle an der Saale (Sachsen-Anhalt). Sie ist seit zwei Jahren in der Entwicklungsabteilung bei der NewTeX GmbH, die Rotorblätter für Windmühlen herstellt, angestellt und hat Spaß an ihrer Arbeit. Ihr monatliches Bruttogehalt (12 Gehälter) in 2017 beträgt 6 500 EUR.

a) Ermitteln Sie die abzuführenden Beiträge zur Renten-, Arbeitslosen-, Kranken- und Pflegeversicherung in 2017 für N jeweils getrennt nach Arbeitgeber- und Arbeitnehmeranteil.
b) Ermitteln Sie den abzuführenden monatlichen Lohnsteuerabschlag und gehen Sie dabei wie folgt vor:
   1. In welche Steuerklasse ist N einzuordnen?

5 LOHN UND GEHALT

2. Ermittlung der abzugsfähigen Rentenversicherungsbeiträge.
3. Ermittlung der abzugsfähigen Beiträge zur Krankenversicherung und Pflegeversicherung.
4. Ermittlung des zu versteuernden Jahresbetrags.
5. Ermittlung der Jahreslohnsteuer und der monatlichen Lohnsteuer.

c) Ermitteln Sie den monatlichen SolZ für N.
d) Ermitteln Sie die monatliche KiSt für N.
e) Führen Sie die notwendigen Buchungen der Lohnabrechnung für N für Dezember 2017 durch!

13)** **Aufgabe 79** *Lohnverbuchung*

[LV-J] *Bei dieser Aufgabe steht, anders als in Aufgabe 78, nicht die Ermittlung der zu dokumentierenden Beträge, sondern die Verbuchung selbst im Vordergrund. Verwenden Sie zur Lösung dieser Aufgabe die Vorlage für das Journal.*

Verbuchen Sie die nachstehenden Geschäftsvorfälle!

a) *Lohn- und Gehaltsabrechnung im Oktober*
   Die Aufwendungen für Löhne und Gehälter im Oktober betragen insgesamt 50 000 EUR. Die Nettolöhne betragen 25 000 EUR. Die später noch abzuführende Lohnsteuer beträgt 10 000 EUR und die SV-Beiträge der AN und des AG betragen insgesamt 15 000 EUR.
   1. Am 26. Oktober (fünftletzter Bankarbeitstag) werden die Beitragsnachweise an die Krankenkassen abgeschickt. Am 28. Oktober (drittletzter Bankarbeitstag) werden die SV-Beiträge für Oktober an die Krankenkassen überwiesen.
   2. Am 30. Oktober werden die Nettolöhne per Banküberweisung ausgezahlt, gleichzeitig entsteht die Lohnsteuerschuld.
   3. Am 10. November zieht das Finanzamt die Lohnsteuer für Oktober vom Firmenkonto ein.

b) *Vorschuss*
   1. Der Vorarbeiter Ludwig ist aufgrund seines privaten Hausbaus knapp bei Kasse. Er bekommt daher Anfang Oktober einen Gehaltsvorschuss i. H. v. 1 500 EUR überwiesen.
   2. Der Bruttolohn für Ludwig im Oktober beträgt 4 000 EUR. Darauf entfallen 500 EUR an Steuern (Lohnsteuer, Solidaritätszuschlag und Kirchensteuer). Der AN-Anteil (AG-Anteil) an SV-Beiträgen beläuft sich auf 750 EUR (700 EUR). Vom Gehaltsvorschuss werden 900 EUR einbehalten.

c) *Betriebliche Altersversorgung*
   Dem Vorarbeiter Ludwig aus b) wurde aufgrund seiner langjährigen Betriebszugehörigkeit eine Betriebsrente zugesagt. Dafür werden 2 500 EUR in die Pensionsrückstellungen eingestellt.

d) *Vermögenswirksame Leistungen*
   Es werden die tarifvertraglich vereinbarten vermögenswirksamen Leistungen an eine Fondsgesellschaft i. H. v. 2 800 EUR überwiesen.

e) *Auszahlung einer Betriebsrente*
   Dem ehemaligen Geschäftsführer G. F. wird am 31.10. eine Betriebsrente i. H. v. brutto 1 800 EUR überwiesen. Es fallen Lohnsteuer i. H. v. 100 EUR und SV-Beiträge i. H. v. (insgesamt) 252 EUR an, welche am 10.11. bzw. 15.11. vom Konto eingezogen werden. Für diese Rente wurde während der Beschäftigungszeit des G. F. eine Pensionsrückstellung gebildet.

f) *Unfallversicherung*
   Es werden die Beiträge an die Kommunale Unfallversicherung Bayern i. H. v. 8 000 EUR überwiesen.

g) *Sachbezüge*
   Arbeitnehmer Meier erhält neben seinem Bruttolohn i. H. v. 2 000 EUR, den er nach Abzug von 100 EUR Lohnsteuer und 400 EUR SV-Beiträgen überwiesen bekommt, einen Sachbezug (Waren) im Wert von 100 EUR zzgl. 19 % USt. Verbuchen Sie lediglich die Überweisung des Lohns / Sachbezugs! (Die LSt und die SV-Beiträge beziehen sich auf den Gesamtlohn inklusive Sachleistung.)

(315) ** **Aufgabe 80** *Kontrollfragen*
Die Kontrollfragen decken das Thema Lohn und Gehalt ab.

1. Worin unterscheiden sich Arbeiter und Angestellte?
2. In welche Kategorien lassen sich die Personalaufwendungen einteilen?
3. Wofür stehen die »fünf Säulen« der deutschen Sozialversicherung? Benennen Sie die einzelnen Säulen!
4. Welche Beiträge trägt ausschließlich der Arbeitgeber?
5. Was versteht man unter Umlage U1 und Umlage U2?
6. Beschreiben Sie den technischen Ablauf der Bezahlung der Sozialversicherungsbeiträge!
7. Worin besteht der Unterschied zwischen Beiträgen zur Sozialversicherung und Steuern?
8. Wie hoch sind jeweils im Jahr 2017 die SV-Beiträge für den AN und den AG und insgesamt in Prozent für einen ledigen Arbeitnehmer ohne Kind, der das 23. Lebensjahr vollendet hat?
9. Was besagt die Beitragsbemessungsgrenze?
10. Was versteht man unter Lohnsteuerklassen? Warum werden sie gebildet?
11. Ermitteln Sie für den Monat Oktober 2017 die SV-Beiträge, getrennt für einen verheirateten, in Bayern wohnenden AN mit drei Kindern und für den AG bei monatlichen Bruttogehältern (12 Gehälter) von
    a) 1 500 EUR
    b) 3 500 EUR
    c) 4 000 EUR bzw.
    d) 6 000 EUR

12. Zeigen Sie anhand eines selbstgewählten Beispiels, was unter einer Freigrenze bzw. einem Freibetrag zu verstehen ist!
13. Warum wurde beim Solidaritätszuschlag eine Härtefallregel (Einschleifregel) implementiert?
14. Was versteht man unter einem Sachbezug bzw. einem geldwerten Vorteil?
15. Worin besteht das Problem bei Sachbezügen?
16. Weshalb sind Sachbezüge i. d. R. sowohl sozialversicherungspflichtig als auch steuerpflichtig?
17. Nennen Sie mindestens 5 Beispiele für Sachbezüge, die die sozialversicherungspflichtigen und lohnsteuerpflichtigen Bruttobezüge erhöhen.

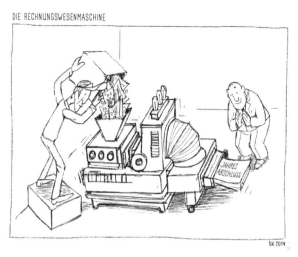

Quelle: Schanz, Sebastian/Koschmieder, Simon (2014): Humoristische Zeichnungen zum Betrieblichen Rechnungswesen, Selbstverlag, Bayreuth, ISBN 978-3-00-047631-0, Seite 28.

6 Jahresabschluss nach HGB

ShortCode App # 1060

Aufgabe 81 *Wahr oder falsch?*
Die Inhalte dieser Aufgabe decken das Themengebiet der Grundlagen der Rechnungslegungssysteme ab.

Sind die nachstehenden Aussagen wahr oder falsch?
Begründen Sie Ihre Antwort *kurz*!

		wahr	falsch
a)	In Deutschland kommt ausschließlich das »separate accounting« zur Anwendung.	☐	☐
b)	»Separate accounting« bedeutet, dass sowohl eine Handelsbilanz als auch eine Steuerbilanz erstellt werden muss. Der Gewinn wird unabhängig vom jeweiligen anderen Rechenwerk ermittelt.	☐	☐
c)	Neben den deutschen Vorschriften zur Ermittlung des Periodenerfolgs existieren zahlreiche andere Regelwerke zur Ermittlung des Periodenerfolgs.	☐	☐
d)	Den »wahren« Gewinn kann es deshalb nicht geben, da i. d. R. Bewertungsspielräume vorhanden sind.	☐	☐
e)	Würde man den Gewinn ausschließlich auf Basis von Zahlungsgrößen ermitteln, wären Bilanzen überflüssig.	☐	☐
f)	Charakteristisch für das »separate accounting« ist die Möglichkeit der Gewinnermittlung sowohl über die Bilanz als auch über die GuV.	☐	☐
g)	Beim »separate accounting« wird das externe und das interne Rechnungswesen in getrennten Kontensystemen verwaltet.	☐	☐
h)	»One-book-accounting« bedeutet, dass für handelsrechtliche und steuerrechtliche Zwecke im Wesentlichen nur eine Bilanz erstellt werden muss.	☐	☐
i)	Die IFRS müssen, obwohl keine originären deutschen Rechtsnormen, auch von deutschen kapitalmarktorientierten Unternehmen angewendet werden.	☐	☐

Aufgabe 82 *Wahr oder falsch?*
Schwerpunkte dieser Übung sind die Grundlagen der Bilanzierung und Bewertung. Insbesondere decken die Fragen die §§ 1–6 und §§ 238–252 HGB ab.

Sind die nachstehenden Aussagen wahr oder falsch?
Begründen Sie Ihre Antwort *kurz*!

		wahr	falsch
a)	Die Führung von Büchern nach HGB ist *grundsätzlich* verpflichtend für jeden Kaufmann.	☐	☐
b)	Den Jahresabschluss bilden grundsätzlich die Bilanz und die GuV.	☐	☐

6 JAHRESABSCHLUSS NACH HGB

		wahr	falsch
c)	Steuerberater, die freiberuflich organisiert sind, sind unabhängig vom Umsatz nicht verpflichtet, Bücher nach HGB zu führen.	☐	☐
d)	Einzelkaufleute können unter gewissen Voraussetzungen wählen, ob sie Bücher nach handelsrechtlichen Vorschriften führen wollen oder nicht.	☐	☐
e)	Das Maßgeblichkeitsprinzip besagt, dass die Ansätze aus der Handelsbilanz dem Grunde und der Höhe nach auch in die Steuerbilanz zu übernehmen sind.	☐	☐
f)	Aufgrund des Prinzips der Maßgeblichkeit haben handelsrechtliche Vorschriften Auswirkung auf die Höhe der Steuerzahlung.	☐	☐
g)	Umgekehrt sind auch steuerliche Vorschriften maßgeblich für die Handelsbilanz.	☐	☐
h)	Bei den »Grundsätzen ordnungsmäßiger Buchführung« handelt es sich um einen bestimmten Rechtsbegriff. Der Begriff wird im Gesetz definiert.	☐	☐
i)	Materielle Ordnungsmäßigkeit im Rahmen der GoB bedeutet, dass die Aufzeichnungen vollständig und richtig sind (sog. inhaltliche Ordnungsmäßigkeit).	☐	☐
j)	Die formelle Ordnungsmäßigkeit besagt, dass die Bücher »klar und übersichtlich« zu führen sind.	☐	☐
k)	Die Buchführung nach deutschem Handelsrecht muss in deutscher Sprache organisiert sein.	☐	☐
l)	Der Jahresabschluss nach HGB muss in einer »lebenden Sprache« verfasst sein.	☑	☐
m)	Auf der Aktivseite dürfen grundsätzlich nur materielle und immaterielle Gegenstände aufgenommen werden, die die Merkmale eines Vermögensgegenstands erfüllen.	☐	☐
n)	Die Buchinventur erstreckt sich auf die nicht körperlichen Vermögensteile und Schulden.	☐	☐
o)	Der Vorteil der Bilanzstichtagsinventur besteht in der exakten Kontrolle des tatsächlichen Bestands. Fortschreibungen sind nicht erforderlich.	☐	☐
p)	Die permanente Inventur stellt hohe Anforderungen an die Buchhaltung, da eine Fortschreibung nach Art, Menge und Wert zum Inventarstichtag nötig ist.	☐	☐
q)	Fallen zivilrechtliches und wirtschaftliches Eigentum auseinander, muss der zivilrechtliche Eigentümer den Vermögensgegenstand bilanzieren.	☐	☐
r)	Es kann sein, dass ein Unternehmer Vermögensgegenstände aktiviert hat, die ihm zivilrechtlich gar nicht gehören (er nicht zivilrechtlicher Eigentümer ist).	☐	☐

	wahr	falsch
s) Das Realisationsprinzip und das Imparitätsprinzip sind Ausprägungen des Vorsichtsprinzips.	☐	☐
t) Bilanzidentität bedeutet, dass die Wertansätze in der Eröffnungsbilanz des Geschäftsjahres mit denen der Schlussbilanz des vorhergehenden Geschäftsjahres übereinstimmen müssen.	☐	☐
u) Aufgrund des »going-concern-principle« erfolgt in der Schlussbilanz der Ansatz der Vermögenswerte und Schulden nicht zum Liquidationswert (Zerschlagungswert).	☐	☐
v) Der »Grundsatz der Einzelbewertung« besagt, dass bei der Inventur jeder Vermögensgegenstand und jede Schuld einzeln erfasst und bewertet werden muss.	☐	☐
w) »Wertaufhellende« Informationen dürfen bei der Erstellung des Jahresabschlusses des vorangegangenen Geschäftsjahres nicht berücksichtigt werden.	☐	☐
x) »Wertbegründende« Informationen müssen bei der Erstellung des Jahresabschlusses ausdrücklich Berücksichtigung finden.	☐	☐
y) »Bewertungskontinuität« bedeutet, dass die im vorhergehenden Jahresabschluss angewandten Bewertungsmethoden grundsätzlich beizubehalten sind.	☐	☐
z) Bei entgeltlich erworbenen immateriellen Vermögensgegenständen des Anlagevermögens besteht Aktivierungswahlrecht.	☐	☐

(321)* **Aufgabe 83** *Buchführungspflicht*
Die Anwendung der handelsrechtlichen Vorschriften sind von zentraler Bedeutung für die Frage, »wie« zu dokumentieren ist. Mit dieser Übungsaufgabe können Sie überprüfen, ob Sie in der Lage sind, die Buchführungspflicht nach HGB korrekt zu beurteilen.

Wer ist grundsätzlich für handelsrechtliche Zwecke buchführungspflichtig? Beurteilen Sie für die folgende Fälle, ob Buchführungspflicht für handelsrechtliche Zwecke besteht:

a) Der Würstchenbudenbesitzer Kevin Blut-Wurst (BW) betreibt seine Würstchenbude in Form einer Einzelunternehmung auf dem Campus der Universität Magdeburg. Im Geschäftsjahr 2017 erwirtschaftet BW einen Umsatz von 80 000 EUR und einen Gewinn von 30 000 EUR. Ein in kaufmännischer Weise eingerichteter Geschäftsbetrieb besteht nicht.

b) Blut-Wurst ist ein eingetragener Kaufmann (e. K.). Sein Umsatz in 2017 beträgt 750 000 EUR.

c) Blut-Wurst aus b) führt seinen Geschäftsbetrieb im Rahmen einer Gesellschaft mit beschränkter Haftung (GmbH) aus.

d) Der Steuerberater Siegfried Para-Graf (PG) hat in seinem Mandantenkreis ausschließlich sehr vermögende Mandanten. Im Geschäftsjahr (= Kalenderjahr) 2017 hat PG einen Umsatz von 20 Mio EUR und einen Gewinn von 19,5 Mio EUR erwirtschaftet.

e) Arthur Groß und Bettina Klein stellen im Rahmen einer Gesellschaft des bürgerlichen Rechts (GbR) hochwertige Murmelbahnen für gut situierte Familien her.
Abwandlung: Was wäre, wenn Groß und Klein die Murmelbahnen im Rahmen einer OHG herstellen würden?

21)** **Aufgabe 84** *Vermögensgegenstände*
Bei dieser Aufgabe sollen Sie lernen, zu beurteilen, ob die Inhalte der Geschäftsvorfälle bilanzierungsfähig sind. Es soll die Frage beantwortet werden: Was darf aktiviert/passiviert werden und was nicht?

a) Welche Merkmale müssen bei Vorliegen eines Vermögensgegenstands erfüllt sein?
b) Liegen im Folgenden Vermögensgegenstände vor?
  1. Der e. Kfm. Willi Wurst erwirbt für 15 000 EUR eine fahrende Würstchenbude zur Erweiterung seines Betriebs.
  2. Die Brauerei Almrausch-GmbH (A) gibt dem Gastwirt Bergfrieden (B) einen Zuschuss i. H. v. 100 000 EUR. Gleichzeitig verpflichtet sich B gegenüber der Brauerei, 10 Jahre Bier zu beziehen (Beurteilung aus Sicht von A).
  3. Die bilanzierende Maschinenfabrikantin Sand (S) benötigt für die Erweiterung ihres Betriebes dringend ein Betriebsgebäude. Es bietet sich ihr folgende Möglichkeit: Gernegross (G) verkauft ihr am 31. 12. 2017 ein entsprechendes Gebäudegrundstück. Da das Gebäude noch bis 31. 12. 2019 verpachtet ist, muss S zusätzlich zum Kaufpreis 24 000 EUR an den Pächter zahlen, um ihn zum 31. 12. 2018 zum vorzeitigen Verlassen zu bewegen. Liegt bezüglich der Abstandszahlung handelsrechtlich ein Vermögensgegenstand vor?

22)** **Aufgabe 85** *Zivilrechtliches und wirtschaftliches Eigentum*
Neben der Frage, ob überhaupt ein bilanzierungsfähiger Vermögensgegenstand/eine Schuld vorliegt, muss geklärt werden, bei wem die Bilanzierung zu erfolgen hat. Durch die vorliegende Aufgabe sollen Sie lernen, zu beurteilen, welche Art von Eigentum jeweils vorliegt und wer zu bilanzieren hat.

Wem sind die Vermögensgegenstände in den nachstehenden Fällen zum 31. 12. 2017 bilanziell zuzurechnen?

a) Zur Sicherung eines Kredits bei ihrer Hausbank überträgt die A-GmbH der Hausbank (einer berüchtigten Großbank) am 31. 12. 2017 zwei Maschinen sicherungshalber. Die A-GmbH leistet die entsprechenden Zins- und Tilgungszahlungen fristgerecht.

b) Die A-GmbH kauft bei der C-AG in 2017 eine PC-Anlage. Die C-AG liefert unter Eigentumsvorbehalt. Zum 31. 12. 2017 hat die A-GmbH den Kredit, den sie von der C-AG bekommen hatte, noch nicht vollständig getilgt.

c) Der Kommissionär Viktor Trauen (T) wird von der X-GmbH beauftragt, Rohstoffe in Kommission zu kaufen. T erwirbt die Rohstoffe am 28. 12. 2016. Am 4. 1. 2017 übergibt T der X-GmbH die Rohstoffe. Wer hat die Rohstoffe zum Bilanzstichtag am 31. 12. 2016 zu bilanzieren?

(323) ** **Aufgabe 86** *Allgemeine Ansatz- und Bewertungsvorschriften*
Mit dieser Aufgabe soll überprüft werden, ob Sie die allgemeinen Ansatz- und Bewertungsvorschriften nach HGB auf konkrete Vorfälle in der Weise anwenden können, dass Sie das grundlegende Problem der Vorfälle erkennen und beurteilen. Der Inhalt dieser Aufgabe bezieht sich auf die §§ 238–252 HGB.

Beurteilen Sie die nachstehenden Vorfälle aufgrund der allgemeinen Ansatz- und Bewertungsvorschriften des HGB. Buchungssätze sind nicht erforderlich!

a) Die Buchhalterin Valeria Rück-Stellung (RS) verbucht im März 2017 einen aufwandswirksamen Rohstoffverbrauch. Nach der Betriebsprüfung im April 2017 wird klar, dass es sich um ein Missverständnis handelt und es sich bei dem Geschäftsvorfall um eine Privatentnahme des Unternehmers handelt. RS löscht daraufhin die im März durchgeführte Buchung.

b) Am 31. 12. 2017 liegen beim e. Kfm. Franz W. Agner Forderungen aus L. u. L. i. H. v. 12 000 EUR und Verbindlichkeiten aus L. u. L. i. H. v. 3 500 EUR vor. Agner weist die Buchhalterin an, in der Bilanz lediglich Forderungen aus L. u. L. i. H. v. 8 500 EUR auszuweisen.

c) Der Großwildhändler und e. Kfm. Karl Flinte beliefert namhafte Zoos in aller Welt mit exotischen Tieren. Vor zwei Jahren erwarb er einen Löwen, den er bisher nicht verkaufen konnte und der auf einem großzügigen Areal auf seinem Unternehmensgelände untergebracht ist. Flinte führt den Löwen in seinem Anlagevermögen.

d) Im Februar 2017 gründeten A und B die vorsteuerabzugsberechtigte AB-GmbH, in der sie Nägel und Schrauben herstellen. Die Kosten der Gründung in Form von Notar- und Rechtsanwaltskosten betrugen 3 450 EUR (brutto). Die Kosten wurden im Anlagevermögen aktiviert und werden künftig über 10 Jahre abgeschrieben.

e) Am 31. 12. 2017 beträgt der Buchwert des Betriebsgrundstücks der Y-GmbH 124 000 EUR. Im Fall der Zerschlagung der Y-GmbH und der Veräußerung der einzelnen Vermögensgegenstände könnte die Y-GmbH das Grundstück für 2 Mio EUR (netto) verkaufen. Aus diesem Grund bilanziert die Y-GmbH das Grundstück am 31. 12. 2017 mit 2 Mio EUR.

f) Die Forderung aus L. u. L. der X-GmbH gegenüber der Y-OHG beträgt zum 31. 12. 2017 11 900 EUR (brutto). Am 25. 12. 2017 wird das Insolvenzverfahren über das Vermögen der Y-OHG eröffnet. Die X-GmbH erfährt davon erst am 25. 2. 2018.

6 JAHRESABSCHLUSS NACH HGB

23)** **Aufgabe 87** *Kontrollfragen*
Die Kontrollfragen decken das Thema »Jahresabschluss nach HGB« ab.

1. Welche internationalen Rechnungslegungsstandards existieren? Nennen Sie Gründe zur Entstehung dieser Normen.
2. Warum stellt der Gewinn eine »philosophische Größe« dar?
3. Wer ist nach handelsrechtlichen Vorschriften verpflichtet, Bücher zu führen? Geben Sie die einschlägige Rechtsnorm an!
4. Was besagt das Maßgeblichkeitsprinzip? Welche Vor- und Nachteile bestehen dabei im Gegensatz zum »separate accounting«?
5. Erläutern Sie die wichtigsten Grundsätze ordnungsmäßiger Buchführung! Welchem Zweck dienen diese?
6. Erläutern Sie die Vor- und Nachteile der Bilanzstichtagsinventur und der permanenten Inventur!
7. Was versteht man unter zivilrechtlichem und wirtschaftlichem Eigentum? Nennen Sie Beispiele, bei denen zivilrechtliches und wirtschaftliches Eigentum auseinanderfallen. Wer muss jeweils bilanzieren und welche Probleme treten dabei auf?
8. Erläutern Sie den Grundsatz der Einzelbewertung allgemein!
9. Was besagt das Vorsichtsprinzip und welche weiteren Prinzipien lassen sich daraus ableiten?
10. Wie lässt sich das Imparitätsprinzip aus der Sicht einzelner Bilanzadressaten rechtfertigen? Unterscheiden Sie zwischen Gläubigern und Eignern!
11. Erläutern Sie das »going-concern-principle«. Welche Auswirkungen auf die Bilanzansätze hätte die Annahme der Nichtfortführung der Unternehmung?
12. Erläutern Sie, inwiefern die Nettomethode bei der Verbuchung von Skonti der »richtigen« Periodenabgrenzung eher entspricht als die Bruttomethode!
13. Welche Realisationszeitpunkte für die Gewinnrealisierung wären denkbar? Wägen Sie diese im Hinblick auf die Kriterien
    a) Sicherheit / Vorsicht,
    b) Informationsgehalt und
    c) Manipulationsfähigkeit gegeneinander ab!
14. Erläutern Sie die Bedeutung »wertaufhellender« und »wertbeeinflussender« Informationen für den Jahresabschluss!

7 Anlagevermögen

{ShortCode App # 1070}

A-88

Aufgabe 88 deckt die theoretischen Inhalte von Kapitel 7 der Vorlesung im Rahmen des Antwort-Wahl-Verfahrens (Multiple-Choice) ab. Aufgabe 89 befasst sich mit der Verbuchung von Abschreibungen, während Aufgabe 90 die Ermittlung der planmäßigen Abschreibung bei alternativen Abschreibungsmethoden zum Inhalt hat. Die Aufgaben 91 bis 100 vertiefen die Ermittlung der konkreten Abschreibungsbeträge alternativer Abschreibungsverfahren und fassen die Ergebnisse im Anlagegitter zusammen.

(329) * **Aufgabe 88** *Wahr oder falsch?*
Sind die nachstehenden Aussagen wahr oder falsch?
Begründen Sie Ihre Antwort!

		wahr	falsch
a)	Vermögensgegenstände, die langfristig dem Geschäftsbetrieb dienen sollen, müssen im Anlagevermögen aktiviert werden.	☐	☐
b)	Grundstücke und Gebäude sowie Kfz gehören immer zum Anlagevermögen.	☐	☐
c)	Die Umsatzsteuer gehört niemals zu den Anschaffungskosten eines Vermögensgegenstandes.	☐	☐
d)	Bei der Ermittlung der Anschaffungskosten gilt der Grundsatz der Pagatorik, d. h., dass kalkulatorische Kosten nicht zu den Anschaffungskosten gehören.	☐	☐
e)	Es gehören nur materielle Vermögensgegenstände zum Anlagevermögen.	☐	☐
f)	Wertpapiere sowie Grund und Boden gehören zu den nicht abnutzbaren Vermögensgegenständen. Aus diesem Grund gibt es für diese Vermögensgegenstände auch keine planmäßigen Abschreibungen.	☐	☐
g)	Selbsterstellte immaterielle Vermögensgegenstände des Anlagevermögens müssen aktiviert werden!	☐	☐
h)	Als »angeschafft« gilt ein Vermögensgegenstand zum Zeitpunkt der Unterzeichnung des Kaufvertrags.	☐	☐
i)	Die Ingebrauchnahme ist für den Beginn der Abschreibung nicht von Bedeutung.	☐	☐
j)	Schwebende Geschäfte werden grundsätzlich nicht bilanziert.	☐	☐
k)	Der Geschäfts- oder Firmenwert (GoF) stellt die Differenz zwischen Marktwert und Buchwert des Eigenkapitals eines Unternehmens dar.	☐	☐
l)	Die stillen Reserven werden deswegen als »still« bezeichnet, da sie im Gegensatz zu offenen Reserven nicht aus der Bilanz ersichtlich sind.	☐	☐

		wahr	falsch
m)	Stille Reserven werden bei der Bilanzierung nach HGB immer freiwillig gelegt.	☐	☐
n)	Stille Reserven entstehen insbesondere durch das in § 252 Abs. 1 Nr. 2 HGB kodifizierte Vorsichtsprinzip.	☐	☐
o)	Durch die Abschreibungen werden die Anschaffungsauszahlungen »periodisiert«.	☐	☐
p)	Die Summe der planmäßigen Abschreibung entspricht maximal den historischen Anschaffungskosten.	☐	☐
q)	Gem. § 253 Abs. 3 Satz 1 HGB wird ein Abschreibungsplan verlangt, um Manipulationsmöglichkeiten des Periodenerfolgs einzuschränken.	☐	☐
r)	Die digitale Abschreibung stellt eine Sonderform der arithmetisch-degressiven Abschreibung dar.	☐	☐
s)	Der Geschäfts- oder Firmenwert wird handelsrechtlich i. d. R. über 5 Jahre und steuerrechtlich verpflichtend über 15 Jahre abgeschrieben.	☐	☐
t)	Bei der indirekten (planmäßigen) Abschreibung ergibt sich eine niedrigere Bilanzsumme als bei der direkten (planmäßigen) Abschreibung.	☐	☐
u)	Außer bei Finanzanlagen kann im Anlagevermögen auch bei vorübergehenden Wertminderungen außerplanmäßig abgeschrieben werden.	☐	☐
v)	Sofern der Grund für außerplanmäßige Abschreibungen im Anlagevermögen entfallen ist, muss grds. wieder zugeschrieben werden.	☐	☐
w)	Eine Zuschreibung beim Geschäfts- oder Firmenwert kommt bei einer vorausgehenden außerplanmäßigen Abschreibung nicht mehr in Betracht, weil der Gesetzgeber davon ausgeht, dass der Wertzuwachs originärer Natur ist.	☐	☐
x)	Eine Wertminderung im abnutzbaren Anlagevermögen ist voraussichtlich dann von Dauer, wenn der Wert des jeweiligen Vermögensgegenstandes zum Bilanzstichtag mindestens für die halbe Restnutzungsdauer unter dem planmäßigen Restbuchwert liegt.	☐	☐
y)	Die Wertaufholung bei nichtabnutzbaren Vermögensgegenständen des Anlagevermögens darf auch über die historischen Anschaffungskosten hinaus erfolgen.	☐	☐
z)	Unter »Umbuchungen« im Anlagegitter ist z. B. die Aktivierung selbsterstellter immaterieller Vermögensgegenstände zu verstehen, die zu Herstellungskosten aktiviert werden.	☐	☐

(331)* **Aufgabe 89** *Verbuchung von Abschreibungen*
Der Schwerpunkt dieser Aufgabe liegt bei der Verbuchung planmäßiger Abschreibungen, nicht auf der Ermittlung der Werte.

Zum Jahresende 2017 sind für nachstehende Vermögensgegenstände Abschreibungen vorzunehmen; bilden Sie dazu die Buchungssätze!

1. *Betriebs- und Geschäftsausstattung (BuGA)*
   Bei der Betriebs- und Geschäftsausstattung handelt es sich um Mobiliar, dessen Restnutzungsdauer am 1.1.2017 noch 10 Jahre beträgt. Die Anschaffungskosten betrugen 50 000 EUR. Es wird linear und direkt abgeschrieben.
2. *Sachanlagen*
   Bei den Sachanlagen handelt es sich um einen Gastank, dessen Anschaffungskosten 560 000 EUR betrugen. Die Restnutzungsdauer des Tanks am 1.1.2017 beträgt noch 4 Jahre und 8 Monate. Es wird linear und indirekt abgeschrieben.
3. *CNC-Maschine*
   Der e. K Lustig schafft am 31.10.2017 eine CNC-Maschine zum Preis von 65 450 EUR (brutto) mit einer betriebsgewöhnlichen Nutzungsdauer von 5 Jahren an. Geben Sie jeweils den Buchungssatz für die Abschreibung in 2017 und 2018 bei
   a) direkter Abschreibung,
   b) indirekter Abschreibung an!
   c) Beurteilen Sie die alternativen Abschreibungstechniken hinsichtlich ihrer Auswirkungen auf den Periodenerfolg und Informationsgehalt für den Bilanzleser!
4. *Geschäftswagen*
   Auf einen Geschäftswagen, der ursprünglich für 24 000 EUR angeschafft wurde, ist bis zum Zeitpunkt der Veräußerung eine Wertberichtigung i. H. v. 9 300 EUR gebildet worden. Der Geschäftswagen wird am 16.8.2017 gegen Banküberweisung verkauft
   a) für 14 700 EUR (netto),
   b) für 18 000 EUR (netto),
   c) für 10 000 EUR (netto).
   Weitere Abschreibungen wurden nicht vorgenommen.
5. *Säge*
   Eine alte Kreissäge wird von der Baustelle gestohlen. Die Anschaffungskosten der Säge betrugen 2 500 EUR. Die Säge war bereits voll (indirekt) abgeschrieben und in der Bilanz mit einem Erinnerungswert von 1 EUR aktiviert.
6. *Tausch*
   Wir kaufen am 28.4.2017 einen gebrauchten Pkw als künftigen Geschäftswagen für 6 800 EUR zuzüglich USt. Für die Überführung werden uns vom Autohändler 200 EUR zuzüglich USt berechnet. Den alten Pkw mit einem Restbuchwert von 1 000 EUR geben wir für 2 000 EUR (netto) in Zahlung. Den Rest zahlen wir bar. Die Restnutzungsdauer des neuen Pkws beträgt 5

7 ANLAGEVERMÖGEN

Jahre. Der neue Pkw wird linear und direkt abgeschrieben. Der alte Pkw wurde direkt abgeschrieben.

(33)** **Aufgabe 90** *Planmäßige Abschreibungen*
Bei dieser Aufgabe sollen Sie die konkrete Berechnung der planmäßigen (linearen, geometrisch-degressiven und digitalen) Abschreibung üben.

1. Am 1.1.2017 wird eine neue Maschine für die Produktion angeschafft. Der Nettokaufpreis beträgt 5 800 EUR und die betriebsgewöhnliche Nutzungsdauer beträgt 5 Jahre. Als direkte Nebenkosten fallen netto an:

Transportkosten	300 EUR
Verpackung	170 EUR
Versicherung	30 EUR

    a) Erstellen Sie je einen Abschreibungsplan für die lineare, die geometrisch-degressive ($g = 30\%$, Restabschreibung in $t = 5$) sowie für die digitale Abschreibung.
    b) Ermitteln Sie sowohl formal als auch unter Verwendung eines ausführlichen Abschreibungsplans, wann der Übergang von der geometrisch-degressiven zur linearen Abschreibung optimal ist.
    c) Berücksichtigen Sie ausgehend von a) nun zusätzlich einen angestrebten Restbuchwert Ende 2021 in Höhe von 350 EUR.
2. Die Maschine aus 1. soll jetzt nach Maßgabe ihrer Leistung voll abgeschrieben werden. Laut Herstellerangaben sollen auf ihr insgesamt 225 000 Stück hergestellt werden können. Im Jahr 2017 sind 33 000 Stück produziert worden. Welcher Betrag wird im Jahr 2017 planmäßig abgeschrieben?

HINWEIS: *Tragen Sie die Ergebnisse der Geschäftsvorfälle aus den Aufgaben 91 bis 100 (außer Aufgabe 96) in das Anlagegitter aus Lösungsvorlage LV-A ein.*

(36)** **Aufgabe 91** *Anschaffungskosten und Zeitpunkt der Anschaffung*
[LV-A] *Grundlage für die Ermittlung der Abschreibung sind die Anschaffungskosten. In dieser Übungsaufgabe sollen Sie lernen, die Anschaffungskosten von Sachanlagen und Gebäuden richtig zu ermitteln. Die Werte aus Aufgabenteil a) sollen nicht ins Anlagegitter übernommen werden.*

a) Am 24.3.2017 unterzeichnet der gesetzliche Vertreter der A-GmbH einen Kaufvertrag über eine Druckmaschine für 1,5 Mio EUR (netto). Die Druckmaschine wird am am 28.4.2017 geliefert. Der Eingang der Rechnung erfolgt ebenfalls am 28.4.2017. Die Transportkosten betragen 10 000 EUR (netto) und werden noch am Tag der Lieferung von der A-GmbH per Banküberweisung getragen. Die Abnahme durch den TÜV erfolgt am 6.6.2017 und kostet 25 000 EUR (netto). Die Rechnung für die TÜV-Abnahme geht noch am 6.6.2017 ein und wird sofort überwiesen. Ab dem 1.7.2017 befindet sich die Maschine im betriebsbereiten Zustand. Der erste Druckauftrag mit der neuen Maschine wird am 16. 8. 2017 durchgeführt. Zur Finanzierung des Nettokaufpreises der Maschine wird ein Darlehen aufgenommen. Die Sollzinsen für das Darlehen betragen in 2017 20 000 EUR.

Verbuchen Sie die Geschäftsvorfälle und ermitteln Sie die Anschaffungskosten der Maschine. Ab welchem Monat wird die Maschine abgeschrieben?

b) Zur Erweiterung des Geschäftsbetriebs erwarb die B-GmbH mit Übergang Besitz, Nutzen und Lasten zum 13. 3. 2012 ein Gebäude. Der Kaufpreis des Gebäudes beträgt 240 000 EUR. 20 % des Kaufpreises entfallen auf das Grundstück. Die Bezahlung erfolgte folgendermaßen:

	EUR
Übernahme einer auf dem Grundstück lastenden Hypothek	200 000
Banküberweisung	40 000

Zusätzlich fallen durch den Erwerb folgende Kosten an:

Bodengutachten (netto)	1 000
Kosten der Eintragung ins Grundbuch (umsatzsteuerfrei)	600
Maklerprovision (netto)	10 000
Notar (netto)	2 500

Die Grunderwerbsteuer beträgt 3,5 % des Kaufpreises. Die gesamten Nebenkosten wurden am 13. 3. 2012 per Banküberweisung beglichen. Für das Gebäude wird eine Nutzungsdauer von 50 Jahren angenommen. Es wird linear abgeschrieben.

Ermitteln Sie die für das Anlagegitter notwendigen Beträge! Verbuchen Sie die Anschaffung des Grundstücks sowie die Abschreibung in 2017 im Fall der Anwendung der indirekten Methode!

(338) ** **Aufgabe 92** *Ermittlung des Geschäfts- oder Firmenwerts*

[LV-A] *Der Geschäfts- oder Firmenwert (GoF) spielt in der Praxis eine bedeutende Rolle. Die vorliegende Übungsaufgabe soll zeigen, welche Informationen zur Ermittlung des GoF vorliegen müssen und wie der GoF konkret ermittelt wird.*

Zum 1. 1. 2017 erwirbt Peter Hahn (H) für 450 000 EUR die Einzelunternehmung der Doreen Mirka e. Kfr. (M). Der Kaufpreis wird vereinbarungsgemäß erst in 2018 an M entrichtet.

Erstellen Sie die Eröffnungsbilanz zum 1. 1. 2017 für H unter Berücksichtigung des Erwerbs der Einzelunternehmung und unter der Maßgabe, dass alle stillen Reserven gehoben werden und ermitteln Sie die für das Anlagegitter notwendigen Beträge! Ein etwaiger Geschäfts- oder Firmenwert wird linear über 5 Jahre abgeschrieben. Stellt der Geschäfts- oder Firmenwert einen Vermögensgegenstand dar?

Die von M erstellte und vereinfachte Schlussbilanz zum 31. 12. 2016 lautet:

7 ANLAGEVERMÖGEN

Aktiva			Schlussbilanz zum 30.4.2016		Passiva
	BW	MW		BW	MW
Grundstücke	88 000	140 000	Eigenkapital	180 000	282 000
BuGA	30 000	35 000	Schulden	28 000	28 000
Fuhrpark	20 000	25 000			
Wertpapiere	10 000	40 000			
Forderungen	30 000	40 000			
Bank	30 000	30 000			
Summe Aktiva	208 000	310 000	Summe Passiva	208 000	310 000

Aufgabe 93 *Lineare Abschreibung (Ermittlung)*

[LV-A] In dieser Aufgabe wird die Ermittlung der linearen Abschreibung und deren Verbuchung erschöpfend behandelt. Der Fokus liegt zusätzlich auf der richtigen Bestimmung des Zeitpunkts der Anschaffung und der Anschaffungskosten.

Am 15.12.2016 erwarb die B-GmbH durch Unterzeichnung des Kaufvertrags einen Pkw für 36 000 EUR (netto) auf Ziel, der am 20.12.2016 geliefert und als Geschäftswagen in Gebrauch genommen wurde. Bei Zahlung innerhalb von 30 Tagen gewährte der Lieferant 3 % Skonto. Die Bezahlung der Rechnung erfolgte am 5.1.2017 unter Abzug von 3 % Skonto per Banküberweisung. Die betriebsgewöhnliche Nutzungsdauer des Pkw beträgt 6 Jahre. Es wird linear unter Anwendung der direkten Methode abgeschrieben. Am 12.12.2017 veräußert die B-GmbH den Pkw für 30 000 EUR (netto), das Geld geht noch am selben Tag per Banküberweisung bei der B-GmbH ein.

Ermitteln Sie die für das Anlagegitter notwendigen Beträge und geben Sie die notwendigen Buchungssätze in 2017 an!

Aufgabe 94 *Lineare Abschreibung (Verbuchung)*

[LV-A] Aufgabe 94 ist die einfachere Variante zu Aufgabe 93. Der Schwerpunkt liegt auf der Ermittlung und Verbuchung der Abschreibung.

Am 12.11.2016 gab die B-GmbH eine Sonderanfertigung für ihren Maschinenpark in Auftrag und zahlte noch am selben Tag 50 000 EUR (netto) an. Am 24.5.2017 wird die Maschine geliefert und in Betrieb genommen. Die Schlussrechnung beläuft sich auf insgesamt 120 000 EUR (netto), wovon noch 70 000 EUR zu bezahlen sind. Der offene Betrag wird am selben Tag noch per Banküberweisung entrichtet. Die Maschine wird über 4 Jahre linear direkt abgeschrieben.

Ermitteln Sie die nötigen Werte für das Anlagegitter in 2017 und geben Sie die erforderlichen Buchungssätze in 2017 an!

ÜBUNGSAUFGABEN BUCHFÜHRUNG & ABSCHLUSS

(340) **Aufgabe 95** *Leistungsabhängige Abschreibung*
[LV-A] *Durch die Aufgabe sollen Sie überprüfen, ob Sie die Ermittlung der Abschreibung nach der Leistung beherrschen. Gleichzeitig sind die Anschaffungskosten und die Abschreibung auf Grundlage eines Tauschs mit Baraufgabe zu bestimmen.*

Am 1. 9. 2014 erwarb die B-GmbH eine Fertigungsstraße zur Produktion von Steuergeräten für 45 000 EUR (netto). Die Fertigungsstraße wird noch am selben Tag geliefert und in Gebrauch genommen. Die betriebsgewöhnliche Nutzungsdauer beträgt n = 8 Jahre. Die Planstückzahlen (= Iststückzahlen) in den kommenden vier Jahren betragen:

Jahr 1	15 000	Stück
Jahr 2	10 000	Stück
Jahr 3	12 000	Stück
Jahr 4	20 000	Stück

Die Stückzahlen fallen jeweils gleichverteilt über das Jahr an. Die B-GmbH rechnet mit einer Gesamtstückzahl über die betriebsgewöhnliche Nutzungsdauer von 100 000 Stück.

Am 11. 11. 2017 wird die Fertigungsstraße gegen eine Fräse getauscht, die noch im November 2017 in Betrieb genommen wird. Die Fräse hat einen Wert von 60 000 EUR (netto) und wird linear über 4 Jahre abgeschrieben. Die Baraufgabe der B-GmbH beträgt 29 750 EUR (sog. Tausch mit Baraufgabe).

Ermitteln Sie die für das Anlagegitter notwendigen Beträge und verbuchen Sie die Abschreibung der Fertigungsstraße sowie den Verkauf in 2017!

(342) **Aufgabe 96** *Geometrisch-degressive Abschreibung (Ermittlung)*
Der Fokus dieser Aufgabe liegt in der Berechnung der für die Ermittlung der geometrisch-degressiven Abschreibung benötigten Parameter. Die Fragestellung ist technischer Natur. Die Verbuchung tritt in den Hintergrund.

HINWEIS: *Die Ergebnisse dieser Übungsaufgabe sind nicht in das Anlagegitter aufzunehmen.*

Am 23. 4. 2017 schafft die B-GmbH eine Maschine für 5 000 EUR (netto) mit einer betriebsgewöhnlichen Nutzungsdauer von 20 Jahren an. Es wird geometrisch-degressiv bei einem AfA-Satz von g = 10 % abgeschrieben. Es soll im optimalen Zeitpunkt auf die lineare AfA übergegangen werden.

a) Ermitteln Sie den Restbuchwert am 31. 12. 2024!
b) Ermitteln Sie die Abschreibung in 2032!
c) Wie hoch wäre der geometrisch-degressive AfA-Satz, wenn am Ende von Jahr 20 ein Restbuchwert von 500 EUR erreicht werden soll? (Der Übergang zur linearen AfA soll hier vernachlässigt werden!)
d) Ausgehend von c), wie hoch müsste der geometrisch-degressive AfA-Satz sein, wenn in 2027 auf die lineare AfA übergegangen werden soll?

7 ANLAGEVERMÖGEN

43)** **Aufgabe 97** *Geometrisch-degressive Abschreibung (Übergang)*
[LV-A] *Bei dieser Aufgabe können Sie überprüfen, ob Sie die Ermittlung des Zeitpunkts des Übergangs von der geometrisch-degressiven zur linearen Abschreibung beherrschen.*

Am 4.4.2015 erwarb die B-GmbH für die Produktion eine neue CNC-Maschine. Die Lieferung und Inbetriebnahme erfolgte am 30.4.2015. Der Nettokaufpreis betrug damals 58 000 EUR und die betriebsgewöhnliche Nutzungsdauer beträgt 5 Jahre. Als direkte Nebenkosten fielen netto an:

Transportkosten	3 000 EUR
Verpackung	1 700 EUR
Versicherung	300 EUR

Der geometrisch-degressive Abschreibungssatz beträgt 30 %. Die B-GmbH möchte die Maschine so schnell wie möglich abschreiben und wechselt im optimalen Zeitpunkt zur linearen Abschreibung.

Erstellen Sie den Abschreibungsplan. Ermitteln Sie die für das Anlagegitter notwendigen Beträge und verbuchen Sie die Abschreibung in 2017 im Fall der Anwendung der indirekten Methode!

44)** **Aufgabe 98** *Arithmetisch-degressive Abschreibung (Ermittlung)*
[LV-A] *Der formale Aufwand bei der arithmetisch-degressiven (digitalen) Abschreibung zur Ermittlung der Abschreibungsbeträge ist etwas höher als bei der geometrisch-degressiven oder der linearen Abschreibung. Hier sollen Sie zeigen, ob Sie die Abschreibungsbeträge bei digitaler Abschreibung korrekt berechnen können.*

Die B-GmbH schaffte am 4.6.2013 einen Pkw für 5 000 EUR (netto) an. Die betriebsgewöhnliche Nutzungsdauer beträgt 8 Jahre, es wird digital abgeschrieben. Ermitteln Sie den Restbuchwert am 31.12.2016 sowie am 31.12.2017 und führen Sie die nötige Jahresabschlussbuchung in 2017 durch im Fall, dass direkt abgeschrieben wird!

45)** **Aufgabe 99** *Arithmetisch-degressive Abschreibung (AfA-Tabelle)*
[LV-A] *Hier sollen Sie lernen, die korrekte Nutzungsdauer aus der amtlichen AfA-Tabelle zu identifizieren. Die Besonderheit liegt hier in der digitalen Abschreibung mit Abschreibung auf einen vorgegebenen Restwert.*

Am 3.4.2017 schaffte die B-GmbH einen Großrechner für 7 000 EUR (netto) an. Da im Unternehmen noch keine Erfahrungen über die betriebsgewöhnliche Nutzungsdauer vorliegen, sucht der Leiter der Rechnungswesenabteilung in der amtlichen AfA-Tabelle nach der passenden betriebsgewöhnlichen Nutzungsdauer. Die nachstehende Tabelle beinhaltet den relevanten Ausschnitt aus der amtlichen AfA-Tabelle.

A-99

Fundstelle	Anlagegüter	n
[...]		
6	Betriebs- und Geschäftsausstattung	
6.1	Wirtschaftsgüter der Werkstätten-, Labor- und Lagereinrichtungen	14
6.2	Wirtschaftsgüter der Ladeneinrichtungen	8
6.3	Messestände	6
6.4	Kühleinrichtungen	8
6.5	Klimageräte (mobil)	11
6.6	Belüftungsgeräte, Entlüftungsgeräte (mobil)	10
6.7	Fettabscheider	5
6.8	Magnetabscheider	6
6.9	Nassabscheider	5
6.10	Heißluftgebläse, Kaltluftgebläse (mobil)	11
6.11	Raumheizgeräte (mobil)	9
6.12	Arbeitszelte	6
6.13	Telekommunikationsanlagen	
6.13.1	Fernsprechnebenstellenanlagen	10
6.13.2	Kommunikationsendgeräte	
6.13.2.1	Allgemein	8
6.13.2.2	Mobilfunkendgeräte	5
6.13.3	Textendeinrichtungen (Faxgeräte u. ä.)	6
6.13.4	Betriebsfunkanlagen	11
6.13.5	Antennenmasten	10
6.14	Büromaschinen und Organisationsmittel	
6.14.1	Adressiermaschinen, Kuvertiermaschinen, Frankiermaschinen	8
6.14.2	Paginiermaschinen	8
6.14.3	Datenverarbeitungsanlagen	
6.14.3.1	Großrechner	7
6.14.3.2	Workstations, Personalcomputer, Notebooks und deren Peripheriegeräte (Drucker, Scanner, Bildschirme u. ä.)	3
6.14.4	Foto-, Film-, Video-, Audiogeräte (Fernseher, CD-Player, Recorder, Lautsprecher, Radios, Verstärker, Kameras, Monitore u. ä.)	7

[...]

Der Großrechner wird digital abgeschrieben. Der Verkäufer verpflichtet sich, den Großrechner am Ende der betriebsgewöhnlichen Nutzungsdauer für 500 EUR (netto) zurückzukaufen. Dieser Betrag stellt gleichzeitig den Restbuchwert am Ende der betriebsgewöhnlichen Nutzungsdauer dar. Es wird arithmetisch-degressiv abgeschrieben.

Ermitteln Sie die notwendigen Beträge für das Anlagegitter im Jahr 2017! Erstellen Sie den Abschreibungsplan!

7 ANLAGEVERMÖGEN

346) * **Aufgabe 100** *Außerplanmäßige Abschreibungen*
[LV-A] Bisher wurden ausschließlich planmäßige Abschreibungen ermittelt und verbucht. In Aufgabe 100 sollen Sie zeigen, dass Sie beurteilen können, ob jeweils außerplanmäßig abgeschrieben werden darf und dass Sie die planmäßigen und außerplanmäßigen Abschreibungsbeträge korrekt ermitteln können.

Die B-GmbH erwarb am 1.1.2014 eine Anlage mit einer betriebsgewöhnlichen Nutzungsdauer von 6 Jahren für 3 000 EUR zzgl. Umsatzsteuer. Geschäftsjahr ist das Kalenderjahr. Es wird geometrisch-degressiv (mit Übergang zur linearen Abschreibung) abgeschrieben. Der degressive AfA-Satz beträgt 30 %.

Am 31.12.2015 beträgt der beizulegende Wert unstreitig 500 EUR.

Am 31.12.2017 beträgt der beizulegende Wert unstreitig 1 000 EUR.

Ermitteln Sie die Buchwerte der Anlage an den Abschlussstichtagen der Jahre 2014 bis 2019! Gehen Sie bei Ihren Berechnungen davon aus, dass bei der Prüfung einer etwaigen Zuschreibung die fortgeführte geometrisch-degressive Abschreibung mit Übergang zur linearen Abschreibung im optimalen Zeitpunkt als Maßstab verwendet wird.

349) ** **Aufgabe 101** *Folgebewertung im Anlagevermögen*
Mit Aufgabe 101 können Sie überprüfen, ob Sie die außerplanmäßige Abschreibung bzw. Zuschreibung von Vermögensgegenständen des Anlagevermögens nach HGB richtig beurteilen können.

Geben Sie für die nachstehenden Vermögensgegenstände jeweils die außerplanmäßige Abschreibung/-zuschreibung an sowie den Wert, mit dem die Vermögensgegenstände zum Bilanzstichtag zu aktivieren sind. Die angegebenen Buchwerte beziehen sich auf den Zeitpunkt unmittelbar vor den Abschlussbuchungen. Planmäßige Abschreibungen wurden – sofern erforderlich – bereits berücksichtigt.

		Ab-/Zuschreibung	Bilanzansatz
1.	Maschine: Ak = 10 000 EUR, BW = 8 000 EUR, MW = 5 000 EUR. Die Wertminderung ist dauerhaft.		
2.	Grundstück: Ak = 50 000 EUR, BW = 40 000 EUR, MW = 70 000 EUR		
3.	Firmenwert: Ak = 150 000, BW = 50 000 EUR, MW = 70 000.		
4.	Wertpapiere: Ak = 5 000 EUR, BW = 5 000 EUR, MW = 4 000 EUR. Die Wertminderung ist dauerhaft.		

A-102

	Ab-/Zuschreibung	Bilanzansatz
5. Wertpapiere: Ak = 5 000 EUR, BW = 5 000 EUR, MW = 4 000 EUR. Die Wertminderung ist voraussichtlich nicht von Dauer.		
6. Fertigungsstraße: BW = 80 000 EUR, RND = 4 Jahre, MW = 30 000 EUR, lineare Abschreibung		

Ak = Anschaffungskosten, BW = Buchwert, MW = Marktwert, RND = Restnutzungsdauer

(350)** **Aufgabe 102** *Kontrollfragen*
Die Kontrollfragen decken das Thema »Anlagevermögen« ab.

1. Wann ist ein Vermögensgegenstand dem Anlagevermögen zuzurechnen?
2. In welche Kategorien lassen sich die Vermögensgegenstände des Anlagevermögens einteilen? Geben Sie jeweils Beispiele an!
3. Was versteht man unter historischen Anschaffungskosten? Wie lautet das buchhalterische Gegenstück zu den historischen Anschaffungskosten?
4. Was versteht man unter dem »Anschaffungskostenprinzip«!
5. Zu welchen Werten erfolgt die Erstbewertung des Anlagevermögens?
6. Welche Vermögensgegenstände des Anlagevermögens können nicht hergestellt werden? Geben Sie mindestens zwei Beispiele an!
7. Erläutern Sie die Vorgehensweise zur Ermittlung von Anschaffungskosten!
8. Liegen im Folgenden Anschaffungsnebenkosten vor? Begründen Sie Ihre Antwort kurz!
   a) Kosten für das Fundament einer Maschine
   b) Makler-, Gutachter-, und Vermessungsgebühren bei Grundstücken
   c) Kosten für einen Probelauf unter Aufsicht des TÜV
   d) Zinskosten für die Finanzierung einer Maschine
   e) Planungskosten für die Beratung durch ein Ingenieurbüro bei Errichtung einer Walzstraße
   f) Transportkosten
9. Gehen Sie auf die Rolle der Umsatzsteuer und Finanzierungsaufwendungen im Zusammenhang mit Anschaffungskosten ein!
10. Was ist unter nachträglichen Anschaffungskosten zu verstehen? Geben Sie zwei Beispiele an!
11. Was versteht man unter offenen Rücklagen?
12. Wann können auch in der Position *Bank* stille Reserven vorhanden sein?
13. Wann müssen bei Anwendung des Realisationsprinzips stille Reserven entstehen?
14. Ist es buchungstechnisch möglich, ein negatives Eigenkapitalkonto durch eine Einlage in Höhe des negativen Kontostandes auszugleichen? Wie kann der Ausgleich noch erfolgen?

15. Unterscheiden Sie *derivativen* und *originären* Geschäfts- oder Firmenwert?
16. Weshalb besteht für den originären Geschäfts- oder Firmenwert ein Aktivierungsverbot in Handels- und Steuerrecht?
17. Erfüllt der derivative Geschäfts- oder Firmenwert die Merkmale eines Vermögensgegenstands? Begründen Sie Ihre Antwort!
18. Wäre es möglich, im Rahmen des Kaufpreises für eine Unternehmung
    a) einen erworbenen Mitarbeiterstamm,
    b) erworbene Patente,
    c) einen übernommenen Kundenstamm,
    als derivativen Geschäfts- oder Firmenwert zu aktivieren, wenn der Kaufpreis über der Summe der Werte der einzelbewertungsfähigen Vermögensgegenstände abzüglich Schulden liegt?
19. Erläutern Sie an einem selbstgewählten Beispiel des Erwerbs einer Unternehmung in Bezug auf selbstgewählte Angaben die Aktivierung eines Firmenwertes, wenn der Substanzwert der Vermögensgegenstände die Buchwerte in der Schlussbilanz des Veräußerers übersteigt. Erläutern Sie hierbei den Unterschied zwischen Firmenwert und stillen Rücklagen.
20. Warum kann es im Interesse des Unternehmers liegen, in einer Teilperiode a) besonders hoch bzw. b) eher niedrig abzuschreiben?
21. Warum verlangt das HGB eine »planmäßige« Abschreibung?
22. Beurteilen Sie die Konventionen bezüglich der Ermittlung planmäßiger Abschreibungen hinsichtlich des Ausweises der »tatsächlichen Vermögens- und Ertragslage«!
23. Wie erfolgt die Bestimmung der Nutzungsdauer?
24. Zeigen Sie anhand eines selbstgewählten Beispiels, dass es im Wirtschaftsjahr der Veräußerung von Anlagevermögen hinsichtlich des Periodenerfolgs unerheblich ist, ob im Monat der Veräußerung noch planmäßige Abschreibungen vorgenommen werden oder nicht!
25. Ausgehend von 24.: Erläutern Sie, inwiefern die Vornahme planmäßiger Abschreibungen bis zum Monat der Veräußerung Auswirkungen auf die Erfolgsquellen hinsichtlich der Erfolgsspaltung in der GuV im Jahr der Veräußerung hat!
26. Welche Formen der Zeitabschreibung kennen Sie?
27. Was versteht man unter »Sonderabschreibungen«?
28. Worin besteht der Unterschied zwischen der geometrisch-degressiven und der arithmetisch-degressiven Abschreibung?
29. Zu welchem Problem führt die Anwendung der geometrisch-degressiven Abschreibung in ihrer reinen Form und welche Möglichkeiten zur Lösung des Problems sind denkbar? Diskutieren Sie die Vor- und Nachteile der Lösungsmöglichkeiten!
30. Wie hoch ist die Abschreibung bei ausschließlicher Anwendung der geometrisch-degressiven Abschreibung und $A_0 = 100\,000$ EUR, $n = 20$ und $g = 0{,}15$ in $t = 13$?

A-102

31. Wie hoch muss der Degressionssatz g im Allgemeinen sein, damit von Beginn an die lineare Abschreibung in jeder Periode zu höheren Abschreibungsbeträgen führt als die geometrisch-degressive Abschreibung?
32. Worin bestehen die wesentlichen Unterschiede zwischen linearer, leistungsabhängiger, geometrisch-degressiver und digitaler Abschreibung?
33. In welchem Verhältnis stehen arithmetisch-degressive und digitale Abschreibung?
34. Welcher Wert muss im Fall der digitalen Abschreibung der Degressionsbetrag d im Allgemeinen annehmen, damit
    a) lineare Abschreibung vorliegt,
    b) die Abschreibung in $t = n$ gerade null beträgt?
35. Was versteht man unter a) progressiver Abschreibung und b) Abschreibung in fallenden Staffelsätzen? Geben Sie jeweils ein Beispiel für deren Verwendung an!
36. Welche Regelungen gelten für die Abschreibung des derivativen Geschäfts- oder Firmenwertes im Handels- und Steuerrecht?
37. Was versteht man unter einem geringwertigen Wirtschaftsgut?
38. Welche Möglichkeiten der bilanziellen Erfassung existieren für Vermögensgegenstände, deren Anschaffungskosten zwischen 1 EUR und 1 000 EUR betragen? Welche Rolle spielt die Umsatzsteuer in diesen Fällen?
39. Geben Sie jeweils zwei Beispiele für Vermögensgegenstände an, die nicht zu den geringwertigen Wirtschaftsgütern zählen, da es ihnen jeweils am Merkmal der
    a) Abnutzbarkeit,
    b) Beweglichkeit,
    c) selbständigen Nutzbarkeit bzw.
    d) Wertgrenze mangelt.
40. Welche Möglichkeiten zur Verbuchung von Abschreibungen existieren und worin bestehen die wesentlichen Unterschiede?
41. Welche Vor- und Nachteile sind mit der indirekten Methode der Verbuchung der Abschreibung verbunden?
42. Wird der Gewinn durch die Verwendung der direkten oder indirekten Methode der Verbuchung der Abschreibung beeinflusst?
43. Was bedeutet »außerplanmäßige« Abschreibung?
44. Was versteht man unter dem »gemilderten Niederstwertprinzip«?
45. Worin besteht das Problem einer »dauerhaften Wertminderung«? Wie ist das Problem beim abnutzbaren Anlagevermögen gelöst?
46. Wann und in welchem Umfang muss eine Wertaufholung beim Anlagevermögen durchgeführt werden?
47. Warum ist eine Wertaufholung des derivativen Geschäfts- oder Firmenwertes nach vorangegangener außerplanmäßiger Abschreibung nicht mehr möglich?
48. Welche Informationen beinhaltet das Anlagegitter?
49. Was ist unter »Umbuchungen« im Anlagegitter zu verstehen?

8 Umlaufvermögen

ShortCode App # 1080

(360) * **Aufgabe 103** *Wahr oder falsch?*
Aufgabe 103 deckt die Inhalte von Kapitel 8 des Lehrbuches ab. Schwerpunkte bilden die Bewertung von Forderungen und die Sammelbewertung.

Sind die nachstehenden Aussagen wahr oder falsch?
Begründen Sie Ihre Antwort!

		wahr	falsch
a)	Die Erstbewertung erworbener Vermögensgegenstände des Umlaufvermögens erfolgt zu Anschaffungskosten gem. § 255 Abs. 1 HGB.	☐	☐
b)	Am Ende des Geschäftsjahres auf Lager liegende selbsterstellte Vermögensgegenstände des Umlaufvermögens dürfen nicht aktiviert werden.	☐	☐
c)	Der Bewertung zu Herstellungskosten liegt ein komplexer Prozess zugrunde, bei dem Daten aus dem internen Rechnungswesen verwendet werden.	☐	☐
d)	Bei der Ermittlung der Herstellungskosten nach § 255 Abs. 2 HGB sind Bewertungsspielräume vorhanden.	☐	☐
e)	Möchte man im Geschäftsjahr einen besonders hohen Gewinn ausweisen, kommt die Bewertungsobergrenze des § 255 Abs. 2 HGB zum Ansatz.	☐	☐
f)	Die Aktivierung mit der Bewertungsobergrenze oder -untergrenze nach § 255 Abs. 2 HGB spielt über die Totalperiode keine Rolle, da der Totalgewinn in jedem Fall gleich hoch ausfällt.	☐	☐
g)	Für Vermögensgegenstände des Umlaufvermögens gilt das strenge Niederstwertprinzip.	☐	☐
h)	Das strenge Niederstwertprinzip besagt, dass bei voraussichtlich dauernder Wertminderung zwingend abgeschrieben werden muss.	☐	☐
i)	Für das Umlaufvermögen gilt das Anschaffungskostenprinzip nicht, es kann auch über die historischen Anschaffungskosten hinaus zugeschrieben werden.	☐	☐
j)	Zweifelhafte Forderungen fallen wahrscheinlich aus.	☐	☐
k)	Bei zweifelhaften Forderungen erfolgt keine Korrektur der Umsatzsteuer.	☐	☐
l)	Bei uneinbringlichen Forderungen wird die Umsatzsteuer quotal korrigiert.	☐	☐
m)	Die direkte und die indirekte Methode der Forderungsabschreibung führen zu unterschiedlichen Ergebnissen (Gewinnen/Verlusten).	☐	☐

		wahr	falsch
n)	Die Erstbewertung von Fremdwährungsforderungen erfolgt zum Geldkurs.	☐	☐
o)	Am Bilanzstichtag werden Fremdwährungsforderungen zum Briefkurs bewertet.	☐	☐
p)	Bei der Pauschalwertberichtigung werden Nettobeträge (Beträge ohne USt) berichtigt.	☐	☐
q)	Bei Verbrauchsfolgeverfahren werden fiktive Verbrauchsfolgen unterstellt.	☐	☐
r)	Gleitende respektive permanente Verbrauchsfolgeverfahren sind buchhalterisch aufwendiger, da die einzelnen Abgänge erfasst werden müssen.	☐	☐
s)	Bei Anwendung permanenter Verbrauchsfolgeverfahren braucht zur Ermittlung des Endbestands keine Inventur am Ende des Geschäftsjahres durchgeführt werden.	☐	☐
t)	Das periodische sowie das gleitende fifo-Verfahren führen stets zum selben Ergebnis.	☐	☐
u)	Beim periodischen lifo-Verfahren kann es vorkommen, dass Vorräte als veräußert angenommen werden, die zum Zeitpunkt der Veräußerung noch gar nicht angeschafft waren.	☐	☐
v)	Die Anwendung des lifo-Verfahrens bei einem Gemüsehändler verstößt aufgrund tatsächlicher Gegebenheiten gegen die Grundsätze ordnungsmäßiger Buchführung nach HGB.	☐	☐
w)	Angenommen es gilt: Anfangsbestand (AB) = 5 Mengeneinheiten (ME); die Preise steigen im Geschäftsjahr streng monoton; Endbestand (EB) > AB bezüglich der ME. Eine Abschreibung gem. strengem Niederstwertprinzip findet beim lifo-Verfahren unter diesen Annahmen statt.	☐	☐
x)	Im Fall streng monoton steigender Preise fallen beim permanenten lifo-Verfahren über die Totalperiode (in $t=0 \rightarrow AB = 0$ ME, in $t=T \rightarrow EB = 0$ ME) insgesamt höhere Gewinne an als beim fifo-Verfahren.	☐	☐
y)	Angenommen es gilt: AB = 5 ME; die Preise sinken im Geschäftsjahr streng monoton; EB > AB bezüglich der ME. Die Abschreibungen aufgrund des strengen Niederstwertprinzips fallen beim lifo-Verfahren höher aus als beim fifo-Verfahren.	☐	☐
z)	Die Bewertung zum Festwert kann sowohl beim Anlagevermögen als auch beim Umlaufvermögen angewendet werden.	☐	☐

8 UMLAUFVERMÖGEN

Aufgabe 104 *Ermittlung der Herstellungskosten*

In Aufgabe 104 sollen Sie zeigen, dass Sie die Inhalte von § 255 Abs. 2 HGB auf konkrete Sachverhalte anwenden können.

Bei der Doppelmayr-AG befinden sich am Bilanzstichtag zum 31.12.2017 nicht von Dritten beziehbare unfertige Erzeugnisse auf Lager. Im Laufe des bisherigen Herstellungsprozesses sind folgende Kosten angefallen:

	EUR
Materialeinzel- und Fertigungseinzelkosten	5 000
Kosten zur Vorbereitung des Vertriebsnetzes	2 000
Fertigungsgemeinkosten	3 500
Kalkulatorische Wagniskosten	100
Anteilige Verwaltungsgemeinkosten	500
Anteilige Kosten für freiwillige Sozialleistungen	300

Bestimmen Sie die handelsrechtliche Wertuntergrenze der Herstellungskosten!

Aufgabe 105 *Folgebewertung im Umlaufvermögen*

Die vorliegende Übung deckt das Themengebiet der außerplanmäßigen Abschreibung/-zuschreibung im Umlaufvermögen, insbesondere bei Vorräten, Forderungen, Finanzanlagen und Sichteinlagen ab.

Geben Sie für die nachstehenden Vermögensgegenstände jeweils die außerplanmäßige Abschreibung/-zuschreibung an sowie den Wert, mit dem die Vermögensgegenstände zum Bilanzstichtag zu aktivieren sind. Die angegebenen Buchwerte beziehen sich auf den Zeitpunkt unmittelbar vor den Abschlussbuchungen.

		Abschreibung	Bilanzansatz
1.	Rohstoffe: Ak = 300 EUR, BW = 200 EUR, MW = 250 EUR		
2.	Hilfsstoffe: Ak = 200 EUR, BW = 100 EUR, MW = 300 EUR		
3.	Betriebsstoffe: Ak = 500 EUR, BW = 400 EUR, MW = 300 EUR		
4.	Wertpapiere: Ak = 800 EUR, BW = 600 EUR, MW = 400 EUR		
5.	Forderung aus L.u.L.: Ak = 1 190 EUR (brutto); die Forderung fällt wahrscheinlich zu 80 % aus.		
6.	Forderung aus L.u.L.: Ak = 1 190 EUR (brutto); die Forderung fällt sicher zu 90 % aus.		

ÜBUNGSAUFGABEN BUCHFÜHRUNG & ABSCHLUSS

	Abschreibung	Bilanzansatz
7. Forderungen aus L. u. L.: Bestand an PWB im Vorjahr: 3 000 EUR. Errechnete PWB des aktuellen Geschäftsjahres: 4 000 EUR.		
8. Sichteinlagen in USD: Ak = 1 000 USD zu 0,9 EUR/USD, BW = bewertet zu 0,85 EUR/USD, Kurs am Bilanzstichtag: 1,1 EUR/USD (außer bei der Anschaffung wurde jeweils der Devisenkassamittelkurs angegeben)		

(363) ** **Aufgabe 106** *Einzelwertberichtigung*
Aufgabe 106 zeigt die Ermittlung der Wertkorrektur einer Abschreibung und deren Verbuchung unter Berücksichtigung der Umsatzsteuer in chronologischer Reihenfolge.

a) Am 11. 11. 2017 verkaufen wir Waren an unseren Kunden Leistnix für 10 000 EUR (netto) auf Ziel. Die Lieferung an Leistnix erfolgt noch am selben Tag. Das Zahlungsziel liegt im folgenden Geschäftsjahr.

b) Am 31. 12. 2017 erfahren wir, dass unser Kunde Leistnix wahrscheinlich 70 % seiner Verbindlichkeiten gegenüber uns nicht bezahlen kann. Wir schreiben indirekt ab.

c) Am 24. 5. 2018 überweist Leistnix 9 520 EUR per Banküberweisung an uns. Der Betrag geht noch am selben Tag auf unserem Bankkonto ein.

Verbuchen Sie die einzelnen Geschäftsvorfälle!

(363) * **Aufgabe 107** *Pauschalwertberichtigung (Verbuchung)*
Die Aufgabe zeigt die Verbuchung von Pauschalwertberichtigungen in dem Fall, dass bereits Pauschalwertberichtigungen aus dem Vorjahr passiviert wurden.

Am Bilanzstichtag der X-GmbH beträgt der Forderungsbestand 99 000 EUR (inkl. 19 % USt). Darauf soll wie bisher eine Pauschalwertberichtigung von 5 % gebildet werden. Ermitteln Sie die Pauschalwertberichtigung auf Basis der Nettoforderung. Wie ist zu buchen, wenn der Saldo des Kontos »Pauschalwertberichtigungen«

a) 3 800 EUR,
b) 6 000 EUR

beträgt?

8 UMLAUFVERMÖGEN

Aufgabe 108 *Pauschalwertberichtigung (Berechnung)*
Der Fokus dieser Aufgabe liegt in der Berechnung der Pauschalwertberichtigung bzw. der Zuführung/Auflösung dieser.

Unser Bestand an Forderungen zum 31.12.2016 beträgt 63 711 EUR. Darin enthalten sind:

- Steuerfreie Umsätze i. H. v. 9 200 EUR,
- Umsätze i. H. v. 15 836 EUR, die dem ermäßigten Steuersatz i. H. v. 7 % unterliegen sowie
- bereits einzelwertberichtigte Forderungen i. H. v. 2 380 EUR (darin sind keine Umsätze enthalten, die dem ermäßigten Steuersatz unterliegen oder von der Umsatzsteuer befreit sind).

Die verbleibenden Forderungen unterliegen dem Regelsteuersatz von 19 %.

Der Bestand an Pauschalwertberichtigungen zu Forderungen des vorangegangenen Geschäftsjahres betrug 2 400 EUR. Es wird mit einem pauschalen Forderungsausfall von 4 % gerechnet.

Aufgabe 109 *Einzel- und Pauschalwertberichtigung von Forderungen*
Aufgabe 109 fasst die Ermittlung und Verbuchung der Wertkorrektur von Forderungen zusammen und stellt eine Erweiterung der Aufgaben 106 bis 108 dar.

Verbuchen Sie die folgenden Geschäftsvorfälle:

1. Ein befreundeter Unternehmer berichtet uns, dass unser wichtigster Kunde, die Nix-GmbH, wiederholt Zahlungstermine nicht einhalten konnte. Am 18.3.2017 erfahren wir aus der Tagespresse, dass der Antrag auf das Insolvenzverfahren über das Vermögen der Nix-GmbH gestellt worden ist. Die Umsätze mit dem Kunden erfolgten immer zum Regelsteuersatz. Unsere Forderung beläuft sich auf 9 877 EUR. Wie lautet unsere Buchung am 18.3.2017?
2. Bei einem Gala-Dinner werden wir von einem Geschäftspartner beiseite genommen. Er erzählt uns, dass unser Kunde, die T-GmbH, in Zahlungsschwierigkeiten steckt. Wir geben diese Information an unsere Abteilung für externes Rechnungswesen weiter, die nach eingehender Prüfung feststellt, dass die T-GmbH uns noch 10 353 EUR (inkl. 19 % USt) schuldet. Was ist buchhalterisch zu veranlassen?
3. Am Bilanzstichtag stellen wir fest, dass die Forderung gegenüber unserem Kunden, der X-OHG, i. H. v. 5 000 EUR (netto) wahrscheinlich zu 80 % ausfallen wird. Wir schreiben direkt ab.
4. Bereits im Jahresabschluss des vorangegangenen Geschäftsjahres hatten wir unsere Forderung gegenüber der M-AG in Höhe von 17 850 EUR (brutto) auf das Konto »zweifelhafte Forderungen« umgebucht. Jetzt erhalten wird vom Insolvenzverwalter die Nachricht, dass wir keine Zahlungen mehr zu erwarten haben. Wir schreiben die Forderung zu 100 % direkt ab.

5. a) Unser Kunde, die Y-KG, gerät aufgrund von Fehlinvestitionen in Zahlungsschwierigkeiten. Unsere Forderung aus Lieferungen und Leistungen vom 5. 4. 2017 in Höhe von 2 142 EUR wird unstreitig zweifelhaft. Der Umsatz erfolgte zum Regelsteuersatz.
   b) Kurz vor dem Bilanzstichtag wird über das Vermögen der Y-KG das Insolvenzverfahren eröffnet. Vom Insolvenzverwalter erfahren wir, noch vor Bilanzerstellung, am 15. 1. 2018, dass mit einer Insolvenzquote von 30 % zu rechnen ist. Wir schreiben direkt ab.
   c) Am 13. 4. 2018 ist die Insolvenz abgewickelt. Der Insolvenzverwalter überweist uns 476 EUR auf unser Bankkonto.
6. a) Unsere Forderung aus der Lieferung von Handelswaren an die AB-GmbH & Co. KG i. H. v. 14 280 EUR (inkl. 19 % USt) wird zweifelhaft.
   b) Aus den Medien erfahren wir, dass die AB-GmbH & Co. KG nicht zahlungsfähig ist, das Insolvenzverfahren aber (vermutlich Mangels Masse) noch nicht eröffnet wurde. Wir gehen davon aus, dass die Forderung zu 70 % ausfällt. Wir schreiben sofort indirekt ab.
   c) Noch vor Jahreswechsel erhalten wir zu unserer Überraschung eine Bankgutschrift in Höhe von 5 950 EUR von der AB-GmbH & Co. KG. Da die AB-GmbH & Co. KG liquidiert wird, ist der Rest endgültig (unstreitig) uneinbringlich.
7. Ohne Berücksichtigung der Geschäftsvorfälle 1. bis 6. weist unser Konto »Forderungen aus Lieferungen und Leistungen« zum 31. 12. 2017 einen Saldo von 208 149 EUR auf. Darin enthalten sind Forderungen gegen die öffentliche Hand in Höhe von 57 120 EUR (brutto, 19 % USt). In dem Saldo sind Umsätze i. H. v. 16 050 EUR (brutto) enthalten, die dem ermäßigten Umsatzsteuersatz (7 %) unterliegen sowie 23 000 EUR umsatzsteuerfreie Forderungen. Unser Prozentsatz für die Pauschalwertberichtigung bei privaten Schuldnern beträgt erfahrungsgemäß 3 %.

(367) *.* **Aufgabe 110** *Fremdwährungsforderungen*
Die Übungsaufgabe soll zeigen, ob Sie souverän mit den Begriffen Brief- und Geldkurs umgehen können, Fremdwährungsforderungen korrekt in Euro umrechnen können und richtig bewerten.

Braun hat aus einer (umsatzsteuerbefreiten) Warenlieferung an eine amerikanische Firma in Chicago Forderungen aus L. u. L. i. H. v. 22 000 USD. Das Zahlungsziel liegt im Februar 2018. Die Kurse am Tag der Lieferung und am Bilanzstichtag betragen:

	Briefkurs	*Geldkurs*
bei Lieferung am 14. 5. 2017	1,20 USD / EUR	1,10 USD / EUR
am Bilanzstichtag (31. 12. 2017)	1,25 USD / EUR	1,05 USD / EUR

Führen Sie die Erst- und Folgebewertung durch und bilden Sie die nötigen Buchungssätze!

67)** **Aufgabe 111** *Sammelbewertung (periodisch)*
Hier werden die gängigen periodischen Sammelbewertungsverfahren angewendet.

Im Laufe eines Geschäftsjahres wurden folgende Warenzugänge aufgezeichnet:

Anfangsbestand:	100 ME	à	4 EUR/ME
Zugang 1:	300 ME	à	5 EUR/ME
Zugang 2:	350 ME	à	3 EUR/ME
Zugang 3:	200 ME	à	4 EUR/ME
Zugang 4:	50 ME	à	5 EUR/ME

Mit welchem Wert ist der Warenendbestand in der Schlussbilanz anzusetzen, wenn als Bewertungsfiktion das *periodische*

a) Durchschnittsverfahren,
b) fifo-Verfahren,
c) lifo-Verfahren

angewendet wird?

Der durch Inventur ermittelte Endbestand beträgt 600 ME, der Marktpreis am Bilanzstichtag beträgt 4,10 EUR je ME.

68)** **Aufgabe 112** *Sammelbewertung (periodisch und permanent)*
Im Gegensatz zu Aufgabe 111 zielt diese Aufgabe auf die Anwendung der periodischen UND permanenten Sammelbewertungsverfahren ab.

Im Laufe eines Geschäftsjahres wurden folgende Warenzugänge und Warenabgänge aufgezeichnet:

Anfangsbestand:	100 ME	à	2,00 EUR/ME
Zugang 1:	200 ME	à	3,50 EUR/ME
Abgang 1:	50 ME		
Zugang 2:	300 ME	à	1,50 EUR/ME
Abgang 2:	400 ME		
Zugang 3:	100 ME	à	4,00 EUR/ME
Abgang 3:	80 ME		

Mit welchem Wert ist der Warenendbestand in der Schlussbilanz anzusetzen, wenn als Bewertungsfiktion (1) das periodische, (2) das permanente

a) Durchschnittsverfahren,
b) fifo-Verfahren,
c) lifo-Verfahren

gewählt wird?

Der durch Inventur ermittelte Endbestand beträgt 170 ME. Der Marktpreis am Bilanzstichtag beträgt 4,00 EUR/ME.

(369) ** **Aufgabe 113** *Bewertungsvereinfachungsverfahren*
Neben der Anwendung des permanenten lifo-Verfahrens soll hier das Zusammenspiel von Warenverbuchung und Sammelbewertung verdeutlicht werden.

Im laufenden Geschäftsjahr ergaben sich folgende Bewegungen auf dem Konto »Betriebsstoffe«. Die Werte sind dabei jeweils Nettobeträge:

	Datum	*Liter*	EUR/Liter
Anfangsbestand	01.01.2017	1 350	5,40
Abgang	25.02.2017	850	
Abgang	10.05.2017	475	
Zugang	07.07.2017	1 100	5,70
Abgang	15.09.2017	1 075	
Zugang	15.11.2017	75	5,25

Der durch Inventur ermittelte Endbestand beträgt 125 Liter, der Marktpreis am Bilanzstichtag beträgt 5,25 EUR/Liter. Verbuchen Sie den Einsatz der Betriebsstoffe in 2017 und schließen Sie das Konto »Betriebsstoffe« am 31.12.2017 ab. Die Verbuchung des Betriebsstoffeinsatzes sowie der Kontenabschluss ist unter Beachtung der Inventurmethode sowie unter Anwendung des permanenten lifo-Verfahrens durchzuführen!

(370) ** **Aufgabe 114** *Sammelbewertung und Warenverbuchung*
Aufgabe 114 zeigt das Zusammenspiel zwischen Warenverbuchung und Warenbewertung. Studieren Sie zur Lösung dieser Aufgabe zunächst Ihre Ergebnisse aus Aufgabe 49 auf Seite 44.

Im Laufe eines Geschäftsjahres wurden folgende Warenzugänge und Warenabgänge aufgezeichnet (permanentes lifo-Verfahren; Die Umsatzsteuer ist zu vernachlässigen!):

Anfangsbestand:	100 ME	à	10 EUR/ME
Zugang 1:	20 ME	à	12 EUR/ME
Abgang 1:	30 ME		
Zugang 2:	50 ME	à	14 EUR/ME
Abgang 2:	10 ME		

Abgang 1 wurde zu 10 EUR/ME verkauft, Abgang 2 wurde zu 20 EUR/ME verkauft. Der Preis am Bilanzstichtag (31.12.) beträgt 14 EUR/ME.

a) Verbuchen Sie die Geschäftsvorfälle bei Anwendung des permanenten lifo-Verfahrens (und Skontrationsmethode) bei getrenntem Warenkonto und Abschluss nach der Nettomethode. Stellen Sie die T-Konten »Wareneinkauf«, »Warenverkauf« sowie »GuV« dar!

b) Verbuchen Sie die Geschäftsvorfälle bei Anwendung des periodischen lifo-Verfahrens bei getrenntem Warenkonto und Abschluss nach der Nettomethode. Stellen Sie die T-Konten »Wareneinkauf«, »Warenverkauf« sowie »GuV« dar!

8 UMLAUFVERMÖGEN

Aufgabe 115 *Festwert (Zeitpunkt der Bildung)*
Bei dieser Aufgabe sollen Sie zeigen, dass Sie den Zeitpunkt, zu dem ein Festwert gebildet werden kann, bestimmen können und die Höhe des Festwerts berechnen können.

Ein in 2013 eröffneter Betrieb schafft jeweils zu Beginn des Geschäftsjahres Vermögensgegenstände des Anlagevermögens an, für die nach § 256 Satz 1 HGB i. V. m. § 240 Abs. 3 HGB zulässigerweise ein Festwert gebildet werden kann. Die betriebsgewöhnliche Nutzungsdauer beträgt 5 Jahre. Die Zukäufe betragen in den Jahren 2013 bis 2017 jeweils 40 000 EUR.

a) Wie hoch ist dieser Festwert?
b) Wann kann bei linearer AfA ein Festwert gebildet werden?

Aufgabe 116 *Anpassung des Festwerts*
Der Schwerpunkt bei dieser Aufgabe liegt in der Handhabung der Fälle bei bereits erfolgter Bildung eines Festwertes, wenn das Ergebnis der körperlichen Bestandsaufnahme wesentlich vom Festwert abweicht.

Der bayreuther Gastronom Antonio Ferrari (F) benötigt für seine Pizzeria Geschirr, das regelmäßig verbraucht wird und laufend zu ersetzen ist. In den Jahren 2014 bis 2017 wurde Geschirr zu nachstehenden Anschaffungskosten erworben:

		EUR
in 2014	für	3 000
in 2015	für	2 500
in 2016	für	3 600
in 2017	für	3 200

F benötigt regelmäßig Geschirr im Neuwert von 10 000 EUR. Dafür wird ein Festwert i. H. v. unstreitig 5 000 EUR gebildet. Zum 31. 12. 2017 ergibt eine körperliche Bestandsaufnahme einen Bestand im Wert von 5 600 EUR. Gehen Sie davon aus, dass bis zum Erreichen des Festwertes keine planmäßigen Abschreibungen vorgenommen werden.

Ermitteln Sie jeweils den Wertansatz zum 31. 12.!

Aufgabe 117 *Kontrollfragen*
Die Kontrollfragen decken das Thema »Umlaufvermögen« ab.

1. Wann ist ein Vermögensgegenstand dem Umlaufvermögen zuzuordnen?
2. Nennen Sie mindestens fünf konkrete Vermögensgegenstände, die dem Umlaufvermögen zuzuordnen sind!
3. Erläutern Sie anhand konkreter Beispiele, warum es von materieller Bedeutung ist, ob ein Vermögensgegenstand dem Umlaufvermögen oder dem Anlagevermögen zugeordnet wird.

4. Wie ist die Bilanzierung immaterieller Vermögensgegenstände des Anlage- und Umlaufvermögens geregelt?
5. Worin bestehen die wesentlichen Unterschiede zwischen Anschaffungs- und Herstellungskosten?
6. Was versteht man unter Einzelkosten, was unter Gemeinkosten?
7. Wie sind die Wahlrechte in § 255 Abs. 2 HGB auszuüben, wenn der Gewinn im Jahr der Herstellung möglichst a) hoch bzw. b) niedrig sein soll?
8. Welche Auswirkungen haben die Wahlrechte in § 255 Abs. 2 HGB auf den Gewinn der Totalperiode?
9. Wie werden zweifelhafte Forderungen einzelwertberichtigt?
10. Welche Möglichkeiten der buchhalterischen Erfassung von Einzelwertberichtigungen existieren?
11. Wie ist die Korrektur der Umsatzsteuer bei Einzelwertberichtigungen geregelt?
12. Erläutern Sie grob das Schema zur Ermittlung der Bemessungsgrundlage für die Pauschalwertberichtigung!
13. Wie werden pauschale Wertberichtigungen ermittelt, wenn sie innerbetriebliche Kosten repräsentieren?
14. Was versteht man unter »Mengennotierung« einer Sorte?
15. Was bedeutet »Brief-«, was »Geldkurs«?
16. Wie werden Fremdwährungsforderungen bewertet? Welches allgemeine Bewertungsprinzip kann dabei verletzt werden?
17. Welche Ausnahmen zum Prinzip der Einzelbewertung gem. § 252 Abs. 1 Nr. 3 HGB existieren?
18. Welche wesentlichen Unterschiede bestehen zwischen der Durchschnittsbewertung und der Gruppenbewertung?
19. Erklären Sie den wesentlichen Unterschied zwischen dem periodischen und dem permanenten lifo-Verfahren!
20. Kann die lifo-Methode von einem Eier-Großhändler angewendet werden? Begründen Sie Ihre Antwort!
21. Erläutern Sie kurz, was unter einem Festwert zu verstehen ist.
22. Wie lässt sich der Festwert formal ermitteln?
23. Beurteilen Sie, ob für die nachstehenden Vermögensgegenstände ein Festwert gebildet werden kann:
    a) Fertigerzeugnisse
    b) Finanzanlagen
    c) Grundstücke

9 Verbindlichkeiten

ShortCode
App # 1090

A-119

Aufgabe 118 *Wahr oder Falsch?*
Die Aufgabe deckt das Themengebiet von Kapitel 9 »Verbindlichkeiten« des Lehrbuchs ab. Dieser Aufgabentypus prüft im Antwort-Wahl-Verfahren, ob Sie die Grundlagen dieses Kapitels verstanden haben.

Sind die nachstehenden Aussagen wahr oder falsch?
Begründen Sie Ihre Antwort!

		wahr	falsch
a)	Verbindlichkeiten stellen im Gegensatz zu Rückstellungen Außenverpflichtungen dar.	☐	☐
b)	Eine wesentliche Voraussetzung für das Vorliegen einer Verbindlichkeit ist, dass die Schuld zum Stichtag dem Grunde und der Höhe nach gewiss sein muss.	☐	☐
c)	Die Erstbewertung von Verbindlichkeiten erfolgt zum Verfügungsbetrag.	☐	☐
d)	Die Erstbewertung von Fremdwährungsverbindlichkeiten erfolgt zum Geldkurs.	☐	☐
e)	Bei den Schulden existieren aufgrund des Vorsichtsprinzips i. d. R. keine stillen Lasten.	☐	☐
f)	Bei einem Fälligkeitsdarlehen sind die Tilgungszahlungen jährlich fällig.	☐	☐
g)	Die Summe der Zinszahlungen sind (bei gleichem Sollzinssatz) beim Fälligkeitsdarlehen – im Vergleich zum Tilgungsdarlehen oder Annuitätendarlehen – immer am höchsten.	☐	☐
h)	Beim Annuitätendarlehen steigt der Tilgungsanteil im Zeitablauf.	☐	☐
i)	Bei Vorhandensein eines Disagios (auch Damnum oder Abgeld genannt) ist der Verfügungsbetrag geringer als der Erfüllungsbetrag.	☐	☐
j)	Der Briefkurs ist stets größer als der Geldkurs.	☐	☐
k)	Die Passivierung von Verbindlichkeiten erfolgt immer erfolgsneutral.	☐	☐

Aufgabe 119 *Darlehenstypen*
Bei dieser Aufgabe sollen Sie zeigen, dass Sie mit alternativen Darlehensformen in der Weise umgehen können, als dass Sie in der Lage sind, Zins und Tilgung zu berechnen.

Die e. Kfr. Claire Werk (C) möchte zum 1.10.2017 ein Darlehen für eine Investition in die mobile Schlammentwässerung aufnehmen. Für die Investition benötigt sie 9 600 EUR an liquiden Mitteln. Eine berüchtigte Großbank macht ihr dazu folgende Angebote:

A-120

a) Aufnahme eines *endfälligen Darlehens* mit einer Laufzeit von 3 Jahren zum Zinssatz von 3 % p. a.; die Auszahlung erfolgt zu 96 %. Die Zinszahlungen erfolgen jährlich zum 30. 9.

b) Aufnahme eines *Tilgungsdarlehens* mit einer Laufzeit von 3 Jahren zu einem Zinssatz von 6 % p. a. Die Tilgungszahlungen sind halbjährlich zum 1. 4. und zum 1. 10., beginnend mit dem 1. 4. 2018, zu leisten. Die Auszahlung erfolgt zu 100 %.

c) Aufnahme eines *Annuitätendarlehens* mit einer Laufzeit von 3 Jahren zu einem Zinssatz von 4 %. Die Annuitäten sind halbjährlich zum 1. 4. und zum 1. 10., beginnend mit dem 1. 4. 2018, zu leisten. Die Auszahlung erfolgt zu 96 %.

Welches Angebot wird C wählen, wenn sie die Aufwendungen im Zusammenhang mit dem Darlehen minimieren möchte? Erstellen Sie die Tilgungspläne für die Kalenderjahre 2017 bis 2020! Führen Sie die Buchwerte der Kredite fort und ermitteln Sie die auf die entsprechenden Zeiträume entfallenden Zinsen.

(382) ⁎⁎⁎ **Aufgabe 120** *Fremdwährungsverbindlichkeiten*
Die Aufgabe zielt auf die Bewertung von (in der Praxis häufig vorkommenden) Warenverbindlichkeiten in fremder Währung ab. Sie sollen lernen, Fremdwährungen korrekt umzurechnen und Verbindlichkeiten in fremder Währung unter Berücksichtigung von § 256a HGB korrekt zu bewerten.

a) Der deutsche Unternehmer John Über-See (Ü) hat aus einer (umsatzsteuerbefreiten) Warenlieferung von einer amerikanischen Firma Verbindlichkeiten aus L. u. L. i. H. v. 22 000 USD. Das Zahlungsziel liegt auf dem 1. 2. 2018, an dem auch tatsächlich per Banküberweisung bezahlt wird. Die Kurse am Tag der Lieferung, am Bilanzstichtag sowie am 1. 2. 2018 betragen:

	Briefkurs	*Geldkurs*
bei Lieferung am 14. 5. 2017	1,20 USD / EUR	1,10 USD / EUR
am Bilanzstichtag (31. 12. 2017)	1,10 USD / EUR	0,90 USD / EUR
bei Bezahlung (1. 2. 2018)	1,30 USD / EUR	1,20 USD / EUR

Führen Sie die erforderlichen Buchungen bei Lieferung, am Bilanzstichtag und im Februar 2018 durch!

b) Über-See hat aus einer (umsatzsteuerbefreiten) Warenlieferung von einer amerikanischen Firma Verbindlichkeiten aus L. u. L. i. H. v. 22 000 USD. Das Zahlungsziel liegt auf dem
1. 1. 2. 2018 bzw.
2. 1. 2. 2019,
an dem auch tatsächlich per Banküberweisung bezahlt wird. Die Wechselkurse betragen:

9 VERBINDLICHKEITEN

	Briefkurs	Geldkurs
bei Lieferung am 14. 5. 2017	1,20 USD/EUR	1,10 USD/EUR
am Bilanzstichtag (31. 12. 2017)*	1,30 USD/EUR	1,20 USD/EUR
bei Bezahlung am 1. 2. 2018	1,15 USD/EUR	1,05 USD/EUR
am Bilanzstichtag (31. 12. 2018)	1,15 USD/EUR	1,05 USD/EUR
bei Bezahlung am 1. 2. 2019	1,15 USD/EUR	1,05 USD/EUR

Führen Sie die erforderlichen Buchungen am Bilanzstichtag und im Februar 2018 bzw. 2019 durch!

Aufgabe 121 *Fremdwährungsverbindlichkeiten*

Anders als in Aufgabe 120 handelt es sich hier um einen klassischen Kredit. Zudem muss der Devisenkassamittelkurs hier nicht ermittelt werden. Es soll nochmals die Handhabung der Umrechnung fremder Währung und die Bewertung unter Berücksichtigung von § 256a HGB geübt werden.

Wir nehmen am 1. November 2017 ein Tilgungsdarlehen über 60 000 EUR bei einer berüchtigten Großbank auf, welches in Britische Pfund (GBP) valutiert wurde. Die Laufzeit beträgt 4 Jahre, der Zinssatz 6,7 % p. a., Zins- und Tilgungszahlung sind jeweils halbjährlich, beginnend mit dem 30. 4. 2018, zu entrichten. Es werden folgende Wechselkurse unterstellt:

	Briefkurs	Geldkurs	Mittelkurs
01.11.2017	0,7852 GBP/EUR	0,7844 GBP/EUR	0,7848 GBP/EUR
31.12.2017	0,7543 GBP/EUR	0,7519 GBP/EUR	0,7531 GBP/EUR

Mit welchem Wert ist die Verbindlichkeit am 31. 12. 2017 zu passivieren?

Aufgabe 122 *Kontrollfragen*

Die Kontrollfragen decken das Thema »Verbindlichkeiten« ab.

1. Was versteht man unter Schulden im ökonomischen Sinne?
2. In welche Kategorien lassen sich Schulden unterteilen?
3. Wie lassen sich Verbindlichkeiten klassifizieren?
4. Wodurch unterscheiden sich Verbindlichkeiten und Rückstellungen?
5. Welche Formen der Periodenabgrenzung existieren?
6. Erläutern Sie die Erst- und Folgebewertung von Fremdwährungsverbindlichkeiten.

10 Periodenabgrenzung

ShortCode App # 1100

A-123

(384)* **Aufgabe 123** *Wahr oder falsch?*
Die Aufgabe deckt Kapitel 10 des Lehrbuches ab. Der Inhalt bezieht sich auf Rückstellungen, Rechnungsabgrenzungen und latente Steuern.

Sind die nachstehenden Aussagen wahr oder falsch?
Begründen Sie Ihre Antwort!

		wahr	falsch
a)	Ein »ARAP« oder »PRAP« entsteht nur bei einer transitorischen Rechnungsabgrenzung.	☐	☐
b)	Bei der transitorischen Rechnungsabgrenzung erfolgt die Zahlung vor Erfolgswirkung.	☐	☐
c)	Bei der antizipativen Rechnungsabgrenzung erfolgt die Zahlung vor Erfolgswirkung.	☐	☐
d)	Die antizipative Rechnungsabgrenzung mündet in Bilanzpositionen mit der Bezeichnung »sonstige Forderungen« oder »sonstige Verbindlichkeiten«.	☐	☐
e)	Bei aktiven transitorischen Rechnungsabgrenzungen besteht immer Aktivierungspflicht.	☐	☐
f)	Im Gegensatz zu transitorischen Rechnungsabgrenzungsposten stellt die antizipative Rechnungsabgrenzung Vermögensgegenstände/Schulden dar.	☐	☐
g)	Echte Schulden werden in Verbindlichkeiten (echte sichere Schulden) und Rückstellungen (echte unsichere Schulden) unterteilt.	☐	☐
h)	Rückstellungen werden auf der Passivseite erfolgsneutral gebildet.	☐	☐
i)	Die Auflösung von Rückstellungen erfolgt immer erfolgswirksam.	☐	☐
j)	Es besteht gem. § 249 HGB ein Wahlrecht zur Passivierung von Rückstellungen.	☐	☐
k)	Die Aktivierung bzw. Passivierung latenter Steuern erfolgt zur periodengerechten Verrechnung des Ertragsteueraufwands.	☐	☐
l)	Zeitlich begrenzte Differenzen zwischen Handelsbilanz und Steuerbilanz entstehen z. B. durch unterschiedliche Abschreibungsverfahren in den beiden Rechenwerken.	☐	☐
m)	Zeitlich unbegrenzte (permanente) Differenzen entstehen zum Beispiel durch handelsrechtliche Erträge, die steuerfrei sind.	☐	☐

10 PERIODENABGRENZUNG

	wahr	falsch
n) Aktive Steuerlatenzen entstehen immer dann, wenn der Aufwand in der Handelsbilanz früher entsteht als in der Steuerbilanz.	☐	☐
o) Passive Steuerlatenzen entstehen immer dann, wenn Erträge früher in der Handelsbilanz entstehen als in der Steuerbilanz.	☐	☐

85)** **Aufgabe 124** *Typen der Rechnungsabgrenzung*
Bei dieser Aufgabe lernen Sie unterschiedliche Geschäftsvorfälle kennen, die zu einer »Rechnungsabgrenzung« führen. Sie sollen dabei lernen, den jeweiligen Typ der »Rechnungsabgrenzung« zu identifizieren und korrekt zu verbuchen.

Verbuchen Sie die nachstehenden Geschäftsvorfälle – sofern nötig – im alten Jahr, am Bilanzstichtag sowie im neuen Jahr.

1. *Gebäudeversicherung*
   Die Prämie für die Gebäudeversicherung i. H. v. 600 EUR wird am 1. Oktober für ein Jahr im Voraus durch Banküberweisung beglichen.
2. *Zinsen*
   Wir überweisen am 31. März die Zinsen für ein Fälligkeitsdarlehen, das wir am 1. Oktober aufgenommen haben. Der Nominalwert des Darlehens beträgt 30 000 EUR. Die Sollzinsen betragen 4 %. Mit der Bank haben wir zwei Zinszahlungstermine pro Jahr vereinbart. Demnach sind jeweils zum 31. März und zum 30. September Zinsen zu bezahlen.
3. *Miete*
   Ein Mieter überweist uns die Miete für Dezember i. H. v. 1 500 EUR erst im Januar des nächsten Kalenderjahres (= Geschäftsjahres).
4. *Wartungsvertrag*
   Ein Kunde überweist uns im November 2 400 EUR (netto) für ein Jahr im Voraus für die vertraglich vereinbarten monatlichen Wartungsarbeiten. Wir hatten ihm vorher eine Rechnung über diesen Betrag geschrieben.

86)** **Aufgabe 125** *Rechnungsabgrenzung*
Ziel der Aufgabe ist, dass Sie grundsätzlich das Vorliegen einer »Rechnungsabgrenzung« erkennen lernen und in die Lage versetzt werden, den Typus der »Rechnungsabgrenzung« (transitorisch aktiv/passiv, antizipativ aktiv/passiv) sicher zu identifizieren. In Aufgabe 125 werden die Inhalte von Aufgabe 124 wiederholt

Buchen Sie – sofern nichts anderes angegeben – die folgenden Vorgänge:

a) Am Tag des Vorfalls,
b) am Bilanzstichtag,
c) im neuen Jahr.

Der Abschluss der Konten ist nicht erforderlich.

A-126

1. Am 1. Oktober 2017 überweisen wir die Miete für unser Verwaltungsgebäude für ein Jahr im Voraus. Die monatliche Miete beträgt 1 200 EUR.
2. Am 1. 11. 2017 erhalten wir 24 000 EUR Miete per Banküberweisung für ein Gebäude, das wir an die A-GmbH vermieten. Die Mietzahlung erfolgt für ein halbes Jahr im Voraus.
3. Das Betriebsgebäude, in dem sich unsere Verwaltung befindet, wurde von uns bei der Immobilien GmbH & Co. KG angemietet. Die Miete für die Monate Oktober, November, Dezember 2017 i. H. v. insgesamt 30 000 EUR überweisen wir erst am 2. 2. 2018.
4. Die Miete für den Dezember 2017 i. H. v. 5 000 EUR für ein Lagergrundstück, das wir an die YZ-AG kurzfristig vermietet haben, geht erst am 15. 1. 2018 ein.
5. Am 1. 12. 2017 überweisen wir per Banküberweisung die Versicherungsprämie für die Gebäudeversicherung des Betriebsgebäudes in Höhe von 18 000 EUR für ein Jahr im Voraus an die Versicherungs-AG.
6. Am 27. 12. 2017 werden per Banküberweisung die monatlichen Wartungskosten i. H. v. 1 000 EUR (netto) für Januar 2018 überwiesen. Die Wartungskosten betreffen den Lastenaufzug. Dafür wurde mit der X-GmbH ein Wartungsvertrag geschlossen. Eine Rechnung wurde in 2017 nicht gestellt.

(389) ** **Aufgabe 126** *Verbindlichkeiten*

Schwerpunkt von Aufgabe 126 ist nicht die Bestimmung von Zins und Tilgung, sondern die buchhalterische Erfassung der »Rechnungsabgrenzung« im Zusammenhang mit Verbindlichkeiten gegenüber Kreditinstituten.

1. *Tilgungsdarlehen*
   Am 1. 10. 2017 nehmen wir ein Tilgungsdarlehen über 60 000 EUR mit einer Laufzeit von 6 Jahren auf. Die Auszahlung erfolgt zu 96 %. Der Nominalzins beträgt 6 % p. a. Die Zins- und Tilgungszahlungen erfolgen jeweils halbjährlich nachschüssig. In 2017 soll ein möglichst hoher Gewinn entstehen.
   Geben Sie die Buchungen in 2017 und 2018 an!

2. *Annuitätendarlehen*
   Am 1. 4. 2016 haben wir bei einer berüchtigten Großbank ein Darlehen im Nominalwert von 100 000 EUR mit einer Laufzeit von acht Jahren aufgenommen, das zu 96 % ausbezahlt wurde. Das Darlehen ist mit 8 % p. a. zu verzinsen und in periodisch gleichbleibenden Raten i. H. v. 8 582 EUR zu tilgen (Annuitätendarlehen). Fällige Zinsen und Tilgungsraten werden halbjährlich (30. 9. und 31. 1.) jeweils nachträglich per Banküberweisung geleistet. Das Disagio wird linear abgeschrieben.
   Bilden Sie aus den vorstehenden Angaben sämtliche Buchungssätze, die im Zusammenhang mit dem Darlehen in der laufenden Periode 2017 anfallen.

3. *Tilgungsdarlehen mit unterjähriger Tilgung*
   Die A-GmbH nimmt am 31. 10. 2017 ein Tilgungsdarlehen bei ihrer Hausbank mit einer Laufzeit von 10 Jahren und einem Zinssatz von 6 % p. a. über

100 000 EUR auf. Das Darlehen wird noch am selben Tag zu 97 % ausbezahlt. Die *Tilgungen* erfolgen vierteljährlich zum 31. 1., 30. 4., 31. 7. und 31. 10., beginnend mit dem 31. 1. 2018. Die *Zinszahlungen* erfolgen halbjährlich zum 30. 4. und 31. 10., beginnend mit dem 30. 4. 2018. Zins- und Tilgungszahlungen werden jeweils pünktlich per Banküberweisung gezahlt.

Verbuchen Sie die mit dem Darlehen zusammenhängenden Geschäftsvorfälle in 2017 und 2018, wenn die A-GmbH in 2017 einen möglichst hohen Gewinn wünscht und ein etwaiges Damnum digital abgeschrieben wird.

92) ** **Aufgabe 127** *Rückstellungen*

Die Aufgabe dient zur Übung der Identifizierung von Rückstellungen. Es soll dabei jeweils geprüft werden, ob eine Rückstellung gebildet werden kann oder muss und um welche Art von Rückstellung es sich handelt.

Wie lauten die Buchungssätze

a) zum Bilanzstichtag,
b) im neuen Geschäftsjahr?

Die Verbuchung der Kontenabschlüsse ist nicht erforderlich!

1. *Prozesskosten*
   Am Bilanzstichtag ist noch ein Rechtsstreit über Urheberrechte anhängig für den uns voraussichtlich Anwaltskosten i. H. v. 6 500 EUR entstehen werden. Im neuen Geschäftsjahr wird der Prozess entschieden. Wir erhalten eine Rechnung unseres Anwalts über 5 000 EUR (netto) die sofort per Banküberweisung beglichen wird.
2. *Jahresabschlusskosten*
   Die voraussichtlichen Kosten zur Erstellung des Jahresabschlusses durch unseren Steuerberater betragen 3 500 EUR. Am 14. 2. 2018 erhalten wir die Rechnung unseres Steuerberaters über 6 200 EUR (netto) für die Erstellung des Jahresabschlusses. Am 3. 3. 2018 begleichen wir den Rechnungsbetrag per Banküberweisung.
3. *Steuern*
   In 2017 wurden bereits 12 000 EUR (24 000 EUR) an Vorauszahlungen für die Gewerbesteuer (Einkommensteuer) entrichtet. Nach Information durch unseren Steuerberater wird sich die Gewerbesteuer (Einkommensteuer) in 2017 auf insgesamt 13 500 EUR (30 000 EUR) belaufen. Am 13. 7. 2018 erreichen uns zeitgleich die Steuerbescheide für die Gewerbesteuer und die Einkommensteuer für den Veranlagungszeitraum 2017. Der Bescheid über die Gewerbesteuer (Einkommensteuer) lautet über 8 000 EUR (35 000 EUR). Die Beträge werden fristgerecht am 23. 6. 2017 per Banküberweisung vom betrieblichen Konto aus beglichen bzw. zeitgleich auf das betriebliche Konto erstattet.

4. *Garantien*
   a) Der Wert der noch unter Garantie stehenden Leistungen haben am 31.12.2017 einen Wert von 1,5 Mio EUR (netto). Die Erfahrung zeigt, dass mit Garantieleistungen i. H. v. 2% der noch unter Garantie stehenden Leistungen zu rechnen ist. Bisher wurden hierfür bereits Rückstellungen i. H. v. 25 000 EUR gebildet.
   b) Nach Ablauf der gesetzlichen Garantiezeit überweisen wir in 2018 an unsere Vertragswerkstätten für die Ausführung von Garantieleistungen 34 000 EUR zuzüglich 19% Umsatzsteuer.
   c) Zum Bilanzstichtag am 31.12.2018 beträgt der garantieverpflichtende Umsatz 1,2 Mio EUR (netto). Der Satz von 2% erscheint weiterhin als angemessen.
5. *Bürgschaft*
   Wir haben für einen guten Kunden eine Bürgschaft i. H. v. 170 000 EUR übernommen. Mitte Dezember erfahren wir, dass über das Vermögen des Hauptschuldners (unser Kunde) das Insolvenzverfahren eröffnet wurde. Der Insolvenzverwalter teilt uns mit, dass die Insolvenzquote voraussichtlich 10% beträgt.
6. *Gehaltsnachzahlung*
   Ein ehemaliger Außendienstmitarbeiter verklagt das Unternehmen auf eine Gehaltsnachzahlung. Es muss mit einer Nachzahlung i. H. v. 112 000 EUR und Prozesskosten i. H. v. 3 500 EUR gerechnet werden.
7. *Umweltgesetz*
   Ein unerwartetes neues Umweltgesetz, welches die Verwendung bestimmter Stoffe im Herstellungsprozess verbietet, führt zu Mehrkosten i. H. v. 119 000 EUR (brutto) bei der Durchführung eines Auftrags, bei dem mit der Herstellung des Produkts bereits begonnen wurde. Die Mehrkosten führen zu einem Verlust von 23 800 EUR (brutto).
8. *Verlust*
   Wegen schlechter Konjunkturprognosen rechnet das Unternehmen für das kommende Jahr mit einem Verlust in Höhe von 150 000 EUR.
9. *Schadenersatz*
   a) Der von uns gelieferte Teil einer Fertigungsstraße verursacht hohe Schäden an den anderen Teilen der Fertigungsstraße. Der Kunde hat uns auf Schadenersatz verklagt. Dafür müssen wir in 2018 ca. 8 500 EUR zahlen.
   b) Das Gericht verurteilt uns in 2018 zu einer Schadenersatzzahlung von insgesamt (1) 7 000 EUR, (2) 8 500 EUR, (3) 10 000 EUR.
   c) Unabhängig von b) akzeptieren wir in 2018 eine Schadenersatzforderung des Kunden über 12 000 EUR von denen wir noch in 2018 9 000 EUR per Banküberweisung begleichen. Den Rest bezahlen wir erst im Januar 2019.

10 PERIODENABGRENZUNG

10. *Instandsetzung*

Aufgrund einer hohen Betriebsauslastung war im abgelaufenen Geschäftsjahr 2017 keine Zeit, eine dringend fällige Instandsetzung des Betriebsgebäudes durchzuführen.

a) Die Instandsetzung soll im neuen Geschäftsjahr (1) innerhalb von drei Monaten bzw. (2) irgendwann im Sommer nachgeholt werden. Der Kostenvoranschlag der Baufirma beträgt 19 000 EUR zuzüglich 19 % Umsatzsteuer.

b) Die Instandsetzungsarbeit wird im I. Quartal des neuen Geschäftsjahres abgeschlossen. Wir überweisen den Rechnungsbetrag über 27 000 EUR zuzüglich 19 % Umsatzsteuer.

11. *Liefervertrag*

Am 1.11.2017 schließen wir mit der B-KG einen Liefervertrag über 20 Fertiggaragen zum Preis von 18 000 EUR (netto) je Garage ab, die im Januar 2018 von uns produziert und geliefert werden sollen. Infolge der Rohstoffverteuerung im Dezember 2017 können wir ab Januar 2018 die Garagen selbst nur zu 20 000 EUR (netto) fertigen.

Aufgabe 128 *Erkennen latenter Steuern*

Die Übungsaufgabe soll Ihnen helfen, anhand eines vorher entwickelten Schemas, latente Steuern leichter identifizieren und klassifizieren zu können.

a) Entwickeln Sie ein Schema anhand dessen Sie schnell erkennen können, ob aktive oder passive latente Steuern vorliegen.

b) Wenden Sie das unter a) entwickelte Schema auf die nachstehenden Geschäftsvorfälle an und beurteilen Sie, ob latente Steuern gebildet werden (können) und ob es sich um aktive oder passive latente Steuern handelt.

1. Eine Maschine wird angeschafft, die in der Handelsbilanz degressiv und in der Steuerbilanz linear abgeschrieben wird.
2. Ein Disagio wird in der Handelsbilanz sofort abgeschrieben.
3. Die Entwicklungskosten für ein vielversprechendes Patent werden in der Handelsbilanz aktiviert.
4. Eine Aktiengesellschaft vereinnahmt Dividenden aus einer Beteiligung, die steuerbefreit sind.
5. Das Vorratsvermögen wird in der Handelsbilanz nach dem fifo-Verfahren und in der Steuerbilanz nach dem lifo-Verfahren bewertet. Die Preise für das Vorratsvermögen fallen streng monoton.
6. In der Handelsbilanz wird eine Rückstellung für drohende Verluste aus schwebenden Geschäften gebildet.
7. In der Handelsbilanz wird ein Firmenwert aktiviert. Gehen Sie davon aus, dass die voraussichtliche betriebsgewöhnliche Nutzungsdauer des Firmenwerts nicht verlässlich geschätzt werden kann.

A-129

(399) ** **Aufgabe 129** *Latente Steuern (zweiperiodig)*
Bei dieser Aufgabe sollen Sie anhand eines einfachen zweiperiodigen Beispiels zeigen, ob Sie die Funktionsweise latenter Steuern verstanden haben.

Ein Unternehmer erwirtschaftet in Jahr 1 und in Jahr 2 jeweils Erträge i. H. v. 100 EUR, die sowohl in der Handelsbilanz (HB) als auch in der Steuerbilanz (StB) erfolgswirksam sind. In Jahr 1 bildet der Unternehmer in der Handelsbilanz eine Rückstellung i. H. v. 40 EUR, die in der Steuerbilanz nicht gebildet werden darf. In Jahr 2 müssen tatsächlich 40 EUR aus dem Grund bezahlt werden, aus dem die Rückstellung gebildet wurde. Der Steuersatz beträgt 30 %.

a) Ermitteln Sie anhand des nachstehenden Schemas die Steuerquote (Steueraufwand zzgl. latente Steuern dividiert durch den Gewinn vor Steuern) in den beiden Jahren für den Fall, dass in Jahr 1 keine latenten Steuern angesetzt werden.

		Jahr 1		Jahr 2	
		HB	StB	HB	StB
	Erträge				
./.	Rückstellung			-	-
./.	Aufwand*	-	-		
=	Gewinn vor Steuern				
	gezahlte Steuern (30%)	-		-	
	Steueraufwand		-		-
	Steuerquote				

* Aufwand in der Steuerbilanz, der der Rückstellung in der Handelsbilanz entspricht.

b) Können in Jahr 1 aktive oder passive latente Steuern gebildet werden? Begründen Sie Ihre Antwort!

c) Ermitteln Sie nun auf der Grundlage des nachstehenden Schemas die Steuerquote im Fall, dass in Jahr 1 latente Steuern gebildet werden.

		Jahr 1		Jahr 2	
		HB	StB	HB	StB
	Erträge				
./.	Rückstellung			-	-
./.	Aufwand	-	-		
=	Gewinn vor Steuern				
	gezahlte Steuern	-		-	
	Steueraufwand*		-		-
	latente Steuern		-		-
	Steuerquote				

* Vor der Bildung latenter Steuern.

10 PERIODENABGRENZUNG   A-131

Aufgabe 130 *Latente Steuern (fünfperiodig)*
In Aufgabe 130 wird im Vergleich zu Aufgabe 129 ein längerer Zeitraum betrachtet. Sie lernen, die Differenzen zwischen Handelsbilanz und Steuerbilanz im Zeitablauf zu identifizieren und buchhalterisch abzubilden.

Die A-GmbH hat in t = 0 ein Patent entwickelt. Die zahlungsgleichen Entwicklungskosten in t = 0 betragen 100 TEUR. Die Entwicklungskosten werden aktiviert (§ 248 Abs. 2 Satz i. V. m. § 255 Abs. 2a HGB) und über fünf Perioden – beginnend mit t = 0 – linear abgeschrieben. Die aus dem Patent resultierenden Einzahlungen betragen in t = 0 und in den folgenden vier Perioden jeweils 50 TEUR. Der Steuersatz beträgt 50%. In der Steuerbilanz dürfen die Entwicklungskosten nicht aktiviert werden (§ 5 Abs. 2 EStG).

Zeigen Sie, dass die Bildung latenter Steuern zu einer »*besseren Periodisierung*« führt. Gehen Sie dabei wie folgt vor:

a) Ermittlung der Steuern auf Basis des Steuerbilanzgewinns.
b) Ermittlung der »fiktiven« Steuerlast, die sich nach Handelsrecht ergeben würde und Ermittlung des Gewinns nach (fiktiven) Steuern.
c) Ermittlung des handelsrechtlichen Ergebnisses nach »tatsächlich gezahlten« Steuern.
d) Ermittlung des handelsrechtlichen Ergebnisses bei Bildung und Auflösung aktiver latenter Steuern.

Aufgabe 131 *Periodenabgrenzung*
Aufgabe 131 dient der Kontrolle, ob Sie die möglichen Formen der Periodenabgrenzung korrekt identifizieren können. Während sich die Aufgaben 124 bis 130 jeweils nur auf eine Form der Periodenabgrenzung beziehen, muss hier die Form der Abgrenzung selbst bestimmt werden.

Beurteilen Sie, ob und ggf. welche Form von Periodenabgrenzung in den folgenden Fällen erforderlich ist. Es gilt:

a) Transitorische Rechnungsabgrenzung,
b) antizipative »Rechnungsabgrenzung«,
c) Rückstellung,
d) latente Steuern,
e) keine Form von Periodenabgrenzung.

	(a)	(b)	(c)	(d)	(e)
1. Es wird ein Firmenwert aktiviert.	☐	☐	☐	☐	☐
2. Zum 30. 11. wird ein Darlehen aufgenommen, bei dem die Zinszahlungen halbjährlich nachschüssig gezahlt werden und das zu 100% ausbezahlt wird.	☐	☐	☐	☐	☐
3. Wir müssen voraussichtlich für das Jahr 2016 50 TEUR Gewerbesteuer bezahlen. In 2016 wurden bereits 40 TEUR im Voraus geleistet.	☐	☐	☐	☐	☐

ÜBUNGSAUFGABEN BUCHFÜHRUNG & ABSCHLUSS

A-132

	(a)	(b)	(c)	(d)	(e)
4. Wir kaufen eine Maschine, die in der Handelsbilanz linear und in der Steuerbilanz degressiv abgeschrieben wird.	☐	☐	☐	☐	☐
5. Wir erhalten eine Anzahlung für ein Gebäude, das wir erstellen.	☐	☐	☐	☐	☐
6. Wir bezahlen die Miete für den Januar bereits im Dezember.	☐	☐	☐	☐	☐
7. Wir stellen einen Mitarbeiter ein, dem wir eine Betriebsrente garantieren.	☐	☐	☐	☐	☐
8. Wir werden im nächsten Jahr einen Verlust erwirtschaften.	☐	☐	☐	☐	☐
9. Wir (Unternehmer) müssen voraussichtlich für das Jahr 2016 100 TEUR Einkommensteuer bezahlen. In 2016 wurden bereits 80 TEUR im Voraus geleistet.	☐	☐	☐	☐	☐
10. Wir passivieren eine Rückstellung für drohende Verluste aus schwebenden Geschäften.	☐	☐	☐	☐	☐
11. Wir nehmen ein Darlehen auf, das zu 95 % ausbezahlt wird.	☐	☐	☐	☐	☐

(402)** **Aufgabe 132** *Kontrollfragen*
Die Kontrollfragen decken das Thema »Periodenabgrenzung« ab.

1. Benennen Sie jeweils zwei konkrete handelsrechtliche Aktivierungsverbote, Passivierungsverbote, Aktivierungsgebote, Passivierungsgebote.
2. Was versteht man unter transitorischer bzw. antizipativer Rechnungsabgrenzung?
3. Worin besteht der Unterschied zwischen transitorischer und antizipativer Rechnungsabgrenzung aus ökonomischer Sicht?
4. Stellt der ARAP einen Vermögensgegenstand dar?
5. Welche Bilanzierungsregeln gelten für Rechnungsabgrenzungsposten?
6. Wodurch unterscheiden sich Rückstellungen von passiver antizipativer und transitorischer Rechnungsabgrenzung?
7. Erläutern Sie den Zweck latenter Steuern!
8. Wodurch unterscheiden sich Verbindlichkeiten (Rückstellungen) und passive latente Steuern?
9. Geben Sie jeweils Beispiele an, bei denen
    a) permanente Differenzen zwischen HB und StB bestehen.
    b) zeitliche Differenzen zwischen HB und StB bestehen, deren Ausgleich nicht absehbar ist (quasi-permanente-Differenzen).
    c) zeitliche Differenzen zwischen HB und StB bestehen, die sich im Zeitablauf ausgleichen.

10. Geben Sie fünf Beispiele an für aktive Steuerabgrenzungsposten, und erläutern Sie die Grundsätze für deren Bildung und Auflösung.
11. Geben Sie ein Beispiel an für den Ansatz eines passiven Steuerabgrenzungspostens. Weshalb existieren nur wenige derartige Fälle?
12. Zeigen Sie anhand eines Buchungssatzes, dass sich die Bildung von Rückstellungen nicht auf das Geldvermögen auswirkt.
13. Wird die Umsatzsteuer bei der Bildung von Rückstellungen berücksichtigt? Begründen Sie Ihre Antwort!
14. Welches Problem bringt die Aktivierung latenter Steuern mit sich?
15. Erläutern Sie verbal die Bewertung latenter Steuern.

Quelle: Schanz, Sebastian/Koschmieder, Simon (2014): Humoristische Zeichnungen zum Betrieblichen Rechnungswesen, Selbstverlag, Bayreuth, ISBN 978-3-00-047631-0, Seite 10.

11 Hauptabschlussübersicht

A-133

(407) **Aufgabe 133** Hauptabschlussübersicht

[LV-133] Mit der Hauptabschlussübersicht wird das Ergebnis der laufend dokumentierten Geschäftsvorfälle und der Jahresabschlussbuchungen zum Zweck der Bildung des Jahresabschlusses, bestehend aus Bilanz und GuV, übersichtlich zusammengefasst. Mit der vorliegenden Übungsaufgabe können Sie überprüfen, ob Sie die Zusammenhänge zwischen Dokumentation (Verbuchung), Bewertung und Bildung des Jahresabschlusses verstanden haben.

Erstellen Sie unter Verwendung der Lösungshilfe LV-133 die Hauptabschlussübersicht zum 31.12.2017 (Abrechnungsperiode 1.1.2017 – 31.12.2017) unter Berücksichtigung der durch folgende Sachverhalte eventuell ausgelösten Buchungen.

HINWEISE:

(1) Sämtliche Buchungssätze sind mit Beträgen anzugeben; die Beträge sind außerdem in die Hauptspalte »Umbuchungen« der Hauptabschlussübersicht einzutragen. Vorgegebene falsche Buchungen sind gegebenenfalls buchungstechnisch zu korrigieren.

(2) Zur Bildung der Buchungssätze sind ausschließlich die in der Hauptabschlussübersicht vorgegebenen Kontenbezeichnungen zu verwenden.

(3) Alle Beträge sind in tausend Euro (= TEUR) angegeben. Behalten Sie diese Dimension bitte sowohl in den Buchungssätzen als auch in der Hauptabschlussübersicht bei. Die angegebenen bisherigen Buchungen sind in der Hauptabschlussübersicht bereits berücksichtigt.

(4) Der Umsatzsteuersatz betrage 20%.

(5) Abschreibungen sollen immer möglichst früh durchgeführt werden.

Konten	Summen		Salden I	
Grundstücke	100		...	...
BuGA	6			
Wareneinkauf	20+5			
Lieferantennachlässe		3		
Forderungen aus L. u. L.	90+30	10		
Zweifelhafte Forderungen				
Sonstige Forderungen	5			
Bank	178+12	33		
Kasse	42	26		
ARAP				
Eigenkapital		336,6		

11 HAUPTABSCHLUSSÜBERSICHT

Konten	Summen		Salden I	
Privat				
Rückstellungen		33		
Verbindlichkeiten aus L. u. L.	56,6	87		
Sonstige Verbindlichkeiten				
Vorsteuer	24+15	2		
Umsatzsteuer		26		
USt-Verrechnung				
Warenverkauf		47		
sonstige betriebliche Erträge				
Personalaufwand				
Mietaufwand	20			
Abschreibungen				
Summen	603,6	603,6		

Folgende Sachverhalte sind zu berücksichtigen:

a) Das Unternehmen mietet eine Lagerhalle für 3 Monate (Dezember 2017 bis Februar 2018). Die gesamte Miete i. H. v. 12 TEUR wird bereits im Voraus bar bezahlt.

b) Im vergangenen Jahr wurde angesichts eines ausstehenden Gerichtsprozesses eine Rückstellung für Gerichtskosten i. H. v. 33 TEUR gebildet. Kurz vor Ende des Jahres 2017 ergeht das Urteil. Demnach sind nur 28 TEUR per Bank auszuzahlen. Die Gerichtskosten werden noch in 2017 per Banküberweisung bezahlt.

c) Eine Forderung über einen Brutto-Betrag i. H. v. 42 TEUR droht auszufallen. Das Insolvenzverfahren wurde noch nicht eröffnet. Wir rechnen mit einem Forderungsausfall von 80 %.

d) Zu Beginn des Jahres werden 10 Computer im Wert von jeweils 0,8 TEUR (netto) auf Ziel beschafft. Die Beschaffung wurde buchhalterisch noch nicht erfasst. Die betriebsgewöhnliche Nutzungsdauer beträgt 5 Jahre, es wird linear und direkt abgeschrieben.

e) Die Lohn- und Gehaltsabrechnung für den Monat Dezember ist zu erstellen. Der Bruttolohn beträgt 60 TEUR. Darauf entfallen Lohn- und Kirchensteuer i. H. v. 18 TEUR und Sozialversicherungsbeiträge des Arbeitnehmers i. H. v. 9 TEUR. Die vom Arbeitgeber zu entrichtenden Sozialversicherungsbeiträge betragen ebenfalls 9 TEUR. Außerdem sind Vorschüsse i. H. v. 5 TEUR zu berücksichtigen, deren Auszahlung bereits zu einem früheren Zeitpunkt verbucht wurde. Der Nettolohn wird den Arbeitnehmern durch Banküberweisung ausgezahlt. Die Überweisung der Steuern und Sozialversicherungsbeiträge erfolgt zu einem späteren Zeitpunkt.

A-134

f) Zum Ende des Jahres entnimmt der Unternehmer Waren im Nettowert von 4 TEUR für private Zwecke.
g) 1. Im Rahmen des Abschlusses des Kontos »Wareneinkauf« ist das entsprechende Unterkonto Lieferantennachlässe (siehe Hauptabschlussübersicht), über das Lieferantenboni und Lieferantenskonti verbucht werden, abzuschließen.
   2. Es wird ein Schlussbestand an Waren laut Inventur i. H. v. 7 TEUR ermittelt. Ermitteln *und* verbuchen Sie den Wareneinsatz nach der Nettomethode und schließen Sie das Konto »USt-Verrechnung« ab.
h) Abschluss der Unterkonten des Umsatzsteuer-Verrechnungskontos.
i) Abschluss des Kontos »Privat«.
j) Komplettieren Sie nun die Hauptabschlussübersicht in der Lösungsvorlage und ermitteln Sie den Periodenerfolg (keine Buchung erforderlich).

(410) *** **Aufgabe 134** *Hauptabschlussübersicht*
[LV-134] *Der Aufgabentypus von Aufgabe 134 entspricht demjenigen von Aufgabe 133 und bietet eine weitere Möglichkeit zu überprüfen, ob Sie die komplexen Zusammenhänge bis zur Erstellung des Jahresabschlusses verstanden haben.*

Erstellen Sie unter Verwendung der Lösungshilfe LV-134 die Hauptabschlussübersicht zum 31.12.2017 (Abrechnungsperiode 1.1.2017 – 31.12.2017) unter Berücksichtigung der durch folgende Sachverhalte eventuell ausgelösten Buchungen.

HINWEISE:

(1) Sämtliche Buchungssätze sind mit Beträgen anzugeben; die Beträge sind außerdem in die Hauptspalte »Umbuchungen« der Hauptabschlussübersicht einzutragen. Vorgegebene falsche Buchungen sind buchungstechnisch zu korrigieren.

(2) Zur Bildung der Buchungssätze sind ausschließlich die in der Hauptabschlussübersicht vorgegebenen Kontenbezeichnungen zu verwenden.

(3) Alle Beträge sind in tausend Euro (= TEUR) angegeben. Behalten Sie diese Dimension bitte sowohl in den Buchungssätzen als auch in der Hauptabschlussübersicht bei. Die angegebenen bisherigen Buchungen sind in der Hauptabschlussübersicht bereits berücksichtigt.

(4) Der Umsatzsteuersatz betrage 20%.

(5) Abschreibungen sollen immer möglichst früh durchgeführt werden.

Folgende Sachverhalte sind zu berücksichtigen:

a) Wir erwarben 30 Einheiten Waren zu 2,4 TEUR/Einheit (brutto) auf Ziel. Die Transportkosten in Höhe von 1,8 TEUR (brutto) wurden bei Anlieferung am 3.7.2017 sofort in bar entrichtet. Die Rechnung des Lieferanten haben wir am 15.7.2017 über unser Bankkonto beglichen.

25 Einheiten Waren wurden ebenfalls am 15.7.2017 an einen Kunden auf Ziel weiterveräußert, der die Bruttorechnung von 98,4 TEUR unter Abzug von 5% Skonto am 1.8.2017 durch Überweisung beglichen hat. Wir liefer-

ten »frei Werk«. Die Transportkosten von 1,5 TEUR (brutto) wurden der Spedition bei Abholung der Ware in bar entrichtet. Bisher wurde gebucht:

[B-1]
Wareneinkauf		60 TEUR
Vorsteuer		12 TEUR
an	Verbindlichkeiten aus L. u. L.	72 TEUR

b) Am 1.7.2017 kauften wir eine Maschine. Die Rechnung des Herstellers lautete auf 140 TEUR (netto). Zusätzlich fielen Transportkosten von 18 TEUR (brutto) an, die uns zur Hälfte berechnet werden. Die zusätzlich angefallenen Installationskosten von 12,5 TEUR (netto) wurden uns in voller Höhe in Rechnung gestellt. Die Bezahlung der Rechnungen erfolgte am 1.8.2017 per Überweisung. Bisher wurde gebucht:

[B-2]
Maschinen		140 TEUR
an	Verbindlichkeiten aus L. u. L.	140 TEUR

c) Verbuchen Sie die Abschreibungen für die Maschine. Diese weist eine Laufzeit von 8 Jahren auf und wird linear und direkt abgeschrieben. Bisher wurde noch nichts gebucht.

d) Schließen Sie die Umsatzsteuerkonten einschließlich des Verrechnungskontos ab und ermitteln Sie, ob sich eine Zahllast oder ein Erstattungsanspruch gegenüber dem Finanzamt ergibt.

e) Schließen Sie das Konto »Privat« ab.

f) Schließen Sie die Unterkonten der Konten »Wareneinkauf« und »Warenverkauf« (siehe Hauptabschlussübersicht) ab.

g) Vervollständigen Sie die Hauptabschlussübersicht in der Lösungsvorlage. Ermitteln Sie dadurch den Periodenerfolg (keine Buchung erforderlich).

Quelle: Schanz, Sebastian/Koschmieder, Simon (2014): Humoristische Zeichnungen zum Betrieblichen Rechnungswesen, Selbstverlag, Bayreuth, ISBN 978-3-00-047631-0, Seite 1.

12 Rechtsformen und Verbuchung deren Eigenkapital

ShortCode App # 1120

A-135

(413)* **Aufgabe 135** *Wahr oder falsch?*
In Aufgabe 135 sind die Inhalte von Kapitel 12 des Lehrbuches zusammengefasst.

Sind die nachstehenden Aussagen wahr oder falsch?
Begründen Sie Ihre Antwort *kurz*!

		wahr	falsch
a)	Die Einzelunternehmung, die OHG und die GmbH gehören zu den Personenunternehmen.	☐	☐
b)	Personenunternehmen zeichnen sich dadurch aus, dass mindestens eine natürliche Person persönlich haftet.	☐	☐
c)	Bei der Kommanditgesellschaft haften Komplementäre persönlich und gesamtschuldnerisch.	☐	☐
d)	Gesamtschuldnerische Haftung bedeutet, dass jeder vollhaftende Gesellschafter für alle Schulden des Unternehmens haftet.	☐	☐
e)	Bei Kapitalgesellschaften ist die Haftung auf das Vermögen der Gesellschaft beschränkt.	☐	☐
f)	Bei der OHG beträgt die gesetzliche Gewinnverteilung 5 % des Kapitalanteils, die Verteilung des restlichen Gewinns erfolgt nach Köpfen.	☐	☐
g)	Der Gewinnanteil des Kommanditisten stellt handelsrechtlich eine Verbindlichkeit der KG gegenüber dem Kommanditisten dar.	☐	☐
h)	Das »Gezeichnete Kapital« wird bei der GmbH als »Grundkapital« bezeichnet.	☐	☐
i)	Die offenen Rücklagen bei Kapitalgesellschaften lassen sich grundsätzlich in »Kapitalrücklage« und »Gewinnrücklagen« differenzieren.	☐	☐
j)	Bei Kapitalgesellschaften ist die Höhe der Ausschüttung – anders als bei Personengesellschaften – grundsätzlich an den Gewinn gekoppelt.	☐	☐
k)	Der Mindestnennbetrag bei Aktiengesellschaften beträgt 25 000 EUR.	☐	☐
l)	Aktiengesellschaften müssen immer eine gesetzliche Rücklage bilden.	☐	☐
m)	Stellt bei der Aktiengesellschaft die Verwaltung den Jahresabschluss fest, kann diese maximal die Hälfte des um einen eventuellen Verlustvortrag und in die gesetzliche Rücklage einzustellenden Betrag gekürzten Jahresüberschusses in die freien Rücklagen einstellen.	☐	☐
n)	Aktiengesellschaften können durch den Rückkauf eigener Aktien sich vollständig »selbst kaufen«.	☐	☐

12 RECHTSFORMEN UND VERBUCHUNG DEREN EIGENKAPITAL

Aufgabe 136 *Verbuchung der Gewinnverteilung bei der OHG*
Mit dieser Aufgabe können Sie überprüfen, ob Sie die Ermittlung von Gewinnanteilen bei der OHG und deren Verbuchung in den Grundzügen verstanden haben. Vereinfachend wird hier angenommen, dass keine Entnahmen und Einlagen vorliegen.

An der »Max & Moritz« OHG sind die beiden Gesellschafter Max Müller und Moritz Mayer beteiligt. Für jeden Gesellschafter existiert ein Kapitalkonto. Die Kapitalkonten weisen zum 1.1.2017 einen Bestand von 210 000 EUR (Max) bzw. 170 000 EUR (Moritz) auf. Der Gewinn des Jahres 2017 beträgt 120 000 EUR. Laut Gesellschaftsvertrag stehen dem Gesellschafter Max im Gewinnfall vorab 15 000 EUR für die intensive Akquise neuer Kunden zu. Der Rest des Gewinns wird nach den gesetzlichen Vorschriften verteilt. Verbuchen Sie die Gewinnverteilung am 31.12.2017!

Aufgabe 137 *Gewinnverwendung bei der OHG*
Ziel der Aufgabe ist die Ermittlung der Gewinnanteile, nicht deren Verbuchung. Gleichzeitig zeigt die Aufgabe, welche Maßstäbe für die Verteilung des Gewinns Anwendung finden können.

Die drei Freunde Angela, Gerhard und Paul, alle Gesellschafter der »Buch-OHG« freuen sich über den Erfolg ihres Verlages, in dem neben Schriften zur politischen Bildung vor allem Lehrbücher zur Betriebswirtschaft herausgegeben werden. Insbesondere ein von Paul verfasstes Buch mit dem Titel »Grundlagen der doppelten Buchführung« hat sich im zurückliegenden Jahr als ein Bestseller erwiesen. Zum Jahresende soll der erwirtschaftete Gewinn in Höhe von 264 000 EUR aufgeteilt werden.

- Als Vorabgewinn erhält Paul ein Autorenhonorar i. H. v. 40 000 EUR. Gerhard, der durch gekonnte Auftritte auf Buchmessen und in Talkshows den Bestseller erst bekannt gemacht hat, soll für seine Bemühungen mit 5 100 EUR belohnt werden. Angela soll ein Geschäftsführergehalt i. H. v. 51 000 EUR erhalten, darüber hinaus erhält sie ein Entgelt für eine zur Verfügung gestellte Lagerhalle i. H. v. 3 000 EUR.

Für die Verzinsung der Einlagen, die zu 4 % erfolgt, sind folgende Eigenkapitalstände zu beachten:

- Pauls Eigenkapitalkonto weist zu Beginn des Jahres einen Betrag von 200 000 EUR auf der Haben-Seite auf. Gerhards Eigenkapitalkonto beläuft sich zu Beginn des Geschäftsjahres auf einen positiven Bestand i. H. v. 150 000 EUR, allerdings werden Mitte des Jahres Barmittel i. H. v. 125 000 EUR entnommen. Um bei den Schuldnern der »Buch-OHG« keine Zweifel an der jederzeitigen Zahlungsfähigkeit des Unternehmens aufkommen zu lassen, legt Angela, deren Eigenkapitalkonto anfangs nur einen positiven Bestand i. H. v. 22 500 EUR ausweist, im Laufe des Jahres zunächst 70 000 EUR, und kurz darauf nochmals 180 000 EUR ein. Die Verzinsung erfolgt auf die zu Beginn des Geschäftsjahres vorhandenen Einlagen. Ein eventuell verbleibender Restgewinn oder -verlust soll gleichmäßig auf die drei Gesellschafter verteilt werden.

Wie hoch ist der Gewinnanteil der einzelnen Gesellschafter?

(415) ** **Aufgabe 138** *Gewinnverteilung bei der KG*
Ziel der Aufgabe ist die Ermittlung der Gewinnanteile bei der KG und deren Verbuchung. Anders als in Aufgabe 136 hat das Kapitalkonto (II) hier mehrere Einträge. Zudem wird hier mit mehr als einem Kapitalkonto pro vollhaftendem Gesellschafter gearbeitet.

A, B und C sind Gesellschafter der ABC-KG, wobei A und B Komplementäre sind und C als Kommanditist beteiligt ist. Der Jahresüberschuss der ABC-KG in 2017 beträgt 230 000 EUR. Der Gesellschaftsvertrag sieht eine Vorabvergütung des A für besondere Dienste i. H. v. 50 000 EUR vor, zudem erhält A ein monatliches Geschäftsführergehalt von 5 000 EUR. Vom Rest erhält jeder Gesellschafter zunächst eine 5 %-ige Verzinsung seines Kapitalkontos I bzw. seines Kommanditanteils zu Beginn des Kalenderjahres. Die variablen Kapitalkonten (Kapitalkonto II) werden nicht verzinst. Der verbleibende Rest wird im Verhältnis 6:5:1 (A:B:C) verteilt. Die nachstehende Tabelle enthält den Kapitalbestand zum 1.1.2017 sowie die Entnahmen und Einlagen in 2017 (in EUR).

Gesellschafter	KK I zum 1.1.	KK II zum 1.1.	Entnahmen	Einlagen
A	600 000	120 000	30 000	4 000
B	500 000	10 000	2 000	36 000
C	100 000	-		
Σ	1 200 000	130 000	32 000	40 000

Führen Sie die Gewinnverteilung durch! Ermitteln Sie den Kapitalbestand der Gesellschafter am 31.12.2017 und verbuchen Sie die Gewinnverteilung! Erstellen Sie die Kapitalkonten II der Gesellschafter A und B!

(416) ** **Aufgabe 139** *Gewinnverteilung bei der OHG*
Bei dieser Aufgabe liegt im Vergleich zu den vorangehenden Aufgaben der Fokus auf der Ermittlung der Zinsen.

a) A, B, und C sind am 1.1.2017 mit A = 122 000 EUR, B = 56 000 EUR und C = 72 000 EUR am Kapital der ABC-OHG beteiligt. In 2017 erwirtschaftet die OHG einen Gewinn i. H. v. 6 000 EUR. Ermitteln Sie die Gewinnanteile, wenn die gesetzliche Gewinnverteilung zur Anwendung kommt!

b) Ausgehend von a) liegen in 2017 folgende Entnahmen vor:

20.04.2017: Barentnahme durch A i. H. v. 9 900 EUR
15.09.2017: Barentnahme durch B i. H. v. 13 200 EUR
01.11.2017: Barentnahme durch C i. H. v. 6 600 EUR

Es soll die gesetzliche Gewinnverteilung zur Anwendung kommen mit der Maßgabe, dass Entnahmen taggenau mit 4 % zu verzinsen sind. Ermitteln Sie die Gewinnanteile der Gesellschafter für 2017, wenn der Gewinn in 2017 35 000 EUR beträgt.

Aufgabe 140 *Gewinnverwendung bei der AG (Viel-Wenig)*

Die Übungsaufgabe soll die souveräne Beurteilung und Ermittlung der Gewinnverwendung bei der Aktiengesellschaft unter Berücksichtigung der Vorschriften des Aktiengesetzes trainieren. Tragen Sie Ihre Ergebnisse unter der Angabe der Veränderung der einzelnen Eigenkapitalpositionen in eine tabellarische Übersicht ein. Verwenden Sie dazu die Lösungsvorlage LV-140. Verbale Begründungen sind nicht erforderlich.

Die Aktiengesellschaften »A« bis »G« weisen zum 31. 12. 2017 (Bilanzstichtag) folgende (vereinfachte) Bilanzen aus (in TEUR):

Aktiva	»A-AG«		Passiva
AV	300	GK	200
UV	100	KRL	50
		GRL	10
		JÜ	40
		FK	100
Summe	400	Summe	400

Aktiva	»B-AG«		Passiva
AV	200	GK	250
UV	200	GRL	5
		ARL	25
		JÜ	80
		FK	40
Summe	400	Summe	400

Aktiva	»C-AG«		Passiva
AV	200	GK	200
UV	180	KRL	10
		ARL	70
		JÜ	100
		GV	−60
		FK	60
Summe	380	Summe	380

Soll	»D-AG«		Haben
AV	250	GK	240
UV	150	GRL	28
		JÜ	80
		GV	−20
		FK	72
Summe	400	Summe	400

Aktiva	»E-AG«		Passiva
AV	200	GK	100
UV	200	JÜ	200
		GV	20
		FK	80
Summe	400	Summe	400

Aktiva	»F-AG«		Passiva
AV	400	GK	450
UV	300	GRL	40
		ARL	20
		JÜ	190
Summe	700	Summe	700

A-141

Aktiva	»G-AG«		Passiva			
AV	300	GK	240	ARL	=	Andere Gewinnrücklagen
UV	200	KRL	10	AV	=	Anlagevermögen
		GRL	12	FK	=	Fremdkapital
		ARL	0	GK	=	Gezeichnetes Kapital
		JÜ	100	GRL	=	Gesetzliche Rücklagen
		VV	−20	GV	=	Gewinnvortrag
		FK	158	JÜ	=	Jahresüberschuss
				KRL	=	Kapitalrücklage
Summe	500	Summe	500	UV	=	Umlaufvermögen

Gehen Sie bei der Lösung der folgenden Teilaufgaben davon aus, dass

- die aktuellen Vorschriften des deutschen Aktiengesetzes gelten,
- der Jahresabschluss gem. § 172 AktG durch die Verwaltung (= Vorstand und Aufsichtsrat) festgestellt wird,
- Kapitalherabsetzungen oder Einziehungen von Aktien außer Betracht bleiben,
- keine Steuern zu zahlen sind,
- keine speziellen Satzungsbestimmungen – die einzelne Bilanzpositionen betreffen – bestehen,
- die für »A« bis »G« aufgestellten (vereinfachten) Bilanzen den gesetzlichen Vorschriften entsprechen.

Wie hoch sind die für 2017 zu erwartenden Ausschüttungen bei den einzelnen Gesellschaftern, wenn alternativ folgende Interessenkonstellationen herrschen?

a) Die Verwaltung (Vorstand und Aufsichtsrat) *und* die Mehrheit der Aktionäre wollen möglichst »viel« ausschütten (ggf. langfristige Ausschüttungsmaximierung).

b) Die Verwaltung will möglichst »wenig«, die Mehrheit der Aktionäre will möglichst »viel« ausschütten.

(418) * **Aufgabe 141** *Verbuchung des Rückkaufs eigener Aktien*
Der Schwerpunkt bei dieser Aufgabe liegt bei der Verbuchung des Rückkaufs.

Wir führen in 2017 den Rückkauf 300 eigener Aktien mit einem Nennbetrag von 180 EUR/Aktie und einem Preis von 150 EUR/Aktie durch. Die Voraussetzungen für den Rückkauf der Aktien sind dabei erfüllt.

Verbuchen Sie den Rückkauf der eigenen Aktien!

12 RECHTSFORMEN UND VERBUCHUNG DEREN EIGENKAPITAL

18)** **Aufgabe 142** *Zulässigkeit des Rückkaufs eigener Aktien*
Der Schwerpunkt bei dieser Aufgabe im Vergleich zu Aufgabe 141 liegt in der Beurteilung der Zulässigkeit des Rückkaufs eigener Aktien.

a) Die B-AG ist mit folgendem Eigenkapital ausgestattet: Gezeichnetes Kapital = 2 000 TEUR, Kapitalrücklagen 500 TEUR, Gewinnrücklagen 400 TEUR. Die B-AG erwirbt 500 eigene Aktien zum Preis von 300 EUR/Stück. Der Nennwert pro Aktie beträgt 100 EUR.
Beurteilen Sie den Rückkauf aus aktienrechtlicher Sicht, verbuchen Sie den Rückkauf und stellen Sie das Eigenkapital nach Rückkauf dar!

b) Beurteilen Sie, ob in den nachstehenden Fällen der Rückkauf eigener Aktien im angegebenen Umfang möglich ist (Werte in TEUR).

	(b1)	(b2)	(b3)	(b4)
Gezeichnetes Kapital	1 000	1 000	1 000	1 000
Kapitalrücklage	200	400	300	0
Gewinnrücklage	100	170	200	50
Preis des Rückkaufs	150	150	200	70
Nennwert des Rückkaufs	50	100	120	100

19)** **Aufgabe 143** *Kontrollfragen*
Die Kontrollfragen decken das Thema »Rechtsformen und Verbuchung deren Eigenkapital« ab.

1. Skizzieren Sie die wesentlichen Unterschiede zwischen Personen- und Kapitalgesellschaften.
2. Warum gibt es bei Kapitalgesellschaften keine Kapitalkonten?
3. Wie können Gesellschafter einer Personengesellschaft (Kapitalgesellschaft) Zahlungen aus ihrer Beteiligung generieren?
4. Erläutern Sie die Pufferfunktion des Eigenkapitals als Gläubigerschutzfunktion!
5. Wie ist die gesetzliche Gewinnverteilung aus Ihrer Sicht zu beurteilen, wenn
   a) der aktuelle Kapitalmarktzins bei 8% liegt?
   b) die Kapitalrendite sehr hoch ist?
   c) der Arbeitseinsatz der Gesellschafter unterschiedlich hoch war?
   d) ein Gesellschafter über ein hohes Privatvermögen außerhalb der Gesellschaft verfügt?
   e) ein Gesellschafter kurz vor Schluss des Geschäftsjahres eine hohe Einlage auf sein Kapitalkonto getätigt hat.
6. Wie ist die gesetzliche Entnahmeregelung aus Ihrer Sicht zu beurteilen, wenn
   a) in einem Geschäftsjahr kein Gewinn erzielt wurde?

b) eine günstige Anlagealternative außerhalb der Gesellschaft zur Verfügung steht?
c) in den Betriebsgrundstücken hohe stille Rücklagen enthalten sind?

7. Wie würde sich eine gesetzliche Regelung der Gewinnverteilung auswirken, der zufolge ceteris paribus
   a) die Verzinsung der Kapitalanteile 10% betragen würde?
   b) vor der Verzinsung des Kapitalanteils eine Gewinnverteilung in Höhe des kalkulatorischen Unternehmerlohns vorgenommen würde?
   c) die Hälfte des Gewinns nach Köpfen und die andere nach Kapitalanteilen verteilt würde? Unter welchen Umständen wären Sie mit dieser Regelung als Gesellschafter nicht einverstanden?

8. Ist es möglich, auch in Geschäftsjahren, in denen Verluste erzielt werden, Entnahmen zu tätigen?

9. Unter welchen Positionen der GuV gem. § 275 HGB sind folgende Vorgänge auszuweisen?
   a) Erträge aus der Zuschreibung von Anlagegegenständen,
   b) Erträge aus dem Abgang von Anlagegegenständen,
   c) Erträge aus der Auflösung von Rückstellungen,
   d) Erträge aus der Veräußerung von Wertpapieren des Umlaufvermögens,
   e) Erträge aus der Veräußerung von Beteiligungen.

10. Diskutieren Sie die Vor- und Nachteile der Abgeltung der Geschäftsführertätigkeit in einer Personengesellschaft a) durch einen Vorabgewinn bzw. b) durch ein Geschäftsführergehalt jeweils aus Sicht des Geschäftsführers.

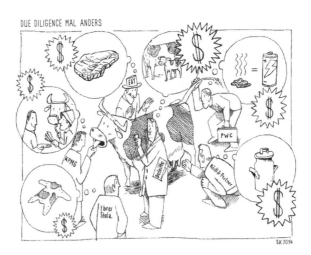

Quelle: Schanz, Sebastian/Koschmieder, Simon (2014): Humoristische Zeichnungen zum Betrieblichen Rechnungswesen, Selbstverlag, Bayreuth, ISBN 978-3-00-047631-0, Seite 29.

TEIL II
ÜBUNGSKLAUSUREN

Quelle: Schanz, Sebastian/Koschmieder, Simon (2014): Humoristische Zeichnungen zum Betrieblichen Rechnungswesen, Selbstverlag, Bayreuth, ISBN 978-3-00-047631-0, Seite 22.

Prolog

Meist gehören Prüfungen zur Buchführung zu den ersten Prüfungen im Studium oder der kaufmännischen Ausbildung. Deshalb erfolgen an dieser Stelle einige Anmerkungen und Hilfestellungen zur Bearbeitung von Klausuren.

PRÜFUNGSMODUS KLAUSUR

Klausurprüfungen in Einzelbearbeitung stellen artifizielle Situationen dar. Im Berufsleben werden Sie nur in absoluten Ausnahmefällen solchen Situationen ausgesetzt sein. Probleme werden i. d. R. im Team gelöst, das bedeutet, dass Sie Dritte fragen können oder zusätzliche Literatur konsultieren können. Die künstliche Umgebung im Rahmen einer Klausur soll dafür sorgen, dass die Prüfungsleistung individuell zuweisbar ist. Sinn und Zweck der Klausur besteht also darin, die Kenntnisse, Fertigkeiten bzw. die Transferleistung des Prüflings zu beurteilen.

ABLAUF DER ÜBUNGSKLAUSUREN

Simulieren Sie den Ablauf bei der Bearbeitung der Übungsklausuren möglichst mit »echten« Prüfungsbedingungen. Halten Sie die Bearbeitungszeit ein und verwenden Sie nur die zugelassenen Hilfsmittel. Wenn Sie glauben, dass Sie sich nicht disziplinieren können, setzen Sie sich mit Kommilitonen in einen Raum. Die Hürde, die selbst vorgegebenen Regeln zu brechen, wenn mehrere gleichzeitig unter Prüfungsbedingungen die Übungsklausur bearbeiten, ist höher.

Bearbeiten Sie die Klausuren erst, wenn Sie die der Klausur zugrundeliegenden Themengebiete durchgearbeitet haben. Andernfalls steigt das »Frustrationslevel« und die Klausur ist »verbrannt« in dem Sinne, dass beim wiederholten Bearbeiten der »Überraschungseffekt« nicht mehr vorhanden ist.

ZEITLICHER UMFANG

Die nachfolgenden Übungsklausuren sind als einstündige Klausuren ausgelegt und umfassen jeweils 60 Punkte. Als Daumenregel gilt: Ein Punkt entspricht einer Minute. Einige Klausuren sind bewusst etwas länger gehalten, damit Sie lernen, unter Zeitdruck zu arbeiten. Ob eine Klausur »zu lang« oder »zu kurz« ist, ist meistens abhängig von der subjektiven Wahrnehmung. Haben Sie sich z. B. kurz vor Beginn der Klausur intensiv mit einem Thema befasst, das wesentlicher Bestandteil der Klausur ist, erscheint Ihnen die Klausur im Vergleich zu anderen Prüflingen eher »kurz«.

AUFBAU UND UMFANG DER AUFGABEN

Der Aufbau der Aufgaben folgt den Schwierigkeitsgraden »leicht« bis »schwer«. Innerhalb einer Aufgabe sind die leichteren Fragen den schwereren Fragen vorangestellt. Die Einordnung in die Kategorien »leicht« und »schwer« ist – wie bei der Einordnung des zeitlichen Umfangs – subjektiver Natur. Was der eine als »schwer« empfindet, ist für den anderen »leicht«.

Die Taxonomie der (kognitiven) Lernziele beinhaltet *Reproduktion* (Kennen, Wissen), *Reorganisation* (Verstehen), *Transfer* (Anwenden) und *Problemlösung* (Analysieren, Synthetisieren, Beurteilen) und spiegelt sich in den Aufgaben wider. Nachstehend sind einige Beispiele für die Inhalte der Taxonomie der Lernziele aufgeführt.

Lernzielklasse	*Ziel*	*Beispiel*
Reproduktion (*Wissen*)	Aussagen über Inhalte/Sachverhalte wortwörtlich wiedergeben können.	Zählen Sie fünf aktive Bestandskonten auf!
Reorganisation (*Verstehen*)	Aussagen über Inhalte/Sachverhalte mit eigenen Worten wiedergeben.	Beschreiben Sie das Verhältnis von Aktiva und Passiva!
Transfer (*Anwenden*)	Allgemeine Aussagen auf Sonderfälle übertragen.	Verbuchen Sie den nachstehenden Geschäftsvorfall!
Problemlösung (*Analysieren/Bewerten*)	Aussagen über Sachverhalte in ihre Struktur zerlegen bzw. nach Kriterien beurteilen können.	Vergleichen Sie Personen- und Kapitalgesellschaften hinsichtlich der Haftung!

Quelle: In Anlehnung an Macke, Gerd/Hanke, Ulrike und Pauline Viehmann (2012): Hochschuldidaktik, 2. Auflage, Beltz Verlag, Weinheim, Seite 79.

Die Klausuren sind so konzipiert, dass die Aufgaben nicht aufeinander aufbauen. Können Sie die ersten Teile einer Aufgabe nicht lösen, so können Sie die nachfolgenden Teile trotzdem bearbeiten.

Teilweise ist der Transferanteil sehr hoch. Zum einen sollen die Übungsklausuren dadurch Lerncharakter aufweisen, d. h. es soll nicht schwerpunktmäßig *Reproduktion* und *Reorganisation* geprüft werden. Mit dem damit einhergehenden »Überraschungseffekt« können Sie auch in der »echten« Klausur konfrontiert werden und Sie lernen, damit umzugehen. Zum anderen sollen Sie zeigen, dass Sie in der Lage sind, die erlernten Techniken auf weiterführende Probleme anzuwenden.

HILFSMITTEL

Grundsätzlich existieren zwei Typen von Klausuren hinsichtlich der Hilfsmittel. *»Open-Book-Klausuren«* in ihrer reinen Form erlauben jegliche Hilfsmittel wie Lehrbücher, Manuskripte, Gesetze, programmierbare Taschenrechner, Computer und Internet, um nur einige zu nennen. In der Regel sind die Hilfsmittel bei *»Open-Book-Klausuren«* auf Printmedien im Allgemeinen oder durch ein vom Prüfer vorgegebenes Format beschränkt.

Im Gegensatz zu *»Open-Book-Klausuren«* sind die zulässigen Hilfsmittel bei *»Closed-Book-Klausuren«* auf ein sehr beschränktes, meist technisches, Maß (Taschenrechner) reduziert. Beim Klausurtraining sollten Sie so wenig wie möglich auf Hilfsmittel zurückgreifen. Erst dann wird Ihnen meistens bewusst, wo Sie noch Wissenslücken haben.

Die Erfahrung zeigt, dass *»Open-Book-Klausuren«* tendenziell schlechter ausfallen als *»Closed-Book-Klausuren«*. Vermutlich liegt dies daran, dass der Prüfling auf das rasche Auffinden der relevanten Textstellen in der zur Klausur mitgeführten Literatur vertraut. Klausuren, die vom Prüfling abverlangen, dass er die Inhalte auf Seite XY wiedergibt, sollten allerdings die Ausnahme bilden. Ziel der Ausbildung ist die Vermittlung von Handwerkszeug. Was der Hammer für den Zimmermann darstellt, ist die Technik der doppelten Buchführung für den Buchhalter. Sie sollen zeigen, dass Sie in der Lage sind, dieses Handwerkszeug anzuwenden.

Bei den nachstehenden Übungsklausuren handelt es sich um *»Closed-Book-Klausuren«*. Als technisches Hilfsmittel sind jeweils ein *nichtprogrammierbarer Taschenrechner* und *Gesetzestexte* zugelassen. Ausländische Studierende können nicht elektronische Übersetzungshilfen verwenden.

Speziell für die Inhalte der vorliegenden Lektüre wurde eine Gesetzessammlung zusammengestellt, die Sie unter *www.buchmanufaktur-bayreuth.de* abrufen und als Hilfsmittel zur Lösung der Klausuren verwenden können.

DOKUMENTATION DES LÖSUNGSWEGES

Dokumentieren Sie Ihren Lösungsweg sorgfältig. Der Weg ist das Ziel. Ist das Ziel (Ergebnis) falsch und ein Lösungsweg nicht vorhanden, können keine Punkte vergeben werden. Verwenden Sie zur Lösung die vorhandenen Lösungsvorlagen. Die Vorlagen geben die Struktur für die Lösung vor und sorgen so für eine schnellere und übersichtlichere Lösung. Zudem erleichtern die Vorlagen die Korrektur der Klausur. Die Vorlagen sind unter *www.buchmanufaktur-bayreuth.de* verfügbar.

Verwenden Sie für die Niederschrift einen dokumentenechten Stift. Kugelschreiber sind i. d. R. dokumentenecht, Füllfederhalter häufig nicht. Legen Sie Ihre Prüfung nicht mit Bleistift ab, da sonst leicht nachträglich Änderungen vorgenommen werden können.

Sorgen Sie für eindeutige Aussagen in Ihren Lösungen. Mehrere Lösungen oder Lösungswege kosten Zeit und führen zu Irritationen beim Korrigieren.

Schreiben Sie beim Klausurtraining in jedem Fall die vollständige Lösung nieder. Die Dokumentation benötigt Zeit, die Sie auch in der eigentlichen Prüfung benötigen. Erst beim Ausformulieren Ihrer Lösung wird Ihnen klar, womit Sie noch Probleme haben oder wo noch Wissenslücken vorhanden sind.

KORREKTUR UND BEURTEILUNG

Korrigieren Sie Ihre Klausur auf Basis der in dieser Lektüre hinten aufgeführten Lösungshinweise selbst oder geben Sie die Klausur einem Freund / einer Freundin zur Korrektur. Mögliche Korrekturzeichen können sein:

- $\checkmark$ $\stackrel{\wedge}{=}$ 1 Punkt
- $\cancel{\checkmark}$ $\stackrel{\wedge}{=}$ 0,5 Punkte
- FF $\stackrel{\wedge}{=}$ Folgefehler
- $(\checkmark)$ $\stackrel{\wedge}{=}$ Folgefehler, aber 1 Punkt erhalten
- $(\cancel{\checkmark})$ $\stackrel{\wedge}{=}$ Folgefehler, aber 0,5 Punkte erhalten
- $\forall$ $\stackrel{\wedge}{=}$ »fehlt« (z. B. bei leerer Seite oder fehlender Antwort)

Die Beurteilung hilft Ihnen, mögliche Schwachstellen in Ihrer Argumentation oder Darstellung Ihrer Lösung zu identifizieren.

Nachstehend finden Sie zwei Vorschläge für Bewertungsskalen. In *Skala 1* ist im Vergleich zu *Skala 2* ein etwas strengerer Maßstab hinterlegt. Die Punktabstände sind bei beiden Skalen äquidistant. So ändert sich bei *Skala 1* alle drei Punkte die Note. Bei *Skala 2* führen jeweils 2,5 Punkte zu einer Notenänderung. Bestanden ist die Klausur in jedem Fall bei Erreichen von 50 % der Gesamtpunktzahl, also bei 30 Punkten.

Skala 1		*Skala 2*		
Punkte		Punkte		Note
30	50 %	30	50,00 %	4,0
33	55 %	32,5	54,17 %	3,7
36	60 %	35	58,33 %	3,3
39	65 %	37,5	62,50 %	3,0
42	70 %	40	66,67 %	2,7
45	75 %	42,5	70,83 %	2,3
48	80 %	45	75,00 %	2,0
51	85 %	47,5	79,17 %	1,7
54	90 %	50	83,33 %	1,3
57	95 %	52,5	87,50 %	1,0
60	100 %	60	100,00 %	

TIPPS FÜR DIE KLAUSUR

1. *Aufgabenstellung*
   Lesen Sie die Aufgabenstellung sehr sorgfältig. Welche Annahmen gelten? Typische Annahmen sind z. B.:
   - Der Unternehmer wünscht einen hohen / niedrigen Gewinn.
   - Es ist nach der Brutto- / Nettomethode zu buchen.
   - Es ist direkt / indirekt abzuschreiben.
   - Es sind nur die Geschäftsvorfälle im Jahr XY zu buchen. Die Verbuchung der erforderlichen Geschäftsvorfälle im darauffolgenden Jahr ist dann nicht erforderlich. Es sei denn, es wird z. B. in einem Aufgabenteil explizit danach gefragt.
   - Es sind die Jahresabschlussbuchungen ohne Verbuchung der Kontenabschlüsse durchzuführen. Damit ist gemeint, dass Sie z. B. Abschreibungen, Rückstellungen, latente Steuern und Rechnungsabgrenzungen verbuchen müssen.

   Achten Sie auf die Angaben in den einzelnen Geschäftsvorfällen, die den allgemeinen Annahmen entgegenstehen. Zum Beispiel, wenn allgemein ein möglichst niedriger Gewinn ermittelt werden soll, aber in einem bestimmten Geschäftsvorfall das Damnum digital abgeschrieben werden soll. In diesem Fall muss das Damnum digital abgeschrieben werden. Das Argument, dass aufgrund des Wunsches nach einem möglichst niedrigen Gewinn sofort abgeschrieben werden muss, zählt hier nicht.

   Bestehen die Aufgaben / Fragen aus mehreren Teilen?
   - Sie sollen zusätzlich *erläutern*, dass ...
   - Sie sollen Ihre Aussage zusätzlich *begründen* ...
   - Sie sollen anhand eines konkreten Beispiels *zeigen*, dass ...
   - Beschreiben Sie *kurz* ...

   Ist die Aufgabenstellung aus Ihrer Sicht undeutlich, so dokumentieren Sie dies in Ihrer Lösung und nehmen Sie im Fall fehlender Angaben Werte für die fehlenden Informationen an.

2. *Umsatzsteuer*
   Beachten Sie Umsatzsteuersätze. Der Umsatzsteuersatz entspricht dem Regelsatz nach § 12 Abs. 1 UStG. Die Ausnahmefälle, in denen der ermäßigte Satz zur Anwendung kommt, müssen Sie nicht kennen bzw. es wird in so einem Fall ausdrücklich darauf hingewiesen, dass der ermäßigte Satz zu berücksichtigen ist. Kennen müssen Sie die allgemein bekannten Fälle von Lieferungen und sonstigen Leistungen, in denen keine Umsatzsteuer erhoben wird.

3. *Angaben*
   Markieren Sie sich Daten, Mengenangaben, Preise und Ähnliches.

4. *Periodenabgrenzung*
   Achten Sie bei der Ermittlung der Abschreibung auf unterjährige Käufe.

5. *Taschenrechner*
   Nutzen Sie Ihren Taschenrechner auch für einfache Rechenoperationen.

6. *Schreibstil*
   Schreiben Sie leserlich und strukturieren Sie Ihre Arbeit. Die Erfahrung zeigt, dass sorgfältig und strukturiert verfasste Klausuren besser bewertet werden als weniger sorgfältig und weniger strukturiert verfasste Klausuren.
7. *Abkürzungen*
   In der Klausur können Sie alle gängigen Abkürzungen verwenden. Sie können Wörter/Bezeichnungen abkürzen, aber auch Abkürzungen wie »100'« für »100 000« sind in Ordnung.
8. *Rechenweg*
   Zeigen Sie Ihren Rechenweg bei Berechnungen auf. Zum Beispiel bei der Ermittlung von Abschreibungen, wenn nach der AfA in Jahr xy gefragt wird. Nur bei Aufzeigen des Rechenweges kann der Korrektor Punkte für Folgefehler vergeben.
9. *Abschreibungen*
   Bei der degressiven AfA wird standardmäßig der optimale Übergang zur linearen AfA angenommen. Soll der Übergangszeitpunkt berechnet werden, kommt es auf die Aufgabenstellung an. Wird in der Aufgabenstellung z. B. verlangt, dass der frühestmögliche Zeitpunkt des Übergangs berechnet werden soll, so wird bereits im Zeitpunkt der Indifferenz zwischen linearer AfA und degressiver AfA zur linearen AfA übergegangen.

INTERPRETATION DER SYMBOLE

Nachstehend ist die bei den Klausuren verwendete Symbolik nochmals kurz beschrieben (vgl. dazu auch Abschnitt 1 ab Seite 3. Die Kreise geben die Schwerpunkte und den Schwierigkeitsgrad der Klausur an (*= leicht, **= mittel, ***= schwer). Insgesamt existieren 12 Schwerpunkte, die nach den Kapiteln des Lehrbuches geordnet sind. Diese sind im Einzelnen (rechts befinden sich einige Beispiele; »MC« steht für Multiple-Choice-Klausur):

Beispiele

1. Grundbegriffe des Betrieblichen Rechnungswesens
2. Technik der doppelten Buchführung (Grundlagen)
3. Technik der doppelten Buchführung (Abschluss)
4. Besondere Geschäftsvorfälle
5. Lohn und Gehalt
6. Grundlagen des Jahresabschlusses nach HGB
7. Anlagevermögen
8. Umlaufvermögen
9. Verbindlichkeiten
10. Periodenabgrenzung
11. Hauptabschlussübersicht
12. Rechtsformen und Verbuchung deren Eigenkapital

MC

ÜBUNGSKLAUSUR 1

Schwerpunkte der Klausur

Die Klausur deckt die Themengebiete der Einführung in das Betriebliche Rechnungswesen sowie die Grundlagen der Technik der doppelten Buchführung ab. Geprüft wird, ob Sie mit den Grundbegriffen des Betrieblichen Rechnungswesens und den Vermögensebenen der betriebswirtschaftlichen Terminologie vertraut sind und ob Sie in der Lage sind, einfache Geschäftsvorfälle im Rahmen der Doppik zu dokumentieren. Des Weiteren sollen Sie zeigen, dass Sie die Begriffe der doppelten Buchführung verstehen sowie die Auswirkungen von Geschäftsvorfällen auf Bilanz und GuV beurteilen können.

Bearbeitungshinweise

Die Bearbeitungszeit der Klausur beträgt 60 Minuten, dabei kann eine Gesamtpunktzahl von 60 Punkten erreicht werden. Eine zusätzliche Einarbeitungszeit wird nicht gewährt. Die Aufgabenstellung umfasst vier Aufgaben. Es sind alle Aufgaben zu bearbeiten. Die Klausur ist mit Tinte oder Kugelschreiber zu bearbeiten. Mit Bleistift bearbeitete Klausuren werden nicht gewertet.

Hilfsmittel

Nichtprogrammierbarer Taschenrechner.

Aufgabe 1 *Formulierung von Buchungssätzen* (22 Punkte)
HINWEIS: *Verwenden Sie zur Lösung dieser Aufgabe Lösungsvorlage LVK-1-1.*

Verbuchen Sie die nachstehenden Geschäftsvorfälle und geben Sie an, in welcher Höhe es sich jeweils um Einzahlungen, Einnahmen, Erträge, Auszahlungen, Ausgaben oder Aufwendungen handelt (*unsaldierte* Betrachtung). Alle Geschäftsvorfälle betreffen das Unternehmen! Die Umsatzsteuer ist zu vernachlässigen!

a) Kauf eines Computers für die Sekretärin für 1 000 EUR in bar.
b) Verkauf von Erzeugnissen für 2 500 EUR per Banküberweisung.
c) Privateinlage in bar i. H. v. 500 EUR.
d) Wir bezahlen unsere Verbindlichkeiten aus L. u. L. i. H. v. 1 000 EUR zu 80 % per Banküberweisung, der Rest wird uns aus Kulanz erlassen.
e) Wir kaufen einen Lieferwagen für 25 000 EUR, zahlen dafür 20 000 EUR per Bank, den Rest auf Ziel.
f) Das Gehalt für die Sekretärin i. H. v. 2 500 EUR wird überwiesen.
g) Ein Bankdarlehen über 50 000 EUR wird aufgenommen, das zu 100 % ausbezahlt wird.
h) Erhalt von Miete per Banküberweisung i. H. v. 1 500 EUR.

i) Kauf von Wertpapieren für 10 000 EUR per Bank zum Zwecke einer langfristigen Kundenbindung.
j) Kauf von Wertpapieren für spekulative Zwecke i. H. v. 200 EUR per Bank.
k) Kauf eines Sportwagens für 20 000 EUR beim Kfz-Händler als Geschenk für die Ehefrau des Unternehmers für ausschließlich private Zwecke. Das Geld wird vom Geschäftskonto aus überwiesen.
l) Ausgehend von k) wird das Geld für den Sportwagen vom privaten Bankkonto (nicht »Privatkonto«) des Unternehmers bezahlt.
m) Erwerb einer ausgedienten Lagerhalle eines Lieferanten für 60 000 EUR. Die Bezahlung erfolgt durch:

- Begleichung per Banküberweisung (20% der Summe),
- Hingabe der Wertpapiere aus i) (20% der Summe),
- Abtretung von Forderungen aus L. u. L. (20% der Summe),
- Hingabe des Lieferwagens aus e) (20% der Summe),
- Übertrag in die nächste Rechnungsperiode und Bezahlung per Banküberweisung (20% der Summe).

Aufgabe 2 *Deutung von Buchungssätzen* (14 Punkte)

Deuten Sie die nachstehenden Buchungssätze! Welcher Geschäftsvorfall liegt jeweils zugrunde? Die Umsatzsteuer wurde vernachlässigt.

a) Kasse // Mieterträge
b) Verbindlichkeiten aus L. u. L. // Bank
c) Bank und sonstiger betrieblicher Aufwand // Sachanlagen
d) Fuhrpark // Fuhrpark und Bank
e) Rohstoffe // Forderungen aus L. u. L. und Bank
f) Zinsaufwand und Verbindlichkeiten gegenüber Kreditinstituten // Bank
g) Sachanlagen // Fuhrpark, Bank, Verbindlichkeiten aus L. u. L. und sonstige betriebliche Erträge

Aufgabe 3 *Beispiele in Form von Buchungssätzen* (14 Punkte)

Geben Sie jeweils – soweit dies möglich ist – ein Beispiel in Form von Buchungssätzen an für:

a) Aktiv-Passiv-Mehrung,
b) eine Abnahme im Eigenkapital geht mit einer Abnahme im Anlagevermögen einher,
c) Aufwand, aber keine Auszahlung,
d) Reinvermögensänderung, aber das Geldvermögen ändert sich nicht,
e) Einzahlung, nie Ertrag,
f) Veränderung der Kapitalstruktur (Passiva) ohne Veränderung der Vermögensstruktur (Aktiva),
g) Ausgabe, die in der gleichen Periode zu Aufwand, aber erst in einer späteren Periode zu Auszahlungen führt.

HINWEIS: *Geben Sie lediglich die Buchungssätze an. Eine Erläuterung der Buchungssätze ist nicht verlangt. Beachten Sie bei der Bezeichnung der von Ihnen verwendeten Konten, dass jeweils ersichtlich ist, ob es sich um ein Erfolgs- oder Bestandskonto handelt. Beträge müssen nicht angegeben werden. Verwenden Sie für die Buchungssätze Lösungsvorlage LVK-1-3.*

Aufgabe 4 *Kontrollfragen* (10 Punkte)
Beantworten Sie die nachstehenden Fragen *kurz*!

a) Erläutern Sie, weshalb eine Ertrags-Aufwands-Rechnung einerseits »vollständiger« andererseits »ungenauer« als eine Einzahlungs-Auszahlungs-Rechnung ist!
b) Erläutern Sie, was unter Abgrenzungsproblemen zu verstehen ist, sofern die Total(rechnungs)periode in mehrere Berichtsperioden zerlegt wird!
c) Warum ist die Totalperiode nicht als Rechnungsperiode geeignet?
d) Worin bestehen die wesentlichen Unterschiede zwischen Schlussbilanzkonto und Schlussbilanz?
e) Für welchen Typus erfolgsneutraler Geschäftsvorfälle existiert kein korrespondierender Typus eines erfolgswirksamen Geschäftsvorfalls? Begründen Sie Ihre Antwort *kurz*!

Quelle: Schanz, Sebastian/Koschmieder, Simon (2014): Humoristische Zeichnungen zum Betrieblichen Rechnungswesen, Selbstverlag, Bayreuth, ISBN 978-3-00-047631-0, Seite 26.

ÜBUNGSKLAUSUR 2

Schwerpunkte der Klausur

Die Klausur deckt die Themengebiete der Einführung in das Betriebliche Rechnungswesen sowie die Grundlagen der Technik der doppelten Buchführung ab. Geprüft wird, ob Sie in der Lage sind, einfache Geschäftsvorfälle im Rahmen der Doppik zu dokumentieren und den Jahresabschluss zu erstellen. Des Weiteren sollen Sie zeigen, dass Sie die beiden Methoden der Gewinnermittlung beherrschen und das Verhältnis von Zahlungsüberschüssen und Gewinnen in der Totalbetrachtung beurteilen können.

Bearbeitungshinweise

Die Bearbeitungszeit der Klausur beträgt 60 Minuten, dabei kann eine Gesamtpunktzahl von 60 Punkten erreicht werden. Eine zusätzliche Einarbeitungszeit wird nicht gewährt. Die Aufgabenstellung umfasst drei Aufgaben. Es sind alle Aufgaben zu bearbeiten. Die Klausur ist mit Tinte oder Kugelschreiber zu bearbeiten. Mit Bleistift bearbeitete Klausuren werden nicht gewertet.

Hilfsmittel

Nichtprogrammierbarer Taschenrechner.

(434) **Aufgabe 1** *Buchungssätze und Überleitungsrechnung* (*40 Punkte*)

Der Dachdecker- und Klempnermeister Fritz Fridolin Wüstennot (FFW) besitzt eine Dachdecker- und Klempnerei. FFW beschäftigt 10 Arbeiter, die für ihn Dächer decken, Reparaturen an Dächern vornehmen, Bäder einbauen und Blecharbeiten in professioneller Weise durchführen. Die Eröffnungsbilanz von FFW lautet (Werte in TEUR):

Aktiva	Eröffnungsbilanz	Passiva	
	TEUR		TEUR
Grund und Boden	100	Eigenkapital	570
Gebäude	400	Darlehen	100
Fuhrpark	75	Verbindlichkeiten aus L. u. L.	70
Forderungen aus L. u. L.	50		
Rohstoffe	25		
Bank	90		
Summe Aktiva	740	Summe Passiva	740

Geschäftsvorfälle

1. Die Umsatzerlöse durch Dachdeckungen und Klempnerarbeiten im Geschäftsjahr betrugen insgesamt 500 TEUR. Für 20% der Umsatzerlöse liegt das Zahlungsziel erst in der nächsten Rechnungsperiode.

2. Der Lohn *eines* Arbeiters beträgt im gesamten Geschäftsjahr 30 TEUR und wird per Banküberweisung bezahlt.
3. Die Zinsen für das Darlehen betragen 4 % p. a. und werden zur Hälfte im laufenden Geschäftsjahr per Banküberweisung beglichen. Der Rest wird in der nachfolgenden Rechnungsperiode bezahlt.
4. Am Ende des Geschäftsjahres werden 50 % des Darlehens per Banküberweisung getilgt.
5. Die Position »Gebäude« besteht aus zwei (buch)wertäquivalenten Gebäuden A und B. Gebäude A wird im laufenden Geschäftsjahr um 45 TEUR abgeschrieben. Gebäude B wird für 350 TEUR veräußert. 80 % des Kaufpreises werden durch Banküberweisung beglichen, der Rest erfolgt durch die Abtretung einer Forderung. 30 % der Position »Grund und Boden« entfallen auf Gebäude B.
6. Es wird Holz im Wert von 10 TEUR auf Ziel eingekauft.
7. Zur kurzfristigen Überbrückung eines plötzlich aufgetretenen Liquiditätsengpasses legt FFW 35 TEUR auf das betriebliche Bankkonto ein.
8. FFW schenkt seiner Tochter zum 18. Geburtstag einen Geschäftswagen aus seinem betrieblichen Fuhrpark. Die Tochter verwendet den Wagen nur für private Zwecke. Der Buchwert des Wagens beträgt zum Zeitpunkt der Schenkung 8 TEUR. FFW hätte den Wagen für 12 TEUR verkaufen können.

Aufgabenstellung

a) Verbuchen Sie die Geschäftsvorfälle; *nutzen Sie dafür das Journal* im Antwortbogen; tragen Sie die Werte aus den Buchungssätzen in die *vorgegebenen T-Konten* ein, ermitteln Sie die Salden und erstellen Sie die GuV sowie die Schlussbilanz. Die Umsatzsteuer ist zu vernachlässigen!

HINWEISE: *Buchungssätze betreffend Eröffnungsbuchungen und Kontenabschlussbuchungen sind mit Ausnahme des Privatkontos und der GuV* NICHT *erforderlich. Geben Sie lediglich die Buchungssätze zu den Geschäftsvorfällen an. Übertragen Sie die Werte aus dem Journal in die T-Konten. Es genügt, wenn Sie lediglich den Betrag in die T-Konten übernehmen. Die Übernahme der Kontenbezeichnungen ist nicht erforderlich. Verwenden Sie zur Lösung von Aufgabenteil a) Lösungsvorlage* LVK-2-1.

b) Ermitteln Sie den Periodenerfolg durch Bestandsvergleich (Betriebsvermögensvergleich)!
c) Leiten Sie, ausgehend vom Periodenerfolg, die Veränderung des Bestands an liquiden Mitteln (Bankvermögen) her!

437) **Aufgabe 2** *Zahlungsüberschüsse und Gewinne* (*10 Punkte*)
Zum Ende des Jahres 2017 bekommen Sie – als Leiter der Abteilung Rechnungswesen – von der Geschäftsleitung die Aufgabe übertragen, die Plan-Erfolgsrechnung für die kommenden vier Geschäftsjahre (2017 bis 2020) zu erstellen. Hierzu werden Sie von der Geschäftsleitung über folgende geplante

Sachverhalte informiert (Geschäftsjahr = Kalenderjahr, die Umsatzsteuer ist zu vernachlässigen):

- Zu Beginn des Jahres 2017 wird eine Maschine zum Preis von 200 TEUR gekauft. Die Abschreibungen betragen 50 TEUR pro Geschäftsjahr.
- Für Löhne und Gehälter werden pro Jahr 30 TEUR aufgewendet.
- In jedem Jahr werden Umsatzerlöse i. H. v. 90 TEUR erzielt. Außer in 2020, in dem die Umsatzerlöse sofort per Banküberweisung zufließen, werden die Umsätze in jedem Jahr zu 20% auf Ziel getätigt, wobei der Zufluss der auf Ziel getätigten Umsätze jeweils im unmittelbar folgenden Geschäftsjahr (= Kalenderjahr) erfolgt.

a) Leiten Sie aus den gegebenen Informationen die Zahlungsrechnung für den Planungszeitraum her. Verwenden Sie dazu die Vorlage.

b) Leiten Sie die Zahlungsrechnung aus a) in eine Erfolgsrechnung über, indem Sie die dafür vorgesehene Tabelle in der Vorlage ausfüllen.

c) Vergleichen Sie den in der Erfolgsrechnung jeweils für die Jahre 2017 bis 2020 ermittelten Periodenerfolg und den Totalerfolg mit dem jeweiligen Periodenüberschuss/-fehlbetrag und dem Totalüberschuss, die sich aus der Zahlungsrechnung ergeben haben. Begründen Sie in einer kurzen stichpunktartigen Stellungnahme, ob und warum sich Übereinstimmungen und Unterschiede ergeben.

d) Was wäre, wenn in 2017 insgesamt 220 TEUR in bar eingelegt worden wären und nur 200 TEUR in die Maschine investiert worden wären, während die restlichen 20 TEUR auf dem Bankkonto verweilen.

(438) **Aufgabe 3** *Kontrollfragen* (*10 Punkte*)
Beantworten Sie die nachstehenden Fragen *kurz*!

a) Was versteht man unter einem Grundbuch, was unter einem Hauptbuch?
b) In welchem Verhältnis stehen Kontenrahmen und Kontenplan?
c) Worin unterscheiden sich einfache und doppelte Buchführung im Wesentlichen? Geben Sie dazu zwei wesentliche Merkmale an!
d) Stellt der buchhalterische Gewinn eine »Zielgröße« für Investoren dar? Begründen Sie Ihre Antwort!
e) Ein Kenner der doppelten Buchführung behauptet, dass die doppelte Buchführung die korrekte Erfassung der Geschäftsvorfälle gewährleiste, da andernfalls die Summen von Aktiva und Passiva nicht übereinstimmen würden. Ist diese Aussage korrekt? Begründen Sie Ihre Antwort!

ÜBUNGSKLAUSUR 3

Schwerpunkte der Klausur

Übungsklausur 3 befasst sich mit der Dokumentation besonderer Geschäftsvorfälle. Dazu gehört insbesondere die Verbuchung der Umsatzsteuer, des Warenverkehrs und der Materialwirtschaft. Geprüft wird, ob Sie in der Lage sind, die Geschäftsvorfälle auf den richtigen Konten zu verbuchen und die korrekten, zu dokumentierenden Beträge, zu ermitteln.

K-3

Bearbeitungshinweise

Die Bearbeitungszeit der Klausur beträgt 60 Minuten, dabei kann eine Gesamtpunktzahl von 60 Punkten erreicht werden. Eine zusätzliche Einarbeitungszeit wird nicht gewährt. Die Aufgabenstellung umfasst vier Aufgaben. Es sind alle Aufgaben zu bearbeiten. Die Klausur ist mit Tinte oder Kugelschreiber zu bearbeiten. Mit Bleistift bearbeitete Klausuren werden nicht gewertet.

Hilfsmittel

Nichtprogrammierbarer Taschenrechner.

Aufgabe 1 *Wertäquivalentes Tauschgeschäft* (*10 Punkte*)

Der Unternehmer Schlau kauft beim Kfz-Händler Gierig einen neuen Geschäftswagen für 7 140 EUR (inkl. USt) und gibt dafür einen Vermögensgegenstand des Sachanlagevermögens mit einem Buchwert von 5 500 EUR her, der dem ermäßigten Umsatzsteuersatz i. H. v. 7 % unterliegt. Zusätzlich überweist Schlau 1 547 EUR an den Kfz-Händler. Verbuchen Sie den Geschäftsvorfall für den Schlau! Beide Tauschpartner sind zum Abzug der Vorsteuer berechtigt.

Aufgabe 2 *Verbuchung des Warenverkehrs* (*30 Punkte*)

a) Verbuchen Sie die nachstehenden Geschäftsvorfälle! Gehen Sie bei der Verbuchung von einem getrennten Warenkonto aus und verbuchen Sie Skonti nach der Bruttomethode!

b) Verbuchen Sie die Kontenabschlüsse (außer den Zahlungsmittelkonten, Forderungen aus L. u. L. sowie Verbindlichkeiten aus L. u. L.) und erstellen Sie die GuV. Schließen Sie die Warenkonten nach der Nettomethode ab! Der Warenanfangsbestand beträgt 30 000 EUR. Der Warenendbestand lt. Inventur beträgt 35 000 EUR. Schließen Sie die Umsatzsteuerkonten nach der Zwei-Konten-Methode ab.

HINWEIS: *Verwenden Sie zur Verbuchung der Geschäftsvorfälle und zur Erstellung der T-Konten Lösungsvorlage* LVK-3-2.

Geschäftsvorfälle

1. Wir kaufen Waren auf Ziel ein. Die Eingangsrechnung beträgt 22 610 EUR.
    i. Die Eingangsrechnung wurde unter Berücksichtigung eines Rabatts von 5% ausgestellt. Wie hoch war der Warenwert (netto) ursprünglich?
    ii. Wir stellen nachträglich fest, dass 10% der Waren mit Mängeln behaftet sind. Die Rücksendung führt zu einer Gutschriftsanzeige. Die Kosten der Rücksendung für Transport und Versicherung betragen 500 EUR (netto) und sind von uns zu tragen. Die Kosten der Rücksendung werden sofort per Banküberweisung beglichen.
    iii. Die Warenverbindlichkeiten werden unter Abzug von 2% Skonto per Banküberweisung beglichen.
    iv. Durch den Einkauf der Waren wird eine Umsatzgrenze erreicht. Der Lieferant gewährt uns im Nachhinein einen Bonus i. H. v. 1 200 EUR netto. Wir erhalten den Bonus per Banküberweisung.
2. Wir kaufen Waren für 4 500 EUR netto auf Ziel. Die Kosten für den Warenbezug betragen 300 EUR netto (auf Ziel) und sind von uns zu tragen.
3. Wir verkaufen Waren für 35 000 EUR netto auf Ziel.
    i. Der Kunde stellt fest, dass 20% der Waren durch den Transport beschädigt wurden und sendet uns den beschädigten Teil der Waren wieder zurück. Die Rücksendung führt zu einer Gutschriftsanzeige für den Kunden. Die Kosten der Rücksendung für Transport und Versicherung betragen 1 000 EUR (netto), werden von uns übernommen und sofort per Banküberweisung beglichen.
    ii. Die Warenforderungen werden unter Abzug von 5% Skonto per Banküberweisung beglichen.
    iii. Nach Eingang des Betrags aus ii. fällt uns auf, dass durch den Warenverkauf eine Umsatzgrenze erreicht wurde. Wir gewähren dem Kunden im Nachhinein einen Bonus i. H. v. 2 200 EUR netto und überweisen diesen.

(442) **Aufgabe 3** *Verbuchung des Materialverbrauchs* (*10 Punkte*)
Der Anfangsbestand des Kontos »Rohstoffe« beträgt 4 300 EUR. Im Geschäftsjahr (= Kalenderjahr) 2017 werden nachstehende Zu- und Abgänge verzeichnet (jeweils Nettowerte):

	EUR
Zugang 1	1 200
Abgang 1	500
Abgang 2	800
Zugang 2	950
Abgang 3	1 300

Der Einkauf der Rohstoffe erfolgt jeweils durch Banküberweisung. Der Endbestand laut Inventur am Bilanzstichtag beträgt 3 850 EUR.

Verbuchen Sie die Zu- und Abgänge nach der

a) Inventurmethode bzw.
b) Skontrationsmethode,

erstellen Sie jeweils das Konto »Rohstoffe« und schließen Sie das Konto »Rohstoffe« ab. Der Kontenabschluss braucht nicht verbucht zu werden.

Aufgabe 4 *Kontrollfragen* (*10 Punkte*)
Beantworten Sie die nachstehenden Fragen *kurz*!

a) Worin besteht der Unterschied bei der Verbuchung von Skonti nach der *Bruttomethode* bzw. der *Nettomethode*?
b) Nennen Sie vier maßgebliche Zeitpunkte für die Verbuchung von Steuern!
c) Erläutern Sie den wesentlichen Unterschied zwischen Skontrationsmethode und Inventurmethode bei der Erfassung des Materialverbrauchs!
d) Was versteht man unter einem durchlaufenden Posten aus buchhalterischer Sicht? Erläutern Sie dies anhand eines selbstgewählten Beispiels!
e) Nennen Sie vier Kategorien, in die der Gesamterfolg (Gewinn) jeweils aufgespalten werden kann!

Quelle: Schanz, Sebastian/Koschmieder, Simon (2014): Humoristische Zeichnungen zum Betrieblichen Rechnungswesen, Selbstverlag, Bayreuth, ISBN 978-3-00-047631-0, Seite 30.

ÜBUNGSKLAUSUR 4

Schwerpunkte der Klausur

Übungsklausur 4 befasst sich mit der Dokumentation besonderer Geschäftsvorfälle wobei hier der Fokus auf der Verbuchung des Eigenverbrauchs, der Steuern sowie der Löhne und Gehälter liegt. Geprüft wird, ob Sie in der Lage sind, die Geschäftsvorfälle auf den richtigen Konten zu verbuchen und die korrekten, zu dokumentierenden Beträge, zu ermitteln.

Bearbeitungshinweise

Die Bearbeitungszeit der Klausur beträgt 60 Minuten, dabei kann eine Gesamtpunktzahl von 60 Punkten erreicht werden. Eine zusätzliche Einarbeitungszeit wird nicht gewährt. Die Aufgabenstellung umfasst sechs Aufgaben. Es sind alle Aufgaben zu bearbeiten. Die Klausur ist mit Tinte oder Kugelschreiber zu bearbeiten. Mit Bleistift bearbeitete Klausuren werden nicht gewertet.

Hilfsmittel

Nichtprogrammierbarer Taschenrechner.

---

(445) **Aufgabe 1** *Verbuchung des Eigenverbrauchs* (6 Punkte)
Verbuchen Sie die nachstehenden Geschäftsvorfälle!

a) Der Unternehmer Willibald Wald lässt seine Privatwohnung durch die in seinem Unternehmen angestellte Putzfrau reinigen. Der Lohnaufwand, der auf die Reinigung der Privatwohnung entfällt, beträgt 250 EUR.

b) Die Unternehmerin Martina Bleifuß entnimmt Waren mit einem Buchwert von 100 EUR. Der Teilwert der Waren beträgt 120 EUR.

c) Der Unternehmer Gernegroß entnimmt aus seinem Unternehmen Holz zum Bau einer Gartenlaube in seinem privaten Schrebergarten. Das Holz hat Gernegroß für 500 EUR zzgl. USt erworben. Hinzu kamen noch Kosten der Beschaffung i. H. v. 50 EUR netto. Zum Zeitpunkt der Entnahme könnte Gernegroß das Holz für insgesamt 450 EUR (netto) erwerben.

(446) **Aufgabe 2** *Verbuchung von Steuern* (10 Punkte)
Geben Sie an, ob in den nachstehenden Fällen die jeweilige Steuer ...

a) Ertrag,
b) Aufwand,
c) Privatentnahme,
d) Privateinlage,
e) Anschaffungskosten,
f) Forderungen bzw.

g) Verbindlichkeiten darstellt bzw.
h) die betriebliche Sphäre nicht berührt.

Steuerentstehung, -bescheid und -bezahlung fallen auf denselben Zeitpunkt.

1. Die Biersteuer wird vom Geschäftskonto bezahlt.
2. Die Gewerbesteuer wird vom privaten Bankkonto des Unternehmers aus an das Finanzamt bezahlt.
3. Ein Allgemeinmediziner kauft die Ausstattung für seine Praxisräume.
4. Die A-GmbH bezahlt Körperschaftsteuer.
5. Es werden Einkommensteuervorauszahlungen des Unternehmers vom Geschäftskonto bezahlt.
6. Die Brandschutzversicherung für das Betriebsgebäude wird vom Geschäftskonto bezahlt.
7. Das Konto »Umsatzsteuer« weist am Bilanzstichtag einen Habensaldo auf. Es wird die Zwei-Konten-Methode angewendet.
8. Die Löhne und Gehälter für den Monat Dezember werden vom Geschäftskonto ausbezahlt.
9. Der Solidaritätszuschlag des Unternehmers wird von seinem privaten Bankkonto überwiesen.
10. Erstattung von zu viel bezahlter Schaumweinsteuer auf das Geschäftskonto.

Aufgabe 3 *Verbuchung von Anzahlungen* (6 Punkte)
Verbuchen Sie die nachstehenden Geschäftsvorfälle in 2017!

a) Am 1.1.2017 geben wir die Entwicklung einer Spezialmaschine in Auftrag und zahlen 7 497 EUR per Banküberweisung an. Die Schlussrechnung am 25.7.2017 lautet über 17 850 EUR und wird von uns sofort per Banküberweisung beglichen.
b) Am 25.2.2017 erhalten wir von unserem Auftraggeber 29 750 EUR als Vorschuss für die von uns zu erbringenden Dienstleistungen. Am 27.9.2017 stellen wir die Schlussrechnung. Der Rechnungsbetrag lautet über insgesamt 61 880 EUR. Der Kunde bezahlt in der nächsten Rechnungsperiode.

Aufgabe 4 *Kontenabschlüsse nach GKV und UKV* (20 Punkte)
Ein Industrieunternehmen weist zu Beginn (am Schluss) des Geschäftsjahres Bestände an fertigen Erzeugnissen im Wert von 100 TEUR (130 TEUR) aus.

Die Umsatzerlöse der Periode betragen 1 000 TEUR. Der Aufwand setzt sich aus folgenden drei Aufwandsarten zusammen:

	TEUR
Rohstoffaufwand	250
Personalaufwand	300
Mietaufwand (Leasing)	125

Schließen Sie die entsprechenden Konten nach

a) dem Gesamtkostenverfahren bzw.
b) dem Umsatzkostenverfahren

ab und geben Sie die zugehörigen Buchungssätze an.

(449) **Aufgabe 5** *Löhne und Gehälter* (10 Punkte)
Verbuchen Sie die nachstehenden Geschäftsvorfälle!

a) Aufgrund akuter Finanznot, erhält der Arbeitnehmer Bauer einen Gehaltsvorschuss i. H. v. 1 200 EUR per Banküberweisung.
b) Die Aufwendungen für Löhne und Gehälter im November betragen insgesamt 30 000 EUR. Die vom Arbeitgeber (Arbeitnehmer) zu tragenden Sozialversicherungsabgaben belaufen sich auf 5 000 EUR (6 000 EUR). Die Steuern betragen 4 000 EUR. Verbuchen Sie alle die Lohn- und Gehaltsabrechnung für November betreffenden Geschäftsvorfälle! Die Bezahlung erfolgt jeweils per Banküberweisung.
c) Der ehemalige Außendienstmitarbeiter Fleißig erhält seine Betriebsrente i. H. v. 2 500 EUR. Für die Rente wurde eine Rückstellung gebildet. Der Tilgungsanteil der Rente beträgt 80 %.
d) Ein Arbeitnehmer erhält einen Teil seines Lohns in Form von Rohstoffen zum Markpreis. Der Einkaufswert der Rohstoffe, die der Arbeitnehmer im Monat Dezember erhält, beträgt 350 EUR (netto). Der Markpreis der Rohstoffe im Dezember beträgt 450 EUR (netto).

(450) **Aufgabe 6** *Kontrollfragen* (8 Punkte)
Beantworten Sie die nachstehenden Fragen *kurz*!

a) Worin besteht der Unterschied zwischen Beiträgen zur Sozialversicherung und Steuern?
b) Nennen Sie die verschiedenen Sozialversicherungsbeiträge und sonstigen Abgaben, die der Unternehmer für Arbeiter / Angestellte im Rahmen von Lohn- und Gehaltszahlungen zu entrichten hat!
c) Welche Probleme außerhalb der doppelten Buchführung ergeben sich bei Bestandsmehrungen?
d) Worin besteht der wesentliche Unterschied zwischen Abschlagszahlungen und Vorschüssen?

ÜBUNGSKLAUSUR 5

Schwerpunkte der Klausur

Übungsklausur 5 deckt die Grundlagen des Jahresabschlusses nach HGB, insbesondere die Buchführungspflicht, die Grundsätze der Buchführung, die allgemeinen Ansatz- und Bewertungsvorschriften sowie die Erst- und Folgebewertung im Anlagevermögen ab. Geprüft wird, ob Sie die gesetzlichen Regelungen kennen und anwenden können. Des Weiteren sollen Sie zeigen, dass Sie die Methoden planmäßiger Abschreibung beherrschen und das Anlagevermögen gesetzeskonform bewerten können.

Bearbeitungshinweise

Die Bearbeitungszeit der Klausur beträgt 60 Minuten, dabei kann eine Gesamtpunktzahl von 60 Punkten erreicht werden. Eine zusätzliche Einarbeitungszeit wird nicht gewährt. Die Aufgabenstellung umfasst fünf Aufgaben. Es sind alle Aufgaben zu bearbeiten. Die Klausur ist mit Tinte oder Kugelschreiber zu bearbeiten. Mit Bleistift bearbeitete Klausuren werden nicht gewertet.

Hilfsmittel

Nichtprogrammierbarer Taschenrechner sowie Gesetzessammlung »Betriebliches Rechnungswesen«.

Aufgabe 1 *Grundsätze der Buchführung* (20 Punkte)

Beziehen Sie zu den nachstehenden Sachverhalten Stellung und geben Sie zur Unterstützung Ihrer Aussagen die einschlägigen Normen im HGB an!

a) Ein bekannter Kindersitzhersteller aus Bayreuth stellt seine gesamte Buchführung auf chinesisch um, da der chinesische Mutterkonzern dies nachdrücklich verlangt.

b) Die Tristan-AG erwirbt ein Patent zur langfristigen Herstellung eines Medizinpräparats für 1,5 Mio EUR (netto). Die Buchhalterin schreibt die Aufwendungen für das Patent sofort ab.

c) Die A-GmbH veräußert 20% der im Anlagevermögen gehaltenen Anteile an der B-GmbH für 125 000 EUR an den Egon Schiet per Banküberweisung. Der Buchwert der veräußerten Anteile beträgt 80 000 EUR. Mit dem Käufer wird vereinbart, dass die verkauften Anteile weiterhin von der A-GmbH treuhänderisch für den Käufer gehalten werden. Der Leiter der Abteilung Rechnungswesen bucht:

Bank   125 000 EUR
    an   Beteiligungen   80 000 EUR
         sonstige betriebliche Erträge   45 000 EUR

d) Am 25.3.2017 unterzeichnet der Unternehmer Schlapp einen Kaufvertrag zum Kauf von fünf Tonnen Stahl für 5 000 EUR (netto). Seine erfahrene Buchhalterin bucht daraufhin:

[B-4]

Rohstoffe		5 000 EUR
Vorsteuer		950 EUR
an	Verbindlichkeiten aus L. u. L.	5 950 EUR

e) Ein Kunde schickt die gesamte Warenlieferung aufgrund einer Fehlbestellung wieder zurück. Der Unternehmer weist den Buchhalter an, den Ausgangsumsatz aus den Büchern zu löschen.
f) Die Aufwendungen der Gründung der Saft-GmbH (Eintragung ins Handelsregister, Notar, Rechtsanwaltskosten für die Ausarbeitung des Gesellschaftsvertrags) betragen 37 000 EUR netto und werden unter der Position »Ingangsetzung und Erweiterung des Geschäftsbetriebs« aktiviert.
g) Ein Lieferant liefert der A-GmbH Rohstoffe und bezieht von der A-GmbH fertige Erzeugnisse zum selben Wert. In der Buchhaltung wird die eingebuchte Forderung mit der eingebuchten Verbindlichkeit aufgerechnet.
h) Am Ende des Geschäftsjahres wird das Vorsteuerkonto über das Umsatzsteuerkonto abgeschlossen und der Saldo in der Bilanz unter der Position »Sonstige Verbindlichkeiten« ausgewiesen.

(453) **Aufgabe 2** *Buchführungspflicht* (10 Punkte)

Erläutern Sie, ob bzw. in welchem Kalenderjahr die Pflicht, nach handelsrechtlichen Vorschriften (HGB) Bücher zu führen, besteht.

a) Der Steuerberater Para-Graph aus Bayreuth erzielt in 2017 einen Gewinn i. H. v. 2 Mio EUR.
b) Der als Künstler anerkannte Designer Mirko O. hat 20 Angestellte und erzielt in 2017 einen Umsatz i. H. v. 15 Mio EUR.
c) Der Kleingewerbetreibende und Einzelunternehmer Julian Nix hat sich schon vor Jahren ins Handelsregister eintragen lassen und erzielt jährlich einen Umsatz von 49 000 EUR.
d) Der Wirtschaftsprüfer Anton Hakelmacher firmiert unter dem Namen »Hakelmacher Steuerberatungs- und Wirtschafsprüfungsgesellschaft mbH«.
e) Nachstehend sind die Umsätze und die Jahresüberschüsse der Schlendrian-GmbH dargestellt:

	2016	2017
Umsatz	650 000	250 000
Jahresüberschuss	50 000	80 000

(454) **Aufgabe 3** *Verbuchung von Geschäftsvorfällen* (10 Punkte)

Eduard Kaufmann (K) betreibt eine Druckerei mit integrierter Buchbinderei für Klein- und Kleinstauflagen in Bamberg.

Bilden Sie für die nachstehenden Geschäftsvorfälle die *Jahresabschlussbuchungen* (ohne Abschluss der Konten) für das Geschäftsjahr 2017 unter der Maßgabe eines *möglichst niedrigen* Gewinns!

a) Am 25.4.2017 erwirbt K einen Schreibtisch im Second-Hand-Shop für 476 EUR (brutto) per Banküberweisung. Die Nutzungsdauer beträgt 5 Jahre. Es wird grundsätzlich linear abgeschrieben.

b) Am 24.9.2017 kauft K eine neue Farbdruckmaschine für 450 000 EUR (netto). Die Maschine wird am 10.10.2017 geliefert. Die Kosten des Transports und der Montage betragen 12 000 EUR (netto) und werden von K getragen. Die Rechnungen für die Maschine und die Transportkosten treffen noch am Tag der Lieferung ein und werden sofort per Banküberweisung beglichen. Am 25.10.2017 wird der erste Druckauftrag mit der neuen Maschine bearbeitet. Die betriebsgewöhnliche Nutzungsdauer beträgt 10 Jahre. Es wird degressiv und indirekt abgeschrieben ($g = 20\%$).

c) Am 5.6.2017 erwirbt K eine neue Schneidemaschine bei einem Hersteller aus den USA. Die Maschine wird am 22.7.2017 auf Ziel geliefert und mit Erreichen des betriebsbereiten Zustands am 1.8.2017 in Betrieb genommen. Mit der Lieferung erreicht K die Eingangsrechnung über 16 065 USD (umgerechnet 15 470 EUR (brutto)). Die Maschine wird digital und direkt über 4 Jahre abgeschrieben. Am Bilanzstichtag beläuft sich der Wert der Verbindlichkeit, die erst in 2019 getilgt wird, aufgrund eines stärkeren Dollars auf 15 708 EUR (brutto).

(455) **Aufgabe 4** *Geschäfts- oder Firmenwert* (10 Punkte)

Der Buchbinder Eberhard Glatt erwirbt zum 31.12.2017 die Buchbinderei seines befreundeten Kollegen Gustav Wagner, der aufgrund seines hohen Alters den Betrieb nicht mehr fortführen kann. Der Kaufpreis ist von der Umsatzsteuer befreit. Die von Wagner unmittelbar vor dem Verkauf erstellte Schlussbilanz zum 31.12.2017 lautet:

Aktiva	Schlussbilanz zum 31.12.2017		Passiva
	EUR		EUR
Grundstücke/Gebäude	78 000	Eigenkapital	109 800
Sachanlagen	25 000	Verbindlichkeiten aus L.u.L.	2 700
Rohstoffe	4 000		
Forderungen	1 500		
Bank	4 000		
Summe Aktiva	112 500	Summe Passiva	112 500

Die stillen Reserven in den Grundstücken/Gebäuden (Sachanlagen) beziffert der Steuerberater des Wagner auf 16 000 EUR (4 200 EUR). In den anderen Bilanzpositionen befinden sich keine weiteren stille Reserven oder stille Lasten.

a) Ermitteln Sie den Buchwert des Eigenkapitals!

b) Welchen Preis würde ein Verkäufer zahlen müssen, wenn er den Marktwert der einzelnen Vermögensgegenstände und Schulden vergütet?

c) Wie hoch ist der Firmenwert, wenn Glatt dem Wagner 160 000 EUR für seinen Betrieb bezahlt?

d) Wie müsste Wagner buchen, wenn er die gesamten Vermögensgegenstände und Schulden in seiner Bilanz aufnimmt und die beiden Vertragsparteien vereinbaren, dass der Kaufpreis erst in 2018 zu zahlen ist?

e) Führen Sie die Bewertung des Firmenwerts in der Schlussbilanz des Wagners durch und geben Sie – sofern erforderlich – die Buchungssätze an! Es wird linear und direkt abgeschrieben.

(456) **Aufgabe 5** *Kontrollfragen* (*10 Punkte*)
Beantworten Sie die nachstehenden Fragen *kurz*!

a) Was besagt das Maßgeblichkeitsprinzip? Welcher Vor- und Nachteil besteht dabei im Gegensatz zum »separate accounting«?

b) Erläutern Sie das »going-concern-principle«! Wo ist das Prinzip im HGB verankert? Welche Auswirkungen auf die Bilanzansätze hätte die Annahme der Nichtfortführung der Unternehmung?

c) Wodurch unterscheiden sich der »derivative« und der »originäre« Firmenwert im Wesentlichen?

d) Erfüllt der derivative Geschäfts- oder Firmenwert die Merkmale eines Vermögensgegenstands? Begründen Sie Ihre Antwort!

e) Warum verlangt das HGB eine »planmäßige« Abschreibung?

Quelle: Schanz, Sebastian/Koschmieder, Simon (2014): Humoristische Zeichnungen zum Betrieblichen Rechnungswesen, Selbstverlag, Bayreuth, ISBN 978-3-00-047631-0, Seite 32.

ÜBUNGSKLAUSUR 6

Schwerpunkte der Klausur

Diese Klausur befasst sich ausschließlich mit der Folgebewertung im Anlagevermögen. Es wird geprüft, ob Sie die Abschreibungsbeträge bei alternativen Methoden der Abschreibung ermitteln können und in der Lage sind, Abschreibungen, Zuschreibungen und Veräußerungen im Anlagevermögen buchhalterisch abzubilden. Der Schwerpunkt liegt dabei bei planmäßigen Abschreibungen. Insbesondere die lineare, geometrisch degressive, digitale und die Leistungsabschreibung werden abgefragt.

Bearbeitungshinweise

Die Bearbeitungszeit der Klausur beträgt 60 Minuten, dabei kann eine Gesamtpunktzahl von 60 Punkten erreicht werden. Eine zusätzliche Einarbeitungszeit wird nicht gewährt. Die Aufgabenstellung umfasst sechs Aufgaben. Es sind alle Aufgaben zu bearbeiten. Die Klausur ist mit Tinte oder Kugelschreiber zu bearbeiten. Mit Bleistift bearbeitete Klausuren werden nicht gewertet.

Hilfsmittel

Nichtprogrammierbarer Taschenrechner sowie Gesetzessammlung »Betriebliches Rechnungswesen«.

---

(458) **Aufgabe 1** *Lineare Abschreibung* (*10 Punkte*)

a) Der e. Kfm. Norbert Lüttich erwirbt am 23. 7. 2017 eine Industrieküche. Die Eingangsrechnung lautet über 148 750 EUR. Die betriebsgewöhnliche Nutzungsdauer der Küche beträgt 10 Jahre, es wird linear und indirekt abgeschrieben. Verbuchen Sie die Abschreibung in 2017.

b) Die Rihau-AG veräußert am 11. 11. 2017 Sachanlagen für 44 125 EUR (netto). Die Anschaffungskosten der Sachanlagen betrugen 66 300 EUR. Bis zum Zeitpunkt der Veräußerung wurden planmäßige Abschreibungen i. H. v. 47 100 EUR (indirekt) vorgenommen. Außerplanmäßige Abschreibungen oder Zuschreibungen erfolgten bis zum Zeitpunkt der Veräußerung nicht. Verbuchen Sie die Veräußerung der Sachanlagen, wenn die Veräußerung auf Ziel erfolgt.

c) Die Anschaffungskosten des Verwaltungsgebäudes der Sprudel-GmbH zu Beginn des Jahres 2012 betrugen 1,5 Mio EUR. Die betriebsgewöhnliche Nutzungsdauer des Gebäudes beträgt 50 Jahre. In 2016 wurde das Gebäude aufgrund von Platzmangel in der Verwaltung um eine Etage aufgestockt. Anfang Januar 2017 ist die neue Etage bezugsfertig. Die Kosten für die Aufstockung betragen 0,63 Mio EUR (netto). Es wird linear und direkt abgeschrieben. Verbuchen Sie die Abschreibung in 2017, wenn sich durch die Aufstockung des Gebäudes die betriebsgewöhnliche Nutzungsdauer nicht verändert.

Aufgabe 2 *Geometrisch-degressive Abschreibung* (10 Punkte)

a) Die Posch-GmbH erwarb für ihre neue Wafer-FAB am 3. 3. 2009 eine Spezialanlage mit Anschaffungskosten i. H. v. 234 124 EUR und einer betriebsgewöhnlichen Nutzungsdauer von 30 Jahren. Es wird geometrisch degressiv abgeschrieben (g = 20 %). Ermitteln Sie die Abschreibung in 2017! Ein Übergang zur linearen Abschreibung ist nicht zu prüfen!

b) Die DePreciation-AG baut in 2017 eine betriebseigene Windkraftanlage zur Reduzierung der Stromkosten. Die Anlage wird am 31. 10. 2017 in Betrieb genommen und verursacht Herstellungskosten i. H. v. 2,5 Mio EUR. Die betriebsgewöhnliche Nutzungsdauer beträgt unstreitig 30 Jahre. Es wird geometrisch degressiv abgeschrieben (g = 10 %). Die Unternehmensleitung möchte von Ihnen wissen, in welchem Jahr der Übergang zur linearen Abschreibung optimal ist. Berechnen Sie diesen Zeitpunkt und geben Sie die Abschreibung im Jahr des Wechsels an!

c) Die Fallküre Porzellanfabrik least einen Spezialbrennofen von der Leasing-AG. Das wirtschaftliche Eigentum liegt bei der Porzellanfabrik. Der Brennofen wird Anfang Januar 2017 mit 378 500 EUR aktiviert. Mit der Leasing-AG ist vereinbart, dass die Porzellanfabrik den Ofen mit Ablauf der Grundmietzeit am 31. 12. 2022 für 278 240 EUR (netto) erwerben kann. Die Porzellanfabrik schreibt geometrisch degressiv auf diesen Wert ab. Ermitteln Sie den Degressionssatz!

Aufgabe 3 *Digitale Abschreibung* (10 Punkte)

a) Die Unternehmerin Ursula Vomberg schafft am 27. 11. 2016 einen Gärtank für 100 000 EUR mit einer betriebsgewöhnlichen Nutzungsdauer von 10 Jahren an. Ermitteln Sie die Abschreibung in 2017 sofern die digitale Abschreibung zur Anwendung kommt.

b) Der Eierproduzent Siegbert Hahn least 50 000 Legehennen von der Leasing-GmbH und aktiviert diese Anfang 2017 mit 75 000 EUR. Am Ende der Mietzeit, im Dezember 2020, kann Siegbert Hahn die Hennen für 35 000 EUR (netto) (Schlachtwert) kaufen. Auf diesen Betrag möchte er die Hennen digital abschreiben. Wie hoch ist die Abschreibung in 2018, wenn die Abschreibung in 2017 13 000 EUR (14 000 EUR) beträgt?

Aufgabe 4 *Leistungsabschreibung* (10 Punkte)

a) Die Vertriebs-GmbH erwarb am 24. 2. 2017 einen Geschäftswagen für ihren Außendienstmitarbeiter. Der Wagen wurde noch im Februar geliefert. Der Rechnungsbetrag beläuft sich auf 52 360 EUR. Aus den Daten der Vergangenheit kann die Vertriebs-GmbH die Nutzung des Wagens gut einschätzen. Die Vertriebs-GmbH schätzt die gefahrenen Kilometer in den nächsten Jahren auf:

	2017	2018	2019	2020
km	35 000	45 000	50 000	52 000

Der Wagen soll auf einen Restwert Ende Dezember 2020 von 15 000 EUR abgeschrieben werden. Ermitteln Sie die Restbuchwerte an den jeweiligen Bilanzstichtagen (Geschäftsjahr ist das Kalenderjahr).

b) Am 6.1.2021 wird der Wagen aus a) für 17 000 EUR (netto) auf Ziel veräußert. Es wird indirekt abgeschrieben. Verbuchen Sie die Veräußerung.

(461) **Aufgabe 5** *Außerplanmäßige Abschreibungen* (*10 Punkte*)
a) Welche rechtlichen Voraussetzungen (Tatbestandsmerkmale) müssen für eine außerplanmäßige Abschreibung im Anlagevermögen vorliegen?
b) Nennen Sie drei konkrete Gründe, die eine außerplanmäßige Abschreibung im Anlagevermögen rechtfertigen!
c) Der Unternehmer Windig erleidet im Dezember 2017 mit seinem Geschäftswagen einen Unfall. Den Wagen, dessen betriebsgewöhnliche Nutzungsdauer 8 Jahre beträgt, hatte er im Januar 2016 für 25 000 EUR angeschafft. Ein Gutachter kommt zu dem Ergebnis, dass der Wert des Wagens nach dem Unfall unstreitig noch 8 000 EUR beträgt. Es wird degressiv abgeschrieben (g = 20%). Mit welchem Wert ist der Wagen zum 31.12.2017 zu aktivieren? Begründen Sie Ihre Antwort.
d) Aufgrund einer unvorhergesehenen positiven Entwicklung am Automobilmarkt, wird der Wagen aus c) am 31.12.2018 auf einen Wert von 18 000 EUR geschätzt. Mit welchem Wert ist der Wagen zum 31.12.2018 zu aktivieren?

(462) **Aufgabe 6** *Kontrollfragen* (*10 Punkte*)
Beantworten Sie die nachstehenden Fragen *kurz*!

a) Geben Sie jeweils ein Beispiel an – sofern möglich – für einen Vermögensgegenstand, der nicht zu den geringwertigen Wirtschaftsgütern zählt, da es ihm *jeweils* am Merkmal der 1. Abnutzbarkeit, 2. Beweglichkeit, 3. selbständigen Nutzbarkeit bzw. 4. Wertgrenze mangelt.
b) Geben Sie jeweils ein Beispiel an für einen Vermögensgegenstand, der die nachstehenden Merkmale erfüllt:
1. Materiell, unbeweglich, nicht abnutzbar,
2. materiell, beweglich, nicht abnutzbar,
3. immateriell, nicht abnutzbar,
4. immateriell, abnutzbar.
c) Aus welchem Grund lässt der Gesetzgeber eine Wertaufholung beim derivativen Geschäfts- oder Firmenwert nach vorangegangener außerplanmäßiger Abschreibung nicht mehr zu?

ÜBUNGSKLAUSUR 7

Schwerpunkte der Klausur

Übungsklausur 7 befasst sich ausschließlich mit der Erst- und Folgebewertung im Umlaufvermögen. Insbesondere wird geprüft, ob Sie die Herstellungskosten im Umlaufvermögen ermitteln sowie Forderungen einzelwert- bzw. pauschalwertberichtigen können und die Sammelbewertung von Vorratsvermögen beherrschen. Dabei liegt jeweils der Schwerpunkt auf der Ermittlung des korrekten Bilanzansatzes und nicht auf der buchhalterischen Abbildung der Ab- oder Zuschreibungen.

Bearbeitungshinweise

Die Bearbeitungszeit der Klausur beträgt 60 Minuten, dabei kann eine Gesamtpunktzahl von 60 Punkten erreicht werden. Eine zusätzliche Einarbeitungszeit wird nicht gewährt. Die Aufgabenstellung umfasst fünf Aufgaben. Es sind alle Aufgaben zu bearbeiten. Die Klausur ist mit Tinte oder Kugelschreiber zu bearbeiten. Mit Bleistift bearbeitete Klausuren werden nicht gewertet.

Hilfsmittel

Nichtprogrammierbarer Taschenrechner sowie Gesetzessammlung »Betriebliches Rechnungswesen«.

---

(463) **Aufgabe 1** *Herstellungskosten* (*10 Punkte*)

a) *Herstellungskosten*

Beurteilen Sie, um welche Art von »Kosten« i. S. d. § 255 Abs. 2 HGB es sich im Folgenden handelt und geben Sie an, ob für die »Kosten« aus handelsrechtlicher Sicht jeweils Aktivierungspflicht, Aktivierungsverbot oder Aktivierungswahlrecht besteht!
1. Stahl bei der Herstellung von Windkraftanlagen.
2. Kosten des Betriebskindergartens.
3. Kosten für den Außendienstmitarbeiter.

b) *Zuschlagskalkulation*

Aus der Kostenrechnung sind für die Herstellung hochwertiger Kaufmannsläden aus Holz für Kinder folgende (angemessenen) Daten (jeweils pro Stück) bekannt:

Materialeinzelkosten	50 EUR
Materialgemeinkostenzuschlagsatz	125 %
Fertigungslöhne	70 EUR
Fertigungsgemeinkostenzuschlagsatz	200 %
Sondereinzelkosten der Fertigung	10 EUR
Verwaltungsgemeinkostenzuschlagsatz	30 %
Vertriebsgemeinkostenzuschlagsatz	20 %

Mit welchem Wert (pro Stück) sind die Kaufmannsläden anzusetzen, wenn der Unternehmer einen möglichst hohen (niedrigen) Gewinn wünscht?

Aufgabe 2 *Folgebewertung im Anlage- und Umlaufvermögen* (10 Punkte)

Geben Sie jeweils die betragsmäßige Ab- bzw. Zuschreibung (*Wertkorrektur*) und den *Bilanzansatz* in den nachstehenden Fällen an! Begründen Sie Ihre Antwort kurz! Das Unternehmen ist jeweils wirtschaftlicher Eigentümer der Vermögensgegenstände und strebt einen *möglichst niedrigen Gewinn* an! Buchwerte im Anlagevermögen sind jeweils nach planmäßiger Abschreibung dargestellt! (Ak = Anschaffungskosten, BW = Buchwert, MW = Marktwert)

	Wertkorrektur	Bilanzansatz

1. *Wertpapiere des Umlaufvermögens:*
   Ak = 200 EUR, BW = 150 EUR,
   MW = 170 EUR

2. *Wertpapiere des Anlagevermögens:*
   Ak = 100 TEUR, BW = 80 TEUR,
   MW = 70 TEUR; die Wertminderung ist voraussichtlich nicht von Dauer.

3. *Verwaltungsgebäude:*
   Ak = 1,5 Mio EUR, BW = 0,8 Mio EUR,
   MW = 0,5 Mio EUR; die Wertminderung ist voraussichtlich von Dauer.

4. *Rohstoffe:*
   Ak = 50 EUR, BW = 30 EUR,
   MW = 60 EUR

5. *Firmenwert:*
   Ak = 90 TEUR, BW = 50 TEUR,
   MW = 60 TEUR

Aufgabe 3 *Wertberichtigung von Forderungen* (15 Punkte)

a) Am 5.2.2017 (noch vor der Aufstellung der Bilanz) erfährt die M-KG, dass im Dezember 2016 das Insolvenzverfahren über das Vermögen des Kunden Leistnix eröffnet wurde. Die Forderung der M-KG gegenüber Leistnix beträgt 2 400 EUR (exklusive 19% USt). Der Insolvenzverwalter rechnet mit einer Quote von 20%.
Ist die Information für die Erstellung des Jahresabschlusses 2016 relevant? Begründen Sie Ihre Antwort und führen Sie die für den Jahresabschluss 2016 erforderlichen Buchungen durch!

b) Am 7.5.2017 überweist uns der Insolvenzverwalter aus a) 1 000 EUR als endgültige Zahlung für die ursprüngliche Forderung gegenüber dem Leistnix. Verbuchen Sie den Geschäftsvorfall.

K-7

c) Der Forderungsbestand der M-KG am 31.12.2016 beträgt 78 821 EUR (brutto) und enthält die Forderung aus a). Aus Erfahrung fallen i. H. v. 2% der nicht einzelwertberichtigten Bruttoforderungen innerbetriebliche Kosten der Beitreibung an. Für andere Forderungsausfälle findet eine pauschale Berichtigung i. H. v. 3% statt. Der Bestand des Kontos »Pauschalwertberichtigungen« aus der Anfangsbilanz 2016 beträgt 2 540 EUR. Im Forderungsbestand sind nachstehende Umsätze enthalten:

	EUR
umsatzsteuerbefreite Umsätze	8 435
Umsätze zum ermäßigten Steuersatz (7%, netto)	2 500
Forderungen ggü. der öffentlichen Hand (19%, netto)	4 500

Die verbleibenden Forderungen unterliegen dem Regelsteuersatz von 19%. Verbuchen Sie die Pauschalwertberichtigung am 31.12.2016!

(465) **Aufgabe 4** *Bewertungsvereinfachungsverfahren* (15 Punkte)

a) *Erläutern Sie kurz*, inwiefern die Verbrauchsfiktion beim periodischen lifo-Verfahren gegen tatsächliche Gegebenheiten verstoßen kann!

b) *Periodisches lifo-Verfahren*: Über die Bestände, Zu- und Abgänge einer Handelsware ist folgendes bekannt (ME = Mengeneinheiten):

	ME	EUR/ME
Anfangsbestand	120	1
Zugang 1	40	2
Abgang 1	30	
Zugang 2	50	3
Abgang 2	55	
Zugang 3	20	2
Abgang 3	15	
Endbestand	130	

Die Zugänge werden jeweils per Banküberweisung bezahlt. Als Verbrauchsfolgeverfahren wird das *periodische lifo-Verfahren* angewendet. Der Marktpreis am Bilanzstichtag beträgt 1 EUR/ME. Der Verkauf der Handelswaren erfolgt konstant zu 6 EUR/ME jeweils per Banküberweisung. Verbuchen Sie den Warenverkehr nach der *Inventurmethode* im Fall eines *gemischten Warenkontos* und schließen Sie das Warenkonto ab! Die Umsatzsteuer ist zu vernachlässigen.

c) *Festwert*
1. Worin besteht der wesentliche Unterschied zwischen der Bildung eines Festwerts und der lifo/fifo-Methode?
2. Ein Unternehmer, der in 2014 seinen Betrieb eröffnet, schafft jeweils zu Beginn des Geschäftsjahres Vermögensgegenstände des Anlagevermögens an, für die zulässigerweise ein Festwert gebildet werden kann. Die betriebsgewöhnliche Nutzungsdauer beträgt 4 Jahre. Die Zukäufe

betragen in den Jahren 2014 bis 2017 jeweils 5 500 EUR. Wie hoch ist dieser Festwert?

3. Der Nürnberger Gerüstbauer Günter Stahl-Mann (S) benötigt für seinen Betrieb Gerüstteile, die regelmäßig verbraucht werden und laufend zu ersetzen sind. In den Jahren 2014 bis 2017 wurden Gerüstteile zu nachstehenden Anschaffungskosten erworben:

		EUR
in 2014	für	4 500
in 2015	für	3 000
in 2016	für	4 600
in 2017	für	4 200

S benötigt regelmäßig Gerüstteile im Neuwert von 15 000 EUR. Dafür wird ein Festwert i. H. v. unstreitig 7 500 EUR gebildet. Zum 31. 12. 2017 ergibt eine körperliche Bestandsaufnahme einen Bestand im Wert von 6 700 EUR. Gehen Sie davon aus, dass bis zum Erreichen des Festwertes keine planmäßigen Abschreibungen vorgenommen werden. Ermitteln Sie jeweils den Wertansatz zum 31. 12. der Jahre 2014 bis 2017! Geschäftsjahr ist das Kalenderjahr.

Aufgabe 5 *Kontrollfragen* (10 Punkte)

Beantworten Sie die nachstehenden Fragen *kurz*!

a) Wie werden Fremdwährungsforderungen bewertet? Erläutern Sie, welches allgemeine Bewertungsprinzip hier verletzt werden kann!
b) Kann die lifo-Methode von einem Eiergroßhändler angewendet werden? Begründen Sie Ihre Antwort!
c) Erläutern Sie anhand eines konkreten Beispiels, warum es von materieller Bedeutung ist, ob ein Vermögensgegenstand dem Umlaufvermögen oder dem Anlagevermögen zugeordnet wird!
d) Erläutern Sie, welche Auswirkungen die Wahlrechte in § 255 Abs. 2 HGB auf den Gewinn der Totalperiode haben!
e) Bilden Sie ein Beispiel für die Bewertung des Vorratsvermögens für den Fall nicht konstanter Preise, bei denen die fifo- und lifo-Methoden zulässig sind, d. h. keine Abwertung auf den niedrigeren Marktwert am Bilanzstichtag stattfindet, aber die fifo-Methode zu höheren stillen Reserven führt.

ÜBUNGSKLAUSUR 8

Schwerpunkte der Klausur

Übungsklausur 8 befasst sich ausschließlich mit der Erst- und Folgebewertung von Verbindlichkeiten sowie mit der Periodenabgrenzung. Insbesondere wird geprüft, ob Sie in der Lage sind, transitorische und antizipative Rechnungsabgrenzungen, Rückstellungen und latente Steuern zu erkennen, den jeweils konkreten Wert zu ermitteln und zu verbuchen.

Bearbeitungshinweise

Die Bearbeitungszeit der Klausur beträgt 60 Minuten, dabei kann eine Gesamtpunktzahl von 60 Punkten erreicht werden. Eine zusätzliche Einarbeitungszeit wird nicht gewährt. Die Aufgabenstellung umfasst vier Aufgaben. Es sind alle Aufgaben zu bearbeiten. Die Klausur ist mit Tinte oder Kugelschreiber zu bearbeiten. Mit Bleistift bearbeitete Klausuren werden nicht gewertet.

Hilfsmittel

Nichtprogrammierbarer Taschenrechner sowie Gesetzessammlung »Betriebliches Rechnungswesen«.

Aufgabe 1 *Verbindlichkeiten* (15 Punkte)

Die Y-KG hat am 1.4.2012 ein Annuitätendarlehen zur Finanzierung der (Netto-)Anschaffungskosten einer Maschine aufgenommen, die am 13.4.2012 angeschafft wurde. Das Darlehen wurde in USD valutiert und läuft über die betriebsgewöhnliche Nutzungsdauer der Maschine (10 Jahre). Der Zinssatz beträgt 5%. Das Darlehen wurde zu 95% »ausbezahlt«. Die Zins- und Tilgungszahlungen erfolgen jährlich zum 31.3. Berücksichtigen Sie bei Ihren Berechnungen die nachstehenden formalen Zusammenhänge:

$$ANN = FK_0 \times \frac{\rho \times (1+\rho)^n}{(1+\rho)^n - 1}$$

$$TIL_t = TIL_1 \times (1+\rho)^{t-1}$$

$$FK_t = FK_0 - TIL_1 \times \frac{(1+\rho)^t - 1}{\rho}$$

ANN = Annuität, TIL = Tilgungsbetrag, FK = Restbuchwert des Kredits (Fremdkapital), ρ = Sollzinssatz, n = betriebsgewöhnliche Nutzungsdauer

Die Anschaffungskosten der Maschine betragen 130 000 EUR (netto). Weitere Kosten der Anschaffung fielen nicht an. Die Maschine wird linear (indirekt) abgeschrieben. Sofern ein Disagio aktiviert wird, wird dieses linear abgeschrieben. In allen Jahren strebt die Y-KG einen möglichst hohen Gewinn an.

Geben Sie die Jahresabschlussbuchungen der KG zum Bilanzstichtag (Geschäftsjahr = Kalenderjahr) 31.12.2017 auf Basis der gegebenen Informationen an (Kontenabschlüsse brauchen nicht verbucht zu werden).

Aufgabe 2 *Periodenabgrenzung* (20 Punkte)

Als steuerlicher Berater der EnerKon-AG, die Speichermedien für erneuerbare Energien herstellt, werden Sie gebeten, den Jahresabschluss für das Geschäftsjahr (= Kalenderjahr) 2017 zu erstellen. Dazu gilt es, die nachstehenden Geschäftsvorfälle zu beurteilen. Der Steuersatz der AG beträgt 40%.

Verbuchen Sie die nachstehenden Geschäftsvorfälle – sofern erforderlich – zum 31.12.2017 unter der Maßgabe eines *möglichst hohen Gewinns*!

a) *Forschungskosten*

Die Forschungskosten (Entwicklungskosten) für ein Verfahren zur Herstellung eines innovativen Speichermediums in 2017 betragen 20 000 EUR (75 000 EUR). Forschung und Entwicklung des Speichermediums sind zum 31.12.2017 abgeschlossen.

b) *Patentrechtsverletzung*

Die AG vertreibt ein Produkt, bei dessen Herstellung das Patentrecht eines Konkurrenten verletzt wurde. Die AG rechnet mit Ansprüchen des Konkurrenten i.H.v. 55 335 EUR (brutto).

c) *Wartungsvertrag*

Die AG erhält im Oktober 2017 auf Basis eines Wartungsvertrags mit einem Großkunden 36 000 EUR (brutto). Der Betrag ist für von der AG zu erbringende Wartungsleistungen im Zeitraum 10/2017 bis einschließlich 9/2018 bestimmt.

d) *Anzahlung*

Die AG erhält am 25.11.2017 eine Anzahlung i.H.v. 12 500 EUR (netto) per Banküberweisung für die Entwicklung eines speziellen Speichermediums für einen guten Kunden.

e) *Brandschutzversicherung*

Der Beitrag für die Brandschutzversicherung i.H.v. 600 EUR wird am 1.12.2017 für ein Jahr im Voraus bezahlt.

f) *Miete*

In Erwartung einer Ausweitung des Betriebs aufgrund eines sich voraussichtlich ergebenden Großauftrags, werden am 4.7.2016 zusätzliche Räumlichkeiten für 10 Jahre fix, beginnend mit dem 1.1.2017, zu einer jährlichen Miete i.H.v. 50 000 EUR angemietet. Nach zähen und langen Verhandlungen geht der Großauftrag am 25.3.2017 an einen Konkurrenten. Die angemieteten Räumlichkeiten werden deshalb für 35 000 EUR Jahresmiete untervermietet.

g) *Geschäftswagen*
   Im Juli 2017 schafft die AG einen Geschäftswagen für 12 000 EUR (netto) an. Der Pkw wird über die betriebsgewöhnliche Nutzungsdauer in der Handelsbilanz (Steuerbilanz) von 10 Jahren (8 Jahren) degressiv mit $g = 20\%$ (linear) abgeschrieben.

h) *Latente Steuern*
   Im Dezember 2011 schaffte die AG eine Maschine mit einer betriebsgewöhnlichen Nutzungsdauer von 10 Jahren an. Die handelsrechtlichen (steuerrechtlichen) Abschreibungen in 2017 betragen insgesamt 35 000 EUR (50 000 EUR). Gehen Sie davon aus, dass bisher keine latenten Steuern verbucht worden sind.

i) *Gewerbesteuer*
   Bei der Erstellung der *vorläufigen* Schlussbilanz für das Geschäftsjahr 2017 (ohne Berücksichtigung der voraussichtlichen Gewerbesteuerbelastung) im Februar 2018, ermittelt der Steuerberater unter Berücksichtigung der Geschäftsvorfälle a) bis h) einen Jahresüberschuss (= Steuerbilanzgewinn) i. H. v. 25 400 EUR. Der Gewerbesteuersatz beträgt 15 %. In 2017 wurden Gewerbesteuervorauszahlungen – die bereits verbucht wurden – i. H. v. 2 000 EUR geleistet.

(472) **Aufgabe 3** *Fragen zur Periodenabgrenzung* (15 *Punkte*)

   a) Welche der nachstehenden Aussagen sind *falsch*? Begründen Sie Ihre Antwort *kurz*!
   1. Werden nicht pagatorische »Geschäftsvorfälle« im externen Rechnungswesen dokumentiert, ist der Grundsatz der Übereinstimmung von Totalerfolg und Totalüberschuss durchbrochen.
   2. Durch die Ausübung von Bilanzierungswahlrechten kann der Totalerfolg beeinflusst werden.
   3. Rückstellungen dürfen u. a. nur dann gebildet werden, wenn die erwarteten Aufwendungen nicht zu Anschaffungskosten führen.
   4. Aktive latente Steuern entstehen u. a. dann, wenn die Schulden in der Handelsbilanz höher angesetzt werden als in der Steuerbilanz.
   5. Bestehen zwischen den handelsrechtlichen Wertansätzen von Vermögensgegenständen, Schulden und Rechnungsabgrenzungsposten und ihren steuerlichen Wertansätzen Differenzen, die sich in späteren Geschäftsjahren voraussichtlich abbauen, so *können* latente Steuern gebildet werden.

   b) Welche der nachstehenden Aussagen sind *falsch*? Begründen Sie Ihre Antwort *kurz*!
   1. Rückstellungen, Rechnungsabgrenzungsposten und latente Steuern dienen der periodengerechten Erfolgsermittlung.
   2. Aufgrund der Periodisierung von Zahlungen unterliegen Gewinne einer geringeren Schwankung als Zahlungsüberschüsse.

3. Für alle Differenzen zwischen Handelsbilanz und Steuerbilanz besteht ein Aktivierungswahlrecht für aktive latente Steuern und eine Passivierungspflicht für passive latente Steuern.
4. Soll der Gewinn der laufenden Periode möglichst hoch ausfallen, sind die Vermögensgegenstände so hoch wie möglich zu bewerten.
5. Wertbeeinflussende Informationen dürfen bei der Erstellung des Jahresabschlusses nicht berücksichtigt werden.

c) Welche der nachstehenden Aussagen sind *falsch*? Begründen Sie Ihre Antwort *kurz*!
 1. Im Fall einer antizipativen aktiven Rechnungsabgrenzung liegt die Einzahlung nach der Erfolgswirkung.
 2. Das Geldvermögen verändert sich bei der Bildung antizipativer Rechnungsabgrenzungen, aber nicht bei der Bildung transitorischer Rechnungsabgrenzungen.
 3. Die Dokumentation einer im Geschäftsjahr für uns fälligen Miete für unser Betriebsgebäude, die wir erst im nächsten Geschäftsjahr bezahlen, verändert die Kapitalstruktur.
 4. Buchungen zur Periodenabgrenzung sind niemals zahlungswirksam.
 5. Ist der Erfüllungsbetrag einer Verbindlichkeit höher als der Ausgabebetrag, so muss der Unterschiedsbetrag in den Rechnungsabgrenzungsposten auf der Aktivseite aufgenommen werden. Der Unterschiedsbetrag ist dann im Zeitablauf durch planmäßige jährliche Abschreibungen zu tilgen, die auf die gesamte Laufzeit der Verbindlichkeit verteilt werden können.

(473) **Aufgabe 4** *Kontrollfragen* (*10 Punkte*)
Beantworten Sie die nachstehenden Fragen *kurz*!
a) Was versteht man unter Schulden im ökonomischen Sinne?
b) Worin unterscheiden sich Rückstellungen und Verbindlichkeiten?
c) Wodurch unterscheiden sich Rückstellungen und passive latente Steuern?
d) Erläutern Sie jeweils anhand eines Beispiels
 1. permanente Differenzen zwischen Handelsbilanz- und Steuerbilanzgewinn,
 2. quasi permanente Differenzen zwischen Handelsbilanz- und Steuerbilanzgewinn.
e) Geben Sie ein Beispiel an für den Ansatz eines passiven Steuerabgrenzungspostens. Weshalb existieren nur wenige derartige Fälle?

ÜBUNGSKLAUSUR 9

K-9

Schwerpunkte der Klausur

Die Hauptabschlussübersicht sowie Gesellschaftsformen und deren Eigenkapital bilden den Schwerpunkt von Übungsklausur 9. Es wird geprüft, ob Sie die Vorgehensweise bei der Bildung der Hauptabschlussübersicht verstanden haben. Des Weiteren sollen Sie zeigen, dass Sie die wesentlichen Unterschiede zwischen Personen- und Kapitalgesellschaften kennen und die Gewinnverteilung bei alternativen Gesellschaftsformen berechnen und buchhalterisch erfassen können.

Bearbeitungshinweise

Die Bearbeitungszeit der Klausur beträgt 60 Minuten, dabei kann eine Gesamtpunktzahl von 60 Punkten erreicht werden. Eine zusätzliche Einarbeitungszeit wird nicht gewährt. Die Aufgabenstellung umfasst fünf Aufgaben. Es sind alle Aufgaben zu bearbeiten. Die Klausur ist mit Tinte oder Kugelschreiber zu bearbeiten. Mit Bleistift bearbeitete Klausuren werden nicht gewertet.

Hilfsmittel

Nichtprogrammierbarer Taschenrechner sowie Gesetzessammlung »Betriebliches Rechnungswesen«.

---

(474) **Aufgabe 1** *Gewinnverwendung bei der AG (Viel-Wenig)* (*10 Punkte*)
Die Aktiengesellschaften »A« bis »D« weisen zum 31. 12. 2017 (Bilanzstichtag) folgende (vereinfachte) Bilanzen aus (in TEUR):

Aktiva	»A-AG«	Passiva		Aktiva	»B-AG«	Passiva	
AV	150	GK	100	AV	250	GK	200
UV	100	KRL	6	UV	100	GRL	10
		GRL	2			JÜ	90
		JÜ	50			VV	−10
		FK	92			FK	60
Summe	250	Summe	250	Summe	350	Summe	350

Aktiva	»C-AG«	Passiva		Aktiva	»D-AG«	Passiva	
AV	175	GK	100	AV	175	GK	90
UV	50	KRL	10	UV	50	KRL	3
		GRL	5			GRL	2
		JÜ	50			ARL	50
		FK	60			JÜ	80
Summe	225	Summe	225	Summe	225	Summe	225

ARL	= Andere Gewinnrücklagen		GRL	= Gesetzliche Rücklagen
AV	= Anlagevermögen		GV	= Gewinnvortrag
EA	= Eigene Anteile		JÜ	= Jahresüberschuss
FK	= Fremdkapital		KRL	= Kapitalrücklage
GK	= Gezeichnetes Kapital		UV	= Umlaufvermögen

Gehen Sie bei der Lösung der folgenden Teilaufgaben davon aus, dass
- die aktuellen Vorschriften des deutschen Aktiengesetzes gelten,
- der Jahresabschluss gem. § 172 AktG durch die Verwaltung (= Vorstand und Aufsichtsrat) festgestellt wird,
- Kapitalherabsetzungen oder Einziehungen von Aktien (Verringerung des gezeichneten Kapitals) außer Betracht bleiben,
- keine Steuern zu zahlen sind,
- keine speziellen Satzungsbestimmungen für einzelne Bilanzpositionen (insbesondere für die KRL und die GRL) bestehen,
- die für »A« bis »D« aufgestellten Bilanzen den gesetzlichen Vorschriften entsprechen.

Wie hoch sind die für 2017 zu erwartenden Ausschüttungen bei den einzelnen Gesellschaftern, wenn alternativ folgende Interessenkonstellationen herrschen?

a) Die Verwaltung (Vorstand und Aufsichtsrat) *und* die Mehrheit der Aktionäre wollen möglichst »viel« ausschütten (ggf. langfristige Ausschüttungsmaximierung).

b) Die Verwaltung will möglichst »wenig«, die Mehrheit der Aktionäre will möglichst »viel« ausschütten.

HINWEIS: *Verwenden Sie zur Lösung dieser Aufgabe Lösungsvorlage LVK-9-1.*

(474) **Aufgabe 2** *Gewinnverteilung bei der OHG* (*10 Punkte*)

A ist zu 40%, B zu 60% an der AB-OHG beteiligt. Der Stand der Kapitalkonten betrug zu Beginn des Wirtschaftsjahres für A (B) 40 000 EUR (60 000 EUR). Der Jahresüberschuss beträgt 150 000 EUR. Im Gesellschaftervertrag ist vereinbart, dass A für seine Geschäftsführertätigkeit vorab 40 000 EUR erhält. Des Weiteren werden die Kapitalkonten zu Beginn des Wirtschaftsjahres mit 6% verzinst. Sofern die 6%-ige Verzinsung nicht möglich ist, wird der Rest nach Köpfen verteilt. Können die Kapitalkonten mit 6% verzinst werden, wird ein etwaiger Restbetrag im Verhältnis (A:B) 4:6 verteilt.

a) Ermitteln Sie den Stand der Kapitalkonten von A und B am Ende des Wirtschaftsjahres nach Verteilung des Jahresüberschusses, wenn A (B) Entnahmen während des Wirtschaftsjahres i. H. v. 5 000 EUR (15 000 EUR) getätigt haben.

b) Verbuchen Sie die Gewinnverteilung!

(475) **Aufgabe 3** *Erwerb eigener Anteile* (10 Punkte)
a) Nachstehend ist die Bilanz der X-AG dargestellt (Werte in TEUR):

Aktiva	»X-AG«		Passiva
	TEUR		TEUR
Anlagevermögen	200	Gezeichnetes Kapital	100
Umlaufvermögen	400	Kapitalrücklage	10
		Gewinnrücklagen	490
Summe Aktiva	600	Summe Passiva	600

Die X-AG möchte eigene Anteile im Wert von 150 TEUR zurückkaufen. Der Nennbetrag dieser Anteile beträgt 50 TEUR. Prüfen Sie, ob der Rückkauf aktienrechtlich möglich ist und verbuchen Sie den Rückkauf, sofern dies zulässig ist.

b) Was wäre, wenn die Bilanz der X-AG folgendes Bild hätte und die Daten des Rückkaufs ansonsten unverändert bleiben?

Aktiva	»X-AG«		Passiva
	TEUR		TEUR
Anlagevermögen	250	Gezeichnetes Kapital	500
Umlaufvermögen	350	Kapitalrücklage	10
		Gewinnrücklagen	90
Summe Aktiva	600	Summe Passiva	600

(475) **Aufgabe 4** *Hauptabschlussübersicht* (15 Punkte)
HINWEIS: *Verwenden Sie zur Lösung dieser Aufgabe Lösungsvorlage LVK-9-4.*

Verbuchen Sie die nachstehenden Sachverhalte und erstellen Sie die Hauptabschlussübersicht zum 31. 12. 2017 (Abrechnungsperiode 1. 1. 2017 – 31. 12. 2017) unter Berücksichtigung der durch folgende Sachverhalte eventuell ausgelösten Buchungen. Hinweise:

1. Zur Bildung der Buchungssätze sind ausschließlich die in der Hauptabschlussübersicht vorgegebenen Kontenbezeichnungen zu verwenden.
2. Alle Beträge sind in tausend Euro (TEUR) angegeben.
3. Der Umsatzsteuersatz beträgt 19 %.
4. Abschreibungen sollen immer möglichst früh durchgeführt werden.

Folgende Sachverhalte sind zu berücksichtigen:

a) Der Endbestand der Waren lt. Inventur beträgt 15 TEUR.
b) Der Abschluss der Umsatzsteuerkonten (Vorsteuer und Umsatzsteuer) soll nach der Zwei-Konten-Methode erfolgen.
c) Die Miete für unsere Geschäftsräume für das 2. Halbjahr 2017 i. H. v. 20 TEUR bezahlen wir erst im nächsten Jahr.

ÜBUNGSKLAUSUR-9

K-9

Konten	Summen		Salden I		Umbuchungen		Salden II		Schlussbilanz		GuV	
Grundstücke	200		200									
Wareneinkauf	130	30	100									
Ford. aus L. u. L.	110	20	90									
Bank	155	12	143									
Eigenkapital		287		287								
Privat	15	4	11									
Rückstellungen		40		40								
Verb. aus L. u. L.	45	60		15								
Sonstige Verb.												
Vorsteuer	33		33									
Umsatzsteuer		75		75								
Warenverkauf		350		350								
Wareneinsatz												
Personalaufwand	91		91									
SV-Aufwand	43		43									
Mietaufwand	36		36									
Abschreibungen	20		20									
Summen	878	878	767	767								

(477) **Aufgabe 5** *Kontrollfragen* (*15 Punkte*)
Beantworten Sie die nachstehenden Fragen *kurz*!

a) Nennen Sie drei denkbare Maßgrößen der Gewinnverteilung in Personengesellschaften!
b) Wie ist jeweils die gesetzliche Gewinnverteilung bei der OHG aus Ihrer Sicht zu beurteilen, wenn
   1. der aktuelle Zinssatz am Kapitalmarkt 10% beträgt?
   2. der Arbeitseinsatz der Gesellschafter unterschiedlich war?
   3. ein Gesellschafter über ein hohes Privatvermögen außerhalb der Gesellschaft verfügt?
   4. ein Gesellschafter kurz vor Schluss des Geschäftsjahres eine hohe Einlage auf sein Kapitalkonto getätigt hat?
c) Erläutern Sie die wesentlichen Unterschiede zwischen Personen- und Kapitalgesellschaften!
d) Erläutern Sie die Pufferfunktion des Eigenkapitals als Gläubigerschutzfunktion!
e) Was versteht man unter der Ausschüttungsbemessungsfunktion des Jahresüberschusses?

Quelle: Schanz, Sebastian/Koschmieder, Simon (2014): Humoristische Zeichnungen zum Betrieblichen Rechnungswesen, Selbstverlag, Bayreuth, ISBN 978-3-00-047631-0, Seite 24.

ÜBUNGSKLAUSUR 10

Schwerpunkte der Klausur

Bei der vorliegenden Klausur handelt es sich um eine Klausur im Antwort-Wahl-Verfahren (Multiple-Choice-Klausur). Im ersten Teil muss dazu bei vorgegebenem Geschäftsvorfall der korrekte Buchungssatz identifiziert werden. Teil 2 prüft, ob Sie die Auswirkungen vorgegebener Geschäftsvorfälle auf die Vermögensebenen (Zahlungsmittel, Geldvermögen und Reinvermögen) korrekt beurteilen können bzw. die Folgen für den Jahresabschluss richtig einschätzen können. Teil 3 befasst sich mit Bewertungsvereinfachungsverfahren.

Bearbeitungshinweise

Die Bearbeitungszeit der Klausur beträgt 60 Minuten, dabei kann eine Gesamtpunktzahl von 60 Punkten erreicht werden. Die Aufgabenstellung umfasst 3 Aufgaben. Es sind alle Aufgaben zu bearbeiten. Bei sämtlichen Aufgaben können EINE ODER MEHRERE Antwort(en) richtig sein. Markieren Sie die richtige(n) Antwort(en) in Ihrem Antwortbogen (Lösungsvorlage LVK-10). Sie erhalten bei einer Teilaufgabe für jede richtige Lösung Punkte. Haben Sie keine Antwort oder (eine) falsche Antwort(en) angekreuzt, erhalten Sie auf die gesamte Teilaufgabe keine Punkte. Es sind alle Aufgaben zu bearbeiten. Es werden ausschließlich Lösungen auf dem Antwortbogen gewertet. Der Antwortbogen ist mit Tinte oder Kugelschreiber auszufüllen; mit Bleistift bearbeitete Antwortbögen werden nicht gewertet.

Hilfsmittel

Nichtprogrammierbarer Taschenrechner, Gesetzessammlung »Betriebliches Rechnungswesen«.

Die e. Kfr. Emma Emmerson (EE) betreibt in Hohendodeleben einen Tante-Emma-Laden in Form einer Einzelunternehmung. EE ist Kaufmann i. S. d. § 1 Abs. 1 HGB und als solche zum Führen von Büchern nach HGB verpflichtet. Die Ausnahmeregelung des § 241a HGB kommt nicht zur Anwendung.

Die nachstehenden Geschäftsvorfälle betreffen das Einzelunternehmen der EE. Geschäftsjahr ist das Kalenderjahr. Der Umsatzsteuersatz beträgt 19%. EE ist vorsteuerabzugsberechtigt.

Bilanzierungswahlrechte möchte EE so ausüben, dass in dem Geschäftsjahr, in dem die Anwendung eines Wahlrechts infrage kommt, das Wahlrecht dermaßen ausgeübt wird, dass ein möglichst hoher Gewinn ausgewiesen werden kann.

(479) **Aufgabe 1** *Verbuchung von Geschäftsvorfällen* (*28 Punkte*)
Wie lauten für die folgenden Geschäftsvorfälle von EE die richtigen Buchungssätze in 2017?

1. *Lieferwagen*
   Ein Lieferwagen, der am 1.1.2014 für 35 700 EUR inkl. USt angeschafft wurde, hatte zum Zeitpunkt der Anschaffung eine Nutzungsdauer von 10 Jahren und wurde *linear* und *indirekt* abgeschrieben. EE verkauft das Fahrzeug am 1.1.2017 an D. Duck (DD). Die Abschreibung ist annahmegemäß insgesamt korrekt über 3 volle Jahre erfolgt. Der Verkaufspreis beträgt 24 100 EUR zzgl. USt. DD überweist noch am selben Tag 19 100 EUR per Bank, für den Restbetrag übernimmt er eine Verbindlichkeit von EE.

[B-5]   a) *Bank* 19 100 EUR
        Verbindlichkeiten 5 529 EUR
            an   *Fuhrpark* 21 000 EUR
                 Umsatzsteuer 3 629 EUR

[B-6]   b) *Wertberichtigung auf Anlagevermögen* 10 710 EUR
            an   *Fuhrpark* 10 710 EUR

[B-7]   c) *Bank* 19 100 EUR
        Verbindlichkeiten 9 579 EUR
            an   *Fuhrpark* 21 000 EUR
                 Umsatzsteuer 4 579 EUR
                 sonstige betriebliche Erträge 3 100 EUR

[B-8]   d) *Wertberichtigung auf Anlagevermögen* 9 000 EUR
            an   *Fuhrpark* 9 000 EUR

2. *Waren*
   EE hatte im Dezember 2016 Waren im Wert von 2 000 EUR zzgl. USt bestellt. Die Waren werden am 5.1.2017 geliefert. Am 10.1.2017 wird festgestellt, dass ein Teil der Waren (40%) unbrauchbar ist. Die Rücksendung führt zu einer Gutschriftanzeige. Am 1.2.2017 werden die nicht zurückgesendeten Waren per Banküberweisung bezahlt. Am 2.3.2017 werden die am 5.1.2017 gelieferten und nicht zurückgesendeten Waren für 1 900 EUR zzgl. USt gegen bar veräußert.

[B-9]   a) *Wareneinkauf* 2 000 EUR
        Vorsteuer 380 EUR
            an   *Verbindlichkeiten aus L.u.L.* 2 380 EUR

[B-10] b) *Verbindlichkeiten aus L.u.L.* 952 EUR
            an   *Wareneinkauf* 952 EUR

[B-11] c) *Verbindlichkeiten aus L.u.L.* 2 380 EUR
            an   *Bank* 2 380 EUR

	d) *Kasse*		2 261 EUR	
	an	*Warenverkauf*		1 900 EUR
		Umsatzsteuer		361 EUR

3. **Pkw**

Für Einkäufe beim Großhändler erwirbt EE am 2. 4. 2017 einen gebrauchten Pkw zu einem Kaufpreis von 10 000 EUR zzgl. USt auf Ziel. Die Anschaffungsnebenkosten (Lieferkosten) betragen 1 000 EUR zzgl. USt. Der Pkw wird noch am selben Tag geliefert. Das Zahlungsziel für den Kaufpreis und die Anschaffungsnebenkosten liegt erst in 2018. Der Pkw hat eine Restnutzungsdauer von 4 Jahren. Die planmäßige Abschreibung erfolgt geometrisch-degressiv (direkt) mit einem Abschreibungssatz von 20 %.

	a) *planmäßige Abschreibung*		2 750 EUR	
	an	*Fuhrpark*		2 750 EUR

	b) *Fuhrpark*		11 000 EUR	
	Vorsteuer		2 090 EUR	
	an	*Verbindlichkeiten aus L. u. L.*		13 090 EUR

	c) *planmäßige Abschreibung*		1 650 EUR	
	an	*Fuhrpark*		1 650 EUR

	d) *Verbindlichkeiten aus L. u. L.*		13 090 EUR	
	an	*Bank*		13 090 EUR

4. **Tilgungsdarlehen**

EE hatte zur Finanzierung der Ladeneinrichtung am 1. 5. 2016 ein Tilgungsdarlehen in Höhe von 15 000 EUR mit einer Laufzeit von 5 Jahren aufgenommen, welches zu 98,5 % auf das Bankkonto ausbezahlt wurde. Der Zinssatz beträgt 4 % p. a. Die Zins- und Tilgungszahlungen erfolgen jeweils am 30. 4. eines jeden Jahres per Banküberweisung. Sofern ein Disagio aktiviert wird, wird dieses digital abgeschrieben.

	a) *Zinsaufwand*		600 EUR	
	an	*Bank*		600 EUR

	b) *Zinsaufwand*		400 EUR	
	an	*ARAP (Disagio)*		400 EUR

	c) *Zinsaufwand*		65 EUR	
	an	*ARAP (Disagio)*		65 EUR

	d) *Zinsaufwand*		200 EUR	
	sonstige Verbindlichkeiten		400 EUR	
	an	*Bank*		600 EUR

5. *Verkaufstheke*
Die im Dezember 2016 bestellte Verkaufstheke wird aufgrund von Lieferengpässen erst am 11. 2. 2017 geliefert und noch am selben Tag per Banküberweisung bezahlt. Der Preis beträgt 12 000 EUR zzgl. USt. Die Theke hat eine betriebsgewöhnliche Nutzungsdauer von 10 Jahren. Die planmäßige Abschreibung erfolgt linear und direkt. Aufgrund von marktüblichen Preisschwankungen beträgt der Verkehrswert einer baugleichen Theke am 31. 12. 2017 nur noch 10 000 EUR.

[B-21] a) planmäßige Abschreibung 1 100 EUR
   an Anlagevermögen 1 100 EUR

[B-22] b) außerplanmäßige Abschreibung 900 EUR
   an Anlagevermögen 900 EUR

[B-23] c) Umlaufvermögen 12 000 EUR
   Vorsteuer 2 280 EUR
   an Bank 14 280 EUR

[B-24] d) planmäßige Abschreibung 1 200 EUR
   an Anlagevermögen 1 200 EUR

6. *Privatentnahme*
Am 11. 5. 2017 entnimmt EE für ihre Privatparty 10 kg tiefgekühlte Bio-Flugenten aus ihrem Laden. EE hatte die Enten am 15. 3. 2017 zu 10 EUR je kg zzgl. USt in bar eingekauft. Aufgrund eines Geflügelskandals liegt der Verkehrswert der Enten am 11. 5. 2017 bei 5 EUR je kg zzgl. USt.

[B-25] a) Privat 178,50 EUR
   an Eigenverbrauch von Waren 100,00 EUR
     Umsatzsteuer 28,50 EUR
     sonstige betriebliche Erträge 50,00 EUR

[B-26] b) Wareneinkauf 100 EUR
   Vorsteuer 19 EUR
   an Kasse 119 EUR

[B-27] c) Privat 109,50 EUR
   an Eigenverbrauch von Waren 100,00 EUR
     Umsatzsteuer 9,50 EUR

[B-28] d) Privat 59,50 EUR
   an Eigenverbrauch von Waren 50,00 EUR
     Umsatzsteuer 9,50 EUR

7. *Steuern*
Am 31. 12. 2017 wird die Einkommensteuer inkl. Solidaritätszuschlag in Höhe von 9 495 EUR, die Gewerbesteuer in Höhe von 4 500 EUR und die Kfz-Steuer für den von EE ausschließlich privat genutzten Geländewagen in Höhe von 200 EUR vom betrieblichen Bankkonto abgebucht. Identifizieren Sie die Buchungssätze, die im Fall zusammengefasster Beträge und korrekter Kontenbezeichnung richtig sind!

-29] a) *Privat*   9 695 EUR
           an   *Bank*   9 695 EUR

-30] b) *Bank*   9 495 EUR
           an   *Privatkonto*   9 495 EUR

-31] c) *Steueraufwand*   4 500 EUR
           an   *Bank*   4 500 EUR

-32] d) *Steueraufwand*   4 700 EUR
           an   *Bank*   4 700 EUR

(483) **Aufgabe 2** *Vermögensebenen und Auswirkungen im Jahresabschluss* (26 Punkte)
Wählen Sie für die folgenden Geschäftsvorfälle, die zutreffende(n) Aussage(n) aus Sicht von EE für das Geschäftsjahr 2017 aus. Bei Aussagen betreffend Veränderungen bei Vermögensebenen ist die saldierte Betrachtung anzunehmen.

8. *Prozesskosten*
   Ein Kunde hatte sich im Jahr 2016 einen Arm gebrochen, nachdem er an einem Nagel im Verkaufsraum von EE hängen geblieben und daraufhin gestolpert war. EE wurde in 2016 verklagt und hatte für die voraussichtlich anfallenden Prozesskosten eine Rückstellung in Höhe von 3 500 EUR gebildet. EE verliert den Gerichtsprozess am 13. 12. 2017 und erhält am 15. 12. 2017 eine Rechnung über Prozesskosten von insgesamt 3 000 EUR zzgl. USt mit dem Zahlungsziel 20. 1. 2018. EE zahlt am 13. 1. 2018 per Banküberweisung.

   a) Ausgabe und Ertrag.
   b) Das Anlagevermögen ändert sich.
   c) Auszahlung.
   d) Es muss eine Verbindlichkeit passiviert werden.

9. *Waren*
   EE kauft am 2. 1. 2017 Bohnen in Konservendosen im Wert von 200 EUR zzgl. USt. Die Bezahlung erfolgt zu 20 % in bar und zu 80 % auf Ziel. Die Konservendosen sind am 31. 12. 2017 noch auf Lager. Die Verbindlichkeit aus L. u. L. wird erst in 2018 beglichen.

   a) Einzahlung und Einnahme.
   b) Das Geldvermögen steigt.
   c) Auszahlung und Ausgabe.
   d) Es muss eine Verbindlichkeit passiviert werden, die höher als der Anschaffungspreis ist.

10. *Weinflaschen*
    EE hatte im September 2016 20 Flaschen Wein für je 20 EUR zzgl. USt per Banküberweisung gekauft. Am 31. 12. 2016 hatte EE bereits 15 Flaschen veräußert und konnte die verbleibenden Weinflaschen aufgrund

von Preisschwankungen nur noch mit einem Wert in Höhe von insgesamt 20 EUR bilanzieren. Im Jahr 2017 werden keine Weinflaschen veräußert. Am 31.12.2017 beträgt der Verkehrswert 15 EUR je Flasche.

a) Die Weinflaschen wurden in 2016 planmäßig abgeschrieben.
b) Ertrag verbunden mit Abgang auf aktivem Bestandskonto in 2017.
c) In 2017 muss eine Wertaufholung i. H. v. 75 EUR verbucht werden.
d) Das Umlaufvermögen erhöht sich in 2017.

11. *Dachschaden*

Aufgrund eines schweren Sturms wird das Dach des Lagerraums von EE im November 2017 beschädigt. EE schätzt die Reparaturkosten auf 2 500 EUR zzgl. USt. Aufgrund der Witterung kann das Dach erst im Januar des Jahres 2018 repariert werden. Die Reparaturarbeiten werden am 2.2.2018 abgeschlossen.

a) Es ist in 2017 keine Buchung erforderlich.
b) Aufwand verbunden mit Zugang auf passivem Bestandskonto.
c) Es muss eine antizipative »Rechnungsabgrenzung« gebildet werden.
d) In 2017 muss Vorsteuer in Höhe von 475 EUR aktiviert werden.

12. *Miete und Versicherungen*

EE zahlt die Versicherungen für den Laden für Dezember 2017 in Höhe von 30 EUR erst am 5.1.2018. Die Miete in Höhe von 1 000 EUR für den Monat Januar in 2018 wird jedoch bereits am 21.12.2017 durch EE per Banküberweisung beglichen.

a) Für die Miete muss ein aktiver transitorischer Rechnungsabgrenzungsposten gebildet werden.
b) Bei beiden Geschäftsvorfällen wird kein Aktivkonto angesprochen.
c) Für den Versicherungsbeitrag muss eine passive antizipative »Rechnungsabgrenzung« gebildet werden.
d) Das Reinvermögen in 2017 verringert sich um 1 000 EUR.

13. *Großraumkühlschrank*

Der Großraumkühlschrank, welcher von EE am 1.1.2016 zu einem Preis von 4 165 EUR inkl. USt erworben und noch am selben Tag geliefert wurde, hatte zu diesem Zeitpunkt eine betriebsgewöhnliche Nutzungsdauer von 4 Jahren. Der angestrebte Restbuchwert am Ende des 4. Jahres beträgt 900 EUR. Die planmäßige Abschreibung erfolgt geometrisch-degressiv und direkt.

a) Der Abschreibungssatz beträgt 28,79 % (kaufmännisch auf 2 Nachkommastellen gerundet).
b) Aufwand verbunden mit Abgang auf aktivem Bestandskonto.
c) Im Jahr 2017 beträgt die Abschreibung 650 EUR.
d) Das Geldvermögen verändert sich.

14. *Bonus*

Am 1.12.2017 kauft EE 200 Flaschen Sekt zu je 5 EUR zzgl. USt bei dem Lieferanten Schluck-Schnell (SCH) auf Ziel. Am 15.12.2017 erhält EE die Nachricht von SCH, dass damit das Umsatzziel für 2017 in Höhe von 20 000 EUR zzgl. USt genau erreicht wurde. SCH gewährt einen Bonus in Höhe von 3% auf das Umsatzziel, welcher mit obiger Verbindlichkeit verrechnet wird. Der Sekt wird erst im Jahr 2018 bezahlt und befindet sich am 31.12.2017 noch im Lager.

a) Die in 2018 an SCH zu zahlende Verbindlichkeit L. u. L. beträgt 590 EUR.
b) Die Vorsteuer muss um 114 EUR korrigiert werden.
c) Es liegt eine Auszahlung, eine Ausgabe und ein Aufwand vor.
d) Das Geldvermögen verringert sich durch den Bonus.

15. *Barentnahme*

Am 30.12.2017 entnimmt EE 5 000 EUR für private Zwecke aus der betrieblichen Kasse.

a) Die Vorsteuer muss korrigiert werden.
b) Die Bilanzsumme verringert sich.
c) Die Entnahme ist erfolgswirksam.
d) Das Umlaufvermögen bleibt unverändert.

Aufgabe 3 *Bewertungsvereinfachungsverfahren* (*6 Punkte*)

16. Eine Spezialität von EE ist der Handel mit erlesenen Olivenölen. Im Lagerbestand der Olivenölflaschen der Marke Natura-Pura haben sich im Geschäftsjahr 2017 folgende Bewegungen ereignet:

	Datum	Flaschen	EUR/Flasche
Anfangsbestand	1.1.2017	10	6
Zugang	Januar	5	8
Abgang	Februar	12	
Zugang	April	20	4
Abgang	Juli	13	
Zugang	September	5	5

Der Endbestand am 31.12.2017 beträgt 15 Flaschen; der Marktpreis am Bilanzstichtag 4,50 EUR/Flasche (netto). Welche der folgenden Aussagen sind zutreffend?
Bei Anwendung des permanenten fifo-Verfahrens ...

a) beträgt der Wert des Verbrauchs 140 EUR.
b) ist der fiktive Wert des Endbestands höher als nach dem periodischen Durchschnittsverfahren.
c) entstehen keine stille Reserven.
d) muss der Endbestand in der Schlussbilanz mit 65 EUR bewertet werden.

ÜBUNGSKLAUSUR 11

Schwerpunkte der Klausur

Bei der vorliegenden Klausur handelt es sich um eine Klausur im Antwort-Wahl-Verfahren (Multiple-Choice-Klausur). Die einzelnen Aufgaben behandeln für sich jeweils ein abgegrenztes Thema. Die in den Aufgaben enthaltenen Themen decken den gesamten Stoff der Grundlagen der Buchführung und des Jahresabschlusses ab.

Bearbeitungshinweise

Die Bearbeitungszeit der Klausur beträgt 60 Minuten, dabei kann eine Gesamtpunktzahl von 60 Punkten erreicht werden. Die Aufgabenstellung umfasst 18 Aufgaben. Bei sämtlichen Aufgaben können EINE ODER MEHRERE Antwort(en) richtig sein. Markieren Sie die richtige(n) Antwort(en) in Ihrem Antwortbogen (Lösungsvorlage LVK-11). Haben Sie keine Antwort oder (eine) falsche Antwort(en) angekreuzt, erhalten Sie auf die gesamte Aufgabe keine Punkte. Es sind alle Aufgaben zu bearbeiten. Es werden ausschließlich Lösungen auf dem Antwortbogen gewertet. Der Antwortbogen ist mit Tinte oder Kugelschreiber auszufüllen; mit Bleistift bearbeitete Antwortbögen werden nicht gewertet. Sofern nichts anderes bestimmt ist, beträgt der Umsatzsteuersatz 19%. Die betreffenden Unternehmen sind jeweils vorsteuerabzugsberechtigt.

Hilfsmittel

Nichtprogrammierbarer Taschenrechner, Gesetzessammlung »Betriebliches Rechnungswesen«.

---

(488) **Aufgabe 1** *Vermögensebenen* (3 Punkte)
Beurteilen Sie bezüglich des Geschäftsvorfalls *»Einkauf von Waren auf Ziel«*, welche der nachfolgenden Aussagen korrekt ist (sind)!

a) Ausgabe, jedoch kein Aufwand.
b) Das Reinvermögen bleibt unverändert.
c) Das Geldvermögen nimmt ab.
d) Auszahlung, Ausgabe und Aufwand liegen gleichzeitig vor.

(488) **Aufgabe 2** *Vermögensebenen* (3 Punkte)
Der Autohändler Ludwig Lustig (LL) verkauft einen Lieferwagen (Buchwert > 0 EUR) aus seinem Handelsbestand an Max Mayher (MM) auf Ziel. MM leistet eine Baranzahlung von 10% des Bruttokaufpreises. Welche Aussage(n) ist (sind) zutreffend?

a) Bei LL nehmen zum Zeitpunkt der Lieferung Geldvermögen und Reinvermögen um den gesamten Rechnungsbetrag zu.

b) LL verbucht zum Zeitpunkt der Anzahlung eine Einzahlung, die mit der Zunahme passiver Bestandskonten einhergeht.
c) Nach erfolgter Lieferung besteht für MM noch eine Verbindlichkeit in Höhe des Kaufpreises.
d) Mit der Lieferung des Lieferwagens entsteht für MM ein Aufwand.

(489) **Aufgabe 3** *Kontensystematik* (3 Punkte)
Welche Aussage(n) ist (sind) zutreffend?

a) Der Anfangsbestand bei aktiven Bestandskonten steht im Soll.
b) Zugänge bei passiven Bestandskonten und Abgänge bei aktiven Bestandskonten stehen jeweils im Haben.
c) Ein Sollsaldo steht im Haben.
d) Der Endbestand bei passiven Bestandskonten steht im Soll.

(489) **Aufgabe 4** *Typen von Geschäftsvorfällen* (3 Punkte)
Die e. Kfr. Petra Silie tilgt einen Teil des Darlehens per Banküberweisung, das sie bei einer berüchtigten Großbank aufgenommen hatte. Welche Aussage(n) ist (sind) zutreffend?

a) Es handelt sich um einen Passivtausch, der erfolgsneutral ist.
b) Es handelt sich um einen erfolgswirksamen Aktivtausch.
c) Die Bilanzsumme sinkt aufgrund einer erfolgswirksamen Aktiv-Passiv-Minderung.
d) Der Geschäftsvorfall ist erfolgsneutral.

(489) **Aufgabe 5** *Ermittlung des Periodenerfolgs* (3 Punkte)
Welche der folgenden Aussagen ist (sind) zutreffend?

a) Der Gewinn steht im Soll des GuV-Kontos.
b) Der Gewinn steht auf der Seite des GuV-Kontos, auf der die Erträge verbucht werden.
c) Der Gewinn kann mittels Bilanz als »Saldo« der Endbestände der Bestandskonten (ohne Berücksichtigung des Saldos der GuV) ermittelt werden. Allerdings ist dieser »Saldo« durch Entnahmen und Einlagen zu korrigieren.
d) Das Reinvermögen kann sich durch erfolgswirksame und erfolgsunwirksame Geschäftsvorfälle ändern.

(490) **Aufgabe 6** *Buchungssatz* (3 Punkte)
Die e. Kfr. Elfriede Klein (E) veräußert Hardware (Betriebs- und Geschäftsausstattung) zum Preis von 13 200 EUR (netto) auf Ziel. Der Buchwert zum Zeitpunkt der Veräußerung beträgt 10 000 EUR. Welche Aussage(n) ist (sind) zutreffend?

[B-33] a) Bank   13 200 EUR
             an   Betriebs- und Geschäftsausstattung   10 000 EUR
                   sonstige betriebliche Erträge   3 200 EUR

[B-34] b) Bank   15 708 EUR
             an   Betriebs- und Geschäftsausstattung   10 000 EUR
                   sonstige betriebliche Erträge   3 200 EUR
                   Umsatzsteuer   2 508 EUR

[B-35] c) Forderungen aus L. u. L.   15 708 EUR
             an   Betriebs- und Geschäftsausstattung   10 000 EUR
                   sonstige betriebliche Erträge   3 200 EUR
                   Umsatzsteuer   2 508 EUR

[B-36] d) Forderungen aus L. u. L.   13 200 EUR
             an   Betriebs- und Geschäftsausstattung   10 000 EUR
                   sonstige betriebliche Erträge   3 200 EUR
                   Umsatzsteuer   2 508 EUR

(490) **Aufgabe 7** *Deutung von Geschäftsvorfällen*   (3 Punkte)
Welche Aussage(n) bezüglich des Buchungssatzes

[B-37] Privat   5 950 EUR
             an   Fuhrpark   2 000 EUR
                   sonstige betriebliche Erträge   3 000 EUR
                   Umsatzsteuer   950 EUR

ist (sind) zutreffend?

a) Da ein Privatkonto angesprochen wird, kann es sich bei dem Unternehmen nicht um eine Kapitalgesellschaft handeln.
b) Es liegt eine Privatentnahme vor, wobei der Marktwert den Buchwert übersteigt.
c) Es liegt eine Privateinlage vor.
d) Das Eigenkapital erhöht sich.

(490) **Aufgabe 8** *Warenkonto*   (4 Punkte)
Die e. Kfr. M. Ehrweg (M) handelt mit Leergut. Am 1. 1. 2017 betrug der Warenanfangsbestand an leeren Flaschen 10 000 Stück à 0,10 EUR/Flasche. Der Warenzukauf per Banküberweisung in 2017 betrug 15 000 Stück zu 0,08 EUR/Flasche. M veräußerte in 2017 20 000 Flaschen zu 0,15 EUR/Flasche. Der Endbestand lt. Inventur beträgt 5 000 Flaschen und wird nach der periodischen lifo-Methode bewertet. Welche Aussage(n) ist (sind) zutreffend?

a) Behandelt M ihren Warenverkehr in Form eines gemischten Warenkontos, beträgt der Warenrohgewinn 1 300 EUR.

b) Zum Abschluss des gemischten Warenkontos von M ist lediglich der Buchungssatz

Warenkonto (Warenrohgewinn)		1 300 EUR
an GuV		1 300 EUR

erforderlich.

c) Würde M ihren Warenverkehr in Form eines getrennten Warenkontos behandeln, müsste bei Anwendung der Bruttomethode des Warenkontenabschlusses der Aufwand aus dem Wareneinkaufskonto direkt auf das GuV-Konto gebucht werden.

d) Bei Anwendung der Nettomethode im Rahmen eines getrennten Warenkontos, muss M einen Habensaldo i. H. v. 800 EUR aus dem Konto »Warenverkauf« an das GuV-Konto buchen.

Aufgabe 9 *Umsatzsteuer und Skonto* (4 Punkte)

Der e. Kfm. F. Alschgeld (F) verkauft am 3.1.2017 seinen Farblaserdrucker (Buchwert = 12 000 EUR) an den e. Kfm. N. Ote (N) für 15 000 EUR (netto) auf Ziel. Der Umsatzsteuersatz beträgt 19 %. N ist vorsteuerabzugsberechtigt. F gewährt 3 % Skonto, wenn der Rechnungsbetrag innerhalb von 2 Wochen per Banküberweisung beglichen wird. N bezahlt am 5.1.2017 per Banküberweisung. Weitere Umsätze werden von F in 2017 nicht erzielt. F ermittelt seine Umsatzsteuerzahllast nach der Drei-Konten-Methode und verbucht Skonti nach der Nettomethode. Welche Aussage(n) aus Sicht des F ist (sind) zutreffend?

a) Bank   14 550,00 EUR
     an   Forderungen aus L. u. L.   12 226,89 EUR
           Umsatzsteuer   2 323,11 EUR

b) Forderungen aus L. u. L.   17 314,50 EUR
     an   Betriebs- und Geschäftsausstattung   14 550,00 EUR
           Umsatzsteuer   2 764,50 EUR

c) Umsatzsteuer-Verrechnung   2 764,50 EUR
     an   Umsatzsteuer   2 764,50 EUR

d) Bank   17 314,50 EUR
    Skontoertrag   450,00 EUR
    Umsatzsteuer   85,50 EUR
     an   Forderungen aus L. u. L.   17 850,00 EUR

Aufgabe 10 *Lohn und Gehalt* (4 Punkte)

P. Etronas (P) ist ein hochbezahlter Arbeitnehmer (AN) eines Mineralölkonzerns mit Zweigniederlassung in Magdeburg. P ist ledig, hat keine Kinder und ist gesetzlich krankenversichert. Sein Jahresbrutto in 2017 beträgt 70 000 EUR.

Die Beitragssätze für Arbeitnehmer zur Sozialversicherung (SV) in 2017 lauten: RV = 9,8 %; ALV = 1,5 %; KV = 8,2 % und PV = 0,975 % zzgl. 0,25 % für Kinderlose. Die Beitragsbemessungsgrenze für die RV und die ALV betrage jeweils 57 600 EUR bzw. für die KV und PV jeweils 45 900 EUR. Der Arbeitgeberbeitrag zur SV in 2017 beträgt insgesamt 10 307,03 EUR. Die nachstehenden Werte sind kaufmännisch auf zwei Stellen nach dem Komma gerundet. Welche Aussage(n) ist (sind) zutreffend?

a) Der Arbeitnehmer-Beitrag zur RV beträgt monatlich 470,40 EUR.
b) Der Arbeitgeber-Beitrag zur PV beträgt monatlich 58,80 EUR.
c) Für den Monat Dezember 2017 beträgt der Arbeitnehmer-Anteil zur Sozialversicherung zwischen 890 EUR und 910 EUR.
d) Die SV-Beiträge für Februar 2017 betragen insgesamt (Arbeitgeber- und Arbeitnehmeranteil) zwischen 1 750 EUR und 1 770 EUR.

(492) **Aufgabe 11** *Anschaffungskosten* (3 Punkte)

Der e. Kfm. Axel Schweiß (A) erwirbt mit Übergang von Besitz, Nutzen und Lasten zum 1. 8. 2017 ein Gebäude für 95 000 EUR (Kaufpreis), das von ihm sofort betrieblich genutzt wird. Vom Kaufpreis entfallen 20 % auf den Grund und Boden. Die Notargebühren betragen 1 500 EUR (netto). Die Grunderwerbsteuer beträgt 3,5 % des Kaufpreises. Einem Gutachter, der das Objekt begutachtete, zahlte A 2 500 EUR (netto). Die Maklergebühren betragen 2,38 % (brutto) des Kaufpreises. Den *Kaufpreis* muss A voll durch ein Darlehen, das mit Übergang von Besitz, Nutzen und Lasten ausbezahlt wird, fremdfinanzieren und hat dafür in 2017 Zinsen i. H. v. 2 500 EUR bezahlt. Die betriebsgewöhnliche Nutzungsdauer des Gebäudes beträgt 20 Jahre. Es wird linear abgeschrieben. A ist vorsteuerabzugsberechtigt. Geschäftsjahr ist das Kalenderjahr. Welche Aussage(n) ist (sind) zutreffend?

a) Die Anschaffungskosten des Grund und Bodens betragen 20 845 EUR.
b) Die Anschaffungskosten des Gebäudes betragen 86 546,40 EUR.
c) Die Abschreibung des Gebäudes in 2017 beträgt 4 169 EUR.
d) Die Umsatzsteuer gehört hier nicht zu den Anschaffungskosten.

(493) **Aufgabe 12** *Rechnungsabgrenzung* (3 Punkte)

Die Konditionen für das Darlehen aus Aufgabe 11 betragen: Tilgungsdarlehen über 2 Jahre, Disagio = 5 %, Zinssatz p. a. 10 %, Zins- und Tilgung sind vierteljährlich (insgesamt 8 gleich hohe Tilgungsbeträge) zum 1. 11., 1. 2., 1. 5. und 1. 8. (beginnend mit dem 1. 11. 2017) zu entrichten (dem A auch immer pünktlich per Banküberweisung nachkommt). Welche nachstehenden Aussage(n) ist (sind) korrekt?

a) Um den Kaufpreis (nicht die Anschaffungskosten) des Gebäudes finanzieren zu können, muss A einen Kredit über 100 000 EUR aufnehmen.
b) A kann wählen, ob er das Disagio aktiviert oder nicht.

c) Wenn A in 2017 einen hohen Gewinn wünscht, kann er in 2017 eine antizipative aktive Rechnungsabgrenzung bilden.
d) Die *sonstigen* Verbindlichkeiten aus dem Darlehen betragen am Bilanzstichtag (31.12.2017) auf eine ganze Zahl abgerundet 1 458 EUR.

Aufgabe 13 *Abschreibungen* (3 Punkte)

Die e. Kfr. R. Echner (R) hat sich mit Übergang von Besitz, Nutzen und Lasten zum 28.7.2017 einen neuen Pkw für 45 000 EUR zzgl. Umsatzsteuer auf Ziel gekauft. Der Pkw hat eine betriebsgewöhnliche Nutzungsdauer von 5 Jahren und wird in der Handelsbilanz der R arithmetisch-degressiv (digital) abgeschrieben. Bei der Überführung des Pkws entstanden zusätzliche Kosten auf Ziel i. H. v. 3 570 EUR inkl. Umsatzsteuer. Geschäftsjahr ist das Kalenderjahr. Welche Aussage(n) ist (sind), das Geschäftsjahr 2017 betreffend, zutreffend?

a) Fuhrpark   45 000 EUR
   sonstiger betrieblicher Aufwand   3 000 EUR
   Vorsteuer   9 120 EUR
       an   Verbindlichkeiten aus L. u. L.   57 120 EUR

b) Abschreibungen   8 000 EUR
       an   Fuhrpark   8 000 EUR

c) Abschreibungen   7 500 EUR
       an   Fuhrpark   7 000 EUR

d) Abschreibungen   6 250 EUR
       an   Fuhrpark   6 250 EUR

Aufgabe 14 *Einzelwertberichtigungen auf Forderungen* (4 Punkte)

Der e. Kfm. C. Laims (C) hat zum 31.12.2017 einen Forderungsbestand i. H. v. 64 310 EUR (brutto). Darin enthalten sind umsatzsteuerfreie Forderungen i. H. v. 6 000 EUR. Die Forderung ggü. D i. H. v. 5 950 EUR (brutto) fällt wahrscheinlich zu 50 % aus. Beim Kunden I wurde, im Gegensatz zu D, in 2017 das Insolvenzverfahren eröffnet. Die Forderung ggü. I beträgt 4 000 EUR (netto). Der Insolvenzverwalter rechnet mit einer Quote von 20 %. C schreibt seine Forderungen direkt ab. C rechnet darüber hinaus mit einem pauschalen Forderungsausfall von 5 %. Im Vorjahr wurden keine Pauschalwertberichtigungen gebucht. Welche Aussage(n) ist (sind) zutreffend?

a) zweifelhafte Forderungen   5 950 EUR
       an   Forderungen aus L. u. L.   5 950 EUR

   Abschreibungen   2 500 EUR
   Umsatzsteuer   475 EUR
       an   zweifelhafte Forderungen   2 975 EUR

[B-49] b) zweifehlhafte Forderungen   5 950 EUR
            an   Forderungen aus L. u. L.   5 950 EUR

[B-50]   Abschreibungen   2 500 EUR
            an   zweifelhafte Forderungen   2 500 EUR

[B-51] c) zweifelhafte Forderungen   4 760 EUR
            an   Forderungen aus L. u. L.   4 760 EUR

[B-52]   Abschreibungen   3 200 EUR
            Umsatzsteuer   760 EUR
            an   zweifelhafte Forderungen   3 960 EUR

[B-53] d) zweifelhafte Forderungen   4 760 EUR
            an   Forderungen aus L. u. L.   4 760 EUR

[B-54]   Abschreibungen   3 200 EUR
            an   zweifelhafte Forderungen   3 200 EUR

(494) **Aufgabe 15** *Pauschalwertberichtigungen*   (*3 Punkte*)
Ausgehend von Aufgabe 14, welche der nachstehenden Aussage(n) ist (sind) zutreffend?

[B-55] a) Zuführung zu PWB   2 300 EUR
            an   PWB zu Forderungen   2 300 EUR

[B-56] b) Zuführung zu PWB   2 357 EUR
            an   PWB zu Forderungen   2 357 EUR

[B-57] c) Zuführung zu PWB   2 380 EUR
            an   PWB zu Forderungen   2 380 EUR

        d) Keine der Aussagen ist richtig.

(494) **Aufgabe 16** *Bewertung im Anlage- und Umlaufvermögen*   (*3 Punkte*)
Welche der nachstehenden Aussage(n) ist (sind) zutreffend?

   a) Der Buchwert eines außerplanmäßig abgeschriebenen Vermögensgegenstandes des Umlaufvermögens muss bei einer bis zum Bilanzstichtag anhaltenden Wertsteigerung zwingend auf den höheren Marktpreis angepasst werden, auch wenn dieser über den Anschaffungskosten liegt.
   b) Für das Umlaufvermögen gilt das strenge Niederstwertprinzip gem. § 253 Abs. 4 HGB.
   c) Bei der Bewertung des Anlagevermögens zum Bilanzstichtag ist das gemilderte Niederstwertprinzip zu beachten.
   d) Das Niederstwertprinzip resultiert aus dem Vorsichtsprinzip.

Aufgabe 17 *Gewinnverwendung bei der AG (Viel-Wenig)* (4 Punkte)

Der Jahresüberschuss der in München ansässigen LWB-AG beträgt im Geschäftsjahr (= Kalenderjahr) 2017 12,5 Mio EUR. Des Weiteren betragen in 2017 das Grundkapital 50 Mio EUR, die gesetzliche Rücklage 3 Mio EUR, die anderen Gewinnrücklagen 4 Mio EUR, die satzungsmäßigen Rücklagen 1 Mio EUR, die Kapitalrücklage 1 Mio EUR und der Verlustvortrag aus 2016 0,5 Mio EUR. Welche Aussage(n) ist (sind) zutreffend?

a) Wenn sowohl die Aktionäre als auch die Verwaltung möglichst viel ausschütten wollen, dann können in 2017 insgesamt 15,4 Mio EUR ausgeschüttet werden.

b) Die gesetzliche Rücklage und die Kapitalrücklagen betragen zum 31. 12. 2017 zusammen weniger als 5 Mio EUR.

c) In die anderen Gewinnrücklagen werden insgesamt 4,6 Mio EUR eingestellt, wenn die Aktionäre viel, die Verwaltung aber wenig ausschütten möchte.

d) Wenn Aktionäre und Verwaltung möglichst wenig ausschütten möchten, beträgt der Bilanzgewinn 11,4 Mio EUR.

Aufgabe 18 *Gewinne und Zielgrößen* (4 Punkte)

Die e. Kfr. K. Eineahnung (K) überlegt, ob sie im Rahmen ihrer Einzelunternehmung eine neue Maschine für ihre Schuhfabrik in Indonesien erwerben soll. Die Maschine hat eine betriebsgewöhnliche Nutzungsdauer von drei Jahren und wird linear abgeschrieben. Für die Anschaffung müsste K in t = 0 eine Privateinlage i. H. d. Anschaffungskosten von 90 000 EUR tätigen. Der Steuersatz für K beträgt 40%. Die Umsatzsteuer soll vernachlässigt werden. Alle liquiden Mittel (Kasse/Bank) werden am Ende jeder Periode von K ins Privatvermögen entnommen. K rechnet mit folgenden Zahlungsüberschüssen (Z_t), wobei die Zahlungsüberschüsse ab t = 1 erfolgswirksam sind: $Z_0 = -90\,000$, $Z_1 = 30\,000$, $Z_2 = 34\,000$, $Z_3 = 46\,000$.

Welche der nachstehenden Aussage(n) ist (sind) korrekt?

a) Die Summe der Gewinne über die Totalperiode (t = 0 bis t = 3) beträgt 20 000 EUR.

b) Die Summe der Gewinne über die Totalperiode (t = 0 bis t = 3) entspricht der Summe der Zahlungsüberschüsse unabhängig davon, welche Abschreibungsmethode Anwendung findet.

c) Der Gewinn in t = 3 beträgt 46 000 EUR.

d) Gewinne stellen nur in Ausnahmefällen Zielgrößen dar, nämlich dann, wenn sie zahlungsgleich sind.

ÜBUNGSKLAUSUR 12

MC

K-12

Schwerpunkte der Klausur

Bei der vorliegenden Klausur handelt es sich um eine Klausur im Antwort-Wahl-Verfahren (Multiple-Choice-Klausur). Die einzelnen Aufgaben behandeln für sich jeweils ein abgegrenztes Thema der Grundlagen der Buchführung.

Bearbeitungshinweise

Die Bearbeitungszeit der Klausur beträgt 60 Minuten, dabei kann eine Gesamtpunktzahl von 60 Punkten erreicht werden. Die Klausur besteht aus 10 Multiple-Choice-Fragen. Wahlmöglichkeiten bestehen nicht! Bei jeder Multiple-Choice-Aufgabe sind fünf Aussagen a) bis e) vorgegeben. Alle kombinatorischen Möglichkeiten zwischen »keine Aussage ist richtig« und »alle Aussagen sind richtig« sind möglich. Alle dargestellten Sachverhalte beziehen sich auf buchführende Unternehmen. Markieren Sie die richtige(n) Antwort(en) in Ihrem Antwortbogen (Lösungsvorlage LVK-12). Für die Aufgaben 1 bis 7 sowie 9 und 10 erhalten Sie jeweils maximal 5 Punkte. Aufgabe 8 wird mit der doppelten Punktzahl (10 Punkte) bewertet. Die Bewertung erfolgt nach dem 5/3/1/0-Punkte-Schema. Sind alle Antworten einer Aufgabe korrekt, erhalten Sie 5 Punkte. Haben Sie eine Antwort falsch angekreuzt, erhalten Sie (4 – 1 =) 3 Punkte. Sind zwei falsche Antworten angekreuzt, erhalten Sie (3 – 2 =) 1 Punkt. Sind drei falsche Antworten angekreuzt, erhalten Sie keine Punkte.

Hilfsmittel

Nichtprogrammierbarer Taschenrechner.

---

(496) **Aufgabe 1** *Aufgaben und Grundbegriffe des Rechnungswesens* (5 Punkte)
Welche der folgenden Antwortvorschläge sind richtig? (5/3/1/0 Punkte)

Für das betriebliche Rechnungswesen gilt:

a) Die Aufgaben des betrieblichen Rechnungswesens bestehen ausschließlich aus der Dokumentations- und der Informationsfunktion.
b) Das externe und das interne Rechnungswesen stellen zwei wesentliche Teilbereiche des betrieblichen Rechnungswesens dar.
c) Im Gegensatz zum internen Rechnungswesen sind beim externen Rechnungswesen keine gesetzlichen Vorschriften zu beachten.
d) Das externe Rechnungswesen eines Unternehmens erfüllt sowohl gegenüber externen als auch internen Adressaten eine Informationsfunktion.
e) Die Kostenrechnung beruht auf dem Grundsatz der Pagatorik; daher dürfen kalkulatorische Kosten in der Kostenrechnung nicht erfasst werden.

(496) **Aufgabe 2** *Größenbegriffe im Rechnungswesen* (*5 Punkte*)
Welche der folgenden Antwortvorschläge sind richtig? (5/3/1/0 Punkte)

Im Rechnungswesen werden zur Darstellung des Vermögens verschiedene Größenbegriffe verwendet: Mengen- und Wertgrößen sowie Strom- und Bestandsgrößen. Es gilt:

a) Bei dem Vermögen, den Schulden und dem Eigenkapital eines Unternehmens handelt es sich um Bestandsgrößen.
b) Die Angabe »Stromverbrauch von 10 000 kWh« beinhaltet eine Wertgröße.
c) Wird der Zahlungsmittelbestand eines Unternehmens durch einen Geschäftsvorfall vermindert, spricht man von einer Auszahlung. Auszahlungen stellen Stromgrößen dar.
d) Da Bestandsgrößen zeitpunktbezogen sind, stehen sie in keinem Zusammenhang zu Stromgrößen, welche zeitraumbezogen sind.
e) Jede Ausgabe, die gleichzeitig eine Auszahlung ist, stellt stets einen Aufwand dar.

(496) **Aufgabe 3** *Typen von Geschäftsvorfällen* (*5 Punkte*)
Welche der folgenden Antwortvorschläge sind richtig? (5/3/1/0 Punkte)

Betrachten Sie die beiden nachstehenden Geschäftsvorfälle:

[1] Kauf eines Lieferwagens der Marke Leopard für 54 740 EUR inkl. Umsatzsteuer per Überweisung vom Geschäftskonto.
[2] Erhalt von Zinsen in Höhe von 220 EUR auf dem Geschäftskonto.

Der Umsatzsteuersatz beträgt 19 % (Regelsteuersatz). Der Unternehmer ist vorsteuerabzugsberechtigt. Kredite werden nicht in Anspruch genommen.

a) Der Buchungssatz für den Geschäftsvorfall [1] lautet:

[58] *Fuhrpark*   54 740 EUR
       an   *Bank*   46 000 EUR
              Umsatzsteuer   8 740 EUR

b) Bei dem Geschäftsvorfall [1] handelt es sich um einen Aktivtausch.
c) Der Buchungssatz für den Geschäftsvorfall [2] lautet:

[59] *Bank*   220 EUR
       an   *Zinserträge*   220 EUR

d) Bei dem Geschäftsvorfall [2] handelt es sich um einen Ertrag, der mit einem Abgang auf einem passiven Bestandskonto verbunden ist.
e) Bei beiden Geschäftsvorfällen erhöht sich der Zahlungsmittelbestand.

(497) **Aufgabe 4** *Bilanz als Instrument im Rechnungswesen* (5 Punkte)
Welche der folgenden Antwortvorschläge sind richtig? (5/3/1/0 Punkte)

Die Bilanz ist ein wesentliches Instrument im betrieblichen Rechnungswesen. Es gilt:

a) Die Bilanz ist eine Kurzdarstellung des Inventars in Kontoform. Sie enthält in ihrer Grundform auf der linken Seite das Vermögen und auf der rechten Seite die Schulden und das Eigenkapital.
b) In der Bilanz ist das Vermögen nach der Liquidität geordnet.
c) Die linke Seite der Bilanz wird mit Aktiva überschrieben und gibt Auskunft über die Mittelherkunft.
d) Das Eigenkapital (Reinvermögen) in der Bilanz stellt die Differenz zwischen dem Vermögen und den Schulden einer Unternehmung dar.
e) Die Aktivseite und die Passivseite der Bilanz weisen – bezogen auf den Jahresabschluss eines bestimmten Geschäftsjahres – immer die gleiche Summe aus.

(497) **Aufgabe 5** *Vermögensebenen und Geschäftsvorfälle* (5 Punkte)
Welche der folgenden Antwortvorschläge sind richtig? (5/3/1/0 Punkte)

Betrachten Sie die beiden nachstehenden Geschäftsvorfälle:

[1] Die Zimmerei Holzwurm erwirbt am 3.2.2016 beim Holzlieferanten Sägemähl Eichenholz zu einem Preis von 1 428 EUR inklusive Umsatzsteuer auf Ziel. Die Lieferung erfolgt noch am selben Tag.
[2] Die Rechnung des Holzlieferanten Sägemähl in Höhe von 1 428 EUR inklusive Umsatzsteuer wird von der Zimmerei Holzwurm am 17.2.2016 per Banküberweisung beglichen.

Der Umsatzsteuersatz beträgt 19% (Regelsteuersatz). Die Unternehmer sind jeweils vorsteuerabzugsberechtigt. Geschäftsjahr ist jeweils das Kalenderjahr.

a) Der Geschäftsvorfall [1] ist bei der Zimmerei Holzwurm erfolgswirksam.
b) Unter der Annahme, dass auf dem Rohstoffkonto kein Anfangsbestand vorhanden ist und neben der Holzlieferung aus Geschäftsvorfall [1] in 2016 keine (weiteren) Zu- und Abgänge stattfinden, weist das Rohstoffkonto der Zimmerei Holzwurm am Ende des Geschäftsjahres 2016 einen Endbestand von 1 428 EUR auf.
c) Bei der Verbuchung des Geschäftsvorfalls [2] werden bei der Zimmerei Holzwurm die Konten Bank und Verbindlichkeiten aus Lieferungen und Leistungen berührt.
d) Der Geschäftsvorfall [2] führt in der Bilanz der Zimmerei Holzwurm zu einer Aktiv-Passiv-Mehrung.
e) Bei dem Geschäftsvorfall [2] handelt es sich für die Zimmerei Holzwurm insgesamt um eine Minderung des Geldvermögens.

Aufgabe 6 *Eigenkapitalunterkonten* (5 Punkte)
Welche der folgenden Antwortvorschläge sind richtig? (5/3/1/0 Punkte)

Das Eigenkapitalkonto ist ein passives Bestandskonto, welches im System der doppelten Buchführung in einzelne Konten untergliedert wird. Zwei wesentliche Unterkonten des Eigenkapitalkontos stellen das Gewinn- und Verlustkonto (GuV-Konto) und, bei Personenunternehmungen, das Privatkonto dar. Für diese gilt:

a) Das Privatkonto weist auf der Sollseite die Einlagen und auf der Habenseite die Entnahmen aus.
b) Da das Privatkonto Stromgrößen abbildet, hat es sowohl einen Anfangs- als auch einen Endbestand.
c) Die Gegenüberstellung von Aufwendungen und Erträgen im GuV-Konto ist die einzige existierende Methode, um den Periodenerfolg einer Unternehmung zu ermitteln.
d) Das Privatkonto existiert nur bei Personenunternehmen.
e) Das GuV-Konto wird über das Eigenkapitalkonto abgeschlossen.

Aufgabe 7 *Warenverkehr* (5 Punkte)
Welche der folgenden Antwortvorschläge sind richtig? (5/3/1/0 Punkte)

Die Orkan AG legt Ihnen nachfolgende Informationen vor. Alle Käufe, Verkäufe, Rücksendungen und Boni erfolgen unmittelbar in bar. Die Orkan AG verwendet getrennte Warenkonten und schließt diese nach der Bruttomethode ab. Warenzugänge fanden nicht statt. Die Umsatzsteuer wird in der Aufgabe nicht berücksichtigt. Das Geschäftsjahr der Orkan AG entspricht dem Kalenderjahr.

[1] Die Anfangsbestände der Konten Wareneinkauf und Kasse für das Geschäftsjahr 2016 betragen jeweils 4 500 EUR.
[2] Am 1.4.2016 verkauft die Orkan AG Waren zu einen Preis von 7 000 EUR.
[3] Am 1.6.2016 sendet die Huber OHG Waren, die sie im Vorjahr von der Orkan AG für 2 000 EUR gekauft hat, zurück und erhält den Kaufpreis in bar zurückerstattet.
[4] Am 12.12.2016 gewährt die Orkan AG der Huber OHG einen Weihnachtsbonus von 500 EUR und zahlt diesen an die OHG in bar aus.
[5] Der Endbestand der Waren der Orkan AG laut Inventur zum 31.12.2016 beträgt 1 000 EUR.

a) Der Wareneinsatz der Orkan AG im Geschäftsjahr 2016 weist eine Höhe von 4 000 EUR auf.
b) Durch den Buchungssatz

Wareneinkauf 1 000 EUR
  an *Schlussbilanzkonto* 1 000 EUR

wird der durch Inventur ermittelte Warenendbestand an das Schlussbilanzkonto gebucht.

c) Der Saldo des Warenverkaufskontos am Ende des Geschäftsjahres 2016 beträgt 7 000 EUR.
d) Der Kassenbestand der Orkan AG am Ende des Geschäftsjahres 2016 beträgt 4 500 EUR.
e) Bei der Verbuchung des Warenverkehrs wird bei der Orkan AG kein Mischkonto berührt.

(498) **Aufgabe 8** *Steuern, Eigenverbrauch und Tausch* (*10 Punkte*)
Welche der folgenden Antwortvorschläge sind richtig? (10/6/2/0 Punkte)

Die Gesellschafter der Edelhölzer OHG, Theodor von Fichtenberg und Marianne Nussbaum, legen Ihnen folgende Informationen vor:

[1] Am 15. 2. 2016 entnahm der Gesellschafter Theodor von Fichtenberg 15 laufende Meter (lfm.) Fichtenholz. Das Fichtenholz wurde vor einem Jahr zu einem Einkaufspreis von netto 5,00 EUR/lfm. erworben. Zum Zeitpunkt der Entnahme liegt der Einkaufspreis unverändert bei netto 5,00 EUR/lfm.

[2] Die Gesellschafterin Marianne Nussbaum beglich am 24. 6. 2016 ihre (persönliche) Einkommensteuerschuld in Höhe von 14 000 EUR zzgl. des darauf entfallenden Solidaritätszuschlags von 5,5 % vom Geschäftskonto der Edelhölzer OHG.

[3] Die Edelhölzer OHG erwarb am 16. 5. 2016 ein Grundstück auf Ziel. Der Kaufpreis betrug 80 000 EUR. Besitz, Nutzen und Lasten gingen am selben Tag auf die Gesellschaft bzw. deren Gesellschafter über. Die Grunderwerbsteuer betrug 3,5 % vom Kaufpreis.

[4] Der Gesellschafter Theodor von Fichtenberg erhielt am 17. 4. 2016 eine Einkommensteuererstattung in Höhe von 1 200 EUR. Die Erstattung erfolgte auf dem privaten Bankkonto von Theodor.

[5] Die Edelhölzer OHG erwirbt am 7. 8. 2016 eine neue Maschine im Wert von 14 280 inkl. Umsatzsteuer. Der umsatzsteuerpflichtige Verkäufer der Maschine erhält dafür den gebrauchten Lkw (Buchwert: 10 000 EUR) der Edelhölzer OHG. Es handelt sich um einen betrieblich veranlassten, wertäquivalenten Tausch.

Der Umsatzsteuersatz beträgt 19 % (Regelsteuersatz). Die OHG ist vorsteuerabzugsberechtigt. Der Abschluss der Umsatzsteuerkonten erfolgt nach der Zwei-Konten-Methode.

a) Der Buchungssatz für den Geschäftsvorfall [1] lautet:

[B-61]   Privat   89,25 EUR
            an   Eigenverbrauch   75,00 EUR
                 Umsatzsteuer   14,25 EUR

b) Der Buchungssatz für den Geschäftsvorfall [2] lautet:

Privat 14 000 EUR
    an Bank 14 000 EUR

c) Die Grunderwerbsteuer im Geschäftsvorfall [3] ist betrieblich veranlasst und gehört zu den Aufwandsteuern. Bei Zahlung per Banküberweisung ist die Grunderwerbsteuer wie folgt zu verbuchen:

Steueraufwand 2 800 EUR
    an Bank 2 800 EUR

d) Der Buchungssatz für den Geschäftsvorfall [4] lautet:

Privat 1 200 EUR
    an Bank 1 200 EUR

e) Der Buchungssatz für den Geschäftsvorfall [5] lautet:

Maschine 12 000 EUR
Vorsteuer 2 280 EUR
    an Fuhrpark 10 000 EUR
       sonstiger betrieblicher Ertrag 2 000 EUR
       Umsatzsteuer 2 280 EUR

(499) **Aufgabe 9** *Grundlagen der Lohnbuchhaltung* (5 Punkte)
Welche der folgenden Antwortvorschläge sind richtig? (5 / 3 / 1 / 0 Punkte)

Arbeitnehmer erhalten für ihre Arbeitsleistung nicht das gesamte tariflich festgesetzte oder frei vereinbarte Bruttoentgelt, sondern einen um Sozialversicherungsbeiträge und Steuern gekürzten Betrag. Es gilt:

a) Löhne und Gehälter stellen für Arbeitgeber Einkommen und für Arbeitnehmer Personalaufwand dar.
b) Der Lohnsteuerabzug ist vom Arbeitgeber vorzunehmen. Seine Höhe ist von vielen Faktoren, wie z. B. der Steuerklasse, in die der Arbeitnehmer eingestuft wird, abhängig.
c) Bei der Ermittlung der Sozialversicherungsbeiträge existieren sogenannte Beitragsbemessungsgrenzen. Diese markieren die Mindestbeiträge, die von Arbeitgebern und Arbeitnehmern zu leisten sind.
d) Die Beiträge zur gesetzlichen Unfallversicherung hat der Arbeitgeber allein aufzubringen und an den jeweiligen Unfallversicherer abzuführen.
e) Sachbezüge zählen in keinem Fall zu den steuerpflichtigen Bezügen eines Arbeitnehmers.

(499) **Aufgabe 10** *Verbuchung von Lohn und Gehalt* (5 Punkte)
Welche der folgenden Antwortvorschläge sind richtig? (5/3/1/0 Punkte)

Die IBS AG bittet Sie um Mithilfe bei der Gehaltsabrechnung für die Angestellte Beatrice Boot im Oktober 2016. Hierfür legt sie Ihnen die folgende Gehaltsabrechnung vor:

		EUR
	Bruttogehalt	2 600
./.	Lohnsteuer, Solidaritätszuschlag, Kirchensteuer	145
./.	Beitrag zur Sozialversicherung (Arbeitnehmer-Anteil)	531
=	Nettogehalt	1 924

Der Arbeitgeber-Anteil zur Sozialversicherung (SV) beträgt 501 EUR. Die IBS AG übermittelt die Informationen für die von ihr zu entrichtenden Beiträge zur Sozialversicherung am 28.10.2016 an die Krankenkasse von Beatrice Boot. Die Beiträge werden am 29.10.2016 vom Geschäftskonto der IBS AG abgebucht. Am 30.10.2016 wird das Nettogehalt überwiesen. Zu diesem Zeitpunkt entsteht die Lohnsteuerschuld. Die geschuldeten Steuern zieht das Finanzamt am 10.11.2016 vom Geschäftskonto ein.

a) Der Buchungssatz für die Verbuchung des Arbeitnehmer-Anteils zur Sozialversicherung am 28.10.2016 lautet:

[B-66]   *Lohn- und Gehaltsaufwand*   501 EUR
                an   *SV-Verbindlichkeiten*   501 EUR

b) Für die Zahlung der Beiträge zur Sozialversicherung (Arbeitgeber- und Arbeitnehmer-Anteil) am 29.10.2016 verbucht die IBS AG:

[B-67]   *SV-Verbindlichkeiten*   1 032 EUR
                an   *Bank*   1 032 EUR

c) Die Auszahlung des Nettogehalts wird unter Berücksichtigung der entstehenden Steuerschuld von der IBS AG am 30.10.2016 wie folgt verbucht:

[B-68]   *Lohn- und Gehaltsaufwand*   2 745 EUR
                an   *Bank*   2 600 EUR
                       Finanzamt-Verbindlichkeiten   145 EUR

d) Der Buchungssatz für die Abführung der Steuern am 10.11.2016 lautet:

[B-69]   *Finanzamt-Verbindlichkeiten*   145 EUR
                an   *Bank*   145 EUR

e) Für die Ermittlung der steuerlichen Abzüge sind die individuellen Verhältnisse von Beatrice Boot, wie zum Beispiel der Familienstand, unerheblich.

TEIL III
LÖSUNGEN ÜBUNGSAUFGABEN

Quelle: Schanz, Sebastian/Koschmieder, Simon (2014): Humoristische Zeichnungen zum Betrieblichen Rechnungswesen, Selbstverlag, Bayreuth, ISBN 978-3-00-047631-0, Seite 16.

2 Grundbegriffe des Betrieblichen Rechnungswesens

(6) **Lösung Aufgabe 1** *Wahr oder falsch?*

a) *wahr* | Zahlungen können in Miete, Schokolade, Bier etc. transformiert werden und stiften dadurch Nutzen. »Weiche« Faktoren wie Zuneigung, Glück, Gesundheit, Zufriedenheit und Hoffnung finden keinen Eingang in die Kalküle der neoklassischen Investitionsrechnung.

b) *falsch* | Da der Gewinn (oft) nicht aus Zahlungen besteht, liegt keine Deckungsgleichheit vor.

c) *wahr* | »Die Unternehmung« stellt ein Vehikel zur Einkommenserzielung (Erzielung von Zahlungen) dar und als solches ein Mittel zur Konsummaximierung. Merke: »Die Unternehmung« an sich existiert nicht, da sie keine Entscheidungen treffen kann. Mit »die Unternehmung« sind immer die Entscheider, also natürliche Personen, gemeint.

d) *wahr* | Die chronologische und lückenlose Erfassung der Geschäftsvorfälle im Rahmen der Dokumentationsfunktion gehört zu den zentralen Aufgaben der Rechnungslegung.

e) *falsch* | Zum internen Rechnungswesen gehört die Betriebsbuchführung.

f) *wahr* | Der Wert eines Vermögensgegenstands ergibt sich aus dem Produkt Menge × Preis. Problematisch ist häufig die Bestimmung des Preises.

g) *falsch* | Stromgrößen sind zeitraumbezogen.

h) *wahr* | Zum Beispiel ein Festmeter Holz am 31. 12., der 1 000 EUR wert ist.

i) *wahr* | Aus den Stromgrößen Auszahlungen und Einzahlungen entsteht die Bestandsgröße »Zahlungsmittel«.

j) *wahr* | Das Geldvermögen wird zu Beginn und zum Ende einer Rechnungsperiode bestimmt.

k) *wahr* | Die Aussage stellt die Definition des Reinvermögens dar.

l) *wahr* | Der Buchwert ist der Wert, zu dem ein Gegenstand »in den Büchern« steht. Dieser stellt die fortgeführten Anschaffungskosten dar (Anschaffungskosten abzüglich Abschreibungen).

m) *wahr* | 10 EUR sind 10 EUR. Probleme ergeben sich lediglich bei Fremdwährungspositionen.

n) *wahr* | Insbesondere das Sachvermögen muss zu Beginn und am Ende der Rechnungsperiode bewertet werden. Ein »tatsächlicher«, »echter« Wert existiert nicht. In der Regel kann der Wert des Sachvermögens erst dann exakt taxiert werden, wenn es verkauft wird. Allerdings ist der Wert für die Bewertung dann nicht mehr relevant.

o) *falsch* | Es entsteht eine Forderung, das Geldvermögen nimmt zu.

(7) **Lösung Aufgabe 2** *Grundbegriffe*

a) Wesentliche Teilbereiche des Rechnungswesens und deren Funktion:
   1. *Internes Rechnungswesen*
      Das interne Rechnungswesen kann vom Unternehmen frei gestaltet werden und umfasst im Wesentlichen die Kostenrechnung und die

Investitionsrechnung. Ob ein internes Rechnungswesen implementiert wird, bleibt dem Unternehmen überlassen. Große Unternehmen verfügen i. d. R. über ein internes Rechnungswesen. Es existieren keine gesetzlichen Verpflichtungen.

2. *Externes Rechnungswesen*
Das externe Rechnungswesen beinhaltet die Finanzbuchhaltung und umfasst den Jahresabschluss mit Bilanz und Gewinn- und Verlustrechnung (GuV). Das externe Rechnungswesen informiert über den Erfolg des abgelaufenen Geschäftsjahres, zudem sind umfangreiche gesetzliche Vorschriften zu beachten.

b) Größen im Betrieblichen Rechnungswesen und deren Zusammenhänge:

1. *Mengen- und Wertgrößen*
Mengengrößen werden zu einem bestimmten Zeitpunkt, für einen gewissen Zeitraum oder pro Stück ermittelt.
Wertgrößen werden in Währungseinheiten (z. B. EUR) zu einem bestimmten Zeitpunkt, pro Zeitraum (z. B. gezahlte Löhne im September) oder pro Stück (z. B. Materialkosten pro Stück eines Produktes) ermittelt bzw. dargestellt.
Im Rechnungswesen spielen Mengengrößen nur eine untergeordnete Rolle. Der Grund liegt in der wesentlich einfacheren Aggregation von Wertgrößen (z. B. der Wert von bestimmten Maschinentypen).

2. *Strom- und Bestandsgrößen*
Stromgrößen sind zeitraumbezogene Größen, die Zahlungs- und Leistungsvorgänge innerhalb einer bestimmten Periode abbilden. Sie führen zu Veränderungen von Bestandsgrößen. Stromgößen können Mengen- oder Wertgrößen sein.
Bestandsgrößen sind zeitpunktbezogene Größen, die den Bestand zu einem bestimmten Zeitpunkt angeben. Sie können in Mengen- oder Wertgrößen bestehen.
Zusammenhang zwischen Bestands- und Stromgrößen:

$\quad\quad$ *Anfangsbestand (AB) (am 1. 1. 2017)*
$+\quad$ *Zustrom*
$./.\quad$ *Abstrom*
$=\quad$ *Endbestand (EB) (am 31. 12. 2017) (= AB der Folgeperiode)*

c) Was versteht man unter Einzahlung, Auszahlung, Einnahme, Ausgabe sowie Aufwand und Ertrag?
Die genannten Begriffe betreffen verschiedene Vermögensebenen. Die Vermögensebenen spielen für die verschiedenen Rechenwerke des Betrieblichen Rechnungswesens (z. B. Bilanz, Gewinn- und Verlustrechnung, Investitionsrechnung, Kostenrechnung) eine wesentliche Rolle. So befasst sich die Investitionsrechnung vor allem mit Größen der Zahlungsmittelebene (Einzahlungen und Auszahlungen), während für die Bilanz und die GuV die Reinvermögensebene (Aufwand und Ertrag) maßgeblich ist.

2 GRUNDBEGRIFFE DES BETRIEBLICHEN RECHNUNGSWESENS L-3

Nachstehend werden die oben genannten Begriffe anhand der Vermögensebenen, zu denen sie zugeordnet sind, erläutert.

1. *Zahlungsmittelebene* (ZM-E)

Zahlungsmittel	=	Kassenbestand + Sichtguthaben
Auszahlungen	:=	Abgang liquider Mittel pro Periode
Einzahlungen	:=	Zugang liquider Mittel pro Periode

2. *Geldvermögensebene* (GV-E)

Geldvermögen	=	Zahlungsmittel + Forderungen ./. Verbindlichkeiten
Ausgaben	:=	jeder Geschäftsvorfall, der das GV mindert (i. d. R. Wert aller zugegangenen Güter und Dienstleistungen pro Periode = Beschaffungswert)
Einnahmen	:=	jeder Geschäftsvorfall, der das GV erhöht (i. d. R. Wert aller veräußerten Leistungen pro Periode = Erlös, Umsatz)

3. *Reinvermögensebene* (RV-E)

Reinvermögen	=	Geldvermögen + Sachvermögen
Aufwand	:=	Verminderung des Reinvermögens (i. d. R. Wert aller verbrauchten Güter und Dienstleistungen pro Periode)
Ertrag	:=	Erhöhung des Reinvermögens (i. d. R. Wert aller erbrachten Leistungen einer Rechnungsperiode)

(7) **Lösung Aufgabe 3** *Mengen-, Wert-, Strom- und Bestandsgrößen*

a) m^3 (Kubikmeter) beschreibt eine Menge (Mengengröße), der Verbrauch pro Jahr einen Zeitraum (Stromgröße).
b) Die Anzahl an Zigaretten beschreibt eine Menge (Mengengröße), der 31. 12. 2017 (Bilanzstichtag) einen Zeitpunkt (Bestandsgröße).
c) Der Umsatz i. H. v. 15 Mio EUR stellt einen Wert dar (Wertgröße), der Verkauf pro Jahr einen Zeitraum (Stromgröße).
d) 150 000 EUR stellen einen Wert dar (Wertgröße), Ausgaben pro Semester einen Zeitraum (Stromgröße).

(7) **Lösung Aufgabe 4** *Grundbegriffe des Betrieblichen Rechnungswesens*
Formaler Zusammenhang zwischen Zahlungsmittelebene, Geldvermögen und Reinvermögen:

Zahlungsmittel
+ *Forderungen*
./. *Verbindlichkeiten*
= *Geldvermögen*
+ *Sachvermögen*
= *Reinvermögen (Nettovermögen)*

a) 1. *Der Zahlungsmittelbestand ändert sich, das Geldvermögen aber nicht.*
Tilgung eines Darlehens; der Zahlungsmittelbestand sinkt, dadurch sinkt auch das Geldvermögen, allerdings steigt das Geldvermögen im gleichen Umfang durch die gesunkenen Verbindlichkeiten, sodass sich das Geldvermögen insgesamt nicht ändert.

2. *Das Geldvermögen ändert sich, der Zahlungsmittelbestand aber nicht.*
Wareneinkauf auf Ziel; die Verbindlichkeiten aus L. u. L. steigen, dadurch sinkt das Geldvermögen, der Zahlungsmittelbestand wird jedoch nicht berührt.

b) 1. *Das Geldvermögen ändert sich, das Reinvermögen aber nicht.*
Wareneinkauf auf Ziel; die Schulden steigen (Geldvermögen sinkt), gleichzeitig steigt das Sachvermögen durch den Besitz der Waren, im Ergebnis bleibt das Reinvermögen konstant.

2. *Das Reinvermögen ändert sich, das Geldvermögen aber nicht.*
Zerstörung einer Maschine durch Blitzeinschlag; das Sachvermögen sinkt (die Maschine ist zerstört), das Geldvermögen bleibt konstant, folglich sinkt das Reinvermögen.

c) 1. *Der Zahlungsmittelbestand ändert sich, das Reinvermögen aber nicht.*
Kauf von Waren in bar; der Zahlungsmittelbestand sinkt, das Sachvermögen steigt jedoch im selben Ausmaß, sodass das Reinvermögen von diesem Geschäftsvorfall unberührt bleibt.

2. *Das Reinvermögen ändert sich, der Zahlungsmittelbestand aber nicht.*
Verkauf einer Maschine unter Buchwert auf Ziel (Buchwert = 20 EUR; Verkauf zu 5 EUR); der Zahlungsmittelbestand verändert sich nicht, die Forderung ist 5 EUR wert, allerdings sinkt das Vermögen durch die Hingabe der Maschine um 20 EUR, das Reinvermögen ändert sich folglich um 15 EUR.

(8) **Lösung Aufgabe 5** *Vermögenssphären und deren Veränderung*
a) Das Vermögen einer Person lässt sich in *Betriebsvermögen* und *Privatvermögen* unterteilen. Für die kaufmännische Ermittlung von Vermögensveränderungen ist nur das *Betriebsvermögen* maßgeblich. Die beiden Bereiche sind häufig nicht trennscharf. Dies ist z. B. dann der Fall, wenn Vermögensgegenstände sowohl für private als auch für betriebliche Zwecke verwendet

werden (z. B. der Geschäftswagen, der auch für Privatfahrten genutzt wird). *Abbildung 1* skizziert die beiden Vermögenssphären.

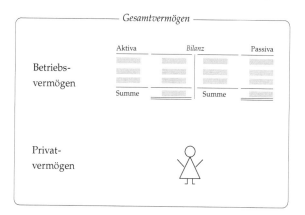

Abb. 1 Vermögenssphären einer Unternehmerin

b) Ausgehend von den beiden unter a) erläuterten Vermögenssphären sind Vermögensverschiebungen
   1. innerhalb des Betriebsvermögens,
   2. innerhalb des Privatvermögens und
   3. zwischen den Vermögenssphären denkbar.

c)
   1. *Erwerb und Veräußerung der Maschine*
   Durch den Erwerb der Maschine wird U nicht reicher. Es verändert sich lediglich die Zusammenstellung des Vermögens: Das Bargeld sinkt um den Wert, um den das Sachvermögen ansteigt. Es liegt keine Vermögensänderung im Sinne einer Erhöhung oder Senkung vor.
   Bei der Veräußerung verlässt Sachvermögen im Wert von 1 000 EUR das Unternehmen. Gleichzeitig steigt das Bankvermögen um 1 500 EUR an. Das Betriebsvermögen steigt, U wird »reicher«. Es liegt eine Vermögensänderung i. S. v. Vermögenssteigerung vor.
   2. *Schenkung*
   Durch die Schenkung erhöht sich das Vermögen von B. Die Schenkung erfolgt aus privaten Gründen. Es steigt das Privatvermögen.
   3. *Überweisung*
   Durch die Überweisung sinkt das Privatvermögen der U im gleichen Ausmaß wie das Betriebsvermögen steigt. Insgesamt wird U dadurch nicht »reicher« oder »ärmer«.
   4. *Beratungsleistung*
   Das (betriebliche) Bankvermögen steigt durch die Überweisung. G wird dadurch »reicher«. Das Gesamtvermögen nimmt zu, da das Betriebsvermögen zunimmt.

(8) **Lösung Aufgabe 6** *Vermögensänderungen*
   a) *Verkauf der Bücher*
   Gesamtvermögen (↑), Betriebsvermögen (↑), Privatvermögen (−)

Durch den Verkauf wird Sachvermögen im Wert von 120 EUR für Barmittel i. H. v. 200 EUR hergegeben. Der Sachverhalt bezieht sich auf die betriebliche Vermögenssphäre, da es um den Verkauf von Büchern als Geschäftszweck geht. Das Betriebsvermögen – und damit das Gesamtvermögen – nimmt um 80 EUR zu.

b) *Erwerb der Bibel und des Dokuments*
Gesamtvermögen (–), Betriebsvermögen (–), Privatvermögen (–)
Durch den Erwerb der Bücher nimmt das betriebliche Sachvermögen um 2 350 EUR zu. Der Verkäufer hat einen Rechtsanspruch auf die Bezahlung der Schuld. Die Schuld beläuft sich auf 2 350 EUR. Die Erhöhung des Sachvermögens geht in selbem Umfang mit der Erhöhung der Schulden einher. Insgesamt wird M nicht »reicher«.

c) *Erbschaft und Veräußerung*
Gesamtvermögen (↑), Betriebsvermögen (–), Privatvermögen (↑)
Die Erbschaft ist der privaten Sphäre von M zuzurechnen. Das Privatvermögen und damit das Gesamtvermögen nimmt um den Sachwert der Immobilie zum Zeitpunkt der Erbschaft zu.
Bei der Veräußerung der Immobilie nimmt das Sachvermögen von M ab und das Geldvermögen zu. Sofern sich das Geldvermögen stärker erhöht als das Sachvermögen sich verringert, liegt eine Zunahme des Privatvermögens respektive Gesamtvermögens vor. Ist der Wert des abgehenden Sachvermögens höher als die Zunahme des Geldvermögens, verringert sich das Privatvermögen (Gesamtvermögen). Sofern das abgehende Sachvermögen gerade der Zunahme des Geldvermögens entspricht, verändert sich das Privatvermögen (Gesamtvermögen) nicht.

d) *Entnahme der Bibel*
Gesamtvermögen (–), Betriebsvermögen (↓), Privatvermögen (↑)
Durch die Entnahme der Bibel vermindert sich das Betriebsvermögen um denselben Wert wie sich das Privatvermögen erhöht. Insgesamt findet keine Vermögensänderung statt.

e) *Kreditaufnahme*
Gesamtvermögen (–), Betriebsvermögen (–), Privatvermögen (–)
Durch die Aufnahme des Kredits erhöht sich das Bankvermögen. Allerdings steigen die Schulden im selben Umfang, sodass insgesamt keine Vermögensänderung stattfindet. M wird durch die Kreditaufnahme nicht reicher und nicht ärmer.

f) *Einbau des Regals*
Gesamtvermögen (–), Betriebsvermögen (–), Privatvermögen (–)
Durch den Einbau des Regals (Sachvermögen) steigt das Betriebsvermögen. Allerdings schuldet M dem Schreiner den zum Regal äquivalenten Wert, sodass M insgesamt durch den Einbau des Regals nicht reicher und nicht ärmer wird.

g) *Bezahlung der Rechnung*
Gesamtvermögen (–), Betriebsvermögen (–), Privatvermögen (–)

2 GRUNDBEGRIFFE DES BETRIEBLICHEN RECHNUNGSWESENS

Durch die Bezahlung der Rechnung sinken die liquiden Mittel, allerdings reduziert sich die Schuld um denselben Betrag. Durch die Bezahlung der Rechnung wird M nicht reicher und nicht ärmer. Das Betriebsvermögen (Gesamtvermögen) ändert sich nicht.

h) *Verkauf der Kasse*
Gesamtvermögen (↑), Betriebsvermögen (↑), Privatvermögen (–)
Durch den Verkauf der Kasse sinkt das Sachvermögen um 30 EUR. Gleichzeitig erhöhen sich die Forderungen um 250 EUR. Insgesamt steigt das Betriebsvermögen (Gesamtvermögen) deshalb um 220 EUR.

i) *Wertsteigerung des Dokuments*
Gesamtvermögen (↑), Betriebsvermögen (↑), Privatvermögen (–)
Das Sachvermögen ist um (5 500 – 850 =) 4 650 EUR höher als zum Zeitpunkt des Kaufs des Dokuments. Der Wert des Betriebsvermögens (Gesamtvermögens) nimmt zu. Fraglich an dieser Stelle ist die »tatsächliche« Werthaltigkeit des Dokuments, da die Werthaltigkeit letztlich erst im Zeitpunkt der Veräußerung auch »tatsächlich« feststeht.

(9) **Lösung Aufgabe 7** *Vermögensebenen*

		ZM	GV	RV
Anfangsbestand (AB) 2017		45 000	45 000	45 000
3.3.2017				
+	Zustrom			45 000
./.	Abstrom	20 000	45 000	45 000
12.12.2017				
+	Zustrom			
./.	Abstrom			15 000
=	*Endbestand (EB)*	25 000	0	30 000
(1)	Δ (EB–AB)	–20 000	–45 000	–15 000
Anfangsbestand (AB) 2018		25 000	0	30 000
15.6.2018				
+	Zustrom		25 000	25 000
./.	Abstrom	25 000	25 000	25 000
1.12.2018				
+	Zustrom	50 000	50 000	50 000
./.	Abstrom			30 000
=	*Endbestand (EB)*	50 000	50 000	50 000
(2)	Δ (EB–AB)	25 000	50 000	20 000
	Gesamtdelta (1) + (2)	5 000	5 000	5 000

(9) Lösung Aufgabe 8 *Stromgrößen*

Zur Terminologie von Einzahlungen/Auszahlungen, Einnahmen/Ausgaben, Erträge/Aufwendungen vgl. Aufgabenteil c) von Aufgabe 2 auf Seite 188.

		Δ ZM	Δ GV	Δ RV
a)	Anschaffung von Rohstoffen gegen Barzahlung	(↓)	(↓)	o (↑/↓)
b)	Verbrauch von Rohstoffen aus dem Rohstofflager	o	o	(↓)
c)	Verkauf von Waren auf Ziel zum Einkaufspreis	o	(↑)	o (↑/↓)
d)	Verkauf von Waren gegen Barzahlung über Einkaufspreis	(↑)	(↑)	(↑) (↑/↓)
e)	Zahlung von Löhnen und Gehältern	(↓)	(↓)	(↓)
f)	Vernichtung von Zwischenprodukten durch einen Wasserrohrbruch im Lager	o	o	(↓)
g)	Zinsen gehen auf dem Firmenkonto ein	(↑)	(↑)	(↑)
h)	Aufnahme eines Bankdarlehens	(↑)	o (↑/↓)	o
i)	Kauf eines Lkw auf Ziel	o	(↓)	o (↑/↓)
j)	Vollständige Rückzahlung eines Kredits	(↓)	o (↑/↓)	o
k)	Einzahlung von 1 000 EUR aus der Firmenkasse auf das Girokonto	o (↑/↓)	o	o

a) Durch den Kauf der Rohstoffe sinkt das Barvermögen im gleichen Umfang wie das Sachvermögen steigt. Durch den Erwerb von Rohstoffen wird der Unternehmer nicht »reicher«, das bedeutet, dass das Reinvermögen sich nicht ändert.

b) »Verbrauch« von Rohstoffen bedeutet, dass die Rohstoffe in ein Produkt eingehen, das verkauft wurde. Der Verbrauch der Rohstoffe macht den Unternehmer »ärmer«, da sie nicht mehr zu seinem Vermögen zählen. Umgekehrt erfährt der Unternehmer durch den Verkauf der Produkte, in die der Rohstoff eingeflossen ist, einen Vermögenszuwachs. Der Verbrauch von Rohstoffen und der Verkauf der Produkte werden als separate Vorgänge erfasst. Da hier nur der Verbrauch zugrunde liegt, wird der Unternehmer »ärmer«, d.h. das Reinvermögen nimmt ab. (Wir werden später sehen, dass der Verbrauch einen Aufwand darstellt, unabhängig davon, ob das Produkt, in das die Rohstoffe eingegangen sind, veräußert wird oder nicht.)

c) Da die Waren zum selben Preis veräußert werden, wie sie erworben wurden, wird der Unternehmer durch den Verkauf nicht »reicher«. Das Reinvermögen bleibt gleich. Allerdings verändert sich die Zusammensetzung des Vermögens, da der Unternehmer weniger Waren (Sachvermögen) besitzt, dafür aber im selben Wertumfang ein höheres Geldvermögen (mehr Forderungen) hat.

d) Da die Waren über dem Einkaufspreis veräußert werden, wird der Unternehmer durch den Verkauf »reicher«. Das Reinvermögen steigt.

e) Durch die Bezahlung von Löhnen und Gehältern wird der Unternehmer »ärmer«. Das liquide Vermögen (Zahlungsmittel) sinkt, somit sinkt auch das Geldvermögen. Das Sachvermögen bleibt unverändert. Insgesamt sinkt das Reinvermögen.

f) Die Zwischenprodukte stellen Sachvermögen dar. Durch deren Vernichtung sinkt das Sachvermögen, ohne dass das Zahlungs- oder Geldvermögen tangiert wird. Das Reinvermögen sinkt. Der Unternehmer wird »ärmer«.

g) Durch den Eingang der Zinsen wird der Unternehmer »reicher«. Das Reinvermögen nimmt zu.

h) Durch die Aufnahme des Darlehens (Annahme: Die Auszahlung erfolgt zu 100%) steigt das liquide Vermögen. Allerdings steigen die Verbindlichkeiten im gleichen Umfang (das Geldvermögen sinkt). Der Unternehmer wird dadurch nicht »reicher« oder »ärmer«. Das Reinvermögen bleibt unverändert.

i) Durch den Kauf des Lkws nimmt das Sachvermögen zu. Allerdings sinkt das Geldvermögen durch die Verbindlichkeit im selben Umfang. Der Unternehmer wird deshalb durch den Kauf nicht »reicher« oder »ärmer«. Das Reinvermögen ändert sich nicht.

j) Durch die Rückzahlung des Kredits sinkt das liquide Vermögen, allerdings steigt das Geldvermögen im selben Umfang, da die Verbindlichkeiten sinken. Insgesamt wird der Unternehmer nicht »reicher« oder »ärmer« durch die Rückzahlung.

k) Durch die Einzahlung auf das Girokonto sinkt das Kassenvermögen und steigt das Sichtguthaben. Insgesamt verändert sich das Vermögen nicht, nur dessen Zusammensetzung. Das Reinvermögen bleibt unverändert.

(10) **Lösung Aufgabe 9** Geschäftsvorfälle und Ermittlung des »Gewinns«

Fall	EZ	AZ	EN	AG	Er	Au
a)		10 000		20 000		
b)		200 000		200 000		
c)	115 250		115 250		15 250	
d)		22 750		22 750		
e)* 20.09.				70 000		
01.10.	70 000		(70 000)	(70 000)		

Fall		EZ	AZ	EN	AG	Er	Au
	02. 10.		70 000	(70 000)	(70 000)		
f)							5 880
g)	11. 11.			137 000		137 000	
	15. 11.	27 400		27 400	27 400		
h)**							
i)			700		700		700
j)		12 000		12 000		12 000	
k)							7 000
Σ		224 650	303 450	431 650	480 850	164 250	13 580
		Δ ZM	−78 800	Δ GV	−49 200	Δ RV	150 670

EZ = Einzahlungen, AZ = Auszahlungen, EN = Einnahmen, AG = Ausgaben,
Er = Erträge, Au = Aufwendungen

* Die Aufnahme des Kredits am 01. 10. führt insgesamt zu keiner Einnahme und keiner Ausgabe, da der Einnahme eine Ausgabe in gleicher Höhe entgegensteht. Die Unterteilung erfolgt lediglich aus didaktischen Gründen. Gleiches gilt für den 02. 10. Die Einnahme resultiert aus der Verminderung der Verbindlichkeiten, die Ausgabe aus der Bezahlung der Kühleinrichtung.

** Durch die Einlage des Lieferwagens wird zwar das Sachvermögen erhöht, insgesamt – also bei Betrachtung von Privat- und Betriebsvermögen – wird der Unternehmer aber nicht »reicher«. Das Reinvermögen steigt, das Geldvermögen bleibt unverändert. Zur Abgrenzung von Privat- und Betriebsvermögen vgl. auch Aufgabe 5 auf Seite 8 bzw. die Lösung dazu auf Seite 190.

INTERPRETATION DER ERGEBNISSE

Bei der Gewinnermittlung durch Gegenüberstellung von Einzahlungen und Auszahlungen bzw. Einnahmen und Ausgaben existieren keine Ermessensspielräume. Insofern ist die Einzahlungs-Auszahlungsrechnung »genauer« als die Einnahmen-Ausgaben-Rechnung. Der nach Einzahlungs-Auszahlungsrechnung definierte Gewinn ist sehr wenig anfällig für Manipulationen, da der Wert der Barbestände nicht angezweifelt werden muss (Ausnahme: Bestände in fremder Währung). Allerdings wird in diesem Fall der Gewinn unabhängig von seiner wirtschaftlichen Verursachung ermittelt und ist folglich in den einzelnen Rechnungsperioden nicht vergleichbar. Zum Beispiel fällt der »Gewinn« in Rechnungsperioden, in denen viel investiert wird, niedrig aus, während der »Gewinn« in den Folgeperioden hoch ausfällt. Der so ermittelte Gewinn ist sehr volatil.

Bei der Gewinnermittlung mittels Erfolgsrechnung (Aufwands-Ertragsrechnung) werden die Zahlungen periodisiert. Dadurch erhöht sich die Vergleichbarkeit der einzelnen Rechnungsperioden. Jedoch führen Ermessensspielräume (z. B. bei der Bewertung) zu einem »ungenaueren« Ergebnis in der Hinsicht, dass die Vermögensgegenstände bei einer Veräußerung eventuell nicht den Wert erzielen, mit dem sie bilanziert (bewertet) wurden.

(11) **Lösung Aufgabe 10** *Kontrollfragen*

1. *Erläutern Sie den Begriff »Zielgröße« der Investoren!*
   Um eine Größe zu identifizieren, die das Ausmaß der Zielerreichung abbilden kann, muss zunächst klar sein, was das Ziel eigentlich darstellt. Die neoklassische Betriebswirtschaftslehre geht von der Maximierung des Konsumnutzens als »finanzielles Oberziel« der Individuen / Investoren aus. Da der Konsumnutzen nicht direkt messbar ist, muss eine Ersatzgröße (Surrogatmaß) bestimmt werden, die das eigentliche Ziel am besten »in Zahlen« fasst. Dieses Surrogatmaß stellt Zahlungen dar, da Zahlungen in Konsumnutzen (z. B. durch Kauf von Bier, Bezahlung der Miete, Kauf von Kleidung ...) transformiert werden können.

2. *Warum stellt »das Unternehmen« nur Mittel zum Zweck dar?*
   Der Begriff »des Unternehmens« wird in der medialen Berichterstattung häufig für negative Schlagzeilen missbraucht (z. B. »Die Unternehmen« beuten »ihre« Arbeitnehmer aus ...). Bei »den Unternehmen« handelt es sich allerdings nicht um natürliche Personen. Betriebliche Entscheidungen werden immer von natürlichen Personen getroffen. Bei Unternehmen sind dies u. a. die Eigentümer. In den Anfängen der Betriebswirtschaftslehre wurden Unternehmen als Selbstzweck verstanden. Ziel war es demnach, »das Unternehmen« selbst zu erhalten. Inzwischen ist man von diesem Selbstzweck abgekommen und versteht »das Unternehmen« als Einkommensquelle für ihre Eigentümer. Der Zweck »des Unternehmens« besteht demnach in der Generierung von Einkommen.

3. *Nennen Sie die wesentlichen Funktionen des betrieblichen Rechnungswesens und deren Rechenwerke.*
   - Rechnungslegungs- und Informationsfunktion: Wesentliche Rechenwerke sind die Gewinn- und Verlustrechnung sowie die Bilanz. Beide Rechenwerke zusammen bilden den Jahresabschluss.
   - Dokumentationsfunktion: Der Dokumentationsfunktion werden dieselben Rechenwerke wie der Rechnungslegungs- und Informationsfunktion zugeordnet.
   - Kontrollfunktion: Hierzu gehört die Kosten- und Leistungsrechnung mit dem Betriebsabrechnungsbogen als konkretem Rechenwerk.
   - Planungsfunktion: Hierzu zählt die Investitionsrechnung mit dem Finanzplan als Beispiel für ein konkretes Rechenwerk.

4. *Worin unterscheiden sich internes und externes Rechnungswesen grundsätzlich?*
   Für das externe Rechnungswesen existieren umfangreiche gesetzliche Vorschriften. Das interne Rechnungswesen ist nicht durch gesetzliche Normen geregelt und kann auf freiwilliger Basis eingerichtet werden.
5. *In welcher Beziehung stehen Mengengrößen und Wertgrößen?*
   Die formale Beziehung lautet: Wert = Menge × Preis.
6. *Welche Probleme bringen Wertgrößen mit sich?*
   Zur Ermittlung von Wertgrößen sind Preise erforderlich. Probleme ergeben sich dann, wenn keine tagesaktuellen Preise vorhanden sind. Was ist der Computer, der vor einem Jahr gekauft wurde, heute noch wert? Die Bewertung lässt sehr weite (Ermessens-)Spielräume zu.
7. *Warum sind in der Bilanz nur Wertgrößen enthalten?*
   Die Darstellung von Mittelherkunft und Mittelverwendung wird dadurch übersichtlicher und schneller lesbar.
8. *Geben Sie an, ob es sich bei nachstehenden Größen jeweils um Mengen-, Wert-, Strom- bzw. Bestandsgrößen handelt:*
   a) *Am 31.12.2017 befinden sich vier Tonnen Sand auf Lager.*
      »Vier Tonnen Sand« stellen eine Mengengröße dar. Da die Menge zu einem bestimmten Zeitpunkt angegeben ist, handelt es sich gleichzeitig um eine Bestandsgröße.
   b) *Im Jahr 2017 wurden Fahrräder im Wert von 100 000 EUR produziert.*
      Angegeben ist ein Wert, der sich auf einen bestimmten Zeitraum bezieht. Es handelt sich deshalb sowohl um eine Stromgröße als auch um eine Wertgröße.
   c) *Am 1.1.2017 betrug der Wert der Maschinen 2,3 Mio EUR.*
      Angegeben ist ein Wert zu einem bestimmten Zeitpunkt. Es handelt sich deshalb um eine Wert- und Bestandsgröße.
   d) *Im Jahr 2017 wurden 350 000 Fahrzeuge verkauft.*
      Da es sich um die Menge eines Zeitraums handelt, liegt eine Mengen- und Stromgröße vor.
9. *Wie unterscheiden sich Einzahlungen/Auszahlungen, Einnahmen/Ausgaben und Erträge/Aufwendungen in der betriebswirtschaftlichen Terminologie?*
   Unter Einzahlungen versteht man den Zugang an Bar- oder Giralgeld. Rechnet man Forderungen hinzu, erhält man die Einnahmen. Korrespondierend stellen Auszahlungen den Abgang an Bar- oder Giralgeld dar. Berücksichtigt man zusätzlich Verbindlichkeiten, erhält man die Ausgaben.
   Erträge und Aufwendungen verändern das Reinvermögen. Kommt es zu einer Veränderung des Reinvermögens, handelt es sich bei dessen Erhöhung um Erträge und bei dessen Minderung um Aufwendungen; es sei denn die Änderung des Reinvermögens basiert auf einer Einlage, Kreditaufnahme, Entnahme oder der Tilgung eines Kredits.
10. *Was versteht man unter den Begriffen Forderungen, Verbindlichkeiten, Zielkauf und Buchwert?*
    - Forderungen: Anspruch auf Zahlung.

- Verbindlichkeit: Zahlungsverpflichtung.
- Zielkauf: Die Zahlung für den Erhalt von Gütern oder Dienstleistungen erfolgt erst in der Zukunft.
- Buchwert: Wert, zu dem Vermögen oder Schulden in der Bilanz (in den Büchern) steht.

11. *Welche »Mängel« der Einzahlungs-Auszahlungs-Rechnung werden durch die Einnahmen-Ausgaben-Rechnung korrigiert?*

    Bei der Einzahlungs-Auszahlungs-Rechnung wird nur die Veränderung des Zahlungsmittelbestands betrachtet, wohingegen bei der Einnahmen-Ausgaben-Rechnung zusätzlich Forderungen und Verbindlichkeiten berücksichtigt werden.

    Die Einnahmen-Ausgaben-Rechnung spiegelt die Veränderung der Vermögensverhältnisse besser wider. Dementsprechend wird bei der Einnahmen-Ausgaben-Rechnung der Erfolgsbegriff weiter gefasst. Der daraus entstehende Nachteil ist die zusätzliche Unsicherheit über die Werthaltigkeit von Forderungen bzw. Verbindlichkeiten.

12. *Erläutern Sie, weshalb eine Ertrags-Aufwands-Rechnung einerseits »vollständiger« und anderseits »ungenauer« als eine Einnahmen-Ausgaben-Saldierung ist.*
    - »Vollständiger«
      Es werden zusätzlich Wertveränderungen im Sachvermögen erfasst.
    - »Ungenauer«
      Die Bewertung von Forderungen und Verbindlichkeiten gestaltet sich einfacher als die Bewertung von Realvermögen. Forderungsausfälle oder unsichere Forderungen können aufgrund von Erfahrungswerten ermittelt werden. Bei der Bewertung von Sachvermögen bestehen fast immer Ermessensspielräume. Die Bewertung ist insofern wenig verlässlich. Der Wert könnte nur durch Veräußerung des zu bewertenden Vermögensgegenstands exakt bestimmt werden. Dann existiert aber das Problem der Bewertung nicht mehr, da der Vermögensgegenstand dann nicht mehr bilanziert werden darf.

13. *Welche Rechenwerke lassen sich den verschiedenen Vermögensebenen (Zahlungsmittel-, Geldvermögens- und Reinvermögensebene) zuordnen?*
    - Zahlungsmittelebene: Kapitalflussrechnung und Finanzplan. Die Kapitalflussrechnung, die auch als Cashflow-Rechnung bezeichnet wird, hat das Ziel, Zahlungsmittelströme eines Unternehmens transparent darzustellen. Es sollen Veränderungen des Liquiditätspotentials im Zeitverlauf quantifiziert und die Ursachen der Veränderungen sichtbar gemacht werden. Finanzpläne sind Staffelrechnungen, bei denen die Zahlungswirkungen einer Periode für Zwecke der Investitionsrechnung übersichtlich dargestellt werden.
    - Geldvermögensebene: Kurz- bzw. mittelfristige Liquiditätsplanung.
    - Reinvermögensebene: Gewinn- und Verlustrechnung sowie die Bilanz.

14. *Erläutern Sie, inwiefern die Rechenwerke der Finanzbuchhaltung (Bilanz und GuV) ebenso wie die Investitionsrechnung pagatorische Rechenwerke darstellen.*
    Unter pagatorischen Rechenwerken versteht man Rechenwerke, die auf Basis des Grundsatzes der Zahlungsverrechnung (Grundsatz der Pagatorik) erstellt werden. Demnach werden nur Vorfälle betrachtet, die früher oder später zu Ein- oder Auszahlungen führen. Alle in der Frage genannten Rechenwerke bilden ausschließlich Vorgänge ab, die dem Grundsatz der Zahlungsverrechnung nicht entgegen stehen.
15. *Welche Rechnungsperioden sind denkbar?*
    Als Rechnungsperiode ist theoretisch jede Zeiteinheit denkbar. Zum Beispiel Sekunde, Minute, Stunde, Tag, Woche, Monat, Jahr oder Jahrzehnt. Denkbar sind aber auch individuelle Zeiträume wie etwa die Nutzungsdauer einer Maschine.
16. *Was versteht man unter dem Begriff »Totalperiode«?*
    Unter Totalperiode versteht man den Zeitraum zwischen Beginn (Gründung) und Ende (Liquidation) eines Unternehmens. Gelegentlich spricht man im Zusammenhang mit der Totalperiode auch von der »Lebensdauer« eines Unternehmens bzw. einer Investition.
17. *Was stellt die Totalperiode bei Investition in ein Mietobjekt dar?*
    Die Totalperiode reicht vom Bau des Objekts bzw. Kauf des Objekts bis zu dessen Abriss bzw. Verkauf.
18. *Warum ist die Totalperiode als Rechnungsperiode nicht geeignet?*
    Die Totalperiode ist für jede Investition bzw. jedes Unternehmen individuell. Die Rechnungszeiträume wären nicht vergleichbar und für die externen Adressaten der Rechenwerke wären die Rechenwerke für Zwecke der Dokumentation, Information, Kontrolle und Planung nutzlos. Zudem ergeben sich aus dem Ergebnis einer Rechnungsperiode Rechtsfolgen wie etwa die Gewinnverteilung unter den Eigentümern oder Steuerzahlungen an den Fiskus. Da sich die Totalperiode über mehrere Jahre oder Jahrzehnte ausdehnen kann, wäre die Erstellung von Rechenwerken am Ende nutzlos für Zwecke der Zahlungsbemessung (des entnehmbaren Gewinns oder des Steueraufkommens) und zudem obsolet, wenn es sich um Werke handelt, die dem Grundsatz der Zahlungsverrechnung entsprechen, da sich unabhängig von der Vermögensebene (Zahlungsmittelebene, Geldvermögensebene, Reinvermögensebene) derselbe Erfolg einstellt.
19. *Geben Sie Beispiele für Rechnungsperioden in der Praxis!*
    Eine Rechnungsperiode ist z. B. ein Geschäftsjahr, welches i. d. R. einen Zeitraum von einem Jahr umfasst. Das Geschäftsjahr kann dabei dem Kalenderjahr (1. 1. – 31. 12.) entsprechen; es kann aber auch davon abweichen. Zum Beispiel orientieren sich die Land- und Forstwirte bei ihrem Geschäftsjahr, das i. d. R. vom 1. 7. – 30. 6. geht, an der Fruchtziehung. Es existieren zudem Rumpfgeschäftsjahre, die kürzer als ein Jahr sind (z. B. bei der Aufnahme oder der Beendigung des Geschäftsbetriebs), aber auch monatliche Rechnungsperioden kommen in der Praxis vor. Zum Beispiel muss die Umsatzsteuervoranmeldung monatlich vorgenommen werden.

20. *Wann führen Vermögensänderungen der unterschiedlichen Vermögensebenen (Zahlungsmittelebene, Geldvermögensebene, Reinvermögensebene) zum selben Ergebnis und warum?*
    Sofern die Rechnungsperiode der Totalperiode entspricht, führen die Vermögensänderungen aller Vermögensebenen zum selben Ergebnis, da der Erfolg jeweils nach dem Grundsatz der Zahlungsverrechnung/Pagatorik ermittelt wird.

21. *Erläutern Sie, was unter Abgrenzungsproblemen zu verstehen ist, sofern die Totalperiode in mehrere Berichtsperioden zerlegt wird.*
    Abgrenzungsprobleme ergeben sich dann, wenn Ein- bzw. Auszahlungen in die eine und Erträge (das Erbringen von Leistungen) bzw. Aufwendungen (der Verbrauch von Güter und Dienstleistungen) in eine andere Periode fallen. Ein Auto kann z. B. über mehrere Rechnungsperioden (Jahre) genutzt werden. Wenn z. B. ein Auto in Periode 1 gekauft und bezahlt wird, wäre es nicht richtig, Periode 1 den ganzen Aufwand in Form des Kaufpreises zuzurechnen. Vielmehr müsste man den Kaufpreis über die Perioden verteilen, über die das Auto genutzt (verbraucht) wird (Verteilungsabschreibung). Bei Zerlegung der Totalperiode in mehrere Berichtsperioden besteht demnach ein Abgrenzungsproblem von Zahlungswirkung und Erfolgswirkung.

22. *Was versteht man im Kontext des Reinvermögens unter der »Realisierung« von Erträgen? Wann gilt der Verkauf von Erzeugnissen/Waren als realisiert?*
    Mit der Abgrenzung von Zahlungs- und Erfolgswirkung geht das Problem der Realisierung von Erträgen einher. Der Zeitpunkt der Realisierung entscheidet, welcher Periode der Ertrag zugewiesen wird. Wann ist z. B. der Ertrag beim Verkauf von Erzeugnissen oder Waren realisiert? Denkbar wären Zeitpunkte zwischen der Geschäftsanbahnung, also dem Bekunden des Kaufinteresses des Käufers, und des Ablaufs der Gewährleistung für den Gegenstand des Kaufs, jeweils mit Vor- und Nachteilen was die Manipulationsfähigkeit des Ertrags anbelangt. Der Ertrag wird unabhängig von der Einzahlung realisiert.

    In Deutschland gilt der Verkauf von Erzeugnissen/Waren zu dem Zeitpunkt als realisiert, ab dem ein Rechtsanspruch auf die Gegenleistung besteht. Das ist i. d. R. der Anspruch auf die Zahlung des Kaufpreises. Der Anspruch auf Zahlung des Kaufpreises entsteht nicht mit Abschluss des Kaufvertrages (Verpflichtungsgeschäft), sondern erst wenn der Verkäufer das seinerseits Erforderliche erbracht hat, nämlich die Erzeugnisse/Waren geliefert hat (Erfüllungsgeschäft). Erst dann wird der Verkauf buchhalterisch dokumentiert. Das Verpflichtungsgeschäft ist für buchhalterische Zwecke unbeachtlich.

23. *Erläutern Sie anhand eines selbstgewählten Beispiels, was man unter nicht realisierten Vermögenszuwächsen versteht!*
    Unter einem nicht realisierten Vermögenszuwachs versteht man die Wertsteigerung von Vermögen, das nicht verkauft wurde, sondern sich noch in den Büchern (der Bilanz) des Unternehmens befindet. Wurden z. B. in der

letzten Periode Aktien für 100 EUR gekauft, die in der aktuellen Periode an der Börse zu 120 EUR gehandelt werden, beträgt die nicht realisierte Wertsteigerung 20 EUR. Werden die Aktien tatsächlich verkauft, beträgt die realisierte Wertsteigerung 20 EUR.

24. *Welcher Rechnungsperiode (= Kalenderjahr) werden die (Reinvermögensänderungen in den nachstehenden Fällen zugewiesen? Geben Sie jeweils an, ob es sich um eine Reinvermögenszu- oder -abnahme handelt!*

   a) *Aufnahme und Auszahlung eines Darlehens am 1.1.2017 und Rückzahlung desselben am 30.6.2018.*
   Die Aufnahme des Darlehens in 2017 führt nicht zu einem Reinvermögenszuwachs, da die Erhöhung der liquiden Mittel mit einer Erhöhung der Verbindlichkeiten im selben Umfang einhergeht. Entsprechend führt die Rückzahlung in 2018 nicht zu einer Reinvermögensminderung, da die Minderung des Bestands an liquiden Mitteln mit einer Reduktion der Verbindlichkeiten in gleicher Höhe einhergeht. Allerdings ändert sich die Zusammensetzung des Vermögens.

   b) *Zinszahlungen für das Darlehen aus a) erfolgen ausschließlich am 30.6.2018.*
   Die Zinszahlungen stellen ein Nutzungsentgelt für die geliehenen Mittel dar. Zwar erfolgt die Auszahlung der Zinsen erst in 2018, allerdings entfällt das Nutzungsentgelt wirtschaftlich zu $\frac{2}{3}$ auf das Jahr 2017. Demnach wird die Vermögensminderung in Form des Zinsaufwands zu $\frac{2}{3}$ in 2017 und zu $\frac{1}{3}$ in 2018 zugewiesen.

   c) *Barkauf einer Maschine am 30.9.2017.*
   Der Kauf der Maschine selbst stellt keine Reinvermögensmehrung oder -minderung dar, da das Sachvermögen in dem Ausmaß zunimmt, in dem die Barmittel abnehmen. Die Maschine verliert, bedingt durch die Nutzung und den damit einhergehenden Verschleiß, im Zeitablauf an Wert. Diese Wertminderung (Reinvermögensminderung) in Form von Abschreibungen (Aufwendungen) wird den jeweiligen Rechnungsperioden zugeschrieben, in denen die Maschine genutzt wird bzw. der Verschleiß stattfindet.

   d) *Barkauf von Wertpapieren am 1.1.2017 für 1 000 EUR. Der Wert der Wertpapiere am 31.12.2017 (31.12.2018) beträgt 1 200 EUR (750 EUR).*
   Der Barkauf von Wertpapieren führt analog zum Kauf der Maschine aus c) nicht zu einer Reinvermögensänderung. Bei der Wertentwicklung der Wertpapiere handelt es sich um unrealisierte Reinvermögensänderungen.

   e) *Am 25.12.2017 erhalten wir Dividenden für die Wertpapiere aus d).*
   Die Dividenden stellen einen Ertrag und damit eine Reinvermögensmehrung in 2017 dar. Dividenden stellen eine Verzinsung des Kapitals, das Kapitalgesellschaften zur Verfügung gestellt wird, dar. Die Höhe wird, anders als bei Darlehen, nicht festgelegt, sondern hängt vom wirtschaftlichen Erfolg ab. Deshalb findet auch keine Aufteilung auf verschiedene Perioden statt.

f) *Barkauf eines Grundstücks am 31. 8. 2017 für 20 000 EUR. Das Grundstück hat am 31. 12. 2017 unstreitig einen Wert von 22 000 EUR. Am 23. 4. 2018 wird das Grundstück für 25 000 EUR gegen bar verkauft.*

Eine Reinvermögensmehrung in 2017 besteht nicht, da beim Kauf die Abnahme der Barmittel mit der Zunahme von Sachvermögen in gleicher Höhe einhergeht. Bei der Wertsteigerung von 2 000 EUR in 2017 handelt es sich um eine unrealisierte Wertsteigerung. Das Reinvermögen nimmt – unter Berücksichtigung dieser unrealisierten Wertsteigerung – zu. Das Reinvermögen nimmt in 2018 nochmals um 3 000 EUR zu. Insgesamt wurde eine Wertsteigerung bzw. ein Ertrag i. H. v. 5 000 EUR realisiert.

25. *Geben Sie jeweils zwei Beispiele an für*

   a) *Auszahlung, nie Aufwand*
   - Tilgung eines Darlehens
   - Barentnahme

   b) *Auszahlung vor Aufwand*
   - Vorauszahlung von Versicherungsbeiträgen
   - Kauf eines Autos in bar

   c) *Auszahlung nach Aufwand*
   - Zinsen, die auf die aktuelle Rechnungsperiode entfallen, aber erst in der nachfolgenden Rechnungsperiode bezahlt werden.
   - Fällige Mietzahlungen aus der aktuellen Rechnungsperiode, die erst in der nächsten Rechnungsperiode bezahlt werden.

   d) *Auszahlung, Aufwand in derselben Rechnungsperiode*
   - Bezahlung der Novembergehälter von Verwaltungsangestellten im November
   - Barkauf und gleichzeitiger Verbrauch von Rohstoffen

   e) *Einzahlung, nie Ertrag*
   - Aufnahme eines Darlehens
   - Bareinlage

   f) *Einzahlung vor Ertrag*
   - Erhalt von Mietzahlungen im Voraus
   - Erhalt von Zinszahlungen im Voraus

   g) *Einzahlung nach Ertrag*
   - Erhalt von Mietzahlungen im Nachhinein
   - Erhalt von Zinszahlungen im Nachhinein

   h) *Einzahlung, Ertrag in derselben Rechnungsperiode*
   - Verkauf von Waren in bar über Buchwert.
   - Ausführung einer Dienstleistung gegen bar.

3 Technik der doppelten Buchführung I

(14) **Lösung Aufgabe 11** *Wahr oder falsch?*

a) *wahr* | Die Inventur ist der physische Vorgang des Zählens, Messens und Wiegens. Das Ergebnis mündet im Inventar.
b) *wahr* | Alle Bestandteile des Vermögens lassen sich unter einem dieser drei Positionen subsummieren.
c) *wahr* | Aus diesem Grund kann der Erfolg nur durch Distanzrechnung (Betriebsvermögensvergleich) ermittelt werden.
d) *falsch* | Das Vermögen ist nach der Liquidität geordnet. Die Passivseite ist nach der Fristigkeit geordnet.
e) *wahr* | Diese Definition ergibt sich letztlich aus § 247 Abs. 2 HGB.
f) *falsch* | Wenn sie von vornherein zur Veräußerung bestimmt sind – wie z. B. beim Kfz-Händler – stellen sie Umlaufvermögen dar.
g) *falsch* | Schulden sind nach der Fristigkeit geordnet.
h) *falsch* | Die »linke Seite« der Bilanz repräsentiert mit der »Aktiva« die Mittelverwendung.
i) *wahr* | Die Aktivseite ist nach der Liquidität geordnet, wobei die Liquidität von oben nach unten zunimmt.
j) *wahr* | Dies ergibt sich aus § 266 Abs. 1 Satz 1 HGB.
k) *falsch* | Einer der Vorteile der Staffelform gegenüber der Kontoform ist gerade die Möglichkeit der Bildung von Zwischensummen.
l) *wahr* | Aktivkonten nehmen im Soll zu und im Haben ab.
m) *falsch* | Passivkonten nehmen im Soll ab und im Haben zu.
n) *wahr* | Über den »Umweg« des Eröffnungsbilanzkontos finden die Anfangsbestände von Passivkonten Eingang im Haben.
o) *falsch* | Die Endbestände der Aktivkonten müssen im »Soll« der Bilanz stehen und müssen auf den Konten daher im Haben gegengebucht werden.
p) *wahr* | Es wird jeweils ein Soll- und ein Habenkonto berührt.
q) *falsch* | Zum Erhalt des Gleichgewichts muss die Summe der Beträge aus den Sollbuchungen immer der Summe der Beträge aus den Habenbuchungen entsprechen.
r) *wahr* | Der einzige Unterschied besteht darin, dass das Eröffnungsbilanzkonto mit »Soll« und »Haben« überschrieben ist anstatt mit »Aktiva« und »Passiva«.
s) *falsch* | In der Bilanz werden die einzelnen Positionen teilweise zusammengefasst. Zusätzlich existiert keine Gliederungsvorschrift für das Schlussbilanzkonto.

3 TECHNIK DER DOPPELTEN BUCHFÜHRUNG I

(15) **Lösung Aufgabe 12** *Begriffe der doppelten Buchführung*

		Aktiva	Passiva
a)	Mittelherkunft	☐	☒
b)	Verbindlichkeiten	☐	☒
c)	Anlagevermögen	☒	☐
d)	Mittelverwendung	☒	☐
e)	Vermögen	☒	☐
f)	Bruttovermögen	☒	☐
g)	Kapital	☐	☒
h)	Schulden	☐	☒
i)	Nettovermögen	☐	☒
j)	Eigenkapital	☐	☒
k)	Reinvermögen	☐	☒
l)	Umlaufvermögen	☒	☐

(15) **Lösung Aufgabe 13** *Darstellung von Geschäftsvorfällen in T-Konten*

a) Ermittlung des Endbestands in *chronologischer Folge*.

			EUR
+	01. 10.	Anfangsbestand	52 000
./.	02. 10.	Überweisung der Ladenmiete (durch uns)	1 400
./.	03. 10.	Überweisung der Sozialaufwendungen für Aushilfskräfte	3 000
+	05. 10.	Einzahlung von Kunde Schmitz	1 100
./.	08. 10.	Auszahlung wegen Reparatur eines Kopierers	2 000
+	10. 10.	Zinsgutschrift	5 000
+	12. 10.	Überweisung vom Kunden Müller	350
./.	13. 10.	Überweisung von betrieblichen Steuern an das Finanzamt	3 700
./.	14. 10.	Bezahlung eines Rechnungsbetrags	6 500
+	15. 10.	Einzahlung von Kunde König	850
=	31.10	Endbestand	42 700

b) Darstellung der Geschäftsvorfälle in einem Konto in *Reihenform*.

Datum	Geschäftsvorfall	EZ in EUR	AZ in EUR
01. 01.	Anfangsbestand	52 000	
02. 10.	Überweisung der Ladenmiete (durch uns)		1 400
03. 10.	Überweisung der Sozialaufwendungen für Aushilfskräfte		3 000
05. 10.	Einzahlung von Kunde Schmitz	1 100	
08. 10.	Auszahlung wegen Reparatur eines Kopierers		2 000

Datum	Geschäftsvorfall	EZ in EUR	AZ in EUR
10. 10.	Zinsgutschrift	5 000	
12. 10.	Überweisung vom Kunden Müller	350	
13. 10.	Überweisung von betrieblichen Steuern an das Finanzamt		3 700
14. 10.	Bezahlung eines Rechnungsbetrags		6 500
15. 10.	Einzahlung von Kunde König	850	
	Summen (Saldo)	59 300	16 600
31. 10	Endbestand		42 700

c) Darstellung der Geschäftsvorfälle in einem T-Konto:

Soll		Bank		Haben
01. 10. Anfangsbestand	52 000	02. 10. Überweisung Miete		1 400
05. 10. Einzahlung Schmitz	1 100	03. 10. Sozialaufwendungen		3 000
10. 10. Zinsen	5 000	08. 10. Reparatur Kopierer		2 000
12. 10. Überweisung Müller	350	13. 10. Steuern		3 700
15. 10. Einzahlung König	850	14. 10. Bezahlung Rechnung		6 500
		Saldo (SBK)		42 700
Summe	59 300	Summe		59 300

Der Abschluss des Kontos »Bank« erfolgt durch Bildung des Saldos. Dazu wird im ersten Schritt die wertmäßig stärkere Seite identifiziert. Dies ist hier die Sollseite mit 59 300 EUR. Im zweiten Schritt wird diese Summe auf die wertmäßig schwächere Seite – hier also die Habenseite – übertragen. Die Positionen auf der Habenseite addiert ergeben 16 600 EUR (vgl. dazu b)). Die Differenz zwischen 59 300 EUR und 16 600 EUR beträgt 42 700 EUR und stellt gleichzeitig den Saldo dar.

(16) **Lösung Aufgabe 14** *Zuordnung von Konten*

		(a)	(b)	(c)	(d)
1.	Forderungen aus L. u. L.	☐	☒	☐	☐
2.	Fuhrpark	☒	☐	☐	☐
3.	Fertige Erzeugnisse	☐	☒	☐	☐
4.	Betriebs- und Geschäftsausstattung	☒	☐	☐	☐
5.	Beteiligungen[1]	☒	☐	☐	☐
6.	Rohstoffe	☐	☒	☐	☐
7.	Verbindlichkeiten aus L. u. L.	☐	☐	☐	☒
8.	Bank[2]	☐	☒	☐	☐
9.	Privatkonto	☐	☐	☒	☐
10.	Sachanlagen	☒	☐	☐	☐

3 TECHNIK DER DOPPELTEN BUCHFÜHRUNG I   L-15

		(a)	(b)	(c)	(d)
11.	Grundstücke	☒	☐	☐	☐
12.	Patente	☒	☐	☐	☐
13.	Kapitalkonto[3]	☐	☐	☒	☐
14.	Verbindlichkeiten gegenüber Kreditinstituten	☐	☐	☐	☒
15.	Kasse	☐	☒	☐	☐
16.	Unfertige Erzeugnisse	☐	☒	☐	☐

[1] Beteiligungen gehören zum Anlagevermögen, da sie per Definition langfristig gehalten werden (vgl. hierzu § 271 Abs. 1 HGB). Zum Umlaufvermögen gehören z. B. »Wertpapiere des Umlaufvermögens«.

[2] Das Bankkonto repräsentiert i. d. R. kurzfristige Sichteinlagen und ist auf der Aktivseite verortet. Sofern das Bankkonto »überzogen« bzw. ein Kontokorrentkredit in Anspruch genommen wird, wird das Bankkonto im Fremdkapital auf der Passivseite ausgewiesen.

[3] Das Eigenkapital wird in Abhängigkeit von der Rechtsform noch weiter unterteilt, z. B. existieren bei der offenen Handelsgesellschaft i. d. R. zwei Kapitalkonten pro Gesellschafter, ein »fixes« Konto (Kapitalkonto I) und ein variables Konto (Kapitalkonto II).

(16) **Lösung Aufgabe 15** *Erste erfolgsneutrale Buchungssätze*

a) *Kauf eines Grundstücks für 100 000 EUR per Banküberweisung.*
  1. Es sind die beiden Bestandskonten »Grundstücke und Gebäude« und »Bank« betroffen.
  2. Bei beiden Konten handelt es sich um Aktivkonten.
  3. Das Konto »Grundstücke und Gebäude« nimmt zu, während das Bankkonto abnimmt.
  4. Formulierung des Buchungssatzes:

  Grundstücke   100 000 EUR
   an *Bank*   100 000 EUR

b) *Eingang einer Forderung i. H. v. 1 500 EUR in bar.*
  1. Es sind die Konten »Forderungen aus Lieferungen und Leistungen« und »Kasse« betroffen.
  2. Bei beiden Konten handelt es sich um Aktivkonten.
  3. Das Konto »Forderungen aus Lieferungen und Leistungen« nimmt ab, während das Konto »Kasse« zunimmt.
  4. Formulierung des Buchungssatzes:

  Kasse   1 500 EUR
   an *Forderungen aus L. u. L.*   1 500 EUR

c) *Wir tilgen einen Kredit per Banküberweisung i. H. v. 2 000 EUR.*
  1. Es sind die Konten »Verbindlichkeiten gegenüber Kreditinstituten« und »Bank« betroffen.

2. Das Konto »Verbindlichkeiten gegenüber Kreditinstituten« ist ein passives Bestandskonto, während es sich bei dem Bankkonto um ein Aktivkonto handelt.
3. Beide Konten nehmen ab.
4. Formulierung des Buchungssatzes:

[B-72] Verbindlichkeiten ggü. KI   2 000 EUR
         an   Bank   2 000 EUR

d) Wir kaufen einen Geschäftswagen (Audi A6), indem wir unseren alten Geschäftswagen (BMW) in Zahlung geben und noch 13 500 EUR in bar dazuzahlen. Der BMW steht zum Zeitpunkt des Kaufs bei uns mit 30 000 EUR in der Bilanz.
Bei dem Geschäftsvorfall handelt es sich um einen Tausch mit Baraufgabe.
1. Es sind die Konten »Fuhrpark« und »Kasse« betroffen.
2. Beide Konten sind aktive Bestandskonten.
3. Das Konto »Fuhrpark« nimmt durch den Abgang des BMW ab und durch den Zugang des Audi A6 zu. Das Konto »Kasse« nimmt ab.
4. Formulierung des Buchungssatzes:

[B-73] Fuhrpark   43 500 EUR
        an   Fuhrpark   30 000 EUR
               Kasse   13 500 EUR

(17) **Lösung Aufgabe 16** *Erfolgsneutrale Buchungssätze*
Orientieren Sie sich bei der Bildung der Buchungssätze anhand nachstehender Vorgehensweise:

1. Welche Konten sind betroffen?
2. Handelt es sich um aktive oder passive Bestandskonten?
3. Nehmen die Konten zu oder ab?
4. Mit welchen Beträgen werden die Konten angesprochen?

Es ergeben sich folgende Buchungssätze:

1. Erwerb einer Abfüllanlage

[B-74] Sachanlagen   75 000 EUR
       an   Bank   75 000 EUR

2. Rohstoffe

[B-75] Rohstoffe   10 000 EUR
       an   Verbindlichkeiten aus L. u. L.   10 000 EUR

3. Bezahlung der Rohstoffe aus 2. in bar.

[B-76] Verbindlichkeiten aus L. u. L.   10 000 EUR
       an   Kasse   10 000 EUR

4. Barabhebung

[B-77] Kasse   2 000 EUR
       an   Bank   2 000 EUR

3 TECHNIK DER DOPPELTEN BUCHFÜHRUNG I

5. Barverkauf

Kasse 5 000 EUR
 an Fuhrpark 5 000 EUR

6. Aufnahme eines Kredits

Bank 100 000 EUR
 an Verbindlichkeiten ggü. Kreditinstituten 100 000 EUR

7. Überweisung eines Kunden

Bank 2 400 EUR
 an Forderungen aus L. u. L. 2 400 EUR

8. Umwandlung einer Lieferantenverbindlichkeit

Verbindlichkeiten aus L. u. L. 3 500 EUR
 an Darlehensverbindlichkeiten 3 500 EUR

9. Kauf von Waren

Waren 45 000 EUR
 an Verbindlichkeiten aus L. u. L. 40 000 EUR
   Kasse 5 000 EUR

(17) **Lösung Aufgabe 17** *Eröffnungs- und Abschlussbuchungen, Geschäftsvorfälle*

a) Erstellung des Eröffnungsbilanzkontos

Grundstücke und Gebäude 75 000 EUR
Fuhrpark 15 000 EUR
Waren 30 000 EUR
Forderungen 7 500 EUR
Bank 39 000 EUR
Kasse 26 000 EUR
 an *Eröffnungsbilanzkonto* 192 500 EUR

Eröffnungsbilanzkonto 192 500 EUR
 an *Eigenkapital* 100 500 EUR
   Verbindlichkeiten ggü. KI 40 000 EUR
   Verbindlichkeiten aus L. u. L. 52 000 EUR

Soll		Eröffnungsbilanzkonto	Haben
Eigenkapital	100 500	Grundstücke/Gebäude	75 000
Verb. ggü. KI	40 000	Fuhrpark	15 000
Verb. aus L. u. L.	52 000	Waren	30 000
		Forderungen	7 500
		Bank	39 000
		Kasse	26 000
Summe	192 500	Summe	192 500

b) Verbuchung der Geschäftsvorfälle

[B-85] 1. Bank   1 000 EUR
           an   Forderungen aus L. u. L.   1 000 EUR

[B-86] 2. Waren   8 000 EUR
           an   Kasse   2 000 EUR
                 Verbindlichkeiten aus L. u. L.   6 000 EUR

[B-87] 3. Fuhrpark   9 500 EUR
           an   Waren   3 000 EUR
                 Forderungen aus L. u. L.   6 500 EUR

[B-88] 4. Beteiligungen   20 000 EUR
           an   Kasse   20 000 EUR

[B-89] 5. Verbindlichkeiten ggü. KI   40 000 EUR
           an   Bank   40 000 EUR

c) Ermittlung der Salden

Soll	G.u.G.	Haben		Soll	Beteiligungen	Haben
AB	75 000	EB	75 000	AB	0	EB	20 000
				4.	20 000		
Summe	75 000	Summe	75 000	Summe	20 000	Summe	20 000

Soll	Fuhrpark	Haben		Soll	Waren	Haben
AB	15 000	EB	24 500	AB	30 000	3.	3 000
3.	9 500			2.	8 000	EB	35 000
Summe	24 500	Summe	24 500	Summe	38 000	Summe	38 000

Soll	Forderungen	Haben		Soll	Bank	Haben
AB	7 500	1.	1 000	AB	39 000	5.	40 000
		3.	6 500	1.	1 000	EB	0
		EB	0				
Summe	7 500	Summe	7 500	Summe	40 000	Summe	40 000

Soll	Kasse	Haben		Soll	EK	Haben
AB	26 000	2.	2 000	EB	100 500	AB	100 500
		4.	20 000				
		EB	4 000	Summe	100 500	Summe	100 500
Summe	26 000	Summe	26 000				

Soll	Verb. ggü. KI	Haben		Soll	Verb. aus L. u. L.	Haben
5.	40 000	AB	40 000	EB	58 000	AB	52 000
EB	0					2.	6 000
Summe	40 000	Summe	40 000	Summe	58 000	Summe	58 000

3 TECHNIK DER DOPPELTEN BUCHFÜHRUNG I

d) Abschluss der T-Konten

[-90]   Schlussbilanzkonto   158 500 EUR

        an   Grundstücke und Gebäude   75 000 EUR

              Beteiligungen   20 000 EUR

              Fuhrpark   24 500 EUR

              Waren   35 000 EUR

              Kasse   4 000 EUR

[-91]   Eigenkapital   100 500 EUR

       Verbindlichkeiten aus L. u. L.   58 000 EUR

        an   Schlussbilanzkonto   158 500 EUR

Soll	Schlussbilanzkonto		Haben
Grundstücke/Gebäude	75 000	Eigenkapital	100 500
Fuhrpark	24 500	Verb. aus L. u. L.	58 000
Beteiligungen	20 000		
Waren	35 000		
Kasse	4 000		
Summe	158 500	Summe	158 500

Die Schlussbilanz entspricht hier dem Schlussbilanzkonto (mit der Ausnahme, dass die Schlussbilanz mit »Aktiva« und »Passiva« überschrieben ist anstatt mit »Soll« und »Haben«), da eine weitere Zusammenfassung der Konten nicht möglich ist.

Da der Endbestand der Konten »Bank« und »Forderungen aus L. u. L.« Null beträgt, werden die Positionen im Schlussbilanzkonto nicht mehr ausgewiesen.

(18) **Lösung Aufgabe 18** *Eröffnungs- und Abschlussbuchungen, Geschäftsvorfälle*

a) Erstellung des Eröffnungsbilanzkontos

[-92]   Grundstücke/Gebäude   75 000 EUR

       Fuhrpark   36 000 EUR

       Wertpapiere   21 500 EUR

       Waren   45 000 EUR

       Forderungen   12 500 EUR

       Bank   87 000 EUR

       Kasse   9 500 EUR

        an   Eröffnungsbilanzkonto   286 500 EUR

[-93]   Eröffnungsbilanzkonto   286 500 EUR

        an   Eigenkapital   241 800 EUR

              Verbindlichkeiten ggü. Kreditinstituten   40 000 EUR

              Verbindlichkeiten aus L. u. L.   4 700 EUR

Soll	Eröffnungsbilanzkonto		Haben
Eigenkapital	241 800	Grundstücke/Gebäude	75 000
Verb. ggü. KI	40 000	Fuhrpark	36 000
Verb. aus L. u. L.	4 700	Wertpapiere	21 500
		Waren	45 000
		Forderungen	12 500
		Bank	87 000
		Kasse	9 500
Summe	286 500	Summe	286 500

L-18

b) *Verbuchung der Geschäftsvorfälle*

		Sollbuchungen	EUR		*Habenbuchungen*	EUR
[B-94]	1.	Kasse	1 500	//	Privat	1 500
[B-95]	2.	Bank	6 500	//	Wertpapiere	6 500
[B-96]	3.	Bank	2 500	//	Ford. aus L. u. L.	7 200
		Verb. aus L. u. L.	4 700			
[B-97]	4.	Bank	20 000	//	Verb. ggü. KI	20 000
[B-98]	5.	Fuhrpark	28 000	//	Bank	20 000
					Kasse	1 500
					Verb. aus L. u. L.	6 500
[B-99]	6.	BuGA	1 200	//	Bank	1 200
[B-100]	7.	Waren	12 000	//	Kasse	1 600
					Verb. aus L. u. L.	10 400
[B-101]	8.	Bank	2 500	//	Ford. aus L. u. L.	2 500
[B-102]	9.	Bank	19 000	//	Waren	19 000
[B-103]	10.	Verb. ggü. KI	8 000	//	Bank	8 000
[B-104]	11.	Grundstücke/Gebäude	120 000	//	Bank	90 000
					Wertpapiere	15 000
					Kasse	5 000
					Verb. aus L. u. L.	10 000
[B-105]	12.	Fuhrpark	26 000	//	Fuhrpark	16 000
					Bank	10 000
[B-106]	13.	Privat	2 200	//	Waren	2 200
		Summe	254 100		*Summe*	254 100

c) Ermittlung der Salden

Soll	G. u. G.		Haben
AB	75 000	EB	195 000
11.	120 000		
Summe	195 000	Summe	195 000

Soll	Fuhrpark		Haben
AB	36 000	12.	16 000
5.	28 000	EB	74 000
12.	26 000		
Summe	90 000	Summe	90 000

Soll	BuGA		Haben
AB	0	EB	1 200
6.	1 200		
Summe	1 200	Summe	1 200

Soll	Wertpapiere		Haben
AB	21 500	2.	6 500
		11.	15 000
		EB	0
Summe	21 500	Summe	21 500

Soll	Waren		Haben
AB	45 000	9.	19 000
7.	12 000	13.	2 200
		EB	35 800
Summe	57 000	Summe	57 000

Soll	Forderungen		Haben
AB	12 500	3.	7 200
		8.	2 500
		EB	2 800
Summe	12 500	Summe	12 500

Soll	Bank		Haben
AB	87 000	5.	20 000
2.	6 500	6.	1 200
3.	2 500	10.	8 000
4.	20 000	11.	90 000
8.	2 500	12.	10 000
9.	19 000	EB	8 300
Summe	137 500	Summe	137 500

Soll	Kasse		Haben
AB	9 500	5.	1 500
1.	1 500	7.	1 600
		11.	5 000
		EB	2 900
Summe	11 000	Summe	11 000

Soll	Eigenkapital		Haben
Privat	700	AB	241 800
EB	241 100		
Summe	241 800	Summe	241 800

Soll	Verb. ggü. KI		Haben
10.	8 000	AB	40 000
EB	52 000	4.	20 000
Summe	60 000	Summe	60 000

Soll	Verb. aus L. u. L.		Haben
3.	4 700	AB	4 700
EB	26 900	5.	6 500
		7.	10 400
		11.	10 000
Summe	31 600	Summe	31 600

Soll	Privat		Haben
13.	2 200	1.	1 500
		EK	700
Summe	2 200	Summe	2 200

[B-107] Eigenkapital   700 EUR
         an Privat   700 EUR

d) Abschluss der Bestandskonten und Erstellung des Schlussbilanzkontos bzw. der Schlussbilanz

[B-108] Schlussbilanzkonto   320 000 EUR
         an Grundstücke/Gebäude   195 000 EUR
             Fuhrpark   74 000 EUR
             BuGA   1 200 EUR
             Waren   35 800 EUR
             Forderungen   2 800 EUR
             Bank   8 300 EUR
             Kasse   2 900 EUR

[B-109] Eigenkapital   241 100 EUR
         Verbindlichkeiten ggü. Kreditinstituten   52 000 EUR
         Verbindlichkeiten aus L. u. L.   26 900 EUR
         an Schlussbilanzkonto   320 000 EUR

Aktiva	Schlussbilanz		Passiva
	EUR		EUR
Grundstücke/Gebäude	195 000	Eigenkapital	241 100
Fuhrpark	74 000	Verb. ggü. KI	52 000
BuGA	1 200	Verb. aus L. u. L.	26 900
Waren	35 800		
Forderungen	2 800		
Bank	8 300		
Kasse	2 900		
Summe Aktiva	320 000	Summe Passiva	320 000

Da eine weitere Aggregierung der Konten nicht möglich ist, entspricht hier das Schlussbilanzkonto der Schlussbilanz (mit der Ausnahme, dass die Schlussbilanz mit »Aktiva« und »Passiva« überschrieben ist anstatt mit »Soll« und »Haben«).

(20) **Lösung Aufgabe 19** *Deutung von Buchungssätzen*

a) Die Forderungen nehmen zu, der Warenbestand nimmt ab. Bei dem Geschäftsvorfall handelt es sich um den Verkauf von Waren auf Ziel.

b) Das Bankkonto nimmt zu. Die Verbindlichkeiten gegenüber Kreditinstituten nehmen zu. Es liegt die Aufnahme eines Bankkredits vor.

c) Der Fuhrpark nimmt zu, ebenso die Verbindlichkeiten aus L. u. L. Es wird ein betriebliches Kraftfahrzeug auf Ziel gekauft.

d) Das Bankkonto nimmt zu. Das Kassenkonto nimmt ab. Es wird Geld aus der Kasse auf das Bankkonto eingezahlt.

e) Das RHB-Konto nimmt zu, das Bankkonto nimmt ab. Es werden Roh-, Hilfs- und Betriebsstoffe gegen Banküberweisung angeschafft.

f) Die Verbindlichkeiten gegenüber Kreditinstituten nehmen ab, gleichzeitig nimmt das Konto »Maschinen« ab. Es wird ein Bankdarlehen durch die Hingabe einer Maschine zurückgezahlt.
g) Der Fuhrpark nimmt zu. Das Konto Maschinen nimmt ab. Es liegt ein Tausch vor, bei dem der Unternehmer ein betriebliches Kraftfahrzeug erhält und dafür eine Maschine hergibt.
h) Das Warenkonto nimmt zu. Gleichzeitig nehmen die Verbindlichkeiten zu und das Kassenkonto nimmt ab. Es werden Waren teilweise auf Ziel und teilweise durch Barzahlung erworben.
i) Die Verbindlichkeiten aus L. u. L. nehmen ab, ebenso nehmen die fertigen Erzeugnisse ab. Es werden Lieferantenverbindlichkeiten durch die Hingabe von fertigen Erzeugnissen bezahlt.
j) Die Betriebs- und Geschäftsausstattung nimmt zu. Die Waren nehmen ab. Es handelt sich dabei entweder um eine »Entnahme« von Waren für die eigene Betriebs- und Geschäftsausstattung oder um einen Tausch, bei dem Gegenstände der Betriebs- und Geschäftsausstattung durch die Hingabe von Waren angeschafft werden.
k) Die Beteiligungen nehmen zu. Das Bankkonto nimmt ab und die Verbindlichkeiten gegenüber Kreditinstituten nehmen zu. Es wird eine Beteiligung erworben, die teilweise durch Banküberweisung und teilweise durch Bankdarlehen finanziert wird.
l) Das Bankkonto nimmt zu. Die Forderungen gegenüber Kunden nehmen ab. Forderungen aus L. u. L. werden per Banküberweisung beglichen.

(20) **Lösung Aufgabe 20** *Kontrollfragen*

1. *Warum ist die doppelte Buchführung »doppelt«?*
    Geschäftsvorfälle werden sowohl im Soll als auch im Haben erfasst. Bei der Verbuchung eines Geschäftsvorfalls werden mindestens zwei Konten angesprochen.
2. *Nennen Sie die wesentlichen Unterschiede zwischen Bilanz und Inventar!*
    Im Gegensatz zum Inventar muss die Bilanz gesetzlich bestimmte formale Kriterien der Gliederung erfüllen. Zudem beinhaltet die Bilanz im Vergleich zum Inventar ausschließlich Wertgrößen.
3. *Beschreiben Sie den Aufbau einer Bilanz in Kontoform! Gehen Sie auch auf die Struktur einer Bilanz hinsichtlich Liquidität und Fristigkeit ein!*
    Auf der linken Seite, der Aktiva, ist die Vermögensverwendung dokumentiert, unterteilt in Anlage- und Umlaufvermögen. Auf der rechten Seite, der Passiva, ist die Mittelherkunft, unterteilt nach Eigen- und Fremdkapital, abgebildet. Die Aktiva ist nach der Liquidität geordnet, die von oben nach unten zunimmt. Die Passiva ist nach der Fristigkeit der Mittel geordnet. Die Fristigkeit gibt an, wie lange die Mittel dem Unternehmen zur Verfügung stehen. Die Fristigkeit nimmt von unten nach oben zu. Das bedeutet, dass oben die Mittel stehen, die dem Unternehmen am längsten zur Verfügung stehen.

4. *Sind Zwischensummen in der Bilanz in Kontoform möglich?*
   Zwischensummen sind in der Kontoform technisch möglich, stören aber das Gleichgewicht der Bilanz, da bei Ziehung von Zwischensummen die Summe der Aktiva nicht mehr der Summe der Passiva entspricht, wenn die Zwischensummen miteinbezogen werden.

5. *Welche Form der Darstellung einer Bilanz außer derjenigen in Kontoform kennen Sie noch? Welchen Vorteil hat diese Form der Darstellung?*
   Eine Alternative zur Kontoform stellt die Staffelform dar, bei der die Positionen strikt untereinander angeordnet werden. Der Vorteil der Staffelform besteht in der Möglichkeit des direkten Vergleichs der Positionen in verschiedenen Rechnungsperioden.

6. *Warum bleibt das Gleichgewicht der Bilanz bei der »Aufzeichnung« eines Geschäftsvorfalls immer bestehen?*
   Das Gleichgewicht bleibt bestehen, da bei der Verbuchung von Geschäftsvorfällen die Summe der Beträge der Sollkonten immer der Summe der Beträge der Habenkonten entspricht.

7. *Beschreiben Sie das Prüfungsschema mit den einzelnen Schritten zur Bildung erfolgsneutraler Buchungssätze!*
   - Identifizierung der von dem Geschäftsvorfall betroffenen Konten.
   - Um welchen Typ von Bestandskonto handelt es sich? Handelt es sich um Aktiv- oder Passivkonten?
   - Nehmen die Konten zu oder ab?

8. *Warum sind die Vermögensgegenstände des Umlaufvermögens »liquider« als die Vermögensgegenstände des Anlagevermögens?*
   »Liquider« bedeutet, dass die Vermögensgegenstände schneller zu Bar- oder Giralgeld umgewandelt werden können. Vorräte lassen sich wesentlich schneller verkaufen als Grundstücke.

9. *Nennen Sie jeweils fünf Positionen des »Umlaufvermögens« und des »Anlagevermögens«!*

Umlaufvermögen	Anlagevermögen
Forderungen	Grundstücke
Rohstoffe	Gebäude
Fertigerzeugnisse	Rechte/Lizenzen
Kasse	Fuhrpark
Bank	Beteiligungen

10. *Was versteht man unter »Fristigkeit« der Mittelherkunft?*
    Die Mittelherkunft ist auf der Passivseite verortet und nach der Fristigkeit geordnet. Die Fristigkeit nimmt nach oben hin zu, das bedeutet, dass die Mittel, die dem Unternehmen am längsten zur Finanzierung der Aktiva zur Verfügung stehen, ganz oben stehen. Fremdkapital steht dem Unternehmen nicht so lange zur Verfügung wie Eigenkapital.

11. *Worin unterscheiden sich Bilanz und Bestandskonten?*
    Die Bilanz ist mit »Aktiva« und »Passiva« überschrieben, Bestandskonten mit »Soll« und »Haben«. Bestandskonten sind Teil (Unterkonten) der Bilanz und enthalten Anfangs- und Endbestände. Die Anfangsbestände

3 TECHNIK DER DOPPELTEN BUCHFÜHRUNG I

resultieren aus der Eröffnungsbilanz. Endbestände gehen in die Schlussbilanz ein.

12. *Wie ermittelt sich das Eigenkapital/Reinvermögen?*
    Das Eigenkapital ergibt sich als Restgröße aus der Summe der Aktiva abzüglich der Schulden.

13. *Was steht bei Bestandskonten im Soll, was im Haben?*
    Bei passiven Bestandskonten werden Zunahmen im Haben und Abnahmen im Soll erfasst. Bei aktiven Bestandskonten werden Zunahmen im Soll und Abnahmen im Haben erfasst.

14. *Geben Sie sowohl einen einfachen als auch einen zusammengesetzten Buchungssatz an, der sich jeweils auf einen erfolgsneutralen Geschäftsvorfall bezieht. Formulieren Sie den Geschäftsvorfall aus. Die Umsatzsteuer ist zu vernachlässigen.*

    - *Einfacher Buchungssatz:* Erwerb eines Autos gegen Barzahlung.

      Fuhrpark // *Kasse*

    - *Zusammengesetzter Buchungssatz:* Verkauf von Handelswaren zum Buchwert, wobei ein Teil des Verkaufspreises auf Ziel und der Rest in bar beglichen wird.

      Kasse // *Handelswaren*
      Forderungen aus L. u. L.

15. *Wozu ist das Eröffnungsbilanzkonto erforderlich und welche Unterschiede bestehen im Vergleich zur Bilanz?*
    Das Eröffnungsbilanzkonto ist ein Hilfskonto, das dem Zweck der Kontrolle der vollständigen Übernahme der Anfangsbestände der Eröffnungsbilanz in die Bestandskonten des neuen Geschäftsjahrs dient. Im Unterschied zur Bilanz wird es mit Soll und Haben überschrieben und stellt ein Spiegelbild der Bilanz dar.

16. *Welche wesentlichen Unterschiede bestehen zwischen Eröffnungs- und Schlussbilanzkonto?*
    Im Gegensatz zum Schlussbilanzkonto ist das Eröffnungsbilanzkonto ein Spiegelbild der Eröffnungsbilanz.

4 Technik der doppelten Buchführung II

(22) **Lösung Aufgabe 21** *Wahr oder falsch*

a) *falsch* | Nur bei *einfachen* Buchungssätzen werden genau zwei Konten angesprochen. Bei *zusammengesetzten* Buchungssätzen werden mehr als zwei Konten angesprochen.
b) *wahr* | Ein Gewinn kann im Rahmen der doppelten Buchführung nur durch Ansprechen von Erfolgskonten entstehen.
c) *wahr* | Wäre dies nicht der Fall, würden sich z. B. die Bilanzsummen der Aktiv- und Passivseite nicht entsprechen.
d) *wahr* | Das EBK stellt einen buchungstechnischen »Trick« zur Übernahme der Werte aus der Bilanz in T-Konten dar.
e) *falsch* | Das Eröffnungsbilanzkonto stellt das Spiegelbild der Bilanz dar. Jedoch wird es mit »Soll« und »Haben« überschrieben.
f) *falsch* | Das SBK stellt keine spiegelbildliche Darstellung der Bilanz dar. Die Inhalte des SBK sind an keine Gliederungsvorschriften gebunden.
g) *wahr* | Wäre buchungstechnisch nicht anders möglich.
h) *wahr* | Wäre buchungstechnisch nicht anders möglich.
i) *falsch* | Ein Verlust wird in Form eines Sollsaldos im Haben gebildet. Die Aufwendungen im Soll übersteigen die Erträge im Haben. Buchung des Verlusts an das Eigenkapital: Eigenkapital // GuV.
j) *falsch* | Bestandskonten erfassen Bestandsgrößen.
k) *wahr* | Erfolgskonten werden am Ende des Wirtschaftsjahres durch Abschluss über die GuV auf »Null« gestellt.
l) *falsch* | Bestandskonten werden direkt über das Schlussbilanzkonto bzw. die Bilanz abgeschlossen.
m) *falsch* | Erfolgskonten werden über die GuV abgeschlossen. Die GuV wird über das Eigenkapital abgeschlossen.
n) *wahr* | Erfolgskonten stellen Unterkonten des Eigenkapitals dar, werden aber nicht direkt über das Eigenkapital, sondern über die Gewinn- und Verlustrechnung abgeschlossen. Die GuV wird wiederum über das Eigenkapital abgeschlossen.
o) *falsch* | Das Privatkonto wird direkt über das Eigenkapital abgeschlossen.
p) *wahr* | Geht buchungstechnisch nicht anders, da Entnahmen das Eigenkapital mindern und Einlagen das Eigenkapital erhöhen.
q) *falsch* | Privatentnahmen, -einlagen verändern ebenfalls das Eigenkapital.
r) *falsch* | Erfolgskonten haben keinen Endbestand. Der Saldo wird an die Gewinn- und Verlustrechnung gebucht.
s) *falsch* | Zum Beispiel bei Stornobuchungen werden Ertragskonten auch im Soll angesprochen.
t) *wahr* | Geht buchungstechnisch nicht anders. Ausnahmen stellen Stornobuchungen dar.

4 TECHNIK DER DOPPELTEN BUCHFÜHRUNG II L-23

u) *wahr* | Zum Beispiel bei Entnahme zum Verkehrswert, der über oder unter dem Buchwert liegt.
v) *wahr* | Es wird direkt über das Eigenkapital abgeschlossen.
w) *falsch* | Es kommt auf den operativen Geschäftsbetrieb an. Zum Beispiel gehören bei einem Autohaus die zum Verkauf stehenden Autos zum Umlaufvermögen; beim Immobilienmakler gehören zum Verkauf stehende Immobilien, die ihm selbst gehören, ebenfalls zum Umlaufvermögen.
x) *wahr* | Die Liquidität nimmt von oben nach unten zu.
y) *wahr* | Die Bildung von Zwischenergebnissen ist in der Bilanz in Kontoform nicht möglich.
z) *wahr* | Die Fristigkeit nimmt nach unten hin ab, d. h. das Kapital, das langfristig zur Verfügung steht, wird oben ausgewiesen (z. B. das Eigenkapital), das kurzfristig zur Verfügung stehende Kapital (z. B. Verbindlichkeiten aus L. u. L.) steht ganz unten.

(23) **Lösung Aufgabe 22** *Wahr oder falsch?*
a) *falsch* | Das Geschäftsjahr kann auch dauerhaft vom Kalenderjahr abweichen (z. B. bei Land- und Forstwirten oder Saisonbetrieben oder wenn der Geschäftsbetrieb im Laufe eines Jahres aufgenommen wird).
b) *wahr* | Das externe Rechnungswesen ist sowohl bestimmt für unternehmensinterne als auch -externe Adressaten.
c) *wahr* | Die Erstellung des Jahresabschlusses ist sogar verpflichtend für Kaufleute, § 242 Abs. 3 HGB.
d) *wahr* | Zentraler Zweck der Rechnungslegung ist die Dokumentation aller wirtschaftlich relevanter Vorgänge.
e) *falsch* | Es werden das Vermögen und die Schulden zu einem bestimmten Zeitpunkt abgebildet.
f) *falsch* | Im Hauptbuch werden die Geschäftsvorfälle aus dem Grundbuch (Journal) in sachlicher Hinsicht geordnet.
g) *falsch* | Das Grundbuch wird als Journal bezeichnet und enthält alle Geschäftsvorfälle in chronologischer Reihenfolge.
h) *falsch* | Die GuV bildet Stromgrößen ab und ist deshalb zeitraumbezogen.
i) *wahr* | Die Bilanz bildet die Vermögenslage zu einem bestimmten Zeitpunkt (Bilanzstichtag) ab.

(24) **Lösung Aufgabe 23** *Typen von Buchungssätzen*
Die angegebenen Beispiele in Form von Buchungssätzen greifen teilweise inhaltlich vor, werden aber aus Gründen der Vollständigkeit trotzdem an dieser Stelle präsentiert.

1. Typen erfolgsneutraler Geschäftsvorfälle
    a) *Aktivtausch*
       Unterteilt man die Aktivseite der Bilanz in Anlage- und Umlaufvermögen, sind vier Typen des Aktivtausches denkbar:
       1. Es sind nur Konten im Anlagevermögen betroffen.

Beispiel Hergabe einer Beteiligung gegen Sachanlagen
Sachanlagen // Beteiligungen

2. Es sind nur Konten im Umlaufvermögen betroffen.

Beispiel Einzahlung von Barmitteln auf das Bankkonto
Bank // Kasse

3. Ein Konto im Umlaufvermögen nimmt zu, während ein Konto im Anlagevermögen abnimmt.

Beispiel Verkauf von Sachanlagen zum Buchwert per Banküberweisung: Bank // Sachanlagen

4. Ein Konto im Anlagevermögen nimmt zu, während ein Konto im Umlaufvermögen abnimmt.

Beispiel Kauf von Grundvermögen in bar
Grundstücke / Gebäude // Kasse

b) *Passivtausch*

Unterteilt man die Passivseite der Bilanz in Eigen- und Fremdkapital, sind analog zum Aktivtausch vier Typen des Passivtausches denkbar:

1. Es sind nur Konten im Eigenkapital betroffen.

Beispiel Kapitalerhöhung bei Kapitalgesellschaften aus Gesellschaftsmitteln
Gewinnrücklagen // Grundkapital

2. Es sind nur Konten im Fremdkapital betroffen.

Beispiel Ein Lieferant wandelt seine (!) Forderung aus L. u. L. in ein Darlehen um
Verbindlichkeiten aus L. u. L. // Darlehen

3. Ein Konto im Eigenkapital nimmt zu, während ein Konto im Fremdkapital abnimmt.

Beispiel Der Lieferant A wandelt seine (!) langfristige Forderung in Eigenkapital um
Darlehen // Kapitalkonto A

4. Ein Konto im Fremdkapital nimmt zu, während ein Konto im Eigenkapital abnimmt.

Beispiel Eine Kapitalgesellschaft beschließt die Ausschüttung von Gewinnrücklagen.
Gewinnrücklagen // Verbindlichkeiten ggü. Gesellschaftern

c) *Aktiv-Passiv-Mehrung*

Vier denkbare Typen einer Aktiv-Passiv-Mehrung sind:

1. Eine Zunahme im Anlagevermögen geht mit einer erfolgsneutralen Zunahme im Eigenkapital einher.

   Beispiel Einlage von Sachanlagen durch den Unternehmer.
   Sachanlagen // Privat

2. Eine Zunahme im Anlagevermögen geht mit einer Zunahme im Fremdkapital einher.

   Beispiel Erwerb eines Pkws auf Ziel.
   Fuhrpark // Verbindlichkeiten aus L. u. L.

3. Eine Zunahme im Umlaufvermögen geht mit einer erfolgsneutralen Zunahme im Eigenkapital einher.

   Beispiel Kapitalerhöhung bei einer Aktiengesellschaft, wobei der Nennbetrag dem Ausgabebetrag entspricht.
   Bank // Grundkapital

4. Eine Zunahme im Umlaufvermögen geht mit einer Zunahme im Fremdkapital einher.

   Beispiel Aufnahme eines Fälligkeitsdarlehens bei einer Bank.
   Bank // Verbindlichkeiten ggü. Kreditinstituten

d) *Aktiv-Passiv-Minderung*

Vier denkbare Typen einer Aktiv-Passiv-Minderung sind:

1. Eine Abnahme im Anlagevermögen geht mit einer erfolgsneutralen Abnahme im Eigenkapital einher.

   Beispiel Entnahme eines betrieblichen Kfz zur künftig ausschließlich privaten Nutzung durch den Unternehmer zum Buchwert.
   Privat // Fuhrpark

2. Eine Abnahme im Anlagevermögen geht mit einer Abnahme im Fremdkapital einher.

   Beispiel Verkauf von Sachanlagen zum Buchwert an einen Lieferanten gegen eine Verbindlichkeit aus L. u. L.
   Verbindlichkeiten aus L. u. L. // Sachanlagen

3. Eine Abnahme im Umlaufvermögen geht mit einer erfolgsneutralen Abnahme im Eigenkapital einher.

   Beispiel Entnahme von Handelswaren zum Buchwert durch den Unternehmer.
   Privat // Handelswaren

4. Eine Abnahme im Umlaufvermögen geht mit einer Abnahme im Fremdkapital einher.

Beispiel Bezahlung von Verbindlichkeiten aus L. u. L. per Banküberweisung.
Verbindlichkeiten aus L. u. L. // Bank

2. Typen erfolgswirksamer Geschäftsvorfälle
   a) *Aufwand verbunden mit Abgang auf aktivem Bestandskonto*
   1. Aufwand verbunden mit einem Abgang im Anlagevermögen

      Beispiel Verkauf von Sachanlagen unter Buchwert in bar.
      Kasse und sonstiger betrieblicher Aufwand // Sachanlagen

   2. Aufwand verbunden mit einem Abgang im Umlaufvermögen

      Beispiel Bezahlung von Löhnen und Gehältern per Banküberweisung.
      Personalaufwand // Bank

   b) *Aufwand verbunden mit Zugang auf passivem Bestandskonto*
   1. Aufwand verbunden mit einem Zugang im Fremdkapital
      Dieser Typus von Geschäftsvorfall tritt vor allem bei der Periodenabgrenzung auf.

      Beispiel 1 Bildung einer Rückstellung.
      Zuführung zu Rückstellungen // Rückstellungen

      Beispiel 2 Sollzinsen werden erst im nächsten Geschäftsjahr bezahlt.
      Zinsaufwand // sonstige Verbindlichkeiten

   2. Aufwand verbunden mit einem Zugang im Eigenkapital

      Beispiel Aufwendungen der einmaligen Nutzung eines privaten Kfz für betriebliche Zwecke.
      Aufwand // Privat

   c) *Ertrag verbunden mit Zugang auf aktivem Bestandskonto*
   1. Ertrag verbunden mit einem Zugang im Anlagevermögen

      Beispiel 1 Erhalt eines Pkws in Form einer Schenkung aus betrieblichem Anlass.
      Fuhrpark // sonstige betriebliche Erträge

      Beispiel 2 Zuschreibung von Beteiligungen.
      Beteiligungen // sonstige betriebliche Erträge

   2. Ertrag verbunden mit einem Zugang im Umlaufvermögen

      Beispiel Verkauf von Erzeugnissen in bar.
      Kasse // Umsatzerlöse

4 TECHNIK DER DOPPELTEN BUCHFÜHRUNG II

d) *Ertrag verbunden mit Abgang auf passivem Bestandskonto*
  1. Ertrag verbunden mit einem Abgang im Fremdkapital
     Beispiel 1 Auflösung einer Rückstellung.
     Rückstellungen // periodenfremder Ertrag

     Beispiel 2 Ein Lieferant erlässt uns eine Verbindlichkeit aus betrieblichem Anlass.
     Verbindlichkeiten aus L. u. L. // sonstige betriebliche Erträge
  2. Ertrag verbunden mit einem Abgang im Eigenkapital
     Hierfür existieren keine Geschäftsvorfälle. Denkbar wäre nur eine Mischung aus erfolgsneutralem und erfolgswirksamen Geschäftsvorfall wie z. B. der Privatentnahme von Umlaufvermögen über Buchwert. Hier sinkt das Eigenkapital insgesamt, sofern der Buchwert größer Null ist.

(24) **Lösung Aufgabe 24** *Zuordnung von Konten*

		Bestand	Erfolg	
1.	Löhne und Gehälter	☐	☒	*Personalaufwand*
2.	Beteiligungen	☒	☐	*aktives Bestandskonto*
3.	Umsatzerlöse	☐	☒	*Ertrag*
4.	Betriebssteuern	☐	☒	*Aufwand*
5.	Grundstücke	☒	☐	*aktives Bestandskonto*
6.	Patente	☒	☐	*aktives Bestandskonto*
7.	Zinserträge	☐	☒	*Ertrag*
8.	Sachanlagen	☒	☐	*aktives Bestandskonto*
9.	Abschreibungen	☐	☒	*Aufwand*
10.	Reisekosten	☐	☒	*Aufwand*
11.	Umsatzsteuer	☒	☐	*passives Bestandskonto (sonstige Verbindlichkeit)*
12.	Rückstellungen	☒	☐	*passives Bestandskonto*
13.	Mietaufwendungen	☐	☒	*Aufwand*

(24) **Lösung Aufgabe 25** *Erfolgswirksame und -neutrale Geschäftsvorfälle*

a) Verbuchung der Geschäftsvorfälle

[10] 1. *Waren(einkauf)*   500 EUR
          an *Kasse*   500 EUR

[11] 2. *Forderungen aus L. u. L.*   5 000 EUR
          an *Honorare*   5 000 EUR

[B-112]	3. Kasse		100 EUR	
	an	Privat		100 EUR
[B-113]	4. Bank		300 EUR	
	an	Forderungen aus L. u. L.		300 EUR
[B-114]	5. Betriebs- und Geschäftsausstattung		900 EUR	
	an	Bank		900 EUR
[B-115]	6. Bank		250 EUR	
	an	Kasse		250 EUR
[B-116]	7. Steueraufwand		625 EUR	
	an	Bank		625 EUR
[B-117]	8. Privat		158 EUR	
	an	s. b. E. (Personalaufwand)		158 EUR
[B-118]	9. Waren(einkauf)		2 340 EUR	
	an	Verbindlichkeiten aus L. u. L.		2 340 EUR
[B-119]	10. Bank		350 EUR	
	an	Zinserträge		350 EUR
[B-120]	11. Grund und Boden		120 000 EUR	
	an	Kasse		120 000 EUR
[B-121]	12. Bank		50 000 EUR	
	an	Verbindlichkeiten ggü. Kreditinstituten		50 000 EUR
[B-122]	13. Zinsaufwand		450 EUR	
	an	Bank		450 EUR
[B-123]	14. Privat		650 EUR	
	an	Bank		650 EUR
[B-124]	15. Fuhrpark		23 000 EUR	
	an	Bank		23 000 EUR
[B-125]	16. Personalaufwand		13 500 EUR	
	an	Kasse		13 500 EUR
[B-126]	17. Verbindlichkeiten ggü. Kreditinstituten		5 000 EUR	
	an	Kasse		5 000 EUR
[B-127]	18. Bank		7 500 EUR	
	sonstiger betrieblicher Aufwand		2 500 EUR	
	an	Fuhrpark		10 000 EUR
[B-128]	19. Darlehen		1 500 EUR	
	an	Eigenkapital		1 500 EUR
[B-129]	20. Aufwendungen		600 EUR	
	an	Rückstellungen		600 EUR

b) Klassifizierung der Geschäftsvorfälle

4 TECHNIK DER DOPPELTEN BUCHFÜHRUNG II

	erfolgsneutrale Geschäftsvorfälle				erfolgswirksame Geschäftsvorfälle			
	AT	PT	APMe	APMi	AuZPB	AuAAB	ErZAB	ErAPB
1.	☒	☐	☐	☐	☐	☐	☐	☐
2.	☐	☐	☐	☐	☐	☐	☒	☐
3.	☐	☐	☒	☐	☐	☐	☐	☐
4.	☒	☐	☐	☐	☐	☐	☐	☐
5.	☒	☐	☐	☐	☐	☐	☐	☐
6.	☒	☐	☐	☐	☐	☐	☐	☐
7.	☐	☐	☐	☐	☐	☒	☐	☐
8.	☐	☐	☐	☐	☐	☐	☐	☒
9.	☐	☐	☒	☐	☐	☐	☐	☐
10.	☐	☐	☐	☐	☐	☐	☒	☐
11.	☒	☐	☐	☐	☐	☐	☐	☐
12.	☐	☐	☒	☐	☐	☐	☐	☐
13.	☐	☐	☐	☐	☐	☒	☐	☐
14.	☐	☐	☐	☒	☐	☐	☐	☐
15.	☒	☐	☐	☐	☐	☐	☐	☐
16.	☐	☐	☐	☐	☐	☒	☐	☐
17.	☐	☐	☐	☒	☐	☐	☐	☐
18.	☒	☐	☐	☐	☐	☒	☐	☐
19.	☐	☒	☐	☐	☐	☐	☐	☐
20.	☐	☐	☐	☐	☒	☐	☐	☐

AT = Aktivtausch, PT = Passivtausch, APMe = Aktiv-Passiv-Mehrung, APMi = Aktiv-Passiv-Minderung, AuZPB = Aufwand mit Zugang auf passivem Bestandskonto, AuAAB = Aufwand mit Abgang auf aktivem Bestandskonto, ErZAB = Ertrag mit Zugang auf aktivem Bestandskonto, ErAPB = Ertrag mit Abgang auf passivem Bestandskonto

(25) **Lösung Aufgabe 26** *Grundfragen zur Ermittlung des Periodenerfolgs*

a) Ermittlung des Reinvermögens
   Das Reinvermögen ermittelt sich durch das Vermögen (Aktivseite der Bilanz) abzüglich der Schulden.

b) Ermittlung des Gewinns auf Basis des Betriebsvermögensvergleichs:

   Reinvermögen am Endes des aktuellen Wirtschaftsjahres
   ./. *Reinvermögen am Ende des vorangegangenen Wirtschaftsjahres*
   + *Entnahmen*
   ./. *Einlagen*
   = *Gewinn des Wirtschaftsjahres*

c) Da Entnahmen und Einlagen das Eigenkapital verändern, jedoch nicht erfolgswirksam sind, müssen sie bei der Gewinnermittlung gesondert berücksichtigt werden. *Einlagen* erhöhen das Eigenkapital, sind aber nicht ertragswirksam, deshalb müssen sie abgezogen werden. *Entnahmen* vermindern das Eigenkapital, sind aber nicht aufwandswirksam, deshalb müssen sie hinzuaddiert werden.

d) In der GuV sind Aufwendungen im Soll und Erträge im Haben erfasst. Übersteigen die Erträge die Aufwendungen, liegt ein Habensaldo vor, der im Soll ausgewiesen wird. Der Gewinn steht deshalb im Soll der GuV (Abschlussbuchung: *GuV // Eigenkapital*). Im Falle eines Verlusts übersteigen die Aufwendungen die Erträge, die Sollseite ist demnach größer als die Habenseite. Es liegt dann ein Sollsaldo vor, der im Haben ausgewiesen wird. Der Verlust steht deshalb im Haben (Abschlussbuchung: *Eigenkapital // GuV*).

e) Beim Betriebsvermögensvergleich wird der Periodenerfolg mittels Distanzrechnung ermittelt, d.h., dass lediglich Bestandsgrößen miteinander verglichen werden. Bei der Ermittlung des Gewinns über die GuV werden ausschließlich Stromgrößen betrachtet.

(26) **Lösung Aufgabe 27** *Ermittlung des Periodenerfolgs*

Ermittlung des Gewinns von Werner Gerhold im Wirtschaftsjahr 2017:

1. Schritt: Ermittlung des Reinvermögens am 31.12.2016

		EUR
	Vermögen	
	Grund und Boden	25 000
+	Gebäude	100 000
+	Fuhrpark	10 000
+	BuGA	2 500
+	Beteiligungen	30 000
+	RHB	5 000
+	unfertige Erzeugnisse	35 000
+	fertige Erzeugnisse	20 000
+	Forderungen aus L. u. L.	40 000
+	Bank	25 000
+	Kasse	3 000
=	Vermögen	295 500
	Schulden	
	Verbindlichkeiten ggü. Kreditinstituten	180 000
+	Verbindlichkeiten aus L. u. L.	30 000
=	Schulden	210 000

4 TECHNIK DER DOPPELTEN BUCHFÜHRUNG II

Reinvermögen

	Vermögen	295 500
./.	Schulden	210 000
=	Reinvermögen (Buchwert Eigenkapital) am 31.12.2016	85 500

2. *Schritt:* Ermittlung des Reinvermögens am 31.12.2017

EUR

Vermögen

	Grund und Boden	40 000
+	Gebäude	150 000
+	Fuhrpark	8 000
+	BuGA	1 000
+	Beteiligungen	30 000
+	RHB	10 000
+	unfertige Erzeugnisse	50 000
+	fertige Erzeugnisse	25 000
+	Forderungen aus L. u. L.	80 000
+	Bank	60 000
+	Kasse	6 000
=	Vermögen	460 000

Schulden

	Verb. ggü. Kreditinstituten	160 000
+	Verbindlichkeiten aus L. u. L.	60 000
=	Schulden	220 000

Reinvermögen

	Vermögen	460 000
./.	Schulden	220 000
=	Reinvermögen (Buchwert Eigenkapital) am 31.12.2017	240 000

3. *Schritt:* Ermittlung des Gewinns in 2017:

EUR

	Reinvermögen am 31.12.2017	240 000
./.	Reinvermögen am 31.12.2016	85 500
+	Entnahmen in 2017	40 500
./.	Einlagen in 2017	8 000
=	Gewinn 2017 (Periodenerfolg)	187 000

(27) **Lösung Aufgabe 28** *Ermittlung des Periodenerfolgs*

Zur Ermittlung des Gewinns in 2017 sind die Entnahmen und Einlagen in 2016 irrelevant. Bei der Ermittlung des Gewinns ist zunächst das Betriebsvermögen (entspricht dem Reinvermögen / Eigenkapital) an den beiden Bilanzstichtagen zu ermitteln und im Anschluss die Differenz der Betriebsvermögen um die Einlagen und Entnahmen zu bereinigen.

			EUR	
	Summe Aktiva zum 31.12.2017		75 397	
./.	Schulden zum 31.12.2017		40 000	
=	Betriebsvermögen zum 31.12.2017		35 397	35 397
	Summe Aktiva zum 31.12.2016		95 124	
./.	Schulden zum 31.12.2016		50 000	
=/./.	Betriebsvermögen zum 31.12.2016		45 124	45 124
+	Entnahmen in 2017			45 000
./.	Einlagen in 2017			4 300
=	Gewinn in 2017			30 973

(27) **Lösung Aufgabe 29** *Kontrollfragen*

a) Ein Aktiv- oder Passivtausch ist erfolgsneutral, da keine Erfolgskonten berührt werden. Es findet eine Umschichtung unter den Positionen der Aktiva bzw. Passiva statt. Es werden nur Bestandskonten berührt. Das Bilanzvolumen bleibt unverändert.

b) (1) *Bilanzverkürzung*

Bilanzverkürzung bedeutet, dass sich die Bilanzsumme durch einen Geschäftsvorfall vermindert. Eine Bilanzverkürzung erfolgt durch eine Aktiv-Passiv-Minderung. Das bedeutet, dass sich Aktiv- und Passivposten erfolgsunwirksam um den gleichen Betrag mindern. Beispiel: Rückzahlung eines Darlehens durch Banküberweisung. Buchungssatz: *Verbindlichkeiten ggü. Kreditinstituten // Bank*

(2) *Bilanzverlängerung*

Bilanzverlängerung bedeutet, dass sich die Bilanzsumme durch einen Geschäftsvorfall erhöht. Eine Bilanzverlängerung erfolgt durch eine Aktiv-Passiv-Mehrung. Das bedeutet, dass sich Aktiv- und Passivposten erfolgsunwirksam um den gleichen Betrag erhöhen. Beispiel: Aufnahme eines Kredits. Buchungssatz: *Bank // Verbindlichkeiten gegenüber Kreditinstituten*

c) Privateinlagen (Eigenkapitalerhöhung) und Privatentnahmen (Eigenkapitalminderung) ändern die Eigenkapitalgröße erfolgsunwirksam, da sie im Privatkonto – das als passivisches Bestandskonto und Unterkonto des Eigenkapitals geführt wird – erfasst werden und über das Eigenkapitalkonto abgeschlossen werden.

Beispiel Privateinlage: Einlage eines privaten Pkws in das Betriebsvermögen. Buchungssatz: *Fuhrpark // Privat*

Beispiel Privatentnahme: Entnahme von Bargeld aus der Betriebskasse. Buchungssatz: *Privat // Kasse*

Privateinlagen und Privatentnahmen können nur bei Personenunternehmen (Einzelunternehmer, Offene Handelsgesellschaft (OHG) und Kommanditgesellschaft (KG)) auftreten, niemals bei Kapitalgesellschaften (Gesellschaft mit beschränkter Haftung (GmbH), Aktiengesellschaft (AG)).

d) Jede Buchung auf einem Erfolgskonto (GuV-Konten) ist mit einer betragsmäßigen Gegenbuchung auf einem Bestandskonto verbunden.

Das Schlussbilanzkonto weist keinen gesonderten Erfolgssaldo aus, dieser ist implizit in der Änderung des Eigenkapitals enthalten. Das Eigenkapitalkonto erfasst sowohl die erfolgsneutralen Änderungen des Eigenkapitals (durch Übernahme des Saldos des Privatkontos) als auch die erfolgswirksamen Änderungen durch Übernahme des Saldos der Gewinn- und Verlustrechnung.

e) (1) *Erfolgsneutrale Eigenkapitalveränderungen*

Minderung durch Entnahmen: Zunächst Verbuchung der Entnahme auf dem Konto »Privat«.

Privat // Kasse

Anschließend Abschluss des Privatkontos über das Eigenkapital.

Eigenkapital // Privat

Erhöhung durch Einlagen: Zunächst Verbuchung der Einlage auf dem Konto »Privat«.

Kasse // Privat

Anschließend Abschluss des Privatkontos über das Eigenkapital.

Privat // Eigenkapital

(2) *Erfolgswirksame Eigenkapitalveränderungen*

Minderung durch Aufwendungen. In diesem Fall steht der Saldo im Haben. Abschluss des GuV-Kontos:

Eigenkapital // GuV

Erhöhung durch Erträge. In diesem Fall steht der Saldo im Soll. Abschluss des GuV-Kontos:

GuV // Eigenkapital

f) Bei der *Einzahlungs-Auszahlungs-Rechnung* wird nur der Zahlungsmittelbestand betrachtet, wohingegen bei der Einnahmen-Ausgaben-Rechnung zusätzlich zum Zahlungsmittelbestand alle Forderungen und Verbindlichkeiten berücksichtigt werden.

Die *Einnahmen-Ausgaben-Rechnung* spiegelt die Vermögensverhältnisse besser wider, dementsprechend wird bei der Einnahmen-Ausgaben-Rechnung der Erfolgsbegriff weiter gefasst. Der daraus entstehende Nachteil ist die evtl. zusätzliche Unsicherheit über Forderungen bzw. Verbindlichkeiten.

Zum Beispiel können Kunden insolvent gehen. Diese Unsicherheit spiegelt sich im Geldvermögen wider.

g) (1) »*vollständiger*«: Es werden zusätzlich Realgüter (Vermögen) erfasst.

(2) »*ungenauer*«: Im Vergleich zum Realvermögen ergeben sich bei Einzahlungen und Auszahlungen keine Bewertungsprobleme. Die Bewertung von Realgütern ist jedoch wenig verlässlich. Der Wert könnte nur durch Veräußerung exakt bestimmt werden.

(27) **Lösung Aufgabe 30** *Gewinnermittlung und Jahresabschluss*

a) Verbuchung der Geschäftsvorfälle

		Sollbuchungen	TEUR		Habenbuchungen	TEUR
[B-130]	1.	Ford. aus L. u. L. Bank	30 90	//	Umsatzerlöse	120
[B-131]	2.	Rohstoffaufwand	23	//	Rohstoffe	23
[B-132]	3.	Löhne und Gehälter	54	//	Bank	54
[B-133]	4.	Zinsaufwand	6	//	Bank	6
[B-134]	5.	Bank	13	//	Privat	13
[B-135]	6.	Privat	55	//	Sachanlagen s. b. E.*	45 10
[B-136]	7.	Verb. aus L. u. L.	5	//	Bank	5
[B-137]	8.	Abschreibungen	30	//	Sachanlagen	30
		Summe	306		Summe	306

* sonstige betriebliche Erträge

b) Erstellung der aktiven und passiven Bestandskonten sowie des Kontos »Privat« und Ermittlung der Salden

Soll	G. u. G.	Haben		Soll	Sachanlagen		Haben
AB	55	EB	55	AB	175	6. 8. EB	45 30 100
Summe	55	Summe	55	Summe	175	Summe	175

Soll	Rohstoffe		Haben		Soll	Forderungen		Haben
AB	44	2. EB	23 21		AB 1.	13 30	EB	43
Summe	44	Summe	44		Summe	43	Summe	43

4 TECHNIK DER DOPPELTEN BUCHFÜHRUNG II

Soll	Bank		Haben
AB	25	3.	54
1.	90	4.	6
5.	13	7.	5
		EB	63
Summe	128	Summe	128

Soll	Kasse		Haben
AB	2	EB	2
Summe	2	Summe	2

Soll	Verb. ggü. KI		Haben
EB	36	AB	36
Summe	36	Summe	36

Soll	Verb. aus L. u. L.		Haben
7.	5	AB	14
EB	9		
Summe	14	Summe	14

Soll	Privatkonto		Haben
6.	55	5.	13
		EK	42
Summe	55	Summe	55

c) Ermittlung des Gewinns durch Vermögensvergleich

		EUR	
	Grundstücke / Gebäude	55	
+	Sachanlagen	100	
+	Rohstoffe	21	
+	Forderungen	43	
+	Bank	63	
+	Kasse	2	
./.	Verbindlichkeiten ggü. KI	36	
./.	Verbindlichkeiten aus L. u. L.	9	
=	Betriebsvermögen am 31. 12. 2017	239	239
./.	Betriebsvermögen am 1. 1. 2017		264
+	Entnahmen		55
./.	Einlagen		13
=	Gewinn in 2017		17

d) Erstellung der Erfolgskonten und Ermittlung der Salden

Soll	Umsatzerlöse		Haben
GuV	120	1.	120
Summe	120	Summe	120

Soll	Rohstoffaufwand		Haben
2.	23	GuV	23
Summe	23	Summe	23

Soll	Löhne/Gehälter	Haben		Soll	Zinsaufwand	Haben
3.	54	GuV 54		4.	6	GuV 6
Summe	54	Summe 54		Summe	6	Summe 6

Soll	Abschreibungen	Haben		Soll	s.b.E.	Haben
8.	30	GuV 30		GuV	10	6. 10
Summe	30	Summe 30		Summe	10	Summe 10

e) Erstellung der GuV, des Eigenkapitalkontos und der Schlussbilanz

Soll		GuV		Haben
Rohstoffaufwand	23	Umsatzerlöse		120
Löhne/Gehälter	54	s.b.E.		10
Zinsaufwand	6			
Abschreibungen	30			
Gewinn	17			
Summe	130	Summe		130

Abschluss des Privatkontos

[B-138] Eigenkapital   42 EUR
             an   Privatkonto   42 EUR

Abschluss der GuV

[B-139] GuV   17 EUR
             an   Eigenkapital   17 EUR

Erstellung des Eigenkapitalkontos und Ermittlung des Saldos:

Soll	Eigenkapital	Haben
Privat	42	AB 264
EB	239	GuV 17
Summe	281	Summe 281

4 TECHNIK DER DOPPELTEN BUCHFÜHRUNG II

Die Schlussbilanz ergibt sich dann als:

Aktiva	Schlussbilanz zum 31.12.2017		Passiva
	TEUR		TEUR
Grundstücke/Gebäude	55	Eigenkapital	239
Sachanlagen	100	Verb. ggü. KI	36
Rohstoffe	21	Verb. aus L. u. L.	9
Forderungen	43		
Bank	63		
Kasse	2		
Summe Aktiva	284	Summe Passiva	284

f) Überleitungsrechnung

Die Veränderung der liquiden Mittel lässt sich aus der Eröffnungs- bzw. Schlussbilanz ermitteln und beträgt:

		TEUR
	Bankguthaben am 31.12.2017	63
+	Kassenbestand am 31.12.2017	2
./.	Bankguthaben am 1.1.2017	25
./.	Kassenbestand am 1.1.2017	2
=	Veränderung liquide Mittel	38

Ausgehend vom Gewinn lässt sich die Veränderung der liquiden Mittel bestimmen als:

			TEUR
	Gewinn		17
	Ertrag, keine Einzahlung		
	1. Forderungen	30	
+	6. Privatentnahme	10	
=		40	−40
	Einzahlung, kein Ertrag		
=	5. Privateinlage	13	13
	Aufwand, keine Auszahlung		
	2. Rohstoffverbrauch	23	
+	8. Abschreibungen	30	
=		53	53
	Auszahlung, kein Aufwand		
=	7. Begleichung Verbindlichkeit	5	−5
=	Veränderung liquider Mittel		38

(29) **Lösung Aufgabe 31** *Ermittlung des Periodenerfolgs*

a) Verbuchung der Geschäftsvorfälle (siehe Tabelle)
b) Übertragung der Buchungen auf T-Konten

Bestandskonten

Soll	GuB		Haben		Soll	Gebäude		Haben
AB	100 000	1.	50 000		AB	400 000	1.	20 000
		EB	50 000				EB	380 000
Summe	100 000	Summe	100 000		Summe	400 000	Summe	400 000

Soll	Fuhrpark		Haben		Soll	Waren		Haben
AB	42 000	EB	57 000		AB	12 000	4.	600
7.	15 000				3.	6 250	EB	20 650
					4.	3 000		
Summe	57 000	Summe	57 000		Summe	21 250	Summe	21 250

Soll	Ford. aus L. u. L.		Haben		Soll	Bank		Haben
AB	50 000	1.	80 000		AB	119 000	2.	21 000
1.	80 000	EB	57 500		1.	40 000	3.	3 750
5.	7 500				1.	80 000	3.	1 250
					5.	67 500	5.	35 000
					6.	20 000	6.	200
							6.	1 000
							6.	190
							6.	1 000
							EB	263 110
Summe	137 500	Summe	137 500		Summe	326 500	Summe	326 500

Soll	Kasse		Haben		Soll	Privat		Haben
AB	40 000	EB	40 000		4.	800	7.	15 000
					EK	14 200		
Summe	40 000	Summe	40 000		Summe	15 000	Summe	15 000

Soll	Eigenkapital		Haben		Soll	Verb. ggü. KI		Haben
EB	471 010	AB	388 000		6.	1 000	AB	300 000
		Privat	14 200		6.	1 000	6.	20 000
		GuV	68 810		EB	318 000		
Summe	471 010	Summe	471 010		Summe	320 000	Summe	320 000

		Konten	an	Konten	Beträge	Einzahlungen	Auszahlungen	Einnahmen	Ausgaben	Erträge	Aufwendungen
1.		Bank	//	Grund und Boden	50 000	40 000		40 000			
	40 000	Ford. aus L. u. L.		Gebäude	20 000			80 000			
	80 000			s. b. E.	50 000					50 000	
		Bank	//	Ford. aus L. u. L.	80 000	80 000		80 000	80 000		
2.	21 000	Mietaufwand	//	Bank	21 000		21 000		21 000		21 000
3.	6 250	Waren	//	Bank	3 750		3 750		3 750		
				Verb. aus L. u. L.	2 500				2 500		
	1 250	Verb. aus L. u. L.	//	Bank	1 250		1 250	1 250	1 250		
4.	3 000	Waren	//	Verb. aus L. u. L.	3 000				3 000		
	800	Privat	//	Waren	600						
				s. b. E.	200					200	
5.	67 500	Bank	//	Umsatzerlöse	75 000	67 500		67 500		75 000	
	7 500	Ford. aus L. u. L.						7 500			
	35 000	Personalaufwand	//	Bank	35 000		35 000		35 000		35 000
6.	20 000	Bank	//	Verb. ggü. KI	20 000	20 000		20 000	20 000		
	200	Zinsaufwand	//	Bank	200		200		200		200
	1 000	Verb. ggü. KI	//	Bank	1 000		1 000	1 000	1 000		
	190	Zinsaufwand	//	Bank	190		190		190		190
	1 000	Verb. ggü. KI	//	Bank	1 000		1 000	1 000	1 000		
7.	15 000	Fuhrpark	//	Privat	15 000						
				Summen:		207 500	63 390	298 250	168 890	125 200	56 390
										Gewinn	**68 810**

L-31

L-31

Soll	Verb. aus L. u. L.		Haben
3.	1 250	AB	75 000
EB	79 250	3.	2 500
		4.	3 000
Summe	80 500	Summe	80 500

Erfolgskonten

Soll	s. b. E.		Haben
GuV	50 200	1.	50 000
		4.	200
Summe	50 200	Summe	50 200

Soll	Umsatzerlöse		Haben
GuV	75 000	5.	75 000
Summe	75 000	Summe	75 000

Soll	Mietaufwand		Haben
2.	21 000	GuV	21 000
Summe	21 000	Summe	21 000

Soll	Personalaufw.		Haben
5.	35 000	GuV	35 000
Summe	35 000	Summe	35 000

Soll	Zinsaufw.		Haben
6.	200	GuV	390
6.	190		
Summe	390	Summe	390

Soll	GuV		Haben
Mietaufwand	21 000	Umsatzerlöse	75 000
Personalaufwand	35 000	s. b. E.	50 200
Zinsaufwand	390		
Gewinn	68 810		
Summe	125 200	Summe	125 200

Aktiva	Schlussbilanz zum 31.12.2017		Passiva
	EUR		EUR
Grund und Boden	50 000	Kapitalkonto FW	471 010
Gebäude	380 000	Verb. ggü. KI	318 000
Fuhrpark	57 000	Verb. aus L. u. L.	79 250
Waren	20 650		
Ford. aus L. u. L.	57 500		
Bank	263 110		
Kasse	40 000		
Summe Aktiva	868 260	Summe Passiva	868 260

c) Ermittlung des Gewinns durch Distanzrechnung:

		EUR
+	Vermögen am 31.12.2017	868 260
./.	Schulden am 31.12.2017	397 250
=	Buchwert des EK am 31.12.2017	471 010

		EUR
	Buchwert des EK am 31.12.2017	471 010
./.	Buchwert des EK am 1.1.2017	388 000
+	Entnahmen	800
./.	Einlagen	15 000
=	Gewinn 2017 (Periodenerfolg)	68 810

(30) **Lösung Aufgabe 32** *Buchungssätze*

a) *Einzahlung, die niemals erfolgswirksam wird*

Zahlungen, die niemals erfolgswirksam werden, werden quasi ohne Berührung der GuV durch das Unternehmen »durchgeschleust«. Solche »durchlaufenden Posten« stellen z. B. die Vorsteuer bzw. Umsatzsteuer dar, die als sonstige Forderungen bzw. sonstige Verbindlichkeiten Eingang in die Bilanz finden, aber niemals erfolgswirksam werden. Weitere Beispiele stellen erfolgsneutrale Eigenkapitalveränderungen sowie Kreditaufnahme und -tilgung dar. Privateinlagen bzw. Kapitalerhöhungen erhöhen das Eigenkapital, d. h. dem Unternehmen fließen erfolgsneutral Mittel zu. Bei Privatentnahmen bzw. Kapitalherabsetzungen verlassen diese Mittel das Unternehmen wieder erfolgsneutral.

Beispiel 1 Privateinlage in bar.
Kasse // Privat

Beispiel 2 Aufnahme eines Darlehens ohne Disagio.
Bank // Verbindlichkeiten ggü. Kreditinstituten

b) *Ertrag, gleichzeitig Abgang auf passivem Bestandskonto* (vgl. dazu die Ausführungen in Aufgabenteil d) von Aufgabe 22 auf Seite 223)

Beispiel 1 Ein Lieferant gewährt einen Bonus in Höhe der noch ausstehenden Verbindlichkeit.
Verbindlichkeiten aus L. u. L. // Lieferantenboni (Ertrag)

Beispiel 2 Auflösung eines passiven Rechnungsabgrenzungspostens, der in der vorangegangenen Rechnungsperiode für eine im Voraus entrichtete Mietzahlung gebildet wurde.
passiver Rechnungsabgrenzungsposten // Mieterträge

c) *Ertrag, gleichzeitig Zugang auf passivem Bestandskonto*
Erträge werden im Haben gebucht, ebenso Zugänge auf passiven Bestandskonten. Geschäftsvorfälle, die diesen Vorgaben entsprechen, existieren nicht, da zumindest ein Konto im Soll und ein Konto im Haben angesprochen werden muss.

d) *Ertrag, gleichzeitig Abgang auf aktivem Bestandskonto*
Erträge werden im Haben gebucht, ebenso Abgänge auf aktiven Bestandskonten. Geschäftsvorfälle, die diesen Vorgaben entsprechen, existieren nicht, da zumindest ein Konto im Soll und ein Konto im Haben angesprochen werden muss.

e) *Ertrag, gleichzeitig Zugang auf aktivem Bestandskonto* (vgl. dazu die Ausführungen in Aufgabenteil c) auf Seite 222 von Aufgabe 22)

Beispiel Gutschrift von Zinsen auf dem Bankkonto.
Bank // Zinserträge

f) *Aktivtausch, keine Einnahme*
Bei der Konstruktion des Beispiels dürfen Zahlungsmittelkonten und Forderungen aus L. u. L. nicht im Soll angesprochen werden.

Beispiel 1 Aktivtausch im Anlagevermögen: Hingabe von Sachanlagen zum Buchwert und Erhalt einer Beteiligung.
Beteiligungen // Sachanlagen

Beispiel 2 Zunahme im Anlagevermögen und Abnahme im Umlaufvermögen. Kauf von Grund und Boden per Banküberweisung.
Grund und Boden // Bank

Beispiel 3 Zu- und Abnahme im Umlaufvermögen. Kauf von Rohstoffen in bar.
Rohstoffe // Kasse

g) *Aktivtausch, gleichzeitig Einnahme*
Hier muss mindestens ein Zahlungsmittelkonto oder das Konto »Forderungen« im Soll angesprochen werden.

Beispiel 1 Aktivtausch im Umlaufvermögen. Verkauf von Fertigerzeugnissen zum Buchwert in bar.
Kasse // fertige Erzeugnisse

Beispiel 2 Zunahme im Umlaufvermögen und Abnahme im Anlagevermögen. Verkauf eines Pkws zum Buchwert per Kasse.
Kasse // Fuhrpark

Die Bezahlung einer Forderung durch einen Kunden würde den Anforderungen der Aufgabenstellung nicht genügen, da neben der Zunahme liquider Mittel (Einnahme) eine Abnahme der Forderungen (Ausgabe) erfolgt und so insgesamt keine Einnahme entstehen würde.

4 TECHNIK DER DOPPELTEN BUCHFÜHRUNG II

h) *Bilanzverlängerung, keine Einnahme*

    Beispiel 1   Zunahme im Umlaufvermögen und der Schulden. Kauf von Waren auf Ziel.
Waren // Verbindlichkeiten aus L. u. L.

    Beispiel 2   Zunahme im Anlagevermögen und im Eigenkapital. Einlage eines Gebäudes.
Grundstücke / Gebäude // Privat

i) *Bilanzverlängerung, gleichzeitig Einnahme*

    Beispiel   Zunahme im Umlaufvermögen und im Eigenkapital. Privateinlage in bar.
Kasse // Privat

j) *Passivtausch, gleichzeitig Einnahme*

    Beispiel   Ein Gläubiger (Bank) wird zum Gesellschafter.
Verbindlichkeiten ggü. Kreditinstituten // Eigenkapital

k) *Passivtausch, keine Einnahme*

    Beispiel   Kapitalerhöhung aus Gesellschaftsmitteln
Gewinnrücklagen // Grundkapital

l) *Bilanzverkürzung, keine Einnahme*

    Beispiel   Abnahme im Eigenkapital und im Anlagevermögen. Privatentnahme von Sachanlagen zum Buchwert.
Privat // Sachanlagen

m) *Bilanzverkürzung, gleichzeitig Einnahme*

    Beispiel   Hergabe von Umlaufvermögen (Waren) zur Tilgung einer Lieferantenverbindlichkeit. Die Verminderung der Verbindlichkeiten stellt eine Einnahme dar.
Verbindlichkeiten aus L. u. L. // Waren

Die Rückzahlung eines Darlehens erfüllt die Anforderungen der Aufgabenstellung nicht, da sich Einnahmen und Ausgaben auf null saldieren.

n) *Aufwand, gleichzeitig Abgang auf passivem Bestandskonto*
Aufwendungen werden im Soll gebucht, ebenso Abgänge auf passiven Bestandskonten. Geschäftsvorfälle, die diesen Vorgaben entsprechen, existieren nicht, da zumindest ein Konto im Soll und ein Konto im Haben angesprochen werden muss.

o) *Aufwand, gleichzeitig Zugang auf passivem Bestandskonto* (vgl. dazu die Ausführungen in Aufgabenteil b) von Aufgabe 22 auf Seite 222)

    Beispiel   Bildung einer Rückstellung.
Aufwand // Rückstellungen

p) *Aufwand, gleichzeitig Abgang auf aktivem Bestandskonto* (vgl. dazu die Ausführungen in Aufgabenteil a) auf Seite 222 von Aufgabe 22)

   Beispiel   Bezahlung von Sollzinsen per Banküberweisung.
   Zinsaufwand // Bank

q) *Aufwand, gleichzeitig Zugang auf aktivem Bestandskonto*
   Aufwendungen werden im Soll gebucht, ebenso Zugänge auf aktiven Bestandskonten. Geschäftsvorfälle, die diesen Vorgaben entsprechen, existieren nicht, da zumindest ein Konto im Soll und ein Konto im Haben angesprochen werden muss.

r) *Ertrag erfolgt zeitlich vor der korrespondierenden Einzahlung*

   Beispiel 1   Verkauf von Erzeugnissen auf Ziel (Vernachlässigung der Umsatzsteuer) und Bezahlung später per Banküberweisung.
   zunächst: Forderungen aus L. u. L. // Umsatzerlöse
   später: Bank // Forderungen aus L. u. L.

   Beispiel 2   Eingang der Miete per Banküberweisung erst im folgenden Geschäftsjahr (antizipative aktive Rechnungsabgrenzung).
   zunächst: sonstige Forderungen // Mieterträge
   später: Bank // sonstige Forderungen

s) *Einzahlung, keine Einnahme*
   Eine Einzahlung geht grundsätzlich mit einer Einnahme einher. Da lt. Aufgabenstellung die saldierte Betrachtung zur Anwendung kommt, muss der Einzahlung gleichzeitig eine Ausgabe entgegenstehen, damit insgesamt keine Einnahme vorliegt.

   Beispiel   Ein Kunde bezahlt seine (!) Verbindlichkeit in bar.
   Kasse // Forderungen aus L. u. L.

t) *Einzahlung, gleichzeitig Einnahme*

   Beispiel   Verkauf von Beteiligungen zum Buchwert in bar.
   Kasse // Beteiligungen

u) *Auszahlung, keine Ausgabe*

   Beispiel   Bezahlung von Lieferantenverbindlichkeiten per Banküberweisung (Einnahmen und Ausgaben saldieren sich auf Null).
   Verbindlichkeiten aus L. u. L. // Bank

v) *Auszahlung, gleichzeitig Ausgabe*

   Beispiel   Kauf eines Geschäftswagens (Anlagevermögen) in bar.
   Fuhrpark // Kasse

w) *Bilanzverlängerung, keine Einzahlung*

   Beispiel   Kauf von Rohstoffen auf Ziel.
   Rohstoffe // Verbindlichkeiten aus L. u. L.

4 TECHNIK DER DOPPELTEN BUCHFÜHRUNG II   L-34

x) *Bilanzverlängerung, gleichzeitig Ausgabe*

    Beispiel   Kauf von Rohstoffen auf Ziel.
                  Rohstoffe // Verbindlichkeiten aus L. u. L.

y) *Bilanzverkürzung, gleichzeitig Auszahlung*

    Beispiel 1 Rückzahlung eines Darlehens.
                  Verbindlichkeiten ggü. Kreditinstituten // Bank

    Beispiel 2 Privatentnahme in bar.
                  Privat // Kasse

z) *Bilanzverkürzung, keine Auszahlung*

    Beispiel   Aufrechnung einer Verbindlichkeit mit einer Forderung.
                  Verbindlichkeiten aus L. u. L. // Forderungen aus L. u. L.

(31) **Lösung Aufgabe 33** *Überleitung vom Gewinn zur Veränderung der liquiden Mittel*

Ermittlung des Gewinns (nachrichtlich):

		EUR
+	Umsatzerlöse	400 000
./.	Rohstoffverbrauch	100 000
./.	Personalaufwand	217 500
./.	Abschreibungen	15 000
=	Gewinn	67 500

Überleitungsrechnung:

		EUR
	Gewinn des Geschäftsjahres	67 500
./.	Ertrag, aber keine Einzahlung (1.) Erhöhung der Forderungen i. H. v. von 400 000 EUR × 0,125 = 50 000 EUR	50 000
+	Aufwand, aber keine Auszahlung Rohstoffverbrauch (2.) i. H. v. 100 000 EUR und Abschreibung (4.) i. H. v. 15 000 EUR	115 000
./.	Auszahlungen für Verbindlichkeiten (6.)	18 000
+	Einzahlungen für Forderungen (5.)	23 000
./.	Auszahlungen für Investitionen und Tilgung von Fremdkapital Kauf einer Maschine (8.) i. H. v. 50 000 EUR (netto) und Tilgungsrate (9.) i. H. v. $\frac{50\,000}{5}$ =10 000 EUR	60 000
+	Einzahlungen aus Desinvestitionen und Kreditaufnahme	-
=	Veränderung des Zahlungsmittelbestands	77 500

Die Einlage des Pkws ist weder zahlungs- noch erfolgswirksam.

(32) **Lösung Aufgabe 34** *Totalerfolg und Zahlungsüberschüsse*

a) Bei der Ermittlung der Werte ist bei den Rohstoffen zu berücksichtigen, dass in t = 0 keine Aufwendungen entstehen, da die erworbenen Rohstoffe aktiviert werden. Bei den Umsatzerlösen ist zu beachten, dass jeweils 80 TEUR auf Ziel verkauft werden (Forderungen aus L. u. L.). Dies führt dazu, dass die Einzahlungen in der letzten Periode 400 TEUR betragen.

b) Es zeigt sich, dass die Veränderung der Zahlungsüberschüsse im Vergleich zum Gewinn stark schwankt. Durch die Periodisierung der Zahlungen erfolgt eine »Glättung« der Vermögensänderung.

	Maschine		Rohstoffe		Umsatzerlöse			
t	AZ	Au	AZ	Au	EZ	Er	Δ Z	G
0	−1 000		−50				−1 050	(0)
1		(−250)	−50	(−50)	240	(320)	190	(20)
2		(−250)	−50	(−50)	320	(320)	270	(20)
3		(−250)	−50	(−50)	320	(320)	270	(20)
4		(−250)		(−50)	400	(320)	400	(20)
						Summe	80	(80)

c) Die Summe der Zahlungsüberschüsse und die Summe der Gewinne entsprechen sich über die Totalperiode.

(33) **Lösung Aufgabe 35** *Zahlungsüberschüsse und Gewinn in der Totalperiode*

a) Verbuchung der Geschäftsvorfälle
Einlage der Zahlungsmittel in t = 0

[B-140] Bank   1 200 TEUR
       an   Privat   1 200 TEUR

   1. Buchungen in t = 1

     (a) Kauf der Maschine

[B-141] Maschinen   120 TEUR
       an   Bank   120 TEUR

     (b) Kauf von Immobilien

[B-142] Grundstücke und Gebäude   900 TEUR
       an   Bank   900 TEUR

     (c) Umsatzerlöse auf Ziel

[B-143] Forderungen   100 TEUR
       an   Umsatzerlöse   100 TEUR

     (d) Mieteinnahmen

[B-144] Bank   50 TEUR
       an   Mieterträge   50 TEUR

(e) Bezahlung des Personals

145]   *Personalaufwand*   20 TEUR
        an   *Bank*   20 TEUR

(f) Jahresabschlussbuchungen in Form von Abschreibungen

146]   *Abschreibungen*   9 TEUR
        an   *Grundstücke und Gebäude*   9 TEUR

147]   *Abschreibungen*   40 TEUR
        an   *Maschinen*   40 TEUR

2. Buchungen in t = 2

(a) Umsatzerlöse auf Ziel

148]   *Forderungen*   120 TEUR
        an   *Umsatzerlöse*   120 TEUR

(b) Eingang der Umsatzerlöse aus t = 1

149]   *Bank*   100 TEUR
        an   *Forderungen*   100 TEUR

(c) Mieteinnahmen

150]   *Bank*   50 TEUR
        an   *Mieterträge*   50 TEUR

(d) Bezahlung des Personals

151]   *Personalaufwand*   20 TEUR
        an   *Bank*   20 TEUR

(e) Jahresabschlussbuchungen in Form von Abschreibungen

152]   *Abschreibungen*   9 TEUR
        an   *Grundstücke und Gebäude*   9 TEUR

153]   *Abschreibungen*   40 TEUR
        an   *Maschinen*   40 TEUR

3. Buchungen in t = 3

(a) Eingang der Umsatzerlöse aus t = 2

154]   *Bank*   120 TEUR
        an   *Forderungen*   120 TEUR

(b) Umsatzerlöse

155]   *Bank*   140 TEUR
        an   *Umsatzerlöse*   140 TEUR

(c) Mieteinnahmen

156]   *Bank*   50 TEUR
        an   *Mieterträge*   50 TEUR

(d) Bezahlung des Personals

[B-157] Personalaufwand   20 TEUR
         an Bank   20 TEUR

(e) Verkauf der in t = 1 erworbenen Immobilien, davor Abschreibung der Immobilien

[B-158] Abschreibungen   9 TEUR
         an Grundstücke und Gebäude   9 TEUR

[B-159] Bank   900 TEUR
         an Grundstücke und Gebäude   873 TEUR
             sonstige betriebliche Erträge 27 TEUR

(f) Abschreibung der Maschine sowie Veräußerung derer

[B-160] Abschreibungen   40 TEUR
         an Maschinen   40 TEUR

[B-161] Bank   10 TEUR
         an sonstige betriebliche Erträge 10 TEUR

(g) Entnahme der verbleibenden Zahlungsmittel (siehe unten)

[B-162] Privat   1 540 TEUR
         an Bank   1 540 TEUR

Erstellung der Jahresabschlüsse

Aktiva	Schlussbilanz t = 1	Passiva	
	TEUR		TEUR
Grundstücke/Gebäude	891	Eigenkapital	1 281
Maschinen	80		
Forderungen	100		
Bank	210		
Summe Aktiva	1 281	Summe Passiva	1 281

Soll	GuV t = 1	Haben	
Personalaufwand	20	Umsatzerlöse	100
Abschreibungen	49	Mieterträge	50
Gewinn	81		
Summe	150	Summe	150

Aktiva	Schlussbilanz t = 2	Passiva	
	TEUR		TEUR
Grundstücke/Gebäude	882	Eigenkapital	1 382
Maschinen	40		
Forderungen	120		
Bank	340		
Summe Aktiva	1 382	Summe Passiva	1 382

Soll	GuV t = 2		Haben
Personalaufwand	20	Umsatzerlöse	120
Abschreibungen	49	Mieterträge	50
Gewinn	101		
Summe	170	Summe	170

Aktiva	Schlussbilanz t = 3		Passiva
	TEUR		TEUR
Bank	1 540	Eigenkapital	1 540
Summe Aktiva	1 540	Summe Passiva	1 540

Soll	GuV t = 3		Haben
Personalaufwand	20	Umsatzerlöse	140
Abschreibungen	49	Mieterträge	50
Gewinn	158	s. b. E.	37
Summe	227	Summe	227

b) Ermittlung der Zahlungsüberschüsse (Δ Zahlungsmittelbestand) ausgehend vom Gewinn jeweils am Ende der Perioden 1 bis 3
Vorgehensweise:

  Gewinn des Geschäftsjahres
./. *Ertrag, aber keine Zahlungswirkung*
\+ *Aufwand, aber keine Zahlungswirkung*
\+ *Einzahlung, aber kein Ertrag*
./. *Auszahlung, aber kein Aufwand*
./. *Auszahlungen für Investitionen und Tilgung von Fremdkapital*
\+ *Einzahlungen aus Desinvestitionen und Kreditaufnahme*
= *Δ Zahlungsmittelbestand*

		t = 1	t = 2	t = 3
	Gewinn	81	101	158
+	Abschreibungen	49	49	49
./.	Umsatzerlöse auf Ziel	100	120	-
+	Verringerung der Forderungen	-	100	120
+	Desinvestitionen		-	873*
./.	Investitionen	−1 020	-	
=	Δ Zahlungsmittelbestand	−990	130	1 200

* Maßgeblich ist der Teil der Investitionen/Desinvestitionen, der nicht erfolgswirksam ist.

c) Ermittlung der Zahlungsüberschüsse und des Gewinns der Totalperiode

		Δ ZM	Gewinn
	t = 1 (50 − 120 − 900 − 20 =)	−990	81
+	t = 2 (100 + 50 − 20 =)	130	101
+	t = 3 (120 + 140 + 50 + 900 + 10 −20 =)	1 200	158
=		340	340

INTERPRETATION

Die Summe der Zahlungsüberschüsse über die Totalperiode entspricht der Summe der Gewinne über die Totalperiode. Der Gewinn stellt lediglich eine »Periodisierung« der Zahlungsüberschüsse dar.

ZUSAMMENFASSUNG

Abbildung 2 zeigt die *Entwicklung* der Bestände (Vermögen in Form von Eigenkapital und Zahlungsmittel) sowie die *Veränderung* der Bestände. Es wird deutlich, dass der Gewinn und damit die Entwicklung des Vermögens im Vergleich zur Veränderung des Zahlungsmittelbestands und des Zahlungsmittelbestands selbst, sich vergleichsweise konstant entwickelt. Es treten beim Gewinn weniger Schwankungen auf als bei den Zahlungsmitteln.

(34) **Lösung Aufgabe 36** *Kontrollfragen*

1. *Charakterisieren Sie die Typen erfolgsneutraler Geschäftsvorfälle*

Typ	Charakter
Aktivtausch	Vermögensumschichtung auf der Aktivseite ohne Auswirkung auf die Bilanzsumme.
Passivtausch	Umschichtung der Passivseite ohne Auswirkung auf die Bilanzsumme.
Aktiv-Passiv-Mehrung	Zunahme der Bilanzsumme
Aktiv-Passiv-Minderung	Abnahme der Bilanzsumme

2. *Bilden Sie jeweils ein Beispiel anhand von Buchungssätzen unter Vernachlässigung der Umsatzsteuer für*

   a) *Aktivtausch*
      Bank // Forderungen
   b) *Passivtausch*
      Verbindlichkeiten // Eigenkapital
   c) *Aktiv-Passiv-Mehrung*
      Bank // Verbindlichkeiten gegenüber Kreditinstituten
   d) *Aktiv-Passiv-Minderung*
      Verbindlichkeiten aus L. u. L. // Bank
   e) *Aufwand verbunden mit Abgang auf aktivem Bestandskonto*

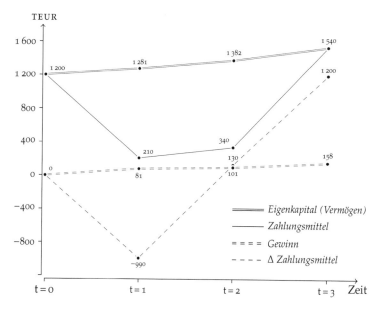

Abb. 2 Zusammenfassung der Veränderung der Entwicklung der Bestände

       Abschreibungen // Gebäude
- f) Aufwand verbunden mit Zugang auf passivem Bestandskonto
       Zinsaufwand // Verbindlichkeiten gegenüber Kreditinstituten
- g) Ertrag verbunden mit Zugang auf aktivem Bestandskonto
       Bank // Zinserträge
- h) Ertrag verbunden mit Abgang auf passivem Bestandskonto
       Verbindlichkeiten // sonstige betriebliche Erträge

3. Bilden Sie jeweils ein Beispiel anhand von Buchungssätzen im Fall des Aktivtauschs unter Vernachlässigung der Umsatzsteuer für:
   - a) Zunahme und Abnahme im Anlagevermögen
         Maschinen // Fuhrpark
   - b) Zunahme im Anlage- und Abnahme im Umlaufvermögen
         Fuhrpark // Bank
   - c) Zunahme und Abnahme im Umlaufvermögen
         Rohstoffe // Kasse
   - d) Zunahme im Umlauf- und Abnahme im Anlagevermögen
         Forderungen // Maschinen

4. Bilden Sie jeweils ein Beispiel anhand von Buchungssätzen unter Vernachlässigung der Umsatzsteuer für:
   - a) Eine Zunahme im Eigenkapital geht mit einer Zunahme im Umlaufvermögen einher.
         Bank // Eigenkapital

b) *Eine Zunahme im Eigenkapital geht mit einer Zunahme im Anlagevermögen einher.*
   Gebäude   //   Eigenkapital

c) *Eine Zunahme der Schulden geht mit einer Zunahme im Umlaufvermögen einher.*
   Rohstoffe   //   Verbindlichkeiten aus L. u. L.

d) *Eine Zunahme der Schulden geht mit einer Zunahme im Anlagevermögen einher.*
   Grundstücke   //   Verbindlichkeiten aus L. u. L.

5. *Geben Sie konkrete Beispiele in Form von Buchungssätzen an für:*

   a) *Ertrag, aber keine Einzahlung,*
      Forderungen   //   Umsatzerlöse

   b) *Einzahlung, aber kein Ertrag,*
      Bank   //   Verbindlichkeiten gegenüber Kreditinstituten

   c) *Aufwand, aber keine Auszahlung,*
      Zinsaufwand   //   Verbindlichkeiten

   d) *Auszahlung, aber kein Aufwand.*
      Verbindlichkeiten aus L. u. L.   //   Bank

6. *Geben Sie zwei Beispiele für erfolgsneutrale Geschäftsvorfälle an, bei denen die Bilanz in allen Positionen wertäquivalent bleibt!*
   - Tausch eines alten Geschäftswagens zum Buchwert gegen ein neues Kfz ohne Baraufgabe.
   - Tausch einer Maschine zum Buchwert gegen eine neue Maschine ohne Baraufgabe.

7. *Welche beiden Typen von Eigenkapitalveränderungen kennen Sie? Bilden Sie jeweils ein Beispiel!*
   - Erfolgswirksame Eigenkapitalveränderungen: Verkauf von Anlagevermögen über Buchwert.
   - Erfolgsneutrale Eigenkapitalveränderungen: Privateinlage in bar.

8. *Warum werden für das Eigenkapital Unterkonten gebildet?*
   Die Bildung von Unterkonten ist übersichtlicher und es kann besser nachvollzogen werden, woraus der Erfolg resultiert.

9. *Geben Sie Beispiele für Geschäftsvorfälle an, die über Erfolgskonten dokumentiert werden, das Eigenkapital aber nicht verändern.*
   - Der Angestellte arbeitet als Gärtner im Garten des Privathauses des Unternehmers:

     Privat   //   Personalaufwand (Eigenverbrauch)

   - Entnahme von Erzeugnissen durch den Unternehmer:

     Privat   //   Umsatzerlöse (Eigenverbrauch)

10. *Sind die folgenden Aussagen wahr oder falsch?*

    a) *Die vier Grundtypen erfolgsunwirksamer Geschäftsvorfälle haben gemeinsam, dass durch sie das Eigenkapital nicht verändert wird.*

falsch | Das Eigenkapital kann sich auch durch erfolgsunwirksame (erfolgsneutrale) Geschäftsvorfälle verändern.
b) *Bestandskonten haben Anfangsbestände, Erfolgskonten nicht.*
wahr | Erfolgskonten bilden Stromgrößen ab. Sie haben zu Beginn des Geschäftsjahres keine Einträge und werden über die Gewinn- und Verlustrechnung ohne Bestandsbildung abgeschlossen.
c) *Erträge stehen grundsätzlich im Haben, Aufwendungen im Soll.*
wahr | In Ausnahmefällen, wie z. B. bei Stornobuchungen, kann es auch umgekehrt sein.
d) *Der Gewinn steht im Soll.*
wahr | Er stellt die Saldogröße zur größeren Summe der Erträge dar, die sich im Haben befindet.
e) *Leistungsbeziehungen zwischen Unternehmen und Unternehmer sind niemals erfolgswirksam.*
falsch | Der Unternehmer kann auch Endverbraucher sein. Zum Beispiel bei der Entnahme von Gegenständen oder Dienstleistungen. Dadurch können Erträge und Aufwendungen entstehen.
f) *Die GuV wird über das Eigenkapitalkonto abgeschlossen.*
wahr | Die Gewinn- und Verlustrechnung ist ein Unterkonto des Eigenkapitals.
g) *Konten, die Stromgrößen abbilden, kaben keinen Anfangsbestand.*
wahr | Zum Beispiel Aufwands- und Ertragskonten.
h) *Die doppelte Buchführung wird nur für das externe, nicht für das interne Rechnungswesen verwendet.*
falsch | Die doppelte Buchführung wird z. B. auch bei der Kosten- und Leistungsrechnung verwendet.
i) *Bei Veräußerung von Anlagevermögen über Buchwert in bar ist die Veränderung des Zahlungsmittelbestands größer als die Veränderung des Reinvermögens.*
wahr | Der Zahlungsmittelbestand erhöht sich um den Verkaufspreis. Da der Buchwert i. d. R. größer als null ist, fällt der Ertrag kleiner aus. Unter Vernachlässigung der Umsatzsteuer ergibt sich der Ertrag aus dem Verkaufspreis abzüglich Buchwert.

11. *Welche beiden Möglichkeiten der Gewinnermittlung existieren bei der doppelten Buchführung?*
Der Gewinn kann über die GuV oder durch den Beständevergleich (Vermögensvergleich) direkt über die Bilanz ermittelt werden.

12. *Wie lässt sich das Reinvermögen mittels Bilanz ermitteln?*
Das Reinvermögen (Eigenkapital) ergibt sich aus der Summe der Aktiva abzüglich der Schulden.

13. *Warum sind Entnahmen und Einlagen bei der Ermittlung des Gewinns mittels Distanzrechnung speziell zu berücksichtigen?*
Distanzrechnung bedeutet Vermögensvergleich. Entnahmen und Einlagen verändern das Eigenkapital erfolgsneutral. Um die erfolgswirksame Än-

derung des Eigenkapitals und damit den Erfolg bestimmen zu können, müssen Entnahmen und Einlagen herausgerechnet werden.

14. *Nennen Sie jeweils zwei konkrete Beispiele für*
    a) *private Steuern des Unternehmers*
       Einkommensteuer, Grundsteuer für das Privathaus
    b) *die private Nutzung betrieblicher Vermögensgegenstände*
       Nutzung von betrieblichen Fahrzeugen für Privatfahrten, Nutzung betrieblicher Mobiltelefone für private Zwecke
    c) *Sachentnahmen*
       Entnahme von fertigen Erzeugnissen, Handelswaren oder Betriebs- und Geschäftsausstattung (Möbel)
    d) *Sacheinlagen*
       Grundstücke und Gebäude

15. *Warum ist ein Aktiv- oder Passivtausch erfolgsneutral?*
    Es sind ausschließlich Bestandskonten betroffen.

16. *Was bedeutet Bilanzverkürzung bzw. -verlängerung?*
    Bilanzverkürzung bedeutet, dass sich durch einen Geschäftsvorfall die Bilanzsumme reduziert. Bilanzverlängerung bedeutet, dass sich durch einen Geschäftsvorfall die Bilanzsumme erhöht.

17. *Für welchen Typus erfolgsneutraler Geschäftsvorfälle existiert kein korrespondierender erfolgswirksamer Geschäftsvorfall?*
    Für den Aktivtausch. Da durch erfolgswirksame Buchungen immer das Eigenkapital (Passivkonto) betroffen ist, existiert kein Geschäftsvorfall der erfolgswirksam ist und ausschließlich die Aktivseite betrifft.

18. *Welche Typen erfolgswirksamer Geschäftsvorfälle können als Analogon zum Passivtausch verstanden werden?*
    Aufwand, verbunden mit einem Zugang auf einem passiven Bestandskonto oder Ertrag, verbunden mit einem Abgang auf einem passiven Bestandskonto.

19. *Welche Geschäftsvorfälle verändern das Eigenkapital erfolgsneutral?*
    Einlagen und Entnahmen.

20. *Geben Sie ein Beispiel für eine Privateinlage oder -entnahme an, bei dem sich das Eigenkapital in Summe nicht verändert.*
    Es muss sich dabei um eine Entnahme handeln, die in voller Höhe erfolgswirksam ist. Zum Beispiel die Entnahme eines Schreibtisches zum Marktwert, dessen Buchwert 0 EUR beträgt.

21. *Geben Sie ein Beispiel für eine Privateinlage oder -entnahme an, bei dem sich das Eigenkapital nur partiell verändert.*
    Die Entnahme eines Schreibtisches zum Marktwert von 100 EUR, wobei der Buchwert 80 EUR beträgt. Die Entnahme beträgt 100 EUR, der Ertrag 20 EUR. In Summe vermindert sich das Eigenkapital um 80 EUR.

22. *Nennen Sie jeweils fünf Aufwandskonten und Ertragskonten!*

Aufwandskonten	Ertragskonten
Mietaufwand	Umsatzerlöse
Zinsaufwand	Zinserträge
Steueraufwand	Mieterträge
Personalaufwand	sonstige betriebliche Erträge
Abschreibungen	Erträge aus Beteiligungen

23. *Stellt der buchhalterische Gewinn eine »Zielgröße« dar? Erläutern Sie etwaige Abweichungen des Gewinns von der Zielgröße!*
Der Gewinn stellt keine Zielgröße dar, da er i. d. R. in den einzelnen Teilperioden nicht zahlungsgleich ist. Zum Beispiel mindern Abschreibungen den Gewinn, sind aber nicht zahlungswirksam. Forderungen, die aus dem Verkauf von Umlaufvermögen resultieren, erhöhen den Gewinn, führen aber nicht zu Einzahlungen.

24. *Was bedeutet »Habensaldo«, was »Sollsaldo«?*
Ein Habensaldo steht im Soll, d. h. die Summe der Habenbuchungen ist größer als die Summe der Sollbuchungen. Ein Sollsaldo steht im Haben, die Summe der Sollbuchungen ist größer als die Summe der Habenbuchungen. Der Begriff Saldo kommt von saldare = ergänzen.

25. *Warum stellt sich auf dem Schlussbilanzkonto immer ein gleich hoher Erfolgssaldo wie auf dem Gewinn- und Verlustkonto ein?*
Aufgrund der doppelten Buchführung werden mindestens immer zwei Konten bebucht. Da Erfolgskonten Unterkonten des Eigenkapitalkontos sind, muss die Differenz (Saldo), die sich in der Gewinn- und Verlustrechnung ergibt, der Differenz in der Bilanz entsprechen.

26. *Kann das Eigenkapital auf der Aktivseite der Bilanz erscheinen? Wie kann es ggf. hierzu kommen?*
Im Fall der Überschuldung, bei dem das Eigenkapital aufgrund von Verlusten aufgezehrt ist, steht das Eigenkapital auf der Aktivseite, da die Summe der Schulden auf der Passivseite größer sind als der Buchwert der Vermögensgegenstände auf der Aktivseite. Das Eigenkapital ergibt sich in dem Fall als Restgröße aus der Summe der Schulden abzüglich der Summe der Vermögensgegenstände. Alternativ kann das Eigenkapital mit negativem Vorzeichen auf der Passivseite ausgewiesen werden.

27. *Ein Kenner der doppelten Buchführung behauptet, dass die doppelte Buchführung die korrekte Erfassung der Geschäftsvorfälle gewährleiste, da andernfalls die Summen von Aktiva und Passiva nicht übereinstimmen. Nehmen Sie Stellung zu dieser Aussage!*
Die Aussage ist falsch, da Geschäftsvorfälle auch unter Einhaltung des Gebots derselben Summe der Beträge der Sollbuchungen und Habenbuchungen, falsch verbucht werden können und die Summe von Aktiva und Passiva trotzdem übereinstimmt. Beispiel: Bei Vereinnahmung von Zinsen i. H. v. 10 EUR wird gebucht: Zinsaufwand 10 EUR an Bank 10 EUR. Der Buchungssatz ist falsch, trotzdem stimmen die Summen von Aktiva und Passiva überein.

4.1 Verbuchung der Umsatzsteuer

(36) **Lösung Aufgabe 37** *Wahr oder falsch?*

a) *falsch* | Der Umsatzsteuer unterliegen Lieferungen (körperliche Gegenstände) und sonstige Leistungen (Dienstleistungen).

b) *falsch* | Kurzfristige Vermietungen (wie z. B. bei Hotels) fallen nicht unter die Befreiung des § 4 Nr. 12 UStG.

c) *wahr* | Dies ergibt sich aus den Nrn. 2 bis 47 aus Anlage 2 zu § 12 Abs. 2 Nr. 1 und 2 UStG.

d) *wahr* | Da die Vorsteuer bei vorsteuerabzugsberechtigten Unternehmen vom Finanzamt erstattet wird, entstehen dem Unternehmer in dieser Höhe keine »Kosten«, sodass lediglich der Nettobetrag aktiviert werden darf.

e) *wahr* | Wenn Unternehmer umsatzsteuerbefreit sind (z. B. Allgemeinmediziner und teilweise auch Banken), können diese Unternehmer auch keine Vorsteuer geltend machen (keine Vorsteuerabzugsberechtigung). In diesen Fällen gehört die Vorsteuer zu den Anschaffungskosten.

f) *wahr* | Diese Auflagen ergeben sich aus § 14 Abs. 4 UStG.

g) *wahr* | Dies ergibt sich aus § 10 Abs. 1 Satz 1 UStG.

h) *wahr* | Aus ökonomischer Sicht wird der Endverbraucher belastet, die Umsatzsteuer stellt deshalb eine Verbrauchsteuer dar.

i) *wahr* | Dies ist der Grundkonzeption als Allphasen-Nettoumsatzsteuer mit Vorsteuerabzug geschuldet.

j) *falsch* | Die Umsatzsteuer muss gesammelt für den sog. »Voranmeldezeitraum«, der i. d. R. einen Monat beträgt, jeweils am Ende des Voranmeldezeitraums an das Finanzamt abgeführt werden.

k) *falsch* | Die Vorsteuer hat Forderungscharakter.

l) *wahr* | Es liegt in diesem Fall ein Sollsaldo auf dem Umsatzsteuerkonto vor (sofern die Vorsteuer über die Umsatzsteuer abgeschlossen wurde).

m) *wahr* | Da davon auszugehen ist, dass eine positive Wertschöpfung vorliegt, wird i. d. R. die Umsatzsteuerschuld höher sein als die Vorsteuer. Es erfolgt deshalb der Abschluss der Vorsteuer über die Umsatzsteuer und nicht umgekehrt.

n) *falsch* | Das Vorsteuer- und das Umsatzsteuerkonto wird jeweils über ein Verrechnungskonto abgeschlossen.

o) *wahr* | Sollsalden stehen im Haben. In diesem Fall erfolgt der Abschluss des Umsatzsteuerkontos durch die Buchung: *Forderungen an Umsatzsteuer*.

p) *wahr* | Dies ist vor allem bei Zielkäufen der Fall, wenn das Zahlungsziel über das Ende des Voranmeldezeitraums hinausgeht.

4 TECHNIK DER DOPPELTEN BUCHFÜHRUNG II

(37) **Lösung Aufgabe 38** *Allphasen-Nettoumsatzsteuer*

Nachstehend wird das System der Umsatzsteuer in Deutschland anhand von drei »Phasen« erläutert.

	Preis*	VSt	USt	Zahllast
Urerzeugung	1 000	0	190	190
Industrie	1 500	190	285	95
Einzelhändler	1 800	285	342	57
Summe		475	817	342

* Nettopreis bzw. Entgelt gem. § 10 UStG (Bemessungsgrundlage)

Der Endverbraucher zahlt 342 EUR Umsatzsteuer, was genau 19% von 1 800 EUR (Endverbraucherpreis) entspricht. Die Höhe der Steuerlast ist unabhängig von den dazwischengeschalteten Stufen (Phasen). Die Umsatzsteuer repräsentiert damit die reine Wertschöpfung.

(37) **Lösung Aufgabe 39** *Allgemeines zur Umsatzsteuer*

a) Der Umsatzsteuer unterliegen Lieferungen und sonstige Leistungen, die ein Unternehmer im Inland, gegen Entgelt, im Rahmen seines Unternehmens ausführt, § 1 Abs. 1 Nr. 1 UStG. Wichtig ist hier, dass es sich um einen Unternehmer handeln muss. Umsätze von »Privatpersonen« unterliegen insofern nicht der Umsatzsteuer, als dass sie keine Umsatzsteuer ans Finanzamt abführen müssen oder Vorsteuer erhalten können.

b) Die Umsatzsteuersätze ergeben sich aus § 12 UStG, demnach beträgt der Regelsatz 19% und der ermäßigte Satz 7%. Bemessungsgrundlage ist das Entgelt. Das Entgelt ist alles, was der Leistungsempfänger aufwendet, um die Leistung zu erhalten, jedoch ohne Umsatzsteuer, § 10 Abs. 1 Sätze 1 und 2 UStG.

c) Die steuerfreien Umsätze sind in § 4 UStG abschließend aufgeführt. Steuerbefreit sind u. a.
  1. Ausfuhrlieferungen (Exporte), Nr. 1 Buchstabe a;
  2. die Gewährung und Vermittlung von Krediten, Nr. 8 Buchstabe a;
  3. Umsätze im Geschäft mit Wertpapieren (z. B. Aktien/Anleihen), Nr. 8 Buchstabe e;
  4. Umsätze, die unter das Grunderwerbsteuergesetz fallen (Kauf/Verkauf von Grundstücken und Gebäuden), Nr. 9 Buchstabe a;
  5. Versicherungsprämien, Nr. 10 Buchstabe a;
  6. Vermietungen (sofern nicht kurzfristig, wie z. B. bei Hotels), Nr. 12 Buchstabe a;
  7. Umsätze der Allgemeinmediziner (nicht jedoch die Umsätze der plastischen Chirurgen), Nr. 14 Buchstabe a;

d) Die Liste der dem ermäßigten Steuersatz unterliegenden Gegenstände ergibt sich aus Anlage 2 zu § 12 Abs. 2 Nr. 1 und 2 UStG. Dem ermäßigten Satz unterliegen z. B. Umsätze mit Druckerzeugnissen (Nr. 49), Grundnahrungsmitteln (Nrn. 2–47) und Kunstgegenständen (Nr. 53).

e) Am Ende jedes Voranmeldezeitraums muss der Unternehmer eine sog. Umsatzsteuervoranmeldung an das Finanzamt senden. Der Voranmeldezeitraum beträgt i. d. R. ein Kalendermonat. In dieser Voranmeldung sind seine Umsätze und die zugehörige Umsatzsteuer sowie die Vorsteuer vermerkt sowie der Betrag errechnet, den der Unternehmer dem Finanzamt schuldet bzw. im Falle eines Vorsteuerüberhangs der Betrag, den der Unternehmer vom Finanzamt erstattet bekommt. Die Umsatzsteuervoranmeldung muss bis zum 10. des Folgemonats beim Finanzamt (in elektronischer Form) eingereicht und die Schuld bezahlt werden.

(37) **Lösung Aufgabe 40** *Eingangsrechnung für den Zweck des Vorsteuerabzugs*

a) Die Anforderungen an eine Rechnung als Grundlage für den Vorsteuerabzug sind in § 14 Abs. 4 UStG aufgeführt. Insbesondere muss eine Rechnung enthalten:
 1. Name und Anschrift des leistenden Unternehmers und des Leistungsempfängers,
 2. Steuernummer,
 3. Ausstellungsdatum (Rechnungsdatum),
 4. fortlaufende Nummer,
 5. Menge und Art der Lieferung oder sonstigen Leistung,
 6. Zeitpunkt der Lieferung oder sonstigen Leistung,
 7. das Entgelt,
 8. den anzuwendenden Steuersatz und den Steuerbetrag.

Für Rechnungen, deren Gesamtbetrag 150 EUR nicht übersteigt, gelten gem. § 33 der Umsatzsteuer-Durchführungsverordnung (UStDV) Vereinfachungen.

Der Rechnung in der Aufgabenstellung mangelt es

- am Zeitpunkt der Lieferung. Das Lieferdatum ist nicht angegeben. Das Rechnungsdatum (hier der 25. 1. 2017) ist nicht maßgeblich, § 14 Abs. 4 Nr. 6 UStG.
- am anzuwendenden Steuersatz. Dieser beträgt hier 19 % und muss explizit benannt werden, § 14 Abs. 4 Nr. 8 UStG.
- am Entgelt (Nettobetrag), § 14 Abs. 4 Nr. 7 UStG.

b) Verbuchung der Eingangsrechnung (Annahmen: Es handelt sich um Rohstoffe und die Vorsteuer kann letztlich doch abgezogen werden.)

[B-163]
Rohstoffe		420,16 EUR	
Vorsteuer		79,83 EUR	
	an Verbindlichkeiten aus L. u. L.		500,00 EUR

4 TECHNIK DER DOPPELTEN BUCHFÜHRUNG II

(38) **Lösung Aufgabe 41** *Verbuchung der Umsatzsteuer*

a) Verbuchung der Geschäftsvorfälle und Erstellung der T-Konten:

→164] 1. Kasse 5 950 EUR
   an Warenverkauf 5 000 EUR
   Umsatzsteuer 950 EUR

→165] 2. Betriebs- und Geschäftsausstattung 1 500 EUR
   Vorsteuer 285 EUR
   an Kasse 1 785 EUR

3. Vermietungen (sog. Duldungsleistungen) sind grds. von der Umsatzsteuer befreit, § 4 Nr. 12 Buchstabe a UStG.

→166] Kasse 2 053 EUR
   an Mieterträge 2 053 EUR

167] 4. Kasse 5 283,60 EUR
   an Warenverkauf 4 440,00 EUR
   Umsatzsteuer 843,60 EUR

168] 5. Wareneinkauf 2 000 EUR
   Vorsteuer 380 EUR
   an Kasse 2 380 EUR

169] 6. sonstiger betrieblicher Aufwand 464,00 EUR
   Vorsteuer 88,16 EUR
   an Kasse 552,16 EUR

7. Zinsen sind von der Umsatzsteuer befreit, § 4 Nr. 8 UStG.

170] Kasse 1 190 EUR
   an Zinserträge 1 190 EUR

Erstellung der Konten:

Soll	Umsatzsteuer		Haben	Soll	Vorsteuer		Haben
Saldo	1 793,60	1.	950,00	2.	285,00	Saldo	753,16
		4.	843,60	5.	380,00		
				6.	88,16		
Summe	1 793,60	Summe	1 793,60	Summe	753,16	Summe	753,16

b1) Abschlussbuchung bei Anwendung der *Drei-Konten-Methode* und Erstellung des T-Kontos »USt-Verrechnung«: Bei der Drei-Konten-Methode werden die Konten »Vorsteuer« und »Umsatzsteuer« über ein drittes Konto, das Konto »USt-Verrechnung«, abgeschlossen. Die Umsatzsteuerschuld bzw. der Vorsteuerüberhang ergibt sich als Saldo aus dem Konto »USt-Verrechnung«.

Soll	USt-Verrechnung		Haben
VSt	753,16	USt	1 793,60
Saldo	1 040,44		
Summe	1 793,60	Summe	1 793,60

Abschluss des Vorsteuerkontos:

[B-171] USt-Verrechnung 753,16 EUR
 an Vorsteuer 753,16 EUR

Abschluss des Umsatzsteuerkontos:

[B-172] Umsatzsteuer 1 793,60 EUR
 an USt-Verrechnung 1 793,60 EUR

Die Umsatzsteuerschuld wird erst in 2018 beglichen und findet daher als sonstige Verbindlichkeit Eingang in den Jahresabschluss:

[B-173] USt-Verrechnung 1 040,44 EUR
 an sonstige Verbindlichkeiten 1 040,44 EUR

b2) Abschlussbuchung bei Anwendung der *Zwei-Konten-Methode*: Bei der Zwei-Konten-Methode wird die Vorsteuer über die Umsatzsteuer abgeschlossen. Die Umsatzsteuerschuld bzw. der Vorsteuerüberhang ergibt sich als Saldo aus dem Umsatzsteuerkonto.

Abschluss des Vorsteuerkontos über das Umsatzsteuerkonto:

[B-174] Umsatzsteuer 753,16 EUR
 an Vorsteuer 753,16 EUR

Abschluss des Umsatzsteuerkontos:

[B-175] Umsatzsteuer 1 040,44 EUR
 an sonstige Verbindlichkeiten 1 040,44 EUR

(38) **Lösung Aufgabe 42** *Abschluss der Umsatzsteuerkonten*

a) Verbuchung nach der »Drei-Konten-Methode«
Das Vorsteuerkonto und das Umsatzsteuerkonto werden über das Konto »USt-Verrechnung« abgeschlossen.
Abschluss des Vorsteuerkontos:

[B-176] USt-Verrechnung 15 900 EUR
 an Vorsteuer 15 900 EUR

Abschluss des Umsatzsteuerkontos:

[B-177] Umsatzsteuer 12 900 EUR
 an USt-Verrechnung 12 900 EUR

Es besteht ein Vorsteuerüberhang, der erst im Folgejahr durch das Finanzamt erstattet wird. Der Saldo des USt-Verrechnungskontos wird als sonstige Forderung in den Jahresabschluss aufgenommen:

4 TECHNIK DER DOPPELTEN BUCHFÜHRUNG II

178] sonstige Forderungen 3 000 EUR
an USt-Verrechnung 3 000 EUR

Erstattung des Vorsteuerüberhangs durch das Finanzamt im Folgejahr:

179] Bank 3 000 EUR
an sonstige Forderungen 3 000 EUR

b) Verbuchung nach der *Zwei-Konten-Methode*

Das Vorsteuerkonto wird über das Umsatzsteuerkonto abgeschlossen:

180] Umsatzsteuer 15 900 EUR
an Vorsteuer 15 900 EUR

Die Aufnahme in den Jahresabschluss und die Erstattung durch das Finanzamt werden analog zur Drei-Konten-Methode verbucht.

181] sonstige Forderungen 3 000 EUR
an Umsatzsteuer 3 000 EUR

182] Bank 3 000 EUR
an sonstige Forderungen 3 000 EUR

(39) **Lösung Aufgabe 43** *Tauschgeschäfte (Grundlagen)*

a) Ermittlung der Anschaffungskosten beim Tausch

        Gemeiner Wert des hingegebenen Wirtschaftsguts (inkl. USt)
+   *Geleistete Aufzahlung (Baraufgabe)*
     für das erworbene Wirtschaftsgut (inkl. USt)
./. *Erhaltene Aufzahlung (Baraufgabe)*
     für das hingegebene Wirtschaftsgut (inkl. USt)
=   *Bruttobetrag für das erworbene Wirtschaftsgut*
./. *In Rechnung gestellte Umsatzsteuer*
     (für das erworbene Wirtschaftsgut)
=   *Anschaffungskosten des erworbenen Wirtschaftsguts*

b) Tausch ohne Baraufgabe

183] Fuhrpark 1 000 EUR
Vorsteuer 190 EUR
an Maschinen 1 000 EUR
Umsatzsteuer 190 EUR

c) Tausch mit Baraufgabe

Ermittlung der Anschaffungskosten:

		EUR
	Gemeiner Wert des hingegebenen Wirtschaftsguts	1 190
./.	Erhaltene Aufzahlung (Baraufgabe) für das hingegebene Wirtschaftsgut (inkl. USt)	119
=	Bruttobetrag für das erworbene Wirtschaftsgut	1 071
./.	In Rechnung gestellte Umsatzsteuer (für das erworbene Wirtschaftsgut): $\frac{1\,071}{1,19} \times 0{,}19$	171
=	Anschaffungskosten des erworbenen Wirtschaftsguts	900

[B-184]

Fuhrpark		900 EUR
Bank		119 EUR
Vorsteuer		171 EUR
an Maschinen		1 000 EUR
Umsatzsteuer		190 EUR

d) Tausch mit Baraufgabe

Der Wert des Pkws beträgt 1 100 EUR. Da wir zusätzlich 100 EUR (netto) an Baraufgabe erhalten, haben wir die Maschine für 1 200 EUR (netto) veräußert. Da der Buchwert der Maschine lediglich 800 EUR beträgt, entsteht ein Veräußerungsgewinn i. H. v. 400 EUR. Die Vorsteuer ergibt sich aus 1 100 × 0,19 = 209 EUR. Die Umsatzsteuer beträgt 1 200 × 0,19 = 228 EUR.

[B-185]

Fuhrpark		1 100 EUR
Bank		119 EUR
Vorsteuer		209 EUR
an Maschinen		800 EUR
sonstiger betrieblicher Ertrag		400 EUR
Umsatzsteuer		228 EUR

e) Tausch mit Baraufgabe

Die Bank wird mit 200 × 1,19 = 238 EUR belastet. Der Verlust (sonstiger betrieblicher Aufwand) durch die Veräußerung beträgt 1 100 − 1 000 = 100 EUR. Die Maschine wird zum Buchwert ausgebucht. Der Wert der Inzahlungnahme zzgl. der Nettobaraufgabe (1 000 + 200 = 1 200 EUR) ergibt die Anschaffungskosten des Pkws. Die dem Pkw-Händler in Rechnung gestellte Umsatzsteuer beträgt 1 000 × 0,19 = 190 EUR. Die uns in Rechnung gestellte Vorsteuer beträgt 1 200 × 0,19 = 228 EUR. Der Buchungssatz lautet dann:

[B-186]

Fuhrpark		1 200 EUR
sonstiger betrieblicher Aufwand		100 EUR
Vorsteuer		228 EUR
an Maschinen		1 100 EUR
Bank		238 EUR
Umsatzsteuer		190 EUR

(39) **Lösung Aufgabe 44** *Tauschgeschäfte (Vertiefung)*

a) Der Veräußerungsgewinn für den Kfz-Händler beträgt (4 500 − 3 800 =) 700 EUR. Der Privatmann ist weder umsatzsteuerpflichtig noch vorsteuerabzugsberechtigt. Bei der Inzahlungnahme des Fiestas handelt es sich deshalb um einen Nettobetrag. Die Umsatzsteuer des Kfz-Händlers bemisst sich auf 855 EUR.

[B-187]

Umlaufvermögen (Ford Fiesta)		350 EUR
Bank		5 005 EUR
an Umlaufvermögen		3 800 EUR
sonstige betriebliche Erträge		700 EUR
Umsatzsteuer		855 EUR

b) Verbuchung bei Dübel:
Der gemeine Wert der hingegebenen Maschine beträgt 595 EUR (netto = 500 EUR). Der Veräußerungsgewinn (sonstiger betrieblicher Ertrag) aus der Hingabe der Maschine beträgt demnach (500 – 400 =) 100 EUR. Die Anschaffungskosten des Computers betragen:

		EUR
	Gemeiner Wert der Maschine	595
+	Baraufgabe	476
=	Bruttobetrag	1071
./.	Enthaltene Umsatzsteuer	171
=	Anschaffungskosten	900

Die dem Dübel in Rechnung gestellte Vorsteuer beträgt 171 EUR, während der Dübel dem Bel 95 EUR Umsatzsteuer in Rechnung stellt. Der Buchungssatz aus Sicht des Dübel lautet dann:

188] Betriebs- und Geschäftsausstattung 900 EUR
Vorsteuer 171 EUR
    an Maschinen 400 EUR
         sonstige betriebliche Erträge 100 EUR
         Bank 476 EUR
         Umsatzsteuer 95 EUR

Verbuchung bei Bel:

189] Maschinen 500 EUR
Bank 476 EUR
Vorsteuer 95 EUR
    an Betriebs- und Geschäftsausstattung 600 EUR
         sonstige betriebliche Erträge 300 EUR
         Umsatzsteuer 171 EUR

c) Der Pkw ist bei dem Liebig mit 7 000 EUR bewertet. Ein Tausch findet nur statt, wenn die getauschten Vermögensgegenstände wertäquivalent sind. Der gemeine Wert von Liebigs Pkw beträgt $6\,600 \times 1{,}19 - 595 = 7\,259$ EUR. Die Umsatzsteuer daraus beträgt $\frac{7\,259}{1{,}19} \times 0{,}19 = 1\,159$ EUR. Der tatsächliche Wert des Kraftfahrzeugs (Teilwert bzw. beizulegender Wert = Wert ohne Umsatzsteuer/Vorsteuer) beträgt $\frac{7\,259}{1{,}19} = 6\,100$ EUR. Da der Pkw mit 7 000 EUR aktiviert ist, resultiert ein Verlust i. H. v. 900 EUR.

190] Umlaufvermögen 6 600 EUR
sonstiger betrieblicher Aufwand 900 EUR
Vorsteuer 1 254 EUR
    an Umlaufvermögen 7 000 EUR
         Bank 595 EUR
         Umsatzsteuer 1 159 EUR

(40) **Lösung Aufgabe 45** *Kontrollfragen*

1. *Worin unterscheiden sich einfache und doppelte Buchführung?*

einfache Buchführung	doppelte Buchführung
1. Nur zeitliche Ordnung der Geschäftsvorfälle	1. Zeitliche und sachliche Ordnung der Geschäftsvorfälle
2. Buchung aller Geschäftsvorfälle nur im Soll oder im Haben	2. Buchung aller Geschäftsvorfälle im Soll und im Haben
3. Nur »Bestandskonten«	3. Bestands- und Erfolgskonten
4. Nicht zahlungswirksame Vorgänge werden nicht erfasst	4. Zahlungswirksame und -unwirksame Vorgänge werden erfasst
5. Erfolgsermittlung nur durch Betriebsvermögensvergleich	5. Erfolgsermittlung durch Betriebsvermögensvergleich und Gewinn- und Verlustrechnung

2. *Für welchen Zweck wird die einfache Buchführung i. d. R. eingesetzt?*
Die einfache Buchführung kommt für steuerliche Zwecke in angepasster Form bei kleineren Betrieben und Freiberuflern zum Einsatz.

3. *Welcher der Vermögensebenen (Zahlungsmittel, Geldvermögen, Reinvermögen) entspricht die durch die einfache Buchführung ermittelte Vermögensänderung am ehesten?*
Da Forderungen und Verbindlichkeiten sowie Wertänderungen im Sachvermögen nicht erfasst werden, entspricht sie am ehesten der Zahlungsmittelebene.

4. *Wie bestimmt man den Gewinn bei einfacher Buchführung*
Um den Erfolg (= Gewinn, Reinvermögensänderung) bestimmen zu können, muss eine Inventur jeweils zu Beginn und am Ende der Rechnungsperiode durchgeführt werden. Das Ergebnis muss um Einlagen und Entnahmen der Rechnungsperiode korrigiert werden.

5. *Welche Anpassungen zur Ermittlung der steuerlichen Bemessungsgrundlage sind ausgehend von der einfachen Buchführung durchzuführen?*
Die Anpassungen ergeben sich aus § 4 Abs. 3 Sätze 3 und 4 EStG:

> 3 *Die Vorschriften über die Bewertungsfreiheit für geringwertige Wirtschaftsgüter (§ 6 Absatz 2), die Bildung eines Sammelpostens (§ 6 Absatz 2a) und über die Absetzung für Abnutzung oder Substanzverringerung sind zu befolgen.* 4 *Die Anschaffungs- oder Herstellungskosten für nicht abnutzbare Wirtschaftsgüter des Anlagevermögens, für Anteile an Kapitalgesellschaften, für Wertpapiere und vergleichbare nicht verbriefte Forderungen und Rechte, für Grund und Boden sowie Gebäude des Umlaufvermögens sind erst im Zeitpunkt des Zuflusses des Veräußerungserlöses oder bei Entnahme im Zeitpunkt der Entnahme als Betriebsausgaben zu berücksichtigen.*

Konkret bedeutet das, dass der Gewinn, der sich bei der einfachen Buchführung aus der Differenz zwischen Ein- und Auszahlungen ergibt, durch »Aktivierung« von Anlagevermögen angepasst werden muss. Auszahlungen für die Anschaffung oder Herstellung von Anlagevermögen mindern

4 TECHNIK DER DOPPELTEN BUCHFÜHRUNG II L-45

demnach nicht zum Zeitpunkt der Auszahlung den Gewinn, sondern erst im Zeitablauf durch Abschreibungen.

6. *Was versteht man unter einem Kontenplan?*
Der Kontenplan beinhaltet die Auflistung sämtlicher Konten, die ein Unternehmen für die Dokumentation seiner Geschäftsvorfälle benötigt.

7. *In welchem Verhältnis stehen Kontenrahmen und Kontenplan?*
Der Kontenrahmen beinhaltet sämtliche Konten in einem einheitlichen Gliederungsschema. Der Kontenplan ist Teil des Kontenrahmens und wird betriebsindividuell aus den Konten des Kontenrahmens zusammengestellt.

8. *Welchen Vorteil bringt ein allgemeiner Kontenrahmen mit sich?*
Der Vorteil der einheitlichen Kontensystematik besteht in der schnelleren Datenerfassung durch externe Adressaten wie etwa Betriebsprüfer und Wirtschaftsprüfer.

9. *Was versteht man unter einem Grundbuch, was unter einem Hauptbuch? Was verbindet diese Bücher?*
Das Grundbuch, auch als Tagebuch oder Journal bezeichnet, enthält alle Geschäftsvorfälle unabhängig von ihrer sachlichen Zuordnung in chronologischer Reihenfolge. Das Hauptbuch fasst die Geschäftsvorfälle aus dem Grundbuch auf den Konten des Kontenplans in sachlicher Zuordnung zusammen. Das Grundbuch ist Grundlage für das Hauptbuch.

10. *Was versteht man unter einem Nebenbuch? Geben Sie zwei Beispiele an!*
Nebenbücher werden außerhalb des Kontensystems in einer eigenständigen Nebenbuchhaltung geführt, wie z. B. die Debitoren- und Kreditorenbuchhaltung sowie die Lohnbuchhaltung.

11. *Worin besteht der Unterschied zwischen der Abschlussgliederung und der Prozessgliederung eines Kontenrahmens?*
Bei der Abschlussgliederung sind die Kontenklassen nach den Bilanzpositionen geordnet, bei der Prozessgliederung sind die Konten so geordnet, dass die Dokumentation für das interne und externe Rechnungswesen verwendet werden kann.

12. *Was versteht man unter einem »Einkreissystem«, was unter einem »Zweikreissystem« bezüglich der Organisation der Buchhaltung?*
Bei Einkreissystemen erfolgt die Dokumentation eines Geschäftsvorfalls gleichzeitig für das interne und externe Rechnungswesen. Bei einem Zweikreissystem werden die Geschäftsvorfälle für das interne und externe Rechnungswesen getrennt erfasst.

13. *In welchen Fällen erscheint es sinnvoll, Kontenrahmen mit Einkreissystem zu verwenden?*
Einkreissysteme sind dann sinnvoll, wenn ein internes Rechnungswesen erforderlich ist. Kleine Betriebe verfügen i. d. R. nicht über ein internes Rechnungswesen.

14. *Kann es sein, dass ein Unternehmer trotz hoher Gewinne seine Miete nicht bezahlen kann?*
Der Gewinn stellt eine nichtzahlungsgleiche Größe dar und sagt deshalb nichts darüber aus, wie viel Geld sich in der Kasse befindet, um die Miete

zahlen zu können. Es kann deshalb sein, dass hohe Erfolge berichtet werden, aber kein Geld für die Miete da ist.

15. *Worin besteht der wesentliche Unterschied zwischen Verbindlichkeiten ggü. Kreditinstituten und Verbindlichkeiten aus L. u. L.?*
Verbindlichkeiten gegenüber Kreditinstituten sind bei Aufnahme und Tilgung nicht erfolgswirksam. Lieferantenkredite können erfolgswirksam sein. Erfolgt z. B. eine Reparatur auf Ziel, wird gebucht: Reparaturaufwand // Verbindlichkeiten aus L. u. L.

16. *Erläutern Sie, inwiefern der Grundsatz der Pagatorik durch Geschäftsvorfälle, die erfolgswirksam sind, aber niemals zahlungswirksam werden, durchbrochen wird!*
Der Grundsatz der Pagatorik, auch Grundsatz der Zahlungsverrechnung, mündet im Kongruenzprinzip. Demnach entspricht über die Totalperiode die Summe der Zahlungsüberschüsse der Summe der Gewinne, wenn ausschließlich Geschäftsvorfälle dokumentiert werden, die irgendwann zahlungswirksam werden. Werden hingegen erfolgswirksame Geschäftsvorfälle verbucht, die niemals zahlungswirksam werden (z. B. kalkulatorische Zinsen), ist das Kongruenzprinzip nicht erfüllt.

17. *Was versteht man unter einer Verbrauch- bzw. Verkehrsteuer?*
Verbrauchsteuern werden in Verbindung mit einer Wertschöpfung erhoben. Verkehrsteuern belasten Rechts- oder Realakte, mit denen nicht zwingend eine Wertschöpfung einhergeht.

18. *Was bedeutet »Vorsteuer«, was »Umsatzsteuer«?*
Als Vorsteuer wird die für bezogene Güter oder Dienstleistungen bezahlte Umsatzsteuer bezeichnet. Umsatzsteuer ist die vom Unternehmen in Rechnungen ausgewiesene und an das Finanzamt abzuführende Steuer.

19. *Geben Sie jeweils ein Beispiel an für*
   a) *Ertrag vor Einzahlung*
   Verkauf von Handelswaren auf Ziel über Buchwert
   b) *Einzahlung vor Ertrag*
   Wir erhalten eine Anzahlung von einem Kunden
   c) *Aufwand vor Auszahlung*
   Zinsaufwand, der auf die aktuelle Rechnungsperiode entfällt, wird erst in der nächsten Rechnungsperiode bezahlt
   d) *Auszahlung vor Aufwand*
   Kauf von abnutzbarem Anlagevermögen
   e) *Einzahlung, niemals Ertrag*
   Aufnahme eines Bankdarlehens
   f) *Auszahlung, niemals Aufwand*
   Barentnahme durch den Unternehmer
   g) *Aufwand, nie Auszahlung*
   Nicht möglich bzw. wird im externen Rechnungswesen aufgrund des Grundsatzes der Pagatorik nicht dokumentiert/verbucht. Im internen Rechnungswesen dagegen gehören kalkulatorische Kosten, die nicht zahlungswirksam sind, dazu.

h) *Ertrag, nie Einzahlung*
Nicht möglich, bzw. wird im externen Rechnungswesen aufgrund des Grundsatzes der Pagatorik nicht dokumentiert. Im internen Rechnungswesen kann es sich bei kalkulatorischen Leistungen zu dieser Konstellation kommen.

20. *Warum lässt sich die Umsatzsteuer nicht immer vollständig auf den Endverbraucher »überwälzen«? Geben Sie ein konkretes Beispiel an, anhand dessen Sie erläutern, welche Auswirkungen es auf das Unternehmen hat, wenn der Umsatzsteuersatz steigt und sich die Erhöhung nicht auf den Endverbraucher »überwälzen« lässt.*
Die Überwälzung der Umsatzsteuer hängt u. a. von der Elastizität der Nachfrage ab. Wird z. B. die Umsatzsteuer auf Luxusgüter und damit der Preis erhöht, kann es sein, dass dadurch die Nachfrage sinkt. Wird die Umsatzsteuer auf Grundnahrungsmittel erhöht und steigt dadurch der Preis für Grundnahrungsmittel wird nicht weniger nachgefragt, da die Endverbraucher auf Grundnahrungsmittel angewiesen sind. Steigt die Umsatzsteuer und lässt sich diese nicht auf Endverbraucher überwälzen, sinkt die Gewinnmarge der Unternehmer.

21. *Welche Überlegung liegt dem ermäßigten Umsatzsteuersatz zugrunde?*
Es sind vor allem soziale Überlegungen. Da Niedrigverdiener i. d. R. einen wesentlich höheren Anteil ihres Einkommens für Grundnahrungsmittel ausgeben, wären diese bei Erhebung des vollen Satzes auf Grundnahrungsmittel im Vergleich zu Hochverdienern benachteiligt.

22. *Was versteht man unter »Allphasen-Nettoumsatzsteuer«?*
Allphasen-Nettoumsatzsteuer bedeutet, dass auf jeder Wertschöpfungsstufe netto (Umsatzsteuer abzüglich Vorsteuer) die Umsatzsteuer dem Produkt aus Umsatzsteuersatz und Wertschöpfung entspricht.

23. *Erläutern Sie in formaler Schreibweise die Beziehung zwischen Bemessungsgrundlage, Umsatzsteuer und Bruttobetrag!*

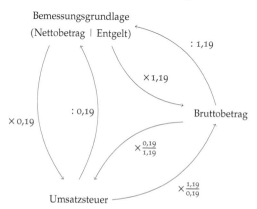

24. *Nennen Sie Beispiele für Umsätze, die umsatzsteuerbefreit sind!*
Die Umsatzsteuerbefreiungen ergeben sich aus § 4 UStG. Befreit sind z. B.

- Versicherungsumsätze, diese unterliegen der Versicherungsteuer.
- Umsätze, die unter das Grunderwerbsteuergesetz fallen, da sie nicht doppelt belastet werden sollen.
- Langfristige Mietverhältnisse,
- Umsätze von Ärzten,
- Kreditaufnahme und Zinszahlungen.

25. *Welche Voraussetzungen müssen von einem »externen« Beleg in Form einer Rechnung gem. § 14 Abs. 4 UStG erfüllt sein?*
    - Name und Anschrift des leistenden Unternehmers und des Leistungsempfängers,
    - Steuernummer bzw. Umsatzsteueridentifikationsnummer,
    - Ausstellungsdatum (Rechnungsdatum),
    - fortlaufende Nummer,
    - Menge und Art der Lieferung oder sonstigen Leistung,
    - Zeitpunkt der Lieferung oder sonstigen Leistung,
    - das Entgelt,
    - den anzuwendenden Steuersatz und den Steuerbetrag.

26. *Warum gehört die Umsatzsteuer grundsätzlich nicht zu den Anschaffungskosten?*
    Die Umsatzsteuer stellt dann keine Anschaffungskosten dar, wenn sie als Vorsteuer vom Finanzamt wieder erstattet wird.

27. *In welchen Fällen stellt die Umsatzsteuer Anschaffungskosten dar? Geben Sie ein konkretes Beispiel an!*
    Die Umsatzsteuer gehört zu den Anschaffungskosten, wenn sie nicht als Vorsteuer vom Finanzamt erstattet wird. Bei allen privaten Käufen, z. B. beim Kauf eines Pkw, der im Privatvermögen gehalten werden soll, oder bei Unternehmer, die nicht vorsteuerabzugsberechtigt sind, wie z. B. Ärzte, gehört die Umsatzsteuer zu den Anschaffungskosten.

28. *Was versteht man unter einem durchlaufenden Posten?*
    In der buchhalterischen Terminologie versteht man darunter Beträge, die zwar zahlungswirksam sind, aber nicht die Gewinn- und Verlustrechnung berühren. Die Umsatzsteuer gehört dazu, da die Umsatzsteuer buchhalterisch als Verbindlichkeit und die Vorsteuer als Forderung erfasst wird.

29. *Welcher Nachteil ergibt sich durch die Saldierung der Umsatzsteuer und Vorsteuer am Jahresende?*
    Saldierungen führen immer zu geringeren Informationen für den Bilanzleser. Durch die Saldierung gehen Informationen über das Niveau an Vorsteuer- und Umsatzsteuerbeträge verloren. Zum Beispiel ergeben 1 Mio. EUR Vorsteuer abzüglich 990 TEUR Umsatzsteuer einen Vorsteuerüberhang von 10 TEUR. Dasselbe Ergebnis erhält man bei 20 TEUR Vorsteuer abzüglich 10 TEUR Umsatzsteuer.

30. *Warum ist der saldierte Ausweis von Vermögen und Schulden generell nicht sinnvoll?*
    Würde man Vermögen (Aktivseite) und Schulden (Teil der Passivseite) saldieren, bliebe nur die Residualgröße Eigenkapital stehen. Dies wäre nicht besonders aussagefähig.

4 TECHNIK DER DOPPELTEN BUCHFÜHRUNG II

31. *Welche Vor- bzw. Nachteile bestehen bei der Ermittlung der Umsatzsteuer-Zahllast mittels der »Drei-Konten-Methode« im Vergleich zur »Zwei-Konten-Methode«?*
Der Vorteil besteht in der Übersichtlichkeit, die vor allem bei mehreren Vor- und Umsatzsteuerkonten (z. B. Konten für ermäßigten bzw. vollen Umsatzsteuersatz und Umsätze aus innergemeinschaftlichen Erwerben) durch die Drei-Konten-Methode besser gewährleistet ist. Der Nachteil besteht in einem höheren buchhalterischen Aufwand durch die Pflege eines zusätzlichen Kontos »Umsatzsteuer-Verrechnungskonto«.

32. *Was versteht man unter einem Voranmeldezeitraum bei der Umsatzsteuer? Welche Voranmeldezeiträume existieren?*
Voranmeldezeitraum ist der Zeitraum, für den die abzuführende Umsatzsteuer bzw. zu erstattende Vorsteuer berechnet wird. Der Voranmeldezeitraum ergibt sich aus § 18 Abs. 2 UStG und besteht aus dem Kalendervierteljahr oder dem Kalendermonat.

33. *Wann »entsteht« die Umsatzsteuer aus steuerlicher Sicht?*
Die Umsatzsteuer entsteht mit Ablauf des Voranmeldezeitraums, § 13 UStG.

34. *Wann ist die Umsatzsteuer/Vorsteuer buchhalterisch zu dokumentieren? Gehen Sie insbesondere auf den Zeitpunkt der Realisation ein.*
Der Zeitpunkt der Realisation ist der Zeitpunkt des Erfüllungsgeschäfts. Mit der Lieferung erhält der Schuldner i. d. R. die Rechnung. Auf Basis der Rechnung wird gebucht. Der Vorsteuerabzug kann erst dann geltend gemacht werden, wenn der Bezug der Leistung und der Rechnungseingang kumulativ vorliegen. Die Umsatzsteuer muss spätestens mit Ablauf des Voranmeldezeitraums verbucht werden, in dem die Leistung erbracht wurde. Es kommt dabei weder auf den Zeitpunkt der Rechnungsstellung noch auf den Eingang des Rechnungsbetrags an.

35. *Erläutern Sie, welche Liquiditätsvor- und -nachteile mit der Abführung der Umsatzsteuer bzw. dem Abzug der Vorsteuer einhergehen!*
Die Umsatzsteuer ist mit Ablauf des Voranmeldezeitraums fällig, in dem geliefert wurde, unabhängig davon, ob der Schuldner gezahlt hat. Der Schuldner wiederum erhält die Rechnung und zahlt erst in der Zukunft. Mit Erhalt der Rechnung kann er die Vorsteuer ziehen, obwohl er noch gar nicht gezahlt hat.

36. *Was versteht man unter einem Tausch?*
Den gegenseitigen Austausch unbarer Vermögensgegenstände.

37. *Wie ermitteln sich Anschaffungskosten, Umsatzsteuer und Vorsteuer beim Tausch?*

	gemeiner Wert (Wert inklusive Umsatzsteuer des hingegebenen Vermögensgegenstands)
+	Nebenkosten (inklusive Umsatzsteuer)
+	Hingabe von Zahlungsmitteln (inklusive Umsatzsteuer)
./.	Erhalt von Zahlungsmitteln (inklusive Vorsteuer)
=	Summe
./.	in der Rechnung an uns enthaltene Vorsteuer
=	Anschaffungskosten

38. *Was versteht man unter einer Baraufgabe beim Tausch?*
    Baraufgabe bedeutet, dass eine der Parteien einen Wertausgleich in bar oder per Banküberweisung zu leisten hat.

39. *Verbuchen Sie anhand selbstgewählter Beispiele*
    a) *den Tausch ohne Baraufgabe*
       Wir geben eine Maschine hin und erhalten einen Pkw. Der Umsatzsteuersatz betrage 20%.
       i. zum Buchwert

          | Fuhrpark 100 | // | Maschinen 100 |
          | Vorsteuer 20 | | Umsatzsteuer 20 |

       ii. unter Buchwert

          | Fuhrpark 80 | // | Maschinen 100 |
          | Aufwand 20 | | Umsatzsteuer 16 |
          | Vorsteuer 16 | | |

       iii. über Buchwert

          | Fuhrpark 120 | // | Maschinen 100 |
          | Vorsteuer 24 | | Ertrag 20 |
          | | | Umsatzsteuer 24 |

    b) *den Tausch mit Baraufgabe*
       Wir geben eine Maschine und eine Baraufgabe i. H. v. 20 EUR netto hin und erhalten einen Pkw. Der Umsatzsteuersatz betrage 20%.
       i. zum Buchwert

          | Fuhrpark 120 | // | Maschinen 100 |
          | Vorsteuer 24 | | Bank 24 |
          | | | Umsatzsteuer 20 |

       ii. unter Buchwert

          | Fuhrpark 100 | // | Maschinen 100 |
          | Aufwand 20 | | Bank 24 |
          | Vorsteuer 20 | | Umsatzsteuer 16 |

       iii. über Buchwert

          | Fuhrpark 140 | // | Maschinen 100 |
          | Vorsteuer 28 | | Ertrag 20 |
          | | | Bank 24 |
          | | | Umsatzsteuer 24 |

40. *Welche Fälle werden beim nicht wertäquivalenten Tausch unterschieden?*
    - *Tausch aus privatem Anlass*
      Im ersten Schritt erfolgt eine Entnahme zum Marktwert unter Aufdeckung stiller Reserven. Im zweiten Schritt erfolgt die Übertragung. Der empfangende Unternehmer legt den Gegenstand zum Marktwert ein.
    - *Tausch aus betrieblichem Anlass*
      Es entsteht beim Unternehmer, der den Vermögensgegenstand mit dem niedrigeren Wert hergibt, in Höhe der Wertdifferenz ein Aufwand, beim empfangenden Unternehmer entsteht in gleicher Höhe ein Ertrag.

4.2 Erfassung des Warenverkehrs

(42) **Lösung Aufgabe 46** *Wahr oder falsch?*

a) *falsch* | Bei einem Rohgewinn lautet der Buchungssatz »Warenkonto an Gewinn- und Verlustrechnung«. Es muss also ein Habensaldo sein. Dieser befindet sich auf der Sollseite.

b) *falsch* | Der Brutto- oder Nettoabschluss kommt nur beim getrennten Warenkonto zur Anwendung. Bei der Bruttomethode werden die Erträge und der korrespondierende Wareneinsatz getrennt in der GuV ausgewiesen. Faktisch handelt es sich beim gemischten Warenkonto um eine Art Nettoabschluss, da nur der Rohgewinn bzw. der Rohverlust in der GuV ausgewiesen wird.

c) *wahr* | Sofern EB = 0 ist der sich ergebende Saldo eindeutig. Er bezieht sich lediglich auf den Erfolg des Warenverkehrs. Wenn der Anfangsbestand zzgl. Zugänge kleiner ist als die Abgänge, resultiert folglich ein Gewinn.

d) *wahr* | In diesem Fall ist der Saldo eindeutig. Er besteht vollständig aus der Bestandsgröße der am Ende der Rechnungsperiode noch vorhandenen bewerteten Waren.

e) *wahr* | Beim Nettoabschluss hält nur der Rohgewinn/-verlust Eingang in die Gewinn- und Verlustrechnung. Dies ist ebenfalls der Fall beim Abschluss des gemischten Warenkontos.

f) *wahr* | Rabatte stehen im Unterschied zu Boni und Skonti sofort fest und verursachen deshalb auch keine Umsatzsteuerkorrekturen.

g) *falsch* | Boni werden nachträglich gutgeschrieben und lösen so Umsatzsteuerkorrekturen aus.

h) *wahr* | Der Nettomethode liegt hingegen die Idee der Aufteilung in ein Kredit- und Warengeschäft zugrunde.

i) *wahr* | Vgl. h).

j) *wahr* | Dies ergibt sich aus § 3 Abs. 1b UStG. Demnach ist z. B. die Entnahme eines Gegenstands durch einen Unternehmer aus seinem Unternehmen für Zwecke, die außerhalb des Unternehmens liegen, einer Lieferung gegen Entgelt gleichgestellt.

k) *falsch* | Geleistete Anzahlungen haben Forderungscharakter. Sie werden bei dem aktiviert, der die Zahlung geleistet hat. Der Empfänger passiviert die Anzahlung als »erhaltene Anzahlung«.

(43) **Lösung Aufgabe 47** *Abschluss des gemischten Warenkontos*

a) Zur Ermittlung des Warenrohgewinns muss der Wert des Wareneinsatzes von den Umsatzerlösen subtrahiert werden. Die Umsatzerlöse müssen dabei in Höhe der Retouren bereinigt werden. Der Wareneinsatz ergibt sich als Differenz zwischen Anfangsbestand sowie Zugängen und Endbestand lt. Inventur.

L-47

		EUR	
	Warenverkauf	23 000	
./.	Retouren	3 200	
=	Warenumsatz	19 800	19 800
+	AB + Zugänge	28 800	
./.	EB Typ 1 (250 × 30 EUR =)	7 500	
./.	EB Typ 2 (300 × 24 EUR =)	7 200	
=	Wareneinsatz	14 100	14 100
=	Warenrohgewinn		5 700

L-47

b) Abschlussbuchungen: Zunächst Verbuchung des Endbestands lt. Inventur (Werte vgl. a)):

[B-191]   Schlussbilanzkonto   14 700 EUR
              an   Warenkonto   14 700 EUR

Ermittlung des Warenrohgewinns durch Abschluss des Warenkontos über die Gewinn- und Verlustrechnung:

[B-192]   Warenkonto (Rohgewinn)   5 700 EUR
              an   Gewinn- und Verlustrechnung   5 700 EUR

Erstellung des Warenkontos nach Abschluss:

Soll		Warenkonto	Haben
AB	9 200	Warenverkauf	23 000
Zugang 1	6 300	EB lt. Inventur	14 700
Zugang 2	7 400		
Zugang 3	5 900		
Retouren	3 200		
Warenrohgewinn	5 700		
Summe	37 700	Summe	37 700

c) Im Fall der niedrigeren Preise ermittelt sich der Bestand lt. Inventur als (250 × 5 EUR + 300 × 2 EUR =) 1 850 EUR. Der Warenrohgewinn berechnet sich dann wie folgt:

		EUR	
=	Warenumsatz		19 800
+	AB + Zugänge	28 800	
./.	Bestand lt. Inventur	1 850	
=	Wareneinsatz	26 950	26 950
=	Warenrohgewinn		−7 150

4 TECHNIK DER DOPPELTEN BUCHFÜHRUNG II

Die Verbuchung des Endbestands lt. Inventur ergibt

[193]
Schlussbilanzkonto		1 850 EUR	
	an Warenkonto		1 850 EUR

Der Abschluss über die GuV erfolgt durch

[194]
Gewinn- und Verlustrechnung		7 150 EUR	
	an Warenrohverlust		7 150 EUR

Erstellung des Warenkontos nach Abschluss:

Soll		Warenkonto	Haben
AB	9 200	Warenverkauf	23 000
Zugang 1	6 300	EB lt. Inventur	1 850
Zugang 2	7 400	Warenrohverlust	7 150
Zugang 3	5 900		
Retouren	3 200		
Summe	32 000	Summe	32 000

(43) **Lösung Aufgabe 48** *Warenkontenabschluss bei getrennten Warenkonten*

a) 1. *Ermittlung des Warenrohgewinns* losgelöst von der buchhalterischen Erfassung der Werte:

			EUR	
		Umsatz	65 000	
./.		Retouren	4 000	
=		Umsatzerlöse	61 000	61 000
./.		AB + Zugänge		37 000
+		EB lt. Inventur		20 000
=		Warenrohgewinn		44 000

2. Abschluss nach der *Bruttomethode*

In der GuV werden die Bruttobeträge ausgewiesen, das bedeutet, dass beide Warenkonten über die GuV abgeschlossen werden. Der Rohgewinn ergibt sich als Saldo aus der GuV.

Abschluss des Kontos »Wareneinkauf« auf Basis des Inventurergebnisses (1. Schritt):

[195]
Schlussbilanzkonto		20 000 EUR	
	an Wareneinkauf		20 000 EUR

Verbuchung des Saldos über die GuV (2. Schritt):

[196]
Gewinn- und Verlustrechnung		17 000 EUR	
	an Wareneinkauf		17 000 EUR

Für das Wareneinkaufskonto ergibt sich nach dessen Abschluss folgendes Bild:

Soll	Wareneinkauf		Haben
AB	12 000	EB lt. Inv.	20 000
Zugänge	25 000	Wareneinsatz	17 000
Summe	37 000	Summe	37 000

Abschluss des Kontos »Warenverkauf« über die GuV:

[B-197] Warenverkauf   61 000 EUR
             an   Gewinn- und Verlustrechnung   61 000 EUR

Erstellung des Kontos »Warenverkauf«:

Soll	Warenverkauf		Haben
Retouren	4 000	UE	65 000
GuV	61 000		
Summe	65 000	Summe	65 000

Erstellung der GuV:

Soll	GuV		Haben
Wareneinsatz	17 000	WV	61 000
Rohgewinn	44 000		
Summe	61 000	Summe	61 000

3. Abschluss nach der *Nettomethode*: Das Konto »Wareneinkauf« wird über das Konto »Warenverkauf« abgeschlossen. Der Rohgewinn ergibt sich bereits aus dem Konto »Warenverkauf«.
Abschluss des Kontos »Wareneinkauf« auf Basis des Inventurergebnisses (Endbestand lt. Inventur):

[B-198] Schlussbilanzkonto   20 000 EUR
             an   Wareneinkauf   20 000 EUR

Abschluss des Mischkontos »Wareneinkauf« über das Erfolgskonto »Warenverkauf«:

[B-199] Warenverkauf   17 000 EUR
             an   Wareneinkauf   17 000 EUR

Das Wareneinkaufskonto liefert dasselbe Bild wie beim Abschluss durch die Bruttomethode.
Abschluss des Kontos »Warenverkauf« über die GuV:

[B-200] Warenverkauf   44 000 EUR
             an   Gewinn- und Verlustrechnung   44 000 EUR

Erstellung des Kontos »Warenverkauf«:

Soll	Warenverkauf		Haben
Retouren	4 000	UE	65 000
Wareneinsatz	17 000		
Rohgewinn	44 000		
Summe	65 000	Summe	65 000

Erstellung der GuV:

Soll	GuV		Haben
Gewinn	44 000	Rohgewinn	44 000
Summe	44 000	Summe	44 000

b) Warenabschluss nach der *Nettomethode*:
Bei der Nettomethode wird das Wareneinkaufskonto – nach Verbuchung des Endbestands lt. Inventur an die Schlussbilanz – über das Warenverkaufskonto abgeschlossen. Das Warenverkaufskonto wird dann über die GuV abgeschlossen.

201] *Schlussbilanzkonto* 12 000 EUR
      an *Wareneinkauf* 12 000 EUR

202] *Warenverkauf* 68 000 EUR
      an *Wareneinkauf* 68 000 EUR

Erstellung des Wareneinkaufskontos:

Soll	Wareneinkauf		Haben
AB	30 000	Retouren	6 000
Zugänge	56 000	EB lt. Inv.	12 000
		Wareneinsatz	68 000
Summe	86 000	Summe	86 000

Abschluss des Warenverkaufskontos:

203] *GuV* 11 000 EUR
      an *Warenverkauf* 11 000 EUR

Erstellung des Warenverkaufskontos:

Soll	Warenverkauf		Haben
Wareneinsatz	68 000	WV	57 000
		Warenrohverlust	11 000
Summe	68 000	Summe	68 000

(44) **Lösung Aufgabe 49** *Abschluss des gemischten/getrennten Warenkontos*
Verbuchung der Geschäftsvorfälle:

[B-204] 1. Forderungen aus L. u. L.   10 710 EUR
              an   Waren(verkauf)   9 000 EUR
                    Umsatzsteuer   1 710 EUR

[B-205] 2. Waren(einkauf)   2 400 EUR
             Vorsteuer   456 EUR
              an   Kasse   2 856 EUR

[B-206] 3. Bank   18 207 EUR
              an   Waren(verkauf)   15 300 EUR
                    Umsatzsteuer   2 907 EUR

[B-207] 4. Waren(einkauf)   8 200 EUR
             Vorsteuer   1 558 EUR
              an   Verbindlichkeiten aus L. u. L.   9 758 EUR

[B-208] 5. Verbindlichkeiten aus L. u. L.   15 470 EUR
              an   Waren(verkauf)   13 000 EUR
                    Umsatzsteuer   2 470 EUR

a) Abschluss im Fall des *gemischten Kontos*:
1. *Schritt:* Abschluss des erfolgsneutralen Teils auf Basis des Ergebnisses der Inventur:

[B-209] SBK   60 000 EUR
          an   Warenkonto   60 000 EUR

2. *Schritt:* Verbuchung des (erfolgswirksamen) Saldos an die GuV:

[B-210] Gewinn- und Verlustrechnung   3 700 EUR
          an   Warenkonto   3 700 EUR

Soll	Warenkonto		Haben	Soll	GuV-Konto		Haben
AB	90 400	1.	9 000	Waren	3 700	Verlust	3 700
2.	2 400	3.	15 300				
4.	8 200	5.	13 000				
		EB	60 000				
		GuV	3 700				
Summe	101 000	Summe	101 000	Summe	3 700	Summe	3 700

b) Abschluss bei *getrenntem Warenkonto*
b1) Abschluss unter Anwendung der *Bruttomethode*.
In der GuV werden die Bruttobeträge ausgewiesen. Der Rohgewinn ergibt sich als Saldo aus der GuV. Es erfolgt zunächst der Abschluss des Kontos »Wareneinkauf« auf Basis des Inventurergebnisses (1. Schritt):

[B-211] SBK   60 000 EUR
          an   Wareneinkauf   60 000 EUR

4 TECHNIK DER DOPPELTEN BUCHFÜHRUNG II

Verbuchung des Saldos über die GuV (2. Schritt):

[212] *Gewinn- und Verlustrechnung*   41 000 EUR
    an   *Wareneinkauf*   41 000 EUR

Abschluss des Kontos »Warenverkauf« über die GuV:

[213] *Warenverkauf*   37 300 EUR
    an   *Gewinn- und Verlustrechnung*   37 300 EUR

Darstellung der T-Konten:

Soll	WE		Haben	Soll	WV		Haben
AB	90 400	EB	60 000	GuV	37 300	1.	9 000
2.	2 400	GuV	41 000			3.	15 300
4.	8 200					5.	13 000
Summe	101 000	Summe	101 000	Summe	37 300	Summe	37 300

Soll	GuV		Haben
WE	41 000	WV	37 300
		Verlust	3 700
Summe	41 000	Summe	41 000

b2) Abschluss nach der *Nettomethode*:

Das Konto »Wareneinkauf« wird über das Konto »Warenverkauf« abgeschlossen. Der Rohgewinn ergibt sich aus dem Konto »Warenverkauf«.

Abschluss des Kontos »Wareneinkauf« auf Basis des Inventurergebnisses:

[214] *SBK*   60 000 EUR
    an   *Wareneinkauf*   60 000 EUR

Abschluss des Kontos »Wareneinkauf« über das Konto »Warenverkauf«:

[215] *Warenverkauf*   41 000 EUR
    an   *Wareneinkauf*   41 000 EUR

Abschluss des Kontos »Warenverkauf« über die GuV:

[216] *GuV*   3 700 EUR
    an   *Warenverkauf*   3 700 EUR

Darstellung der T-Konten:

Soll	WE		Haben	Soll	WV		Haben
AB	90 400	EB	60 000	WE	41 000	1.	9 000
2.	2 400	WV	41 000			3.	15 300
4.	8 200					5.	13 000
						Verlust	3 700
Summe	101 000	Summe	101 000	Summe	41 000	Summe	41 000

Soll	GuV		Haben
WV	3 700	Verlust	3 700
Summe	3 700	Summe	3 700

(45) **Lösung Aufgabe 50** *Warenkonto, Umsatzsteuer und Jahresabschluss*

1. Verbuchung der Geschäftsvorfälle

		Sollbuchungen	EUR	Habenbuchungen	EUR
[B-217]	1.	Wareneinkauf Vorsteuer	8 200 1 558	// Verb. aus L. u. L.	9 758
[B-218]	2.	Privat	1 000	// Kasse	1 000
[B-219]	3.	Ford. aus L. u. L.	41 650	// Warenverkauf Umsatzsteuer	35 000 6 650
[B-220]	4.	Wareneinkauf Vorsteuer	2 400 456	// Kasse	2 856
[B-221]	5.	Bank	18 207	// Warenverkauf Umsatzsteuer	15 300 2 907
[B-222]	6.	Mietaufwand	3 400	// Bank	3 400
[B-223]	7.	Kasse	12 200	// Ford. aus L. u. L.	12 200
[B-224]	8.	Verb. aus L. u. L.	15 470	// Warenverkauf Umsatzsteuer	13 000 2 470
[B-225]	9.	Wareneinkauf Vorsteuer	5 000 950	// Ford. aus L. u. L.	5 950
[B-226]	10.	Bank	500	// Zinserträge	500
[B-227]	11.	Personalaufwand	22 200	// Bank	22 200
[B-228]	12.	Personalaufwand	4 800	// Kasse	4 800
[B-229]	13.	Verb. aus L. u. L.	5 950	// Bank	5 950
[B-230]	14.	Verb. ggü. KI	12 000	// Bank	12 000
		Summe	155 941	Summe	155 941

2. Erstellung der Bestandskonten und Ermittlung der Salden

Soll	G. u. G.	Haben		Soll	Wareneinkauf	Haben	
AB	80 000	EB	80 000	AB	30 600	EB	15 000
				1.	8 200	GuV	31 200
				4.	2 400		
				9.	5 000		
Summe	80 000	Summe	80 000	Summe	46 200	Summe	46 200

Abschluss des Wareneinkaufskontos:

[B-231]   *GuV*   31 200 EUR
            an   *Wareneinkauf*   31 200 EUR

4 TECHNIK DER DOPPELTEN BUCHFÜHRUNG II

Soll	Forderungen		Haben
AB	12 300	7.	12 200
3.	41 650	9.	5 950
		EB	35 800
Summe	53 950	Summe	53 950

Soll	Bank		Haben
AB	40 000	6.	3 400
5.	18 207	11.	22 200
10.	500	13.	5 950
		14.	12 000
		EB	15 157
Summe	58 707	Summe	58 707

Soll	Kasse		Haben
AB	18 000	2.	1 000
7.	12 200	4.	2 856
		12.	4 800
		EB	21 544
Summe	30 200	Summe	30 200

Soll	Verb. ggü. KI		Haben
14.	12 000	AB	40 000
EB	28 000		
Summe	40 000	Summe	40 000

Soll	Verb. aus L. u. L.		Haben
8.	15 470	AB	24 000
13.	5 950	1.	9 758
EB	12 338		
Summe	33 758	Summe	33 758

Soll	Privat		Haben
2.	1 000	EK	1 000
Summe	1 000	Summe	1 000

Soll	Vorsteuer		Haben
AB	0	USt	2 964
1.	1 558		
4.	456		
9.	950		
Summe	2 964	Summe	2 964

Soll	Umsatzsteuer		Haben
VSt	2 964	AB	0
EB	9 063	3.	6 650
		5.	2 907
		8.	2 470
Summe	12 027	Summe	12 027

Abschluss der Vorsteuer über die Umsatzsteuer:

[32] *Umsatzsteuer*   2 964 EUR

     an   *Vorsteuer*   2 964 EUR

3. Erstellung der Erfolgskonten und Ermittlung der Salden

Soll	Warenverkauf		Haben
GuV	63 300	3.	35 000
		5.	15 300
		8.	13 000
Summe	63 300	Summe	63 300

Soll	Mietaufwand		Haben
6.	3 400	GuV	3 400
Summe	3 400	Summe	3 400

Abschluss des Warenverkaufskontos:

[33] *Warenverkauf*   63 300 EUR

     an   *GuV*   63 300 EUR

Soll	Zinserträge	Haben		Soll	Personalaufwand	Haben	
GuV	500	10.	500	11.	22 200	GuV	27 000
				12.	4 800		
Summe	500	Summe	500	Summe	27 000	Summe	27 000

4. Erstellung der GuV und der Schlussbilanz

Soll		GuV		Haben
Mietaufwand	3 400	Warenverkauf		63 300
Personalaufwand	27 000	Zinserträge		500
Wareneinsatz	31 200			
Gewinn	2 200			
Summe	63 800	Summe		63 800

Aktiva		Schlussbilanz	Passiva	
		EUR		EUR
Grundstücke/Gebäude	80 000	Eigenkapital		118 100
Waren	15 000	Verb. ggü. KI		28 000
Forderungen	35 800	Verb. aus L. u. L.		12 338
Bank	15 157	sonstige Verb.		9 063
Kasse	21 544			
Summe Aktiva	167 501	Summe Passiva		167 501

(46) **Lösung Aufgabe 51** *Betroffene Konten bei der Warenverbuchung*
(a) = aktives Bestandskonto, (b) = passives Bestandskonto, (c) = Ertragskonto, (d) = Aufwandskonto

	(a)	(b)	(c)	(d)	Abschluss über ...
1. Wareneinkauf[1]	☒	☐	☐	☒	Bilanz, Warenverkauf
2. Warenverkauf	☐	☐	☒	☐	GuV
3. Vorsteuer	☒	☐	☐	☐	Umsatzsteuer
4. Umsatzsteuer[2]	☐	☒	☐	☐	sonst. Verbindlichkeiten
5. Warenbezugsaufwand[3]	☐	☐	☐	☒	Wareneinkauf
6. Warenversandaufwand	☐	☐	☐	☒	GuV
7. Lieferantenboni[4]	☐	☐	☒	☐	Wareneinkauf
8. Kundenboni[5]	☐	☐	☐	☒	Warenverkauf
9. Lieferantenskonti[6]	☐	☐	☒	☐	Wareneinkauf
10. Kundenskonti[7]	☐	☐	☐	☒	Warenverkauf
11. Emballagen[8]	☒	☐	☐	☐	Bilanz

4 TECHNIK DER DOPPELTEN BUCHFÜHRUNG II

1) Das Wareneinkaufskonto stellt ein Mischkonto dar.
2) Sofern ein Umsatzsteuerüberhang besteht, wird dieser als »sonstige Verbindlichkeiten« passiviert. Sofern ein Vorsteuerüberhang besteht, wird dieser als »sonstige Forderung« aktiviert.
3) Wird zwar als Aufwandskonto bezeichnet, wird aber über das »Wareneinkaufskonto« abgeschlossen, da der Warenbezug Anschaffungskosten darstellt.
4) Lieferantenboni mindern die Anschaffungskosten.
5) Kundenboni mindern den Erfolg.
6) Lieferantenskonti mindern die Anschaffungskosten.
7) Kundenskonti mindern den Erfolg.
8) Bei den Emballagen handelt es sich um Verpackungsmittel, die zu aktivieren sind. Dabei kann es sich z. B. um Paletten, Gasflaschen, Kisten, Fässer etc. handeln.

(46) **Lösung Aufgabe 52** *Retouren*

a) Der Warenwert der Rücksendung beträgt $\frac{4\,522}{1{,}19}$ = 3 800 EUR. Die Umsatzsteuer beträgt 3 800 × 0,19 = 722 EUR. Bei den Kosten der Rücksendung handelt es sich um »Warenversandaufwand«. Die Vorsteuer auf die Kosten der Rücksendung beträgt 250 × 0,19 = 47,50 EUR.

234]
Warenverkauf	3 800,00 EUR	
Umsatzsteuer	722,00 EUR	
Warenversandaufwand	250,00 EUR	
Vorsteuer	47,50 EUR	
an Forderungen aus L. u. L.		4 522,00 EUR
Bank		297,50 EUR

b) Bei der Verbuchung der Rücksendung der Waren handelt es sich um eine Stornobuchung. Dabei wird der ursprüngliche Buchungssatz nicht einfach aus dem Journal »gestrichen«, sondern er wird durch »Vertauschung« der Konten »eliminiert«.

235]
Verbindlichkeiten aus L. u. L.	2 975 EUR	
an Wareneinkauf		2 500 EUR
Vorsteuer		475 EUR

c) Der Warenwert beträgt $\frac{798}{0{,}19}$ = 4 200 EUR. Die Rücksendung des Kunden führt zu einer Stornobuchung.

236]
Warenverkauf	4 200 EUR	
Umsatzsteuer	798 EUR	
an Forderungen aus L. u. L.		4 998 EUR

(47) Lösung Aufgabe 53   *Rabatte*

a) Der Rabatt wird bereits bei Rechnungstellung berücksichtigt. Verbucht wird daher ausschließlich der Wert nach Abzug des Rabatts. Der Warenwert beträgt (7 500 × 0,9 =) 6 750 EUR.

[B-237]
Wareneinkauf		6 750,00 EUR
Vorsteuer		1 282,50 EUR
an	Verbindlichkeiten aus L. u. L.	8 032,50 EUR

b) Die Hälfte des Warenwerts beträgt $\frac{10\,234}{1,19} \times 0,5 = 4\,300$ EUR, davon 10 % Rabatt ergeben 430 EUR. Der Nettowert der Ausgangsrechnung beträgt deshalb 8 170 EUR.

[B-238]
Bank		9 722,30 EUR
an	Warenverkauf	8 170,00 EUR
	Umsatzsteuer	1 552,30 EUR

c) Die telefonische Bestellung (Verpflichtungsgeschäft) löst noch keine Buchung aus, da noch keine der beiden Vertragsparteien das »seinerseits Erforderliche« erbracht hat. Der Bruttobetrag nach Abzug des Rabatts beträgt 1 663,44 × (1 − 0,07) = 1 547,00 EUR. Die Umsatzsteuer beträgt $\frac{1\,547,00}{1,19} \times 0,19 = 247,00$ EUR. Mit Eingang der Rechnung (Annahme: Der Zeitpunkt des Eingangs der Rechnung entspricht dem Zeitpunkt der Lieferung) wird gebucht:

[B-239]
Wareneinkauf		1 300 EUR
Vorsteuer		247 EUR
an	Verbindlichkeiten aus L. u. L.	1 547 EUR

d) Der Nettobetrag lautet 2 000 × (1 − 0,05) = 1 900 EUR, darauf Umsatzsteuer 1 900 × 0,19 = 361 EUR. Buchungssatz:

[B-240]
Forderungen aus L. u. L.		2 261 EUR
an	Warenverkauf	1 900 EUR
	Umsatzsteuer	361 EUR

(47) Lösung Aufgabe 54   *Boni*

a) Verbuchung der Warenverkäufe auf Ziel:

[B-241]
Forderungen aus L. u. L.		11 900 EUR
an	Warenverkauf	10 000 EUR
	Umsatzsteuer	1 900 EUR

Verbuchung der Gutschrift:

[B-242]
Kundenbonus		300 EUR
Umsatzsteuer		57 EUR
an	Forderungen aus L. u. L.	357 EUR

4 TECHNIK DER DOPPELTEN BUCHFÜHRUNG II

b) Verbuchung der Warenverkäufe:

243] Bank 5 950 EUR
an Warenverkauf 5 000 EUR
Umsatzsteuer 950 EUR

Verbuchung der Gutschrift:

244] Kundenbonus 250,00 EUR
Umsatzsteuer 47,50 EUR
an sonstige Verbindlichkeiten 297,50 EUR

c) Verbuchung des Wareneingangs:

245] Wareneinkauf 12 000 EUR
Vorsteuer 2 280 EUR
an Verbindlichkeiten aus L. u. L. 14 280 EUR

Erhalt der Gutschrift:

246] Verbindlichkeiten aus L. u. L. 1 428 EUR
an Lieferantenbonus 1 200 EUR
Vorsteuer 228 EUR

d) Am Bilanzstichtag muss die verbindliche Gutschrift abgegrenzt werden:

247] Kundenbonus 500 EUR
Umsatzsteuer 95 EUR
an sonstige Verbindlichkeiten 595 EUR

Erteilung der Gutschrift:

248] sonstige Verbindlichkeiten 595 EUR
an Forderungen aus L. u. L. 595 EUR

(48) **Lösung Aufgabe 55** *Skonti*

a) Buchung bei Verkauf:

249] Forderungen aus L. u. L. 119 EUR
an Warenverkauf 95 EUR
Skontoertrag 5 EUR
Umsatzsteuer 19 EUR

1. Bezahlung ohne Abzug von Skonto:

250] Bank 119 EUR
an Forderungen aus L. u. L. 119 EUR

2. Bezahlung unter Abzug von Skonto:

251] Bank 113,05 EUR
Skontoertrag 5,00 EUR
Umsatzsteuer 0,95 EUR
an Forderungen aus L. u. L. 119,00 EUR

b) Buchung bei Kauf:

[B-252] Wareneinkauf   300 EUR
         Vorsteuer   57 EUR
             an   Verbindlichkeiten aus L. u. L.   357 EUR

    1. Bezahlung ohne Abzug von Skonto:

[B-253] Verbindlichkeiten aus L. u. L.   357 EUR
             an   Bank   357 EUR

    2. Bezahlung unter Abzug von Skonto:

[B-254] Verbindlichkeiten aus L. u. L.   357,00 EUR
             an   Bank   346,29 EUR
                   Skontoertrag   9,00 EUR
                   Vorsteuer   1,71 EUR

c) Buchung bei Kauf:

[B-255] Wareneinkauf   490 EUR
         Skontoaufwand   10 EUR
         Vorsteuer   95 EUR
             an   Verbindlichkeiten aus L. u. L.   595 EUR

    1. Bezahlung ohne Abzug von Skonto:

[B-256] Verbindlichkeiten aus L. u. L.   595 EUR
             an   Bank   595 EUR

    2. Bezahlung unter Abzug von Skonto:

[B-257] Verbindlichkeiten aus L. u. L.   595,00 EUR
             an   Bank   583,10 EUR
                   Skontoaufwand   10,00 EUR
                   Vorsteuer   1,90 EUR

d) Buchung bei Verkauf:

[B-258] Forderungen aus L. u. L.   952 EUR
             an   Warenverkauf   800 EUR
                   Umsatzsteuer   152 EUR

    1. Bezahlung ohne Abzug von Skonto:

[B-259] Bank   952 EUR
             an   Forderungen aus L. u. L.   952 EUR

    2. Bezahlung unter Abzug von Skonto:

[B-260] Bank   913,92 EUR
         Skontoaufwand   32,00 EUR
         Umsatzsteuer   6,08 EUR
             an   Forderungen aus L. u. L.   952,00 EUR

e) Zur Ermittlung des Skontoaufwands muss zunächst der Wert der Ausgangsrechnung ermittelt werden. Dieser beträgt $\frac{1\,166,20}{0,98}$ = 1 190 EUR. Der Skontoaufwand beträgt demnach 23,80 EUR brutto bzw. 20 EUR netto.

→261]
Bank		1 166,20 EUR
Skontoaufwand		20,00 EUR
Umsatzsteuer		3,80 EUR
an	Forderungen aus L. u. L.	1 190,00 EUR

f) Der Warenwert der Rechnung beträgt $\frac{3\,094}{1,19}$ = 2 600 EUR. Der Skontoaufwand beträgt demnach 78 EUR bzw. auf das Skonto entfallen 14,82 EUR USt.

→262]
Bank		3 001,18 EUR
Skontoaufwand		78,00 EUR
Umsatzsteuer		14,82 EUR
an	Forderungen aus L. u. L.	3 094,00 EUR

g) Zunächst müssen der Skontoertrag und die Nettobeträge ermittelt werden (Werte in EUR):

	Warenwert			Skonto		
	brutto	netto	USt	brutto	netto	USt
Rechnungsbetrag	10 115	8 500	1 615			
./. Bezahlung 1	4 040,05	3 395	645,05	124,95	105	19,95
./. Bezahlung 2	2 332,40	1 960	372,40	47,60	40	7,60
./. Bezahlung 3	3 570	3 000	570			
Summe	9 942,45	8 355	1 587,45	172,55	145	27,55

Verbuchung der Rechnung:

263]
Wareneinkauf		8 500 EUR
Vorsteuer		1 615 EUR
an	Verbindlichkeiten aus L. u. L.	10 115 EUR

Verbuchung der Bezahlung innerhalb von 10 Tagen:

264]
Verbindlichkeiten aus L. u. L.		4 165,00 EUR
an	Bank	4 040,05 EUR
	Skontoertrag	105,00 EUR
	Vorsteuer	19,95 EUR

Verbuchung der Bezahlung am 15. Tag:

265]
Verbindlichkeiten aus L. u. L.		2 380,00 EUR
an	Bank	2 332,40 EUR
	Skontoertrag	40,00 EUR
	Vorsteuer	7,60 EUR

Verbuchung des Restbetrags am 29. Tag:

266]
Verbindlichkeiten aus L. u. L.		3 570 EUR
an	Bank	3 570 EUR

(49) **Lösung Aufgabe 56** *Inanspruchnahme des Skontos*
Verbuchung des Kaufs auf Ziel:

[B-267] Wareneinkauf   1 000 EUR
         Vorsteuer   190 EUR
                  an Verbindlichkeiten aus L. u. L.   1 190 EUR

Die Inanspruchnahme des Skontos lohnt sich dann, wenn die Kreditzinsen niedriger sind als das Skonto. Zur Finanzierung der vorzeitigen Ablösung der Verbindlichkeit müsste ein Kredit über $1\,190 \times (1 - 0{,}02) = 1\,166{,}20$ EUR (spätestens am 7. Tag) aufgenommen werden. Das Skonto beträgt $0{,}02 \times 1\,190 = 23{,}80$ EUR. Die Sollzinsen für 14 Tage (7. Tag bis 21. Tag, da am 21. Tag definitiv gezahlt werden muss) betragen $1\,166{,}20 \times 0{,}12 \times \frac{14}{360} = 5{,}44$ EUR. Da die Vorsteuer erst am 10. des Folgemonats erstattet wird, muss sie auch fremdfinanziert werden. Der Vorteil des Skontos ist größer als die Sollzinsen, das Skonto wird deshalb in Anspruch genommen:

[B-268] Verbindlichkeiten aus L. u. L.   1 190,00 EUR
                  an Bank   1 166,20 EUR
                       Skontoertrag   20,00 EUR
                       Vorsteuer   3,80 EUR

(49) **Lösung Aufgabe 57** *Retouren und Preisnachlässe*
a) Verbuchung der Geschäftsvorfälle:
Verbuchung der Eingangsrechnung

[B-269] Wareneinkauf   9 500 EUR
         Vorsteuer   1 805 EUR
                  an Verbindlichkeiten aus L. u. L.   11 305 EUR

1. Der Warenwert (netto) betrug $\frac{9\,500}{(1-0{,}05)} = 10\,000$ EUR.
2. Verbuchung der Rücksendung:

[B-270] Verbindlichkeiten aus L. u. L.   2 261 EUR
                  an Wareneinkauf   1 900 EUR
                       Vorsteuer   361 EUR

Verbuchung des Warenversands:

[B-271] Warenversandaufwand   80,00 EUR
         Vorsteuer   15,20 EUR
                  an Bank   95,20 EUR

3. Bezahlung unter Abzug von 3 % Skonto:

[B-272] Verbindlichkeiten aus L. u. L.   9 044,00 EUR
                  an Bank   8 772,68 EUR
                       Skontoertrag   228,00 EUR
                       Vorsteuer   43,32 EUR

4 TECHNIK DER DOPPELTEN BUCHFÜHRUNG II   L-57

4. Verbuchung des Bonus:

Bank		595 EUR	
	an	Lieferantenboni	500 EUR
		Vorsteuer	95 EUR

5. Verkauf der Waren:

Bank		16 660 EUR	
	an	Warenverkauf	14 000 EUR
		Umsatzsteuer	2 660 EUR

b) Rechnerische Gewinnermittlung außerhalb der doppelten Buchführung: Der Wareneinsatz unter Berücksichtigung von Retouren, (erhaltenen) Boni, Skonti und Rabatten wird dabei dem Erlös gegenübergestellt.

			EUR	
	Warenwert (ursprünglich) (netto)	10 000	
./.	Rabatt	500	
	Warenwert lt. Rechnung	9 500	
./.	Mangel (20%)	1 900	
=	Vorläufiger Wareneinsatz	7 600	
./.	dv. 3% Skonto	228	
./.	Gutschrift	500	
+	Warenversandaufwand	80	
=	Gesamtaufwand	6 952	−6 952
+	Erlös durch Warenverkauf		+14 000
=	Gewinn		+7 048

c) Abschluss der Konten und buchhalterische Gewinnermittlung: Vorsteuer und Umsatzsteuer (nachrichtlich):

Soll	Vorsteuer		Haben		Soll	Umsatzsteuer		Haben
1.	1 805,00	2.	361,00		VSt	1 320,88	5.	2 660,00
2.	15,20	3.	43,32		EB	1 339,12		
		4.	95,00					
		USt	1 320,88					
Summe	1 820,20	Summe	1 820,20		Summe	2 660,00	Summe	2 660,00

Abschluss der Konten, die die Warenverbuchung betreffen:

Soll	Warenversand		Haben		Soll	Skontoertrag		Haben
2.	80	GuV	80		WE	228	3.	228
Summe	80	Summe	80		Summe	228	Summe	228

Soll	Lieferantenboni	Haben		Soll	Wareneinkauf	Haben
WE	500	4. 500		AB	0	2. 1 900
				1.	9 500	SE 228
						LB 500
						EB 0
						WV 6 872
Summe	500	Summe 500		Summe	9 500	Summe 9 500

Soll	Warenverkauf	Haben		Soll	GuV	Haben
WE	6 872	5. 14 000		Versand	80	WV 7 128
GuV	7 128			Gewinn	7 048	
Summe	14 000	Summe 14 000		Summe	7 128	Summe 7 128

SE = Skontoertrag, LB = Lieferantenboni, WV = Warenverkauf, WE = Wareneinkauf, EB = Endbestand

Der buchhalterisch ermittelte Gewinn aus der GuV (7 048 EUR) entspricht dem unter b) ermittelten rechnerischen Gewinn.

(50) **Lösung Aufgabe 58** *Anzahlungen*

a) Buchung bei Anzahlung:

[B-275]   *geleistete Anzahlungen*   2 500 EUR
Vorsteuer   475 EUR
     an   Bank   2 975 EUR

Die Restverbindlichkeit beträgt noch 7 000 − 2 500 = 4 500 EUR (netto) zzgl. Vorsteuer i. H. v. 4 500 × 0,19 = 855 EUR. Buchung:

[B-276]   *Maschinen*   7 000 EUR
Vorsteuer   855 EUR
     an   *geleistete Anzahlungen*   2 500 EUR
           Verbindlichkeiten aus L. u. L.   5 355 EUR

b) Buchung bei Anzahlung:

[B-277]   *Bank*   952 EUR
     an   *erhaltene Anzahlungen*   800 EUR
           Umsatzsteuer   152 EUR

Die Restforderung beträgt noch 1 500 − 800 = 700 EUR (netto). Die Umsatzsteuer darauf beträgt 700 × 0,19 = 133 EUR.

[B-278]   *Forderungen aus L. u. L.*   833 EUR
erhaltene Anzahlungen   800 EUR
     an   *Warenverkauf*   1 500 EUR
           Umsatzsteuer   133 EUR

4 TECHNIK DER DOPPELTEN BUCHFÜHRUNG II

→279] c) Bank   4 760 EUR
           an   erhaltene Anzahlungen   4 000 EUR
                 Umsatzsteuer   760 EUR

→280] d) erhaltene Anzahlungen   4 000 EUR
           Umsatzsteuer   646 EUR
           an   sonstige betriebliche Erträge   600 EUR
                 Bank   4 046 EUR

→281] e) geleistete Anzahlungen   8 000 EUR
           Vorsteuer   1 520 EUR
           an   Bank   9 520 EUR

   f) Der noch zu zahlende Betrag bei Lieferung beträgt (brutto): $16\,500 \times 1{,}19 -$
      $9\,520 = 10\,115$ EUR. Die Vorsteuer beträgt $\frac{10\,115}{1{,}19} \times 0{,}19 = 1\,615$ EUR.
      Buchung bei Lieferung:

282]   Maschinen   16 500 EUR
          Vorsteuer   1 615 EUR
          an   geleistete Anzahlungen   8 000 EUR
                Verbindlichkeiten aus L. u. L.   10 115 EUR

   Buchung bei Bezahlung der Rechnung: Das Skonto beträgt $0{,}05 \times 10\,115 =$
   $505{,}75$ EUR brutto (netto = 425 EUR; die Vorsteuer beträgt $80{,}75$ EUR). Der
   noch zu zahlende Betrag ergibt sich aus $10\,115 - 505{,}75 = 9\,609{,}25$ EUR.

283]   Verbindlichkeiten aus L. u. L.   10 115,00 EUR
          an   Bank   9 609,25 EUR
                Skontoertrag   425,00 EUR
                Vorsteuer   80,75 EUR

(50) **Lösung Aufgabe 59** *Eigenverbrauch, Entnahmen und Einlagen*

   a) Entnahmen und Einlagen sind nur bei *Personenunternehmen* möglich. Die
      Gesellschafter/Unternehmer haben Kapitalkonten, die das Eigenkapital
      abbilden. Beispiele für Personenunternehmen sind: Einzelunternehmung,
      offene Handelsgesellschaft (OHG), Kommanditgesellschaft (KG).
      Bei *Kapitalgesellschaften* (z. B. bei der GmbH und der AG) sind keine Ent-
      nahmen und Einlagen möglich, da Kapitalgesellschaften eigene Rechts-
      persönlichkeiten darstellen. Es existieren hier keine Kapitalkonten der
      Gesellschafter. Gesellschafter und Gesellschaft bilden hier zivil- und ge-
      sellschaftsrechtlich zwei getrennte (natürliche bzw. juristische) Personen.
   b) Probleme aus buchhalterischer Sicht bestehen hauptsächlich bei der Be-
      wertung von Entnahmen und Einlagen.
      Beispiel: Der e. K. Fritz Faust (F) erwarb vor 50 Jahren ein Grundstück zum
      Preis von umgerechnet 50 000 EUR. Da Grund und Boden nicht planmäßig
      abgeschrieben werden, steht das Grundstück am 31. 12. 2016 noch mit
      50 000 EUR in der Bilanz. In 2017 baute F auf diesem Grundstück sein

Privathaus. Hätte er den Grund und Boden an einen fremden Dritten veräußert, hätte er 320 000 EUR erlösen können.

Buchung bei Entnahme zum Buchwert:

[B-284] Privat 50 000 EUR
   an Grund und Boden 50 000 EUR

Buchung bei Entnahme zum Verkehrswert:

[B-285] Privat 320 000 EUR
   an Grund und Boden 50 000 EUR
     sonstige betriebliche Erträge 270 000 EUR

In der Praxis orientiert sich der Wert für Entnahmen und Einlagen entweder am Wiederbeschaffungswert (Einkaufsseite) oder am Einzelveräußerungspreis (Veräußerungspreis abzüglich der bis zur Veräußerung noch anfallenden Aufwendungen und abzüglich des einkalkulierten Gewinns).

c) Der e.K. Gunnar Sonnen-König (SK) schenkt seiner Tochter einen bisher betrieblich genutzten Pkw für ihre privaten Zwecke. Der Pkw ist zum Zeitpunkt der Entnahme mit 15 000 EUR aktiviert.

(1) Entnahme zum Buchwert

[B-286] Privat 17 850 EUR
   an Fuhrpark 15 000 EUR
     Umsatzsteuer 2 850 EUR

(2) Entnahme zu 10 000 EUR

[B-287] Privat 11 900 EUR
   sonstiger betrieblicher Aufwand 5 000 EUR
   an Fuhrpark 15 000 EUR
     Umsatzsteuer 1 900 EUR

(3) Entnahme zu 17 000 EUR

[B-288] Privat 20 230 EUR
   an Fuhrpark 15 000 EUR
     Umsatzsteuer 3 230 EUR
     sonstige betriebliche Erträge 2 000 EUR

[B-289] d) Privat 10 710 EUR
   an Fuhrpark 7 500 EUR
     Umsatzsteuer 1 710 EUR
     sonstige betriebliche Erträge 1 500 EUR

e) Die Einkommensteuer (ESt) und der SolZ (die Kirchensteuer (KiSt) ebenfalls) sind private Steuern. Die Gewerbesteuer (GewSt) sowie in diesem Fall die Grundsteuer (GrSt) und die Kfz-Steuer sind Aufwandsteuern.

1. Bezahlung vom betrieblichen Konto: Es liegt hinsichtlich der ESt und des SolZ eine Privatentnahme vor.

[B-290] Steueraufwand 24 700 EUR
   an Bank 24 700 EUR

[B-291] Privat 21 100 EUR
   an Steueraufwand 21 100 EUR

4 TECHNIK DER DOPPELTEN BUCHFÜHRUNG II

2. Bezahlung vom privaten Konto: Es liegt hinsichtlich der GewSt, der GrSt und der Kfz-Steuer eine Einlage vor.

[292]
    Steueraufwand   3 600 EUR
           an   Privat   3 600 EUR

f) Die Cocktail-GmbH ist eine Körperschaft. Entnahmen und Einlagen finden hier nicht statt. Alle genannten Steuern sind Aufwandsteuern.

[293]
    Steueraufwand   35 500 EUR
           an   Bank   35 500 EUR

g) Der Wiederbeschaffungspreis beträgt 0,25 EUR/kg und ist für die Bewertung der Entnahme maßgeblich (Wiederbeschaffungskosten: 20 × 0,25 = 5 EUR; Buchwert: 20 × 0,20 = 4 EUR). Backwaren unterliegen dem ermäßigten Umsatzsteuersatz.

[294]
    Privat   5,35 EUR
           an   Eigenverbrauch (RHB)   4,00 EUR
               Umsatzsteuer   0,35 EUR
               sonstige betriebliche Erträge   1,00 EUR

h) Stundenlohn: $\frac{2\,700}{180}$ = 15 EUR/h; Wert der Entnahme: 3 × 15 = 45 EUR.

[295]
    Privat   53,55 EUR
           an   Personalaufwand   45,00 EUR
               Umsatzsteuer   8,55 EUR

i) Die Anschaffungsnebenkosten gehören zum Warenwert dazu.

[296]
    Privat   4 522 EUR
           an   Eigenverbrauch (Warenverkauf)   3 800 EUR
               Umsatzsteuer   722 EUR

(51) **Lösung Aufgabe 60** *Kontrollfragen*

1. *Worin besteht das Problem des gemischten Warenkontos?*
   Das gemischte Warenkonto ist Bestandskonto und Erfolgskonto zugleich. Der Warenerfolg kann erst ermittelt werden, wenn der durch Inventur ermittelte Endbestand feststeht.
2. *Unter welchen Voraussetzungen besteht das Problem beim gemischten Warenkonto nicht mehr?*
   Sind am Ende der Rechnungsperiode keine Waren mehr vorhanden (Endbestand = 0), stellt der Saldo eine reine Erfolgsgröße dar. Werden die Waren hingegen zum Einkaufspreis veräußert, beträgt der Erfolg null und der Saldo stellt eine reine Bestandsgröße dar.
3. *Ist die Inventur Bestandteil der doppelten Buchführung? Warum?*
   Die Inventur ist kein Bestandteil der doppelten Buchführung. Sie wird außerhalb der doppelten Buchführung durchgeführt. Im Fall der Skontrationsmethode ist die Inventur überflüssig bzw. sie dient dann nur der Überprüfung der Ergebnisse, die sich aus der Buchführung ergeben.

4. Erläutern Sie anhand eines selbstgewählten Beispiels die beiden Fälle, bei denen beim gemischten Warenkonto keine Probleme bei der Interpretation eines Saldos (ohne Inventur) bestehen!
   - Endbestand = 0 EUR: Der Anfangsbestand beträgt 10 EUR, die Zugänge 50 EUR und die Abgänge 10 EUR.

Soll		Warenkonto	Haben
AB	10	Abgänge	15
Zugänge	50	Saldo	45
Summe	60	Summe	60

   Der Saldo von 45 EUR entspricht dem Warenrohverlust.
   - Einkaufspreis entspricht dem Verkaufspreis: Der Anfangsbestand beträgt 20 EUR, die Zugänge betragen 40 EUR, die Abgänge 10 EUR. Der Endbestand lt. Inventur beträgt 50 EUR.

Soll		Warenkonto	Haben
AB	20	Abgänge	10
Zugänge	40	EB lt. Inventur	50
Summe	60	Summe	60

   Der Saldo von 50 EUR ist eine Bestandsgröße. Der Warenrohgewinn beträgt 0 EUR.
5. Worin besteht der Unterschied zwischen der Brutto- bzw. Nettomethode beim getrennten Warenkonto? Welche Methode ist für den Bilanzleser aufschlussreicher und warum?
   Bei der *Bruttomethode* werden die beiden Konten Wareneinkauf und Warenverkauf jeweils einzeln über die GuV abgeschlossen. Bei der *Nettomethode* wird das Wareneinkaufskonto über das Warenverkaufskonto und das Warenverkaufskonto wiederum über die GuV abgeschlossen. Für den Bilanzleser ist die Bruttomethode aufschlussreicher, da mehr Informationen vorliegen und so das Niveau an Mitteleinsatz und Umsätzen erkennbar wird, das schließlich zum Warengewinn führt.
6. Worin besteht der Unterschied zwischen Rabatten und Boni?
   Rabatte werden bei Vertragsabschluss gewährt, *Boni* werden meist nachträglich gewährt. Während Rabatte nicht zu Umsatzsteuerkorrekturen führen, ist dies bei Boni regelmäßig der Fall, da sich bei deren Gewährung die Bemessungsgrundlage ändert.
7. Welches Problem besteht bei der erfolgswirksamen Verbuchung von Preisnachlässen (Boni, Skonti)?
   Boni und Skonti werden meist erfolgswirksam über die GuV verbucht. Sie stellen aber Anschaffungskostenminderungen dar, sofern sie einzeln zurechenbar sind. Das Problem besteht nicht, wenn am Bilanzstichtag keine Waren mehr auf Lager liegen.

8. *Verbuchen Sie einen Lieferantenbonus (Kundenbonus) anhand eines selbstgewählten Beispiels!*
   - *Lieferantenbonus:* Wir kaufen Waren für 100 EUR zzgl. 20% Umsatzsteuer gegen bar. Der nachträglich gewährte Bonus beträgt 10%. Buchung bei Wareneingang:

     Wareneinkauf 100   //   Kasse 120
     Vorsteuer   20

     Verbuchung der Gutschrift:

     Forderungen aus L. u. L. 12   //   Lieferantenboni 10
                                       Vorsteuer   2

   - *Kundenbonus:* Wir verkaufen Waren für 100 EUR zzgl. 20% Umsatzsteuer auf Ziel und gewähren einen Bonus i. H. v. 10% im Nachhinein. Buchung bei Lieferung:

     Forderungen aus L. u. L. 120   //   Warenverkauf 100
                                         Umsatzsteuer 20

     Verbuchung der Gutschrift:

     Kundenboni   10   //   Forderungen aus L. u. L. 12
     Umsatzsteuer   2

9. *Welche Verfahren der Skontoverbuchung existieren? Welche Vor- und Nachteile bestehen bei diesen Verfahren?*
   - *Bruttomethode:* Bei der Bruttomethode wird das Skonto als Preisnachlass interpretiert. Entsprechend wird der Warenwert bei Kauf/Verkauf ohne Abzug von Skonto ausgewiesen. Erst bei Inanspruchnahme des Skontos wird das Skonto erfolgswirksam verbucht. *Nachteil:* Der durch den Skonto begründete Erfolg stellt sich erst bei Inanspruchnahme ein. *Vorteil:* Der Buchungsaufwand ist geringer als bei der Nettomethode.
   - *Nettomethode:* Das Skonto wird als Zins interpretiert und bereits bei der Lieferung erfolgt die Aufteilung des Warenwerts in den Nettowarenwert und das Skonto. Der Umsatz wird in ein Waren- und Kreditgeschäft aufgeteilt. *Nachteil:* Der Buchungsaufwand ist höher als bei der Bruttomethode.

10. *Was versteht man unter dem Begriff des »Teilwerts«?*
    Für den Teilwert existiert eine Legaldefinition, d. h. eine gesetzliche Definition, die sich aus § 6 Abs. 1 Nr. 1 Satz 3 EStG ergibt:

    Teilwert ist der Betrag, den ein Erwerber des ganzen Betriebs im Rahmen des Gesamtkaufpreises für das einzelne Wirtschaftsgut ansetzen würde; dabei ist davon auszugehen, dass der Erwerber den Betrieb fortführt.

11. *Welche Probleme ergeben sich in der Praxis bei der Bestimmung des Teilwerts?*
    Man müsste bei jeder Entnahme den gesamten Betrieb bewerten, um den Wert des entnommenen Wirtschaftsguts bzw. Vermögensgegenstands bestimmen zu können.

12. *Sind Privatentnahmen immer erfolgsneutral? Warum?*
    Grundsätzlich wird der Unternehmer einem Endverbraucher gleichgestellt. Das bedeutet, dass der Unternehmer Waren, Erzeugnisse oder Dienstleistungen zum Teilwert, also zu dem Wert, den er von fremden Dritten verlangen würde, entnehmen muss. In der Praxis erfolgt dies hauptsächlich aus steuerlichen Gründen, da Wertsteigerungen im Betrieb steuerpflichtig sind, während Wertsteigerungen im Privatvermögen grundsätzlich steuerbefreit sind.

13. *Nennen Sie mindestens 5 Beispiele des Eigenverbrauchs!*
    - Nutzung des Geschäftswagens für private Zwecke.
    - Entnahme von Handelswaren.
    - Entnahme von Erzeugnissen, die das Unternehmen herstellt.
    - Das im Unternehmen angestellte Personal führt Leistungen im privaten Umfeld des Unternehmers durch.
    - Zuwendung von Handelswaren an das Personal.

14. *Erläutern Sie den Grund der Umsatzsteuerpflicht des Eigenverbrauchs!*
    Wäre der Eigenverbrauch nicht umsatzsteuerpflichtig, könnten Unternehmer über ihr Unternehmen Güter einkaufen, sich die Vorsteuer vom Finanzamt erstatten lassen und die Güter im Anschluss entnehmen. Sie würden faktisch umsatzsteuerfrei »einkaufen« können.

15. *Verbuchen Sie den Fall, bei dem August Hobel afrikanisches Tropenholz aus seinem Betrieb zur Täfelung seiner Privatwohnung entnimmt, das er zu 1 000 EUR (netto) angeschafft hatte und dessen Teilwert bzw. Einkaufspreis zum Zeitpunkt der Entnahme 3 500 EUR beträgt!*
    Es handelt sich dabei um einen Eigenverbrauch i. S. d. § 3 Abs. 1b Satz 1 Nr. 1 UStG. Die Bemessungsgrundlage für die Entnahme besteht im Einkaufspreis zum Zeitpunkt des Umsatzes, § 10 Abs. 4 Satz 1 Nr. 1 UStG. Der Umsatzsteuersatz beträgt 19 %. August Hobel bucht:

    [B-297]

Privatentnahme		4 165 EUR
an Eigenverbrauch		3 500 EUR
Umsatzsteuer		665 EUR

4.3 Verbuchung von Steuern

(52) **Lösung Aufgabe 61** *Wahr oder falsch?*

a) *falsch* | Es kommt grundsätzlich darauf an, ob die Steuern zur Betriebssphäre gehören oder nicht. Werden z. B. Steuern, die den Privatbereich des Unternehmers betreffen (Einkommensteuer), vom betrieblichen Konto bezahlt, liegt eine Auszahlung vor, die nicht erfolgswirksam ist.

b) *falsch* | Die Kfz-Steuer stellt eine Aufwandsteuer dar, wenn sie den Betrieb betrifft. Da es sich hier allerdings um die Privatsphäre des Unternehmers handelt, liegen keine Aufwendungen vor. Wird die Steuer aus betrieblichen Mitteln entrichtet, liegt eine Privatentnahme (oder eine verdeckte Gewinnausschüttung) vor.

c) *falsch* | Ein Umsatzsteuerüberhang am Bilanzstichtag wird als »sonstige Verbindlichkeit« auf der Passivseite ausgewiesen.

d) *wahr* | Zum Beispiel die Umsatzsteuer. Die Umsatzsteuer stellt eine Verbindlichkeit dar und betrifft das GuV-Konto nie.

e) *wahr* | Die Grunderwerbsteuer stellt Anschaffungsnebenkosten dar und erhöht als solche die Anschaffungskosten.

f) *wahr* | Die Körperschaftsteuer stellt aus handelsrechtlicher Sicht Steueraufwand auf Ebene der Körperschaft dar.

g) *falsch* | Die Kirchensteuer gehört zur Privatsphäre des Unternehmers und stellt handelsrechtlich keinen Aufwand dar.

h) *wahr* | Die Kirchensteuer stellt Personalaufwand dar.

(53) **Lösung Aufgabe 62** *Klassifizierung von Steuern*

1. (h) | Die Einkommensteuer gehört als Privatsteuer zur Privatsphäre des Unternehmers. Sofern die Einkommensteuer vom privaten Bankkonto bezahlt wird, wird die betriebliche Sphäre nicht tangiert.

2. (b) | Die Biersteuer ist eine Verbrauchersteuer und aus buchhalterischer Sicht eine Aufwandsteuer.

3. (b) | Die Grundsteuer ist eine turnusmäßig anfallende Steuer und gehört – sofern betriebliche Immobilien Grundlage für die Steuer sind – zu den Aufwandsteuern. Sie stellen keine Anschaffungskosten dar.

4. (c) und (g) | Die Umsatzsteuer stellt im Zeitpunkt ihrer Entstehung (mit Ablauf des Voranmeldezeitraums) grundsätzlich eine Verbindlichkeit gegenüber dem Finanzamt dar. Gleichzeitig erhöht die Umsatzsteuer im Fall des Eigenverbrauchs die Privatentnahmen.

5. (c) | Da die Einkommensteuer der Privatsphäre des Unternehmers zuzurechnen ist (vgl. 1.), aber von der betrieblichen Sphäre aus entrichtet wird, stellt die Einkommensteuer in diesem Fall eine Privatentnahme dar.

6. (c) | Die Begründung erfolgt analog zu 5.

7. (e) | Die Grunderwerbsteuer fällt beim Erwerb von Immobilien an und gehört zu den Anschaffungsnebenkosten. Anders als die Grundsteuer stellt die Grunderwerbsteuer keine turnusmäßige Steuer dar.

8. (f) | Annahme: Der Betrieb ist vorsteuerabzugsberechtigt. Die Vorsteuer wird vom Finanzamt erstattet, sie stellt bis zur Bezahlung durch das Finanzamt eine Forderung gegenüber dem Finanzamt dar.

9. (e) | Sofern keine Vorsteuerabzugsberechtigung vorliegt (z. B. bei Allgemeinmedizinern), wird die Vorsteuer vom Finanzamt nicht erstattet. In diesem Fall stellt die Vorsteuer Anschaffungskosten bzw. Sofortaufwand dar. Da der erworbene Vermögensgegenstand dem Anlagevermögen zugeordnet wird, stellt die Vorsteuer hier Anschaffungskosten dar.

10. (b) | Hier wird weder Anlage- noch Umlaufvermögen erworben. Die Beratungskosten stellen Sofortaufwand dar. Da die Vorsteuer in diesem Fall nicht vom Finanzamt erstattet wird, stellt sie Sofortaufwand dar.

11. (b) | Die Körperschaftsteuer ist die Einkommensteuer für Körperschaften. Anders als bei der Einkommensteuer stellt die Körperschaftsteuer (handelsrechtlich) Aufwand dar.

12. (b) | Alle Steuern bezüglich Arbeitnehmer stellen für den Arbeitgeber grundsätzlich Aufwand dar.

13. (b) und (d) | Die Lohnsteuer stellt eine Aufwandsteuer dar. Wird sie vom privaten Bankkonto bezahlt, liegt zusätzlich eine Privateinlage vor.

14. (g) | Ein Umsatzsteuerüberhang wird unter »sonstige Verbindlichkeiten« in der Bilanz ausgewiesen.

15. (a) | Für die Gewerbesteuer wurde eine aufwandswirksame Rückstellung gebildet. Erhält der Unternehmer den Bescheid über die Gewerbesteuer, wird aus der Rückstellung zunächst eine sichere Schuld, also eine Verbindlichkeit. Da die Verbindlichkeit niedriger ausfällt als die Rückstellung, resultiert ein »periodenfremder Ertrag«.

16. (b) | Alle Steuern bezüglich Arbeitnehmer stellen grundsätzlich Aufwand dar. Da die Steuer vom betrieblichen Konto bezahlt wird, liegt keine Privateinlage vor.

17. (b) | Die Kfz-Steuer stellt eine Aufwandsteuer dar.

18. (b) | Versicherungsteuern sind grundsätzlich Aufwandsteuern, es sei denn, die Versicherung bezieht sich auf einen Anschaffungsvorgang (z. B. Transportversicherung), dann gehört die Versicherungsteuer zu den Anschaffungsnebenkosten.

(54) **Lösung Aufgabe 63** *Verbuchung von Steuern*

a) Bezahlung von Einkommensteuer über das betriebliche Bankkonto:

→298] *Privat* 1 250 EUR
  an *Bank* 1 250 EUR

b) Bezahlung der Körperschaftsteuer über das betriebliche Bankkonto:

→299] *Steueraufwand* 4 560 EUR
  an *Bank* 4 560 EUR

c) 1. Die Gewerbesteuer stellt eine Aufwandsteuer dar. Es ist deshalb eine Rückstellung für ungewisse Verbindlichkeiten zu bilden, § 249 Abs. 1 Satz 1 1. Alternative HGB:

→300] *Steueraufwand* 500 EUR
  an *Rückstellungen* 500 EUR

2. Die Einkommensteuer betrifft ausschließlich die Privatsphäre des Unternehmers. Eine Rückstellung darf nicht gebildet werden, § 249 Abs. 2 HGB.

d) Die Grunderwerbsteuer stellt nachträgliche Anschaffungskosten i. S. v. § 255 Abs. 1 HGB dar:

→301] *Grundstücke und Gebäude* 23 000 EUR
  an *Verbindlichkeiten* 23 000 EUR

e) Die Grundsteuer stellt eine Aufwandsteuer dar:

→302] *Steueraufwand* 1 500 EUR
  an *Bank* 1 500 EUR

f) Die Kfz-Steuer stellt ebenfalls eine Aufwandsteuer dar.

→303] *Steueraufwand* 650 EUR
  an *Verbindlichkeiten* 650 EUR

g) Da die Bezahlung der »privaten« Steuer vom privaten Bankkonto erfolgt, ist keine Buchung erforderlich.

4.4 Besonderheiten im Industriebetrieb

(55) **Lösung Aufgabe 64** *Wahr oder falsch?*

a) *falsch* | Die Darstellung der GuV kann in Konto- oder Staffelform erfolgen. In Deutschland ist gem. § 275 Abs. 1 HGB nur für Kapitalgesellschaften zwingend die Staffelform vorgeschrieben.

b) *falsch* | Handelsbetriebe verfügen nicht über einen Transformationsprozess, bei dem »neue« Produkte erzeugt werden. Vielmehr verkaufen Handelsbetriebe die erworbenen Handelswaren, ohne sie zu verändern. Fertige Erzeugnisse entstehen nur in Industrieunternehmen. Folglich spielen Fertigerzeugnisse im Handelsbetrieb keine Rolle.

c) *falsch* | »Regelmäßigkeit« bedeutet, dass zwischen ordentlichen (das operative Geschäft betreffenden) und außerordentlichen Erträgen und Aufwendungen unterschieden wird.

d) *wahr* | Bei der Art der Erträge unterscheidet man grundsätzlich zwischen solchen aus dem originären, operativen Geschäft (Betriebsergebnis), Eigenleistungen, Finanzergebnis oder sonstigen Leistungen.

e) *falsch* | Der Gewinn kann auch durch Betriebsvermögensvergleich unter Berücksichtigung von Einlagen und Entnahmen ermittelt werden.

f) *falsch* | Ein Transformationsprozess (Schaffung von Erzeugnissen durch Verwendung von Rohstoffen und Arbeitskraft (Personalaufwand)) findet in Industrieunternehmen statt.

g) *wahr* | Eine unterjährige Erfolgsmessung wäre bei Anwendung der Skontrationsmethode möglich.

h) *falsch* | Bei der Skontrationsmethode wird jeder einzelne Abgang erfasst. Die Inventur stellt deshalb nur eine Probe dar, ob die buchhalterisch ermittelten Werte mit den »tatsächlichen« Werten übereinstimmen.

i) *wahr* | Beim GKV werden die gesamten Aufwendungen der Periode in der GuV ausgewiesen. Eine Bestandserhöhung wird im Haben der GuV erfasst. Folglich ist die Summe höher als beim UKV, da dort lediglich die Aufwendungen des Umsatzes erfasst werden.

j) *falsch* | Gesamtkostenverfahren und Umsatzkostenverfahren führen zum selben Periodenerfolg.

k) *wahr* | Vergleichen Sie dazu die Gliederung in § 275 Abs. 2 HGB (Gesamtkostenverfahren) mit der Gliederung in § 275 Abs. 3 HGB (Umsatzkostenverfahren). Nur beim Gesamtkostenverfahren existiert in der Gliederung die Position »Bestandsveränderungen«.

l) *falsch* | Das Gesamtkostenverfahren ist kostenartenorientiert. Dies wird durch die Positionen 5. bis 7. in § 275 Abs. 2 HGB deutlich.

(56) **Lösung Aufgabe 65** *Typen von Unternehmen aus buchhalterischer Sicht*

a) 1. *Handelsbetrieb*: Es findet kein Transformationsprozess statt; 2. *Industriebetrieb*: Es findet ein Transformationsprozess statt. Der Aufbau der GuV ist deshalb komplexer als beim Handelsbetrieb; 3. *Dienstleistung*: Der Anteil

4 TECHNIK DER DOPPELTEN BUCHFÜHRUNG II

an materiellem Vermögen ist niedriger als beim Handelsbetrieb und Industriebetrieb; 4. *Finanzdienstleistung*: Bilanzstruktur ist anders als bei den anderen Unternehmenstypen.

b) Zuordnung der Unternehmen

#	Unternehmen	Typ	#	Unternehmen	Typ
1.	adidas	I	2.	Allianz	F
3.	BASF	I	4.	Bayer	I
5.	Beiersdorf	I	6.	BMW	I
7.	Commerzbank	F	8.	Continental	I
9.	Daimler	I	10.	Deutsche Bank	F
11.	Deutsche Börse	D	12.	Deutsche Post	D
13.	Deutsche Telekom	D	14.	E.ON	I
15.	Fresenius	I, D	16.	HeidelbergCement	I
17.	Henkel	I	18.	K+S	I
19.	LANXESS	I	20.	Linde	I
21.	Lufthansa	D	22.	Merck	I
23.	Münchner Rück	F	24.	RWE	I
25.	SAP	D	26.	Siemens	I
27.	Thyssen Krupp	I	28.	Amazon	H

(56) **Lösung Aufgabe 66** *Zuordnung von Begriffen zum GKV und UKV*

		GKV	UKV
a)	Kontoform[1]	☐	☐
b)	Staffelform	☒	☒
c)	kostenartenorientiert	☒	☐
d)	Der Erfolg der einzelnen Produkte könnte aus der Gewinn- und Verlustrechnung ermittelt werden.	☐	☒
e)	kostenträgerorientiert	☐	☒
f)	Ein Erfolgskonto mit der Bezeichnung »Bestandsveränderungen« muss eingerichtet werden.	☒	☐
g)	Anpassung der Gesamtaufwendungen an die Umsatzerlöse.	☐	☒
h)	In der Gewinn- und Verlustrechnung werden nur die Herstellungsaufwendungen des Umsatzes ausgewiesen.	☐	☒
i)	Veränderungen im Lagerbestand beeinflussen die Betriebsleistung des Unternehmens.	☒	☐
j)	Anpassung der Ertragsseite an die Gesamtaufwendungen.	☒	☐

[1] Nach § 275 Abs. 1 Satz 1 HGB ist die Gewinn- und Verlustrechnung wahlweise nach dem Gesamtkostenverfahren oder dem Umsatzkostenverfahren in *Staffelform* aufzustellen.

(57) **Lösung Aufgabe 67** *Abschluss der Konten beim GKV und UKV*
a) *Gesamtkostenverfahren*

Abschluss des Kontos …	über das Konto …
Umsatzerlöse	Eigenkapital
Fertige Erzeugnisse	Schlussbilanzkonto
Unfertige Erzeugnisse	GuV
Personalaufwand	Bestandsveränderung
Mietaufwand (Leasing)	Fertige Erzeugnisse
Rohstoffe	Unfertige Erzeugnisse
GuV	

b) *Umsatzkostenverfahren*

Abschluss des Kontos …	über das Konto …
Umsatzerlöse	Eigenkapital
Fertige Erzeugnisse	Schlussbilanzkonto
Unfertige Erzeugnisse	GuV
Personalaufwand	Fertige Erzeugnisse
Mietaufwand (Leasing)	Unfertige Erzeugnisse
Rohstoffe	
GuV	

(58) **Lösung Aufgabe 68** *Umsatzkostenverfahren*

Die Herstellungskosten der produzierten Einheiten betragen 110 × 5 600 = 616 000 EUR. Beim Umsatzkostenverfahren werden die Aufwandskonten über das Konto »Fertige Erzeugnisse« abgeschlossen.

[B-304]   Fertige Erzeugnisse   616 000 EUR
                 an   diverse Aufwendungen   616 000 EUR

Es wurden 13 Stück mehr abgesetzt als produziert. Der Bestand an Fertigen Erzeugnissen reduziert sich deshalb im Wert um 13 × 5 600 = 72 800 EUR. Der Endbestand beträgt 240 800 − 72 800 = 168 000 EUR und wird an das Schlussbilanzkonto verbucht.

[B-305]   Schlussbilanzkonto   168 000 EUR
                 an   Fertige Erzeugnisse   168 000 EUR

Die Herstellungskosten der verkauften Einheiten betragen 123 × 5 600 = 688 800 EUR und finden Eingang in die GuV.

[B-306]   Gewinn- und Verlustrechnung   688 800 EUR
                 an   Fertige Erzeugnisse   688 800 EUR

Das Bestandskonto »Fertige Erzeugnisse« hat nach seinem Abschluss über die GuV bzw. über das Schlussbilanzkonto folgendes Aussehen:

Soll	Fertige Erzeugnisse	Haben	
AB	240 800	GuV	688 800
Aufwand	616 000	EB	168 000
Summe	856 800	Summe	856 800

4 TECHNIK DER DOPPELTEN BUCHFÜHRUNG II

Abschluss der GuV:

-307] Gewinn- und Verlustrechnung   461 200 EUR
         an   Eigenkapital   461 200 EUR

Soll	GuV		Haben
HK*	688 800	UE	1 150 000
Gewinn	461 200		
Summe	1 150 000	Summe	1 150 000

* HK = Herstellungskosten des Umsatzes

(58) **Lösung Aufgabe 69**   *Gesamtkostenverfahren*

Es werden 23 Stück mehr verkauft als produziert. Das bedeutet, dass 23 Stück im Wert von jeweils 670 EUR (= 15 410 EUR) aus dem Lagerbestand am 1.1.2017 verkauft werden. Die Bestandsveränderung beträgt demnach 15 410 EUR. Die Herstellungskosten betragen 160 × 690 = 110 400 EUR. Die Umsatzerlöse (netto) betragen 183 × 1 200 = 219 600 EUR.

Eröffnung des Kontos »Unfertige Erzeugnisse«: Der Anfangsbestand beträgt 89 × 670 = 59 630 EUR.

-308] Unfertige Erzeugnisse   59 630 EUR
         an   Eröffnungsbilanzkonto   59 630 EUR

Erfassung der Bestandsminderung:

-309] Bestandsveränderung   15 410 EUR
         an   Unfertige Erzeugnisse   15 410 EUR

Abschluss des Kontos »Unfertige Erzeugnisse«: Gemäß Aufgabenstellung werden die zuletzt hergestellten Erzeugnisse zuerst verkauft. Es befinden sich noch (89 − 23 =) 66 Stück auf Lager, die mit 670 EUR/Stück bewertet werden (insgesamt 44 220 EUR).

310] Schlussbilanzkonto   44 220 EUR
         an   Unfertige Erzeugnisse   44 220 EUR

Für das Konto »Unfertige Erzeugnisse« ergibt sich dann:

Soll	Unfertige Erzeugnisse		Haben
AB	59 630	BV	15 410
		EB	44 220
Summe	59 630	Summe	59 630

Für das GuV-Konto ergibt sich:

Soll	GuV		Haben
HK	110 400	UE	219 600
BV	15 410		
Gewinn	93 790		
Summe	219 600	Summe	219 600

(58) **Lösung Aufgabe 70** *Gesamt- und Umsatzkostenverfahren*

a) Abschluss der Konten nach dem Gesamtkostenverfahren
Die mit * gekennzeichneten Positionen ergeben sich aus der Aufgabenstellung. Die Bestandsveränderung (BV) bei den unfertigen Erzeugnissen (UE) beträgt: EB − AB = 117 000 − 110 000 = +7 000 EUR.

[B-311] Schlussbilanzkonto   117 000 EUR
             an   Unfertige Erzeugnisse   117 000 EUR

[B-312] Unfertige Erzeugnisse   7 000 EUR
             an   BV Unfertige Erzeugnisse   7 000 EUR

Soll	UE		Haben	Soll	BV UE		Haben
AB*	110 000	EB*	117 000	GuV	7 000	UE	7 000
BV	7 000						
Summe	117 000	Summe	117 000	Summe	7 000	Summe	7 000

Die Bestandsveränderung (BV) bei den fertigen Erzeugnissen (FE) beträgt: EB − AB = 125 000 − 220 000 = −95 000 EUR.

[B-313] Schlussbilanzkonto   125 000 EUR
             an   Fertige Erzeugnisse   125 000 EUR

[B-314] BV Fertige Erzeugnisse   95 000 EUR
             an   Fertige Erzeugnisse   95 000 EUR

Soll	FE		Haben	Soll	BV FE		Haben
AB*	220 000	EB*	125 000	FE	95 000	GuV	95 000
		BV	95 000				
Summe	220 000	Summe	220 000	Summe	95 000	Summe	95 000

Soll	div. Aufw.		Haben	Soll	Umsatzerlöse		Haben
RHB*	330 000	GuV	930 000	GuV	1 005 000	Erlöse	1 005 000
Personal*	400 000						
Leasing*	200 000						
Summe	930 000	Summe	930 000	Summe	1 005 000	Summe	1 005 000

Abschluss der Konten über die GuV und Erstellung der GuV:

4 TECHNIK DER DOPPELTEN BUCHFÜHRUNG II L-70

1. Abschluss des Kontos »diverse Aufwendungen«:

315]   Gewinn- und Verlustrechnung   930 000 EUR
      an   diverse Aufwendungen   930 000 EUR

2. Abschluss des Kontos »BV Unfertige Erzeugnisse«:

316]   BV Unfertige Erzeugnisse   7 000 EUR
      an   Gewinn- und Verlustrechnung   7 000 EUR

3. Abschluss des Kontos »BV Fertige Erzeugnisse«:

317]   Gewinn- und Verlustrechnung   95 000 EUR
      an   BV Fertige Erzeugnisse   95 000 EUR

4. Abschluss des Kontos »Umsatzerlöse«:

318]   Umsatzerlöse   1 005 000 EUR
      an   Gewinn- und Verlustrechnung   1 005 000 EUR

Soll		GuV	Haben
div. Aufw.	930 000	BV UE	7 000
BV FE	95 000	Erlöse	1 005 000
		Verlust	13 000
Summe	1 025 000	Summe	1 025 000

Abschluss der GuV über das Eigenkapital:

319]   Eigenkapital   13 000 EUR
      an   Gewinn- und Verlustrechnung   13 000 EUR

b) Umsatzkostenverfahren

Die mit * gekennzeichneten Positionen ergeben sich aus der Aufgabenstellung. Beim Umsatzkostenverfahren erfolgt der Abschluss der Aufwandskonten über die Erzeugniskonten.

Soll		div. Aufwendungen	Haben
RHB*	330 000	UE	660 000
Personal*	400 000	FE	270 000
Leasing*	200 000		
Summe	930 000	Summe	930 000

320]   Unfertige Erzeugnisse   660 000 EUR
      an   diverse Aufwendungen   660 000 EUR

321]   Fertige Erzeugnisse   270 000 EUR
      an   diverse Aufwendungen   270 000 EUR

Soll		UE	Haben
AB*	110 000	FE	653 000
RHB*	330 000	EB*	117 000
Personal*	250 000		
Leasing*	80 000		
Summe	770 000	Summe	770 000

Das Konto »Unfertige Erzeugnisse« wird über das Konto »Fertige Erzeugnisse« abgeschlossen. Der Endbestand wird vorher an das Schlussbilanzkonto verbucht.

[B-322] Fertige Erzeugnisse 653 000 EUR
 an Unfertige Erzeugnisse 653 000 EUR

[B-323] Schlussbilanzkonto 117 000 EUR
 an Unfertige Erzeugnisse 117 000 EUR

Das Konto »Fertige Erzeugnisse« wird über die GuV abgeschlossen. Der Endbestand wird vorher an das Schlussbilanzkonto verbucht.

[B-324] Gewinn- und Verlustrechnung 1 018 000 EUR
 an Fertige Erzeugnisse 1 018 000 EUR

[B-325] Schlussbilanzkonto 125 000 EUR
 an Fertige Erzeugnisse 125 000 EUR

Soll	FE		Haben
AB	220 000	GuV	1 018 000
Zug. (UE)	653 000	EB	125 000
Personal	150 000		
Leasing	120 000		
Summe	1 143 000	Summe	1 143 000

Abschluss des Kontos »Umsatzerlöse« und Erstellung der GuV:

[B-326] Umsatzerlöse 1 005 000 EUR
 an Gewinn- und Verlustrechnung 1 005 000 EUR

Soll	Umsatzerlöse		Haben
GuV	1 005 000	Umsatzerlöse	1 005 000
Summe	1 005 000	Summe	1 005 000

Soll	GuV		Haben
HK	1 018 000	Umsatzerlöse	1 005 000
		Verlust	13 000
Summe	1 018 000	Summe	1 018 000

Abschluss des »GuV«-Kontos über das Eigenkapital:

[B-327] Eigenkapital 13 000 EUR
 an Gewinn- und Verlustrechnung 13 000 EUR

c) Materiell ergibt sich im Gewinnausweis kein Unterschied zwischen GKV und UKV, aber die GuV-Summe ist bei Anwendung des GKV größer! Der Bilanzansatz bleibt aber derselbe!

4 TECHNIK DER DOPPELTEN BUCHFÜHRUNG II

(59) **Lösung Aufgabe 71** *Periodenerfolg und Totalerfolg*
Zahlungsrechnung:

Zahlungsrechnung (in EUR)	2017	2018	Summe
Auszahlung (Kauf Maschine)	−10 000		−10 000
Auszahlungen (Kauf Rohstoffe)	−20 000	−20 000	−40 000
Einzahlungen (Verkauf fertiger Erzeugnisse)	+20 000	+50 000	+70 000
Periodenüberschuss / -fehlbetrag	−10 000	+30 000	
Totalüberschuss			+20 000

Ihre Aufgabe ist es, die Zahlungsrechnung in eine Erfolgsrechnung überzuleiten. Hierzu sind die Zahlungen gegebenenfalls zu periodisieren.

1. Verbuchung der Geschäftsvorfälle:
    Geschäftsvorfälle zum Jahresanfang 2017:
    a) Einkauf der Maschine

328]   *Maschinen*   10 000 EUR
          an   *Bank*   10 000 EUR

   b) Einkauf der Rohstoffe

329]   *Rohstoffe*   20 000 EUR
          an   *Bank*   20 000 EUR

   Geschäftsvorfall im laufenden Jahr 2017:
   c) Verkauf fertiger Erzeugnisse

330]   *Bank*   20 000 EUR
       Forderungen aus L. u. L.   15 000 EUR
          an   *Umsatzerlöse*   35 000 EUR

   Geschäftsvorfälle zum Jahresende 2017:
   d) Abschreibung der Maschine

331]   *Abschreibungen*   5 000 EUR
          an   *Maschinen*   5 000 EUR

   e) Verbrauch der Rohstoffe

332]   *Rohstoffaufwand*   20 000 EUR
          an   *Rohstoffe*   20 000 EUR

   f) Lageraufbau fertiger Erzeugnisse

333]   *Fertige Erzeugnisse*   5 000 EUR
          an   *Bestandsveränderungen*   5 000 EUR

   Geschäftsvorfall zum Jahresanfang 2018:
   g) Einkauf der Rohstoffe

334]   *Rohstoffe*   20 000 EUR
          an   *Bank*   20 000 EUR

Geschäftsvorfälle im laufenden Jahr 2018:
h) Verkauf fertiger Erzeugnisse

[B-335] Bank   35 000 EUR
             an   Umsatzerlöse   35 000 EUR

i) Eingang der Forderung aus dem Vorjahr

[B-336] Bank   15 000 EUR
             an   Forderungen aus L. u. L.   15 000 EUR

Geschäftsvorfälle zum Jahresende 2018:
j) Abschreibung der Maschine

[B-337] Abschreibungen   5 000 EUR
             an   Maschinen   5 000 EUR

k) Verbrauch der Rohstoffe

[B-338] Rohstoffaufwand   20 000 EUR
             an   Rohstoffe   20 000 EUR

l) Lagerabbau fertiger Erzeugnisse

[B-339] Bestandsveränderungen   5 000 EUR
             an   Fertige Erzeugnisse   5 000 EUR

2. *Ausfüllen der Tabelle*

Erfolgsrechnung (in EUR)	2017	2018	Summe
Aufwand (Abschreibung Maschine)	−5 000	−5 000	−10 000
Aufwand (Verbrauch Rohstoffe)	−20 000	−20 000	−40 000
Ertrag (Umsatzerlöse)	+35 000	+35 000	+70 000
Ertrag / Aufwand	+5 000	−5 000	0
Gewinn / Verlust	+15 000	+5 000	
Totalerfolg			+20 000

3. *Vergleich und Stellungnahme*
Der Totalerfolg stimmt in beiden Fällen überein. Allerdings bestehen Unterschiede bei den Periodenerfolgen. Der Grund hierfür liegt darin, dass Zahlungen und Erfolge auseinanderfallen. Bei der Gewinnermittlung werden Zahlungen periodisiert. Im Ergebnis schwankt der Gewinn weniger stark als die Zahlungsüberschüsse.

(61) **Lösung Aufgabe 72** *Kontrollfragen*

1. *In welche Kategorien lässt sich die Erfassung von Steuern grundsätzlich einteilen (Wie lassen sich Steuern typisieren)?*
Steuern lassen sich klassifizieren in
- Steuern, die als Anschaffungsnebenkosten aktiviert werden,

- Aufwandsteuern,
- durchlaufende Posten und
- Privatsteuern.

2. *Wie lässt sich die zeitliche Erfassung von Steuern aus buchhalterischer Sicht untergliedern?*

Zeitpunkt	buchhalterische Abbildung
• Entstehung der Steuer	• Keine Buchung/Bildung einer Rückstellung
• Eingang des Steuerbescheids	• Einbuchung einer Verbindlichkeit
• Fälligkeit der Steuer	• Belastung des Bankkontos bzw. der Kasse
• Bezahlung der Steuer	• Belastung des Bankkontos bzw. der Kasse zzgl. etwaiger Zinsen im Vergleich zur Auszahlung zum Zeitpunkt der Fälligkeit der Steuer.

3. *Inwiefern bestehen Unterschiede bei der Erfassung von Steuern bei Personenunternehmungen und Kapitalgesellschaften?*

   Ertragsteuern, wie z. B. die Einkommensteuer des Unternehmers, stellen bei Personenunternehmungen Entnahmen dar, sofern die Steuer vom betrieblichen Konto bezahlt wird. Bei Kapitalgesellschaften stellt die Körperschaftsteuer als Einkommensteuer für Körperschaften, die auch zu den Ertragsteuern gehört, handelsrechtlich Aufwand dar.

4. *Geben Sie jeweils einen Geschäftsvorfall samt Buchungssatz an, bei dem die Erfassung der Steuer zu*

   a) *einem Ertrag,*

   Erstattung von Kfz-Steuer für einen betrieblichen Pkw (Stornobuchung): Bank // Steueraufwand.

   b) *einem Aufwand,*

   Bezahlung von Grundsteuer für ein betriebliches Grundstück: Steueraufwand // Bank.

   c) *einer Privatentnahme,*

   Die Einkommensteuer des Unternehmens wird vom betrieblichen Konto aus beglichen: Privatentnahme // Bank.

   d) *einer Privateinlage,*

   Die zu zahlende Umsatzsteuer begleicht der Unternehmer von seinem privaten Bankkonto aus: Umsatzsteuer // Privateinlage.

   e) *Anschaffungskosten,*

   Beim Kauf eines Betriebsgebäudes wird Grunderwerbsteuer gezahlt: Gebäude // Bank.

   f) *Forderungen bzw.*

   Kauf von Handelswaren auf Ziel:

   Wareneinkauf // Verbindlichkeiten aus L. u. L.
   Vorsteuer

   Die Vorsteuer stellt eine Forderung dar.

   g) *Verbindlichkeiten führt bzw.*

   Die Umsatzsteuer stellt Verbindlichkeiten dar. Verkauf von fertigen Erzeugnissen auf Ziel:

Forderungen aus L. u. L. // Umsatzerlöse
                             Umsatzsteuer

h) die betriebliche Sphäre nicht berührt.
   Der Unternehmer zahlt Einkommensteuer von seinem privaten Bankkonto aus. In diesem Fall erfolgt keine Buchung.

5. Erläutern Sie die Behandlung von geleisteten (erhaltenen) Anzahlungen durch Buchungssätze jeweils zum Zeitpunkt der Anzahlung und der Endabrechnung!
   - Geleistete Anzahlungen stellen zunächst Forderungen dar. Buchung bei Leistung der Anzahlung:

     geleistete Anzahlungen // Bank
     Vorsteuer

     Buchung bei Endabrechnung:

     Anlagevermögen // geleistete Anzahlungen
     Vorsteuer   Bank

   - Erhaltene Anzahlungen stellen zunächst Verbindlichkeiten dar: Buchung bei Erhalt der Anzahlung:

     Bank // erhaltene Anzahlungen
               Umsatzsteuer

     Buchung bei Endabrechnung:

     Bank   // Umsatzerlöse
     erhaltene Anzahlungen   Umsatzsteuer

6. Warum stellen Anzahlungen umsatzsteuerlich kein Kreditgeschäft dar?
   Anzahlungen stellen aus umsatzsteuerlicher Sicht kein Kreditgeschäft dar, da Kreditgeschäfte gem. § 4 Nr. 8 UStG von der Umsatzsteuer befreit sind und Anzahlungen nicht.

7. Erläutern Sie den Unterschied zwischen Handels- und Industriebetrieben!
   Bei Handelsbetrieben fehlt der Transformationsprozess im Rahmen der Produktion. Handelsbetriebe kaufen und verkaufen (Handels)Waren und nehmen an diesen keine Veränderungen vor. Bei Industriebetrieben werden Einsatzstoffe zu einem neuen Produkt transformiert.

8. Worin bestehen die Unterschiede zwischen Skontrations- und Inventurmethode? Erläutern Sie jeweils Vor- und Nachteile!
   Bei der Skontrationsmethode wird der Verbrauch sofort verbucht, während sich bei der Inventurmethode der Verbrauch nach Ermittlung des EB lt. Inventur als Restgröße ergibt. Die Skontrationsmethode verursacht einen höheren buchhalterischen Aufwand als die Inventurmethode.

9. Erläutern Sie die Vorteile der Staffelform gegenüber der Kontoform bei der Darstellung der GuV.
   Der Vorteil der Staffelform (Reihenform) ist die Gliederung der Aufwendungen und Erträge nach einer vorgegebenen Reihenfolge mit der Möglichkeit der Bildung von Zwischensummen. Zudem lassen sich bei der Staffelform die Ergebnisse mehrerer Rechnungsperioden besser vergleichen als bei der Kontoform.

10. *Welche Aufgliederungen der GuV sind denkbar?*
    Denkbar ist die Aufgliederung des Erfolgs nach ...
    - der Art der Erträge,
    - den Bereichen der Entstehung,
    - der Regelmäßigkeit oder
    - der Periode, in der sie entstanden sind.

11. *In welche Kategorien lässt sich der Gesamterfolg aufspalten?*
    Der Gesamterfolg kann in ordentlichen und außerordentlichen Erfolg/Misserfolg aufgespalten werden.

12. *Was spricht dafür, das Betriebsergebnis und das Finanzergebnis getrennt auszuweisen?*
    Durch die Trennung wird sofort deutlich, wie hoch der operative Erfolg und damit der Erfolg ist, der sich auf die eigentliche Geschäftstätigkeit bezieht.

13. *Worin besteht der Unterschied zwischen Gesamtkostenverfahren und Umsatzkostenverfahren?*

Gesamtkostenverfahren	Umsatzkostenverfahren
- Kostenartenorientiert	- Kostenträgerorientiert
- Veränderungen im Lagerbestand beeinflussen die Betriebsleistung.	- Veränderungen werden als positiver/negativer Aufwand erfasst.
- Anpassung der Ertragsseite an die Gesamtaufwendungen.	- Anpassung der Gesamtaufwendungen an die Umsatzerlöse.
- Erträge werden über das Erfolgskonto »Bestandsveränderungen« angepasst.	- In der GuV werden nur die Herstellungsaufwendungen ausgewiesen.

14. *Wann entstehen Bestandsmehrungen (Bestandsminderungen)? Welchen Zweck erfüllt ihre Verbuchung?*
    Bestandsmehrungen entstehen, wenn in der Rechnungsperiode mehr produziert als verkauft wird. Umgekehrt zeigen Bestandsminderungen an, dass mehr verkauft als produziert wurde. Die Verbuchung von Bestandsmehrungen und Bestandsminderungen dienen der »periodengerechten« Erfolgsermittlung. Der Aufwand für die produzierten Einheiten soll in der Periode verrechnet werden, in der die Einheiten verkauft werden.

15. *Welche Probleme außerhalb der doppelten Buchführung ergeben sich bei Bestandsmehrungen?*
    Bestandsmehrungen gehen immer mit der Frage der Bewertung der produzierten, aber nicht verkauften Erzeugnisse und damit der Höhe der Herstellungskosten einher.

5 Lohn und Gehalt

(63) **Lösung Aufgabe 73** *Wahr oder falsch?*

a) *falsch* | Es sind zusätzlich auch noch Arbeitnehmerbeiträge zur Arbeitslosenversicherung zu entrichten.
b) *wahr* | Anders als z. B. bei der Krankenversicherung teilen sich Arbeitgeber und Arbeitnehmer die Beiträge zur Rentenversicherung je zur Hälfte.
c) *wahr* | Die Arbeitnehmer zahlen einen um 0,9-Prozentpunkte höheren Satz als die Arbeitgeber.
d) *falsch* | Der Zusatzbeitrag zur Pflegeversicherung muss nur entrichtet werden, wenn nach Vollendung des 23. Lebensjahres noch Kinderlosigkeit vorliegt, § 55 Abs. 3 SGB XI.
e) *wahr* | In diesem Fall wird der Zusatzbeitrag für Kinderlose nicht erhoben. Es ist unerheblich, ob das 23. Lebensjahr vollendet wurde oder nicht.
f) *wahr* | Die Umlagen betreffen die Lohnfortzahlung im Krankheitsfall (Umlage 1) sowie Mutterschaftsaufwendungen (Umlage 2). Zusätzlich existiert noch die Insolvenzgeldumlage.
g) *wahr* | Vgl. die Ausführungen zu f).
h) *falsch* | Es bestehen Beitragsbemessungsgrenzen. Liegt der Arbeitslohn über diesen Grenzen, ist der die Beitragsbemessungsgrenze übersteigende Teil des Arbeitslohn insoweit beitragsfrei.
i) *falsch* | Bei den Minijobs übernimmt i. d. R. der Arbeitgeber die (verminderten) Beiträge zur Sozialversicherung bzw. die pauschale Steuer.
j) *wahr* | Die Deckelung erfolgt durch die Beitragsbemessungsgrenzen.
k) *wahr* | Zwar sind die Beitragssätze bundesweit einheitlich, allerdings wird bei den Beitragsbemessungsgrenzen teilweise zwischen Ostdeutschland und Westdeutschland differenziert.
l) *wahr* | Es gilt die Regel, dass die Arbeitslosenversicherung der Rentenversicherung »folgt«.
m) *wahr* | Die Beitragsbemessungsgrenzen sind in diesem Fall für Ost und West identisch.
n) *falsch* | Alleinerziehende sind in Lohnsteuerklasse II einzuordnen, § 38b Abs. 1 Nr. 2 EStG.
o) *wahr* | Dies ergibt sich aufgrund der Einteilung der Lohnsteuerklassen aus § 38b Abs. 1 Nr. 3 Buchstabe a Doppelbuchstabe a EStG.
p) *falsch* | Auf Antrag kann auch Lohnsteuerklasse III i. V. m. Lohnsteuerklasse V gewählt werden, § 38b Abs. 1 Nr. 5 EStG. Der Ehegatte mit Lohnsteuerklasse V hat dann höhere Abzüge als der Ehegatte in Klasse III.
q) *wahr* | Anders als bei der Ermittlung des Solidaritätszuschlags und der Kirchensteuer finden Kinder keine Berücksichtigung bei der Ermittlung der Lohnsteuer.
r) *falsch* | Der SolZ und die KiSt beziehen sich auf eine »fiktive« Lohnsteuer, bei deren Ermittlung Kinder berücksichtigt werden.

5 LOHN UND GEHALT

(64) Lösung Aufgabe 74 *Bestandteile der Lohnbuchhaltung*

		(a)	(b)	Abführung an …
1.	Beiträge zur Krankenversicherung	☒	☒	Krankenkasse
2.	Umlage U1	☐	☒	Krankenkasse
3.	Kirchensteuer	☒	☐	Finanzamt
4.	Beiträge zur Unfallversicherung	☐	☒	Unfallversicherer
5.	Insolvenzgeldumlage	☐	☒	Krankenkasse
6.	Zusatzbeitrag zur PV	☒	☐	Krankenkasse
7.	Lohnsteuer	☒	☐	Finanzamt
8.	Beiträge zur Rentenversicherung	☒	☒	Krankenkasse
9.	Solidaritätszuschlag	☒	☐	Finanzamt
10.	Beiträge zur Arbeitslosenversicherung	☒	☒	Krankenkasse
11.	Beiträge zur Pflegeversicherung	☒	☒	Krankenkasse
12.	Umlage U2	☐	☒	Krankenkasse

(65) Lösung Aufgabe 75 *Relevante Zeitpunkte der Lohnverbuchung*

a) Zuordnen der Ziffern

		Ziffer
1.	Bezahlung der Steuern an das Finanzamt	(4)
2.	Drittletzter Bankarbeitstag	(2)
3.	Bezahlung der Löhne/Gehälter	(3)
4.	Fünftletzter Bankarbeitstag	(1)

b) Zuordnen der Ziffern

		Verbindlichkeit	Auszahlung
1.	Beiträge zur Rentenversicherung	(1)	(2)
2.	Gehaltszahlung		(3)
3.	Kirchensteuer	(3)	(4)
4.	Beiträge zur Krankenversicherung	(1)	(2)

(65) Lösung Aufgabe 76 *Ermittlung von Sozialversicherungsbeiträgen*

a) Die Beitragsbemessungsgrenze für die Rentenversicherung wurde nicht überschritten. Folglich wird der gesamte Jahresarbeitslohn zur Berechnung der Beiträge herangezogen. Die Beiträge zur Rentenversicherung in 2017 betragen: $20\,000 \times 0{,}0935 = 1\,870{,}00$ EUR.

b) Die Beiträge zur Krankenversicherung betragen unter Berücksichtigung der Beitragsbemessungsgrenze Ost/West: 52 200 × 0,073 = 3 810,60 EUR.

c) Die Beiträge zur Pflegeversicherung betragen: 40 000 × (0,01275 + 0,0025) = 610,00 EUR. Der Zuschlag wird fällig, da das 23. Lebensjahr überschritten ist und keine Kinder vorhanden sind.

d) Die Beiträge zur Rentenversicherung unter Berücksichtigung der Beitragsbemessungsgrenze Ost betragen: 68 400 × 0,0935 = 6 395,40 EUR.

e) Die Beiträge zur gesetzlichen Arbeitslosenversicherung betragen: 36 000 × 0,015 = 540,00 EUR.

f) Die Beiträge zur Pflegeversicherung unter Berücksichtigung der Beitragsbemessungsgrenze betragen: 52 200 × 0,01275 = 665,55 EUR.

(66) **Lösung Aufgabe 77** *Jahreslohnsteuer und Solidaritätszuschlag*

Der Einkommensteuertarif gem. § 32a Abs. 1 EStG (sog. Grundtarif) lautet für den Veranlagungszeitraum 2017:

$$S(zvJB) = \begin{cases} 0 & \text{für } 0 \leq zvJB \leq 8\,820 & \text{I} \\ (1\,007{,}27 \times y + 1\,400) \times y & \text{für } 8\,821 \leq zvJB \leq 13\,769 & \text{II} \\ (223{,}76 \times z + 2\,397) \times z + 939{,}57 & \text{für } 13\,770 \leq zvJB \leq 54\,057 & \text{III} \\ 0{,}42 \times zvJB - 8\,475{,}44 & \text{für } 54\,058 \leq zvJB \leq 256\,303 & \text{IV} \\ 0{,}45 \times zvJB - 16\,164{,}53 & \text{für } zvJB \geq 256\,304 & \text{V} \end{cases}$$

$$y = \frac{(zvJB - 8\,820)}{10\,000} \qquad z = \frac{(zvJB - 13\,769)}{10\,000}$$

Da Rauch ledig ist und keine Kinder hat, ist er nach § 38b Abs. 1 Satz 2 Nr. 1 Buchstabe a Doppelbuchstabe a EStG in Lohnsteuerklasse I einzuordnen. Die Jahreslohnsteuer ergibt sich gem. § 39b Abs. 2 Satz 6 EStG aus § 32a Abs. 1 EStG. Der zu versteuernde Jahresbetrag (zvJB) muss zur Berechnung der Jahreslohnsteuer in die Tariffunktion eingefügt werden.

a) zvJB = 4 000 EUR

$S(4\,000) = 0$

Da die Jahreslohnsteuer 0 EUR beträgt, ist ebenfalls kein Solidaritätszuschlag zu entrichten.

b) zvJB = 10 235 EUR

$$y = \frac{(10\,235 - 8\,820)}{10\,000} = 0{,}1415$$

$S(10\,235) = (1\,007{,}27 \times 0{,}1415 + 1\,400) \times 0{,}1415 = 218{,}27$

Gem. § 32a Abs. 1 Satz 6 EStG ist die Steuer auf volle EUR abzurunden. Die Jahreslohnsteuer beträgt deshalb 218 EUR. Der Solidaritätszuschlag beträgt 0 EUR, da Rauch zur Lohnsteuerklasse I gehört und der Solidaritätszuschlag in diesem Fall nur dann erhoben wird, wenn die Bemessungsgrundlage (also die Jahreslohnsteuer) 972 EUR übersteigt. Dies ergibt sich aus § 3 Abs. 3 Satz 1 Nr. 2 SolZG.

c) zvJB = 20 000 EUR

$$z = \frac{(20\,000 - 13\,769)}{10\,000} = 0{,}6231$$

$S(20\,000) = (223{,}76 \times 0{,}6231 + 2\,397) \times 0{,}6231 + 939{,}57 = 2\,520{,}02$

Nach Abrundung ergibt sich eine Jahreslohnsteuer von 2 520 EUR. Der Solidaritätszuschlag beträgt 0,055 × 2 520 = 138,60 EUR.

d) zvJB = 60 000 EUR

$S(60\,000) = 60\,000 \times 0{,}42 - 8\,475{,}44 = 16\,724{,}56$

Der Solidaritätszuschlag beträgt 0,055 × 16 724 = 919,82 EUR.

e) zvJB = 300 000 EUR

$S(300\,000) = 300\,000 \times 0{,}45 - 16\,164{,}53 = 118\,835{,}47$

Der Solidaritätszuschlag beträgt 0,055 × 118 835 = 6 535,93 EUR.

Variante: Rauch ist verheiratet, Alleinverdiener und hat zwei Kinder, für die er Kindergeld bekommt.

In diesem Fall ist Rauch in Steuerklasse III einzuordnen, § 38b Abs. 1 Satz 2 Nr. 3 Buchstabe a EStG. Die Kinder finden bei der Ermittlung der Jahreslohnsteuer keine Berücksichtigung, jedoch bei der Berechnung des SolZ.

Die Kinderfreibeträge betragen:

		EUR
	Kinderfreibetrag	2 358
+	Freibetrag für Betreuungs-, Erziehungs- und Ausbildungsbedarf	1 320
=	Freibetrag pro Kind	3 678
	bei Verheirateten das Doppelte	7 356
./.	bei zwei Kindern das Doppelte	14 712

Bei der Ermittlung der Jahreslohnsteuer kommt das Splittingverfahren zur Anwendung, § 39b Abs. 2 Satz 6 i. V. m. § 32a Abs. 5 EStG.

a) zvJB = 4 000 EUR (die Hälfte davon = 2 000 EUR)

$S(2\,000) = 0$

Das Doppelte von 0 EUR = 0 EUR. Da die Jahreslohnsteuer unter Berücksichtigung der Kinderfreibeträge ebenfalls 0 EUR beträgt, ist kein Solidaritätszuschlag zu entrichten.

b) zvJB = 10 235 EUR

$$S(5\,117) = 0$$

Das Doppelte von 0 EUR = 0 EUR. Für die Ermittlung des SolZ ist der zvJB zunächst um die Kinderfreibeträge zu vermindern. Anschließend wird die Jahreslohnsteuer berechnet. Da die Jahreslohnsteuer dann ebenfalls 0 EUR beträgt, ist kein Solidaritätszuschlag zu entrichten.

c) zvJB = 20 000 EUR

$$y = \frac{(10\,000 - 8\,820)}{10\,000} = 0{,}1180$$

$$S\left(\frac{20\,000}{2}\right) = (1\,007{,}27 \times 0{,}1180 + 1\,400) \times 0{,}1180 = 179{,}23$$

Nach Abrundung und Verdopplung der Steuer errechnet sich eine Jahreslohnsteuer von 358 EUR.

Zur Ermittlung des SolZ ist zunächst die »fiktive« Jahreslohnsteuer auf Basis des um die Kinderfreibeträge verminderten zvJB zu ermitteln: 20 000 − 14 712 = 5 288 EUR. Die fiktive Jahreslohnsteuer darauf beträgt dann

$$S(2\,644) = 0$$

Der Solidaritätszuschlag beträgt deshalb auch 0 EUR.

d) zvJB = 60 000 EUR. Die Steuerbelastung auf die Hälfte beträgt

$$z = \frac{(30\,000 - 13\,769)}{10\,000} = 1{,}6231$$

$$S(30\,000) = (223{,}76 \times 1{,}6231 + 2\,397) \times 1{,}6231 + 939{,}57 = 5\,419{,}63$$

Abgerundet auf volle EUR (§ 32a Abs. 1 Satz 6 EStG) = 5 419 EUR, das Doppelte davon (5 419 EUR × 2 =) 10 838 EUR.

Zur Ermittlung des SolZ ist zunächst die »fiktive« Jahreslohnsteuer auf Basis des um die Kinderfreibeträge verminderten zvJB zu ermitteln: 60 000 − 14 712 = 45 288 EUR. Die fiktive Jahreslohnsteuer auf die Hälfte beträgt in diesem Fall

$$z = \frac{(22\,644 - 13\,769)}{10\,000} = 0{,}8875$$

$$S(22\,644) = (223{,}76 \times 0{,}8875 + 2\,397) \times 0{,}8875 + 939{,}57 = 3\,243{,}15$$

Abgerundet auf volle EUR (§ 32a Abs. 1 Satz 6 EStG) = 3 243 EUR, das Doppelte davon (3 243 EUR × 2 =) 6 486 EUR.

Der Solidaritätszuschlag beträgt 0,055 × 6 486 = 356,73 EUR.

e) zvJB = 300 000 EUR. Die Steuerbelastung auf die Hälfte beträgt

$$S(150\,000) = 150\,000 \times 0{,}42 - 8\,475{,}44 = 54\,524{,}56$$

Abgerundet auf volle EUR (§ 32a Abs. 1 Satz 6 EStG) = 54 524 EUR, das Doppelte davon (54 524 EUR × 2 =) 109 048 EUR. Zur Ermittlung des SolZ ist zunächst die »fiktive« Jahreslohnsteuer auf Basis des um die Kinderfreibeträge verminderten zvJB zu ermitteln. 300 000 − 14 712 = 285 288 EUR. Die fiktive Jahreslohnsteuer auf die Hälfte beträgt dann

$$S(142\,644) = 142\,644 \times 0{,}42 - 8\,475{,}44 = 51\,435{,}04$$

Abgerundet auf volle EUR (§ 32a Abs. 1 Satz 6 EStG) = 51 435 EUR, das Doppelte davon (51 435 EUR × 2 =) 102 870 EUR.
Der Solidaritätszuschlag beträgt 0,055 × 102 870 = 5 657,85 EUR.

(66) **Lösung Aufgabe 78** *Ermittlung der Steuern und der SV-Abgaben*

a) *Ermittlung der abzuführenden Beiträge zur Renten-, Arbeitslosen-, Kranken- und Pflegeversicherung in 2017 für N jeweils getrennt nach Arbeitgeber- und Arbeitnehmeranteil.*

Es wird angenommen, dass N das 23. Lebensjahr vollendet hat, da in diesem Fall der Zuschlag für Kinderlose bei der Pflegeversicherung zur Anwendung kommt. Der Zusatzbeitrag zur Krankenversicherung wird mit 0,9 % angenommen. Da N über den Beitragsbemessungsgrenzen verdient (RV/ALV Ost = 68 400 EUR, KV/PV Ost 52 200 EUR), werden die SV-Beiträge auf Basis der Bemessungsgrenzen ermittelt und nicht vom Jahresarbeitslohn.

	monatliches Gehalt = 6 500 EUR	AN | EUR	AG | EUR
	Jahresarbeitslohn	78 000,00	
	RV AN (9,35 % × 68 400 EUR)	6 395,40	
+	RV AG (9,35 % × 68 400 EUR)		6 395,40
+	ALV AN (1,50 % × 68 400 EUR)	1 026,00	
+	ALV AG (1,50 % × 68 400 EUR)		1 026,00
+	KV AN (8,20 % × 52 200 EUR)	4 280,40	
+	KV AG (7,30 % × 52 200 EUR)		3 810,60
+	PV AN ((1,275 % + 0,25 %) × 52 200 EUR)	796,05	
+	PV AG (1,275 % × 52 200 EUR)		665,55
=	Beiträge/Jahr	12 497,85	11 897,55
	Beiträge/Monat	1 041,49	991,46

b) *Ermittlung des abzuführenden monatlichen Lohnsteuerabschlags:*

1. *Ermittlung der Lohnsteuerklasse*

   N wohnt in Halle und ist in Deutschland unbeschränkt einkommensteuerpflichtig. Zudem ist sie ledig. Sie wird deshalb in Lohnsteuerklasse I eingereiht, § 38b Abs. 1 Satz 2 Nr. 1 Buchstabe a Doppelbuchstabe a EStG.

2. *Ermittlung der abzugsfähigen Rentenversicherungsbeiträge*
Die abzugsfähigen Beiträge zur Rentenversicherung beschränken sich auf 68% des Arbeitnehmeranteils, § 39b Abs. 2 Satz 5 Nr. 3 Buchstabe a EStG i. V. m. § 39b Abs. 4 EStG.

$RVAbz = 68\,400 \times 0{,}0935 \times 0{,}68 = 4\,348{,}87$

3. *Ermittlung der abzugfähigen Beiträge zur Kranken- und Pflegeversicherung*
Der ermäßigte Beitragssatz gem. § 243 SGB V beträgt 14,0%. Der AN-Anteil beträgt demnach $14 - 7 = 7\%$. Hinzu kommt der Zusatzbeitragssatz der Krankenkasse der mit 0,9% angenommen wird.

		EUR	EUR
	Beiträge zur KV (7,90% × 52 200 EUR)	4 123,80	
+	Beiträge zur PV ((1,275%+0,25%) × 52 200 EUR)	796,05	
=	Summe	4 919,85	
	... oder ...		
	mindestens 12% von 78 000 EUR		9 360,00
	maximal 1 900 EUR, da Steuerklasse I, § 39b Abs. 2 Satz 5 Nr. 3 Satz 2 EStG		1 900,00
=			1 900,00
=	maximal abzugsfähig	4 919,85	

4. *Ermittlung des zu versteuernden Jahresbetrags*

		EUR	EUR
	Bruttolohn	78 000,00	
./.	Werbungskostenpauschale	1 000,00	
./.	Sonderausgabenpauschale	36,00	
=		76 964,00	76 964,00
	abzugsfähige Beiträge zur RV	4 348,87	
+	abzugsfähige Beiträge zur KV und PV	4 919,85	
=	aufgerundete abzugsfähige Beiträge	9 268,72	9 269,00
=	zu versteuernder Jahresbetrag		67 695,00
	abgerundet		67 695,00

5. *Ermittlung der Jahreslohnsteuer und der monatlichen Lohnsteuer*

$S(zvJB) = 0{,}42 \times 67\,695 - 8\,475 = 19\,956{,}46$

abgerundet = 19 956 EUR; die monatliche Lohnsteuer beträgt demnach $\frac{19\,956}{12} = 1\,663{,}00$ EUR.

c) *Ermittlung des monatlichen Solidaritätszuschlags:*
Gem. § 4 Satz 1 SolZG beträgt der SolZ

$SolZ_{Jahr} = 0{,}055 \times 19\,956 = 1\,097{,}58 \quad SolZ_{Monat} = \frac{1\,097{,}58}{12} = 91{,}47.$

5 LOHN UND GEHALT

d) *Ermittlung der monatlichen Kirchensteuer:*

		EUR
	Jahreslohnsteuer	19 956,00
=	davon 9 % (jährlich)	1 796,04
	monatliche Kirchensteuer	149,67

e) *Notwendige Buchungen der Lohnabrechnung für N im Dezember 2017:*
Verbuchung des Arbeitnehmeranteils zur SV am 28. 12. 2017

340] Lohn- und Gehaltsaufwand 1 041,49 EUR
an SV-Verbindlichkeiten 1 041,49 EUR

Verbuchung des Arbeitgeberanteils zur SV am 28. 12. 2017

341] Arbeitgeberanteil zur Sozialversicherung 991,46 EUR
an SV-Verbindlichkeiten 991,46 EUR

Bezahlung der Beiträge zur SV am 28. 12. 2017

342] SV-Verbindlichkeiten 2 032,95 EUR
an Bank 2 032,95 EUR

Verbuchung der Auszahlung des Nettogehalts am 30. 12. 2017

343] Lohn- und Gehaltsaufwand 5 458,51 EUR
an Bank 3 554,38 EUR
Finanzamt-Verbindlichkeiten 1 904,14 EUR

Abführung der Steuern an das Finanzamt am 10. 1. 2018

344] Finanzamt-Verbindlichkeiten 1 904,14 EUR
an Bank 1 904,14 EUR

(67) **Lösung Aufgabe 79** *Lohnverbuchung*

a) Verbuchung der Löhne und Gehälter im Oktober:
1. Mit Absendung des Beitragsnachweises entsteht die Verbindlichkeit für die Sozialversicherungsbeiträge. Buchung am 26. Oktober:

345] Lohn- und Gehaltsaufwand 15 000 EUR
an SV-Verbindlichkeiten 15 000 EUR

Verbuchung der Überweisung am 28. Oktober:

346] SV-Verbindlichkeiten 15 000 EUR
an Bank 15 000 EUR

2. Überweisung der Nettolöhne am 30. Oktober:

347] Lohn- und Gehaltsaufwand 25 000 EUR
an Bank 25 000 EUR

Die Lohnsteuer entsteht in dem Zeitpunkt, in dem der Arbeitslohn dem Arbeitnehmer zufließt, § 38 Abs. 2 Satz 2 EStG. Verbuchung der Entstehung der Lohnsteuerschuld am 30. Oktober:

348] Lohn- und Gehaltsaufwand 10 000 EUR
an Finanzamt-Verbindlichkeiten 10 000 EUR

3. Einziehung der Lohnsteuer durch das Finanzamt am 10. November:

[B-349] Finanzamt-Verbindlichkeiten 10 000 EUR
 an Bank 10 000 EUR

b) Vorschuss:
1. Verbuchung des Vorschusses:

[B-350] Forderungen an Mitarbeiter 1 500 EUR
 an Bank 1 500 EUR

2. Ermittlung des auszuzahlenden Betrags und Verbuchung der Lohnabrechnung:

		EUR
	Gehalt	4 000
./.	SV-Beiträge AN	750
./.	Steuern	500
./.	Vorschuss (Teil)	900
=	Auszahlung	1 850

[B-351] Lohn- und Gehaltsaufwand 1 450 EUR
 an SV-Verbindlichkeiten 1 450 EUR

Auszahlung des Lohns am Ende des Monats:

[B-352] Lohn- und Gehaltsaufwand 3 250 EUR
 an Bank 1 850 EUR
  Forderungen 900 EUR
  Finanzamt-Verbindlichkeiten 500 EUR

c) Betriebliche Altersversorgung:
Die (aufwandswirksame) Einstellung in die Pensionsrückstellung stellt eine Rückstellung für ungewisse Verbindlichkeiten gem. § 249 Abs. 1 Satz 1 1. Alternative HGB dar.

[B-353] Aufwendungen für die betriebliche Altersvorsorge 2 500 EUR
 an Rückstellungen 2 500 EUR

d) Verbuchung der vermögenswirksamen Leistungen:

[B-354] Personalaufwand 2 800 EUR
 an Bank 2 800 EUR

e) Verbuchung der Betriebsrente:

[B-355] Rückstellungen 1 800 EUR
 an Bank 1 448 EUR
  Finanzamt-Verbindlichkeiten 100 EUR
  SV-Verbindlichkeiten 252 EUR

Die Lohnsteuer wird am 10.11. vom Konto eingezogen:

[B-356] Finanzamt-Verbindlichkeiten 100 EUR
 an Bank 100 EUR

Die SV-Beiträge werden am 15.11. vom Konto eingezogen:

[B-357] SV-Verbindlichkeiten 252 EUR
 an Bank 252 EUR

5 LOHN UND GEHALT L-80

f) Unfallversicherung:
Die Beiträge zur Unfallversicherung werden nicht mit den SV-Beiträgen an die Krankenkassen überwiesen, sondern direkt an den jeweiligen Unfallversicherer. Im Kontenrahmen wird hier i. d. R. ein eigenes Aufwandskonto eingerichtet. Aus Vereinfachungsgründen wird hier das Konto »Lohn- und Gehaltsaufwand« verwendet.

-358] *Lohn- und Gehaltsaufwand*   8 000 EUR
      an   Bank   8 000 EUR

g) Verbuchung des Lohns und des Sachbezugs:

-359] *Personalaufwand*   2 119 EUR
     an   *Warenverkauf*   100 EUR
            Umsatzsteuer   19 EUR
            Bank   1 500 EUR
            Finanzamt-Verbindlichkeiten 100 EUR
            SV-Verbindlichkeiten   400 EUR

(68) **Lösung Aufgabe 80** *Kontrollfragen*

1. *Worin unterscheiden sich Arbeiter und Angestellte?*
   Arbeiter bekommen Lohn, der in Abhängigkeit der abgeleisteten Stunden (Überstunden, Nachtschichten) stark schwanken kann. Angestellte bekommen ein fixes Gehalt.
2. *In welche Kategorien lassen sich die Personalaufwendungen einteilen?*
   - Sozialabgaben (Renten-, Kranken-, Arbeitslosen- und Pflegeversicherung; gesetzliche Unfallversicherung, Umlagen U1 und U2, Insolvenzgeldumlage)
   - Steuern (Lohnsteuer, Solidaritätszuschlag, Kirchensteuer)
   - Nettolohn
3. *Wofür stehen die »fünf Säulen« der deutschen Sozialversicherung? Benennen Sie die einzelnen Säulen!*
   - Rentenversicherung
   - Krankenversicherung
   - Arbeitslosenversicherung
   - Pflegeversicherung
   - Unfallversicherung
4. *Welche Beiträge trägt ausschließlich der Arbeitgeber?*
   Die Umlagen (Insolvenzgeldumlage, Umlage U1 und U2) sowie die Beiträge zur Unfallversicherung trägt der Arbeitgeber allein.
5. *Was versteht man unter Umlage U1 und Umlage U2?*
   Die Umlage U1 stellt einen Pflichtbeitrag von Arbeitgebern mit wenigen Arbeitnehmern zur solidarischen Finanzierung eines Ausgleichs für die Arbeitgeberaufwendungen im Falle der Lohnfortzahlung im Krankheitsfall dar. Die Umlage U2 wird zum Ausgleich finanzieller Belastungen durch den Mutterschutz erhoben.

6. *Beschreiben Sie den technischen Ablauf der Bezahlung der Sozialversicherungsbeiträge!*
   1. **Fünftletzter Bankarbeitstag im Monat:** Der Arbeitgeber meldet der Krankenkasse, wie hoch seine abzuführenden Beiträge sind.
   2. **Drittletzter Bankarbeitstag im Monat:** Der Arbeitgeber führt die Beiträge zur Renten-, Kranken-, Arbeitslosen- und Pflegeversicherung, die Insolvenzgeldumlage sowie die Umlagen U1 und U2 an die Krankenkasse ab. Die Krankenkasse führt wiederum die Beiträge zur Arbeitslosenversicherung und die Insolvenzgeldumlage an die Bundesagentur für Arbeit, die Beiträge zur Rentenversicherung an die Deutsche Rentenversicherung und die Beiträge zur Pflegeversicherung an die Pflegekassen ab.
   3. Die Beiträge zur Unfallversicherung werden individuell, bei kleineren Betrieben meist jährlich, an den jeweiligen Unfallversicherer abgeführt.
7. *Worin besteht der Unterschied zwischen Beiträgen zur Sozialversicherung und Steuern?*
   Die Beiträge zur Sozialversicherung werden für eine Leistung, unabhängig vom Umfang deren Inanspruchnahme, entrichtet. Steuern werden ohne Gegenleistung entrichtet.
8. *Wie hoch sind jeweils im Jahr 2017 die SV-Beiträge für den AN und den AG und insgesamt in Prozent für einen ledigen Arbeitnehmer ohne Kind, der das 23. Lebensjahr vollendet hat?*
   Annahmen: Der Zusatzbeitragssatz in der gesetzlichen Krankenversicherung beträgt 0,9 %. Die Beitragsbemessungsgrenzen wurden nicht überschritten. Der Arbeitnehmer wohnt nicht in Sachsen.

	AG	AN	Summe
RV	9,350 %	9,350 %	18,700 %
ALV	1,500 %	1,500 %	3,000 %
KV	7,300 %	8,200 %	15,500 %
PV	1,275 %	1,275 %	2,550 %
Zusatz		0,250 %	0,250 %
InsGU	0,090 %		0,090 %
U1*	3,300 %		3,300 %
U2*	0,390 %		0,390 %
Unfall*	2,000 %		2,000 %
Summe	25,205 %	20,575 %	45,780 %

* Beitragssätze wurden angenommen; InsGU = Insolvenzgeldumlage

9. *Was besagt die Beitragsbemessungsgrenze?*
   Die Beitragsbemessungsgrenze ist der Betrag, bis zu welchem das Arbeitsentgelt oder die Rente eines gesetzlich Versicherten für Beiträge der gesetzlichen Sozialversicherung herangezogen wird.
10. *Was versteht man unter Lohnsteuerklassen? Warum werden sie gebildet?*
    Empfänger von Arbeitsentgelt werden in Klassen für die Einkommensteuervorauszahlung eingeteilt. Grundsätzlich ist erst am Ende des Ka-

lenderjahres klar, was verdient wurde und wieviel Steuern zu bezahlen sind. Zur Finanzierung der Staatsaktivitäten werden die Arbeitnehmer verpflichtet, Vorauszahlungen in Form von Lohnsteuer zu bezahlen. Um die Vorauszahlungen so exakt wie möglich zu berechnen, werden Arbeitnehmer in Abhängigkeit ihres Status vereinfachend (z. B. verheiratet, ledig, mehr als einen Arbeitgeber) in Klassen eingeteilt, nach denen sich die abzuführende Lohnsteuer bemisst.

11. *Ermitteln Sie für den Monat Oktober 2017 die SV-Beiträge, getrennt für einen verheirateten, in Bayern wohnenden AN mit drei Kindern und für den AG bei monatlichen Bruttogehältern (12 Gehälter) von*

    a) 1 500 EUR
    b) 3 500 EUR
    c) 5 000 EUR bzw.
    d) 8 000 EUR

    Annahmen: Aus Vereinfachungsgründen wird bei der Unfallversicherung ein Beitragssatz von 2% des Arbeitsentgelts ohne Bemessungsgrenze angenommen. Zudem wird angenommen, dass der Betrieb, für den Arbeitnehmer arbeitet, weniger als 30 Mitarbeiter hat.

| | 1 500 EUR | | 3 500 EUR | | 5 000 EUR | | 8 000 EUR | |
	AN	AG	AN	AG	AN	AG	AN	AG
RV	140,250	140,250	327,250	327,250	467,500	467,500	593,725	593,725
ALV	22,500	22,500	52,500	52,500	75,000	75,000	95,250	95,250
KV	123,000	109,500	287,000	255,500	356,700	317,550	356,700	317,550
PV	19,125	19,125	44,625	44,625	55,463	55,463	55,463	55,463
Zusatz								
InsGU		1,350		3,150		4,500		5,715
U1		49,500		115,500		165,000		209,550
U2		5,850		13,650		19,500		24,765
Unfall		30,000		70,000		100,000		160,000
Summe	304,875	378,075	711,375	882,175	954,663	1 204,513	1 101,138	1 462,018

12. *Zeigen Sie anhand eines selbstgewählten Beispiels, was unter einer Freigrenze bzw. einem Freibetrag zu verstehen ist!*
    Der Steuersatz betrage 50%, das Einkommen 10 000 EUR. Im Fall einer Freigrenze von 2 000 EUR wird der gesamte Betrag besteuert, da er die Grenze überschreitet. Die Steuer beträgt $0{,}5 \times 10\,000 = 5\,000$ EUR. Im Fall eines Freibetrags von 2 000 EUR beträgt die Steuer $(10\,000 - 2\,000) \times 0{,}5 = 4\,000$ EUR. Liegt das Einkommen unter dem Freibetrag bzw. der Freigrenze, fällt in beiden Fällen keine Steuer an. Es ergeben sich nur unterschiedliche Steuerbeträge, wenn das Einkommen die Grenze überschreitet.

13. *Warum wurde beim Solidaritätszuschlag eine Härtefallregel (Einschleifregel) implementiert?*
    Bei der Wertgrenze beim Solidaritätszuschlag handelt es sich um eine Freigrenze. Eine nur geringfügige Überschreitung der Grenze würde zu einer sehr hohen Steuerbelastung führen. Um diesen Effekt abzumildern, wurde

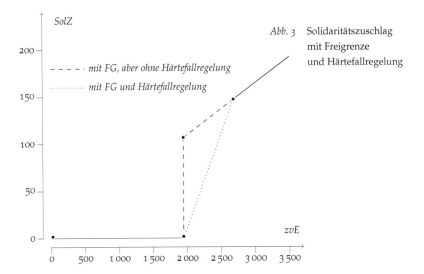

Abb. 3 Solidaritätszuschlag mit Freigrenze und Härtefallregelung

die Härtefallregel implementiert. Abbildung 3 zeigt die Auswirkung der Härtefallregelung beim Solidaritätszuschlag.

14. *Was versteht man unter einem Sachbezug bzw. einem geldwerten Vorteil?*
Sachbezüge stellen unbare Bestandteile des Arbeitsentgelts (z. B. kostenlose Wohnung) dar. Die wertmäßige Abbildung der Sachbezüge bezeichnet man als geldwerten Vorteil.

15. *Worin besteht das Problem bei Sachbezügen?*
Problematisch ist meist die Bewertung der Sachbezüge – aufgrund ihres unbaren Charakters – zur Erhebung von Sozialversicherungsbeiträgen und Steuern.

16. *Weshalb sind Sachbezüge i. d. R. sowohl sozialversicherungspflichtig als auch steuerpflichtig?*
Wären sie nicht sozialversicherungs- und steuerpflichtig, würden die Arbeitnehmer sich große Teile ihrer Arbeitsleistung unbar entgelten lassen. Der Arbeitgeber würde dann z. B. für die Miete, Lebensmittel und Kleidung aufkommen.

17. *Nennen Sie mindestens 5 Beispiele für Sachbezüge, die die sozialversicherungspflichtigen und lohnsteuerpflichtigen Bruttobezüge erhöhen.*
   - Der Arbeitgeber erlaubt dem Arbeitnehmer den Geschäftswagen auch für private Zwecke zu nutzen.
   - Der Arbeitgeber lässt den Arbeitnehmer in einer Betriebswohnung kostenfrei wohnen.
   - Der Arbeitnehmer erhält Produkte für seinen Eigenbedarf (z. B. einen Kasten Bier pro Woche).
   - Der Arbeitgeber organisiert den kostenlosen Transport des Arbeitnehmers ab dessen Haustür bis zum Werkstor und zurück.
   - Der Arbeitnehmer darf kostenfrei in der Mensa des Betriebs speisen.

6 Jahresabschluss nach HGB

(70) **Lösung Aufgabe 81** *Wahr oder falsch?*

a) *falsch* | »Separate accounting« bedeutet, dass Handelsbilanz und Steuerbilanz völlig unabhängig voneinander erstellt werden. Da wir in Deutschland den Grundsatz der Maßgeblichkeit haben, liegt in Deutschland »one-book-accounting« vor.

b) *falsch* | Zwei Bilanzen müssen auch beim »one-book-accounting« erstellt werden. Bedeutend ist jedoch, dass die zwei Rechenwerke beim »separate accounting« keine Verknüpfung aufweisen.

c) *wahr* | Es existieren quasi in jedem Land nationale handelsrechtliche Vorschriften (national GAAP), die unter den Ländern teilweise erheblich abweichen können.

d) *wahr* | Bewertungsspielräume existieren, solange das Vermögen nicht liquidiert wird. Welcher Wert in der Bilanz ausgewiesen wird, ist letztlich eine philosophische Frage.

e) *wahr* | Bilanzen enthalten periodisierte Zahlungen, d.h. im Gewinn sind zahlungswirksame und zahlungsunwirksame Bestandteile enthalten, die zahlungsunwirksamen Bestandteile würden bei der ausschließlichen Ermittlung des Gewinns verschwinden, Bilanzen wären dann überflüssig. Allerdings müsste für externe Adressaten ein Ersatzrechenwerk erstellt werden, da die klassische Bilanzanalyse nicht mehr existieren würde.

f) *falsch* | Das »separate accounting« besagt lediglich, dass der handelsrechtliche Gewinn völlig unabhängig vom steuerrechtlichen Gewinn ermittelt wird, es existiert dann keine Form der Maßgeblichkeit.

g) *falsch* | Vgl. f).

h) *wahr* | In der Regel sind in diesem Fall die beiden Rechenwerke über eine »Art« Maßgeblichkeit der Handelsbilanz für die Steuerbilanz verknüpft.

i) *wahr* | Seit 2005 müssen deutsche kapitalmarktorientierte Unternehmen (z. B. DAX-Unternehmen) ihren (Konzern)Jahresabschluss nach IFRS erstellen.

(70) **Lösung Aufgabe 82** *Wahr oder falsch?*

a) *wahr* | Dies ergibt sich aus § 238 Abs. 1 Satz 1 HGB.

b) *wahr* | Dies ergibt sich aus § 243 Abs. 2 HGB.

c) *wahr* | Freiberuflich arbeitende Steuerberater betreiben kein Handelsgewerbe, sind deshalb keine Kaufleute i. S. d. HGB und deshalb auch nicht verpflichtet, Bücher nach HGB zu führen.

d) *wahr* | Die Voraussetzungen ergeben sich aus § 241a HGB.

e) *wahr* | Die Maßgeblichkeit der Handelsbilanz für die Steuerbilanz ist wesentlicher Bestandteil des »one-book-accounting«.

f) *wahr* | Da die Steuerzahlungen vom Steuerbilanzgewinn abhängen und der Steuerbilanzgewinn wiederum maßgeblich von den handelsrechtlichen Vorschriften beeinflusst wird, ist die Aussage wahr.

g) *falsch* | Die umgekehrte Maßgeblichkeit wurde mit dem Bilanzrechtsmodernisierungsgesetz (BilMoG) abgeschafft.

h) *wahr* | Dies ergibt sich aus § 242 Abs. 3 HGB.

i) *falsch* | Es handelt sich um einen unbestimmten Rechtsbegriff. Er ist gesetzlich nicht definiert.

j) *wahr* | Die Geschäftsvorfälle einer Periode müssen lückenlos und vollständig aufgezeichnet sowie auf den richtigen Konten in der richtigen Art und Weise verbucht werden.

k) *falsch* | Es muss eine lebende Sprache sein, nicht zwingend deutsch, § 239 Abs. 1 Satz 1 HGB.

l) *falsch* | Der Jahresabschluss nach HGB muss in deutscher Sprache erstellt werden, § 244 HGB.

m) *wahr* | Dies ergibt sich aus § 246 Abs. 1 Satz 1 HGB. Allerdings existieren Ausnahmen (z. B. der Geschäfts- oder Firmenwert).

n) *wahr* | Die körperlichen Vermögensgegenstände werden durch Zählen, Messen und Wiegen erfasst. Alle nicht körperlichen Gegenstände werden mithilfe der Buchinventur erfasst.

o) *wahr* | Die Bilanzstichtagsinventur findet am Bilanzstichtag statt. Fortschreibungen sind deshalb nicht nötig.

p) *wahr* | Um den korrekten Bestand am Bilanzstichtag feststellen zu können, muss bei der permanenten Inventur eine Fortschreibung stattfinden.

q) *falsch* | Der wirtschaftliche Eigentümer muss bilanzieren, § 246 Abs. 1 Satz 2 2. Halbsatz HGB.

r) *wahr* | Zum Beispiel bei der Sicherungsübereignung oder beim Eigentumsvorbehalt. In diesen Fällen ist der Unternehmer wirtschaftlicher Eigentümer.

s) *wahr* | Dies ergibt sich aus § 252 Abs. 1 Nr. 4 HGB.

t) *wahr* | Dies ergibt sich aus § 252 Abs. 1 Nr. 1 HGB.

u) *wahr* | Der Bewertungsgrundsatz des »going-concern-principle« ist in § 252 Abs. 1 Nr. 2 HGB kodifiziert.

v) *falsch* | Der »Grundsatz der Einzelbewertung« zielt auf das Saldierungsverbot ab. Bei der Inventur können auch Bewertungsvereinfachungsverfahren Anwendung finden.

w) *falsch* | Wertaufhellende Informationen sind Informationen, bei denen das Ereignis vor dem Bilanzstichtag stattgefunden hat, die Kenntnis dieses Ereignisses aber erst nach dem Bilanzstichtag erlangt wird. Wertaufhellende Informationen sind zwingend zu berücksichtigen, § 252 Abs. 1 Nr. 4 HGB.

x) *falsch* | Wertbegründende Informationen sind Informationen über Ereignisse, die erst nach dem Bilanzstichtag stattgefunden haben, sie dürfen keine Berücksichtigung finden.

y) *wahr* | Dies ergibt sich aus § 252 Abs. 1 Nr. 6 HGB.

z) *falsch* | Bei entgeltlichem Erwerb besteht Aktivierungspflicht gem. § 246 Abs. 1 Satz 1 HGB. § 248 Abs. 2 Satz 1 HGB ist nicht einschlägig.

(72) **Lösung Aufgabe 83** *Buchführungspflicht*

Jeder Kaufmann ist zum Führen von Büchern verpflichtet, § 238 Abs. 1 Satz 1 HGB. Wer Kaufmann i. S. d. HGB ist, ergibt sich nach den §§ 1 bis 6 HGB.

a) Da kein in kaufmännischer Weise eingerichteter Geschäftsbetrieb besteht und BW die Grenzen des § 241a HGB nicht überschreitet, ist er gem. § 1 HGB nicht buchführungspflichtig für handelsrechtliche Zwecke.

b) Da BW ein eingetragener Kaufmann ist, ist er, trotz des nicht in kaufmännischer Weise eingerichteten Geschäftsbetriebs, Kaufmann gem. § 2 Satz 1 HGB. Die Befreiung von der Buchführungspflicht greift hier nicht, da der Umsatz 500 000 EUR überschreitet, § 241a HGB. BW muss für handelsrechtliche Zwecke Bücher führen.

c) Die GmbH ist eine Handelsgesellschaft, für die die Vorschriften für Kaufleute gelten, § 13 Abs. 3 GmbHG, § 6 Abs. 1 HGB, § 5 HGB. Die GmbH ist für handelsrechtliche Zwecke verpflichtet, Bücher zu führen.

d) Steuerberater gehören, wie z. B. Ärzte, Rechtsanwälte, Wirtschaftsprüfer, Schriftsteller und Künstler, zu den Freiberuflern. Da sie grundsätzlich kein Handelsgewerbe betreiben, sind sie nicht nach handelsrechtlichen Grundsätzen buchführungspflichtig.

e) Für eine GbR besteht grds. keine Pflicht zur Eintragung in das Handelsregister. Die Kaufmannseigenschaft kann nur durch Überschreiten der Grenzen für Kleingewerbetreibende (§ 1 Abs. 2 HGB) oder durch die freiwillige Eintragung gem. § 2 Satz 1 HGB erlangt werden. Für die offene Handelsgesellschaft (OHG) besteht gem. § 106 HGB eine Pflicht zur Anmeldung im Handelsregister (vgl. auch § 5 HGB).

(73) **Lösung Aufgabe 84** *Vermögensgegenstände*

a) Bei den nachstehend aufgeführten Merkmalen handelt es sich nicht um Tatbestandsmerkmale, also solche Merkmale, die gesetzlich fixiert sind. Ein Vermögensgegenstand liegt vor, sofern ...
   1. ... ein wirtschaftlicher Vorteil (i. S. v. künftigem Nutzen),
   2. ... selbständige Bewertbarkeit (i. S. v. Vorliegen von Aufwand) und
   3. ... selbständige Verkehrsfähigkeit (i. S. v. Einzelveräußerbarkeit oder selbständiger Verwertbarkeit) vorliegt.

b) 1. Es liegt ein wirtschaftlicher Vorteil vor, da die Würstchenbude künftig durch den Betrieb genutzt werden kann. Die Bude ist selbständig bewertbar, da exakt abgrenzbare Aufwendungen (hier 15 000 EUR) vorliegen und sie kann als solche veräußert werden. Die Würstchenbude stellt einen Vermögensgegenstand dar.

   2. Aus handelsrechtlicher Sicht ist ein Vermögensgegenstand gegeben, da der wirtschaftliche Vorteil selbständig verkehrsfähig und bewertbar ist. Das Recht, B mit Bier beliefern zu können, stellt einen wirtschaftlichen Vorteil dar. Der GmbH sind auch abgrenzbare Aufwendungen i. H. v. 100 000 EUR entstanden. Das Belieferungsrecht stellt einen über

den Stichtag hinausgehenden selbständig bewertbaren Nutzen dar (10 Jahre). Ferner würde ein fiktiver Erwerber des Gesamtbetriebs im Rahmen des Gesamtkaufpreises hierfür ein Entgelt entrichten.
3. Die vorzeitige eigengewerbliche Nutzung des Gebäudes stellt für S einen wirtschaftlichen Vorteil dar. Dieser Vorteil ist selbständig verkehrsfähig, d. h. ein fremder Dritter würde für dieses Recht etwas bezahlen, und es liegen abgrenzbare Aufwendungen vor. Bei der Abstandszahlung handelt es sich um einen Vermögensgegenstand.

(73) **Lösung Aufgabe 85** *Zivilrechtliches und wirtschaftliches Eigentum*

a) *Sicherungsübereignung*
Die Bank wurde zum 31.12.2017 durch Einigung und Vereinbarung eines Besitzkonstituts, § 930 BGB, zivilrechtliche Eigentümerin der Maschine, sodass gem. zivilrechtlichen Eigentumsgrundsätzen die Maschine der Bank zuzurechnen ist. Die A-GmbH übt die tatsächliche Herrschaft über die Maschine aus. Sie kann den zivilrechtlichen Eigentümer von einer Einwirkung während der betriebsgewöhnlichen Nutzungsdauer auf die Maschine ausschließen, da die A-GmbH ihrer Zahlungsverpflichtung gegenüber dem Sicherungsnehmer Bank nachkommt. Die A-GmbH ist somit wirtschaftliche Eigentümerin und hat die Maschine als Sicherungsgeberin zu bilanzieren, § 246 Abs. 1 Sätze 1 und 2 HGB.

b) *Eigentumsvorbehalt*
Die C-AG ist zum 31.12.2017 zivilrechtliche Eigentümerin der PC-Anlage, allerdings unter der aufschiebenden Bedingung der vollständigen Kaufpreiszahlung (§ 449 BGB). Die A-GmbH ist jedoch wirtschaftliche Eigentümerin, weil sie die tatsächliche Herrschaft über die PC-Anlage ausübt und sie den zivilrechtlichen Eigentümer von einem Einwirken auf die PC-Anlage während der betriebsgewöhnlichen Nutzungsdauer ausschließen kann. Die PC-Anlage ist von der A-GmbH zu aktivieren, § 246 Abs. 1 Sätze 1 und 2 HGB.

c) *Kommission*
Die Rohstoffe stellen unstreitig Vermögensgegenstände dar, da es sich um einen wirtschaftlichen Vorteil handelt, der einzeln veräußerbar bzw. einzeln bewertbar ist, für den abgrenzbare Aufwendungen angefallen sind und der einen ökonomischen Nutzen über den Bilanzstichtag hinaus darstellt. Es liegt ein Fall der Einkaufskommission vor. Der Kommissionär T ist zum 31.12.2016 zivilrechtlicher Eigentümer der Ware, § 929 BGB. Da T verpflichtet ist, dem Kommittenten dasjenige herauszugeben, was er aus der Geschäftsbesorgung erlangt hat (§ 384 Abs. 2 HGB), ist die GmbH als wirtschaftliche Eigentümerin zu qualifizieren. Deshalb sind der X-GmbH die Rohstoffe zuzurechnen, § 246 Abs. 1 HGB.

(74) **Lösung Aufgabe 86** *Allgemeine Ansatz- und Bewertungsvorschriften*

a) Die Löschung der Buchung verstößt gegen die formelle Ordnungsmäßigkeit als Bestandteil der Grundsätze ordnungsmäßiger Buchführung, § 239 Abs. 3 Satz 1 HGB. Es muss zunächst eine Stornobuchung durchgeführt werden. Im Anschluss ist eine Privatentnahme zu verbuchen.

b) Die Zusammenfassung der Forderungen und Verbindlichkeiten verstößt gegen das Saldierungsverbot des § 246 Abs. 2 Satz 1 HGB.

c) Auch wenn der Löwe lange »auf Lager« liegt, ist er doch zum Verkauf bestimmt und stellt daher Umlaufvermögen dar und nicht Anlagevermögen, § 247 Abs. 2 HGB Umkehrschluss.

d) Zunächst sind die Gründungskosten – wenn überhaupt – netto auszuweisen, d. h. ohne Umsatzsteuer, da die AB-GmbH vorsteuerabzugsberechtigt ist. Die AB-GmbH erhält die Vorsteuer vom Finanzamt zurück, insoweit entstehen keine Aufwendungen. Aufwendungen für die Gründung eines Unternehmens dürfen nicht als Aktivposten ausgewiesen werden, § 248 Abs. 1 Nr. 1 HGB.

e) Bei der Bewertung ist von der Fortführung der Unternehmenstätigkeit auszugehen (»going-concern-principle«), daher sind nicht die Liquidations- oder Zerschlagungswerte anzusetzen, sondern die fortgeführten Anschaffungs- oder Herstellungskosten, § 252 Abs. 1 Nr. 2 HGB.

f) Das Ereignis der Eröffnung des Insolvenzverfahrens findet bereits in 2017 statt, die Kenntnisnahme erfolgt zwar erst in 2018, trotzdem ist das Ereignis bei der Erstellung des Jahresabschlusses zum 31.12.2017 zu berücksichtigen, da es sich um ein werterhellendes Ereignis handelt, § 252 Abs. 1 Nr. 4 HGB.

(75) **Lösung Aufgabe 87** *Kontrollfragen*

1. *Welche internationalen Rechnungslegungsstandards existieren? Nennen Sie Gründe zur Entstehung dieser Normen.*
International haben sich die International Financial Reporting Standards, kurz »IFRS«, durchgesetzt. Die nach den jeweiligen landesspezifischen Vorschriften ermittelten Periodenerfolge sind nicht vergleichbar. Insbesondere auf globalen Märkten ist jedoch die Vergleichbarkeit der Rechnungslegung von enormer Bedeutung. Aus diesem Grund wurden internationale Rechnungslegungsstandards erarbeitet.

2. *Warum stellt der Gewinn eine »philosophische Größe« dar?*
Der Gewinn wird jeweils auf der Grundlage von Konventionen ermittelt, die aus übergeordneten Zwecken der Rechnungslegung abgeleitet werden. Da die Zwecke der Rechnungslegung in den einzelnen Ländern unterschiedlich oder unterschiedlich gewichtet sein können, hängt die Aussagekraft des Gewinns von der »Rechnungslegungsphilosophie« des einzelnen Landes ab.

3. *Wer ist nach handelsrechtlichen Vorschriften verpflichtet, Bücher zu führen? Geben Sie die einschlägige Rechtsnorm an!*
   Gemäß § 238 Abs. 1 Satz 1 HGB ist jeder *Kaufmann* verpflichtet, Bücher zu führen.

4. *Was besagt das Maßgeblichkeitsprinzip? Welche Vor- und Nachteile bestehen dabei im Gegensatz zum »separate accounting«?*
   Das Maßgeblichkeitsprinzip besagt, dass die Bilanzansätze im HGB dem Grunde (was zu bilanzieren ist) und der Höhe (Wertansatz) nach für die Bilanzansätze in der Steuerbilanz maßgeblich sind. Der Vorteil der Maßgeblichkeit besteht in der Kostengünstigkeit, da nur ein Buchhaltungssystem gepflegt werden muss. Der wesentliche Nachteil besteht in der unterschiedlichen Zwecksetzung in Handelsbilanz und Steuerbilanz und der daraus kollidierenden Interessen der Adressaten, wodurch eine »Verfälschung« der Handelsbilanz durch Ausübung von Wahlrechten im Sinne eines optimalen steuerlichen Gewinns droht.

5. *Erläutern Sie die wichtigsten Grundsätze ordnungsmäßiger Buchführung! Welchem Zweck dienen diese?*
   Der Inhalt der Rechnungslegung muss »vollständig und richtig« sowie »klar und übersichtlich« sein. Der wesentliche Zweck der GoB besteht in der Vereinfachung der Erfassung und der Darstellung des Buchungsstoffes sowie im Schutz der Gläubiger vor falschen Informationen und Verlusten.

6. *Erläutern Sie die Vor- und Nachteile der Bilanzstichtagsinventur und der permanenten Inventur!*
   Bei der permanenten Inventur sind Abweichungen zum tatsächlich vorhandenen Bestand am Bilanzstichtag möglich. Dafür können die Inventurarbeiten über einen längeren Zeitraum verteilt werden. Bei der Bilanzstichtagsinventur ballt sich die Inventur um den Bilanzstichtag. Früher wurden zur Durchführung der Bilanzstichtagsinventur sogar die Geschäfte geschlossen. Der Vorteil ist jedoch, dass der tatsächliche Bestand zum Bilanzstichtag exakt ermittelt werden kann.

7. *Was versteht man unter zivilrechtlichem und wirtschaftlichem Eigentum? Nennen Sie Beispiele, bei denen zivilrechtliches und wirtschaftliches Eigentum auseinanderfallen. Wer muss jeweils bilanzieren und welche Probleme treten dabei auf?*
   Im Handelsrecht wird sowohl auf das zivilrechtliche als auch auf das wirtschaftliche Eigentum abgezielt. Nach § 246 Abs. 1 Satz 2 1. Halbsatz HGB hat der Eigentümer die Vermögensgegenstände zu bilanzieren. Fallen das zivilrechtliche und das wirtschaftliche Eigentum auseinander, hat der wirtschaftliche Eigentümer die Vermögensgegenstände auszuweisen, § 246 Abs. 1 Satz 2 2. Halbsatz HGB.

   Zivilrechtliches Eigentum
   Das zivilrechtliche Eigentum bestimmt sich für bewegliche Sachen nach den §§ 929 ff. BGB. Die Verschaffung der Verfügungsmacht an einer beweglichen Sache erfolgt durch Einigung und Übergabe, § 929 Satz 1 BGB.

6 JAHRESABSCHLUSS NACH HGB

Wirtschaftliches Eigentum
Wirtschaftliches Eigentum (§ 39 AO) liegt dann vor, wenn
- die tatsächliche Herrschaft über ein Wirtschaftsgut in der Weise ausgeübt wird,
- dass der zivilrechtliche Eigentümer,
- für die Zeit der betriebsgewöhnlichen Nutzungsdauer,
- von der Einwirkung auf das Wirtschaftsgut wirtschaftlich ausgeschlossen werden kann.

Beispiele für die Bilanzierung nach wirtschaftlichem Eigentum
Beispiele, bei denen das zivilrechtliche und wirtschaftliche Eigentum auseinanderfallen, sind:

- *Kommissionsgeschäfte*
  Der Kommissionär ist zivilrechtlicher Eigentümer der Handelsware gem. § 929 BGB. Da der Kommissionär verpflichtet ist, dem Kommittenten dasjenige herauszugeben, was er aus der Geschäftsbesorgung erlangt hat (§ 384 Abs. 2 HGB), ist der Kommittent als wirtschaftlicher Eigentümer zu qualifizieren und ihm die Ware zuzurechnen, § 246 Abs. 1 Satz 2 2. Halbsatz HGB.

- *Sicherungsübereignung*
  Bei Sicherungsübereignung wird (i. d. R.) die Bank als Sicherungsnehmer durch Einigung und Vereinbarung eines Besitzkonstituts, § 930 BGB, zivilrechtliche Eigentümerin, sodass gem. zivilrechtlichen Eigentumsgrundsätzen der Bank der Vermögengegenstand zuzurechnen ist. Allerdings übt die Bank nicht die tatsächliche Herrschaft über das Wirtschaftsgut aus. Der Schuldner (Sicherungsgeber) kann den zivilrechtlichen Eigentümer (die Bank) von einer Einwirkung auf den Vermögensgegenstand während der betriebsgewöhnlichen Nutzungsdauer ausschließen. Der Schuldner ist somit wirtschaftlicher Eigentümer und hat den Vermögensgegenstand zu bilanzieren, § 246 Abs. 1 Satz 2 2. Halbsatz HGB.

- *Eigentumsvorbehalt*
  Der Gläubiger ist zivilrechtlicher Eigentümer des Vermögensgegenstandes, allerdings unter der aufschiebenden Bedingung der vollständigen Kaufpreiszahlung (§ 449 BGB). Der Schuldner ist jedoch wirtschaftlicher Eigentümer, weil er die tatsächliche Herrschaft über den Vermögensgegenstand ausübt und den zivilrechtlichen Eigentümer von einem Einwirken auf den Vermögensgegenstand während der betriebsgewöhnlichen Nutzungsdauer ausschließen kann.

- *Treuhandverhältnisse*
  In diesem Fall ist der Treuhänder als Empfänger der Sachen oder Rechte der zivilrechtliche Eigentümer und der Treugeber der wirtschaftliche Eigentümer, der zu bilanzieren hat.

- *Finance-Leasing*
  In diesem Fall ist oft nicht eindeutig bestimmbar, wer der tatsächliche

wirtschaftliche Eigentümer ist. Für die Steuerbilanz existieren sehr detaillierte Regelungen. In der Handelsbilanz ist dieses Problem weniger eindeutig geregelt. Allerdings werden die steuerrechtlichen Regelungen auch für die Handelsbilanz akzeptiert.

Das wirtschaftliche Eigentum ist Voraussetzung für die Aufnahme in die Bilanz. Dies ist jedoch nachteilig für den Gläubigerschutz, da im Konkursfall das zivilrechtliche Eigentum maßgeblich für die Haftungsmasse ist, nicht das wirtschaftliche Eigentum.

8. *Erläutern Sie den Grundsatz der Einzelbewertung allgemein!*
Der Grundsatz der Einzelbewertung ergibt sich aus § 252 Abs. 1 Nr. 3 HGB. Demnach sind alle Vermögensgegenstände und Schulden einzeln und unabhängig voneinander zu bewerten. Der Zweck besteht in der Verhinderung von Kompensationen von Wertsteigerungen mit Wertminderungen. Zudem besteht Saldierungsverbot, z. B. dürfen Forderungen und Verbindlichkeiten nicht saldiert als eine Position entweder auf der Aktivseite oder auf der Passivseite erscheinen.

9. *Was besagt das Vorsichtsprinzip und welche weiteren Prinzipien lassen sich daraus ableiten?*
Das Vorsichtsprinzip ist in § 252 Abs. 1 Nr. 4 HGB kodifiziert und besagt, dass nicht realisierte Gewinne nicht ausgewiesen und nicht realisierte Verluste ausgewiesen werden müssen. Aus dem Vorsichtsprinzip lassen sich das Realisations- und das Imparitätsprinzip ableiten.

10. *Wie lässt sich das Imparitätsprinzip aus der Sicht einzelner Bilanzadressaten rechtfertigen? Unterscheiden Sie zwischen Gläubigern und Eignern!*

Sicht der Gläubiger
Das Imparitätsprinzip nach § 252 Abs. 1 Nr. 4 HGB verlangt aus Vorsichts- und Gläubigerschutzgründen eine ungleiche Behandlung von Gewinnen und Verlusten. Bei Gewinnen gilt das Realisationsprinzip, wonach Wertsteigerungen erst ausgewiesen werden dürfen, wenn sie realisiert worden sind. Wertminderungen im Sinne von künftigen Verlusten hingegen müssen schon erfolgsmindernd angesetzt werden, wenn sie sich mit genügend großer Sicherheit abzeichnen. Verluste müssen dabei konkret drohen, schwache Anzeichen sind nicht ausreichend. Das Imparitätsprinzip bedeutet für die Gläubiger eine Sicherung der Haftungsmasse, da Bilanzposten unterbewertet werden und »übermäßige« Ausschüttungen so verhindert werden.

Sicht der Eigner
Die durch das Imparitätsprinzip resultierende geringere Ausschüttung stellt für Aktionäre eine Ausschüttungssperre (Allokationsbremse) dar, da zwangsläufig stille Rücklagen entstehen, die nicht ausgeschüttet werden.

6 JAHRESABSCHLUSS NACH HGB

- *Vorgespräche*
  - *Vertragsentwurf/-abschluss*
    - *Teillieferung/-leistung*
      - *Teilzahlung*
        - *Lieferung/Leistung*
          - *Rechnungsstellung*
            - *Gefahrübergang*
              - *Übertragung der wirtschaftlichen Verfügungsmacht*
                - *Abschlusszahlung*
                  - *Auslaufen rechtlicher Gewährleistungsverpflichtungen*
                    - *Auslaufen von Kulanzfristen*

⎯⎯⎯⎯⎯⎯⎯⎯⎯⎯⎯⎯⎯⎯⎯⎯⎯⎯⎯⎯⎯⎯⎯⎯⎯⎯⎯⎯→ Zeit

Abb. 4 Zeitliche Etappen eines Geschäftsvorfalls – am Beispiel eines Verkaufs

11. *Erläutern Sie das »going-concern-principle«. Welche Auswirkungen auf die Bilanzansätze hätte die Annahme der Nichtfortführung der Unternehmung?*
    Das in § 252 Abs. 1 Nr. 2 HGB kodifizierte Prinzip der Fortführung der Unternehmenstätigkeit erlaubt eine »ermessensbehaftetere« und damit niedrigere Bewertung des Vermögens. Die Annahme der Nichtfortführung der Unternehmung hätte zur Folge, dass das Vermögen und die Schulden zu Liquidationswerten angesetzt würden, was vermutlich zu einem höheren Ausweis des Aktivvermögens (um die stillen Reserven korrigiert) führen würde.

12. *Erläutern Sie, inwiefern die Nettomethode bei der Verbuchung von Skonti der »richtigen« Periodenabgrenzung eher entspricht als die Bruttomethode!*
    Die Periodenabgrenzung ist in § 252 Abs. 1 Nr. 5 HGB gesetzlich verankert. Bei der Nettomethode wird der Rechnungsbetrag in ein Waren- und Kreditgeschäft aufgeteilt. Läuft die Skontofrist über den Bilanzstichtag hinaus, können die aus dem Kreditgeschäft resultierenden Zinsen abgegrenzt werden. Das bedeutet, dass die Zinsen auf die alte und die neue Rechnungsperiode aufgeteilt werden. Dies ist bei der Bruttomethode nicht vorgesehen.

13. *Welche Realisationszeitpunkte für die Gewinnrealisierung wären denkbar? Wägen Sie diese im Hinblick auf die Kriterien*
    a) *Sicherheit/Vorsicht,*
    b) *Informationsgehalt und*
    c) *Manipulationsfähigkeit gegeneinander ab!*

    Gelten als Realisationszeitpunkt *Vorgespräche* zum Verkauf ist zu diesem Zeitpunkt völlig unklar, ob die Transaktion überhaupt zustande kommt. Der Informationsgehalt ist dürftig, da i. d. R. keine konkreten Zahlen vorliegen. Zu welchen Konditionen (Preis, Zahlungsfrist, Skonto) wird die Transaktion abgeschlossen? Schließlich besteht vor dem Hintergrund des Bilanzausweises hohe Manipulationsfähigkeit, da unklar ist, ob überhaupt und in welchem Umfang Vorgespräche stattgefunden haben und welcher Erlös erwartet werden kann.

Gilt als Realisationszeitpunkt mit dem *Auslaufen der Kulanzfrist* das andere Extrem, besteht Sicherheit bezüglich der Höhe des Erfolgs. Es liegen alle Informationen über die Transaktion vor. Da alle die Transaktion betreffenden Vorfälle abgeschlossen sind, besteht keine Manipulation hinsichtlich der zu berichtenden Daten. Allerdings erfolgt die Dokumentation recht spät, da das Auslaufen der Kulanzfristen oft Jahre nach Übertragung der Verfügungsmacht bzw. der Bezahlung stattfindet.

Derzeit gilt in Deutschland der Erfolg als realisiert, wenn das Erfüllungsgeschäft abgeschlossen ist (handelsrechtliches Realisationsprinzip). Das bedeutet, dass die wirtschaftliche Verfügungsmacht übertragen wurde. Das Verpflichtungsgeschäft, d. h. die Unterzeichnung des Kaufvertrags, ist für Zwecke der Dokumentation unerheblich. Das handelsrechtliche Realisationsprinzip knüpft demnach an Verfügungsrechten (wie etwa Forderungen) an. Der Umsatz gilt im Zeitpunkt des Entstehens der Forderung als realisiert.

Entspricht die Realisation dem Zeitpunkt des Zu- oder Abflusses von Zahlungen, dann spricht man von *Barrealisation*.

14. *Erläutern Sie die Bedeutung »wertaufhellender« und »wertbeeinflussender« Informationen für den Jahresabschluss!*

- *Wertaufhellende Informationen*

    »Wertaufhellende« Informationen sind Informationen über Ereignisse vor dem Bilanzstichtag, die zum Bilanzstichtag eindeutig hätten bekannt sein können. Diese »wertaufhellenden« Informationen *müssen* am Abschlussstichtag berücksichtigt werden.

- *Wertbeeinflussende Informationen*

    »Wertbeeinflussende« Informationen sind Informationen über Ereignisse, die nach dem Bilanzstichtag eingetreten sind. Diese Informationen *dürfen* bei der Erstellung des Jahresabschlusses *nicht* berücksichtigt werden.

7 Anlagevermögen

(76) **Lösung Aufgabe 88** *Wahr oder falsch?*
- a) *wahr* | Dies geht auf § 247 Abs. 2 HGB zurück.
- b) *falsch* | Es kommt immer auf die Bestimmung an. Beim Grundstückshändler gehören z. B. Grundstücke und Gebäude zum Umlaufvermögen, ebenso gehören die zum Verkauf bestimmten Pkw eines Kfz-Händlers zum Umlaufvermögen und nicht zum Anlagevermögen.
- c) *falsch* | Die Umsatzsteuer gehört z. B. dann zu den Anschaffungskosten, wenn das Unternehmen nicht vorsteuerabzugsberechtigt ist. Zum Beispiel sind Ärzte i. d. R. nicht vorsteuerabzugsberechtigt, da ihre Umsätze i. d. R. umsatzsteuerfrei sind. Die Anschaffungskosten z. B. eines Zahnarztstuhls beinhalten deshalb die Umsatzsteuer.
- d) *wahr* | Kalkulatorische Kosten, wie z. B. der kalkulatorische Unternehmerlohn oder die kalkulatorische Miete, gehören nicht zu den Anschaffungs- oder Herstellungskosten. Es dürfen nur aufwandsgleiche Kosten berücksichtigt werden.
- e) *falsch* | Nicht materielle Vermögensgegenstände, wie z. B. Rechte, Patente oder der Geschäfts- oder Firmenwert, gehören auch zum Anlagevermögen.
- f) *wahr* | Die klassischen Gründe für planmäßige Abschreibungen, wie z. B. Verschleiß, können bei Wertpapieren und Grund und Boden nicht eintreten, es kann hier deshalb keine planmäßigen Abschreibungen geben.
- g) *falsch* | Gemäß § 248 Abs. 2 Satz 1 HGB existiert ein Wahlrecht zur Aktivierung selbsterstellter immaterieller Vermögensgegenstände des Anlagevermögens. Die damit im Zusammenhang stehenden Aktivierungsverbote ergeben sich aus § 248 Abs. 2 Satz 2 HGB.
- h) *falsch* | Als Zeitpunkt der Anschaffung gilt der Zeitpunkt der Lieferung bzw. der Fertigstellung. Sofern lediglich der Kaufvertrag unterzeichnet wurde, liegt ein schwebendes Geschäft vor. Erst wenn eine der beiden Vertragsparteien das »seinerseits Erforderliche« getan hat, wird bilanziert.
- i) *wahr* | Der Beginn der Abschreibung erfolgt zu dem Zeitpunkt, zu dem der betriebsbereite Zustand hergestellt ist.
- j) *wahr* | Eine Ausnahme besteht in der Rückstellungsbildung, sofern Verluste aus schwebenden Geschäften zu erwarten sind, § 249 Abs. 1 Satz 1 2. Alternative HGB. In diesem Fall werden schwebende Geschäfte bilanziert.
- k) *falsch* | Der GoF stellt den Unterschiedsbetrag zwischen Kaufpreis und Marktwert dar.
- l) *wahr* | Stille Reserven entstehen dann, wenn der Marktwert den Buchwert übersteigt. Im Gegensatz zu den offenen Reserven sind stille Reserven in der Bilanz nicht ersichtlich.
- m) *falsch* | Aufgrund der historischen Anschaffungskosten als Obergrenze der Aktivierung (§ 252 Abs. 1 Satz 1 HGB) i. V. m. den Regelungen zur

L-88

Folgebewertung nach § 253 Abs. 3 und 4 HGB, entstehen stille Reserven zwangsläufig.

n) *falsch* | Das Vorsichtsprinzip ist in § 252 Abs. 1 Nr. 4 HGB kodifiziert.

o) *wahr* | Die Anschaffung von Vermögensgegenständen erfolgt erfolgsneutral. Erst durch die Abschreibungen im Zeitablauf werden die Anschaffungskosten erfolgswirksam. Die Auszahlungen werden erfolgswirksam auf den Zeitraum zwischen Anschaffung und betriebsgewöhnlicher Nutzungsdauer »umgelegt«.

p) *wahr* | Grundsätzlich gilt: $\sum_{t=1}^{n} AfA_t = A_0$. Die Summe der planmäßigen Abschreibungen wäre z. B. dann niedriger als die Anschaffungskosten, wenn der Vermögensgegenstand vor Ablauf der betriebsgewöhnlichen Nutzungsdauer veräußert werden würde. Die Abschreibung von Wiederbeschaffungskosten ist nicht zulässig.

q) *wahr* | Ohne Abschreibungsplan könnten die Abschreibungen nachträglich (ex post) so beeinflusst werden, dass in jeder Periode der gewünschte Gewinn ausgewiesen werden würde.

r) *wahr* | Anders als bei der geometrisch-degressiven Abschreibung verringern sich die Abschreibungsbeträge jährlich um einen konstanten Betrag (Degressionsbetrag). Bei der digitalen Abschreibung entspricht die Abschreibung in der letzten Periode gerade dem Degressionsbetrag.

s) *wahr* | In der Handelsbilanz existiert keine bestimmte betriebsgewöhnliche Nutzungsdauer. Kann die voraussichtliche Nutzungsdauer des Geschäfts- oder Firmenwerts nicht verlässlich geschätzt werden, hat die planmäßige Abschreibung über einen Zeitraum von 10 Jahren zu erfolgen, § 253 Abs. 3 Sätze 3 und 4 HGB. Steuerrechtlich ist der Firmenwert gem. § 7 Abs. 1 Satz 3 EStG über 15 Jahre abzuschreiben.

t) *falsch* | Da bei der indirekten Abschreibung ein passiver Korrekturposten gebildet wird, fällt die Bilanzsumme bei der indirekten Abschreibung i. d. R. höher aus als bei der direkten Abschreibung.

u) *falsch* | Bei lediglich voraussichtlich vorübergehenden Wertminderungen besteht im Anlagevermögen Abschreibungsverbot, § 253 Abs. 3 Satz 1 HGB (Ausnahme: Finanzanlagen).

v) *wahr* | Dies ergibt sich aus § 253 Abs. 5 HGB.

w) *wahr* | Das Zuschreibungsverbot ergibt sich aus § 253 Abs. 5 Satz 2 HGB. Die Begründung in der Aussage ist korrekt.

x) *wahr* | Diese Regel ist nicht kodifiziert. Mangels einer spezifischen Regel wird die steuerrechtliche Regelung allgemeinhin akzeptiert und entspricht deshalb den Grundsätzen ordnungsmäßiger Buchführung.

y) *falsch* | Die Zuschreibung ist auf die vorangehende außerplanmäßige Abschreibung begrenzt, bzw. es darf nicht über die ursprünglich fortgeführten Anschaffungskosten zugeschrieben werden. Eine Ausnahmeregelung für die Zuschreibung über die historischen Anschaffungskosten existiert nicht.

z) *wahr* | Durch die Umbuchung werden die Vermögensgegenstände zu Herstellungskosten aktiviert. Es könnte auch sein, dass die Vermögensgegenstände vorher im Umlaufvermögen aktiviert waren.

7 ANLAGEVERMÖGEN

(78) **Lösung Aufgabe 89** *Verbuchung von Abschreibungen*

1. *Betriebs- und Geschäftsausstattung*
   AK = 50 000 EUR, ND = 10 Jahre, direkte Abschreibung
   Die Abschreibung in 2017 beträgt $\frac{50\,000}{10}$ = 5 000 EUR. Die Jahresabschlussbuchung lautet:

   360] Abschreibungen   5 000 EUR
           an Betriebs- und Geschäftsausstattung   5 000 EUR

2. *Sachanlagen*
   AK = 560 000 EUR, RND = $4\frac{2}{3}$ Jahre, indirekte Abschreibung
   Die Abschreibung in 2017 beträgt 120 000 EUR. Der Buchungssatz für die Abschreibung lautet:

   361] Abschreibungen   120 000 EUR
           an Wertberichtigungen auf Sachanlagen   120 000 EUR

3. *CNC-Maschine*
   Die Anschaffungskosten der Maschine betragen $\frac{65\,450}{1,19}$ = 55 000 EUR. Aus Vereinfachungsgründen wird der Monat der Anschaffung voll in die Abschreibung einbezogen, § 7 Abs. 1 Satz 1 EStG. Die Abschreibung in 2017 beträgt deshalb $\frac{55\,000}{5} \times \frac{3}{12}$ = 2 750 EUR. Die Abschreibung in 2018 beträgt 11 000 EUR.

   a) Buchung bei *direkter* Abschreibung
      in 2017:

   362] Abschreibungen   2 750 EUR
           an Maschinen   2 750 EUR

      in 2018:

   363] Abschreibungen   11 000 EUR
           an Maschinen   11 000 EUR

   b) Buchung bei *indirekter* Abschreibung
      in 2017:

   364] Abschreibungen   2 750 EUR
           an Wertberichtigungen auf Sachanlagen   2 750 EUR

      in 2018:

   365] Abschreibungen   11 000 EUR
           an Wertberichtigungen auf Sachanlagen   11 000 EUR

   c) Die Auswirkungen hinsichtlich des Erfolgs sind dieselben. Für den Bilanzleser bietet die indirekte Methode mehr Informationen, da sowohl die historischen Anschaffungskosten als auch die Gesamtabschreibungen in Form der Wertberichtigung ersichtlich sind, während bei der direkten Methode lediglich die »Nettowerte« vorhanden sind.

4. *Geschäftswagen*
Die Anschaffungskosten des Geschäftswagens betrugen 24 000 EUR. Nach Abzug der Wertberichtigungen ergibt sich ein Buchwert von 14 700 EUR. Zunächst muss die Wertberichtigung aufgelöst werden:

[B-366] Wertberichtigungen auf Sachanlagen 9 300 EUR
an Fuhrpark 9 300 EUR

a) Veräußerung zu 14 700 EUR (netto):

[B-367] Bank 17 493 EUR
an Fuhrpark 14 700 EUR
Umsatzsteuer 2 793 EUR

b) Veräußerung zu 18 000 EUR (netto):

[B-368] Bank 21 420 EUR
an Fuhrpark 14 700 EUR
sonstige betriebliche Erträge 3 300 EUR
Umsatzsteuer 3 420 EUR

c) Veräußerung zu 10 000 EUR (netto):

[B-369] Bank 11 900 EUR
sonstiger betrieblicher Aufwand 4 700 EUR
an Maschinen 14 700 EUR
Umsatzsteuer 1 900 EUR

5. *Säge*
Die Wertberichtigungen müssen aufgelöst werden. Im Anschluss muss der »Erinnerungswert« noch außerplanmäßig abgeschrieben werden.

[B-370] Wertberichtigungen auf Sachanlagen 2 499 EUR
an Maschinen 2 499 EUR

[B-371] außerplanmäßige Abschreibungen 1 EUR
an Maschinen 1 EUR

6. *Tausch*
Bei dem Geschäftsvorfall handelt es sich um einen Tausch mit Baraufgabe. In den Anschaffungskosten sind die Überführungskosten bereits enthalten. Die Anschaffungskosten ermitteln sich wie folgt:

		EUR
	Gemeiner Wert (Wert inkl. USt) des hingegebenen Vermögensgegenstands	2 380
+	Nebenkosten (inkl. USt)	238
+	Baraufgabe (inkl. USt)	5 712
=	Summe	8 330
./.	In der Rechnung an uns enthaltene USt (7 000 × 0,19 =)	1 330
=	Anschaffungskosten	7 000

7 ANLAGEVERMÖGEN

Die Baraufgabe (netto) muss dem Gegenwert (netto) abzüglich dem Wert des hingegebenen Wirtschaftsguts (netto) abzüglich der Nebenkosten (netto) ergeben, mithin (7 000 − 2 000 − 200 =) 4 800 EUR, zzgl. USt (4 800 EUR × 0,19 = 912 EUR) ergibt die Bruttobaraufgabe i. H. v. 5 712 EUR. Der Veräußerungsgewinn durch die Hingabe des alten Pkws beträgt (2 000 − 1 000 =) 1 000 EUR. Die in Rechnung zu stellende Umsatzsteuer beträgt (2 000 EUR × 0,19 =) 380 EUR. Bei der Überweisung des Restbetrages durch Banküberweisung sind die Überführungskosten zu der Baraufgabe hinzuzurechnen, d. h. 5 712 EUR (brutto) Baraufgabe plus 238 EUR (brutto) Überführungskosten ergibt 5 950 EUR. Der Buchungssatz bei Anschaffung lautet dann:

[→372]

Fuhrpark		7 000 EUR	
Vorsteuer		1 330 EUR	
an	*Fuhrpark*		1 000 EUR
	Umsatzsteuer		380 EUR
	Kasse		5 950 EUR
	sonstige betriebliche Erträge		1 000 EUR

Die Abschreibung in 2017 beträgt $\frac{7\,000}{5} \times \frac{9}{12} = 1\,050$ EUR.

[→373]

Abschreibungen	1 050 EUR	
an *Fuhrpark*		1 050 EUR

(79) **Lösung Aufgabe 90** *Planmäßige Abschreibungen*

1. Lineare, geometrisch-degressive, arithmetisch-degressive (digitale) Abschreibung: Die Anschaffungskosten betragen:

		EUR
	Kaufpreis	5 800
+	Transportkosten	300
+	Verpackungskosten	170
+	Versicherung	30
=	Anschaffungskosten	6 300

Die betriebsgewöhnliche Nutzungsdauer beträgt n = 5 Jahre.

a) Erstellung der Abschreibungspläne

Lineare Abschreibung
$AfA_t = AfA = \frac{6\,300}{5} = 1\,260$

Geometrisch-degressive Abschreibung
(g = 30 %)

Jahr	lineare AfA	RBW*	Jahr	degressive AfA	RBW*
1	$\frac{6\,300}{5} = 1\,260$	5 040	1	6 300 × 0,3 = 1 890	4 410
2	$\frac{5\,040}{4} = 1\,260$	3 780	2	4 410 × 0,3 = 1 323	3 087
3	$\frac{3\,780}{3} = 1\,260$	2 520	3	3 087 × 0,3 = 926	2 161
4	$\frac{2\,520}{2} = 1\,260$	1 260	4	2 161 × 0,3 = 648	1 513
5	$\frac{1\,260}{1} = 1\,260$	0	5	1 513	0
Σ	6 300		Σ	6 300	

*am 31.12.

Digitale Abschreibung: Die Summe der Jahresordnungszahlen beträgt

$$S = \sum_{t=1}^{n} t = \frac{n \times (n+1)}{2} = \frac{5 \times 6}{2} = 15.$$

Der Degressionsbetrag ergibt dann:

$$d = \frac{A_0 - RBW_n}{S} = \frac{6\,300 - 0}{15} = 420.$$

Die Abschreibungsbeträge lassen sich dann ermitteln durch

$$AfA_t = (n - t + 1) \times d$$

$$AfA_t = \frac{n - t + 1}{S} \times A_0$$

$$AfA_t = AfA_1 - (t-1) \times d \quad \text{für} \quad t > 1 \quad (\text{mit } AfA_1 = n \times d).$$

Jahr	1. Variante	2. Variante	RBW*
1	$(5-1+1) \times 420 = 2\,100$	$\frac{5}{15} \times 6\,300 = 2\,100$	4 200
2	$(5-2+1) \times 420 = 1\,680$	$\frac{4}{15} \times 6\,300 = 1\,680$	2 520
3	$(5-3+1) \times 420 = 1\,260$	$\frac{3}{15} \times 6\,300 = 1\,260$	1 260
4	$(5-4+1) \times 420 = 840$	$\frac{2}{15} \times 6\,300 = 840$	420
5	$(5-5+1) \times 420 = 420$	$\frac{1}{15} \times 6\,300 = 420$	0
Σ	6 300	6 300	

* am 31.12.

b) Geometrisch-degressive Abschreibung mit Übergang zur linearen Abschreibung im optimalen Zeitpunkt:

$$t^* = \left(n - \frac{1}{g}\right) + 1 = \left(5 - \frac{1}{0,3}\right) + 1 = 2{,}67$$

Es wird im 3. Jahr zur linearen Abschreibung übergegangen.

Jahr	1.1.	degressiv	linear	AfA	31.12.
1	6 300	$0{,}3 \times 6\,300 = 1\,890{,}00$	$\frac{6\,300}{5} = 1\,260$	1 890	4 410
2	4 410	$0{,}3 \times 4\,410 = 1\,323{,}00$	$\frac{4\,410}{4} = 1\,103$	1 323	3 087
3	3 087	$0{,}3 \times 3\,087 = 926{,}10$	$\frac{3\,087}{3} = 1\,029$	1 029	2 058
4	2 058	$0{,}3 \times 2\,058 = 617{,}40$	$\frac{2\,058}{2} = 1\,029$	1 029	1 029
5	1 029	$0{,}3 \times 1\,029 = 308{,}70$	$\frac{1\,029}{1} = 1\,029$	1 029	0
Summe				6 300	

c) Der Restbuchwert in n = 5 beträgt jetzt 350 EUR:
Lineare Abschreibung: $AfA_t = AfA = \frac{6\,300 - 350}{5} = \frac{5\,950}{5} = 1\,190.$

Jahr	lineare AfA	RBW*
1	1 190	5 110
2	1 190	3 920
3	1 190	2 730
4	1 190	1 540
5	1 190	350
Σ	5 950	

* am 31.12.

Geometrisch-degressive Abschreibung
Der geometrisch-degressive Abschreibungssatz beträgt nun

$$6\,300 \times (1-g)^5 = 350 \quad \Leftrightarrow \quad g = 1 - \left(\frac{350}{6\,300}\right)^{\frac{1}{5}} = 0{,}439 = 43{,}9\%.$$

Jahr	geometrisch-degressive AfA	RBW*
1	6 300,00 × 0,439 = 2 765,70	3 534,30
2	3 534,30 × 0,439 = 1 551,56	1 982,74
3	1 982,74 × 0,439 = 870,42	1 112,32
4	1 112,32 × 0,439 = 488,31	624,01
5	624,01 × 0,439 = 273,94	350,07
Σ	5 949,93	

* am 31.12.

Digitale Abschreibung: Die Summe der Jahresordnungszahlen beträgt

$$S = \sum_{t=1}^{n} t = \frac{n \times (n+1)}{2} = \frac{5 \times 6}{2} = 15.$$

Der Degressionsbetrag ergibt dann

$$d = \frac{A_0 - RBW_n}{S} = \frac{6\,300 - 350}{15} = 396{,}67.$$

Die Abschreibungen lassen sich dann ermitteln durch

$$AfA_t = (n - t + 1) \times d$$
$$AfA_t = \frac{n - t + 1}{S} \times (A_0 - RBW_n)$$
$$AfA_t = AfA_1 - (t-1) \times d \quad \text{für} \quad t > 1 \quad (\text{mit } AfA_1 = n \times d).$$

Jahr	1. Variante		2. Variante		RBW*
1	$(5-1+1) \times 396{,}67 =$	1 983,35	$\frac{5}{15} \times 5\,950 =$	1 983,33	4 316,65
2	$(5-2+1) \times 396{,}67 =$	1 586,68	$\frac{4}{15} \times 5\,950 =$	1 586,67	2 729,97
3	$(5-3+1) \times 396{,}67 =$	1 190,01	$\frac{3}{15} \times 5\,950 =$	1 190,00	1 539,96
4	$(5-4+1) \times 396{,}67 =$	793,34	$\frac{2}{15} \times 5\,950 =$	793,33	746,62
5	$(5-5+1) \times 396{,}67 =$	396,67	$\frac{1}{15} \times 5\,950 =$	396,67	349,95
Σ		5 950,05		5 950,00	

* am 31.12.

L-91

2. *Leistungsabschreibung*

Die Abschreibung pro Leistungseinheit beträgt $\frac{6\,300}{225\,000} = 0{,}028$ EUR. Die Produktion im 1. Jahr beträgt 33 000 Stück, folglich ergibt sich ein Abschreibungsbetrag im ersten Jahr i. H. v. 33 000 × 0,028 = 924 EUR.

[B-374]   Abschreibungen   924 EUR
          an   Maschinen   924 EUR

(79) **Lösung Aufgabe 91**   *Anschaffungskosten und Zeitpunkt der Anschaffung*

a) *Erwerb von Sachanlagen*

Die Unterzeichnung des Kaufvertrags stellt das sog. Verpflichtungsgeschäft dar und hat keine buchhalterischen Folgen. Mit der Lieferung der Druckmaschine am 28. 4. 2017 hat der Lieferant das seinerseits Erforderliche (begründet durch den Kaufvertrag) erfüllt. Die A-GmbH muss eine Verbindlichkeit passivieren. Die Kosten für den Transport und die Abnahme durch den TÜV stellen Anschaffungsnebenkosten dar und sind zu aktivieren. Die Anschaffungskosten betragen mithin:

		EUR
	Kaufpreis (netto)	1 500 000
+	Transportkosten	10 000
+	TÜV	25 000
=	Anschaffungskosten	1 535 000

Verbuchung der Lieferung am 28. 4. 2017:

[B-375]   Sachanlagen   1 510 000 EUR
          Vorsteuer   286 900 EUR
              an   Verbindlichkeiten aus L. u. L.   1 785 000 EUR
                   Bank   11 900 EUR

Verbuchung der TÜV-Abnahme lt. Eingangsrechnung vom 6. 6. 2017:

[B-376]   Sachanlagen   25 000 EUR
          Vorsteuer   4 750 EUR
              an   Bank   29 750 EUR

7 ANLAGEVERMÖGEN

Maßgeblich für den Beginn der Abschreibung ist der betriebsbereite Zustand der Anlage, nicht der erste Druckauftrag. Folglich ist die Anlage ab Juli 2017 abzuschreiben, also mit 6/12 der Jahresabschreibung in 2017.

Die Zinsaufwendungen werden nicht aktiviert, da Anschaffung und Finanzierung getrennt bilanziert/verbucht werden müssen. Verbuchung des Darlehens und der Zinsen:

[377] Bank   1 500 000 EUR
           an Verbindlichkeiten ggü. KI   1 500 000 EUR

[378] Zinsaufwand   20 000 EUR
           an Bank   20 000 EUR

b) *Erwerb von Grundvermögen*

Zur Ermittlung der Werte für das Anlagegitter sind, ausgehend von den historischen Anschaffungskosten, die RBW am 31.12.2017 und am 31.12.2016 sowie die Abschreibungen in 2017 als auch die kumulierten Abschreibungen bis zum 31.12.2017 zu ermitteln. Die Anschaffungskosten gem. § 255 Abs. 1 HGB ermitteln sich ohne Umsatzsteuer (hier: Vorsteuer), da diese vom Finanzamt am Ende des Voranmeldezeitraums wieder erstattet wird.

			EUR	
	Hypothek	200 000		
+	Banküberweisung	40 000		
=	Kaufpreis	240 000	240 000	
	Anschaffungsnebenkosten			
+	Bodengutachten	1 000		
+	Grundbuch	600		
+	Grunderwerbsteuer (3,5% v. 240 000 EUR =)	8 400		
+	Makler	10 000		
+	Notar	2 500		
=/+	Anschaffungsnebenkosten	22 500	22 500	
=	Anschaffungskosten		262 500	
	Anteil Grundstück	20%		
	Anteil Gebäude	80%		
	Anschaffungskosten Gebäude	210 000		
	(80% von 262 500 EUR)			
./.	AfA 2012 $(0{,}02 \times \frac{10}{12} \times 210\,000 \text{ EUR} =)$		3 500	
./.	AfA 2013–2016 $(0{,}02 \times 4 \times 210\,000 \text{ EUR} =)$		16 800	
=	RBW am 31.12.2016		242 200	
./.	AfA 2017 $(0{,}02 \times 210\,000 \text{ EUR} =)$		4 200	
=	RBW am 31.12.2017		238 000	
	AfA gesamt		24 500	

Der Umsatzsteuer unterliegen nur die Makler- und Notargebühren sowie das Honorar für das Bodengutachten. Der Erwerb von Grundvermögen ist (inkl. der Gebühren für die Eintragung in das Grundbuch) gem. § 4 Nr. 12 Buchstabe b UStG von der Umsatzsteuer befreit. Die Grunderwerbsteuer unterliegt nicht der Umsatzsteuer. Verbuchung der Anschaffung:

[B-379]

Grundstücke/Gebäude		262 500 EUR	
Vorsteuer		2 565 EUR	
an	Hypothekenverbindlichkeiten		200 000 EUR
	Bank		65 065 EUR

Verbuchung der Abschreibung in 2017:

L-92 [B-380]

Abschreibungen		4 200 EUR	
an	Wertberichtigungen auf Anlagevermögen		4 200 EUR

(80) **Lösung Aufgabe 92** *Ermittlung des Geschäfts- oder Firmenwerts*

Die gesamten stillen Reserven ergeben sich aus der Differenz des Eigenkapitals zum Marktwert und zum Buchwert und betragen (282 000 – 180 000 =) 102 000 EUR. Der Geschäfts- oder Firmenwert beträgt demnach:

		EUR
	Kaufpreis	450 000
./.	Marktwert Eigenkapital	282 000
=	Firmenwert	168 000

Die stillen Reserven der einzelnen Bilanzpositionen betragen (in EUR):

	BW	MW	StR
Grundstücke	88 000	140 000	52 000
BuGA	30 000	35 000	5 000
Fuhrpark	20 000	25 000	5 000
Wertpapiere	10 000	40 000	30 000
Forderungen	30 000	40 000	10 000
Bank	30 000	30 000	0
Summe	208 000	310 000	102 000

Aktiva	Eröffnungsbilanz	Passiva	
	EUR		EUR
Firmenwert	168 000	Eigenkapital	450 000
Grundstücke	140 000	Schulden	28 000
BuGA	35 000		
Fuhrpark	25 000		
Wertpapiere	40 000		
Forderungen	40 000		
Bank	30 000		
Summe Aktiva	478 000	Summe Passiva	478 000

7 ANLAGEVERMÖGEN

Gemäß Aufgabenstellung beträgt die betriebsgewöhnliche Nutzungsdauer des Firmenwerts 5 Jahre. Es wird linear abgeschrieben. Die AfA in 2017 beträgt folglich $\frac{168\,000}{5} = 33\,600$ EUR.

Ein Vermögensgegenstand liegt vor, sofern (a) ein wirtschaftlicher Vorteil (i. S. v. künftigem Nutzen), (b) selbständige Bewertbarkeit und (c) selbständige Verkehrsfähigkeit (i. S. v. Einzelveräußerbarkeit) vorliegt. Das Merkmal der Einzelveräußerbarkeit ist beim GoF nicht erfüllt. Folglich stellt der GoF grundsätzlich keinen Vermögensgegenstand dar. Allerdings wird der GoF per Gesetz zum Vermögensgegenstand erklärt, § 246 Abs. 1 Satz 4 HGB.

(81) **Lösung Aufgabe 93** *Lineare Abschreibung (Ermittlung)*
Der *Erwerb* des Pkws in Form der Unterzeichnung des Kaufvertrags am 15. 12. 2016 stellt ein schwebendes Geschäft dar, das nicht bilanziert wird. Eine Bilanzierung setzt voraus, dass eine der beiden Vertragsparteien »das ihrerseits Erforderliche« getan hat. Dies ist erst mit der Lieferung am 20. 12. 2016 der Fall. Der *betriebsbereite Zustand* ist bei Lieferung am 20. 12. 2016 erfolgt. Die Abschreibung erfolgt zu 1 / 12 des Jahresbetrags in 2016, demnach i. H. v. $\frac{36\,000}{6} \times \frac{1}{12} =$ 500 EUR. Die *Inanspruchnahme des Skontos* am 5. 1. 2017 führt zu einer Anschaffungskostenminderung, § 255 Abs. 1 Satz 3 HGB. Die fortgeführten Anschaffungskosten betragen demnach $(36\,000 - 500 - 0{,}03 \times 36\,000 =) 34\,420$ EUR. Die Restnutzungsdauer beträgt im Januar 2017 noch 5 Jahre und 11 Monate. Die Abschreibung in 2017 beträgt demnach $\frac{34\,420}{5+11/12} = 5\,817{,}46$ EUR. Der *Restbuchwert bei Veräußerung* beträgt folglich $(34\,420 - 5\,817{,}46 =) 28\,602{,}54$ EUR. Der Veräußerungsgewinn beträgt demnach $(30\,000 - 28\,602{,}54 =) 1\,397{,}46$ EUR.

		EUR
	Kaufpreis (netto)	36 000,00
./.	AfA 2016	500,00
=	RBW 31. 12. 2016	35 500,00
./.	Skonto	1 080,00
=	neue AHK (36 000 – 1 080 =)	34 920,00
=	neuer RBW (36 000 – 500 – 1 080 =)	34 420,00
./.	AfA 2017 $\left(\frac{34\,420}{5\frac{11}{12}} =\right)$	5 817,46
=	RBW am 12. 12. 2017	28 602,54
	Verkauf zu (netto)	30 000,00
	Gewinn	1 397,46

Buchung am 20. 12. 2016:

[381] *Fuhrpark* 36 000 EUR
Vorsteuer 6 840 EUR
 an *Verbindlichkeiten aus L. u. L.* 42 840 EUR

Buchung am 31. 12. 2016:

[B-382] Abschreibung 500 EUR
an Fuhrpark 500 EUR

Buchung am 5. 1. 2017:

[B-383] Verbindlichkeiten aus L. u. L. 42 840,00 EUR
an Bank 41 554,80 EUR
Fuhrpark 1 080,00 EUR
Vorsteuer 205,20 EUR

Buchung am 12. 12. 2017:

[B-384] Abschreibung 5 817,46 EUR
an Fuhrpark 5 817,46 EUR

[B-385] Bank 35 700,00 EUR
an Fuhrpark 28 602,54 EUR
Umsatzsteuer 5 700,00 EUR
sonstige betriebliche Erträge 1 397,46 EUR

(81) **Lösung Aufgabe 94** *Lineare Abschreibung (Verbuchung)*

Die Inbetriebnahme der Maschine erfolgt im Mai 2017, folglich werden in 2017 insgesamt $\frac{8}{12}$ der Jahresabschreibung abgeschrieben. Die Anschaffungskosten betragen 120 000 EUR. Die jährliche AfA bei einer betriebsgewöhnlichen Nutzungsdauer von n = 4 Jahren beträgt $\frac{120\,000}{4}$ = 30 000 EUR; $\frac{8}{12}$ × 30 000 EUR ergibt die AfA in 2017 i. H. v. 20 000 EUR.

Verbuchung der Anschaffung am 24. 5. 2017:

[B-386] Maschinen 120 000 EUR
Vorsteuer 13 300 EUR
an geleistete Anzahlungen 50 000 EUR
Bank 83 300 EUR

Verbuchung der Abschreibung:

[B-387] Abschreibungen 20 000 EUR
an Maschinen 20 000 EUR

Der Restbuchwert der Maschine beträgt am 31. 12. 2017 100 000 EUR.

(82) **Lösung Aufgabe 95** *Leistungsabhängige Abschreibung*

Die Leistung der Fertigungsstraße pro Jahr ist in nachstehender Tabelle aufgeführt. Zu beachten ist, dass das Kalenderjahr nicht dem »Leistungsjahr« der Fertigungsstraße entspricht. Die Anschaffung erfolgte am 1. 9. 2014.

7 ANLAGEVERMÖGEN

	Stück	
Jahr 1	15 000	
+ Jahr 2	10 000	
+ Jahr 3	12 000	
+ Jahr 4	20 000	
= Jahre 1–4 gesamt	57 000	57 000
+ Jahre 5–8 gesamt		43 000
= Gesamtleistung		100 000

Die Anschaffungskosten der Fertigungsstraße betragen 45 000 EUR.

			EUR
	Anschaffungskosten		45 000
./.	AfA 2014 $\left(\frac{4}{12} \times \frac{15\,000}{100\,000} \times 45\,000 \text{ EUR} =\right)$	2 250	2 250
=	RBW am 31.12.2014		42 750
./.	AfA 2015 $\left(\left(\frac{8}{12} \times \frac{15\,000}{100\,000} + \frac{4}{12} \times \frac{10\,000}{100\,000}\right) \times 45\,000 \text{ EUR} =\right)$	6 000	6 000
=	RBW am 31.12.2015		36 750
./.	AfA 2016 $\left(\left(\frac{8}{12} \times \frac{10\,000}{100\,000} + \frac{4}{12} \times \frac{12\,000}{100\,000}\right) \times 45\,000 \text{ EUR} =\right)$	4 800	4 800
=	RBW am 31.12.2016		31 950
./.	AfA 2017 $\left(\left(\frac{8}{12} \times \frac{12\,000}{100\,000} + \frac{3}{12} \times \frac{20\,000}{100\,000}\right) \times 45\,000 \text{ EUR} =\right)$	5 850	5 850
=	RBW am 11.11.2017		26 100
	Summe der AfA		18 900

Der Wert der Fräse beträgt 60 000 EUR (netto, brutto = 71 400 EUR). Die Baraufgabe der B-GmbH beträgt 29 750 EUR, d. h. die von der B-GmbH hingegebene Fertigungsstraße wurde mit (60 000 × 1,19 − 29 750 =) 41 650 EUR (brutto) bewertet (netto = $\frac{41\,650}{1{,}19}$ = 35 000 EUR). Die B-GmbH schreibt dem Vertragspartner eine Rechnung mit brutto 41 650 EUR, d. h. es sind 6 650 EUR Umsatzsteuer enthalten. Die Anschaffungskosten ergeben sich wie folgt:

		EUR
	Gemeiner Wert der Fertigungsstraße	41 650
+	Geleistete Aufzahlung	29 750
=	Bruttobetrag	71 400
./.	In Rechnung gestellte Umsatzsteuer für die Fräse	11 400
=	Anschaffungskosten	60 000

Der Buchungssatz lautet:

388] Maschinen 60 000 EUR
Vorsteuer 11 400 EUR
    an Maschinen 26 100 EUR
       Bank 29 750 EUR
       Umsatzsteuer 6 650 EUR
       sonstige betriebliche Erträge 8 900 EUR

In den Büchern steht die Fertigungsstraße noch mit 26 100 EUR, beim Tausch wird sie aber mit 35 000 EUR (netto) bewertet. Dies ergibt einen Veräußerungsgewinn von (35 000 − 26 100 =) 8 900 EUR.

Die Fräse wird in 2017 insgesamt 2 Monate abgeschrieben. Die AfA beträgt $\frac{60\,000}{4} \times \frac{2}{12} = 2\,500$ EUR. Der Buchungssatz lautet:

[B-389] Abschreibungen   2 500 EUR
              an   Maschinen   2 500 EUR

(82) **Lösung Aufgabe 96** *Geometrisch-degressive Abschreibung (Ermittlung)*
HINWEIS: *Die Ergebnisse dieser Aufgabe sollen nicht ins Anlagegitter (vgl. dazu Seite 348) übernommen werden.*

Die Anschaffung erfolgt am 23.4.2017 (Kaufvertrag/Lieferung/betriebsbereiter Zustand) für 5 000 EUR (netto). Die betriebsgewöhnliche Nutzungsdauer beträgt 20 Jahre. Der geometrisch-degressive AfA-Satz beträgt 10 %. Es soll im optimalen Zeitpunkt auf die lineare AfA übergegangen werden.

a) *Ermittlung des Restbuchwerts am 31.12.2024:*
Es muss zunächst geprüft werden, wann der Übergang zur linearen AfA erfolgt, damit zur Ermittlung des RBW am 31.12.2024 der korrekte Abschreibungstyp Anwendung findet. Der Übergang erfolgt im Jahr

$$t^* = \left(n - \frac{1}{g}\right) + 1 = \left(20 - \frac{1}{0{,}1}\right) + 1 = 11.$$

Es muss allerdings berücksichtigt werden, dass das Abschreibungsjahr nicht dem Kalenderjahr entspricht, da die Anschaffung unterjährig erfolgte. Das erste Abschreibungsjahr ist im 2. Kalenderjahr mit Ablauf des 22.4.2018, zu Ende. Also findet der Übergang im 12. Kalenderjahr statt, d.h. im Jahr 2028. Da der Restbuchwert zum 31.12.2024 ermittelt werden soll, ist jetzt klar, dass bis zu diesem Zeitpunkt ausschließlich die geometrisch-degressive Abschreibung zur Anwendung kommt. Der Restbuchwert ermittelt sich dann als

$$RBW_{31.12.2024} = 5\,000 \times \left(1 - 0{,}1 \times \frac{9}{12}\right) \times (1 - 0{,}1)^7 = 2\,212{,}12.$$

b) *Ermittlung der Abschreibung in 2032:*
Der Übergang zur linearen Abschreibung erfolgt in 2028. Zum Zeitpunkt des Übergangs zur linearen AfA beträgt die Restnutzungsdauer noch $\left(20 - 10 - \frac{9}{12} =\right)$ 9 Jahre und 3 Monate. Die lineare Abschreibung in den Jahren 2028 bis 2036 ist konstant. Lediglich im letzten Jahr ist die lineare AfA aufgrund der verbleibenden 3 Monate geringer. Die AfA in 2032 beträgt demnach:

$$RBW_{31.12.2027} = 5\,000 \times \left(1 - 0{,}1 \times \frac{9}{12}\right) \times (1 - 0{,}1)^{10} = 1\,612{,}64$$

$$AfA_{2032} = \frac{1\,612{,}64}{9 + \frac{3}{12}} = 174{,}34.$$

7 ANLAGEVERMÖGEN

c) Ermittlung von g im Fall, dass auf 500 EUR am Ende von Jahr 20 abgeschrieben werden soll

$$5\,000 \times (1-g)^{20} = 500 \quad \Leftrightarrow \quad g = 1 - \left(\frac{500}{5\,000}\right)^{\frac{1}{20}} = 0{,}1087 = 10{,}87\,\%.$$

d) Ermittlung von g im Fall, dass in 2027 auf die lineare AfA übergegangen werden soll

$$t^* = 11 = \left(20 - \frac{1}{g}\right) + 1 \quad \Leftrightarrow \quad 10 = \left(20 - \frac{1}{g}\right) \quad \Leftrightarrow \quad -10 = -\frac{1}{g}$$

$$g = \frac{1}{10} = 0{,}1 = 10\,\%.$$

(83) **Lösung Aufgabe 97** *Geometrisch-degressive Abschreibung (Übergang)*
Die Lieferung und Inbetriebnahme erfolgte am 30. 4. 2015. Die betriebsgewöhnliche Nutzungsdauer beträgt n = 5 Jahre. Der geometrisch-degressive AfA-Satz beträgt g = 30 %. Die Anschaffungskosten betragen:

		EUR
	Kaufpreis	58 000
+	Transport	3 000
+	Verpackung	1 700
+	Versicherung	300
=	Anschaffungskosten	63 000

Der optimale Übergang zur linearen AfA erfolgt im Jahr

$$t^* = \left(n - \frac{1}{g}\right) + 1 = \left(5 - \frac{1}{0{,}3}\right) + 1 = 2{,}67,$$

aufgerundet ergibt dies den optimalen Übergang im 3. Jahr (also in 2017).

Jahr	RND*	degressive AfA	lineare AfA	RBW**
2015	5,00	14 175,00	9 450,00	48 825,00
2016	4,25	14 647,50	11 488,24	34 177,50
2017	3,25	10 253,25	10 516,15	23 661,35
2018	2,25	7 098,40	10 516,15	13 145,19
2019	1,25	3 943,56	10 516,15	2 629,04
2020	0,25	197,18	2 629,04	0,00

* am 1. 1., ** am 31. 12.

Verbuchung der Abschreibung in 2017:

[B-390] Abschreibungen   10 516,15 EUR
             an   Wertberichtigungen auf Anlagevermögen   10 516,15 EUR

Entwicklung des Buchwerts:

			EUR
	Anschaffungskosten		63 000,00
./.	AfA 2015	14 175,00	14 175,00
=	RBW am 31.12.2015		48 825,00
./.	AfA 2016	14 647,50	14 647,50
=	RBW am 31.12.2016		34 177,50
./.	AfA 2017	10 516,15	10 516,15
=	RBW am 31.12.2017		23 661,35
	Summe der Abschreibungen	39 338,65	

(83) **Lösung Aufgabe 98** *Arithmetisch-degressive Abschreibung (Ermittlung)*

Die digitale Abschreibung ist eine Sonderform der arithmetisch-degressiven Abschreibung. Im Fall der digitalen Abschreibung entspricht der Degressionsbetrag d der Abschreibung in der letzten Periode.

Der Kauf erfolgt unterjährig am 4.6.2013. Das »Abschreibungsjahr« entspricht dadurch nicht dem Kalenderjahr. Die Anschaffungskosten i.H.v. 5 000 EUR werden über eine betriebsgewöhnliche Nutzungsdauer von 8 Jahren verteilt.

Ermittlung der Summe der Jahresordnungszahlen:

$$S = \sum_{t=1}^{n} t = \frac{n \times (n+1)}{2} = \frac{8 \times 9}{2} = 36$$

Der Degressionsbetrag ergibt dann:

$$d = \frac{A_0 - RBW_n}{\frac{n \times (n+1)}{2}} = \frac{A_0 - 0}{S} = \frac{5\,000}{36} = 138{,}89$$

Die Abschreibung im ersten Jahr ergibt demnach:

$$AfA_1 = (n + 1 - t) \times d = (8 + 1 - 1) \times 138{,}89 = 1\,111{,}11$$

$$AfA_1 = \frac{8}{36} \times 5\,000 = 1\,111{,}11$$

Entwicklung des Restbuchwerts:

			EUR
	Anschaffungskosten		5 000,00
./.	AfA 2013: $\left(\frac{7}{12} \times \frac{8}{36}\right) \times 5\,000 =$	648,15	648,15
=	RBW am 31.12.2013		4 351,85

7 ANLAGEVERMÖGEN

			EUR
./.	AfA 2014: $\left(\frac{5}{12} \times \frac{8}{36} + \frac{7}{12} \times \frac{7}{36}\right) \times 5\,000 =$	1 030,09	1 030,09
=	RBW am 31. 12. 2014		3 321,76
./.	AfA 2015: $\left(\frac{5}{12} \times \frac{7}{36} + \frac{7}{12} \times \frac{6}{36}\right) \times 5\,000 =$	891,20	891,20
=	RBW am 31. 12. 2015		2 430,56
./.	AfA 2016: $\left(\frac{5}{12} \times \frac{6}{36} + \frac{7}{12} \times \frac{5}{36}\right) \times 5\,000 =$	752,31	752,31
=	RBW 31. 12. 2016		1 678,24
./.	AfA 2017: $\left(\frac{5}{12} \times \frac{5}{36} + \frac{7}{12} \times \frac{4}{36}\right) \times 5\,000 =$	613,43	613,43
=	RBW 31. 12. 2017		1 064,81
=	Summe der Abschreibungen	3 935,19	

Verbuchung der Abschreibung

-391] Abschreibungen 613,43 EUR
    an   Fuhrpark 613,43 EUR

(83) **Lösung Aufgabe 99** *Arithmetisch-degressive Abschreibung (AfA-Tabelle)*
Die Anschaffung des Großrechners erfolgt im April 2017. Die betriebsgewöhnliche Nutzungsdauer beträgt lt. AfA-Tabelle 7 Jahre. Es wird arithmetisch-degressiv abgeschrieben. Ermittlung der Summe der Jahresordnungszahlen:

$$S = \sum_{t=1}^{n} t = \frac{n \times (n+1)}{2} = \frac{7 \times 8}{2} = 28$$

Der Degressionsbetrag ergibt dann:

$$d = \frac{A_0 - RBW_n}{\frac{n \times (n+1)}{2}} = \frac{A_0 - RBW_n}{S} = \frac{7\,000 - 500}{28} = 232{,}14$$

Die Entwicklung des Restbuchwerts ist in nachstehender Tabelle abgetragen:

		EUR
	Anschaffungskosten	7 000,00
./.	AfA 2017: $\left(\frac{9}{12} \times (7-1+1) \times 232{,}14\right) =$	1 218,74
=	RBW am 31. 12. 2017	5 781,27
./.	AfA 2018: $\left(\frac{3}{12} \times (7-1+1) + \frac{9}{12} \times (7-2+1)\right) \times 232{,}14 =$	1 450,88
=	RBW am 31. 12. 2018	4 330,39
./.	AfA 2019: $\left(\frac{3}{12} \times (7-2+1) + \frac{9}{12} \times (7-3+1)\right) \times 232{,}14 =$	1 218,74
=	RBW am 31. 12. 2019	3 111,66
./.	AfA 2020: $\left(\frac{3}{12} \times (7-3+1) + \frac{9}{12} \times (7-4+1)\right) \times 232{,}14 =$	986,60
=	RBW am 31. 12. 2020	2 125,06
./.	AfA 2021: $\left(\frac{3}{12} \times (7-4+1) + \frac{9}{12} \times (7-5+1)\right) \times 232{,}14 =$	754,46

		EUR
=	RBW am 31.12.2021	1 370,61
./.	AfA 2022: $\left(\frac{3}{12} \times (7-5+1) + \frac{9}{12} \times (7-6+1)\right) \times 232{,}14 =$	522,32
=	RBW am 31.12.2022	848,29
./.	AfA 2023: $\left(\frac{3}{12} \times (7-6+1) + \frac{9}{12} \times (7-7+1)\right) \times 232{,}14 =$	290,18
=	RBW am 31.12.2023	558,12
./.	AfA 2024: $\left(\frac{3}{12} \times (7-7+1)\right) \times 232{,}14 =$	58,04
=	RBW Ende März 2024	500,08

L-100

(85) **Lösung Aufgabe 100** *Außerplanmäßige Abschreibungen*

Die Anschaffungskosten betragen 3 000 EUR, die betriebsgewöhnliche Nutzungsdauer ist n = 6 Jahre. Es wird geometrisch-degressiv (g = 30 %) mit Übergang zur linearen Abschreibung abgeschrieben. Der Übergang zur linearen Abschreibung erfolgt im Jahr

$$t^* = \left(n - \frac{1}{g}\right) + 1 = \left(6 - \frac{1}{0{,}3}\right) + 1 = 3{,}67,$$

also in Jahr 4 bzw. in 2017. Die Entwicklung der fortgeführten Anschaffungskosten ergibt sich ohne die außerplanmäßige Abschreibung wie folgt:

Jahr	RND*	degressiv	linear	AfA	RBW**
1	6	3 000 × 0,3 = 900,00	$\frac{3\,000}{6} = 500{,}00$	900	2 100
2	5	2 100 × 0,3 = 630,00	$\frac{2\,100}{5} = 420{,}00$	630	1 470
3	4	1 470 × 0,3 = 441,00	$\frac{1\,470}{4} = 367{,}50$	441	1 029
4	3	1 029 × 0,3 = 308,70	$\frac{1\,029}{3} = 343{,}00$	343	686
5	2	686 × 0,3 = 205,80	$\frac{686}{2} = 343{,}00$	343	343
6	1	343 × 0,3 = 102,90	$\frac{343}{1} = 343{,}00$	343	0
* am 1.1., ** am 31.12.			Σ	3 000	

Am Ende der 2. Periode beträgt der beizulegende Wert unstreitig 500 EUR. Bis dahin sind zwei Jahre vergangen. Die verbleibende Restnutzungsdauer beträgt insgesamt 6 − 2 = 4 Jahre. Die hälftige zu verbleibende Restnutzungsdauer beträgt demnach 2 Jahre. Der Buchwert am Ende der hälftigen zu verbleibenden Restnutzungsdauer (am 31.12.2017) beträgt 686 EUR und ist höher als der beizulegende Wert am Ende von 2015. Es muss deshalb außerplanmäßig abgeschrieben werden.

Die außerplanmäßige Abschreibung wird zusätzlich zur planmäßigen Abschreibung durchgeführt. Die außerplanmäßige Abschreibung beträgt deshalb (2 100 − 630 − 500 =) 970 EUR.

7 ANLAGEVERMÖGEN

L-100

Der beizulegende Wert am Ende der 4. Periode (am 31.12.2017) beträgt lt. Aufgabenstellung 1 000 EUR. Gem. § 253 Abs. 5 Satz 1 HGB muss zwingend zugeschrieben werden. Die Zuschreibung ist begrenzt auf die außerplanmäßige Abschreibung und den Betrag, durch den sich der Restbuchwert bei ursprünglicher planmäßiger Abschreibung ergeben würde.

Nach Anwendung der linearen Abschreibung ergibt sich vor Zuschreibung ein Restbuchwert am 31.12.2017 i. H. v. (350 − 116,67 =) 233,33 EUR. Der Restbuchwert am 31.12.2017 bei ursprünglicher planmäßiger Abschreibung beträgt 686 EUR. Die Zuschreibung muss deshalb i. H. v. (686 − 233,33 =) 452,67 EUR erfolgen.

Jahr	RND*	bzlg. Wert	degressiv	linear	AfA	apl. AfA	RBW**
1	6		900,00	500,00	900,00		2 100
2	5	500	630,00	420,00	630,00	−970,00	500
3	4		150,00	125,00	150,00		350
4	3	1 000	105,00	116,67	116,67	+452,67	686
5	2		205,80	343,00	343,00		343
6	1		102,90	343,00	343,00		0
* am 1.1., ** am 31.12.			Σ		2 482,67	517,33	

ANLAGEGITTER Die Tabelle auf der nächsten Seite stellt das ausgefüllte Anlagegitter aus der Lösungsvorlage LV-A dar. Abgetragen sind die Ergebnisse der Geschäftsvorfälle aus den Aufgaben 91 bis 100 (außer Aufgabe 96).

L-100

Entwicklung

Aufgabe	Bilanzposition	gesamte historische AHK	Zugänge**	Abgänge**	Umbuchungen**	Zuschreibungen**	kum. Abschreibungen	RBW am Ende des Geschäftsjahres	RBW zum Ende des vorangegangen Geschäftsjahres	Abschreibungen**
91	Gebäude	262 500					4 200	258 300	0	4 200
92	GoF	168 000	168 000				33 600	134 400	-	33 600
93	Pkw	34 920		29 102,54			6 317,46	-	35 500	5 817,46
94	Maschine	120 000	70 000		50 000		20 000	100 000		20 000
95	Straße	45 000		26 100			18 900		31 950	5 850
96	Fräse	60 000	60 000				2 500	57 500		2 500
97	CNC-Maschine	63 000					39 338,65	23 661,35	34 177,50	10 516,15
98	Pkw	5 000					3 935,19	1 064,81	1 678,24	613,43
99	Rechner	7 000	7 000				1 218,74	5 781,27		1 218,74
100	Anlage	3 000				452,67	2 766,67	686	350	-336

** des Geschäftsjahres

7 ANLAGEVERMÖGEN

(85) Lösung Aufgabe 101 *Folgebewertung im Anlagevermögen*

Die einschlägigen Normen zur Beurteilung von außerplanmäßigen Ab- und Zuschreibungen im Anlagevermögen sind § 253 Abs. 3 Sätze 3 und 4 HGB sowie § 253 Abs. 5 HGB. § 253 Abs. 3 Sätze 3 und 4 HGB lauten:

³Ohne Rücksicht darauf, ob ihre Nutzung zeitlich begrenzt ist, sind bei Vermögensgegenständen des Anlagevermögens bei voraussichtlich dauernder Wertminderung außerplanmäßige Abschreibungen vorzunehmen, um diese mit dem niedrigeren Wert anzusetzen, der ihnen am Abschlussstichtag beizulegen ist. ⁴Bei Finanzanlagen können außerplanmäßige Abschreibungen auch bei voraussichtlich nicht dauernder Wertminderung vorgenommen werden.

§ 253 Abs. 5 HGB lautet:

(5) ¹Ein niedrigerer Wertansatz nach Absatz 3 Satz 3 oder 4 und Absatz 4 darf nicht beibehalten werden, wenn die Gründe dafür nicht mehr bestehen. ²Ein niedrigerer Wertansatz eines entgeltlich erworbenen Geschäfts- oder Firmenwertes ist beizubehalten.

1. Da der Marktwert unter dem Buchwert liegt und es sich laut Aufgabenstellung um eine (voraussichtlich) dauernde Wertminderung handelt, ist zwingend um 3 000 EUR auf den Marktwert i. H. v. 5 000 EUR abzuschreiben. Der Marktwert repräsentiert den Bilanzansatz am Bilanzstichtag.
2. Hier liegt der Marktwert über den Anschaffungskosten. Die Anschaffungskosten bilden gem. § 253 Abs. 1 Satz 1 HGB den Höchstwert, zu dem der Ansatz stattfinden darf. § 253 Abs. 5 Satz 1 HGB gebietet die Zuschreibung, sofern der Grund der außerplanmäßigen Abschreibung weggefallen ist. Es erfolgt daher eine Zuschreibung um 10 000 EUR auf 50 000 EUR. Der Ansatz am Bilanzstichtag erfolgt zu 50 000 EUR.
3. Aus der Aufgabenstellung geht nicht hervor, ob der Firmenwert in den Vorjahren außerplanmäßig abgeschrieben wurde. Diese Information ist allerdings nicht erforderlich, da eine Zuschreibung des Firmenwertes grundsätzlich nicht erfolgen darf, § 253 Abs. 5 Satz 2 HGB. Eine Zuschreibung erfolgt hier nicht, der Ansatz zum Bilanzstichtag beträgt 50 000 EUR.
4. Wertpapiere des Anlagevermögens gehören zu den Finanzanlagen. Da hier der Marktwert unter dem Buchwert liegt und die Wertminderung laut Aufgabenstellung (voraussichtlich) von Dauer ist, ist zwingend um 1 000 EUR auf den niedrigeren Marktwert abzuschreiben. Der Ansatz am Bilanzstichtag beträgt dann 4 000 EUR.
5. Wertpapiere des Anlagevermögens gehören zu den Finanzanlagen. Bei Finanzanlagen können auch außerplanmäßige Abschreibungen vorgenommen werden, wenn die Wertminderung voraussichtlich nicht von Dauer ist, § 253 Abs. 3 Satz 6 HGB. Faktisch besteht hier ein Wahlrecht um 1 000 EUR auf den niedrigeren Marktwert i. H. v. 4 000 EUR abzuschreiben oder den Buchwert i. H. v. 5 000 EUR beizubehalten.
6. Prüfung, ob dauernde Wertminderung vorliegt: Wert nach halber Restnutzungsdauer bei planmäßiger Abschreibung = 40 000 EUR > 30 000 EUR. Es muss um 50 000 EUR auf 30 000 EUR abgeschrieben werden.

(86) **Lösung Aufgabe 102** *Kontrollfragen*

1. *Wann ist ein Vermögensgegenstand dem Anlagevermögen zuzurechnen?*
   Wenn der Vermögensgegenstand dazu bestimmt ist, dem Geschäftsbetrieb dauernd zu dienen, § 247 Abs. 2 HGB.

2. *In welche Kategorien lassen sich die Vermögensgegenstände des Anlagevermögens einteilen? Geben Sie jeweils Beispiele an!*
   Die Typisierung ergibt sich aus § 266 Abs. 2 HGB.
   - *Immaterielle Vermögensgegenstände* (z. B. Konzessionen, Geschäfts- oder Firmenwert, geleistete Anzahlungen)
   - *Sachanlagen* (z. B. Grundstücke, Maschinen, Betriebs- und Geschäftsausstattung, Fuhrpark)
   - *Finanzanlagen* (z. B. Beteiligungen)

3. *Was versteht man unter historischen Anschaffungskosten? Wie lautet das buchhalterische Gegenstück zu den historischen Anschaffungskosten?*
   Historische Anschaffungskosten sind die in der Vergangenheit geleisteten Auszahlungen zur Anschaffung des Vermögensgegenstands. Das buchhalterische Gegenstück sind künftige Wiederbeschaffungskosten. Diese werden z. B. zur Ermittlung von Abschreibungen im internen Rechnungswesen angesetzt.

4. *Was versteht man unter dem »Anschaffungskostenprinzip«!*
   Anschaffungskostenprinzip bedeutet, dass Vermögensgegenstände maximal zu den Anschaffungskosten bzw. zu einem auf der Grundlage der Anschaffungskosten fortgeführten Wert bilanziert werden dürfen. Ein Bilanzansatz über die Anschaffungskosten hinaus kommt grundsätzlich nicht in Betracht.

5. *Zu welchen Werten erfolgt die Erstbewertung des Anlagevermögens?*
   Die Erstbewertung erfolgt zu Anschaffungs- oder Herstellungskosten.

6. *Welche Vermögensgegenstände des Anlagevermögens können nicht hergestellt werden? Geben Sie mindestens zwei Beispiele an!*
   Unter Herstellung versteht man die Transformation von Stoffen zu einem neuen Erzeugnis. Dies ist z. B. bei Grundstücken, Wertpapieren oder dem Geschäfts- oder Firmenwert nicht möglich.

7. *Erläutern Sie die Vorgehensweise zur Ermittlung von Anschaffungskosten!*
   Die Bestandteile der Anschaffungskosten ergeben sich aus § 255 Abs. 1 HGB. Daraus lässt sich folgendes Schema ableiten:

       Anschaffungspreis
   + Anschaffungsnebenkosten
   + nachträgliche Anschaffungskosten
   ./. Anschaffungspreisminderungen
   = Anschaffungskosten

8. *Liegen im Folgenden Anschaffungsnebenkosten vor? Begründen Sie Ihre Antwort kurz!*
   Anschaffungsnebenkosten umfassen alle Aufwendungen, die zusätzlich zum Kaufpreis anfallen, um den Vermögensgegenstand zu erwerben und in einen betriebsbereiten Zustand zu versetzen, § 255 Abs. 1 Satz 1 HGB.

a) *Kosten für das Fundament einer Maschine*
Fundamente für eine Maschine, sofern sie dazu dienen, die Maschine in den betriebsbereiten Zustand zu versetzen, gehören zu den Anschaffungsnebenkosten. Es besteht Aktivierungspflicht gem. § 255 Abs. 1 HGB.

b) *Makler-, Gutachter-, und Vermessungsgebühren bei Grundstücken*
Die Gebühren dienen dazu, den Vermögensgegenstand zu erwerben. Sie gehören deshalb zu den Anschaffungsnebenkosten und sind aktivierungspflichtig, § 255 Abs. 1 HGB.

c) *Kosten für einen Probelauf unter Aufsicht des TÜV*
Die Kosten für den Probelauf dienen dazu, die Anlage in einen betriebsbereiten Zustand zu versetzen und gehören deshalb zu den aktivierungspflichtigen Anschaffungsnebenkosten, § 255 Abs. 1 HGB.

d) *Zinskosten für die Finanzierung einer Maschine*
Die Zinskosten beruhen auf einer zum Anschaffungsvorgang separaten Vertragsbeziehung und stellen deshalb keine Anschaffungsnebenkosten dar. Es besteht Aktivierungsverbot.

e) *Planungskosten für die Beratung durch ein Ingenieurbüro bei Errichtung einer Walzstraße*
Sofern die Walzstraße selbst hergestellt wird, handelt es sich um Herstellungskosten und nicht um Anschaffungsnebenkosten. Sofern die Walzstraße angeschafft wird, handelt es sich in Abhängigkeit von Art und Umfang der Planungskosten um aktivierungspflichtige Anschaffungsnebenkosten.

f) *Transportkosten*
Sofern die Kosten einzeln zurechenbar sind, liegen Anschaffungsnebenkosten vor, die aktivierungspflichtig sind, § 255 Abs. 1 HGB.

9. *Gehen Sie auf die Rolle der Umsatzsteuer und Finanzierungsaufwendungen im Zusammenhang mit Anschaffungskosten ein!*
   - *Umsatzsteuer*
   Die Umsatzsteuer auf alle Bestandteile der Anschaffungskosten gehört dann nicht zu den Anschaffungskosten, wenn sie als Vorsteuer vom Finanzamt erstattet wird.
   - *Finanzierungsaufwendungen* gehören nicht zu den Anschaffungskosten, da sie nicht mit dem Anschaffungsvorgang wirtschaftlich im Zusammenhang stehen, sondern aus einer selbständigen Vertragsbeziehung mit dem Kreditgeber resultieren.

10. *Was ist unter nachträglichen Anschaffungskosten zu verstehen? Geben Sie zwei Beispiele an!*
Nachträgliche Anschaffungskosten entstehen, wenn nach dem Zeitpunkt des Erwerbs noch Aufwendungen anfallen, die den Erwerb und die Inbetriebnahme betreffen, z. B. Straßenanlieger- und Erschließungsbeiträge, oder dazu dienen, den Vermögensgegenstand in einen objektiv höherwertigen Zustand zu versetzen, § 255 Abs. 1 Satz 2 HGB.

11. *Was versteht man unter offenen Rücklagen?*
    Offene Rücklagen werden auf der Passivseite der Bilanz als eine Form des Eigenkapitals ausgewiesen. Zum Beispiel in Form von Gewinnrücklagen.
12. *Wann können auch in der Position Bank stille Reserven vorhanden sein?*
    Zum Beispiel bei Bankvermögen in fremder Währung.
13. *Wann müssen bei Anwendung des Realisationsprinzips stille Reserven entstehen?*
    Wenn es bei Bilanzwerten auf der Aktivseite der Bilanz (Aktiva) zu Wertsteigerungen über die Anschaffungs- bzw. Herstellungskosten hinaus kommt. Diese Wertsteigerungen dürfen erst bei Veräußerung (Realisation) gewinnerhöhend berücksichtigt werden, § 252 Abs. 1 Nr. 4 HGB.
14. *Ist es buchungstechnisch möglich, ein negatives Eigenkapitalkonto durch eine Einlage in Höhe des negativen Kontostandes auszugleichen? Wie kann der Ausgleich noch erfolgen?*
    Buchungstechnisch ist der Ausgleich durch eine Einlage möglich. Der Buchungssatz lautet z. B. »Bank // Eigenkapital«. Durch die Einlage erfolgt der Ausgleich erfolgsneutral. Erfolgswirksam könnte der Ausgleich durch Veräußerung von Vermögensgegenständen erfolgen, die hohe stille Reserven aufweisen. Durch die Hebung der stillen Reserven entsteht ein Gewinn, der das Eigenkapital erhöht.
15. *Unterscheiden Sie derivativen und originären Geschäfts- oder Firmenwert?*
    Der derivative Geschäfts- oder Firmenwert entsteht bei der Anschaffung eines Unternehmens in Form eines »Asset Deals« und muss aktiviert werden, § 246 Abs. 1 Satz 4 HGB. Der originäre Geschäfts- oder Firmenwert stellt einen selbsterstellten immateriellen Wert dar, der nicht aktiviert werden darf, § 248 Abs. 2 Satz 2 HGB.
16. *Weshalb besteht für den originären Geschäfts- oder Firmenwert Aktivierungsverbot in Handels- und Steuerrecht?*
    Aufgrund der fehlenden Objektivierbarkeit und hoher Ermessensspielräume besteht für den originären Firmenwert Aktivierungsverbot. Das Aktivierungsverbot zeigt die Grenze des Vermögensbegriffs im Handels- und Steuerrecht auf.
17. *Erfüllt der derivative Geschäfts- oder Firmenwert die Merkmale eines Vermögensgegenstands? Begründen Sie Ihre Antwort!*
    Dem derivativen Geschäfts- oder Firmenwert mangelt es am Merkmal der Einzelveräußerbarkeit. Aus diesem Grund wurde der Geschäfts- oder Firmenwert per Gesetz zum Vermögensgegenstand bestimmt, § 246 Abs. 1 Satz 4 HGB.
18. *Wäre es möglich, im Rahmen des Kaufpreises für eine Unternehmung*
    a) einen erworbenen Mitarbeiterstamm,
    b) erworbene Patente,
    c) einen übernommenen Kundenstamm,
    als derivativen Geschäfts- oder Firmenwert zu aktivieren, wenn der Kaufpreis über der Summe der Werte der einzelbewertungsfähigen Vermögensgegenstände abzüglich Schulden liegt?

7 ANLAGEVERMÖGEN

Ein erworbener Mitarbeiterstamm oder Kundenstamm kann in Ermangelung der Einzelveräußerbarkeit nicht als selbständiger Vermögensgegenstand bilanziert werden. Es kommt deshalb nur die Aktivierung in Form eines Firmenwerts in Betracht. Für die Patente ist eine Aktivierung in Form eines Firmenwerts nicht möglich. Werden Patente im Rahmen des Kaufpreises entgeltlich erworben, so handelt es sich um entgeltlich erworbene immaterielle Vermögensgegenstände, die nach § 246 Abs. 1 Satz 1 HGB bzw. § 248 Abs. 2 Satz 1 HGB Umkehrschluss einzeln ausgewiesen (aktiviert) werden müssen.

19. *Erläutern Sie an einem selbstgewählten Beispiel des Erwerbs einer Unternehmung in Bezug auf selbstgewählte Angaben die Aktivierung eines Firmenwertes, wenn der Substanzwert der Vermögensgegenstände die Buchwerte in der Schlussbilanz des Veräußerers übersteigt. Erläutern Sie hierbei den Unterschied zwischen Firmenwert und stillen Rücklagen.*

Der Kaufpreis für eine Einzelunternehmung beträgt 100 TEUR. Der Buchwert des Anlagevermögens (Umlaufvermögens) beträgt 30 TEUR (20 TEUR). Der Marktwert des Anlagevermögens beträgt 60 TEUR. Es wird gebucht:

Privatkonto Altgesellschafter		50 EUR
Anlagevermögen (stille Reserven)		30 EUR
Firmenwert		20 EUR
an	Privatkonto Neugesellschafter	100 EUR

Der *derivative Firmenwert* ergibt sich aus der Differenz zwischen dem Kaufpreis für eine ganze Unternehmung und dem Wert der einzelnen Vermögensgegenstände zu Zeitwerten/Wiederbeschaffungskosten (Aktiva abzüglich Schulden). *Stille Rücklagen* entstehen, wenn die nach Maßgabe des Anschaffungskostenprinzips bilanzierten Werte der einzelnen Vermögensgegenstände niedriger sind als die Marktwerte. Die stillen Rücklagen sind für den Bilanzleser nicht ersichtlich, da sie nicht gesondert ausgewiesen werden. Sie können in einzelnen Bilanzpositionen entstehen, während der Firmenwert nur beim Kauf der ganzen Unternehmung ermittelt werden kann.

20. *Warum kann es im Interesse des Unternehmers liegen, in einer Teilperiode a) besonders hoch bzw. b) eher niedrig abzuschreiben?*

Eine besonders hohe Abschreibung führt aufgrund der Maßgeblichkeit zu einem niedrigeren steuerlichen Gewinn und dadurch zu niedrigeren Steuerzahlungen. Niedrige Abschreibungen führen (temporär) zu einem höheren Gewinn, der z. B. die Attraktivität einer Investition in das Unternehmen für potenzielle Investoren anzeigt.

21. *Warum verlangt das HGB eine »planmäßige« Abschreibung?*

Eine planmäßige Abschreibung schränkt die Manipulierbarkeit des Gewinns ein. Die Planmäßigkeit tritt der Willkür bzw. Ermessensbehaftung bei der Festlegung der Abschreibung entgegen.

22. *Beurteilen Sie die Konventionen bezüglich der Ermittlung planmäßiger Abschreibungen hinsichtlich des Ausweises der »tatsächlichen Vermögens- und Ertragslage«!*
    Bei den Konventionen zur planmäßigen Abschreibung handelt es sich um eine bewusste Vereinfachung, da eine »exakte« Bestimmung der Wertentwicklung nicht möglich ist. Die Konventionen basieren auf dem übergeordneten Ziel des Gläubigerschutzes und entsprechen nicht dem Ziel des Ausweises eines »tatsächlichen Gewinns«.

23. *Wie erfolgt die Bestimmung der Nutzungsdauer?*
    Die Bestimmung der betriebsgewöhnlichen Nutzungsdauer ist ermessensbehaftet, da nicht mit Sicherheit vorhergesagt werden kann, wie lange der Vermögensgegenstand tatsächlich genutzt wird. Aus diesem Grund haben die Finanzbehörden in Zusammenarbeit mit der Praxis Abschreibungstabellen (AfA-Tabellen) entwickelt, nach denen für steuerliche Zwecke die Nutzungsdauer zu bestimmen ist. Aus Vereinfachungsgründen werden die Tabellen auch für handelsrechtliche Zwecke verwendet.

24. *Zeigen Sie anhand eines selbstgewählten Beispiels, dass es im Wirtschaftsjahr der Veräußerung von Anlagevermögen hinsichtlich des Periodenerfolgs unerheblich ist, ob im Monat der Veräußerung noch planmäßige Abschreibungen vorgenommen werden oder nicht!*
    Der Restbuchwert eines Vermögensgegenstands am 1.1. beträgt 100 EUR. Die planmäßige Abschreibung bis zum Zeitpunkt des Verkaufs am 1.3. betrage 30 EUR. Der Vermögensgegenstand wird für 120 EUR verkauft.
    - *Gewinn mit planmäßiger Abschreibung*
      Bei planmäßiger Abschreibung beträgt der Restbuchwert am 1.3. noch 70 EUR. Der Veräußerungsgewinn beträgt 50 EUR. Der Gesamtgewinn beträgt demnach (50 − 30 =) 20 EUR.
    - *Gewinn ohne planmäßige Abschreibung*
      Der Gesamtgewinn beträgt (120 − 100 =) 20 EUR.

25. *Ausgehend von 24.: Erläutern Sie, inwiefern die Vornahme planmäßiger Abschreibungen bis zum Monat der Veräußerung Auswirkungen auf die Erfolgsquellen hinsichtlich der Erfolgsspaltung in der GuV im Jahr der Veräußerung hat!*
    Bei planmäßiger Abschreibung im Jahr der Veräußerung beträgt der sonstige Erfolg 50 EUR, während die Abschreibungen das Betriebsergebnis mindern. Im Fall ohne planmäßige Abschreibung beträgt der sonstige Erfolg 20 EUR, während das Betriebsergebnis nicht beeinflusst wird.

26. *Welche Formen der Zeitabschreibung kennen Sie?*
    Zur Zeitabschreibung gehören z.B. die lineare, geometrisch-degressive und arithmetisch-degressive Abschreibung.

27. *Was versteht man unter »Sonderabschreibungen«?*
    Sonderabschreibungen sind im Steuerrecht verankerte, schnellere Abschreibungen, die nichts mit dem Zweck des Ausweises der tatsächlichen Vermögens- und Ertragslage nach HGB zu tun haben. Einziger Zweck ist eine zeitlich vorgezogene steuerliche Entlastung.

28. *Worin besteht der Unterschied zwischen der geometrisch-degressiven und der arithmetisch-degressiven Abschreibung?*
Bei der geometrisch-degressiven Abschreibung sinkt die Abnahme der Abschreibungsbeträge im Zeitablauf (degressiv) während bei der arithmetisch-degressiven Abschreibung die Abschreibungsbeträge um einen konstanten Betrag (linear) abnehmen.
- *arithmetisch-degressive Abschreibung*

$$AfA_t = \frac{n+1-t}{S} \times A_0$$

$$\frac{\partial AfA_t}{\partial t} = -\frac{1}{S} \times A_0 < 0$$

$$\frac{\partial^2 AfA_t}{\partial^2 t} = 0 = const.$$

Die erste Ableitung ist kleiner null, demnach sinken die Abschreibungsbeträge im Zeitablauf. Da die zweite Ableitung null ist, verändert sich die Reduktion der Abschreibung im Zeitverlauf nicht.
- *geometrisch-degressive Abschreibung*

$$AfA_t = A_0 \times (1-g)^{t-1} \times g$$

$$\frac{\partial AfA_t}{\partial t} = A_0 \times \underbrace{\ln(1-g)}_{<0} \times (1-g)^{t-1} \times g < 0$$

$$\frac{\partial^2 AfA_t}{\partial^2 t} = A_0 \times \ln(1-g) \times \ln(1-g) \times (1-g)^{t-1} \times g > 0$$

Die erste Ableitung ist kleiner null, demnach sinken die Abschreibungsbeträge. Da die zweite Ableitung positiv ist bzw. die dritte Ableitung wiederum negativ ist, wird die Reduktion der Abschreibungsbeträge im Zeitablauf kleiner.

29. *Zu welchem Problem führt die Anwendung der geometrisch-degressiven Abschreibung in ihrer reinen Form und welche Möglichkeiten zur Lösung des Problems sind denkbar? Diskutieren Sie die Vor- und Nachteile der Lösungsmöglichkeiten!*
Eine Abschreibung auf null ist durch ausschließliche Anwendung der geometrisch-degressiven Abschreibung nicht möglich. Das Problem lässt sich umgehen, wenn
- der Restbuchwert am Ende der betriebsgewöhnlichen Nutzungsdauer vollständig abgeschrieben wird,
- die Abschreibung auf einen vorher festgelegten Restbuchwert größer null erfolgt oder
- ein Wechsel zur linearen Abschreibung im optimalen Zeitpunkt erfolgt. Als optimaler Zeitpunkt wird das Jahr angesehen, ab dem die Abschreibungsbeträge der linearen Abschreibung größer sind als die der geometrisch-degressiven Abschreibung.

Der Nachteil bei der Restabschreibung am Ende der betriebsgewöhnlichen Nutzungsdauer besteht in sehr hohen Abschreibungen im letzten

Jahr bei kurzen Nutzungsdauern. Diese Vorgehensweise wird als nicht GoB-konform abgelehnt. Bei der Abschreibung auf einen festgelegten Restbuchwert muss dieser geschätzt werden, was sehr ermessensbehaftet ist. Beim Wechsel zur linearen Abschreibung treten die beschriebenen Nachteile nicht auf.

30. *Wie hoch ist die Abschreibung bei ausschließlicher Anwendung der geometrisch-degressiven Abschreibung und $A_0 = 100\,000$ EUR, $n = 20$ und $g = 0{,}15$ in $t = 13$?*
Die Abschreibung wird auf Grundlage des Restbuchwerts in $t = 12$ ermittelt und beträgt

$$AfA_{13} = 100\,000 \times (1 - 0{,}15)^{12} \times 0{,}15 = 2\,133{,}63.$$

31. *Wie hoch muss der Degressionssatz g im Allgemeinen sein, damit von Beginn an die lineare Abschreibung in jeder Periode zu höheren Abschreibungsbeträgen führt als die geometrisch-degressive Abschreibung?*
Der Degressionssatz muss kleiner sein als der Abschreibungssatz bei linearer Abschreibung. Beispiel: $g = 0{,}1$, $n = 5$. Demnach beträgt der lineare Abschreibungssatz 20 %. Der optimale Übergang wäre dann im Jahr

$$t^* = \left(n - \frac{1}{g}\right) + 1 \quad \to \quad \left(5 - \frac{1}{0{,}1}\right) + 1 = -4.$$

32. *Worin bestehen die wesentlichen Unterschiede zwischen linearer, leistungsabhängiger, geometrisch-degressiver und digitaler Abschreibung?*
Bei der linearen, leistungsabhängigen und der digitalen Abschreibung werden die Abschreibungsbeträge auf Basis der Anschaffungskosten ermittelt. Bei der geometrisch-degressiven Abschreibung hängen die Abschreibungen vom jeweiligen Restbuchwert ab. Bei der linearen Abschreibung sind die Abschreibungsbeträge konstant, während sich die Abschreibungsbeträge bei den anderen Methoden im Zeitverlauf ändern. Die leistungsabhängige Abschreibung ist die einzige Abschreibung, bei der die Abschreibungsbeträge im Zeitablauf zunehmen können. Zudem handelt es sich bei ihr im Vergleich zu den anderen Abschreibungsformen nicht um eine Zeitabschreibung.

33. *In welchem Verhältnis stehen arithmetisch-degressive und digitale Abschreibung?*
Die digitale Abschreibung stellt eine Sonderform der arithmetisch-degressiven Abschreibung dar, bei der eine Abschreibung auf null erfolgt und daher die Abschreibung in der letzten Periode dem Degressionsbetrag entspricht.

34. *Welcher Wert muss im Fall der digitalen Abschreibung der Degressionsbetrag d im Allgemeinen annehmen, damit*

   a) lineare Abschreibung vorliegt,
   b) die Abschreibung in $t = n$ gerade null beträgt?

a) Lineare Abschreibung liegt bei d = 0 vor. Der Abschreibungsbetrag im ersten Jahr beträgt $\frac{A_0}{n}$. b) Wenn für den Degressionsbetrag

$$d = \frac{A_0}{\frac{n \times (n-1)}{2}}$$

gilt, folgt $AfA_n = 0$.[1]

35. *Was versteht man unter a) progressiver Abschreibung und b) Abschreibung in fallenden Staffelsätzen? Geben Sie jeweils ein Beispiel für deren Verwendung an!*

   a) *Progressive Abschreibung* bedeutet, dass die Abschreibungsbeträge im Zeitverlauf zunehmen. Die 1. Ableitung der Abschreibungsfunktion ist positiv. Progressive Abschreibungen kommen in Betracht, wenn der Grad der Nutzung im Zeitverlauf planmäßig steigt, wie z. B. bei einem Kraftwerk, das erst langsam hochgefahren wird oder einem Rechenzentrum, das erst nach und nach ausgelastet wird.

   b) Die *Abschreibung in fallenden Staffelsätzen* beruht auf dem Steuerrecht. Dort wurde insbesondere in den 1990er Jahren die Abschreibung von Gebäuden durch fallende Staffelsätze gewährt. Bei dieser Form der Abschreibung werden die Abschreibungssätze für die einzelnen Perioden im Voraus festgelegt. In der Regel sind die Sätze in den ersten beiden Jahren sehr hoch, z. B. 40 %, und fallen dann stark ab, z. B. auf 1 %.

36. *Welche Regelungen gelten für die Abschreibung des derivativen Geschäfts- oder Firmenwertes im Handels- und Steuerrecht?*
   Im Handelsrecht ist der Geschäfts- oder Firmenwert planmäßig über 10 Jahre abzuschreiben, § 253 Abs. 3 Sätze 3 und 4 HGB. Eine Abschreibungsmethode ist nicht vorgegeben. Im Steuerrecht ist der Geschäfts- oder Firmenwert über 15 Jahre linear abzuschreiben, § 7 Abs. 1 Satz 3 EStG.

37. *Was versteht man unter einem geringwertigen Wirtschaftsgut?*
   Der Begriff des Wirtschaftsguts ist das steuerrechtliche Pendant zum handelsrechtlichen Begriff des Vermögensgegenstands. Beide Begriffe sind nicht deckungsgleich. Der Begriff des geringwertigen Wirtschaftsguts ist nur im Steuerrecht kodifiziert. In der Praxis werden die Regelungen auch für handelsrechtliche Zwecke verwendet. Gemäß § 6 Abs. 2 Satz 1 EStG liegt ein geringwertiges Wirtschaftsgut vor, wenn es sich um ein abnutzbares bewegliches Wirtschaftsgut des Anlagevermögens handelt, das selbständig nutzbar ist und dessen Anschaffungskosten ohne Umsatzsteuer 800 EUR nicht übersteigen.

38. *Welche Möglichkeiten der bilanziellen Erfassung existieren für Vermögensgegenstände, deren Anschaffungskosten zwischen 1 EUR und 1 000 EUR betragen? Welche Rolle spielt die Umsatzsteuer in diesen Fällen?*
   Liegen die Anschaffungskosten zwischen 1 und (einschließlich) 250 EUR, handelt es sich um geringwertige Vermögensgegenstände, die sofort abgeschrieben werden können. Liegen die Anschaffungskosten zwischen

---

[1] Vgl. dazu die Herleitung im Lehrbuch.

1 EUR und (einschließlich) 1 000 EUR, können Sie im Rahmen eines Sammelpostens über fünf Jahre linear abgeschrieben werden. Handelt es sich um geringwertige Wirtschaftsgüter (Vermögensgegenstände) gilt die unter 38. beschriebene Regelung.

39. *Geben Sie jeweils zwei Beispiele für Vermögensgegenstände an, die nicht zu den geringwertigen Wirtschaftsgütern zählen, da es ihnen jeweils am Merkmal der*
    a) *Abnutzbarkeit,*
    b) *Beweglichkeit,*
    c) *selbständigen Nutzbarkeit bzw.*
    d) *Wertgrenze mangelt.*

    An der a) Abnutzbarkeit mangelt es bei Wertpapieren und Grundstücken. Beiden Vermögensgegenständen mangelt es ebenfalls an der b) Beweglichkeit. Der Computertastatur und dem Bohrer mangelt es an der c) selbständigen Nutzbarkeit. Die Anschaffungskosten des für 1 000 EUR netto angeschafften Pkw und die Anschaffungskosten der für 5 000 EUR angeschafften Maschine übersteigen die Wertgrenze von 800 EUR, um als geringwertiges Wirtschaftsgut im Jahr der Anschaffung abgeschrieben werden zu können.

40. *Welche Möglichkeiten zur Verbuchung von Abschreibungen existieren und worin bestehen die wesentlichen Unterschiede?*

    Es kann direkt oder indirekt abgeschrieben werden. Der Gewinn wird dadurch nicht beeinflusst. Während bei der direkten Abschreibung der Wertansatz des betreffenden Vermögensgegenstands direkt vermindert wird, wird bei der indirekten Methode eine passive Wertberichtigung durchgeführt, so dass der Vermögensgegenstand mit seinen ursprünglichen Anschaffungskosten ausgewiesen bleibt.

41. *Welche Vor- und Nachteile sind mit der indirekten Methode der Verbuchung der Abschreibung verbunden?*

    Die indirekte Methode beinhaltet mehr Informationen für den Bilanzleser, da die Bilanz mehr Positionen enthält, führt aber zu einem höheren buchhalterischen Aufwand, da zusätzlich das Konto »Wertberichtigungen auf Anlagevermögen« verwaltet werden muss.

42. *Wird der Gewinn durch die Verwendung der direkten oder indirekten Methode der Verbuchung der Abschreibung beeinflusst?*

    Nein, der Gewinn wird durch die Wahl der direkten oder indirekten Abschreibung nicht beeinflusst.

43. *Was bedeutet »außerplanmäßige« Abschreibung?*

    Der Wertminderung durch unvorhersehbare Ereignisse, wie z. B. Elementarereignisse (Sturm, Wasser, Feuer), wird durch außerplanmäßige Abschreibung Rechnung getragen.

44. *Was versteht man unter dem »gemilderten Niederstwertprinzip«?*

    »Gemildert« bedeutet, dass nicht sofort bei Vorliegen eines niedrigeren Marktwerts am Bilanzstichtag abgeschrieben werden muss/darf, sondern erst dann, wenn absehbar ist, dass die Wertminderung von Dauer ist.

45. *Worin besteht das Problem einer »dauerhaften Wertminderung«? Wie ist das Problem beim abnutzbaren Anlagevermögen gelöst?*
   Die Bestimmung einer dauerhaften Wertminderung ist stark ermessensbehaftet. Bei einem durch Feuer zerstörten Gebäude ist die Dauerhaftigkeit unbestritten, wird der technische Fortschritt als Grund für eine dauerhafte Wertminderung angeführt, bleibt die Wertbestimmung ermessensbehaftet, da die Wertentwicklung zukunftsorientiert ist. Für die Ermittlung des Vorliegens einer dauerhaften Wertminderung greifen Konventionen, die für steuerliche Zwecke bestimmt wurden. Demnach ist die Wertminderung im abnutzbaren Anlagevermögen von Dauer, wenn der durch die Wertminderung ermittelte Wert niedriger ist, als der Wert, der bei planmäßiger Abschreibung bei halber Restnutzungsdauer erreicht wird.

46. *Wann und in welchem Umfang muss eine Wertaufholung beim Anlagevermögen durchgeführt werden?*
   Ein niedriger Wertansatz darf nicht beibehalten werden, wenn die Gründe dafür nicht mehr bestehen, § 253 Abs. 5 Satz 1 HGB. Eine Ausnahme gilt für den derivativen Geschäfts- oder Firmenwert, für den ein Wertaufholungsverbot besteht, § 253 Abs. 5 Satz 2 HGB.
   Im Fall einer Wertaufholung ist die Wertaufholung begrenzt auf vorangegangene außerplanmäßige Abschreibungen. Dies gilt vor allem bei nicht abnutzbarem Anlagevermögen. Zudem darf nur auf die fortgeführten Anschaffungskosten, die sich ohne außerplanmäßigen Abschreibungen ergeben hätten, zugeschrieben werden.

47. *Warum ist eine Wertaufholung des derivativen Geschäfts- oder Firmenwertes nach vorangegangener außerplanmäßiger Abschreibung nicht mehr möglich?*
   Der Gesetzgeber geht davon aus, dass es sich bei der Werterholung nicht um eine Wertsteigerung des erworbenen, derivativen Geschäfts- oder Firmenwerts handelt, sondern um einen selbst geschaffenen, originären Geschäfts- oder Firmenwert, für den Aktivierungsverbot besteht.

48. *Welche Informationen beinhaltet das Anlagegitter?*
   Durch das Anlagegitter kann insbesondere auf die Altersstruktur des Anlagevermögens geschlossen werden. Zudem werden Investitionen und Desinvestitionen ersichtlich.

49. *Was ist unter »Umbuchungen« im Anlagegitter zu verstehen?*
   Die Spalte Umbuchungen zeigt Positionswechsel im Anlagevermögen auf. Zum Beispiel, wenn die sich im Bau befindenden Anlagen fertiggestellt sind, werden sie von der Position »Anlagen im Bau« auf ihre entsprechende Bilanzposition umgebucht.

8 Umlaufvermögen

(89) Lösung Aufgabe 103 *Wahr oder falsch?*

a) *wahr* | Die Erstbewertung bei angeschafften Vermögensgegenständen des *Umlaufvermögens* erfolgt analog zu angeschafften Vermögensgegenständen des *Anlagevermögens*, nämlich zu den Anschaffungskosten nach § 255 Abs. 1 HGB.

b) *falsch* | Da es sich um Vermögensgegenstände handelt, müssen sie aktiviert werden, § 246 Abs. 1 Satz 1 HGB.

c) *wahr* | Der Ermittlung der Herstellungskosten gehen z. B. bei der Zuschlagskalkulation umfangreiche Vorarbeiten zur Ermittlung der Zuschlagssätze voraus. Die Zuschlagssätze werden über den Betriebsabrechnungsbogen (BAB) im Rahmen des internen Rechnungswesens ermittelt.

d) *wahr* | Es bestehen z. B. Wahlrechte hinsichtlich der Aktivierung von allgemeinen Verwaltungskosten, freiwilliger sozialer Leistungen oder Aufwendungen für die betriebliche Altersvorsorge.

e) *wahr* | Ein hoher Gewinn wird durch hohe Bewertung erreicht, da dann die Aufwendungen aus der GuV aktiviert werden, d. h. sie stehen auf der Habenseite in der GuV, was einem Ertrag entspricht.

f) *wahr* | Auch die Bewertung ist letztlich eine Frage der Periodisierung. Da ausschließlich Zahlungen periodisiert werden, ist es über die Totalperiode völlig unerheblich, ob hoch oder niedrig bewertet wird. Es ergibt sich derselbe Totalerfolg (Gewinn). Allerdings fällt der Gewinn in den einzelnen Rechnungsperioden unterschiedlich hoch aus.

g) *wahr* | Dies ergibt sich aus § 253 Abs. 4 HGB.

h) *falsch* | Die Dauer der Wertminderung spielt – anders als im Anlagevermögen – im Umlaufvermögen keine Rolle.

i) *falsch* | Das in § 253 Abs. 1 Satz 1 HGB kodifizierte Anschaffungskostenprinzip gilt für alle Vermögensgegenstände.

j) *wahr* | Anders als bei uneinbringlichen Forderungen ist der Ausfall bei zweifelhaften Forderungen nur wahrscheinlich, aber nicht sicher.

k) *wahr* | Eine Korrektur (Berichtigung) der Umsatzsteuer erfolgt nur bei uneinbringlichen Forderungen.

l) *falsch* | Die Umsatzsteuer wird voll korrigiert. Nach dem Prinzip »ganz oder gar nicht«.

m) *falsch* | Die Erfolgswirkung ist dieselbe, lediglich der Informationsgehalt für den Bilanzleser unterscheidet sich.

n) *falsch* | Die Erstbewertung erfolgt zum Briefkurs (Ankaufkurs von Fremdwährung durch die Bank).

o) *falsch* | Fremdwährungsforderungen müssen zum Devisenkassamittelkurs bewertet werden, § 256a Satz 1 HGB.

8 UMLAUFVERMÖGEN L-104

p) *wahr* | Die Umsatzsteuer darf nicht berichtigt werden, da der Forderungsausfall nicht sicher ist, sondern die Abschreibung lediglich auf Erfahrungswerten beruht.
q) *wahr* | Die tatsächliche Verbrauchsfolge wird aus Vereinfachungsgründen explizit vernachlässigt.
r) *wahr* | Bei den gleitenden bzw. permanenten Verfahren müssen die *bewerteten* Abgänge erfasst werden.
s) *wahr* | Eine Inventur ist für die Bewertung der Endbestände nicht erforderlich, da die einzelnen Abgänge buchhalterisch erfasst werden. Die Inventur dient lediglich der Kontrolle.
t) *wahr* | Bei der Verbrauchsfolgefiktion nach dem fifo-Verfahren ist es – anders als beim lifo-Verfahren – nicht möglich, dass Gegenstände *fiktiv* veräußert werden, obwohl sie zum Zeitpunkt der Veräußerung noch gar nicht angeschafft waren.
u) *wahr* | Beispiel: AB = 4 ME à 3 EUR/ME, Abgang am 1.1. = 3 ME, Zugang am 1.12. = 5 ME à 4 EUR/ME. Der Abgang am 1.1. wird mit 4 EUR/ME bewertet, obwohl der Zugang erst am 1.12. erfolgt. Das bedeutet, dass nach der Fiktion des periodischen lifo-Verfahrens Vorräte abgehen können, die zum Zeitpunkt des Vorgangs noch gar nicht angeschafft waren. Dieses Problem besteht beim permanenten lifo-Verfahren nicht.
v) *wahr* | Sonst wäre fiktiv das alte (gammelige) Gemüse noch auf Lager.
w) *falsch* | Beim fifo-Verfahren sind die zuletzt zugegangenen ME noch im Bestand, beim lifo-Verfahren die zuerst zugegangenen. Bei steigenden Preisen im Zeitablauf entstehen stille Reserven. Da die niedrigpreisigen, zuerst zugegangenen ME beim lifo-Verfahren fiktiv noch auf Lager sind, werden beim lifo-Verfahren in diesem Fall höhere stille Reserven gebildet als beim fifo-Verfahren.
x) *falsch* | Der Totalgewinn bleibt unabhängig von der Bewertung in den einzelnen Perioden gleich. Es spielt also keine Rolle, nach welchem Verfahren die Bewertung stattfindet.
y) *wahr* | Vgl. w).
z) *wahr* | Der Ansatz eines Festwertes ist auch im Jahresabschluss sowohl für Anlagevermögen als auch für Umlaufvermögen zulässig, § 256 Satz 2 HGB i. V. m. § 240 Abs. 4 HGB.

(91) **Lösung Aufgabe 104** *Ermittlung der Herstellungskosten*
Zu den Herstellungskosten nach HGB gehören zur Bemessung der Wertuntergrenze die Material- und Fertigungseinzel- und -gemeinkosten sowie die Sonderkosten der Fertigung, § 255 Abs. 2 Satz 2 HGB.

Vertriebskosten dürfen nicht in die Herstellungskosten einbezogen werden, § 255 Abs. 2 Satz 4 HGB. Allgemeine Verwaltungskosten und Aufwendungen für freiwillige Sozialleistungen können einbezogen werden. Insoweit besteht ein Ansatzwahlrecht, § 255 Abs. 2 Satz 3 HGB. Kalkulatorische Kosten (Zusatzkosten) gehören nicht zu den Herstellungskosten. Der Herstellungskostenbegriff orientiert sich am pagatorischen Kostenbegriff. Kosten, die keinen tatsächlichen Aufwand darstellen, dürfen nicht einbezogen werden.

Die Wertuntergrenze für den Ansatz der unfertigen Erzeugnisse in der Handelsbilanz beträgt (5 000 + 3 500 =) 8 500 EUR.

(91) **Lösung Aufgabe 105** *Folgebewertung im Umlaufvermögen*
Die außerplanmäßige Ab- und Zuschreibung von Umlaufvermögen ist in § 253 Abs. 4 HGB sowie § 253 Abs. 5 HGB geregelt. § 253 Abs. 4 HGB lautet:

> *(4) ¹Bei Vermögensgegenständen des Umlaufvermögens sind Abschreibungen vorzunehmen, um diese mit einem niedrigeren Wert anzusetzen, der sich aus einem Börsen- oder Marktpreis am Abschlussstichtag ergibt. ²Ist ein Börsen- oder Marktpreis nicht festzustellen und übersteigen die Anschaffungs- oder Herstellungskosten den Wert, der den Vermögensgegenständen am Abschlussstichtag beizulegen ist, so ist auf diesen Wert abzuschreiben.*

1. Für das Umlaufvermögen gilt grundsätzlich das strenge Niederstwertprinzip. Unabhängig von der voraussichtlichen Dauer der Wertminderung muss auf den niedrigeren beizulegenden Wert abgeschrieben werden. Umgekehrt muss gem. § 253 Abs. 5 Satz 1 HGB zwingend zugeschrieben werden, wenn der Grund für die außerplanmäßige Abschreibung entfallen ist. Im vorliegenden Fall muss daher um 50 EUR auf 250 EUR zugeschrieben werden. Der Wertansatz am Bilanzstichtag beträgt folglich 250 EUR.

2. Auch für das Umlaufvermögen gelten die Anschaffungskosten als Obergrenze des Bilanzansatzes, § 253 Abs. 1 Satz 1 HGB. Die Zuschreibung ist hier begrenzt auf 100 EUR. Der Ansatz der Hilfsstoffe am Bilanzstichtag beträgt demnach 200 EUR.

3. Betriebsstoffe gehören zum Umlaufvermögen. Es gilt das strenge Niederstwertprinzip. Es ist um 100 EUR auf den niedrigeren Marktwert abzuschreiben, § 253 Abs. 4 HGB.

4. Es gilt das strenge Niederstwertprinzip. Es ist um 200 EUR auf 400 EUR abzuschreiben, § 253 Abs. 4 HGB. Die Wertpapiere sind am Bilanzstichtag mit 400 EUR anzusetzen.

5. Bei der Wertkorrektur der Forderung handelt es sich um eine Einzelwertberichtigung. Da der Ausfall der Forderung nur wahrscheinlich ist, aber nicht sicher, darf die Umsatzsteuer nicht korrigiert werden. Es werden 80 % der Nettoforderung, mithin $0{,}8 \times \frac{1\,190}{1{,}19} = 800$ EUR, abgeschrieben, § 253 Abs. 4 HGB. Die Forderung wird mit 200 EUR zzgl. Umsatzsteuer auf den vollen Forderungsbetrag $\left(0{,}19 \times \frac{1\,190}{1{,}19} =\right)$ 190 EUR, also insgesamt 390 EUR, bewertet.

6. Da der Ausfall der Forderung sicher ist, muss die Umsatzsteuer in vollem Umfang korrigiert werden. Es werden 90 % der Nettoforderung, mithin $0{,}9 \times \frac{1\,190}{1{,}19} = 900$ EUR, abgeschrieben, § 253 Abs. 4 HGB. Die Forderung wird mit 100 EUR bewertet.

7. Eine Pauschalwertberichtigung steht den Grundsätzen ordnungsmäßiger Buchführung nicht entgegen. Da im Vorjahr ein passiver Bestand

8 UMLAUFVERMÖGEN

an PWB i. H. v. 3 000 EUR existierte, darf nunmehr nur die Differenz, also (4 000 − 3 000 =) 1 000 EUR, aufwandswirksam abgeschrieben werden. Der Bilanzansatz der PWB beträgt am Bilanzstichtag 4 000 EUR.

8. Der Buchwert, in Euro umgerechnet, beträgt 1 000 USD × 0,85 $\frac{EUR}{USD}$ = 850 EUR. Grundsätzlich gelten die Anschaffungskosten mit umgerechnet 900 EUR als Höchstgrenze. Sichteinlagen sind kurzfristig verfügbar, sodass die Ausnahmeregelung des § 256a Satz 2 HGB zutrifft. Das bedeutet, dass insbesondere das in § 253 Abs. 1 Satz 1 HGB kodifizierte Anschaffungskostenprinzip (= Anschaffungskosten als Höchstgrenze) nicht zur Anwendung kommt. Die Sichteinlagen sind deshalb zum Bilanzstichtag mit 1 100 EUR anzusetzen, d. h. um 250 EUR zuzuschreiben.

(92) **Lösung Aufgabe 106** *Einzelwertberichtigung*

a) Verbuchung des Umsatzes:

393] *Forderungen aus L. u. L.*   11 900 EUR
       an   *Warenverkauf*   10 000 EUR
             Umsatzsteuer   1 900 EUR

b) Berichtigung der Forderung. Der Forderungsausfall ist wahrscheinlich, aber nicht sicher, eine Korrektur der Umsatzsteuer erfolgt deshalb nicht.

394] *zweifelhafte Forderungen*   11 900 EUR
       an   *Forderungen aus L. u. L.*   11 900 EUR

395] *Zuführung EWB zu Forderungen*   7 000 EUR
       an   *EWB zu Forderungen*   7 000 EUR

c) Zunächst erfolgt die Auflösung des passiven Bestandskontos »Einzelwertberichtigungen zu Forderungen«:

396] *EWB zu Forderungen*   7 000 EUR
       an   *zweifelhafte Forderungen*   7 000 EUR

Vereinnahmung der 9 520 EUR:

397] *Bank*   9 520 EUR
     Umsatzsteuer   380 EUR
       an   *zweifelhafte Forderungen*   4 900 EUR
            sonstige betriebliche Erträge   5 000 EUR

(92) **Lösung Aufgabe 107** *Pauschalwertberichtigung (Verbuchung)*

a) Zunächst Ermittlung des Bestands der Nettoforderungen:

		EUR
	Forderungen (brutto)	99 000,00
./.	Umsatzsteuer, $\frac{99\,000}{1{,}19} \times 0{,}19 =$	15 806,72
=	Nettoforderungen	83 193,28,00
	dv. 5 %	4 159,66

Der bisher gebildete Posten muss um (4 159,66 − 3 800 =) 359,66 EUR aufgestockt werden. Buchung:

[B-398] Zuführung PWB zu Forderungen   359,66 EUR
             an PWB zu Forderungen   359,66 EUR

b) Die bisher gebildete Pauschalwertberichtigung ist zu hoch und muss i. H. v. (6 000 − 4 159,66 =) 1 840,34 EUR aufgelöst werden. Buchung:

[B-399] PWB zu Forderungen   1 840,34 EUR
             an Auflösung PWB   1 840,34 EUR

L-109 (93) **Lösung Aufgabe 108** *Pauschalwertberichtigung (Berechnung)*

			EUR	
	(1)	Bruttoforderungen vor EWB	63 711	
./.	(2)	Steuerfreie Umsätze	9 200	
./.	(3)	Bereits einzelwertberichtigte Forderungen	2 380	
=	(4)	Bruttoforderungen nach EWB	52 131	
	(5)	Ermäßigte Umsatzsteuer aus 15 836 EUR	1 036	
+	(6)	Umsatzsteuer aus (52 131−15 836 =) 36 295 EUR	5 795	
=	(7)	Umsatzsteuer gesamt	6 831	6 831
+	(8)	Umsatzsteuerfreie Forderungen		9 200
=	(9)	Nettoforderungen ((4) − (7) + (8))		54 500
	(10)	Dv. 4% pauschale Berichtigung für Forderungsausfälle		2 180
./.	(11)	PWB Vorjahr		2 400
=	(13)	Auflösung PWB		220

(93) **Lösung Aufgabe 109** *Einzel- und Pauschalwertberichtigung von Forderungen*

1. Da das Insolvenzverfahren weder beantragt noch eröffnet wurde, ist der Forderungsausfall wahrscheinlich, die Forderung ist aber nicht uneinbringlich. Da die Höhe des Ausfalls nicht bekannt ist, wird die Forderung lediglich auf das Konto »zweifelhafte Forderungen« umgebucht.

[B-400] zweifelhafte Forderungen   9 877 EUR
             an Forderungen aus L. u. L.   9 877 EUR

2. Bloße »Gerüchte« sind für Zwecke der Bewertung unerheblich. Da weder öffentliche Stellungnahmen existieren, noch die Beantragung eines Insolvenzverfahrens vorgesehen ist, finden keine Abschreibungen statt.

3. Der Forderungsausfall ist wahrscheinlich, aber nicht sicher. Eine Korrektur der Umsatzsteuer kommt nicht in Betracht.

[B-401] zweifelhafte Forderungen   5 950 EUR
             an Forderungen aus L. u. L.   5 950 EUR

8 UMLAUFVERMÖGEN

Der Nettobetrag wird zu 80% abgeschrieben: 5 000 × 0,8 = 4 000 EUR.

402] Abschreibungen   4 000 EUR
          an   zweifelhafte Forderungen   4 000 EUR

4. Da die Forderung uneinbringlich wird, ist die Umsatzsteuer voll zu korrigieren (zu berichtigen).

403] Abschreibungen   15 000 EUR
      Umsatzsteuer   2 850 EUR
          an   zweifelhafte Forderungen   17 850 EUR

5. a) Die Forderung wird zunächst auf das Konto »zweifelhafte Forderungen« umgebucht:

404] zweifelhafte Forderungen   2 142 EUR
          an   Forderungen aus L. u. L.   2 142 EUR

b) Die Wahrscheinlichkeit des Ausfalls ist jetzt bekannt, zudem wird das Insolvenzverfahren eröffnet. 70% der Nettoforderung wird abgeschrieben. Die Umsatzsteuer wird voll korrigiert. Die Nettoforderung lautet über $\frac{2\,142}{1,19}$ = 1 800 EUR, 70% davon ergeben 1 260 EUR. Die Umsatzsteuer beträgt 1 800 × 0,19 = 342 EUR.

405] Abschreibungen   1 260 EUR
      Umsatzsteuer   342 EUR
          an   zweifelhafte Forderungen   1 602 EUR

c) Die Überweisung des Insolvenzverwalters enthält 19% Umsatzsteuer. Der Nettobetrag (Entgelt, Bemessungsgrundlage der Umsatzsteuer) lautet über $\frac{476}{1,19}$ = 400 EUR, die Umsatzsteuer beträgt 76 EUR. Die noch vorhandenen zweifelhaften Forderungen betragen (2 142 − 1 602 =) 540 EUR (netto), also müssen noch (540 − 400 =) 140 EUR abgeschrieben werden.

406] Bank   476 EUR
      sonstiger betrieblicher Aufwand   140 EUR
          an   zweifelhafte Forderungen   540 EUR
               Umsatzsteuer   76 EUR

6. a) Es erfolgt zunächst die Umbuchung auf das Konto »zweifelhafte Forderungen«. Die Umsatzsteuer wird nicht korrigiert.

407] zweifelhafte Forderungen   14 280 EUR
          an   Forderungen aus L. u. L.   14 280 EUR

b) Da das Insolvenzverfahren noch nicht eröffnet wurde, werden 70% der Nettoforderung $\left(\frac{14\,280}{1,19} \times 0,7 = 8\,400\right)$ indirekt abgeschrieben. Die Umsatzsteuer wird nicht korrigiert.

408] Zuführung EWB zu Forderungen   8 400 EUR
          an   EWB zu Forderungen   8 400 EUR

c) Der Nettobetrag der Bankgutschrift beträgt $\left(\frac{5\,950}{1,19} = 5\,000\right)$, der Verlust ergibt demnach $\left(\frac{14\,280}{1,19} = 12\,000;\ 12\,000 - 5\,000 =\right)$ 7 000 EUR. Davon wurden bereits 8 400 EUR abgeschrieben, also entsteht ein sonstiger betrieblicher Ertrag i. H. v. (8 400 EUR − 7 000 =) 1 400 EUR. Die Umsatzsteuer betrug ursprünglich 2 280 EUR, davon gehen aber lediglich 950 EUR ein, die Differenz (2 280 − 950 =) 1 330 EUR muss korrigiert (berichtigt) werden.

[B-409]

Bank	5 950 EUR	
EWB zu Forderungen	8 400 EUR	
Umsatzsteuer	1 330 EUR	
an zweifelhafte Forderungen		14 280 EUR
sonstige betriebliche Erträge		1 400 EUR

7. Ermittlung der Pauschalwertberichtigung

			EUR
	Forderungsbestand vor Berichtigung (brutto)		208 149
./.	Forderung Nix-GmbH (brutto)		9 877
./.	Forderung X-OHG (brutto)		5 950
./.	Forderung M-AG (brutto)		17 850
./.	Forderung Y-KG (brutto)		2 142
./.	Forderung AB-GmbH & Co. KG (brutto)		14 280
=	Noch zu berichtigen (brutto)		158 050
./.	Umsatzsteuerfreie Forderungen		23 000
./.	Forderungen mit ermäßigtem Steuersatz		16 050
=	Noch zu berichtigende Forderungen mit 19 % USt		119 000
./.	Umsatzsteuer $\left(\frac{0,19}{1,19} \times 119\,000 =\right)$		19 000
=	Netto		100 000
./.	Forderungen ggü. der öffentlichen Hand*		48 000
=	Zu berichtigende Nettoforderungen (mit 19 % USt)	52 000	52 000
+	Umsatzsteuerfreie Forderungen	23 000	
+	Forderungen mit ermäßigtem USt-Satz	16 050	
./.	USt $\left(\frac{0,07}{1,07} \times 16\,050 =\right)$	1 050	
+	Netto	15 000	15 000
=	Insgesamt zu berichtigen		90 000
	dv. 3 %		2 700

* Forderungen gegenüber der öffentlichen Hand werden nicht berichtigt, da die Forderungen als sicher gelten.

8 UMLAUFVERMÖGEN

Da im Vorjahr keine PWB gebildet wurde, lautet der Buchungssatz:

[410] *Zuführung PWB zu Forderungen*   2 700 EUR
       an   PWB zu Forderungen   2 700 EUR

(94) **Lösung Aufgabe 110**   *Fremdwährungsforderungen*

Die Erstbewertung von Fremdwährungsforderungen erfolgt zum Briefkurs, da das Unternehmen fremde Währung vom Kunden/Schuldner erhält und diese an die Bank zum Umtausch in EUR verkauft werden muss. Der Ansatz am 14.5.2017 erfolgt zu $\frac{22\,000}{1{,}2} = 18\,333{,}33$ EUR.

[411] *Forderungen aus L.u.L.*   18 333,33 EUR
       an   Umsatzerlöse   18 333,33 EUR

Die Bewertung am 31.12.2017 erfolgt zum Devisenkassamittelkurs, § 256a Satz 1 HGB. Dieser beträgt am 31.12.2017 $(1{,}25 + 1{,}05) \times 0{,}5 = 1{,}15$. Die Forderung wird deshalb mit $\frac{22\,000}{1{,}15} = 19\,130{,}43$ EUR bewertet. Das Anschaffungskostenprinzip gilt hier nicht, da die Laufzeit der Forderung weniger als 1 Jahr beträgt, § 256a Satz 2 HGB. Die Forderung muss i.H.v. $(19\,130{,}43 - 18\,333{,}33 =)$ 797,10 EUR zugeschrieben werden.

[412] *Forderungen aus L.u.L.*   797,10 EUR
       an   sonstige betriebliche Erträge   797,10 EUR

(95) **Lösung Aufgabe 111**   *Sammelbewertung (periodisch)*

a) *Durchschnittsverfahren*

$$\text{Ø-Einkaufspreis} = \frac{100 \times 4 + 300 \times 5 + 350 \times 3 + 200 \times 4 + 50 \times 5}{100 + 300 + 350 + 200 + 50}$$

$$= \frac{4\,000}{1\,000} = 4\ \text{EUR/ME}$$

Der Durchschnittspreis ist niedriger als der Marktpreis (4 EUR/ME < 4,10 EUR/ME). Der Bestand muss aufgrund des strengen Niederstwertprinzips deshalb zu $600 \times 4 = 2\,400$ EUR bewertet werden.

b) *fifo-Verfahren*

Die 600 ME, die sich noch im Lager befinden, werden mit dem Einkaufspreis der zuletzt erworbenen Güter bewertet (Rückwärtsrechnung).

	ME		EUR/ME	Wert	verbleiben
Zugang 4	50	×	5	250 EUR	550 ME
Zugang 3	200	×	4	800 EUR	350 ME
Zugang 2	350	×	3	1 050 EUR	0 ME
	600			2 100 EUR	

Der Wert von 2 100 EUR ist nach Anwendung des strengen Niederstwertprinzips zulässig, da er niedriger ist als (600 × 4,1 = 2 460 EUR).

c) *lifo-Verfahren*

Beim lifo-Verfahren werden die Anfangsbestände plus Zugänge bis Erreichen des Endbestands von 600 ME addiert.

	ME		EUR / ME	Wert	verbleiben
AB	100	×	4	400 EUR	500 ME
Zugang 1	300	×	5	1 500 EUR	200 ME
Zugang 2	200	×	3	600 EUR	0 ME
	600			2 500 EUR	

Der Wert von 2 500 EUR ist nicht zulässig, da er höher ist als (600 × 4,1 = 2 460 EUR). Die Bewertung findet deshalb zu 2 460 EUR statt bzw. die Bestände müssen um 40 EUR abgewertet/abgeschrieben werden.

(95) **Lösung Aufgabe 112** *Sammelbewertung (periodisch und permanent)*

(1) periodisches Verfahren

a) *Durchschnittsverfahren*

$$\text{Ø-Einkaufspreis} = \frac{100 \times 2 + 200 \times 3{,}50 + 300 \times 1{,}50 + 100 \times 4}{100 + 200 + 300 + 100}$$

$$= \frac{1\,750}{700} = 2{,}50 \text{ EUR} / \text{ME}$$

Bewertung des Endbestands: 170 × 2,5 = 425 EUR < 680 EUR.

b) *fifo-Verfahren*

	ME		EUR / ME	Wert	verbleiben
Zugang 3	100	×	4,00	400 EUR	70 ME
Zugang 2	70	×	1,50	105 EUR	0 ME
	170			505 EUR	

c) *lifo-Verfahren*

	ME		EUR / ME	Wert	verbleiben
AB	100	×	2,00	200 EUR	70 ME
Zugang 1	70	×	3,50	245 EUR	0 ME
	170			445 EUR	

8 UMLAUFVERMÖGEN

(2) permanentes Verfahren

a) *Durchschnittsverfahren*

	ME	EUR/ME	EUR
Anfangsbestand	100	2,00	200
Zugang 1	200	3,50	700
Bestand	300	$\frac{900}{300}$ = 3,00	900
Abgang 1	50	3,00	150
Zugang 2	300	1,50	450
Bestand	550	$\frac{1\,200}{550}$ = 2,18	1 200
Abgang 2	400	2,18	873
Zugang 3	100	4,00	400
Bestand	250	$\frac{727}{250}$ = 2,91	727
Abgang 3	80	2,91	233
Endbestand	170	2,91	494

b) *fifo-Verfahren*
Kein Unterschied zum periodischen Verfahren (Bewertung zu 505 EUR).

c) *lifo-Verfahren*
Wert aller Zugänge = 1 750 EUR (vgl. (1)(a)). Bewertung der Abgänge:

	ME	EUR/ME	EUR
Abgang 1	50	3,50	175
Abgang 2	300	1,50	450
	100	3,50	350
Abgang 3	80	4,00	320
Gesamt	530		1 295

Wert des Endbestands: 1 750 − 1 295 = 455 EUR.

(96) **Lösung Aufgabe 113** *Bewertungsvereinfachungsverfahren*

	Datum	Liter	EUR/Liter	Wert in EUR
Anfangsbestand	01.01.2017	1 350	5,40	7 290
Abgang	25.02.2017	850	5,40	4 590
Abgang	10.05.2017	475	5,40	2 565
Zugang	07.07.2017	1 100	5,70	6 270
Abgang	15.09.2017	1 075	5,7	6 127,50
Zugang	15.11.2017	75	5,25	393,75
Endbestand	31.12.2017	125		*671,25
maximal		125	5,25	656,25
Abschreibung				15

* $25 \times 5{,}4 + 25 \times 5{,}7 + 75 \times 5{,}25 = 671{,}25$

Das Konto »Betriebsstoffe« vor außerplanmäßiger Abschreibung ergibt sich nach Ermittlung des Endbestands durch Inventur als:

Soll	Betriebsstoffe		Haben
AB	7 290,00	EB lt. Inv.	671,25
Zugang 1	6 270,00	Wareneinsatz	13 282,50
Zugang 2	393,75		
Summe	13 953,75	Summe	13 953,75

Verbuchung des Einsatzes der Betriebsstoffe:

[B-413] Aufwendungen für Betriebsstoffe   13 282,50 EUR
        an   Betriebsstoffe   13 282,50 EUR

Verbuchung der außerplanmäßigen Abschreibung:

[B-414] Außerplanmäßige Abschreibung   15 EUR
        an   Betriebsstoffe   15 EUR

(96) **Lösung Aufgabe 114**   *Sammelbewertung und Warenverbuchung*

a) Verbuchung der Geschäftsvorfälle bei Anwendung des permanenten lifo-Verfahrens (und Skontrationsmethode) bei getrenntem Warenkonto und Abschluss nach der Nettomethode:
Verbuchung des 1. Zugangs ($20 \times 12 = 240$ EUR):

[B-415] 1. Wareneinkauf   240 EUR
        an   Bank   240 EUR

Verbuchung des 1. Abgangs (Verkaufs) ($30 \times 10 = 300$ EUR):

[B-416] 2. Bank   300 EUR
        an   Warenverkauf   300 EUR

Bewertung des 1. Abgangs: Da das permanente lifo-Verfahren Anwendung findet, wird der Abgang mit $20 \times 12 + 10 \times 10 = 340$ EUR bewertet:

[B-417] 3. Warenverkauf   340 EUR
        an   Wareneinkauf   340 EUR

Verbuchung des 2. Zugangs ($50 \times 14 = 700$ EUR):

[B-418] 4. Wareneinkauf   700 EUR
        an   Bank   700 EUR

Verbuchung des 2. Abgangs (Verkaufs) ($10 \times 20 = 200$ EUR):

[B-419] 5. Bank   200 EUR
        an   Warenverkauf   200 EUR

Bewertung des 2. Abgangs: ($10 \times 14 = 140$ EUR)

8 UMLAUFVERMÖGEN

420] 6. Warenverkauf   140 EUR
           an   Wareneinkauf   140 EUR

Aufgrund der Anwendung der Skontrationsmethode, bei der jeder Abgang buchhalterisch erfasst und bewertet wird, stellt der Saldo im Wareneinkaufskonto den Endbestand dar. Eine Inventur ist hier nicht erforderlich bzw. dient lediglich der Kontrolle.

Soll	WE	Haben		Soll	WV	Haben	
AB	1 000	3.	340	3.	340	2.	300
1.	240	6.	140	6.	140	5.	200
4.	700	SBK	1 460	GuV	20		
Summe	1 940	Summe	1 940	Summe	500	Summe	500

Soll	GuV	Haben	
Gewinn	20	WV	20
Summe	20	Summe	20

Abschluss des Wareneinkaufskontos:

421] Schlussbilanzkonto   1 460 EUR
           an   Wareneinkauf   1 460 EUR

Abschluss des Warenverkaufskontos:

422] Warenverkauf   20 EUR
           an   Gewinn- und Verlustrechnung   20 EUR

Ermittlung des bewerteten Endbestands (zur Kontrolle):

		ME		EUR/ME	Wert in EUR
	Anfangsbestand	100	×	10	1 000
+	Zugang 1	20	×	12	240
./.	Abgang 1	30			340*
+	Zugang 2	50	×	14	700
./.	Abgang 2	10	×	14	140
=	Endbestand	130	×	11,23	1 460

* $20 \times 12 + 10 \times 10 = 340$

Eine außerplanmäßige Abschreibung auf den niedrigeren beizulegenden Wert erfolgt nicht, da der Wert am Bilanzstichtag lt. Aufgabenstellung 14 EUR/ME beträgt und die Waren mit 11,23 EUR/ME bewertet werden.

b) Verbuchung der Geschäftsvorfälle bei Anwendung des periodischen lifo-Verfahrens bei getrenntem Warenkonto und Abschluss nach der Nettomethode: Hier werden die Abgänge nicht direkt erfasst. Der Erfolg ergibt sich erst nach Ermittlung des Endbestands lt. Inventur. Buchungssätze: Verbuchung des 1. Zugangs ($20 \times 12 = 240$ EUR):

423] 1. Wareneinkauf   240 EUR
           an   Bank   240 EUR

Verbuchung des 1. Abgangs (Verkaufs) (30 × 10 = 300 EUR):

[B-424] 2. Bank   300 EUR
              an   Warenverkauf   300 EUR

Verbuchung des 2. Zugangs (50 × 14 = 700 EUR):

[B-425] 3. Wareneinkauf   700 EUR
              an   Bank   700 EUR

Verbuchung des 2. Abgangs (Verkaufs) (20 × 10 = 200 EUR):

[B-426] 4. Bank   200 EUR
              an   Warenverkauf   200 EUR

Ermittlung des bewerteten Endbestands:

		ME		EUR/ME	Wert in EUR
	Anfangsbestand	100	×	10	1 000
+	Zugang 1	20	×	12	240
+	Zugang 2	50	×	14	700
./.	Abgang 1/2	40	×	14	560
	Endbestand	130	×	10,62	1 380

Eine außerplanmäßige Abschreibung auf den niedrigeren beizulegenden Wert erfolgt nicht, da der Wert am Bilanzstichtag lt. Aufgabenstellung 14 EUR/ME beträgt und die Waren mit 10,62 EUR/ME bewertet werden.

Soll	WE		Haben	Soll	WV		Haben
AB	1 000	EB	1 380	WE	560	2.	300
1.	240	WV	560			4.	200
3.	700					GuV	60
Summe	1 940	Summe	1 940	Summe	560	Summe	560

Soll	GuV		Haben
WV	60	Rohverlust	60
Summe	60	Summe	60

Bei der Nettomethode wird das Wareneinkaufskonto über das Warenverkaufskonto abgeschlossen. Abschluss des Wareneinkaufskontos:

[B-427] Schlussbilanzkonto   1 380 EUR
              an   Wareneinkauf   1 380 EUR

[B-428] Warenverkauf   560 EUR
              an   Wareneinkauf   560 EUR

Abschluss des Warenverkaufskontos über die GuV:

[B-429] Gewinn- und Verlustrechnung   60 EUR
              an   Warenverkauf   60 EUR

8 UMLAUFVERMÖGEN

(97) **Lösung Aufgabe 115** *Festwert (Zeitpunkt der Bildung)*

a) Beim Anlagevermögen muss berücksichtigt werden, dass der Bestand an Wirtschaftsgütern, für die ein Festwert gebildet wird, im Allgemeinen altersmäßig gemischt ist. Ein Teil ist neuwertig, ein anderer Teil hingegen wurde bereits abgeschrieben. Deshalb ist bei der erstmaligen Bildung des Festwertes zunächst eine Bewertung unter Berücksichtigung der linearen AfA vorzunehmen, bis der Zustand erreicht ist, bei dem sich die Abgänge und die jährliche AfA mit den Zugängen in etwa decken.

Ermittlung des Festwerts

Die Summe der Zugänge über die betriebsgewöhnliche Nutzungsdauer beträgt

$Z = 5 \times 40\,000 = 200\,000$.

Der Festwert ermittelt sich dann als

$$F = Z \times \left(\frac{1}{2} - \frac{1}{2 \times n}\right) = 200\,000 \times \left(\frac{1}{2} - \frac{1}{2 \times 5}\right) = 200\,000 \times 0{,}4 = 80\,000.$$

Der Festwert beträgt 80 000 EUR.

b) *Ermittlung des Zeitpunkts, zu dem der Festwert gebildet werden kann.*

		EUR
	Zugang 2013	40 000
./.	AfA 2013 $\left(\frac{40\,000}{5} =\right)$	8 000
=	Bestand 31. 12. 2013	32 000
+	Zugang 2014	40 000
./.	AfA 2014 $\left(2 \times \frac{40\,000}{5} =\right)$	16 000
=	Bestand am 31. 12. 2014	56 000
+	Zugang 2015	40 000
./.	AfA 2015 $\left(3 \times \frac{40\,000}{5} =\right)$	24 000
=	Bestand am 31. 12. 2015	72 000
+	Zugang 2016	40 000
./.	AfA 2016 $\left(4 \times \frac{40\,000}{5} =\right)$	32 000
=	Bestand am 31. 12. 2016	80 000
+	Zugang 2017	40 000
./.	AfA 2017 $\left(5 \times \frac{40\,000}{5} =\right)$	40 000
=	Bestand am 31. 12. 2017 = Festwert	80 000

(97) **Lösung Aufgabe 116** *Anpassung des Festwerts*

1. Behandlung in 2014 und 2015

   F bildet einen Wertansatz am 31. 12. 2014 aus den Einkäufen in 2014. Der Bilanzansatz am 31. 12. 2014 beträgt demnach 3 000 EUR.

   In 2015 wird der Wertansatz auf den Festwert, also um 2 000 EUR aufgestockt, sodass der Bilanzansatz am 31. 12. 2015 5 000 EUR beträgt.

2. *Behandlung in 2016*
Das in 2016 erworbene Geschirr wird sofort abgeschrieben.

3. *Behandlung in 2017*
F muss den Festwert nach Ablauf einer Dreijahresfrist überprüfen. Da der bisherige Festwert um mehr als 10 % überstiegen wird (angesetzt sind 5 000 EUR, die körperliche Bestandsaufnahme ergibt 5 600 EUR), ist aus den Einkäufen in 2017 eine Aufstockung auf 5 600 EUR vorzunehmen. Der Rest der Einkäufe (3 200 − 600 = 2 600 EUR) wird sofort abgeschrieben.

(97) **Lösung Aufgabe 117** *Kontrollfragen*

1. *Wann ist ein Vermögensgegenstand dem Umlaufvermögen zuzuordnen?*
Wann ein Vermögensgegenstand dem Umlaufvermögen zuzuordnen ist, lässt sich nur indirekt aus dem Gesetz schließen. In § 247 Abs. 2 HGB ist bestimmt, dass alle Vermögensgegenstände, die dauernd dem Geschäftsbetrieb zu dienen bestimmt sind, dem Anlagevermögen zuzuordnen sind. Die Aktiva besteht aus Anlage- und Umlaufvermögen. Demnach müssen im Umkehrschluss alle Vermögensgegenstände, die dazu bestimmt sind, nicht dauernd dem Geschäftsbetrieb zu dienen, dem Umlaufvermögen zugeordnet werden. Den Rechnungsabgrenzungsposten, wie in § 247 Abs. 1 HGB, können sie nicht zugeordnet werden, da es sich dabei nicht um Vermögensgegenstände handelt.

2. *Nennen Sie mindestens fünf konkrete Vermögensgegenstände, die dem Umlaufvermögen zuzuordnen sind!*
Bücher (Handelswaren), Forderungen, fertige Erzeugnisse eines Fensterherstellers, Aluminumblöcke (Rohstoffe) und Bankvermögen.

3. *Erläutern Sie anhand konkreter Beispiele, warum es von materieller Bedeutung ist, ob ein Vermögensgegenstand dem Umlaufvermögen oder dem Anlagevermögen zugeordnet wird.*
Die Zuordnung zum Anlage- oder Umlaufvermögen hat Auswirkungen auf die Abschreibung. Abnutzbares Anlagevermögen muss planmäßig abgeschrieben werden. Planmäßige Abschreibungen sind beim Umlaufvermögen nicht vorgesehen. Zudem sind die Regeln für außerplanmäßige Abschreibungen unterschiedlich.

4. *Wie ist die Bilanzierung immaterieller Vermögensgegenstände des Anlage- und Umlaufvermögens geregelt?*
Für entgeltlich erworbene immaterielle Vermögensgegenstände des Anlagevermögens besteht Aktivierungspflicht aufgrund des Vollständigkeitsgebots gem. § 246 Abs. 1 Satz 1 HGB. Für selbst erstellte immaterielle Vermögensgegenstände des Anlagevermögens besteht ein Aktivierungswahlrecht, § 248 Abs. 2 Satz 1 HGB.

Aus dem Umkehrschluss von § 248 Abs. 2 Satz 1 HGB geht hervor, dass selbst erstellte (unentgeltlich) oder entgeltlich erworbene immaterielle Vermögensgegenstände des Umlaufvermögens aktiviert werden müssen. Das

8 UMLAUFVERMÖGEN

bedeutet, es besteht Aktivierungspflicht. Zudem besteht nach § 246 Abs. 1 Satz 1 HGB eine Aktivierungspflicht aufgrund des Vollständigkeitsgebots.

5. *Worin bestehen die wesentlichen Unterschiede zwischen Anschaffungs- und Herstellungskosten?*

Anschaffungskosten entstehen aufgrund eines entgeltlichen Erwerbs, Herstellungskosten entstehen durch einen innerbetrieblichen Transformationsprozess.

6. *Was versteht man unter Einzelkosten, was unter Gemeinkosten?*

Einzelkosten sind dem hergestellten Produkt direkt zurechenbar, während Gemeinkosten nicht direkt zugerechnet werden können und i. d. R. durch Verteilungsschlüssel auf die hergestellten Produkte umgelegt werden.

7. *Wie sind die Wahlrechte in § 255 Abs. 2 HGB auszuüben, wenn der Gewinn im Jahr der Herstellung möglichst a) hoch bzw. b) niedrig sein soll?*

Wenn der Gewinn a) möglichst hoch sein soll, dann müssen die Erzeugnisse möglichst hoch bewertet werden. Je höher der aktivierte Betrag, desto höher der Erfolg in der Gewinn- und Verlustrechnung (Aktiva // Herstellungsaufwand), da mehr Aufwendungen aktiviert werden und somit die Aufwendungen in der GuV verringert werden. Umgekehrt ist ein niedriger Ansatz zu wählen, wenn der Gewinn b) möglichst niedrig ausfallen soll.

8. *Welche Auswirkungen haben die Wahlrechte in § 255 Abs. 2 HGB auf den Gewinn der Totalperiode?*

Über alle Rechnungsperioden hinweg stellt sich unabhängig von der Ausübung der Wahlrechte derselbe Gewinn ein. Die Manipulation des Gewinns kann nur für bestimmte, ausgewählte, Rechnungsperioden erfolgen. Wird der Gewinn in der einen Rechnungsperiode hoch ausgewiesen, fällt er in einer anderen dafür umso geringer aus und umgekehrt.

9. *Wie werden zweifelhafte Forderungen einzelwertberichtigt?*

Zweifelhafte Forderungen werden zunächst auf das Konto »zweifelhafte Forderungen« umgebucht. Im Anschluss wird der Nettobetrag in Höhe des erwarteten Ausfalls abgeschrieben.

10. *Welche Möglichkeiten der buchhalterischen Erfassung von Einzelwertberichtigungen existieren?*

Analog zu den Abschreibungen im Anlagevermögen können Forderungen direkt oder indirekt abgeschrieben werden. Bei der indirekten Abschreibung wird ein passiver Korrekturposten gebildet.

11. *Wie ist die Korrektur der Umsatzsteuer bei Einzelwertberichtigungen geregelt?*

Nur bei sicherem Forderungsausfall, also bei uneinbringlichen Forderungen, wird die Umsatzsteuer korrigiert. Es gilt das Prinzip »ganz oder gar nicht«. Unabhängig davon, in welcher Höhe die Forderung sicher ausfällt, wird die gesamte Umsatzsteuer korrigiert. Ist der Forderungsausfall nur wahrscheinlich, wird die Umsatzsteuer gar nicht, auch nicht anteilig, korrigiert.

12. *Erläutern Sie grob das Schema zur Ermittlung der Bemessungsgrundlage für die Pauschalwertberichtigung!*
Die Pauschalwertberichtigung erfolgt auf Basis der Nettoforderungen. Vom gesamten Forderungsbestand müssen zunächst die einzelwertberichtigten Forderungen abgezogen werden, da einzelwertberichtigte Forderungen nicht gleichzeitig pauschalwertberichtigt werden können. Im Anschluss muss die enthaltene Umsatzsteuer ermittelt und abgezogen werden. Auf Basis der Nettoforderungen wird der Pauschalwert ermittelt, der mit der bisher gebildeten Pauschalwertberichtigung verglichen wird. Die Differenz wird ab- bzw. zugeschrieben.

13. *Wie werden pauschale Wertberichtigungen ermittelt, wenn sie innerbetriebliche Kosten repräsentieren?*
Wertberichtigungen für innerbetriebliche Kosten, wie etwa Mahnkosten, werden vom, um einzelwertberichtigte Forderungen berichtigte, Bruttobetrag ermittelt, da für innerbetriebliche Kosten keine Umsatzsteuer anfällt bzw. keine Umsatzsteuer korrigiert werden kann.

14. *Was versteht man unter »Mengennotierung« einer Sorte?*
Mengennotierung bedeutet, dass die Inlandswährung als feste Bezugsgröße dient, es wird angegeben, wieviel man an Fremdwährung für einen Euro erhält. Beispiel: 1,2 USD/EUR bedeutet, dass man 1,20 USD für einen Euro erhält.

15. *Was bedeutet »Brief-«, was »Geldkurs«?*
Geldkurs ist der Ankaufskurs für Euro aus Sicht der Bank. Briefkurs ist der Verkaufskurs für Euro aus Sicht der Bank.

16. *Wie werden Fremdwährungsforderungen bewertet? Welches allgemeine Bewertungsprinzip kann dabei verletzt werden?*
Die Erstbewertung erfolgt zum Briefkurs, also zu dem Kurs, zu dem die Bank Fremdwährung ankauft. Am Bilanzstichtag wird gem. § 256a HGB zum Devisenkassamittelkurs bewertet, wobei das Anschaffungskostenprinzip nicht zu beachten ist (verletzt werden kann), wenn die Restlaufzeit der Forderung ein Jahr oder weniger beträgt. Es kann sein, dass die Forderung zu einem höheren Betrag bilanziert wird als zum Zeitpunkt der Erstbewertung.

17. *Welche Ausnahmen zum Prinzip der Einzelbewertung gem. § 252 Abs. 1 Nr. 3 HGB existieren?*
Ausnahmen stellen z. B. die Gruppenbewertung gem. § 240 Abs. 4 HGB, die Festbewertung gem. § 240 Abs. 3 HGB, die Sammelbewertung mittels Verbrauchsfolgefiktion (fifo, lifo) gem. § 256 HGB und die Bildung von Bewertungseinheiten gem. § 254 HGB dar. Der Grundsatz der Einzelbewertung wird bei diesen Verfahren zum Zweck der einfacheren Wertermittlung teilweise ausgesetzt.

18. *Welche wesentlichen Unterschiede bestehen zwischen der Durchschnittsbewertung und der Gruppenbewertung?*
Bei der Gruppenbewertung werden gleichartige Gegenstände (z. B. Socken in unterschiedlicher Größe, also unterschiedliche Produkte) des Um-

8 UMLAUFVERMÖGEN

laufvermögens zusammengefasst. Die Durchschnittsbewertung kann bei Vermögensgegenständen des Anlage- *und* Umlaufvermögens angewendet werden und bezieht sich auf den Einproduktfall.

19. *Erklären Sie den wesentlichen Unterschied zwischen dem periodischen und dem permanenten lifo-Verfahren!*

Beim periodischen lifo-Verfahren können Vermögensgegenstände als fiktiv abgegangen angenommen werden, die zum Zeitpunkt des Abgangs aber noch gar nicht angeschafft waren. Diese Fiktion greift beim permanenten lifo-Verfahren nicht. Dort werden für den Verbrauch nur Vermögensgegenstände berücksichtigt, die zum Zeitpunkt des Abgangs bereits angeschafft waren.

20. *Kann die lifo-Methode von einem Eier-Großhändler angewendet werden? Begründen Sie Ihre Antwort!*

Die Fiktionen des § 256 HGB dürfen nur dann angewendet werden, wenn sie den GoB entsprechen und es sich um gleichartige Vermögensgegenstände handelt. Hierbei ist die wertmäßige Bilanzwahrheit und nicht die physische Bilanzwahrheit relevant.

Das Problem beim Eier-Großhändler besteht in der Verderblichkeit seiner Eier. Käme die lifo-Methode zur Anwendung, dann würden die zuerst gelieferten Eier verderben und damit wertlos sein und die zuletzt gelieferten verbraucht. Es herrscht keine Gleichartigkeit mehr. Der Eier-Großhändler kann das lifo-Verfahren deshalb nicht anwenden.

21. *Erläutern Sie kurz, was unter einem Festwert zu verstehen ist.*

Der Grundgedanke der Festbewertung beruht auf der Annahme, dass der Verbrauch oder das Ausscheiden des betreffenden Vermögensgegenstands jeweils durch Neuanschaffungen ersetzt wird. Zum Beispiel geht in Restaurants Geschirr regelmäßig zu Bruch und wird entsprechend ersetzt. Grundsätzlich müsste bei der Inventur das Geschirr jedes Mal gezählt werden. Die Bildung eines Festwerts verhindert dies. Eine Bestandsaufnahme muss dann nur alle drei Jahre durchgeführt werden, § 240 Abs. 3 Satz 2 HGB.

22. *Wie lässt sich der Festwert formal ermitteln?*

Sind die jährlichen Zugänge z über die betriebsgewöhnliche Nutzungsdauer n konstant, ermittelt sich der Festwert F durch

$$F = Z \times \left(\frac{1}{2} - \frac{1}{2 \times n}\right) \quad \text{mit } Z = n \times z.$$

Beispiel: Die jährlichen Zugänge betragen 100 EUR. Die betriebsgewöhnliche Nutzungsdauer beträgt 6 Jahre. Der Festwert beträgt dann

$$F = 100 \times 6 \times \left(\frac{1}{2} - \frac{1}{2 \times 6}\right) = 250 \text{ EUR}.$$

23. Beurteilen Sie, ob für die nachstehenden Vermögensgegenstände ein Festwert gebildet werden kann:

a) *Fertigerzeugnisse*
Es kann kein Festwert gebildet werden, da es sich nicht um Sachanlagevermögen bzw. Roh-, Hilfs- und Betriebsstoffe handelt, § 240 Abs. 3 Satz 1 HGB.

b) *Finanzanlagen*
Es kann kein Festwert gebildet werden, da es sich nicht um Sachanlagevermögen oder Roh-, Hilfs- und Betriebsstoffe handelt, § 240 Abs. 3 Satz 1 HGB.

c) *Grundstücke*
Es kann kein Festwert gebildet werden, da Grundstücke i. d. R. nicht von untergeordneter Bedeutung sind, § 240 Abs. 3 Satz 1 HGB.

Quelle: Schanz, Sebastian/Koschmieder, Simon (2014): Humoristische Zeichnungen zum Betrieblichen Rechnungswesen, Selbstverlag, Bayreuth, ISBN 978-3-00-047631-0, Seite 21.

9 Verbindlichkeiten

(99) **Lösung Aufgabe 118** *Wahr oder falsch?*

a) *falsch* | Auch Rückstellungen stellen i. d. R. Außenverpflichtungen dar. Lediglich die Rückstellungen für unterlassene Instandhaltungen gem. § 249 Abs. 1 Satz 2 Nr. 1 HGB stellen Innenverpflichtungen dar.

b) *wahr* | Die Gewissheit dem Grunde und der Höhe nach ist letztlich der maßgebliche Unterschied zu Rückstellungen.

c) *falsch* | Gem. § 253 Abs. 1 Satz 2 HGB sind Verbindlichkeiten zu ihrem Erfüllungsbetrag anzusetzen.

d) *wahr* | Bei Fremdwährungsverbindlichkeiten müssen EUR in fremde Währung getauscht werden. Der Geldkurs stellt den Ankaufkurs von EUR durch die Bank dar bzw. spiegelt den Verkauf von Fremdwährung durch die Bank wider. Der Geldkurs ist niedriger als der Briefkurs.

e) *wahr* | Nach dem Vorsichtsprinzip sind die Schulden tendenziell zu hoch angesetzt. Nicht realisierte Verluste sind auszuweisen.

f) *falsch* | Bei einem Fälligkeitsdarlehen ist der Erfüllungsbetrag in einem Betrag am Ende der Laufzeit zurückzuzahlen.

g) *wahr* | Da sich die Schuld bis zum Ende der Laufzeit beim Fälligkeitsdarlehen nicht verringert, fallen im Vergleich zu den anderen beiden Darlehensformen in Summe die höchsten Zinszahlungen an.

h) *wahr* | Die Annuität besteht aus Zins und Tilgung. Im Zeitablauf sinkt der Restbuchwert der Schuld, infolgedessen sinken die Zinszahlungen, der Tilgungsanteil erhöht sich.

i) *wahr* | Die Auszahlung des Kredits erfolgt in diesem Fall nicht zu 100%, sondern z. B. lediglich zu 95% (Verfügungsbetrag). Zurückzuzahlen sind aber 100% (Erfüllungsbetrag).

j) *wahr* | Die Bank verlangt viel ausländische Währung für einen EUR (Briefkurs). Im Gegenzug erhält man wenig ausländische Währung für einen EUR (Geldkurs).

k) *falsch* | Bei der Belastung eines Kontos mit Kreditzinsen werden die sonstigen Verbindlichkeiten erfolgswirksam (Zinsaufwand) passiviert.

(99) **Lösung Aufgabe 119** *Darlehenstypen*

Die Aufnahme des Darlehens erfolgt zum 1. 10. 2017.

a) Aufnahme eines *endfälligen Darlehens* mit einer Laufzeit von 3 Jahren zum Zinssatz von 3% p. a.; die Auszahlung erfolgt zu 96%. Die Zinszahlungen erfolgen jährlich zum 30. 9. Das Disagio beträgt 4%. Um die liquiden Mittel i. H. v. 9 600 EUR zur Verfügung zu haben, muss der Nennbetrag (Erfüllungsbetrag) des Kredits höher liegen als der Verfügungsbetrag. Der Kredit beträgt

$$K_0 = 9\,600 \times \frac{1}{(1-d)} = 9\,600 \times \frac{1}{1-0{,}04} = 10\,000.$$

Das Disagio beträgt 10 000 × 0,04 = 400 EUR und stellt faktisch eine vorausgehende Zinszahlung dar. Die Zinszahlung in 2017 beträgt 10 000 × $\frac{3}{12}$ × 0,03 = 75 EUR. In 2020 sind 10 000 × $\frac{9}{12}$ × 0,03 = 225 EUR an Zinsen fällig. In den Jahren 2018 und 2019 betragen die Sollzinsen jeweils 10 000 × 0,03 = 300 EUR. Nachstehend ist die Entwicklung des Buchwerts des Kredits sowie der aus dem Disagio und den Zinszahlungen bestehenden Aufwendungen dargestellt.

Jahr	2017	2018	2019	2020
Buchwert	10 000	10 000	10 000	0
Tilgung				10 000
Zins	75	300	300	225
Disagio	400			
Aufwand	475	300	300	225

Die Summe der Zinszahlungen beträgt 475 + 2 × 300 + 225 = 1 300 EUR.

b) Aufnahme eines *Tilgungsdarlehens* mit einer Laufzeit von 3 Jahren zu einem Zinssatz von 6 % p. a. Die Tilgungszahlungen sind halbjährlich zum 1. 4. und zum 1. 10., beginnend mit dem 1. 4. 2018, zu leisten. Die Auszahlung erfolgt zu 100 %. Es bestehen 6 Tilgungszahlungszeitpunkte. Die jeweilige Tilgungszahlung beträgt dann $\frac{9\,600}{6}$ = 1 600 EUR. Die Entwicklung des Restbuchwerts des Darlehens und die Summe der Zinszahlungen ergibt sich wie folgt:

			EUR
	Nennbetrag		9 600
	Zinsen 1. 10. – 31. 12. 2017: 9 600 × $\frac{3}{12}$ × 0,06 =	144	
	RBW am 31. 12. 2017		9 600
	Zinsen 1. 1. – 1. 4. 2018: 9 600 × $\frac{3}{12}$ × 0,06 =	144	
./.	Tilgung am 1. 4. 2018		1 600
=	RBW am 1. 4. 2018		8 000
	Zinsen 1. 4. – 1. 10. 2018: 8 000 × $\frac{6}{12}$ × 0,06 =	240	
./.	Tilgung am 1. 10. 2018		1 600
=	RBW am 1. 10. 2018		6 400
	Zinsen 1. 10. – 31. 12. 2018: 6 400 × $\frac{3}{12}$ × 0,06 =	96	
	RBW am 31. 12. 2018		6 400
	Zinsen 1. 1. – 1. 4. 2019: 6 400 × $\frac{3}{12}$ × 0,06 =	96	
./.	Tilgung am 1. 4. 2019		1 600
=	RBW am 1. 4. 2019		4 800
	Zinsen 1. 4. – 1. 10. 2019: 4 800 × $\frac{6}{12}$ × 0,06 =	144	
./.	Tilgung am 1. 10. 2019		1 600
=	RBW am 1. 10. 2019		3 200
	Zinsen 1. 10. – 31. 12. 2019: 3 200 × $\frac{3}{12}$ × 0,06 =	48	
	RBW am 31. 12. 2019		3 200
	Zinsen 1. 1. – 1. 4. 2020: 3 200 × $\frac{3}{12}$ × 0,06 =	48	
./.	Tilgung am 1. 4. 2020		1 600
=	RBW am 1. 4. 2020		1 600

9 VERBINDLICHKEITEN

	EUR
Zinsen 1.4.–1.10.2020: $1\,600 \times \frac{6}{12} \times 0{,}06 =$	48
./. Tilgung am 1.10.2020	1 600
= RBW am 1.10.2020	0
Summe der Zinszahlungen	1 008

c) Aufnahme eines *Annuitätendarlehens* mit einer Laufzeit von 3 Jahren zu einem Zinssatz von 4 %. Die Annuitäten sind halbjährlich zum 1.4. und zum 1.10., beginnend mit dem 1.4.2018, zu leisten. Die Auszahlung erfolgt zu 96 %. Wie unter b) existieren 6 Annuitätenzahlungszeitpunkte, d. h. der Nennbetrag i. H. v. $9\,600 \times \frac{1}{0{,}96} = 10\,000$ EUR wird in 6 unterschiedlich hohen Raten zurückgezahlt. Da zwei Zahlungszeitpunkte pro Jahr existieren, beträgt der Zinssatz zur Ermittlung der Annuität $i^* = \frac{i}{2} = \frac{0{,}04}{2} = 0{,}02$. Ermittlung der Annuität (der Barwert der in Zukunft zu zahlenden konstanten Annuitäten muss gerade dem Kreditbetrag entsprechen):

$$ANN = K_0 \times \frac{(1+i^*)^n \times i^*}{(1+i^*)^n - 1} = 10\,000 \times \frac{(1+0{,}02)^6 \times 0{,}02}{(1+0{,}02)^6 - 1} = 1\,785{,}26$$

	EUR
Nennbetrag	10 000,00
Disagio ($10\,000 \times 0{,}04 =$)	400,00
Zinsen 1.10.2017–31.12.2017: $10\,000 \times \frac{3}{12} \times 0{,}04 =$	100,00
= RBW am 31.12.2017	10 000,00
Zinsen 1.1.2018–1.4.2018: $10\,000 \times \frac{3}{12} \times 0{,}04 =$	100,00
./. Tilgung 1.4.2017: $1\,785{,}26 - 2 \times 100{,}00 =$	1 585,26
= RBW am 1.4.2018	8 414,74
Zinsen 1.4.2018–1.10.2018: $8\,414{,}74 \times \frac{6}{12} \times 0{,}04 =$	168,29
./. Tilgung 1.10.2018: $1\,785{,}26 - 168{,}29 =$	1 616,97
= RBW 1.10.2018	6 797,77
Zinsen 1.10.2018–31.12.2018: $6\,797{,}77 \times \frac{3}{12} \times 0{,}04 =$	67,98
= RBW am 31.12.2018	6 797,77
Zinsen 1.1.2019–1.4.2019: $6\,797{,}77 \times \frac{3}{12} \times 0{,}04 =$	67,98
./. Tilgung 1.4.2019: $1\,785{,}26 - 2 \times 67{,}98 =$	1 649,30
= RBW 1.4.2019	5 148,47
Zinsen 1.4.2019–1.10.2019: $5\,148{,}47 \times \frac{6}{12} \times 0{,}04 =$	102,97
./. Tilgung 1.10.2019: $1\,785{,}26 - 102{,}97 =$	1 682,29
= RBW 1.10.2019	3 466,18
Zinsen 1.10.2019–31.12.2019: $3\,466{,}18 \times \frac{3}{12} \times 0{,}04 =$	34,66
= RBW am 31.12.2019	3 466,18
Zinsen 1.1.2020–1.4.2020: $3\,466{,}18 \times \frac{3}{12} \times 0{,}04 =$	34,66
./. Tilgung 1.4.2020: $1\,785{,}26 - 2 \times 34{,}66 =$	1 715,94
= RBW 1.4.2020	1 750,24
Zinsen 1.4.2020–1.10.2020: $1\,750{,}24 \times \frac{6}{12} \times 0{,}04 =$	35,00
./. Tilgung 1.10.2020: $1\,785{,}26 - 35{,}00 =$	1 750,26
= RBW 1.10.2020	−0,02
= Summe Zinszahlungen	1 111,54

Claire wird Angebot b) wählen.

(100) **Lösung Aufgabe 120** *Fremdwährungsverbindlichkeiten*

a) Die Erstbewertung von Fremdwährungsverbindlichkeiten erfolgt zum Geldkurs (1,10 USD / EUR). Die Schuld wird daher mit 22 000 USD $\times \frac{1}{1,1\frac{USD}{EUR}}$ = 20 000 EUR passiviert:

[B-430]   Wareneinkauf   20 000 EUR
                an   Verbindlichkeiten aus L. u. L.   20 000 EUR

Die Folgebewertung von Fremdwährungsverbindlichkeiten erfolgt gem. § 256a Satz 1 HGB zum Devisenkassamittelkurs, der hier (1,10 USD / EUR + 0,90 USD / EUR) × 0,5 = 1 USD / EUR beträgt. Der USD ist stärker geworden. Die Verbindlichkeit ist mit 22 000 EUR zu passivieren.

[B-431]   sonstiger betrieblicher Aufwand   2 000 EUR
                an   Verbindlichkeiten aus L. u. L.   2 000 EUR

Zum Zahlungszeitpunkt beträgt der Geldkurs 1,20 USD / EUR. Für 1,20 USD muss Über-See 1 EUR bzw. insgesamt $\frac{22\,000}{1,2}$ = 18 333,33 EUR bezahlen.

[B-432]   Verbindlichkeiten aus L. u. L.   22 000,00 EUR
                an   Bank   18 333,33 EUR
                     sonstige betriebliche Erträge   3 666,67 EUR

b) Analog zu a) wird die Schuld bei Lieferung mit 20 000 EUR passiviert.
   1. Liegt das Zahlungsziel im Februar 2018, ist die Restlaufzeit der Verbindlichkeit geringer als ein Jahr. Das Höchstwertprinzip greift nicht. Der Devisenkassamittelkurs beträgt (1,30 USD / EUR + 1,20 USD / EUR) × 0,5 = 1,25 USD / EUR. Die Verbindlichkeit ist mit $\frac{22\,000}{1,25}$ = 17 600 EUR zu passivieren. Buchungssatz:

[B-433]   Verbindlichkeiten aus L. u. L.   2 400 EUR
                an   sonstige betriebliche Erträge   2 400 EUR

Zum Zahlungszeitpunkt beträgt der Geldkurs 1,05 USD / EUR. Für 1,05 USD muss Über-See 1 EUR bzw. insgesamt $\frac{22\,000}{1,05}$ = 20 952,40 EUR bezahlen.

[B-434]   Verbindlichkeiten aus L. u. L.   17 600,00 EUR
          sonstiger betrieblicher Aufwand   3 352,40 EUR
                an   Bank   20 952,40 EUR

   2. Liegt das Zahlungsziel im Februar 2019, ist die Restlaufzeit größer als ein Jahr. Das Höchstwertprinzip ist zu beachten. Ein niedrigerer Ansatz als die ursprünglichen »Anschaffungskosten« ist nicht zulässig. Nicht realisierte Gewinne dürfen nicht ausgewiesen werden. Am Bilanzstichtag 2017 findet keine Buchung statt. Buchung im Februar 2019:

[B-435]   Verbindlichkeiten aus L. u. L.   20 000,00 EUR
          sonstiger betrieblicher Aufwand   952,40 EUR
                an   Bank   20 952,40 EUR

9 VERBINDLICHKEITEN

(101) **Lösung Aufgabe 121** *Fremdwährungsverbindlichkeiten*

Die Erstbewertung von Fremdwährungsverbindlichkeiten erfolgt zum Geldkurs, da zu deren Begleichung Euro in Fremdwährung getauscht werden muss. Das Darlehen i. H. v. 60 000 EUR entspricht zum Zeitpunkt der Aufnahme demnach 60 000 EUR × 0,7844 GBP/EUR = 47 064 GBP. Der Wert am 31. 12. 2017 beträgt immer noch 47 064 GBP, da bis dahin noch keine Tilgung erfolgt ist. In Euro umgerechnet beträgt die Verbindlichkeit am 31. 12. 2017 insgesamt 47 064 GBP × $\frac{1}{0{,}7531 \text{ GBP/EUR}}$ = 62 493,69 EUR (bewertet zum Devisenkassamittelkurs gem. § 256a Satz 1 HGB). Aufgrund des Höchstwertprinzips muss die Verbindlichkeit aufwandswirksam zugeschrieben werden.

[436]
sonstiger betrieblicher Aufwand	2 493,69 EUR	
an Verbindlichkeiten ggü. Kreditinstituten		2 493,69 EUR

(101) **Lösung Aufgabe 122** *Kontrollfragen*

1. *Was versteht man unter Schulden im ökonomischen Sinne?*
   Schulden stellen aus ökonomischer Sicht eine Einschränkung des künftigen Konsumpotenzials dar, wobei die Einschränkung in Form künftiger Auszahlungen ausgedrückt wird.
2. *In welche Kategorien lassen sich Schulden unterteilen?*
   Schulden lassen sich in echte, unechte, sichere und unsichere Schulden typisieren.
3. *Wie lassen sich Verbindlichkeiten klassifizieren?*
   Ein Hinweis dazu gibt § 266 Abs. 3 Buchstabe C HGB. Die wesentlichen Positionen sind Verbindlichkeiten gegenüber Kreditinstituten, Verbindlichkeiten aus Lieferungen und Leistungen sowie sonstige Verbindlichkeiten.
4. *Wodurch unterscheiden sich Verbindlichkeiten und Rückstellungen?*
   Bei Verbindlichkeiten handelt es sich um gewisse (sichere) Schulden, bei denen die Schuld dem Grunde und der Höhe nach bekannt ist, während Rückstellungen unsichere Schulden darstellen, bei denen die Schuld dem Grunde und/oder der Höhe nach ungewiss ist, und Teil der Periodenabgrenzung sind.
5. *Welche Formen der Periodenabgrenzung existieren?*
   Zur Periodenabgrenzung zählen insbesondere die transitorische und antizipative Rechnungsabgrenzung, latente Steuern und Rückstellungen.
6. *Erläutern Sie die Erst- und Folgebewertung von Fremdwährungsverbindlichkeiten.*
   Die Erstbewertung von Fremdwährungsverbindlichkeiten erfolgt zum Geldkurs. Bei der Folgebewertung ist § 256a HGB zu beachten. Danach ist die Fremdwährungsverbindlichkeit am Bilanzstichtag zum Devisenkassamittelkurs zu bewerten. Zudem ist das Höchstwertprinzip nicht zu beachten, wenn die Restlaufzeit der Verbindlichkeit ein Jahr oder weniger beträgt. Die Verbindlichkeit kann dann auch niedriger als zum Zeitpunkt der Erstbewertung bewertet werden.

10 Periodenabgrenzung

(102) **Lösung Aufgabe 123** *Wahr oder falsch?*

a) *wahr* | Dies ergibt sich aus § 250 HGB.

b) *wahr* | Die transitorischen (vorübergehenden) RAP werden jährlich gebildet und nicht fortgeschrieben. Die Zahlung erfolgt vor Erfolgswirkung.

c) *falsch* | Die Zahlung erfolgt nach Erfolgswirkung.

d) *wahr* | Die Verpflichtung zur Abgrenzung ergibt sich aus § 252 Abs. 1 Nr. 5 HGB. Die Erfolgswirkung besteht vorweg.

e) *falsch* | Eine Ausnahme bildet das Damnum (Disagio), bei dem ein Aktivierungswahlrecht besteht, § 250 Abs. 3 HGB.

f) *wahr* | Die aktiven und passiven RAP erfüllen die »Tatbestandsmerkmale« für Vermögensgegenstände nicht.

g) *wahr* | Unechte Schulden bestehen lediglich gegenüber dem Unternehmer selbst (Innenverpflichtung).

h) *falsch* | Bei Rückstellungen handelt es sich zwar um passive Bestandskonten. Die Bildung erfolgt jedoch erfolgswirksam.

i) *falsch* | Es kommt darauf an, in welcher Höhe die erwartete Schuld tatsächlich eintritt. Die Auflösung kann demnach erfolgswirksam oder erfolgsneutral erfolgen.

j) *falsch* | Gem. § 249 Abs. 1 HGB sind Rückstellungen in den dort beschriebenen Fällen zwingend zu bilden. In anderen Fällen dürfen keine Rückstellungen gebildet werden.

k) *wahr* | Aufgrund von Differenzen zwischen HB und StB finden Anpassungen in der HB in Form von Steuerlatenzen Anwendung, um die Steuern an das HB-Ergebnis anzupassen.

l) *wahr* | Zum Beispiel dann, wenn in der StB linear und in der HB degressiv abgeschrieben wird. Über die Totalperiode gleichen sich die Ergebnisse aus, d. h. der Gewinn ist insgesamt gleich hoch.

m) *wahr* | Steuerfreie Erträge führen zu einem dauerhaft niedrigeren Steuerbilanzgewinn und dadurch zu einer dauerhaft niedrigeren Steuerbelastung.

n) *wahr* | Wenn der Aufwand in der HB früher entsteht, ist der steuerliche Gewinn höher als der handelsrechtliche Gewinn. Folglich fallen höhere Steuerzahlungen an als fiktiv in der Handelsbilanz entstehen.

o) *wahr* | In diesem Fall ist der HB-Gewinn höher als der StB-Gewinn. Die Steuerzahlungen sind im Vergleich zum HB-Gewinn zu niedrig.

10 PERIODENABGRENZUNG

(103) **Lösung Aufgabe 124** *Typen der Rechnungsabgrenzung*

1. *Gebäudeversicherung*
   Versicherungsprämien unterliegen der Versicherungsteuer und sind daher gem. § 4 Nr. 10 Buchstabe a UStG von der Umsatzsteuer befreit.
   a) Buchung bei Überweisung:

   [437]
Versicherungsaufwand	600 EUR	
an *Bank*		600 EUR

   b) Buchung am 31.12.:
   Die Versicherungsteuer gehört zu den Aufwandsteuern und muss deshalb mit abgegrenzt werden. $\frac{9}{12}$ der Versicherungsprämie, also 450 EUR, werden erst im Folgejahr erfolgswirksam. Da die Auszahlung in dieser Höhe vor der Erfolgswirkung liegt, handelt es sich um eine transitorische aktive Rechnungsabgrenzung.

   [438]
Aktiver Rechnungsabgrenzungsposten	450 EUR	
an *Versicherungsaufwand*		450 EUR

   c) Buchung im neuen Jahr:

   [439]
Versicherungsaufwand	450 EUR	
an *Aktiver Rechnungsabgrenzungsposten*		450 EUR

2. *Zinsen*
   a) Aufnahme des Darlehens am 1. Oktober:
   Die Vergabe des Kredits durch die Bank stellt eine Duldungsleistung der Bank dar, da die Bank die Nutzung des Kapitals erduldet. Die Gewährung von Krediten ist gem. § 4 Nr. 8 Buchstabe a UStG von der Umsatzsteuer befreit.

   [440]
Bank	30 000 EUR	
an *Verbindlichkeiten ggü. Kreditinstituten*		30 000 EUR

   b) Buchung am 31.12.:
   Die Zinsen für Oktober bis Dezember betragen $30\,000 \times 0{,}04 \times \frac{3}{12} =$ 300 EUR. Zinsen sind umsatzsteuerfrei. Die Duldungsleistung wird teilweise im alten Jahr erbracht. Die Zinsen darauf werden aber erst im neuen Jahr entrichtet. Da die Auszahlung dem Aufwand folgt, liegt eine antizipative passive (Rechnungs)Abgrenzung vor.

   [441]
Zinsaufwand	300 EUR	
an *sonstige Verbindlichkeiten*		300 EUR

   c) Bezahlung der Zinsen i. H. v. $30\,000 \times 0{,}04 = 600$ EUR am 31. März:

   [442]
sonstige Verbindlichkeiten	300 EUR	
Zinsaufwand	300 EUR	
an *Bank*		600 EUR

3. **Miete**

Die Mietleistung stellt eine Duldungsleistung dar und ist (i. d. R.) von der Umsatzsteuer befreit, § 4 Nr. 12 Buchstabe a UStG (Hotelübernachtungen fallen z. B. nicht unter die Befreiung). Unsere Leistung erfolgt im Dezember, die Bezahlung folgt aber erst im Januar. Die Einzahlung folgt dem Ertrag. Es liegt hier eine antizipative aktive (Rechnungs)Abgrenzung vor.

a) Buchung am 31. 12.:

[B-443]

sonstige Forderungen	1 500 EUR	
an Mieterträge		1 500 EUR

b) Verbuchung des Zahlungseingangs im Januar:

[B-444]

Bank	1 500 EUR	
an sonstige Forderungen		1 500 EUR

4. **Wartungsvertrag**

a) Verbuchung des Eingangs des Betrags im November:
Die Wartungskosten unterliegen der Umsatzsteuer.

[B-445]

Bank	2 856 EUR	
an Umsatzerlöse		2 400 EUR
Umsatzsteuer		456 EUR

b) Buchung am 31. 12.:

$\frac{10}{12}$ des Betrags entfallen auf Leistungen, die erst im nächsten Jahr erbracht werden. Die Einzahlung liegt hier zeitlich vor dem Ertrag. Es handelt sich daher um eine transitorische passive Rechnungsabgrenzung am Bilanzstichtag. Abzugrenzen ist dabei der Nettobetrag, da die Vorsteuer auch in Zukunft keinen Aufwand darstellen wird (durchlaufender Posten).

[B-446]

Umsatzerlöse	2 000 EUR	
an Passiver Rechnungsabgrenzungsposten		2 000 EUR

c) Buchung im neuen Jahr:

[B-447]

Passiver Rechnungsabgrenzungsposten	2 000 EUR	
an Umsatzerlöse		2 000 EUR

(103) **Lösung Aufgabe 125** *Rechnungsabgrenzung*

1. *Miete*

Die Mietleistung stellt eine Duldungsleistung dar und ist (i. d. R.) von der Umsatzsteuer befreit, § 4 Nr. 12 Buchstabe a UStG. Die Inanspruchnahme der Leistung durch uns erfolgt teilweise erst im nachfolgenden Geschäftsjahr 2018, die Bezahlung erfolgt aber noch im Geschäftsjahr 2017. Die Auszahlung geht dem Aufwand voran. Es ist deshalb transitorisch aktiv abzugrenzen.

a) Buchung bei Überweisung am 1. Oktober 2017:

[B-448]

Mietaufwand	14 400 EUR	
an Bank		14 400 EUR

10 PERIODENABGRENZUNG

b) Buchung am 31. 12. 2017:
Es ist ein aktiver Rechnungsabgrenzungsposten i. H. v. $\frac{9}{12} \times 14\,400 = 10\,800$ EUR zu bilden.

[→449]
Aktiver Rechnungsabgrenzungsposten	10 800 EUR	
an Mietaufwand		10 800 EUR

c) Auflösung des ARAP im neuen Jahr:

[→450]
Mietaufwand	10 800 EUR	
an Aktiver Rechnungsabgrenzungsposten		10 800 EUR

2. Miete
 a) Verbuchung der Mietzahlung am 1. 11. 2017:

[→451]
Bank	24 000 EUR	
an Mieterträge		24 000 EUR

b) Buchung am 31. 12. 2017:
Wir erhalten Zahlungen vor Erfolgswirkung. Es liegt eine transitorische passive RAP vor, es muss i. H. v. $\frac{4}{6} \times 24\,000 = 16\,000$ EUR abgegrenzt werden.

[→452]
Mieterträge	16 000 EUR	
an Passiver Rechnungsabgrenzungsposten		16 000 EUR

c) Auflösung des PRAP im neuen Jahr:

[→453]
Passiver Rechnungsabgrenzungsposten	16 000 EUR	
an Mieterträge		16 000 EUR

3. Miete
Die Zahlung erfolgt nach Erfolgswirkung. Da wir Zahlungen schulden, handelt es sich um eine antizipative passive Abgrenzung.
 a) Buchung am 31. 12. 2017:

[→454]
Mietaufwand	30 000 EUR	
an sonstige Verbindlichkeiten		30 000 EUR

b) Bezahlung der Miete am 2. 2. 2018:

[→455]
sonstige Verbindlichkeiten	30 000 EUR	
an Bank		30 000 EUR

4. Miete
Wir erwarten die Zahlung nach Erfolgswirkung. Es handelt sich um eine antizipative aktive Rechnungsabgrenzung.
 a) Buchung am 31. 12. 2017:

[→456]
sonstige Forderungen	5 000 EUR	
an Mieterträge		5 000 EUR

b) Eingang der Zahlung am 15. 1. 2018:

[457]
Bank	5 000 EUR	
an sonstige Forderungen		5 000 EUR

5. *Gebäudeversicherung*
   a) Verbuchung der Überweisung am 1.12.2017:

   [B-458] Versicherungsaufwand   18 000 EUR
              an   Bank   18 000 EUR

   b) Buchung am 31.12.2017:
   Die Zahlung erfolgt vor Erfolgswirkung. Es handelt sich um eine transitorische aktive RAP, wobei $\frac{11}{12} \times 18\,000 = 16\,500$ EUR abgegrenzt werden müssen.

   [B-459] Aktiver Rechnungsabgrenzungsposten   16 500 EUR
              an   Versicherungsaufwand   16 500 EUR

   c) Auflösung des ARAP in 2018:

   [B-460] Versicherungsaufwand   16 500 EUR
              an   Aktiver Rechnungsabgrenzungsposten   16 500 EUR

6. *Wartungskosten*
   Die Umsatzsteuer entsteht mit Ablauf des Voranmeldezeitraums, in dem die Lieferung oder sonstige Leistung stattfand. Voranmeldezeitraum ist i. d. R. der Kalendermonat. Der Zeitpunkt der Zahlung ist nicht maßgeblich. Hier muss die Umsatzsteuer noch nicht abgeführt werden bzw. kann die Vorsteuer noch nicht erstattet werden, da lt. Aufgabenstellung in 2017 noch keine Rechnung vorliegt. Die noch zu entrichtende Umsatzsteuer hat Verbindlichkeitscharakter und wird über das Konto »noch nicht zu entrichtende Umsatzsteuer« verbucht (nicht über »sonstige Verbindlichkeiten«, da dies die antizipative Abgrenzung widerspiegelt). Die noch zu erstattende Vorsteuer wird über das Konto »noch nicht anrechenbare Vorsteuer« verbucht.

   a) Buchung bei Zahlung am 27.12.2017:

   [B-461] Aufwand   1 000 EUR
             Vorsteuer   190 EUR
              an   Bank   1 190 EUR

   b) Buchung am 31.12.2017:

   [B-462] Aktiver Rechnungsabgrenzungsposten   1 000 EUR
             noch nicht anrechenbare Vorsteuer   190 EUR
              an   Aufwand   1 000 EUR
                   Vorsteuer   190 EUR

   c) Buchung im Januar 2018:

   [B-463] Aufwand   1 000 EUR
             Vorsteuer   190 EUR
              an   Aktiver Rechnungsabgrenzungsposten   1 000 EUR
                   noch nicht anrechenbare Vorsteuer   190 EUR

10 PERIODENABGRENZUNG

(104) **Lösung Aufgabe 126** *Verbindlichkeiten*

1. *Tilgungsdarlehen*

   Gemäß Aufgabenstellung soll der Gewinn im Geschäftsjahr der Aufnahme des Darlehens möglichst hoch ausfallen. Demnach wird das Wahlrecht zur Aktivierung des Disagios in Anspruch genommen, § 250 Abs. 3 Satz 1 HGB.

   a) Das Disagio beträgt (0,04 × 60 000 =) 2 400 EUR. Buchung zum Zeitpunkt der Aufnahme (Auszahlung) des Darlehens am 1. 10. 2017:

Bank	57 600 EUR	
Zinsaufwand	2 400 EUR	
an Verbindlichkeiten ggü. Kreditinstituten		60 000 EUR

   Alternativ könnte im Zeitpunkt der Aufnahme des Darlehens direkt ein aktiver Rechnungsabgrenzungsposten gebildet werden.

   b) Am Bilanzstichtag, den 31. 12. 2017, ist das Disagio entsprechend abzugrenzen bzw. der gebildete Rechnungsabgrenzungsposten planmäßig abzuschreiben, § 250 Abs. 3 Satz 2 HGB. Da es sich um ein Tilgungsdarlehen handelt, wird das Disagio digital abgeschrieben (Abschreibung nach der Zinsstaffelmethode). Die Summe der Jahresordnungszahlen beträgt $\frac{6 \times 7}{2} = 21$. In 2017 sind demnach $2\,400 \times \frac{6}{21} \times \frac{3}{12} = 171{,}43$ EUR abzuschreiben. Der Restbuchwert des Disagios am 31. 12. 2017 beträgt (2 400 − 171,43 =) 2 228,57 EUR. Es wird ein ARAP aktiviert:

Aktiver Rechnungsabgrenzungsposten	2 228,57 EUR	
an Zinsaufwand		2 228,57 EUR

   Die nächste Zinszahlung erfolgt am 1. 4. 2018, davon entfallen $\frac{3}{6}$ auf das alte Jahr, also $60\,000 \times 0{,}06 \times 0{,}5 \times \frac{3}{6} = 900$ EUR. Die Zinsen, die auf das Geschäftsjahr 2017 entfallen müssen am Bilanzstichtag antizipativ passiv abgegrenzt werden.

Zinsaufwand	900 EUR	
an sonstige Verbindlichkeiten		900 EUR

   c) Am 1. 4. 2018: Bezahlung der Zinsen. Insgesamt betragen die Zinsen für ein halbes Jahr (60 000 × 0,06 × 0,5 =) 1 800 EUR.

sonstige Verbindlichkeiten	900 EUR	
Zinsaufwand	900 EUR	
an Bank		1 800 EUR

   Bezahlung der 1. Tilgungsrate. Es existieren 12 Tilgungszahlungen, eine Tilgungsrate beträgt $\frac{60\,000}{12} = 5\,000$ EUR.

Verbindlichkeiten ggü. Kreditinstituten	5 000 EUR	
an Bank		5 000 EUR

   d) Am 1. 10. 2018: Bezahlung der Zinsen i. H. v. (60 000 − 5 000) × 0,06 × 0,5 = 1 650 EUR.

Zinsaufwand	1 650 EUR	
an Bank		1 650 EUR

Bezahlung der 2. Tilgungsrate:

[B-470] Verbindlichkeiten ggü. Kreditinstituten 5 000 EUR
         an   Bank   5 000 EUR

e) Am 31. 12. 2018: Abgrenzung der Zinsen für die restlichen drei Monate i. H. v. $(60\,000 - 2 \times 5\,000) \times 0{,}06 \times \frac{3}{12} = 750$ EUR und Abschreibung des ARAP i. H. v. $\left(2\,400 \times \left(\frac{9}{12} \times \frac{6}{21} + \frac{3}{12} \times \frac{5}{21}\right) =\right) 657{,}14$ EUR.

[B-471] Zinsaufwand   750 EUR
         an   sonstige Verbindlichkeiten   750 EUR

[B-472] Abschreibungen   657,14 EUR
         an   Aktiver Rechnungsabgrenzungsposten   657,14 EUR

2. *Annuitätendarlehen*

Die Annuität bei halbjährlicher Tilgung ermittelt sich als

$$ANN = 100\,000 \times \frac{\frac{0{,}08}{2} \times \left(1 + \frac{0{,}08}{2}\right)^{2 \times 8}}{\left(1 + \frac{0{,}08}{2}\right)^{2 \times 8} - 1} \approx 8\,582 \text{ EUR.}$$

Zins- und Tilgungszahlungen entwickeln sich in 2016 und 2017 wie folgt:

Datum	RBW	Zinsen	Annuität	Tilgung
01.04.2016	100 000,00	4 000,00	8 582	4 582,00
30.09.2016	95 418,00	3 816,72	8 582	4 765,28
31.03.2017	90 652,72	3 626,11	8 582	4 955,89
30.09.2017	85 696,83	3 427,87	8 582	5 154,13
31.12.2017	80 542,70	1 610,85		

a) Buchung am 31. 3. 2017: Die Zinsen i. H. v. 3 626,11 EUR entfallen zur Hälfte (= 1 813,06 EUR) auf das Jahr 2016 und wurden dort antizipativ passiv abgegrenzt (sonstige Verbindlichkeiten). Der Tilgungsanteil beträgt (8 582 − 3 626,11 =) 4 955,89 EUR.

[B-473] sonstige Verbindlichkeiten   1 813,06 EUR
         Zinsaufwand   1 813,06 EUR
         Verbindlichkeiten ggü. Kreditinstituten 4 955,89 EUR
         an   Bank   8 582,00 EUR

b) Buchung am 30. 9. 2017:

[B-474] Zinsaufwand   3 427,87 EUR
         Verbindlichkeiten ggü. Kreditinstituten 5 154,13 EUR
         an   Bank   8 582,00 EUR

c) Am 31. 12. 2017: Das Disagio betrug am 1. 4. 2016 $(0{,}04 \times 100\,000 =)$ 4 000 EUR. Die lineare Abschreibung erfolgt über die Laufzeit des Kredits, also über 8 Jahre, d. h. 500 EUR/Jahr.

[B-475] Zinsaufwand   500 EUR
         an   Aktiver Rechnungsabgrenzungsposten   500 EUR

Die auf den Zeitraum vom 31.10.–31.12.2017 entfallenden Zinsen betragen (80 542,70 × 0,08 × $\frac{3}{12}$ =) 1 610,85 EUR und müssen antizipativ passiv abgegrenzt werden.

Zinsaufwand	1 610,85 EUR	
an sonstige Verbindlichkeiten		1 610,85 EUR

3. Darlehen = 100 000 EUR, Laufzeit n = 10 Jahre, Sollzinssatz (ρ) = 6%, Disagio (d) = 3%, Summe der Jahresordnungszahlen (S) = $\sum_{t=1}^{n} t$ = $\frac{n \times (n+1)}{2} = \frac{10 \times 11}{2} = 55$.

   a) Verbuchung der Kreditaufnahme am 31.10.2017:

Bank	97 000 EUR	
Zinsaufwand	3 000 EUR	
an Verbindlichkeiten ggü. Kreditinstituten		100 000 EUR

   Alternativ kann auch sofort anstatt der Verbuchung des Disagios als Zinsaufwand ein ARAP aktiviert werden. Dieser muss dann am Bilanzstichtag abgeschrieben werden.

   b) Abgrenzung des Zinsaufwands am 31.12.2017:
   100 000 × 0,06 × $\frac{2}{12}$ = 1 000 EUR

Zinsaufwand	1 000 EUR	
an sonstige Verbindlichkeiten		1 000 EUR

   c) Bei dem Disagio handelt es sich um den Teil des Darlehens, welcher über die Laufzeit des Darlehens aufwandswirksam abzuschreiben ist (transitorische aktive Rechnungsabgrenzung). Die »Auszahlung« des Disagios ergibt sich dadurch, dass lediglich 97% des Darlehens ausbezahlt werden, jedoch 100% zurückzuzahlen sind. Da laut Aufgabenstellung ein hoher Gewinn erwünscht wird, erfolgt die Aktivierung des Disagios in Form eines ARAP, § 250 Abs. 3 HGB.
   $AfA_1 = \frac{10}{55} \times \frac{2}{12} \times 3\,000 = 90{,}91$ EUR

Aktiver Rechnungsabgrenzungsposten	2 909,09 EUR	
an Zinsaufwand		2 909,09 EUR

   d) 1. Tilgung am 31.1.2018:
   Tilgung = $\frac{100\,000}{4 \times 10}$ = 2 500 EUR

Verbindlichkeiten ggü. Kreditinstituten	2 500 EUR	
an Bank		2 500 EUR

   e) Verbuchung der Zinszahlung am 30.4.2018:
   Zinsen = $\frac{3}{12}$ × 0,06 × 100 000 + $\frac{3}{12}$ × 0,06 × 97 500 = 2 962,50 EUR

Zinsaufwand	1 962,50 EUR	
sonstige Verbindlichkeiten	1 000,00 EUR	
an Bank		2 962,50 EUR

   f) 2. Tilgung am 30.4.2018:

Verbindlichkeiten ggü. Kreditinstituten	2 500 EUR	
an Bank		2 500 EUR

g) 3. Tilgung am 31.7.2018:

[B-483]   Verbindlichkeiten ggü. Kreditinstituten   2 500 EUR
              an   Bank   2 500 EUR

h) Verbuchung der Zinszahlung am 31.10.2018:
Zinsen = $\frac{3}{12} \times 0{,}06 \times 95\,000 + \frac{3}{12} \times 0{,}06 \times 92\,500 = 2\,812{,}50$ EUR

[B-484]   Zinsaufwand   2 812,50 EUR
              an   Bank   2 812,50 EUR

i) 4. Tilgung am 31.10.2018:

[B-485]   Verbindlichkeiten ggü. Kreditinstituten   2 500 EUR
              an   Bank   2 500 EUR

j) Abgrenzung des Zinsaufwands am 31.12.2018:
$90\,000 \times 0{,}06 \times \frac{2}{12} = 900$

[B-486]   Zinsaufwand   900 EUR
              an   sonstige Verbindlichkeiten   900 EUR

k) Abschreibung des aktiven Rechnungsabgrenzungspostens am 31.12.2018:
$\left(\frac{10}{55} \times \frac{10}{12} + \frac{9}{55} \times \frac{2}{12}\right) \times 3\,000 = 536{,}36$.

[B-487]   Abschreibungen   536,36 EUR
              an   Aktiver Rechnungsabgrenzungsposten   536,36 EUR

(105) **Lösung Aufgabe 127** *Rückstellungen*
Hinweis: Bei der Auflösung von Rückstellungen sind eventuell verbleibende Mehr- bzw. Minderbeträge als »periodenfremde Erträge« bzw. »periodenfremde Aufwendungen« auszuweisen.

1. Prozesskosten
   a) Bei den voraussichtlichen Anwaltskosten handelt es sich um ungewisse Verbindlichkeiten i. S. v. § 249 Abs. 1 Satz 1 1. Alternative HGB. Am Bilanzstichtag ist eine Rückstellung für ungewisse Verbindlichkeiten i. H. v. 6 500 EUR zu bilden.

[B-488]   sonstiger betrieblicher Aufwand   6 500 EUR
              an   Rückstellungen   6 500 EUR

   b) Buchung bei Rechnungseingang / Banküberweisung im neuen Jahr:

[B-489]   Rückstellungen   6 500 EUR
          Vorsteuer   950 EUR
              an   Bank   5 950 EUR
                    periodenfremder Ertrag   1 500 EUR

10 PERIODENABGRENZUNG

2. *Jahresabschlusskosten*
   a) Bei den voraussichtlichen Jahresabschlusskosten handelt es sich um eine ungewisse Verbindlichkeit gem. § 249 Abs. 1 Satz 1 1. Alternative HGB. Es muss eine Rückstellung für ungewisse Verbindlichkeiten i. H. v. 3 500 EUR gebildet werden.

   490] *sonstiger betrieblicher Aufwand*   3 500 EUR
          an *Rückstellungen*   3 500 EUR

   b) Verbuchung des Eingangs der Rechnung:

   491] *Rückstellungen*   3 500 EUR
         periodenfremder Aufwand   2 700 EUR
         Vorsteuer   1 178 EUR
         an *Verbindlichkeiten aus L. u. L.*   7 378 EUR

   c) Bezahlung der Schuld:

   492] *Verbindlichkeiten aus L. u. L.*   7 378 EUR
         an *Bank*   7 378 EUR

3. *Steuern*
   a) Bei der voraussichtlichen Gewerbesteuernachzahlung handelt es sich um eine ungewisse Verbindlichkeit gem. § 249 Abs. 1 Satz 1 1. Alternative HGB. Es muss eine Rückstellung für ungewisse Verbindlichkeiten i. H. v. (13 500 – 12 000 =) 1 500 EUR gebildet werden.

   493] *Steueraufwand*   1 500 EUR
         an *Rückstellungen*   1 500 EUR

   Die Einkommensteuer betrifft die Privatsphäre des Unternehmers. Die Bildung einer Rückstellung ist nicht möglich.

   b) Buchung im neuen Jahr bei Eingehen des Bescheids: In 2017 wurden bereits 12 000 EUR bezahlt, da der Bescheid lediglich über 8 000 EUR ergeht, erhält der Unternehmer eine Steuererstattung.

   494] *sonstige Forderungen*   4 000 EUR
         Rückstellung   1 500 EUR
         an *periodenfremder Ertrag*   5 500 EUR

   Für die Einkommensteuer darf keine Verbindlichkeit verbucht werden. Im Fall der Bezahlung der Einkommensteuer vom betrieblichen Konto liegt eine Privatentnahme vor.
   Buchung bei Erstattung / Bezahlung:

   495] *Bank*   4 000 EUR
         an *sonstige Forderungen*   4 000 EUR

   496] *Privat*   11 000 EUR
         an *Bank*   11 000 EUR

4. *Garantien*
   a) Bei den Garantien handelt es sich um Gewährleistungen, die ohne rechtliche Verpflichtung erbracht werden, § 249 Abs. 1 Satz 2 Nr. 2 HGB. Das bedeutet, dass es sich um Leistungen handeln muss, die über die gesetzlich verankerte Garantieverpflichtung hinausgeht. Es muss eine Rückstellung i. H. v. (25 000 − 0,02 × 1 500 000 =) 5 000 EUR gebildet werden.

[B-497] sonstiger betrieblicher Aufwand   5 000 EUR
         an   Rückstellungen   5 000 EUR

   b) Wir bekommen die Rechnung der Vertragswerkstätten, die wir sofort bezahlen. Im Gegenzug lösen wir die Rückstellung auf:

[B-498] Rückstellungen   30 000 EUR
         periodenfremder Aufwand   4 000 EUR
         Vorsteuer   6 460 EUR
         an   Bank   40 460 EUR

   c) Bisher sind keine Rückstellungen mehr vorhanden. Die Gesamtsumme müsste (1 200 000 × 0,02 =) 24 000 EUR betragen, folglich müssen noch 24 000 EUR in die Rückstellungen eingestellt werden.

[B-499] sonstiger betrieblicher Aufwand   24 000 EUR
         an   Rückstellungen   24 000 EUR

5. *Bürgschaft*
   Da der Kunde insolvent ist, kommt der Gläubiger unseres Kunden auf uns zu und wird die 170 000 EUR von uns verlangen. 10 % wird der Kunde wahrscheinlich selbst bezahlen können. Die Zahlung an den Gläubiger stellt für uns eine ungewisse Verbindlichkeit i. S. v. § 249 Abs. 1 Satz 1 1. Alternative HGB i. H. d. voraussichtlichen Nettoinanspruchnahme i. H. v. (170 000 × 0,9 =) 153 000 EUR dar.

[B-500] sonstiger betrieblicher Aufwand   153 000 EUR
         an   Rückstellungen   153 000 EUR

Kommt es tatsächlich zur Inanspruchnahme der Bürgschaft, entsteht für uns eine Forderung gegenüber dem Hauptschuldner (Geschäftsfreund), die in diesem Fall aufgrund der Insolvenz allerdings nicht werthaltig ist und deshalb nicht aktiviert wird.

6. *Gehaltsnachzahlung*
   Für die Gehaltsnachzahlung und die Prozesskosten ist eine Rückstellung für ungewisse Verbindlichkeiten zu bilden.

[B-501] Personalaufwand   112 000 EUR
         sonstiger betrieblicher Aufwand   3 500 EUR
         an   Rückstellungen   115 500 EUR

10 PERIODENABGRENZUNG

7. *Umweltgesetz*

Bei dem Auftrag handelt es sich um ein schwebendes Geschäft, da keine der beiden Vertragsparteien »das ihrerseits Erforderliche« bereits erbracht hat. Schwebende Geschäfte werden grundsätzlich nicht bilanziert. In diesem Fall ist jedoch zwingend eine Rückstellung für drohende Verluste gem. § 249 Abs. 1 Satz 1 2. Alternative HGB zu bilden. Die Höhe der Rückstellung beträgt 20 000 EUR, da für die Umsatzsteuer (Vorsteuer) keine Rückstellung gebildet werden kann und nur die Verluste insgesamt, jedoch nicht die Mehrkosten, rückstellungsfähig sind. Für die Vorsteuer kann keine Rückstellung gebildet werden, da sie vom Finanzamt wieder erstattet wird und damit einen durchlaufenden Posten und keinen Aufwand darstellt.

[502]
sonstiger betrieblicher Aufwand		20 000 EUR	
an	*Rückstellungen*		20 000 EUR

8. *Verlust*

Ein mögliches schlechtes Wirtschaftsjahr ist Teil des Unternehmerrisikos. Es kommt keine Rückstellung aus dem abschließenden Katalog des § 249 Abs. 1 HGB in Betracht. Eine Rückstellungsbildung ist deshalb ausgeschlossen, § 249 Abs. 2 Satz 1 HGB.

9. *Schadenersatz*

Annahme: Es handelt sich um einen echten Schadenersatz. In diesem Fall ist der Schadenersatz von der Umsatzsteuer befreit.

a) Bildung einer Rückstellung für ungewisse Verbindlichkeiten in 2017:

[503]
sonstiger betrieblicher Aufwand		8 500 EUR	
an	*Rückstellungen*		8 500 EUR

b) (1) Auflösung der Rückstellung bei einer Schadenersatzleistung i. H. v. 7 000 EUR (im Folgenden Vernachlässigung des Zwischenschritts der Bildung einer Verbindlichkeit):

[504]
Rückstellungen		8 500 EUR	
an	*Bank*		7 000 EUR
	periodenfremder Ertrag		1 500 EUR

(2) Auflösung der Rückstellung bei einer Schadenersatzleistung i. H. v. 8 500 EUR:

[505]
Rückstellungen		8 500 EUR	
an	*Bank*		8 500 EUR

(3) Auflösung der Rückstellung bei einer Schadenersatzleistung i. H. v. 10 000 EUR:

[506]
Rückstellungen		8 500 EUR	
periodenfremder Aufwand		1 500 EUR	
an	*Bank*		10 000 EUR

c) Die außergerichtliche Anerkennung der Forderung i. H. v. 12 000 EUR führt zu einer sicheren Schuld. Die Rückstellung muss ausgebucht und eine sonstige Verbindlichkeit eingebucht werden.

[B-507]
Rückstellungen	8 500 EUR	
periodenfremder Aufwand	3 500 EUR	
an Bank		9 000 EUR
sonstige Verbindlichkeiten		3 000 EUR

Buchung im Januar 2019:

[B-508]
sonstige Verbindlichkeiten	3 000 EUR	
an Bank		3 000 EUR

10. *Instandsetzung*
  a) Bildung einer Rückstellung:
  Für den Fall, dass die Instandhaltungsmaßnahmen innerhalb von 3 Monaten im neuen Geschäftsjahr abgeschlossen werden, ist zwingend eine Rückstellung für unterlassene Instandhaltung gem. § 249 Abs. 1 Satz 1 Nr. 1 HGB zu bilden. Die Umsatzsteuer ist unbeachtlich, da sie im Wege des Vorsteuerabzugs wieder erstattet wird. Das Unternehmen wird dadurch nicht belastet.

[B-509]
Aufwendungen	19 000 EUR	
an *Rückstellungen für Instandhaltung*		19 000 EUR

Bei der Durchführung der Arbeiten erst im Sommer des nachfolgenden Geschäftsjahres darf keine Rückstellung gebildet werden.

  b) Bezahlung der Instandsetzung:
  Auflösung der Rückstellung (Vernachlässigung der Bildung einer Verbindlichkeit als Zwischenschritt): Die Vorsteuer beträgt (27 000 × 0,19 =) 5 130 EUR. Der Rechnungsbetrag lautet demnach über insgesamt 32 130 EUR (brutto).

[B-510]
Rückstellungen für Instandhaltung	19 000 EUR	
periodenfremder Aufwand	8 000 EUR	
Vorsteuer	5 130 EUR	
an Bank		32 130 EUR

11. *Liefervertrag*
Bei der zum Bilanzstichtag noch ausstehenden Lieferung handelt es sich um ein schwebendes Geschäft, da am Stichtag zumindest die wirtschaftlich wesentliche Leistung nicht erbracht ist. Schwebende Geschäfte sind grundsätzlich nicht zu bilanzieren.
Da sich pro zu liefernder Garage ein Verlust i. H. v. (20 000 − 18 000 =) 2 000 EUR ergeben wird, besteht ein Verpflichtungsüberhang. Die B-KG wird die vertragsmäßige Erfüllung verlangen, sodass der Verlust droht. In der Handelsbilanz ist deshalb am Bilanzstichtag zum 31.12.2017 eine Drohverlustrückstellung i. H. v. (2 000 EUR × 20 =) 40 000 EUR zu passivieren, § 246 Abs. 1, § 249 Abs. 1 Satz 1 HGB.

10 PERIODENABGRENZUNG

-511] sonstiger betrieblicher Aufwand   40 000 EUR
       an   Rückstellungen für drohende Verluste   40 000 EUR

Der Rechnungsbetrag bei Lieferung der Garagen im Januar 2018 lautet über (18 000 × 20 = 360 000 EUR; 360 000 × 1,19 =) 428 400 EUR.

-512] Forderungen aus L. u. L.   428 400 EUR
       an   Umsatzerlöse   360 000 EUR
             Umsatzsteuer   68 400 EUR

Auflösung der Rückstellung (Skizze):

-513] Rückstellungen für drohende Verluste   40 000 EUR
       an   periodenfremde Erträge   40 000 EUR

-514] Herstellungsaufwand   400 000 EUR
       an   Fertige Erzeugnisse   400 000 EUR

(107) **Lösung Aufgabe 128**   *Erkennen latenter Steuern*

a) Nachstehende *Abb. 5* liefert einen Anhaltspunkt zur Bestimmung, ob aktive oder passive latente Steuern vorliegen. Verglichen wird jeweils der Buchwert.

	aktive latente Steuern	passive latente Steuern
Aktiva	HB < StB	HB > StB
Passiva	HB > StB	HB < StB
	steuerliches Vermögen ist größer als handelsrechtliches Vermögen	steuerliches Vermögen ist kleiner als handelsrechtliches Vermögen

Abb. 5   Grundlage zur Bestimmung von aktiven oder passiven Steuerlatenzen

Die Vorgehensweise zur Bestimmung der aktiven bzw. passiven Steuerlatenz wäre ausgehend von *Abb. 5* dann:
(1) Handelt es sich um einen Vermögensgegenstand (ist die Aktivseite betroffen) oder eine Schuld (ist die Passivseite betroffen)?
(2) In welchem Verhältnis stehen die Buchwerte in der Steuerbilanz und in der Handelsbilanz?
(3) Liegen temporäre Unterschiede zwischen Handelsbilanz und Steuerbilanz vor?
(4) Ablesen des Ergebnisses aus *Abb. 5*!

b) Bestimmung, ob und inwiefern Steuerlatenzen vorliegen:
    1. (1) Es handelt sich um eine Maschine, also um einen Vermögensgegenstand. Die Aktiva ist betroffen. (2) Da in der Handelsbilanz schneller abgeschrieben wird als in der Steuerbilanz, ist der Buchwert in der Handelsbilanz anfangs *niedriger* als in der Steuerbilanz. (3)

Es handelt sich um temporäre Unterschiede. (4) Im Ergebnis liegen aktive latente Steuern vor.

2. (1) Bei dem Disagio handelt es sich (sofern aktiviert) um einen aktiven Rechnungsabgrenzungsposten. Die Aktiva ist betroffen. (2) Der Wertansatz in der Handelsbilanz ist aufgrund der Sofortabschreibung anfangs niedriger als der Wertansatz in der Steuerbilanz, da das Disagio als Geldbeschaffungskosten in der Steuerbilanz aktiviert und über die Laufzeit des Kredits abgeschrieben werden muss, § 5 Abs. 5 Satz 1 Nr. 1 EStG. (3) Es handelt sich um temporäre Unterschiede. (4) Im Ergebnis liegen aktive latente Steuern vor.

3. (1) Entwicklungskosten können in der Handelsbilanz als selbst geschaffene immaterielle Vermögensgegenstände des Anlagevermögens gem. § 248 Abs. 2 Satz 1 HGB aktiviert werden. Die Aktiva ist betroffen. (2) In der Steuerbilanz ist eine Aktivierung nicht möglich, § 5 Abs. 2 EStG. Der Buchwert in der Handelsbilanz ist anfangs höher als in der Steuerbilanz. (3) Es handelt sich um temporäre Unterschiede. (4) Im Ergebnis liegen passive latente Steuern vor.

4. Da die Dividenden steuerfrei sind, liegen keine temporären Unterschiede zwischen Handelsbilanz und Steuerbilanz und somit keine Steuerlatenzen vor. Es handelt sich hier um permanente Unterschiede.

5. (1) Es handelt sich um Umlaufvermögen. Die Aktiva ist betroffen. (2) Beim fifo-Verfahren sind fiktiv die zuletzt mit den niedrigsten Preisen angesetzten Vorräte aktiviert. Beim lifo-Verfahren sind fiktiv die zuerst erworbenen Vorräte noch auf Lager. In der Steuerbilanz besteht gem. § 6 Abs. 1 Nr. 2 EStG ein Wahlrecht zur Teilwertabschreibung vor (Annahme: das Wahlrecht zur Teilwertabschreibung wird ausgeübt, d. h. es wird auf den niedrigeren Teilwert abgeschrieben). (3) Es liegen keine temporären Unterschiede und damit keine Steuerlatenzen vor.

6. (1) Es handelt sich um eine Schuld (Rückstellung). Die Passiva ist betroffen. (2) Der Buchwert der Passiva in der Handelsbilanz ist höher als der Buchwert der Passiva in der Steuerbilanz, da in der Steuerbilanz keine Drohverlustrückstellungen gebildet werden dürfen, § 5 Abs. 4a EStG. (3) Es handelt sich um temporäre Unterschiede. (4) Im Ergebnis liegen aktive latente Steuern vor.

7. (1) Es handelt sich um einen »Vermögensgegenstand« im Anlagevermögen. Die Aktiva ist betroffen. (2) In der Handelsbilanz existiert keine bestimmte betriebsgewöhnliche Nutzungsdauer. Kann die voraussichtliche Nutzungsdauer des Geschäfts- oder Firmenwerts nicht verlässlich geschätzt werden, hat die planmäßige Abschreibung über einen Zeitraum von 10 Jahren zu erfolgen (wird hier angenommen), § 253 Abs. 3 Sätze 3 und 4 HGB. Steuerrechtlich ist der Firmenwert gem. § 7 Abs. 1 Satz 3 EStG über 15 Jahre abzuschreiben. Da in der Handelsbilanz schneller abgeschrieben wird als in der Steuerbilanz, ist der Buchwert in der Handelsbilanz anfangs *niedriger* als in der

Steuerbilanz. (3) Es handelt sich um temporäre Unterschiede. (4) Im Ergebnis liegen aktive latente Steuern vor.

(108) **Lösung Aufgabe 129** *Latente Steuern (zweiperiodig)*

a) Ermittlung der Steuerquote ohne Bildung latenter Steuern (negative Werte in runden Klammern)

		Jahr 1		Jahr 2	
		HB	StB	HB	StB
	Erträge	100	100	100	100
./.	Rückstellung	(40)	0	-	-
./.	Aufwand	-	-	-	(40)
=	Gewinn vor Steuern	60	100	100	60
	gezahlte Steuern (30%)	-	(30)	-	(18)
	Steueraufwand	(30)	-	(18)	-
	Steuerquote	50%		18%	

Es zeigt sich, dass die Steuerquote, gemessen am handelsrechtlichen Gewinn, in Jahr 1 zu hoch und in Jahr 2 zu niedrig ist.

b) In der Handelsbilanz sind die Schulden höher angesetzt als in der Steuerbilanz. Es können aktive latente Steuern gebildet werden. Die Anwendung des Schemas aus *Abb. 5* auf Seite 397 auf unser Beispiel führt zu folgendem Ergebnis: Durch die Bildung der Rückstellung in der Handelsbilanz ist der Buchwert der Passiva der Handelsbilanz größer als der Buchwert der Passiva der Steuerbilanz. Folglich liegen aktive latente Steuern vor.

c) Ermittlung der Steuerquote für den Fall, dass in Jahr 1 aktive latente Steuern gebildet werden (negative Werte in runden Klammern).

		Jahr 1		Jahr 2	
		HB	StB	HB	StB
	Erträge	100	100	100	100
./.	Rückstellung	(40)	0	-	-
./.	Aufwand	-	-	-	(40)
=	Gewinn vor Steuern	60	100	100	60
	gezahlte Steuern		(30)		(18)
	Steueraufwand	(30)		(18)	
	latente Steuern	12		(12)	
	Steuerquote	30%		30%	

Der obere Teil der Tabelle bis zur Bestimmung des Steueraufwands ist identisch zum Fall ohne Bildung der latenten Steuern. Durch die Bildung und Auflösung der aktiven latenten Steuern entspricht die (handelsrechtliche) Steuerquote exakt dem Steuersatz.

(109) **Lösung Aufgabe 130** *Latente Steuern (fünfperiodig)*

a) Ermittlung der Steuern auf Basis des Steuerbilanzgewinns (mit EZ = Einzahlungen, AZ = Auszahlungen, G = Gewinn und s = Steuersatz; Werte in TEUR):

t	0	1	2	3	4
EZ_t	50	50	50	50	50
AZ_t	−100				
$G_t = EZ_t - AZ_t$	−50	50	50	50	50
$s \times (EZ_t - AZ_t)$	25	−25	−25	−25	−25

In t = 0 erfolgt eine Steuererstattung, in den Folgeperioden jeweils eine Steuerzahlung i. H. v. 25 TEUR.

b) Ermittlung der »fiktiven« Steuerlast, die sich nach Handelsrecht ergeben würde und Ermittlung des Gewinns nach (fiktiven) Steuern. Die Entwicklungskosten werden in t = 0 aktiviert, die lineare Abschreibung (Ab − t) beträgt $\frac{100}{5}$ = 20 TEUR/Periode.

t	0	1	2	3	4
$EZ_t - AZ_t$	−50	50	50	50	50
Ab_t	−20	−20	−20	−20	−20
$G_t = EZ_t - Ab_t$	30	30	30	30	30
$S_{fikt,t}$	(−15)	(−15)	(−15)	(−15)	(−15)
$G_t - S_{fikt,t}$	15	15	15	15	15

Der Steueraufwand ist in der ersten Periode geringer als die »fiktive« nach Handelsrecht ermittelte Steuerlast, und in den Folgeperioden höher.

c) Ermittlung des handelsrechtlichen Ergebnisses nach »tatsächlichen« Steuern. Hierzu werden die tatsächlichen Steuern aus a) verwendet.

t	0	1	2	3	4
$G_t = EZ_t - Ab_t$	30	30	30	30	30
$s \times (EZ_t - AZ_t)$	25	−25	−25	−25	−25
$G_t - S_t$	55	5	5	5	5

Der Bilanzleser würde den ökonomischen Erfolg zu hoch bewerten, falls er als Grundlage die erste Periode betrachtet, und zu niedrig bewerten, falls er als Grundlage die Folgeperioden betrachten würde.

d) Ermittlung des handelsrechtlichen Ergebnisses bei Bildung und Auflösung aktiver latenter Steuern.

In t = 0 ist der steuerliche Gewinn (−50 TEUR) um 80 TEUR niedriger als der handelsrechtliche Gewinn (30 TEUR). Die fiktive Steuerzahlung fällt i. H. v. $s \times 80 = 0{,}5 \times 80 = 40$ TEUR »zu hoch« aus.

Wird in t = 0 ein aufwandswirksamer passiver latenter Steuerabgrenzungsposten gebildet und in den Folgejahren aufgelöst, erhält man dasselbe

10 PERIODENABGRENZUNG

Ergebnis wie in Aufgabenteil b). Dadurch entsteht ein gleichmäßiger extrapolationsfähiger Gewinn.

t	0	1	2	3	4
$EZ_t - AZ_t$	−50	50	50	50	50
Ab_t	−20	−20	−20	−20	−20
$G_t = EZ_t - Ab_t$	30	30	30	30	30
Bestand ALSt	40	30	20	10	0
Δ ALSt	(+40)	(−10)	(−10)	(−10)	(−10)
$G_t - S_t - \Delta ALSt_t$	15	15	15	15	15

mit ALSt = Aktive latente Steuern

(109) **Lösung Aufgabe 131** *Periodenabgrenzung*

1. (d) | Der Firmenwert wird im Handelsrecht über 5 Jahre abgeschrieben (vgl. dazu § 285 Nr. 13 HGB), während die Nutzungsdauer im Steuerrecht 15 Jahre beträgt (§ 7 Abs. 1 Satz 3 HGB). Da die Aktiva im Steuerrecht deshalb im Zeitablauf höher ist als im Handelsrecht, können aktive latente Steuern gebildet werden, § 274 Abs. 1 Satz 2 HGB.

2. (b) | Da das Darlehen zu 100 % ausbezahlt wird, erübrigt sich die Frage nach der Abgrenzung eines Disagios. Da die Zinsen jedoch immer 5 Monate im Nachhinein entrichtet werden, müssen diese antizipativ passiv als »sonstige Verbindlichkeiten« abgegrenzt werden.

3. (c) | Es muss eine Rückstellung für ungewisse Verbindlichkeiten (Gewerbesteuerrückstellung) gem. § 249 Abs. 1 Satz 1 1. Alternative HGB i. H. v. 10 TEUR gebildet werden.

4. (d) | Durch die schnellere Abschreibung in der Steuerbilanz ist das Vermögen in der Steuerbilanz niedriger ausgewiesen als in der Handelsbilanz. Es müssen passive latente Steuern gebildet werden.

5. (e) | Die Anzahlung wird als erhaltene Anzahlung passiviert und betrifft keine der hier genannten Positionen.

6. (a) | Die Bezahlung der Miete erfolgt vor Inanspruchnahme der Leistung. Es liegt deshalb eine transitorische (aktive) Rechnungsabgrenzung vor.

7. (c) | Für den Mitarbeiter muss eine Rückstellung für ungewisse Verbindlichkeiten (§ 249 Abs. 1 Satz 1 1. Alternative HGB) in Form einer Pensionsrückstellung gebildet werden.

8. (e) | Das Erwirtschaften eines Verlustes ist (wenn nicht etwa ein Verlust aus schwebenden Geschäften resultiert) nicht abgrenzbar.

9. (e) | Die Einkommensteuer gehört zur Privatsphäre des Unternehmers. Eine Rückstellung wie bei der Gewerbesteuer kommt nicht in Frage.

10. (c), (d) | Es muss eine Rückstellung für drohende Verluste aus schwebenden Geschäften gebildet werden (§ 249 Abs. 1 Satz 1 2. Alternative HGB). Drohverlustrückstellungen dürfen in der Steuerbilanz nicht gebildet werden, § 5 Abs. 4a EStG. Die Passiva in der Handelsbilanz ist größer als

in der Steuerbilanz, es müssen deshalb aktive latente Steuern gebildet werden.

11. (a) | Sofern das Disagio aktiviert wird, muss es transitorisch (aktiv) abgegrenzt werden.

(110) **Lösung Aufgabe 132** *Kontrollfragen*

1. *Benennen Sie jeweils zwei konkrete handelsrechtliche Aktivierungsverbote, Passivierungsverbote, Aktivierungsgebote, Passivierungsgebote.*
    - *Aktivierungsverbote*
      Forschungskosten (§ 255 Abs. 2 Satz 4 HGB) und Aufwendungen für die Gründung eines Unternehmens (§ 248 Abs. 1 Nr. 1 HGB) dürfen nicht aktiviert werden.
    - *Passivierungsverbote*
      Für alle nicht in § 249 Abs. 1 HGB genannten Rückstellungen besteht Passivierungsverbot, § 249 Abs. 2 Satz 1 HGB. Zudem dürfen Verbindlichkeiten aus schwebenden Geschäften nicht passiviert werden.
    - *Aktivierungsgebote*
      Selbst erstellte oder entgeltlich erworbene immaterielle Vermögensgegenstände des Umlaufvermögens sind aktivierungspflichtig, § 248 Abs. 2 Satz 1 HGB Umkehrschluss, z. B. Software. Unabhängig davon sind alle Vermögensobjekte, die die Merkmale für Vermögensgegenstände erfüllen zu bilanzieren, § 246 Abs. 1 Satz 1 HGB, es sei denn es liegt ein Aktivierungswahlrecht oder -verbot vor.
    - *Passivierungsgebote*
      Es sind »sämtliche« Schulden zu passivieren, § 246 Abs. 1 Satz 1 HGB. Zudem ist das Eigenkapital zu passivieren, § 246 Abs. 1 Satz 1 HGB i. V. m. § 247 Abs. 1 HGB.

2. *Was versteht man unter transitorischer bzw. antizipativer Rechnungsabgrenzung?*
   Transitorisch steht für das Vorübergehende im Sinne eines nur kurzen Andauerns eines Zustands. In der Buchführung werden damit Geschäftsvorfälle bezeichnet, bei denen die Zahlung geleistet wurde, aber der Aufwand oder Ertrag noch nicht realisiert wurde. In der Regel beschränkt sich der Zeitraum zwischen Zahlung und Erfolgswirkung auf wenige Monate. Bei der *antizipativen Abgrenzung* wird der Ertrag oder Aufwand der Zahlung vorweggenommen. Die Zahlung erfolgt nach Erfolgswirkung.

3. *Worin besteht der Unterschied zwischen transitorischer und antizipativer Rechnungsabgrenzung aus ökonomischer Sicht?*
   Ökonomische Begründungen basieren auf Zahlungen. Am Beispiel von Auszahlungen ist bei der transitorischen Rechnungsabgrenzung das Konsumpotenzial durch das geringere Zahlungsvermögen bereits eingeschränkt. Bei der antizipativen passiven Abgrenzung wird die Auszahlung antizipiert, d. h. am Abschlussstichtag ist das Konsumpotential noch nicht eingeschränkt.

4. *Stellt der ARAP einen Vermögensgegenstand dar?*
   Die transitorischen Rechnungsabgrenzungsposten stellen keine Vermögensgegenstände bzw. Schulden dar. Dies lässt sich aus § 246 Abs. 1 Satz 1 HGB bzw. § 247 Abs. 1 HGB ableiten, da die Rechnungsabgrenzungsposten zusätzlich zu den Vermögensgegenständen bzw. Schulden aufgezählt werden.
5. *Welche Bilanzierungsregeln gelten für Rechnungsabgrenzungsposten?*
   Die Bilanzierung (transitorischer) Rechnungsabgrenzungsposten ist in § 250 HGB geregelt. Demnach besteht grundsätzlich Aktivierungs- bzw. Passivierungspflicht. Eine Ausnahme bildet das Disagio, für das gem. § 250 Abs. 3 HGB ein Aktivierungswahlrecht besteht.
6. *Wodurch unterscheiden sich Rückstellungen von passiver antizipativer und transitorischer Rechnungsabgrenzung?*
   Rückstellungen sind ungewiss, während die Zahlungsverpflichtungen bei der passiven Rechnungsabgrenzung sicher sind bzw. schon zugegangen sind.
7. *Erläutern Sie den Zweck latenter Steuern!*
   Die Bildung latenter Steuern dient der »periodengerechten« Erfolgsermittlung. Die tatsächliche Steuerzahlung basiert nicht auf dem handelsrechtlichen, sondern auf dem steuerrechtlichen Ergebnis. Zwar folgt die steuerliche Gewinnermittlung aufgrund der Maßgeblichkeit der handelsrechtlichen Gewinnermittlung, durch zahlreiche Durchbrechungen ist aber die tatsächlich zu zahlende Steuer nicht aus dem handelsrechtlichen Erfolg ableitbar mit dem Ergebnis, dass die tatsächlich zu zahlende Steuer im Verhältnis zum handelsrechtlichen Ergebnis zu hoch oder zu niedrig ausfällt. Da in der Totalperiode die Erfolge in Handels- und Steuerbilanz (zumindest theoretisch) identisch sind, erfüllen latente Steuern die Zuweisung des Steueraufwands in den einzelnen Rechnungsperioden losgelöst von den tatsächlichen Zahlungen.
8. *Wodurch unterscheiden sich Verbindlichkeiten (Rückstellungen) und passive latente Steuern?*
   Steuerlatenzen stellen keine Schulden dar.
9. *Geben Sie jeweils Beispiele an, bei denen*
   a) *permanente Differenzen zwischen HB und StB bestehen.*
      Permanente Differenzen bestehen, wenn z. B. in der Steuerbilanz bestimmte Erträge steuerfrei oder Aufwendungen nicht abgezogen werden dürfen. Dividenden stellen (bei Kapitalgesellschaften) eine steuerfreie Einnahme dar. Aufwendungen für Geschäftsessen sind für steuerliche Zwecke teilweise nicht abzugsfähig. Das Kongruenzprinzip ist in der Steuerbilanz dann durchbrochen. Das bedeutet, dass die Summe der Zahlungen über die Totalperiode nicht der Summe der Gewinne entspricht.

b) *zeitliche Differenzen zwischen HB und StB bestehen, deren Ausgleich nicht absehbar ist (quasi-permanente-Differenzen).*
Quasi-permanente Differenzen bestehen vor allem bei nicht abnutzbarem Vermögen, z. B. dann, wenn in der Handelsbilanz außerplanmäßig abgeschrieben werden muss und in der Steuerbilanz ein Abschreibungsverbot oder -wahlrecht besteht. Zum Beispiel sind Vermögensgegenstände des Anlagevermögens bei einer dauerhaften Wertminderung zwingend außerplanmäßig abzuschreiben, § 253 Abs. 3 Satz 5 HGB. In der Steuerbilanz besteht diesbezüglich ein Abschreibungswahlrecht, § 6 Abs. 1 Nr. 2 Satz 2 EStG. Diese Differenzen gleichen sich erst bei Wertaufholung oder Veräußerung aus, die in beiden Fällen nicht unbedingt vorhersehbar sind.

c) *zeitliche Differenzen zwischen HB und StB bestehen, die sich im Zeitablauf ausgleichen.*
Zeitliche Differenzen, die sich im Zeitablauf automatisch ausgleichen, bestehen z. B. beim Disagio, dem derivativen Geschäfts- oder Firmenwert und Rückstellungen oder beim abnutzbaren Sachanlagevermögen, wenn z. B. in der Handelsbilanz geometrisch-degressiv und in der Steuerbilanz linear abgeschrieben wird. In allen Fällen erfolgt die Verteilung des Aufwands in der Steuerbilanz über einen längeren Zeitraum.

10. *Geben Sie fünf Beispiele an für aktive Steuerabgrenzungsposten, und erläutern Sie die Grundsätze für deren Bildung und Auflösung.*
Aktive latente Steuern entstehen, wenn das handelsrechtliche Vermögen zu Beginn der betriebsgewöhnlichen Nutzungsdauer niedriger bewertet wird (bzw. der Gewinn niedriger ausfällt) als für steuerliche Zwecke.

- *Vorratsvermögen*
Wird in der Handelsbilanz nach der fifo-Methode und in der Steuerbilanz nach der lifo-Methode bewertet und fallen die Preise streng monoton, werden in der Handelsbilanz die zuletzt zugegangenen Vermögensgegenstände mit den niedrigen Preisen bewertet, während bei der lifo-Methode die Vermögensgegenstände zu höheren Preisen bewertet werden (in der Steuerbilanz kann im Umlaufvermögen nur bei dauernder Wertminderung auf den niedrigeren Preis abgeschrieben werden, § 6 Abs. 1 Nr. 2 Satz 2 EStG). Das Vermögen in der Handelsbilanz wird niedriger bewertet als in der Steuerbilanz, wodurch aktive latente Steuern entstehen. Beim Verkauf der Gegenstände oder sich ändernder Marktpreise wird die Steuerlatenz wieder aufgelöst.

- *planmäßige Abschreibungen*
Wird in der Handelsbilanz geometrisch-degressiv und in der Steuerbilanz linear abgeschrieben, ist das Vermögen in der Handelsbilanz anfangs niedriger bewertet (der Gewinn fällt niedriger aus). Im Zeitablauf sinken die geometrisch-degressiven Abschreibungen bis schließlich

die lineare Abschreibung höher ausfällt. Ab diesem Zeitpunkt werden die aktiven latenten Steuern wieder aufgelöst.

- *Disagio*
Wird im Handelsrecht vom Wahlrecht der Sofortabschreibung gem. § 250 Abs. 3 HGB Gebrauch gemacht, ist das Vermögen anfangs in der Handelsbilanz niedriger, da in der Steuerbilanz das Disagio zwingend zu aktivieren ist, § 5 Abs. 5 Satz 1 Nr. 1 EStG. Es sind aktive latente Steuern zu bilden. Ab der zweiten Rechnungsperiode werden diese wieder aufgelöst.

- *derivativer Firmenwert*
Da in der Handelsbilanz über 10 Jahre abgeschrieben wird, ist das handelsrechtliche Vermögen in den ersten 10 Jahren niedriger als in der Steuerbilanz. Dies kehrt sich in den Jahren 11 bis 15 um, da in der Handelsbilanz keine Aufwendungen mehr anfallen.

- *Rückstellungen für drohende Verluste*
Drohverslustrückstellungen dürfen in der Steuerbilanz nicht gebildet werden, § 5 Abs. 4a EStG. Da die handelsrechtlichen Schulden anfangs höher bewertet werden als in der Steuerbilanz, entstehen aktive latente Steuern. Im Zeitpunkt der Auflösung der Drohverlustrückstellung wird die aktive latente Steuer wieder aufgelöst.

- *steuerliche Verlustvorträge*
Auf Verluste wird im Steuerrecht i. d. R. keine sofortige Steuererstattung fällig. Vielmehr werden die Verluste in künftige Rechnungsperioden vorgetragen und mit künftigen Gewinnen verrechnet. Im Handelsrecht müsste im Verlustfall ein Steuerertrag für die Steuererstattung verbucht werden. Aus diesem Grund werden ertragswirksame aktive latente Steuern gebildet.

11. *Geben Sie ein Beispiel an für den Ansatz eines passiven Steuerabgrenzungspostens. Weshalb existieren nur wenige derartige Fälle?*
Für selbst erstellte immaterielle Vermögensgegenstände des Anlagevermögens besteht im Handelsrecht ein Aktivierungswahlrecht gem. § 248 Abs. 2 Satz 1 HGB. Im Steuerrecht besteht hingegen Aktivierungsverbot, § 5 Abs. 2 EStG. Die Aktiva fällt im Handelsrecht höher aus als im Steuerrecht. Ebenfalls ist der Erfolg im Handelsrecht anfangs höher als im Steuerrecht. Es resultieren passive latente Steuern. Tendenziell erfolgt die Aufwandsverrechnung in der Handelsbilanz früher als in der Steuerbilanz. Aus diesem Grund existieren wenige Fälle, in denen passive latente Steuern entstehen.

12. *Zeigen Sie anhand eines Buchungssatzes, dass sich die Bildung von Rückstellungen nicht auf das Geldvermögen auswirkt.*
Bildung einer Pensionsrückstellung für Mitarbeiter: *Personalaufwand // Rückstellungen*. Das Geldvermögen ist nicht betroffen.

13. *Wird die Umsatzsteuer bei der Bildung von Rückstellungen berücksichtigt? Begründen Sie Ihre Antwort!*
Rückstellungen werden ohne Umsatzsteuer gebildet, da sie für künftige Auszahlungen passiviert werden. Fällt zum Zeitpunkt der Auszahlung

Umsatzsteuer an, wird diese als Vorsteuer erstattet. Aus der Umsatzsteuer resultieren demnach keine Zahlungsbelastungen.

14. *Welches Problem bringt die Aktivierung latenter Steuern mit sich?*
Latente Steuern müssen irgendwann aufwandswirksam ausgebucht werden. Häufig dann, wenn die Ertragslage schlecht ist. Die zusätzliche Belastung durch die Ausbuchung der aktiven Steuerlatenzen belastet das Ergebnis dann zusätzlich.

15. *Erläutern Sie verbal die Bewertung latenter Steuern.*
Die Bewertung latenter Steuern ist in § 274 Abs. 2 HGB geregelt:

> [1]*Die Beträge der sich ergebenden Steuerbe- und -entlastung sind mit den unternehmensindividuellen Steuersätzen im Zeitpunkt des Abbaus der Differenzen zu bewerten und nicht abzuzinsen.* [2]*Die ausgewiesenen Posten sind aufzulösen, sobald die Steuerbe- oder -entlastung eintritt oder mit ihr nicht mehr zu rechnen ist. [...]*

Quelle: Schanz, Sebastian/Koschmieder, Simon (2014): Humoristische Zeichnungen zum Betrieblichen Rechnungswesen, Selbstverlag, Bayreuth, ISBN 978-3-00-047631-0, Seite 1.

11 Hauptabschlussübersicht

(112) **Lösung Aufgabe 133** *Hauptabschlussübersicht*
Laut Aufgabenstellung beträgt der UMSATZSTEUERSATZ 20%!

a) *Miete*
Es handelt sich um eine transitorische aktive Rechnungsabgrenzung.

-515] Mietaufwand 4 TEUR
Aktiver Rechnungsabgrenzungsposten 8 TEUR
an Kasse 12 TEUR

Alternativ kann zuerst Mietaufwand in voller Höhe verbucht und am Bilanzstichtag dann der Rechnungsabgrenzungsposten gebildet werden.

-516] Mietaufwand 12 TEUR
an Kasse 12 TEUR

-517] Aktiver Rechnungsabgrenzungsposten 8 TEUR
an Mietaufwand 8 TEUR

b) *Rückstellung*
Verbuchung der Auflösung der Rückstellung:

-518] Rückstellungen 33 TEUR
an Bank 28 TEUR
periodenfremde Erträge 5 TEUR

c) *Forderungsausfall*
Die Nettoforderung beträgt $\frac{42}{1,2}$ = 35 TEUR, davon 80% entsprechen 28 TEUR. Die Umsatzsteuer ist nicht zu korrigieren, da das Insolvenzverfahren noch nicht eröffnet wurde.

-519] zweifelhafte Forderungen 42 TEUR
an Forderungen aus L. u. L. 42 TEUR

-520] Abschreibungen 28 TEUR
an zweifelhafte Forderungen 28 TEUR

d) *Computer*

-521] Betriebs- und Geschäftsausstattung 8,00 TEUR
Vorsteuer 1,60 TEUR
an Verbindlichkeiten aus L. u. L. 9,60 TEUR

Die Abschreibung in 2017 beträgt $\frac{8}{5}$ = 1,6 TEUR.

-522] Abschreibungen 1,60 TEUR
an Betriebs- und Geschäftsausstattung 1,60 TEUR

L-133

e) *Lohn und Gehalt*

[B-523]

Personalaufwand		60 TEUR	
an	sonstige Forderungen		5 TEUR
	sonstige Verbindlichkeiten		27 TEUR
	Bank		28 TEUR

Anstatt der Bebuchung des Kontos »sonstige Forderungen« kann auch das Konto »Forderungen gegenüber Mitarbeitern« angesprochen werden.

Anstatt »sonstige Verbindlichkeiten« kann auch das Konto »Verbindlichkeiten gegenüber dem Finanzamt« angesprochen werden, wenn es sich um Steuerschulden gegenüber dem Finanzamt handelt, bzw. »Sozialversicherungs-Verbindlichkeiten«, wenn es sich um Sozialversicherungsabgaben handelt. Oder man fasst beides, wie hier in der Lösung dargestellt, gleich auf dem Konto »sonstige Verbindlichkeiten« zusammen. Denn auf dieses Konto würde man die zwei Unterkonten »Sozialversicherungs-Verbindlichkeiten« und »Verbindlichkeiten gegenüber dem Finanzamt« am Bilanzstichtag abschließen.

[B-524]

Personalaufwand		9 TEUR	
an	sonstige Verbindlichkeiten		9 TEUR

f) *Entnahme*

[B-525]

Privat		4,80 TEUR	
an	Warenverkauf		4,00 TEUR
	Umsatzsteuer		0,80 TEUR

Grundsätzlich werden Warenentnahmen über das Konto »Eigenverbrauch« verbucht. Der Unternehmer wird bei der Entnahme von Waren einem Dritten (Endverbraucher) gleichgestellt. Die Bebuchung des Kontos »Warenverkauf« ist deshalb nicht grundsätzlich falsch. Allerdings schreibt das Umsatzsteuergesetz einen getrennten Ausweis vor. Aus Gründen der Übersichtlichkeit wird hier aber auf die Bebuchung des Kontos »Eigenverbrauch« verzichtet.

g) 1. *Lieferantennachlässe*

[B-526]

Lieferantennachlässe		3 TEUR	
an	Wareneinkauf		3 TEUR

2. *Schlussbestand an Waren*

Der Wareneinkauf beträgt (20 + 5 − 3 =) 22 TEUR. Der Endbestand beträgt 7 TEUR, folglich ergibt sich ein Wareneinsatz von 15 TEUR.

[B-527]

Warenverkauf		15 TEUR	
an	Wareneinkauf		15 TEUR

h) *Umsatzsteuer-Verrechnungskonto*

[B-528]

Umsatzsteuer-Verrechnung		38,60 TEUR	
an	Vorsteuer		38,60 TEUR

[B-529]

Umsatzsteuer		26,80 TEUR	
an	Umsatzsteuer-Verrechnung		26,80 TEUR

[B-530]

sonstige Forderungen		11,80 TEUR	
an	Umsatzsteuer-Verrechnung		11,80 TEUR

11 HAUPTABSCHLUSSÜBERSICHT

Konten	Summen		Salden I		Umbuchungen		Salden II		Schlussbilanz		GuV	
Grundstücke	100		100				100		100			
BuGA	6			6		1,6		12,4		12,4		
Wareneinkauf	20+5		25			18		7		7		
Lieferantennachlässe		3		3	3							
Forderungen aus L. u. L.	90+30	10	110			42	68		68			
Zweifelhafte Forderungen					42	28	14		14			
Sonstige Forderungen					11,8	5	11,8		11,8			
Bank	178+12	33	157	5		56	101		101			
Kasse	42	26	16			12	4		4			
ARAP					8		8		8			
Eigenkapital		336,6		336,6	4,8			331,8		331,8		
Privat					4,8	4,8						
Rückstellungen		33		33	33							
Verbindlichkeiten aus L. u. L.	56,6	87		30,4		9,6		40		40		
Sonstige Verbindlichkeiten						36		36		36		
Vorsteuer	24+15	2	37		1,6	38,6						
Umsatzsteuer		26		26	26,8	0,8						
USt-Verrechnung					38,6	38,6						
Warenverkauf		47		47	15	4		36		36		36
sonstige betriebliche Erträge						5		5		5		5
Personalaufwand					69		69				69	
Mietaufwand	20		20		4		24				24	
Abschreibungen					29,6		29,6				29,6	
Summen	603,6	603,6	476	476	300	300	448,8	448,8	326,2	407,8	122,6	41

i) *Privatkonto*

[B-531]   Eigenkapital   4,80 TEUR
            an   Privat   4,80 TEUR

j) *Erstellen der Hauptabschlussübersicht*

Der Periodenerfolg in Form des Saldos der Gewinn- und Verlustrechnung beträgt (41 − 122,6 =) −81,6 TEUR. Derselbe Betrag ergibt sich auch aus dem Saldo der Bestandskonten in Form der Differenz der Spaltensummen der Schlußbilanz. Die Differenz beträgt (326,2 − 407,8 =) −81,6 TEUR.

(114) **Lösung Aufgabe 134**   *Hauptabschlussübersicht*

a) *Warenkauf*

Verbuchung des Bezugsaufwands:

[B-532]   Warenbezugsaufwand   1,50 TEUR
           Vorsteuer   0,30 TEUR
            an   Kasse   1,80 TEUR

Bezahlung der Verbindlichkeit:

[B-533]   Verbindlichkeiten aus L. u. L.   72 TEUR
            an   Bank   72 TEUR

Verkauf der Waren:

[B-534]   Forderungen aus L. u. L.   98,40 TEUR
            an   Warenverkauf   82,00 TEUR
                    Umsatzsteuer   16,40 TEUR

Bezahlung der Waren durch den Kunden:

[B-535]   Bank   93,48 TEUR
           Erlösminderungen   4,10 TEUR
           Umsatzsteuer   0,82 TEUR
            an   Forderungen aus L. u. L.   98,40 TEUR

[B-536]   Warenversandaufwand   1,25 TEUR
           Vorsteuer   0,25 TEUR
            an   Kasse   1,50 TEUR

b) *Kauf einer Maschine*

Einbuchung der Vorsteuer:

[B-537]   Vorsteuer   28 TEUR
            an   Verbindlichkeiten aus L. u. L.   28 TEUR

Die Transportkosten betragen brutto $\frac{18}{2}$ = 9 TEUR, während die Vorsteuer $\frac{9}{1,2} \times 0,2$ = 1,5 TEUR beträgt. Die Vorsteuer aus der Installation beträgt $0,2 \times 12,5$ = 2,5 TEUR.

[B-538]   Maschinen   20 TEUR
           Vorsteuer   4 TEUR
            an   Verbindlichkeiten aus L. u. L.   24 TEUR

[B-539]   Verbindlichkeiten aus L. u. L.   192 TEUR
            an   Bank   192 TEUR

11 HAUPTABSCHLUSSÜBERSICHT

Konten	Summen		Salden I		Umbuchungen		Salden II		Schlussbilanz		GuV	
Maschinen	140		140			20	150		150			
Forderungen aus L. u. L.	134	21	113		98,4	98,4	113		113			
sonstige Forderungen	98	3	95			10	105		105			
Wareneinkauf	80		80		1,5		81,5		81,5			
Warenbezugsaufwand					1,5	1,5						
Bank	608,12	196	412,12		93,48	264	241,6		241,6			
Kasse	112,3	81	31,3			3,3	28		28			
ARAP	20		20				20		20			
Eigenkapital		300		300		239,6		539,6		539,6		
Privat	2,03	241,63		239,6	239,6							
Verbindlichkeiten aus L. u. L.	6	240		240	264	52		28		28		
Sonst. Verbindlichkeiten		31,7		25,7				25,7		25,7		
PRAP		40		40				40		40		
Vorsteuer	117,45	30	87,45		32,55	120						
Umsatzsteuer	40	134,42		94,42	110,82	16,4	0					
USt-Verrechnung					120	120						
Warenverkauf	24	322		298	4,1	82		375,9				375,9
Erlösminderungen					4,1	4,1						
Warenversandaufwand		9,25		9,25	1,25			8			8	
SV-Aufwand	142,1		142,1				142,1				142,1	
Abschreibungen	66		66		10		76				76	
Personalaufwand	60		60				60				60	
Summen	1 650,00	1 650,00	1 246,97	1 246,97	1 011,3	1 011,3	1 017,2	1 017,2	739,1	633,3	278,1	383,9

c) *Abschreibungen*

Die Anschaffungskosten der Maschine betragen 160 TEUR. Die jährliche lineare Abschreibung beträgt demnach $\frac{160}{8} = 20$ TEUR. Da die Maschine am 1.7. erworben wurde, beträgt die Abschreibung $\frac{6}{12} \times 20 = 10$ TEUR.

[B-540] Abschreibungen   10 EUR
        an Maschinen   10 EUR

d) *Abschluss der Umsatzsteuerkonten*

[B-541] Umsatzsteuer-Verrechnung   120 EUR
        an Vorsteuer   120 EUR

[B-542] Umsatzsteuer   110 EUR
        an Umsatzsteuer-Verrechnung   110 EUR

[B-543] sonstige Forderungen   10 EUR
        an Umsatzsteuer-Verrechnung   10 EUR

e) *Abschluss des Kontos »Privat«*

[B-544] Privat   239,60 EUR
        an Eigenkapital   239,60 EUR

f) *Abschluss der Konten »Wareneinkauf« und »Warenverkauf«*

[B-545] Wareneinkauf   1,50 EUR
        an Bezugsaufwand   1,50 EUR

[B-546] Warenverkauf   4,10 EUR
        an Erlösminderungen   4,10 EUR

g) *Übertragung der Werte aus den Buchungen in die Hauptabschlussübersicht und Ermittlung des Periodenerfolgs*

Der Periodenerfolg beträgt 105,8 TEUR.

12 Rechtsformen und Verbuchung deren Eigenkapital

(116) **Lösung Aufgabe 135** *Wahr oder falsch?*
a) *falsch* | Die GmbH gehört zu den Kapitalgesellschaften und nicht zu den Personenunternehmen.
b) *wahr* | Die persönliche Haftung einer natürlichen Person ist ein wesentliches Merkmal von Personenunternehmungen.
c) *wahr* | Komplementäre haften persönlich und gesamtschuldnerisch, während Kommanditisten nur mit ihrer Einlage haften.
d) *wahr* | Der Schuldner kann sich bei jedem Vollhafter befriedigen. Im Innenverhältnis kann der in Haftung genommene Vollhafter die anderen Vollhafter »zur Kasse« bitten.
e) *wahr* | Die Beschränkung der Haftung auf das Vermögen der Gesellschaft ist zentraler Bestandteil von Kapitalgesellschaften.
f) *falsch* | Nach § 121 Abs. 1 HGB beträgt die gesetzliche Gewinnverteilung 4 % des Kapitalanteils, der Rest nach Köpfen.
g) *wahr* | Der Kommanditist verfügt über kein klassisches Privatkonto. Der Gewinnanteil stellt eine Verbindlichkeit ggü. dem Kommanditisten dar.
h) *falsch* | Das »Gezeichnete Kapital« wird bei der GmbH als »Stammkapital« bezeichnet, § 5 Abs. 1 GmbHG.
i) *wahr* | Man unterscheidet zwischen offenen und stillen Rücklagen (Reserven). Die offenen Rücklagen sind auf der Passivseite der Bilanz im Eigenkapital ausgewiesen.
j) *wahr* | Dies ist die sog. Ausschüttungsbemessungsfunktion der handelsrechtlichen Gewinnermittlung. Die Ausschüttungsbegrenzung für die GmbH ist in § 29 Abs. 1 GmbHG kodifiziert.
k) *falsch* | Der Mindestnennbetrag bei der Gründung einer Aktiengesellschaften beträgt 50 000 EUR, § 7 AktG.
l) *falsch* | Die gesetzliche Rücklage ist nur dann zu bilden, wenn die Kapitalrücklage zusammen mit der gesetzlichen Rücklage nicht mindestens 10 % des Grundkapitals beträgt, § 150 Abs. 1 und 2 AktG.
m) *wahr* | Dies ergibt sich aus § 58 Abs. 2 AktG.
n) *falsch* | Der Rückkauf eigener Anteile ist auf 10 % des Grundkapitals beschränkt, § 71 Abs. 2 AktG.

(117) **Lösung Aufgabe 136** *Verbuchung der Gewinnverteilung bei der OHG*
Im ersten Schritt müssen die Gewinnanteile der beiden Gesellschafter ermittelt werden. Die Gewinnanteile setzen sich zusammen aus Vorabgewinn, Zinsen und Restgröße. Da in der Aufgabenstellung nichts weiter angegeben ist bzw. keine Informationen über Entnahmen oder Einlagen vorliegen, werden die Bestände der Kapitalkonten zu Beginn der Rechnungsperiode für ein Jahr verzinst. Da über die Höhe des Zinssatzes nichts weiter bestimmt ist, wird der gesetzliche Zinssatz gem. § 121 Abs. 1 Satz 1 HGB i. H. v. 4 % angewendet. Die einzelnen Bestandteile der Gewinnanteile ergeben:

		EUR
	Gewinn	120 000
./.	Vorabgewinn Max	15 000
./.	Kapitalverzinsung Max: 210 000 × 0,04 =	8 400
./.	Kapitalverzinsung Moritz: 170 000 × 0,04 =	6 800
=	verbleiben	89 800
	50% davon (pro Kopf)	44 900

Nachstehende Tabelle zeigt die Kapitalbestände am 1.1. und 31.12. und die Entwicklung der Kapitalkonten (Stromgrößen).

	1.1.	vorab	Zinsen	Rest	Summe	31.12.
Max	210 000	15 000	8 400	44 900	68 300	278 300
Moritz	170 000		6 800	44 900	51 700	221 700
Σ	380 000	15 000	15 200	89 800	120 000	500 000

Verbuchung der Gewinnverteilung:

[B-547] Gewinn- und Verlustrechnung 120 000 EUR
    an   Privatkonto Max   68 300 EUR
          Privatkonto Moritz   51 700 EUR

Abschluss der (variablen) Privatkonten über die Eigenkapitalkonten:

[B-548] Privatkonto Max 68 300 EUR
    an   Eigenkapital Max   68 300 EUR

[B-549] Privatkonto Moritz 51 700 EUR
    an   Eigenkapital Moritz   51 700 EUR

(117) **Lösung Aufgabe 137** *Gewinnverwendung bei der OHG*

		Summe	Paul	Gerhard	Angela
	Stand Eigenkapital am 1.1.	372 500	200 000	150 000	22 500
./.	Entnahme Gerhard	125 000		125 000	
+	Einlage Angela	70 000			70 000
+	Einlage Angela	180 000			180 000
	Gewinnverteilung				
+	Gewinn	264 000			
./.	Vorabgewinn Paul	40 000	40 000		
./.	Vorabentgelt Gerhard	5 100		5 100	
./.	Geschäftsführergehalt Angela*	51 000			51 000
./.	Miete Lagerhalle	3 000			3 000
./.	Zinsen	14 900	8 000	6 000	900

	Summe	Paul	Gerhard	Angela
= Rest	150 000	50 000	50 000	50 000
Gewinnanteile	0	98 000	61 100	104 900

* Handelsrechtlich wird das Geschäftsführergehalt als Aufwand verbucht. Somit mindert es den Gewinn. Die Zurechnung als Gewinnanteil ist nur aus steuerlicher Sicht korrekt.

(118) **Lösung Aufgabe 138** *Gewinnverteilung bei der KG*

		Summe	A	B	C
	KK I 1. 1. 2017	1 200 000	600 000	500 000	100 000
	KK II 1. 1. 2017	130 000	120 000	10 000	
./.	Entnahmen	32 000	30 000	2 000	
+	Einlagen	40 000	4 000	36 000	
	Gewinnverteilung				
	Gewinn	230 000			
./.	Vorabgewinn A	50 000	50 000		
./.	GF-Gehalt* A	60 000	60 000		
=	verbleiben	120 000			
./.	Zinsen A	30 000	30 000		
./.	Zinsen B	25 000		25 000	
./.	Zinsen C	5 000			5 000
=	verbleiben	60 000			
./.	Anteil A	30 000	30 000		
./.	Anteil B	25 000		25 000	
./.	Anteil C	5 000			5 000
	Gewinnanteile	230 000	170 000	50 000	10 000
	KK II 31. 12. 2017		264 000	94 000	
	Verbindlichkeit				10 000
	Gesamtkapital		864 000	594 000	100 000

* Handelsrechtlich wird das Geschäftsführergehalt als Aufwand verbucht. Somit mindert es den Gewinn. Die Zurechnung als Gewinnanteil ist nur aus steuerlicher Sicht korrekt.

Abschluss des GuV-Kontos (Verbuchung der Gewinnanteile):

[B-550] Gewinn- und Verlustrechnung   230 000 EUR
           an Kapitalkonto II A   170 000 EUR
               Kapitalkonto II B   50 000 EUR
               Verbindlichkeiten ggü. C   10 000 EUR

Erstellung der Kapitalkonten II der Gesellschafter A und B:

Soll	KK II A		Haben	Soll	KK II B		Haben
Entn.	30 000	AB	120 000	Entn.	2 000	AB	10 000
EB	264 000	Einl.	4 000	EB	94 000	Einl.	36 000
		GuV	170 000			GuV	50 000
Summe	294 000	Summe	294 000	Summe	96 000	Summe	96 000

(118) **Lösung Aufgabe 139** *Gewinnverteilung bei der OHG*

a) Die Summe der Kapitalanteile beträgt:

		EUR
	Kapital A	122 000
+	Kapital B	56 000
+	Kapital C	72 000
=	Gesamt	250 000

Bei 4%-iger Verzinsung müsste der Gewinn mindestens (250 000 × 0,04 =) 10 000 EUR betragen. Da der Gewinn in 2017 lediglich 6 000 EUR beträgt, muss die Verzinsung entsprechend angepasst werden (§ 121 HGB). Die Verzinsung beträgt $\frac{6\,000}{250\,000}$ = 2,4%. Es ergeben sich dann folgende Gewinnanteile:

		EUR
	Gewinnanteil A: 122 000 × 0,024 =	2 928
+	Gewinnanteil B: 56 000 × 0,024 =	1 344
+	Gewinnanteil C: 72 000 × 0,024 =	1 728
=	Gesamt	6 000

b) Die taggenaue Verzinsung bewirkt, dass kurzfristige Verschiebungen auf den Kapitalkonten nicht zu einer unverhältnismäßigen Gewinnverteilung führen. Die Sollzinsen ergeben sich dann als:

	Betrag	Tage	Zinsen
A (20.04.)	9 900	8 × 30 + 10 = 250	$0{,}04 \times 9\,900 \times \frac{250}{360}$ = 275
B (15.09.)	13 200	3 × 30 + 15 = 105	$0{,}04 \times 13\,200 \times \frac{105}{360}$ = 154
C (01.11.)	6 600	2 × 30 = 60	$0{,}04 \times 6\,600 \times \frac{60}{360}$ = 44

12 RECHTSFORMEN UND VERBUCHUNG DEREN EIGENKAPITAL

Insgesamt betragen die Sollzinsen 473 EUR. Die Habenzinsen betragen:

		EUR
	Gewinnanteil A: 122 000 × 0,04 =	4 480
+	Gewinnanteil B: 56 000 × 0,04 =	2 240
+	Gewinnanteil C: 72 000 × 0,04 =	2 880
=	Gesamt	10 000

Der Betrag, der nach Köpfen zu verteilen ist, ergibt sich als (35 000 − 10 000 + 473 =) 25 473 EUR (pro Kopf = 8 491 EUR). Das Kapital verteilt sich ohne Berücksichtigung der Entnahmen wie folgt:

	1.1.	Haben	Soll	Zinsen	Rest	Summe	31.12.
A	122 000	4 880	275	4 605	8 491	13 096	135 096
B	56 000	2 240	154	2 086	8 491	10 577	66 577
C	72 000	2 880	44	2 836	8 491	11 327	83 327
Σ	250 000	10 000	473	9 527	25 473	35 000	285 000

Nach Berücksichtigung der Entnahmen ergeben sich folgende Kapitalanteile zum 31.12.: A = (135 096 − 9 900 =) 125 196 EUR, B = (66 577 − 13 200 =) 55 377 EUR und C = (83 327 − 6 600 =) 76 727 EUR.

(119) **Lösung Aufgabe 140** *Gewinnverwendung bei der AG (Viel-Wenig)*
Zur Lösung der Aufgabe empfiehlt sich nachstehendes Schema:

    (1) *Jahresüberschuss/-fehlbetrag*
./. (2) *Verlustvortrag*
= (3) *Bemessungsgrundlage für die Einstellung in die gesetzliche Rücklage*
./. (4) *(maximal) 5 % von (3) falls 10 % des Grundkapitals kleiner ist als die Summe aus gesetzlicher Rücklage und Kapitalrücklage*
= (5) *Bemessungsgrundlage für die Einstellung in die anderen Gewinnrücklagen*
./. (6) *nur bei Viel/Wenig: Einstellung in die anderen Gewinnrücklagen i. H. v. 50 % von (1) − (2) − (4)**
+ (7) *nur bei Viel/Viel: Entnahme der gesamten anderen Gewinnrücklagen*
=   *Ausschüttung (1) − (2) − (4) − (6) + (7)*

> ** Im Fall eines Gewinnvortrags darf die Verwaltung über diesen nicht mehr bestimmen. Das bedeutet, dass ein Gewinnvortrag die Einstellung in die anderen Gewinnrücklagen im Fall Viel/Wenig nicht beeinflusst.*

	A-AG		B-AG		C-AG		D-AG	
	V/V	V/W	V/V	V/W	V/V	V/W	V/V	V/W
JÜ/JF	40	40	80	80	100	100	80	80
GV/VV					−60	−60	−20	−20
Z-GRL			4	4	2	2		
Z-ARL		20		38		19		30
E-ARL			25		70			
AS	40	20	101	38	108	19	60	30

	E-AG		F-AG		G-AG	
	V/V	V/W	V/V	V/W	V/V	V/W
JÜ/JF	200	200	190	190	100	100
GV/VV	20	20			−20	−20
Z-GRL	10	10	5	5	2	2
Z-ARL		95		92,5		39
E-ARL			20			
AS	210	115	205	92,5	78	39

AS = Ausschüttung, E-ARL = Entnahme aus den anderen Gewinnrücklagen, Z-GRL = Zuführung zur gesetzlichen Rücklage, Z-ARL = Zuführung zu den anderen Gewinnrücklagen

(120) **Lösung Aufgabe 141** *Verbuchung des Rückkaufs eigener Aktien*

Der Preis der Aktien liegt um 30 EUR/Stück und insgesamt um (300 × 30 =) 9 000 EUR unter dem Nennwert. Um diesen Betrag müssen die Gewinnrücklagen aufgestockt werden. Für den Rückkauf müssen insgesamt (300 × 150 =) 45 000 EUR bezahlt werden. Das gezeichnete Kapital sinkt um (300 × 180 =) 54 000 EUR. Der Buchungssatz lautet deshalb:

[B-551] Gezeichnetes Kapital   54 000 EUR
       an   Bank   45 000 EUR
           Gewinnrücklagen   9 000 EUR

(121) **Lösung Aufgabe 142** *Zulässigkeit des Rückkaufs eigener Aktien*

a) Das Rückkaufvolumen beträgt insgesamt (500 × 300 =) 150 000 EUR. Der Nennwert der zurückgekauften Anteile beläuft sich auf (500 × 100 =) 50 000 EUR. Die Grenze von 10% des Grundkapitals wird nicht überschritten, § 71 Abs. 2 Satz 1 AktG. Der den Nennbetrag übersteigende Anteil des Rückkaufs beträgt (500 × (300 − 100) =) 100 000 EUR.

Verbuchung des Rückkaufs:

[B-552] Gezeichnetes Kapital   50 000 EUR
       Gewinnrücklagen   100 000 EUR
       an   Bank   150 000 EUR

Darstellung des Eigenkapitals nach Rückkauf:

Aktiva	Bilanz B-AG		Passiva
	A. Eigenkapital		
	I. Gezeichnetes Kapital	2 000	
	– eigene Anteile	50	
	Gezeichnetes Kapital		1 950
	II. Kapitalrücklagen		500
	III. Gewinnrücklagen		300

12 RECHTSFORMEN UND VERBUCHUNG DEREN EIGENKAPITAL

b) Beurteilung, ob der Rückkauf im angegebenen Umfang möglich ist.
  - (b1) Der Wert des Rückkaufs übersteigt die frei zur Verfügung stehenden Rücklagen (Gewinnrücklagen). Der Rückkauf ist in diesem Umfang nicht möglich, § 71 Abs. 2 Satz 2 AktG.
  - (b2) Der Nennwert des Rückkaufs beträgt gerade 10 % vom Grundkapital. Der Wert des Rückkaufs übersteigt die frei zur Verfügung stehenden Rücklagen nicht. Der Rückkauf ist möglich.
  - (b3) Der Nennwert des Rückkaufs übersteigt 10 % des Grundkapitals. Aus diesem Grund ist der Rückkauf in diesem Umfang nicht möglich, § 71 Abs. 2 Satz 2 AktG.
  - (b4) Der Wert des Rückkaufs liegt unter dem Nennwert. Allerdings sind die frei zur Verfügung stehenden Rücklagen geringer als der Wert des Rückkaufs. Der Rückkauf ist in diesem Umfang nicht möglich, § 71 Abs. 2 Satz 2 AktG.

(121) **Lösung Aufgabe 143** *Kontrollfragen*

1. *Skizzieren Sie die wesentlichen Unterschiede zwischen Personen- und Kapitalgesellschaften.*
   - *Haftung*
     Während die Haftung bei Kapitalgesellschaften auf deren Vermögen beschränkt ist, haftet bei Personenunternehmungen mindestens eine natürliche Person mit ihrem gesamten Vermögen. Die Haftung ist unbeschränkt und gesamtschuldnerisch. Gesamtschuldnerisch bedeutet, dass jeder einzelne Gesellschafter für die Schulden des Unternehmens haftet und die Gläubiger sich bei jedem einzelnen Gesellschafter befriedigen können.
   - *Anzahl der Gesellschafter*
     An Personengesellschaften müssen mindestens zwei Gesellschafter beteiligt sein, während Kapitalgesellschaften mit nur einem Gesellschafter auskommen.
   - *Steuern*
     Bei Personenunternehmungen besteht ein einstufiges Besteuerungssystem, wonach die Steuer (Einkommensteuer) bei Anfall des Gewinns gezahlt wird. Bei Kapitalgesellschaften existiert ein zweistufiges System, wonach auf der ersten Stufe die Kapitalgesellschaft als juristische Person besteuert wird (Körperschaftsteuer) und im Fall der Gewinnausschüttung auf der zweiten Stufe Steuern auf den ausgeschütteten Betrag (Einkommensteuer) von der natürlichen Person zu zahlen sind.
2. *Warum gibt es bei Kapitalgesellschaften keine Kapitalkonten?*
   Kapitalgesellschaften sind eigene Rechtspersönlichkeiten (juristische Personen), die neben natürlichen Personen existieren. Personenunternehmungen sind keine eigene Rechtspersönlichkeiten. Natürliche Person und Personenunternehmung sind eins.

3. *Wie können Gesellschafter einer Personengesellschaft (Kapitalgesellschaft) Zahlungen aus ihrer Beteiligung generieren?*
Zahlungen der Gesellschaft an die Gesellschafter für deren Konsumbedarf lassen sich z. B. durch Anstellung bei der Gesellschaft, Entnahmen (bei Personenunternehmungen), Dividendenausschüttung (bei Kapitalgesellschaften), Vergabe von Krediten an die Gesellschaft, Vermietung von Grundvermögen an die Gesellschaft oder den Verkauf der Beteiligung generieren.

4. *Erläutern Sie die Pufferfunktion des Eigenkapitals als Gläubigerschutzfunktion!*
Im Verlustfall erfolgt nicht sofort ein Ausfall der Forderungen für den Fremdkapitalgeber, ansonsten hätte er die gleichen Risiken wie die Eigenkapitalgeber und die Fremdkapitalkosten in Form von Zinszahlungen wären höher. Im Verlustfall wird erst das Eigenkapital »aufgezehrt«, bevor die Forderungen der Fremdkapitalgeber ausfallen.

5. *Wie ist die gesetzliche Gewinnverteilung aus Ihrer Sicht zu beurteilen, wenn*

   a) *der aktuelle Kapitalmarktzins bei 8% liegt?*
   Da das Kapitalkonto nur mit 4% verzinst wird, hat dies zur Folge, dass die Rendite bei Anlage im Unternehmen (interne Rendite) kleiner ist als die Rendite aus Anlage der Mittel außerhalb des Unternehmens (externe Rendite). Dies bedeutet, dass das gebundene Kapital im Vergleich zur Alternativanlage nicht ausreichend verzinst wird. Auf die Gewinnverteilung hat dies allerdings keine Auswirkung, es findet eine Überkompensation durch Pro-Kopf-Verteilung statt (das Gewicht der Köpfe wird stärker).

   b) *die Kapitalrendite sehr hoch ist?*
   Liegt die Kapitalrendite über dem Kapitalmarktzins, hat der einzelne Gesellschafter keinen Anreiz, Entnahmen für investive Zwecke zu tätigen. Die Entnahmerestriktion bindet in diesem Fall für investive Zwecke nicht. Gleichwohl kann es sein, dass er für Konsumzwecke mehr entnehmen möchte als ihm gesetzlich erlaubt ist. In diesem Fall bindet die Restriktion.

   c) *der Arbeitseinsatz der Gesellschafter unterschiedlich hoch war?*
   Die Gewinnverteilung hängt vom Stand der Kapitalkonten und der Anzahl der Gesellschafter ab. Das bedeutet, dass unabhängig vom Arbeitseinsatz der Gewinn pauschal zugeteilt wird. Eine Steuerung nach der unterschiedlichen Höhe des Arbeitseinsatzes bzw. der Produktivität ist im Gesetz demnach nicht vorgesehen. Des Weiteren werden bei der Gewinnverteilung die Qualifikationen der Gesellschafter nicht berücksichtigt.

   d) *ein Gesellschafter über ein hohes Privatvermögen außerhalb der Gesellschaft verfügt?*
   Für die Gesellschafter der OHG gilt unbeschränkte Haftung. Hat ein Gesellschafter ein höheres Privatvermögen als die anderen Gesellschafter der OHG, dann ist das Haftungsrisiko, welches für ihn durch seine

Beteiligung an der OHG entsteht, auch höher. Für dieses höhere Risiko sollte er eine besondere Risikoprämie erhalten, die die gesetzliche Gewinnverteilung gänzlich außer Acht lässt.

e) *ein Gesellschafter kurz vor Schluss des Geschäftsjahres eine hohe Einlage auf sein Kapitalkonto getätigt hat.*
Nach § 121 Abs. 2 HGB werden Einlagen, welche ein Gesellschafter während eines Geschäftsjahres getätigt hat, nur im Verhältnis der abgelaufenen Zeit berücksichtigt (tägliche Verzinsung). Sie spielen somit keine Rolle bei der Gewinnverteilung, wenn sie kurz vor Ende des Geschäftsjahres getätigt wurden. Ansonsten bestünde für die Gesellschafter mit hohem Privatvermögen die Möglichkeit, kurz vor Schluss des Geschäftsjahres eine hohe Einlage auf ihrem Kapitalkonto zu tätigen und dafür eine erhöhte Gewinnzuteilung zu bekommen. Dies würde bedeuten, dass hier die Möglichkeit bestünde, sich das Risiko der persönlichen Haftung entgelten zu lassen, was allerdings den gesetzlichen Vorstellungen widerspricht.

6. *Wie ist die gesetzliche Entnahmeregelung aus Ihrer Sicht zu beurteilen, wenn*

   a) *in einem Geschäftsjahr kein Gewinn erzielt wurde?*
   Dann gilt für die Gesellschafter nur das Entnahmerecht von 4% ihrer Kapitalkonten, welches unabhängig von der Erzielung eines Gewinns besteht. Das Entnahmerecht gewährleistet das Bestreiten der Lebenshaltungskosten der Gesellschafter.

   b) *eine günstige Anlagealternative außerhalb der Gesellschaft zur Verfügung steht?*
   In diesem Fall sollte Kapital entnommen und außerhalb der Gesellschaft angelegt werden. Die gesetzliche Regelung (4% der Kapitalkonten, Rest nach Köpfen) stellt in diesem Fall eine Allokationsbremse (»Kapitalvernichtung«) dar, da es sich lohnen würde, mehr Geld außerhalb der Unternehmung anzulegen. Hier wird deutlich, dass für den Gesetzgeber die konsumtive Verwendung der Entnahmen – nicht die investive Verwendung – im Vordergrund steht.

   c) *in den Betriebsgrundstücken hohe stille Rücklagen enthalten sind?*
   Stille Reserven führen dazu, dass der Gewinn vergleichsweise niedriger ausfällt, d.h., das Kapital wird unterverzinst, kann aber nicht entnommen werden. Wenn der Gewinn unter 4% der Kapitalkonten beträgt, wird der Arbeitseinsatz nicht entlohnt. Stille Reserven führen in jedem Fall zur Verminderung der Entlohnung des Arbeitseinsatzes der Gesellschafter.

7. *Wie würde sich eine gesetzliche Regelung der Gewinnverteilung auswirken, der zufolge ceteris paribus*

   a) *die Verzinsung der Kapitalanteile 10% betragen würde?*
   Durch eine höhere Verzinsung der Kapitalanteile sinkt die Bedeutung der »Verteilung nach Köpfen«, da ein größerer Vorwegabzug vom Gewinn die Folge wäre, und der Restanteil zurückginge. Im ungüns-

tigsten Fall entfällt die Verteilung nach Köpfen, nämlich dann, wenn der Gewinn durch die Verzinsung der Kapitalanteile schon aufgebraucht ist. Die Entlohnung der Gesellschafter für ihren Arbeitseinsatz würde zurückgehen. Die innerhalb des Unternehmens erzielbare Rendite (interne Rendite) verbessert sich gegenüber der außerhalb des Unternehmens erzielbaren Rendite (externe Rendite).

b) *vor der Verzinsung des Kapitalanteils eine Gewinnverteilung in Höhe des kalkulatorischen Unternehmerlohns vorgenommen würde?*

Durch solch eine gesetzliche Regelung könnte der Einsatzfaktor »Humankapital« entgolten werden. Dem (»produktiven«) Arbeitseinsatz käme so eine höhere Bedeutung zu. Die 4%ige-Verzinsung auf das gebundene Kapital bliebe unbeeinträchtigt, jedoch ist es sehr gut möglich, dass nun der Gewinn nicht mehr ausreichen könnte, um die Kapitalkonten mit 4% zu verzinsen.

c) *die Hälfte des Gewinns nach Köpfen und die andere nach Kapitalanteilen verteilt würde? Unter welchen Umständen wären Sie mit dieser Regelung als Gesellschafter nicht einverstanden?*

Hierdurch wäre auf jeden Fall gewährleistet, dass nicht nur der Kapitaleinsatz verzinst wird (z. B. bei Gewinn < 8%), sondern auch der Arbeitseinsatz. Gesellschafter mit hohen Kapitalanteilen werden bei dieser Regelung benachteiligt und werden sich dagegen aussprechen. Bei hohem Gewinn sind die Gesellschafter gegen die Regelung, die einen hohen Arbeitseinsatz einbringen.

8. *Ist es möglich, auch in Geschäftsjahren, in denen Verluste erzielt werden, Entnahmen zu tätigen?*

Da Entnahmen angesprochen werden, bezieht sich die Frage auf Personenunternehmungen. Entnahmen können unabhängig vom Erfolg getätigt werden. Die einzige Beschränkung besteht in den verfügbaren liquiden Mitteln und der Beachtung des § 122 HGB.

9. *Unter welchen Positionen der GuV gem. § 275 HGB sind folgende Vorgänge auszuweisen?*

Die nachstehenden Verweise gelten für das Gesamtkostenverfahren.

a) *Erträge aus der Zuschreibung von Anlagegegenständen*
Sonstige betriebliche Erträge, § 275 Abs. 2 Nr. 4 HGB.

b) *Erträge aus dem Abgang von Anlagegegenständen*
Sonstige betriebliche Erträge, § 275 Abs. 2 Nr. 4 HGB.

c) *Erträge aus der Auflösung von Rückstellungen*
Sonstige betriebliche Erträge, § 275 Abs. 2 Nr. 4 HGB.

d) *Erträge aus der Veräußerung von Wertpapieren des Umlaufvermögens*
Sonstige betriebliche Erträge, § 275 Abs. 2 Nr. 4 HGB.

e) *Erträge aus der Veräußerung von Beteiligungen*
Erträge aus Beteiligungen, § 275 Abs. 2 Nr. 9 HGB.

10. *Diskutieren Sie die Vor- und Nachteile der Abgeltung der Geschäftsführertätigkeit in einer Personengesellschaft a) durch einen Vorabgewinn bzw. b) durch ein Geschäftsführergehalt jeweils aus Sicht des Geschäftsführers.*

Der Nachteil des Vorabgewinns besteht im Vorhandensein eines Gewinns. Sofern kein Gewinn erzielt wurde, kann auch kein Vorabgewinn ausgezahlt werden. Das Geschäftsführergehalt wird unabhängig vom Erfolg gezahlt. Einzige Beschränkung sind ausreichend liquide Mittel.

Quelle: Schanz, Sebastian/Koschmieder, Simon (2014): Humoristische Zeichnungen zum Betrieblichen Rechnungswesen, Selbstverlag, Bayreuth, ISBN 978-3-00-047631-0, Seite 27.

TEIL IV
LÖSUNGEN ÜBUNGSKLAUSUREN

Quelle: Schanz, Sebastian/Koschmieder, Simon (2014): Humoristische Zeichnungen zum Betrieblichen Rechnungswesen, Selbstverlag, Bayreuth, ISBN 978-3-00-047631-0, Seite 18.

LÖSUNG ÜBUNGSKLAUSUR 1

(131) **Aufgabe 1** *Formulierung von Buchungssätzen* (22 Punkte)
Die Buchungssätze und die Auswirkungen der Geschäftsvofälle auf die Vermögensebenen sind auf der nachfolgenden Seite in einem erweiterten Journal abgetragen. Gemäß Aufgabenstellung wird die Umsatzsteuer vernachlässigt.

a) Der Computer gehört zur Betriebs- und Geschäftsausstattung (BuGA). Das Konto Betriebs- und Geschäftsausstattung nimmt zu, das Konto »Kasse« nimmt ab.

b) Der Verkauf von fertigen Erzeugnissen zeigt, dass es sich bei dem Unternehmen um ein Industrieunternehmen mit eigener Wertschöpfung handelt. Der Verkauf von Fertigerzeugnissen führt zu Umsatzerlösen. Das Konto »Umsatzerlöse« ist ein Erfolgskonto.

c) Die Privateinlage erhöht das Eigenkapital erfolgsneutral. Das Reinvermögen nimmt zu.

d) Der Erlass von Verbindlichkeiten stellt *sonstige betriebliche Erträge* (s. b. E.) dar. Die Erträge gehören nicht zur gewöhnlichen Geschäftstätigkeit, da der Erlass von Verbindlichkeiten i. d. R. nicht eigentlicher Geschäftszweck darstellt. Die Erträge werden deshalb als »*sonstige Erträge*« verbucht. Das Geldvermögen nimmt ohne korrespondierenden Abgang auf der Aktivseite zu.

e) Das aktive Bestandskonto »Fuhrpark« und das passive Bestandskonto »Verbindlichkeiten aus L. u. L.« nehmen zu. Das Bankkonto nimmt ab.

f) Das Gehalt für die Sekretärin stellt Personalaufwand (PA-Aufwand) dar.

g) Bei der Aufnahme des Bankdarlehens handelt es sich um eine Aktiv-Passiv-Mehrung. Das Geldvermögen verändert sich insgesamt nicht, da sich Einnahmen und Ausgaben entsprechen.

h) Der Erhalt von Miete führt zu Mieterträgen.

i) Der Kauf von Wertpapieren für langfristige Zwecke führt zu Beteiligungen, die im Anlagevermögen zu aktivieren sind.

j) Wertpapiere für spekulative Zwecke gehören zu den Wertpapieren des Umlaufvermögens (WP des UV).

k) Da der Sportwagen ausschließlich für private Zwecke verwendet wird, führt die Bezahlung des Wagens unter Verwendung betrieblicher Mittel zu einer Privatentnahme.

l) Hier ist lediglich der Privatbereich des Unternehmers berührt. Der Geschäftsvorfall führt zu keiner Dokumentation im Unternehmen. Es wird nichts gebucht.

LK-1

	Sollbuchungen			Habenbuchungen						
	Konten	Beträge	an	Konten	Beträge	Einzahlung	Auszahlung	Einnahme	Ausgabe	Ertrag	Aufwand
a)	BuGA	1 000	//	Kasse	1 000		1 000		1 000		
b)	Bank	2 500	//	Umsatzerlöse	2 500	2 500		2 500		2 500	
c)	Kasse	500	//	Privat	500	500		500			
d)	Verb. aus L. u. L.	1 000	//	Bank	800		800		800		
				s.b.E.	200			1 000		200	
e)	Fuhrpark	25 000	//	Bank	20 000		20 000		20 000		
				Verb. aus L. u. L.	5 000				5 000		
f)	PA-Aufwand	2 500	//	Bank	2 500		2 500		2 500		2 500
g)	Bank	50 000	//	Darlehen	50 000	50 000		50 000			
h)	Bank	1 500	//	Mieterträge	1 500	1 500		1 500		1 500	
i)	Beteiligungen	10 000	//	Bank	10 000		10 000		10 000		
j)	WP des UV	200	//	Bank	200		200		200		
k)	Privat	20 000	//	Bank	20 000		20 000		20 000		
l)	-	-		-	-						
m)	Gebäude	60 000	//	Bank	12 000		12 000		12 000		
	s.b.A.	13 000		Beteiligungen	10 000						13 000
				s.b.E.	2 000						2 000
				Ford. aus L. u. L.	12 000				12 000		
				Fuhrpark	25 000						
				Verb. aus L. u. L.	12 000				12 000		

m) Die Wertpapiere aus i) sind mit 10 000 EUR aktiviert. Für die Bezahlung der Lagerhalle werden die Wertpapiere mit 20 % des Kaufpreises, also 12 000 EUR, angesetzt. Dies führt zu sonstigen betrieblichen Erträgen i. H. v. 2 000 EUR. Der Lieferwagen aus e) ist mit 25 000 EUR aktiviert, wird aber bei der Bezahlung des Kaufpreises nur mit 20 % des Kaufpreises der Lagerhalle, also 12 000 EUR, angesetzt. Folglich wird der Lieferwagen mit (25 000 – 12 000 =) 13 000 EUR Verlust veräußert, was zu sonstigen betrieblichen Aufwendungen (s. b. A.) führt.

	EUR
Bank	12 000
+ Wertpapiere	12 000
+ Forderungen aus L. u. L.	12 000
+ Lieferwagen	12 000
+ auf Ziel	12 000
= Kaufpreis	60 000

(132) **Aufgabe 2** *Deutung von Buchungssätzen* (14 Punkte)
Die nachstehenden Ausführungen sind sehr umfangreich und sind in diesem Umfang zur vollständigen Beantwortung der Aufgabenstellung nicht erforderlich.

a) Das aktive Bestandskonto »Kasse« nimmt zu. Das Erfolgskonto »Mieterträge« wird im Haben angesprochen. Es handelt sich um die Bezahlung der Miete eines Mieters an das Unternehmen in bar.

b) Sowohl das passive Bestandskonto »Verbindlichkeiten aus L. u. L.« als auch das aktive Bestandskonto »Bank« nehmen ab. Es handelt sich um die Bezahlung von Verbindlichkeiten aus Lieferungen und Leistungen per Banküberweisung durch den Unternehmer.

c) Es handelt sich um einen zusammengesetzten Buchungssatz, bei dem das aktive Bestandskonto »Bank« zunimmt und das aktive Bestandskonto »Sachanlagen« abnimmt. Das Konto »sonstiger betrieblicher Aufwand« wird im Soll angesprochen. Hier werden Sachanlagen gegen Banküberweisung unter Buchwert (mit Verlust) veräußert.

d) Das aktive Bestandskonto »Fuhrpark« nimmt sowohl zu als auch ab. Zusätzlich nimmt das Konto »Bank« ab. Es handelt sich hier um einen Tausch mit »Baraufgabe«, bei dem ein Kfz hingegeben und ein Kfz erhalten wird. Der Wert des hingegebenen Kfz ist geringer als der Wert des erhaltenen Kfz. Die Differenz wird per Banküberweisung bezahlt.

e) Das aktive Bestandskonto »Rohstoffe« nimmt zu, während die aktiven Bestandskonten »Forderungen aus L. u. L.« und »Bank« abnehmen. Es werden Rohstoffe gekauft, die teilweise durch die Hingabe von Forderungen aus Lieferungen und Leistungen und teilweise durch Banküberweisung bezahlt werden.

f) Das passive Bestandskonto »Verbindlichkeiten gegenüber Kreditinstituten« sowie das aktive Bestandskonto »Bank« nehmen ab. Zusätzlich wird das Erfolgskonto »Zinsaufwand« im Soll angesprochen. Hier werden ein Bankdarlehen getilgt und gleichzeitig Zinsen bezahlt. Die Ratenzahlung an die Bank besteht aus einem Zins- und Tilgungsanteil.

g) Das aktive Bestandskonto »Sachanlagen« nimmt zu, während die aktiven Bestandskonten »Fuhrpark« und »Bank« abnehmen und das passive Bestandskonto »Verbindlichkeiten aus L. u. L.« zunimmt. Zusätzlich wird ein Erfolgskonto im Haben angesprochen. Es werden Sachanlagen erworben, die teilweise durch die Hingabe eines betrieblichen Kfz, teilweise per Banküberweisung und teilweise auf Ziel, finanziert werden. Die Anrechnung des hingegebenen Kfz erfolgt zu einem Betrag über dem Buchwert, aus diesem Grund entstehen noch »sonstige betriebliche Erträge«.

Aufgabe 3 *Beispiele in Form von Buchungssätzen* (*14 Punkte*)

a) Eine »Aktiv-Passiv-Mehrung« stellt einen Typus erfolgsneutraler Buchungssätze dar, bei dem das Vermögen und die Schulden bzw. das Eigenkapital im selben Umfang zunehmen. Im Fall der Zunahme des Eigenkapitals muss die Zunahme erfolgsneutral erfolgen.

Beispiel 1   Eine Zunahme der Aktiva geht mit Zunahme der Schulden einher. Aufnahme eines Darlehens.
Bank // Verbindlichkeiten gegenüber Kreditinstituten

Beispiel 2   Eine Zunahme der Aktiva geht mit der erfolgsneutralen Zunahme des Eigenkapitals einher. Einlage eines bisher ausschließlich privat genutzten Pkws für künftig ausschließlich betriebliche Zwecke.
Fuhrpark // Privat

b) Eine Abnahme im Eigenkapital kann erfolgswirksam oder erfolgsneutral (bzw. auch als Kombination aus beiden Alternativen) erfolgen. In der Aufgabenstellung war nicht gefordert, dass das Eigenkapital und das Anlagevermögen im selben Umfang abnehmen.

Beispiel 1   Erfolgsneutrale Abnahme im Eigenkapital und Abnahme im Anlagevermögen. Entnahme von Sachanlagen ins Privatvermögen zum Buchwert.
Privat // Sachanlagen

Beispiel 2   Erfolgswirksame Abnahme im Eigenkapital und Abnahme im Anlagevermögen. Verkauf eines Gebäudes per Bank unter Buchwert.
Bank und sonstiger betrieblicher Aufwand // Gebäude

Beispiel 3   Erfolgswirksame und erfolgsneutrale Abnahme im Eigenkapital und Abnahme im Anlagevermögen. Entnahme eines Pkws unter Buchwert.
Privat und sonstiger betrieblicher Aufwand // Fuhrpark

c) Das Aufwandskonto muss im Soll stehen. Im Haben kann entweder ein aktives (kein Zahlungsmittelkonto) oder passives Bestandskonto stehen.

Beispiel 1 Aufwand mit Zugang auf einem passiven Bestandskonto. Konkretes Beispiel: Die Miete ist fällig, wird aber erst im nächsten Geschäftsjahr bezahlt.
Mietaufwand // sonstige Verbindlichkeiten

Beispiel 2 Aufwand mit Abgang auf einem aktiven Bestandskonto. Konkretes Beispiel: Sachanlagen werden (z. B. durch Feuer, Wasser oder Sturm) zerstört.
Abschreibungen // Sachanlagen

Beispiel 3 Aufwand mit Zugang auf passivem Bestandskonto. Bildung einer Rückstellung
Aufwand für Rückstellungen // Rückstellungen

d) Reinvermögensänderung bedeutet, dass sich das Eigenkapital verändert. Die Reinvermögensänderung kann erfolgsneutral oder erfolgswirksam sein. Zudem kann das Reinvermögen (Eigenkapital) steigen oder fallen. Mit der Reinvermögensänderung sollen sich gleichzeitig Einnahmen und Ausgaben in Summe nicht ändern.

Beispiel 1 Eine erfolgsneutrale Erhöhung des Eigenkapitals geht mit der Zunahme eines aktiven Bestandskontos einher. Privateinlage eines Pkws.
Fuhrpark // Privat

Beispiel 2 Eine erfolgswirksame Erhöhung des Eigenkapitals geht mit der Zunahme eines aktiven Bestandskontos einher. Tausch, der nicht wertäquivalent ist. Hingabe von Rohstoffen (Buchwert = 100 EUR) und Erhalt von Waren im Wert von 120 EUR.
Handelswaren 120 EUR // Rohstoffe 100 EUR und sonstige betriebliche Erträge 20 EUR

Beispiel 3 Eine erfolgsneutrale Minderung des Eigenkapitals geht mit der Abnahme eines aktiven Bestandskontos einher. Privatentnahme von Sachanlagen.
Privat // Sachanlagen

Beispiel 4 Eine erfolgswirksame Minderung des Eigenkapitals geht mit der Abnahme eines aktiven Bestandskontos einher. Tausch, der nicht wertäquivalent ist. Hingabe eines Pkws mit einem Buchwert von 20 TEUR und Erhalt eines Pkws im Wert von 15 TEUR.
Fuhrpark 15 TEUR und sonstiger betrieblicher Aufwand 5 TEUR // Fuhrpark 20 TEUR

e) In der (externen) Buchhaltung werden ausschließlich Zahlungen periodisiert. Alle Zahlungen werden innerhalb der Totalperiode irgendwann einmal erfolgswirksam mit zwei Ausnahmen: Privateinlagen / -entnahmen und Kreditaufnahme und -tilgung.

Beispiel 1 Privatentnahme in bar.
Privat // Kasse

Beispiel 2 Aufnahme eines Bankkredits.
Bank // Verbindlichkeiten gegenüber Kreditinstituten

f) Die Kapitalstruktur bezieht sich auf die Passivseite, die Vermögensstruktur auf die Aktivseite. Es muss ein Passivtausch verbucht werden.

Beispiel 1 Eigenkapital und Schulden sind betroffen. Ein Lieferant wandelt seine Forderung aus L. u. L. in Eigenkapital um.
Verbindlichkeiten aus L. u. L. // Eigenkapital

Beispiel 2 Nur Schulden sind betroffen. Eine Verbindlichkeit aus L. u. L. wird in ein langfristiges Darlehen umgewandelt.
Verbindlichkeiten aus L. u. L. // langfristige Verbindlichkeiten

Beispiel 3 Nur das Eigenkapital ist betroffen. Ein Beispiel wäre die Erhöhung des Grundkapitals aus Gesellschaftsmitteln bei einer Aktiengesellschaft.
Gewinnrücklagen // gezeichnetes Kapital

g) Eine Ausgabe bedeutet, dass die Verbindlichkeiten aus L. u. L. zunehmen bzw. Forderungen aus L. u. L. abnehmen. Beispiel: Fällige Zinsen werden erst im nächsten Geschäftsjahr bezahlt.
Zinsaufwand // sonstige Verbindlichkeiten

(133) **Aufgabe 4** *Kontrollfragen* (10 Punkte)

a) Die Ertrags-Aufwands-Rechnung ist »vollständiger« als die Einzahlungs-Auszahlungs-Rechnung, da zusätzlich *Realgüter* (Sachvermögen) erfasst werden. »Ungenauer« ist die Ertrags-Aufwands-Rechnung, da es bei der Bewertung des Realvermögens oft problematisch ist, dem Realvermögen einen konkreten Wert beizumessen. Zum Beispiel kann der »tatsächliche« Wert eines Grundstücks erst bei dessen Verkauf bestimmt werden. Allerdings ist in diesem Fall der Wert nicht mehr von Bedeutung, da das Grundstück dann nicht mehr zum Vermögen des Unternehmers zählt. Gleichzeitig beruht die »Ungenauigkeit« auf der Werthaltigkeit des Vermögens. So kann z. B. die *Werthaltigkeit* einer Forderung unsicher sein. Die Werthaltigkeit des Zahlungsmittelbestands (außer im Fall von Beständen in fremder Währung) ist dagegen sicher.

b) Bei der Zerlegung der Totalperiode in mehrere Berichtsperioden muss jeder Periode der Ertrag bzw. Aufwand zugewiesen werden, der in dieser Periode entstanden ist. Abgrenzungsprobleme ergeben sich dann, wenn Zahlungen und Erfolg in verschiedenen Perioden anfallen. Wenn z. B. die Zinsen für einen Kredit am Ende von Jahr 1 fällig sind, aber erst in Jahr 2 gezahlt werden, dann ist der Zinsaufwand für die Nutzung des Kredits in Jahr 1 entstanden, die Zahlung fällt aber in Jahr 2 an.

c) Die Totalperiode ist als Rechnungsperiode ungeeignet, da in diesem Fall der Perioden*erfolg* und die Veränderung der Zahlungsmittel (Perioden*überschuss*) identisch sind. Die Ermittlung des Erfolgs (Gewinns) wäre dann überflüssig. Man könnte gleich die Vermögensänderung auf Basis einer Einzahlung-Auszahlungs-Rechnung ermitteln, da die Summe der Zahlungsüberschüsse der Summe der Gewinne entspricht.

d) Das *Schlussbilanzkonto* ist mit »Soll« und »Haben« anstatt mit »Aktiva« und »Passiva« überschrieben. Jedes Konto hat stellt im Schlussbilanzkonto eine eigene Position dar (d. h. gleichartige Positionen nicht zusammengefasst werden). Zudem unterliegt das Schlussbilanzkonto im Gegensatz zur Bilanz keinen gesetzlichen Gliederungsvorschriften.

e) Für den *Aktivtausch* als einen der Typen *erfolgsneutraler Geschäftsvorfälle* existiert kein korrespondierender Typus eines erfolgswirksamen Geschäftsvorfalls. Dem Aktivtausch liegt eine ausschließliche Veränderung der Vermögensstruktur zugrunde. Eine solche Veränderung kann mit einem erfolgswirksamen (saldierten) Geschäftsvorfall nicht erzielt werden.

Quelle: Schanz, Sebastian/Koschmieder, Simon (2014): Humoristische Zeichnungen zum Betrieblichen Rechnungswesen, Selbstverlag, Bayreuth, ISBN 978-3-00-047631-0, Seite 2.

LÖSUNG ÜBUNGSKLAUSUR 2

(134) **Aufgabe 1** *Buchungssätze und Überleitungsrechnung* (40 Punkte)

a) *Verbuchung der Geschäftsvorfälle*

		Sollbuchungen	TEUR		Habenbuchungen	TEUR
[B-553]	1.	Ford. aus L. u. L.	100	//	Umsatzerlöse	500
		Bank	400			
[B-554]	2.	Personalaufwand	300	//	Bank	300
[B-555]	3.	Zinsaufwand	4	//	Bank	2
					Verb. aus L. u. L.	2
[B-556]	4.	Darlehen	50	//	Bank	50
[B-557]	5.	Abschreibungen	45	//	Gebäude	45
[B-558]		Bank	280	//	Gebäude	200
		Ford. aus L. u. L.	70		Grund und Boden	30
					s. b. E.*	120
[B-559]	6.	Rohstoffe	10	//	Verb. aus L. u. L.	10
[B-560]	7.	Bank	35	//	Privat	35
[B-561]	8.	Privat	12	//	Fuhrpark	8
					s. b. E.*	4
		Summe	1 306		Summe	1 306

* sonstige betriebliche Erträge

Erstellung der Bestandskonten und Ermittlung der Salden

Soll	Grund und Boden	Haben		Soll	Gebäude	Haben
AB	100	5.	30	AB	400	5.	45
		EB	70			5.	200
						EB	155
Summe	100	Summe	100	Summe	400	Summe	400

Soll	Fuhrpark	Haben		Soll	Ford. aus L. u. L.	Haben
AB	75	8.	8	AB	50	EB	220
		EB	67	1.	100		
				5.	70		
Summe	75	Summe	75	Summe	220	Summe	220

Soll	Rohstoffe		Haben		Soll	Bank		Haben
AB	25	EB	35		AB	90	2.	300
6.	10				1.	400	3.	2
					5.	280	4.	50
					7.	35	EB	453
Summe	35	Summe	35		Summe	805	Summe	805

Soll	Darlehen		Haben		Soll	Verb. aus L. u. L.		Haben
4.	50	AB	100		EB	82	AB	70
EB	50						3.	2
							6.	10
Summe	100	Summe	100		Summe	82	Summe	82

Erstellung der Erfolgskonten und des Privatkontos und Ermittlung der Salden

LK - 2

Soll	Umsatzerlöse		Haben		Soll	Personalaufwand		Haben
GuV	500	1.	500		2.	300	GuV	300
Summe	500	Summe	500		Summe	300	Summe	300

Soll	Zinsaufwand		Haben		Soll	Abschreibungen		Haben
3.	4	GuV	4		5.	45	GuV	45
Summe	4	Summe	4		Summe	45	Summe	45

Soll	s. b. E.		Haben		Soll	Privat		Haben
GuV	124	5.	120		8.	12	7.	35
		8.	4		EK	23		
Summe	124	Summe	124		Summe	35	Summe	35

Erstellung der GuV des Eigenkapitalkontos und der Schlussbilanz

Soll	GuV		Haben		Soll	Eigenkapital		Haben
Personalaufwand	300	Umsatzerlöse	500		EB	868	AB	570
Zinsaufwand	4	s. b. E.	124				Privat	23
Abschreibungen	45						GuV	275
Gewinn	275							
Summe	624	Summe	624		Summe	868	Summe	868

Aktiva	Schlussbilanz		Passiva
	TEUR		TEUR
Grund und Boden	70	Eigenkapital	868
Gebäude	155	Darlehen	50
Fuhrpark	67	Verbindlichkeiten aus L. u. L.	82
Forderungen aus L. u. L.	220		
Rohstoffe	35		
Bank	453		
Summe Aktiva	1 000	Summe Passiva	1 000

b) Ermittlung des Periodenerfolgs (Gewinn) durch *Betriebsvermögensvergleich* (Distanzrechnung)

		TEUR	
+	Vermögen am Ende des Geschäftsjahres	1 000	
./.	Schulden am Ende des Geschäftsjahres	132	
=	*Reinvermögen am Ende des Geschäftsjahres*	868	868
+	Vermögen zu Beginn des Geschäftsjahres	740	
./.	Schulden am Ende des Geschäftsjahres	170	
=/./.	*Reinvermögen zu Beginn des Geschäftsjahres*	570	570
+	Entnahmen (*siehe Privatkonto*)		12
./.	Einlagen (*siehe Privatkonto*)		35
=	*Gewinn*		275

Der durch Distanzrechnung ermittelte Gewinn (275 TEUR) ist identisch zum Gewinn aus der GuV!

c) Herleitung der Veränderung des Bestands an liquiden Mitteln ausgehend vom Periodenerfolg: Zunächst ist die Veränderung des Bestands an liquiden Mitteln zu berechnen. Die Veränderung ergibt sich aus der Differenz der Bestände des Bankkontos zu Beginn und am Ende des Geschäftsjahres (siehe jeweils die Bestände aus der Anfangs- und Schlussbilanz).

		TEUR
	Bestand Bankkonto am Ende	453
./.	Bestand Bankkonto zu Beginn	90
=	Veränderung des Bankkontos	363

Ausgehend vom *Gewinn* lässt sich derselbe Wert wie folgt herleiten:

		TEUR
	Gewinn	275
	Ertrag, keine Einzahlung	
./.	Forderungen aus L. u. L. (1.)	100
./.	s. b. E. (8.)	4
	Einzahlung, kein Ertrag	
+	Einzahlung aus Desinvestition (5.)	160

		TEUR
+	Privateinlage (7.)	35
	Aufwand, keine Auszahlung	
+	Abschreibungen (5.)	45
+	Zinsaufwand (3.)	2
./.	*Auszahlung, kein Aufwand*	
./.	Tilgung Darlehen (4.)	50
=	Veränderung Zahlungsmittelbestand	363

(135) **Aufgabe 2** *Zahlungsüberschüsse und Gewinne* (*10 Punkte*)

a) Darstellung der Zahlungsrechnung (Werte in TEUR):

	2017	2018	2019	2020	*Summe*
Auszahlung (Kauf der Maschine)	−200				−200
Auszahlung (Löhne/Gehälter)	−30	−30	−30	−30	−120
Einzahlung (Umsatzerlöse)	72	90	90	108	360
Periodenüberschuss/-fehlbetrag	−158	60	60	78	40

b) Bei der Ermittlung der Periodenerfolge muss die Zahlungsrechnung aus a) um die Abschreibungen und die nicht zahlungswirksamen Umsatzerlöse erweitert werden und um reine zahlungswirksame Vorgänge, die nicht erfolgswirksam sind, vermindert werden.

	2017	2018	2019	2020	*Summe*
Auszahlung (Löhne/Gehälter)	−30	−30	−30	−30	−120
Einzahlung (Umsatzerlöse)	72	90	90	108	360
Umsatzerlöse (Korrektur)	18			−18	0
Abschreibungen	−50	−50	−50	−50	−200
Periodenerfolg	10	10	10	10	40

c) Es zeigt sich, dass die Summe der Perioden*überschüsse* aus a) (40 TEUR) der Summe der Perioden*erfolge* aus b) (40 TEUR) entspricht. Bei der Ermittlung des Periodenerfolgs werden ausschließlich Zahlungen periodisiert. Die Summe der Zahlungsüberschüsse der Totalperiode entspricht daher der Summe der Periodenerfolge.

d) Die Bareinlage führt zu einer Einzahlung. Da die Einlage selbst nie erfolgswirksam wird, muss sie bei der Ermittlung der Periodenüberschüsse vernachlässigt werden, da sonst die Summe der Zahlungsüberschüsse nicht mehr der Summe der Periodenerfolge entspricht.

(136) **Aufgabe 3** *Kontrollfragen* (*10 Punkte*)

a) Das *Grundbuch* enthält die Dokumentation aller Geschäftsvorfälle in chronologischer Reihenfolge unabhängig von ihrer sachlichen Zugehörigkeit. Das *Hauptbuch* fasst alle Geschäftsvorfälle aus dem Journal auf den Konten des Kontenplans unter sachlichen Aspekten zusammen.

b) Der *Kontenplan* beinhaltet alle Konten, die für das Unternehmen von Bedeutung sind. Die Konten des Kontenplans sind dem *Kontenrahmen* entnommen, der alle möglichen Konten beinhaltet. Der *Kontenrahmen* dient als Hilfe zur Aufstellung betriebsindividueller Kontenpläne.

c) Unterschiede zwischen einfacher und doppelter Buchführung:

	einfache Buchführung	*doppelte Buchführung*
1.	nur zeitliche Ordnung der Geschäftsvorfälle	zeitliche und sachliche Ordnung der Geschäftsvorfälle
2.	Buchung aller Geschäftsvorfälle nur im Soll oder im Haben	Buchung aller Geschäftsvorfälle im Soll und im Haben
3.	nur »Bestandskonten«	Bestands- und Erfolgskonten
4.	nicht zahlungswirksame Vorgänge werden nicht erfasst	zahlungswirksame und zahlungsunwirksame Vorgänge werden erfasst
5.	Erfolgsermittlung nur durch Betriebsvermögensvergleich	Erfolgsermittlung durch Betriebsvermögensvergleich und Gewinn- und Verlustrechnung

d) Unter »Zielgröße« im ökonomischen Sinne wird eine Größe verstanden, nach der Individuen streben. Diese Größe stellt grds. der Konsumnutzen dar. Da dieser nicht direkt messbar ist, muss man nach einer Ersatzgröße, einem sog. Surrogatmaß, suchen. Diese Ersatzgröße stellt Geld (Zahlungen) dar, da Geld z. B. durch Kauf von Nahrungsmitteln, Kleidung, Urlaub in Konsumnutzen transformiert werden kann. Der buchhalterische Gewinn stellt keine »Zielgröße« dar, da der Gewinn nichtzahlungsgleiche Elemente enthält und so nicht in Konsumnutzen transformiert werden kann. Mit der Größe »Gewinn« kann man kein Bier kaufen, das bedeutet, dass sie sich nicht in Konsumnutzen transformieren lässt.

e) Die Aussage ist nicht korrekt, das die doppelte Buchführung lediglich gewährleistet, dass der in der GuV ermittelte Periodenerfolg der Bestandsänderung in der Bilanz entspricht. Wird ein Geschäftsvorfall unter Beachtung der Doppik korrekt verbucht, aber sinngemäß falsch dokumentiert, stimmen zwar Aktiva und Passiva überein, trotzdem wurde »falsch« gebucht. *Beispiel*: Es gehen Mietzahlungen durch einen Mieter per Bank beim Unternehmen ein. Es wird gebucht: *Mietaufwand // Bank*. Der Buchungssatz führt zu einer Übereinstimmung von Aktiva und Passiva, trotzdem wurde der Geschäftsvorfall falsch erfasst.

LÖSUNG ÜBUNGSKLAUSUR 3

(137) **Aufgabe 1** *Wertäquivalentes Tauschgeschäft* (10 Punkte)

Zunächst ist der Wert des hingegebenen Vermögensgegenstands (brutto) zu ermitteln. Dieser ermittelt sich als:

		EUR
+	Wert des erhaltenen Pkws	7 140
./.	Baraufgabe	1 547
=	Wert des hingegebenen Vermögensgegenstands	5 593

Die Anschaffungskosten des Geschäftswagens ergeben dann unter Berücksichtigung der Umsatzsteuer:

		EUR
+	Wert des hingegebenen Vermögensgegenstands	5 593
+	Baraufgabe	1 547
=		7 140
./.	dem Schlau in Rechnung gestellte USt (19%)	1 140
=	Anschaffungskosten	6 000

Die von dem Schlau dem Gierig in Rechnung gestellte Umsatzsteuer beträgt $\frac{5\,593}{1{,}07} \times 0{,}07 = 365{,}90$ EUR. Demnach wird der hingegebene Vermögensgegenstand mit 5 227,10 EUR (netto) bewertet, was zu einem Veräußerungsverlust von (5 500 − 5 227,10 =) 272,90 EUR führt. Buchung aus Sicht des Schlau:

[562]
Fuhrpark	6 000,00 EUR		
Vorsteuer	1 140,00 EUR		
sonstiger betrieblicher Aufwand	272,90 EUR		
an Sachanlagen			5 500,00 EUR
Umsatzsteuer			365,90 EUR
Bank			1 547,00 EUR

(137) **Aufgabe 2** *Verbuchung des Warenverkehrs* (30 Punkte)

a) Verbuchung der Geschäftsvorfälle:

Der ursprüngliche Warenwert (nicht Rechnungsbetrag) beträgt $\frac{22\,610}{1{,}19} \times \frac{1}{0{,}95} = 20\,000$ EUR.

		Sollbuchungen	EUR		Habenbuchungen	EUR
563]	1.	Wareneinkauf	19 000	//	Verb. aus L. u. L.	22 610
		Vorsteuer	3 610			
564]	ii.	Verb. aus L. u. L.	2 261	//	Wareneinkauf	1 900
					Vorsteuer	361

			Sollbuchungen	EUR		Habenbuchungen	EUR
[B-565]			Warenversandaufwand	500	//	Bank	595
			Vorsteuer	95			
[B-566]	iii.		Verb. aus L. u. L.	20 349	//	Bank	19 942,02
						Skontoertrag	342
						Vorsteuer	64,98
[B-567]	iv.		Bank	1 428	//	Lieferantenboni	1 200
						Vorsteuer	228
[B-568]	1.		Wareneinkauf	4 500	//	Verb. aus L. u. L.	5 712
			Bezugsaufwand	300			
			Vorsteuer	912			
[B-569]	2.		Ford. aus L. u. L.	41 650	//	Warenverkauf	35 000
						Umsatzsteuer	6 650
[B-570]	i.		Warenverkauf	7 000	//	Ford. aus L. u. L.	8 330
			Umsatzsteuer	1 330			
[B-571]			Warenversandaufwand	1 000	//	Bank	1 190
			Vorsteuer	190			
[B-572]	ii.		Bank	31 654	//	Ford. aus L. u. L.	33 320
			Skontoaufwand	1 400			
			Umsatzsteuer	266			
[B-573]	iii.		Kundenboni	2 200	//	Bank	2 618
			Umsatzsteuer	418			
			Summe	140 063		Summe	140 063

b) Abschluss der Konten:

Abschluss der Warenkonten und der Unterkonten

Soll	WBA	Haben		Soll	WVA	Haben	
5.	300	WE	300	2.	500	GuV	1 500
				8.	1 000		
Summe	300	Summe	300	Summe	1 500	Summe	1 500

[B-574]   Wareneinkauf   300 EUR
          an   Warenbezugsaufwand   300 EUR

[B-575]   Gewinn- und Verlustrechnung   1 500 EUR
          an   Warenversandaufwand   1 500 EUR

Soll	Kundenboni	Haben		Soll	Lieferantenboni	Haben
10.	2 200	GuV	2 200	WE	1 200	4.	1 200
Summe	2 200	Summe	2 200	Summe	1 200	Summe	1 200

-576] Gewinn- und Verlustrechnung   2 200 EUR
           an   Kundenboni   2 200 EUR

-577] Lieferantenboni   1 200 EUR
           an   Wareneinkauf   1 200 EUR

Soll	Skontoertrag	Haben		Soll	Skontoaufwand	Haben
WE	342	3.	342	9.	1 400	GuV	1 400
Summe	342	Summe	342	Summe	1 400	Summe	1 400

-578] Skontoertrag   342 EUR
           an   Wareneinkauf   342 EUR

-579] Gewinn- und Verlustrechnung   1 400 EUR
           an   Skontoaufwand   1 400 EUR

Soll	Wareneinkauf	Haben		Soll	Warenverkauf	Haben
AB	30 000	2.	1 900	7.	7 000	6.	35 000
1.	19 000	LB	1 200	WE	15 358		
5.	4 500	SKE	342	GuV	12 642		
WBA	300	EB lt. Inv.	35 000				
		WES	15 358				
Summe	53 800	Summe	53 800	Summe	35 000	Summe	35 000

-580] Schlussbilanzkonto   35 000 EUR
       Warenverkauf   15 358 EUR
           an   Wareneinkauf   50 358 EUR

-581] Warenverkauf   12 642 EUR
           an   Gewinn- und Verlustrechnung   12 642 EUR

Soll	GuV		Haben
Kundenboni	2 200	Warenverkauf	12 642
Skontoaufwand	1 400		
Warenversand	1 500		
Gewinn	7 542		
Summe	12 642	Summe	12 642

Abkürzungen: LB = Lieferantenboni,
SKE = Skontoertrag,
WBA = Warenbezugsaufwand,
WE = Wareneinkauf,
WES = Wareneinsatz,
WV = Warenverkauf,
WVA = Warenversandaufwand

Abschluss der Umsatzsteuerkonten nach der Zwei-Konten-Methode

Soll	Vorsteuer		Haben	Soll	Umsatzsteuer		Haben
1.	3 610,00	2.	361,00	7.	1 330,00	6.	6 650,00
2.	95,00	3.	64,98	9.	266,00		
5.	912,00	4.	228,00	10.	418,00		
8.	190,00	USt	4 153,02	VSt	4 153,02		
				EB	482,98		
Summe	4 807,00	Summe	4 807,00	Summe	6 650,00	Summe	6 650,00

[B-582]   *Umsatzsteuer*   4 153,02 EUR
          an   Vorsteuer   4 153,02 EUR

[B-583]   *Umsatzsteuer*   482,98 EUR
          an   sonstige Verbindlichkeiten   482,98 EUR

(138) **Aufgabe 3** *Verbuchung des Materialverbrauchs*   (10 Punkte)

a) *Inventurmethode*

Bei der Verbuchung nach der *Inventurmethode* werden buchhalterisch nur die Zugänge erfasst. Der Rohstoffeinsatz ergibt sich als Saldo nach Verbuchung des Endbestands laut Inventur an die Schlussbilanz.

Verbuchung der Zugänge

[B-584]   *Rohstoffe*   1 200 EUR
          Vorsteuer   228 EUR
          an   Bank   1 428 EUR

[B-585]   *Rohstoffe*   950,00 EUR
          Vorsteuer   180,50 EUR
          an   Bank   1 130,50 EUR

Abschluss des Kontos »Rohstoffe«:

[B-586]   *Schlussbilanzkonto*   3 850 EUR
          an   Rohstoffe   3 850 EUR

[B-587]   *Gewinn- und Verlustrechnung*   2 600 EUR
          an   Rohstoffe   2 600 EUR

Erstellung des Kontos »Rohstoffe«:

Soll	Rohstoffe		Haben
AB	4 300	EB lt. Inventur	3 850
Zugang 1	1 200	GuV	2 600
Zugang 2	950		
Summe	6 450	Summe	6 450

b) *Skontrationsmethode*
Neben der Verbuchung der Zugänge wie unter a), erfolgt bei der *Skontrationsmethode* zusätzlich die buchhalterische Erfassung jedes Abgangs. Zusätzlich zu a) wird gebucht:

[-588] *Rohstoffaufwand (GuV)*   500 EUR
       an   *Rohstoffe*   500 EUR

[-589] *Rohstoffaufwand (GuV)*   800 EUR
       an   *Rohstoffe*   800 EUR

[-590] *Rohstoffaufwand (GuV)*   1 300 EUR
       an   *Rohstoffe*   1 300 EUR

Erstellung des Kontos »Rohstoffe«:

Soll	Rohstoffe		Haben
AB	4 300	Abgang 1	500
Zugang 1	1 200	Abgang 2	800
Zugang 2	950	Abgang 3	1 300
		SBK	3 850
Summe	6 450	Summe	6 450

(139) **Aufgabe 4** *Kontrollfragen*   (*10 Punkte*)

a) Skonti können als *Preisnachlass* oder als *Kredit* interpretiert werden. Die buchhalterische Abbildung nach der *Bruttomethode* entspricht der Interpretation des Skontos als Preisnachlass. In diesem Fall wird bei Erhalt (Stellung) der Eingangsrechnung (Ausgangsrechnung) der Wareneinkauf (-verkauf) »brutto«, also in Höhe des Rechnungsbetrags, erfasst. Erst bei Inanspruchnahme findet eine erfolgswirksame Erfassung des Skontos statt. Die buchhalterische Abbildung nach der *Nettomethode* entspricht der Interpretation des Skontos als Kredit. Das Skonto wird als Zins für die spätere Zahlung interpretiert. Der Warenpreis wird demnach in Warenwert und Zinsaufwand/-ertrag aufgespalten. Der (niedrigere) Warenwert wird bereits bei Erhalt (Stellung) der Eingangsrechnung (Ausgangsrechnung) erfasst.

b) Maßgebliche Zeitpunkte für die Verbuchung von Steuern können sein:
   1. *Zeitpunkt der Entstehung*
      Die rechtliche Entstehung der Steuer ist Voraussetzung, dass ein Besteuerungsverfahren eingeleitet werden kann. Wann die Steuer rechtlich entsteht, wird in den Einzelsteuergesetzen geregelt. Zum Beispiel entsteht die Lohnsteuer zum Zeitpunkt der Auszahlung

der Löhne und Gehälter. Die Umsatzsteuer entsteht mit Ablauf des Voranmeldezeitraums. Der Voranmeldezeitraum ist der Monat oder das Kalendervierteljahr. Zum Zeitpunkt der Entstehung der Steuer entsteht meist keine Verbindlichkeit gegenüber dem Finanzamt.

2. *Eingang des Steuerbescheids*
Mit dem Eingang des Steuerbescheids konkretisiert sich die Steuerschuld. Wurde z. B. im Jahresabschluss nur ein »geschätzter« Wert für die Gewerbesteuer (in Form einer Rückstellung) passiviert, ist die Schuld mit Eingang des Bescheids sicher hinsichtlich ihrer Höhe.

3. *Fälligkeit der Steuer*
Der Zeitpunkt der Fälligkeit gibt an, bis zu welchem Datum die Steuer zu entrichten ist. Die Fälligkeit wird in der Regel im Steuerbescheid konkretisiert. Die Fälligkeit selbst wird in der Buchhaltung aus Sicht der Doppik nicht dokumentiert. Allerdings hat die Fälligkeit Auswirkungen auf die evtl. später anfallenden Nachzahlungen, z. B. in Form von Verzugszinsen.

4. *Bezahlung der Steuer*

c) Bei der *Skontrationsmethode* werden die einzelnen Abgänge buchhalterisch erfasst (verbucht). Das führt dazu, dass beim Abschluss des Warenkontos am Ende des Geschäftsjahres sich der Saldo bereits ohne Inventur ergibt. Bei Anwendung der Skontrationsmethode dient die Inventur lediglich der Überprüfung, ob die tatsächlich vorhandenen Werte mit den buchhalterisch ermittelten Werten übereinstimmen. Der Nachteil der Skontrationsmethode ist, dass eine Bewertung jedes einzelnen Abgangs zu erfolgen hat. Der unterjährige Aufwand ist höher als bei der Inventurmethode.
Bei der *Inventurmethode* wird der Materialeinsatz erst durch die Inventur ermittelt. Wenn in einem ersten Schritt der Bestand laut Inventur an die Schlussbilanz verbucht wird, ergibt sich als Saldo der Materialeinsatz.

d) Unter einem »durchlaufenden Posten« versteht man Beträge, die durch das Unternehmen »geschleust« werden ohne erfolgswirksam zu werden. Ein Beispiel aus buchhalterischer Sicht ist die Umsatzsteuer. Sie wird entweder als sonstige Forderung oder als sonstige Verbindlichkeit erfasst, wird aber nie erfolgswirksam.

e) Denkbare *Kategorien der Aufspaltung* des Gesamterfolgs (Erfolgspaltung) können sein: Aufspaltung nach
1. *der Art der Erträge*
(aus dem operativen Geschäft, Finanzergebnis, Eigenleistungen, sonstige Leistungen),
2. *den Bereichen der Entstehung*
(Beschaffung, Produktion, Vertrieb, Forschung & Entwicklung),
3. *der Regelmäßigkeit*
(ordentliches und außerordentliches Ergebnis),
4. *der Periodenverursachung*
(periodenzugehörige und periodenfremde Erträge).

LÖSUNG ÜBUNGSKLAUSUR 4

(140) **Aufgabe 1** *Verbuchung des Eigenverbrauchs* (6 Punkte)

a) Die Putzleistung durch die im Betrieb angestellte Putzfrau stellt eine unentgeltliche Erbringung einer sonstigen Leistung für Zwecke außerhalb des Unternehmens dar und ist gem. § 3 Abs. 9a Nr. 2 UStG umsatzsteuerpflichtig. Die Bemessungsgrundlage für die sonstige Leistung stellen die bei der Ausführung des Umsatzes entstandenen Kosten dar, § 10 Abs. 4 Satz 1 Nr. 3 UStG. Grundsätzlich stellt die Putzleistung eine »Privatentnahme« dar.

-591] Privat   297,50 EUR
           an   Personalaufwand   250,00 EUR
                Umsatzsteuer   47,50 EUR

b) Bei der Entnahme der Waren handelt es sich um die Entnahme eines betrieblichen Gegenstandes für private Zwecke, § 3 Abs. 1b Nr. 1 UStG. Bemessungsgrundlage für die Umsatzsteuer ist der Einkaufspreis zzgl. Nebenkosten zum Zeitpunkt des Umsatzes (Entnahme), § 10 Abs. 4 Satz 1 Nr. 1 UStG. Hier entspricht der Einkaufspreis dem Teilwert. Warenentnahmen werden über das Konto »Eigenverbrauch« verbucht, das ein Erfolgskonto darstellt.

-592] Privat   142,80 EUR
           an   Eigenverbrauch   120,00 EUR
                Umsatzsteuer   22,80 EUR

Alternativ:

-593] Privat   142,80 EUR
           an   Handelswaren   100,00 EUR
                sonstige betriebliche Erträge   20,00 EUR
                Umsatzsteuer   22,80 EUR

c) Hier liegt analog zu b) ebenfalls eine Entnahme i. S. v. § 3 Abs. 1b Nr. 1 UStG vor. Bemessungsgrundlage ist der Teilwert (Einkaufspreis zum Zeitpunkt der Entnahme).

-594] Privat   535,50 EUR
           an   Eigenverbrauch   450,00 EUR
                Umsatzsteuer   85,50 EUR

Alternativ:

-595] Privat   535,50 EUR
       sonstiger betrieblicher Aufwand   100,00 EUR
           an   Rohstoffe   550,00 EUR
                Umsatzsteuer   85,50 EUR

Aufgabe 2 *Verbuchung von Steuern* (10 Punkte)

1. b) | Die *Biersteuer* zählt zu den Verbrauch- bzw. Aufwandsteuern. Da laut Aufgabenstellung Steuerentstehung, -bescheid und -bezahlung auf denselben Zeitpunkt entfallen, wird die Steuer im Zeitpunkt der Entstehung nicht separat als Verbindlichkeit erfasst. Es liegt ein *Aufwand* vor.

2. b), d) | Die *Gewerbesteuer* gehört zu den Ertragsteuern und stellt eine Objektsteuer dar, da die Gewerbesteuer das Objekt »Gewerbebetrieb« besteuern soll. Die Gewerbesteuer gehört aus buchhalterischer (handelsrechtlicher) Sicht zu den *Aufwand*steuern. Da die Steuer vom privaten Bankkonto bezahlt wird, liegt zusätzlich eine *Privateinlage* vor.

3. e) | Allgemeinmediziner sind gem. § 4 Nr. 14 UStG von der Umsatzsteuer befreit. Im Gegenzug wird der Vorsteuerabzug verwehrt, § 15 Abs. 2 Satz 1 Nr. 1 UStG. Die Umsatzsteuer, die der Allgemeinmediziner bei der Ausstattung seiner Praxisräume entrichten muss, stellt deshalb *Anschaffungskosten* dar und keine Forderung gegenüber dem Finanzamt.

4. b) | Die *Körperschaftsteuer* gehört zu den Ertrag- bzw. Personensteuern und stellt aus handelsrechtlicher Sicht *Aufwand* dar.

5. c) | Die *Einkommensteuer* gehört zu den Ertragsteuern und betrifft die Privatsphäre des Unternehmers. Die Bezahlung der Einkommensteuer vom Geschäftskonto stellt eine *Privatentnahme* dar.

6. b) | Versicherungen unterliegen der *Versicherungsteuer*. Die Versicherungsteuer gehört zu den *Aufwandsteuern*.

7. g) | Die *Umsatzsteuer* stellt grundsätzlich sonstige Verbindlichkeiten dar. Da es sich hier um einen Habensaldo handelt, liegt ein Umsatzsteuerüberhang vor. Der Umsatzsteuerüberhang findet über das Konto »sonstige Verbindlichkeiten« Eingang in die Schlussbilanz.

8. b) | Bei der Auszahlung von Löhnen und Gehältern entstehen *Lohnsteuer*, *Solidaritätszuschlag* und *Kirchensteuer*, die allesamt *Aufwand* darstellen.

9. h) | Der *Solidaritätszuschlag* betrifft die Privatsphäre des Unternehmers. Da die Steuer vom privaten Bankkonto überwiesen wird, wird die *betriebliche Sphäre nicht berührt*.

10. a) | Die *Schaumweinsteuer* gehört zu den Verbrauchsteuern bzw. Aufwandsteuern. Die Erstattung führt zu einem *Ertrag*.

Aufgabe 3 *Verbuchung von Anzahlungen* (6 Punkte)

a) Buchung am 1.1.2017:
Die Umsatzsteuer entsteht bereits bei Vereinnahmung der Anzahlung, § 13 Abs. 1 Nr. 1 Buchstabe a Satz 4 UStG. Korrespondierend kann die Vorsteuer bei Anzahlung bereits abgezogen werden.

[B-596]
geleistete Anzahlungen	6 300 EUR	
Vorsteuer	1 197 EUR	
an Bank		7 497 EUR

Buchung am 25. 7. 2017:

[-597]

Sachanlagen	15 000 EUR	
Vorsteuer	1 653 EUR	
an geleistete Anzahlungen		6 300 EUR
Bank		10 353 EUR

b) Buchung am 25. 2. 2017:

[-598]

Bank	29 750 EUR	
an erhaltene Anzahlungen		25 000 EUR
Umsatzsteuer		4 750 EUR

Buchung am 27. 9. 2017:

[-599]

Forderungen aus L. u. L.	32 130 EUR	
erhaltene Anzahlungen	25 000 EUR	
an Umsatzerlöse		52 000 EUR
Umsatzsteuer		5 130 EUR

(141) **Aufgabe 4** Kontenabschlüsse nach GKV und UKV   (20 Punkte)

a) *Gesamtkostenverfahren*

Laut Aufgabenstellung erhöht sich der Bestand um 30 EUR. Die Bestandsveränderung führt in diesem Fall zu einem Ertrag. Abschluss der Konten »Fertige Erzeugnisse« (FE) und »Bestandsveränderungen Fertige Erzeugnisse« (BV FE):

Soll	FE	Haben		Soll	BV FE	Haben	
AB	100	130	130	GuV	30	FE	30
30	30						
Summe	130	Summe	130	Summe	30	Summe	30

[-600]

Schlussbilanzkonto	130 TEUR	
an Fertige Erzeugnisse		130 TEUR

[-601]

Fertige Erzeugnisse	30 TEUR	
an Bestandsveränderungen Fertige Erzeugnisse		30 TEUR

[-602]

Bestandsveränderungen Fertige Erzeugnisse	30 TEUR	
an Gewinn- und Verlustrechnung		30 TEUR

Die für die Gesamtproduktion getätigten Aufwendungen können entweder über ein Sammelkonto erfasst werden, wobei das Sammelkonto dann über die GuV abgeschlossen wird, oder direkt über die GuV abgeschlossen werden. Hier werden die Aufwendungen auf dem Konto »diverse Aufwendungen« gesammelt, das dann über die GuV abgeschlossen wird.

Soll	diverse Aufwendungen		Haben
Rohstoffaufwand	250	GuV	675
Personalaufwand	300		
Mietaufwand	125		
Summe	675	Summe	675

[B-603] Gewinn- und Verlustrechnung   675 TEUR
           an   diverse Aufwendungen   675 TEUR

Abschluss des Kontos »Umsatzerlöse« über die GuV:

Soll	Umsatzerlöse		Haben
GuV	1 000	WV	1 000
Summe	1 000	Summe	1 000

[B-604] Umsatzerlöse   1 000 TEUR
           an   Gewinn- und Verlustrechnung   1 000 TEUR

Abschluss des »GuV-Kontos« über das Eigenkapital:

Soll	GuV		Haben
Aufwendungen	675	Umsatzerlöse	1 000
Gewinn	355	BV FE	30
Summe	1 030	Summe	1 030

[B-605] Gewinn- und Verlustrechnung   355 TEUR
           an   Eigenkapital   355 TEUR

b) *Umsatzkostenverfahren*

Beim Umsatzkostenverfahren werden die Aufwandskonten über das Konto »Fertige Erzeugnisse« abgeschlossen. Der Saldo auf dem Konto »Fertige Erzeugnisse« findet dann Eingang in die GuV.

Soll	FE		Haben
AB	100	GuV	645
Rohstoffe	250	EB	130
Personal	300		
Miete	125		
Summe	775	Summe	775

[B-606] Schlussbilanzkonto   130 TEUR
           an   Fertige Erzeugnisse   130 TEUR

[B-607] Fertige Erzeugnisse   250 TEUR
           an   Rohstoffaufwand   250 TEUR

[B-608] Fertige Erzeugnisse   300 TEUR
           an   Personalaufwand   300 TEUR

[3-609] Fertige Erzeugnisse 125 TEUR
        an   Mietaufwand   125 TEUR
[3-610] Gewinn- und Verlustrechnung   645 TEUR
        an   Fertige Erzeugnisse   645 TEUR

Der Abschluss des Kontos »Umsatzerlöse« nach dem Umsatzkostenverfahren erfolgt analog zum Abschluss nach dem Gesamtkostenverfahren:

Soll	Umsatzerlöse		Haben
GuV	1 000	WV	1 000
Summe	1 000	Summe	1 000

[3-611] Umsatzerlöse   1 000 TEUR
        an   Gewinn- und Verlustrechnung   1 000 TEUR

Abschluss der Gewinn- und Verlustrechnung über das Eigenkapital analog zum Gesamtkostenverfahren:

Soll	GuV		Haben
HK	645	Umsatzerlöse	1 000
Gewinn	355		
Summe	1 000	Summe	1 000

[3-612] Gewinn- und Verlustrechnung   355 TEUR
        an   Eigenkapital   355 TEUR

(142) **Aufgabe 5** *Löhne und Gehälter*   (*10 Punkte*)

a) Der Vorschuss stellt eine Forderung an den Mitarbeiter dar.

[3-613] Forderungen an Mitarbeiter   1 200 EUR
        an   Bank   1 200 EUR

b) Zu dokumentieren sind 1. die Fälligkeit der Sozialversicherungsbeiträge und 2. deren Bezahlung, 3. die Bezahlung der Löhne und die Entstehung der Steuerschuld sowie 4. die Abführung der Steuern an das Finanzamt.

1. Fälligkeit der Sozialversicherungsbeiträge:

[3-614] Lohn- und Gehaltsaufwand   11 000 EUR
        an   SV-Verbindlichkeiten   11 000 EUR

2. Abführung der Sozialversicherungsbeiträge:

[3-615] SV-Verbindlichkeiten   11 000 EUR
        an   Bank   11 000 EUR

3. Bezahlung der Löhne und Gehälter per Banküberweisung (30 000 – 11 000 – 4 000 =) 15 000 EUR sowie Entstehung der Steuerschuld:

[3-616] Lohn- und Gehaltsaufwand   15 000 EUR
        an   Bank   15 000 EUR
[3-617] Lohn- und Gehaltsaufwand   4 000 EUR
        an   Finanzamt-Verbindlichkeiten   4 000 EUR

4. Abführung der Steuern an das Finanzamt:

[B-618] Finanzamt-Verbindlichkeiten   4 000 EUR
             an   Bank   4 000 EUR

c) Bei Bezahlung der Rente wird die Rückstellung in Höhe des Tilgungsanteils aufgelöst. Die Differenz zwischen Auszahlung und Tilgungsanteil stellt den Zinsanteil der Rente dar.

[B-619] Pensionsrückstellungen   2 000 EUR
         Zinsaufwand   500 EUR
             an   Bank   2 500 EUR

d) Bei der Zuwendung der Rohstoffe handelt es sich um eine Umwandlung von Barlohn in Sachlohn. Die Sachzuwendung stellt eine entgeltliche Leistung im Sinne des Umsatzsteuergesetzes dar, für die der Arbeitnehmer einen Teil seiner Arbeitsleistung als Gegenleistung aufwendet. Es handelt sich nicht um eine unentgeltliche Zuwendung. Die Bemessungsgrundlage für die Umsatzsteuer stellt der Einkaufspreis zzgl. Nebenkosten zum Zeitpunkt des Umsatzes dar, § 10 Abs. 5 Satz 1 Nr. 2 i. V. m. Abs. 4 Satz 1 Nr. 1 UStG. Die Bemessungsgrundlage für die Umsatzsteuer beträgt demnach 450 EUR. Zusätzlich fallen noch Steuern und Sozialversicherungsabgaben an, deren Höhe in der Aufgabenstellung nicht erwähnt wird.

[B-620] Lohn- und Gehaltsaufwand   535,50 EUR
             an   Warenverkauf   450,00 EUR
                  Umsatzsteuer   85,50 EUR

(142) **Aufgabe 6** *Kontrollfragen*   *(8 Punkte)*

a) Sowohl Steuern als auch Beiträge (und Gebühren) gehören zu den Abgaben. Während *Beiträge* für eine Leistung entrichtet werden, unabhängig von der Inanspruchnahme der Leistung, werden *Steuern* ohne konkrete Gegenleistung entrichtet.

b) Unter den Begriff *Abgaben* fallen sowohl *Beiträge* als auch *Steuern*. An *Beiträgen* hat der Unternehmer zu entrichten: Beiträge zur Renten-, Arbeitslosen-, Pflege- und Krankenversicherung, die Umlage für die Entgeltfortzahlung im Krankheitsfall (Umlage U1) sowie die Umlage für Mutterschaftsaufwendungen (Umlage U2), die Insolvenzgeldumlage und die Beiträge zur Unfallversicherung. An *Steuern* sind die Lohnsteuer (als besondere Erhebungsform der Einkommensteuer), der Solidaritätszuschlag und die Kirchensteuer zu entrichten.

c) Bestandsmehrungen führen zur Aktivierung des Mehrbestands. Im Rahmen der Aktivierung stellt sich die Frage des Wertes der Bestandsmehrung. Die Ermittlung dieses Werts erfolgt außerhalb der doppelten Buchführung und stellt vor allem das interne Rechnungswesen vor Herausforderungen.

d) *Vorschüsse* werden – anders als *Abschlagszahlungen* – ohne rechtliche Verpflichtung gewährt. *Vorschüsse* werden i. d. R. mit dem Lohn oder Gehalt am Monatsende verrechnet. *Abschlagszahlungen* werden auf Basis vertraglicher Absprachen entrichtet und stellen Vorwegzahlungen auf den bereits teilweise fällig gewordenen Arbeitslohn dar.

Quelle: Schanz, Sebastian/Koschmieder, Simon (2014): Humoristische Zeichnungen zum Betrieblichen Rechnungswesen, Selbstverlag, Bayreuth, ISBN 978-3-00-047631-0, Seite 15.

LÖSUNG ÜBUNGSKLAUSUR 5

(143) **Aufgabe 1** *Grundsätze der Buchführung* (20 Punkte)

a) Die *Buchführung* muss in einer lebenden Sprache organisiert sein, dies muss nicht zwingend deutsch sein, § 239 Abs. 1 Satz 1 HGB. Lediglich der *Jahresabschluss* nach HGB muss in deutscher Sprache erstellt werden, § 244 HGB. Das Führen von Büchern nach HGB in chinesischer Sprache ist demnach zulässig.

b) Bei dem Patent handelt es sich um einen Vermögensgegenstand, da ein wirtschaftlicher Vorteil sowie jeweils selbständige Bewertbarkeit, Verkehrsfähigkeit und Verwertbarkeit vorliegen. Aufgrund der langfristigen Nutzung, muss eine Bilanzierung im Anlagevermögen erfolgen, § 247 Abs. 2 HGB. Es handelt sich nicht um ein geringwertiges Wirtschaftsgut und auch nicht um einen selbstgeschaffenen immateriellen Vermögensgegenstand des Anlagevermögens i. S. v. § 248 Abs. 2 Satz 1 HGB. Das Patent ist zwingend zu aktivieren. Die Korrekturbuchung lautet (Annahme: die Umsatzsteuer wurde korrekt verbucht):

[B-621] *Patente*   1 500 000 EUR
         an *Abschreibungen*   1 500 000 EUR

c) Bei der Veräußerung der Anteile wird der Egon Schiet als Treuhänder zivilrechtlicher Eigentümer. Wirtschaftlicher Eigentümer der Anteile bleibt die A-GmbH. Fallen zivilrechtliches und wirtschaftliches Eigentum auseinander, muss der wirtschaftliche Eigentümer bilanzieren, § 246 Abs. 1 Satz 2 2. Halbsatz HGB. Die Korrekturbuchung lautet:

[B-622] *Beteiligungen*   80 000 EUR
         sonstige betriebliche Erträge   45 000 EUR
         an *sonstige Verbindlichkeiten*   125 000 EUR

d) Maßgeblich für die buchhalterische Erfassung ist das Erfüllungsgeschäft, nicht das Verpflichtungsgeschäft, das mit dem Kaufvertrag abgeschlossen wurde. Zur Erfüllung der Verpflichtung muss eine der beiden Vertragsparteien das ihrerseits Erforderliche erbringen, d.h. entweder wird geliefert oder bezahlt. Der Unternehmer Schlapp ist am 25.3.2017 weder zivilrechtlicher noch wirtschaftlicher Eigentümer der Rohstoffe und darf die Rohstoffe nicht aktivieren, § 246 Abs. 1 Satz 2 1. Halbsatz HGB. Die Korrekturbuchung lautet:

[B-623] *Verbindlichkeiten aus L. u. L.*   5 950 EUR
         an *Rohstoffe*   5 000 EUR
             Vorsteuer   950 EUR

e) Eine Löschung der ursprünglichen Dokumentation verstößt gegen die formellen Grundsätze ordnungsmäßiger Buchführung, § 238 Abs. 1 Satz 1 HGB

i. V. m. § 239 Abs. 3 HGB. Anstatt der Löschung ist eine Stornobuchung durchzuführen.

f) Aufwendungen für die Gründung eines Unternehmens dürfen nicht aktiviert werden, § 248 Abs. 1 Nr. 1 HGB.

g) Grundsätzlich greift das Saldierungsverbot (Grundsatz der Einzelbewertung), nach dem mehrere gleichartige Vorgänge nicht zu einer Buchung zusammengefasst werden dürfen bzw. Posten der Aktivseite nicht mit Posten der Passivseite verrechnet werden dürfen, § 252 Abs. 1 Nr. 3 HGB. Allerdings dürfen aufrechenbare Forderungen und Verbindlichkeiten – z. B. wenn ein Lieferant gleichzeitig Kunde ist – verrechnet werden.

h) Die Verrechnung der Vorsteuer und der Umsatzsteuer bei der Umsatzsteuer-Voranmeldung und der Umsatzsteuer-Jahreserklärung verstößt nicht gegen das Saldierungsverbot des § 252 Abs. 1 Nr. 3 HGB, da auch hier der Gläubiger mit dem Schuldner (Finanzamt) identisch ist.

Aufgabe 2 *Buchführungspflicht* (10 Punkte)

a) Die Steuerberatung gehört zu den freien Berufen. Der Steuerberater ist kein Kaufmann im Sinne der §§ 1– 6 HGB. Da die Kaufmannseigenschaft Grundvoraussetzung für die Buchführungspflicht ist, § 238 Abs. 1 Satz 1 HGB, besteht für den Steuerberater keine Buchführungspflicht.

b) (Anerkannte) Künstler sind keine Kaufleute im Sinne der §§ 1– 6 HGB. Eine Verpflichtung zum Führen von Büchern nach den Vorschriften des HGB existiert für den Designer deshalb nicht. Die Höhe des Umsatzes ist grundsätzlich irrelevant.

c) Laut Aufgabenstellung führt der Julian Nix einen kleinen Gewerbebetrieb. Als solchen betreibt er ein Handelsgewerbe und ist grundsätzlich Kaufmann gem. § 1 Abs. 1 HGB. Aufgrund des Kleingewerbes ist er jedoch gem. § 1 Abs. 2 HGB kein Kaufmann. Durch die Eintragung ins Handelsregister gilt sein Gewerbe als Handelsgewerbe. Nix ist folglich Kaufmann, § 2 Satz 1 HGB und grundsätzlich verpflichtet zum Führen von Büchern gem. § 238 Abs. 1 Satz 1 HGB. Da er seinen Betrieb als Einzelkaufmann betreibt und der Umsatz nicht mehr als 500 000 EUR und der Jahresüberschuss nicht mehr als 50 000 EUR beträgt (lt. Aufgabenstellung beträgt der *Umsatz* lediglich 49 000 EUR jährlich, der Jahresüberschuss muss also niedriger sein), entfällt die Buchführungspflicht. Nix kann gem. § 241a HGB wählen, ob er Bücher führt oder nicht.

d) Die Gesellschaft mit beschränkter Haftung (GmbH) ist Kraft Rechtsform Kaufmann (Formkaufmann), § 6 Abs. 1 HGB i. V. m. § 13 Abs. 3 GmbHG. Im Ergebnis ist die GmbH zum Führen von Büchern nach HGB verpflichtet.

e) Die Gesellschaft mit beschränkter Haftung (GmbH) ist Kraft Rechtsform Kaufmann (Formkaufmann), § 6 Abs. 1 HGB i. V. m. § 13 Abs. 3 GmbHG. Die Ausnahmeregelung des § 241a HGB gilt nur für Einzelkaufleute. Im Ergebnis ist die GmbH zum Führen von Büchern nach HGB verpflichtet, § 238 Abs. 1 Satz 1 HGB.

(144) **Aufgabe 3** *Verbuchung von Geschäftsvorfällen* (*10 Punkte*)

a) *Schreibtisch*

Der Schreibtisch gehört aus buchhalterischer Sicht zur Betriebs- und Geschäftsausstattung. Bei dem Vermögensgegenstand handelt es sich um einen abnutzbaren, beweglichen Gegenstand des Anlagevermögens, der selbständig nutzbar ist und (netto) unter der Wertgrenze von 800 EUR liegt. Es handelt sich um ein geringwertiges Wirtschaftsgut, das aufgrund der Maßgabe eines möglichst niedrigen Gewinns sofort abgeschrieben wird.

[B-624] *Abschreibungen* 400 EUR
Vorsteuer 76 EUR
    an   *Bank* 476 EUR

b) *Farbdruckmaschine*

Ermittlung der Anschaffungskosten: Die Transportkosten werden als Nebenkosten der Anschaffung aktiviert, § 255 Abs. 1 HGB.

		EUR
	Kaufpreis (netto)	450 000
+	Transportkosten	12 000
=	Anschaffungskosten	462 000

Verbuchung der Anschaffung (lt. Aufgabenstellung nicht verlangt):

[B-625] *Sachanlagen* 462 000 EUR
Vorsteuer 87 780 EUR
    an   *Bank* 549 780 EUR

Da die Lieferung und der erste Druckauftrag innerhalb eines Monats erfolgt, lässt sich daraus schließen, dass sich der betriebsbereite Zustand auch in diesem Monat (Oktober) einstellt. Es müssen in 2017 deshalb $\frac{3}{12} \times 0{,}2 \times 462\,000 = 23\,100$ EUR abgeschrieben werden.

[B-626] *Abschreibungen* 23 100 EUR
    an   *Wertberichtigung auf Sachanlagen* 23 100 EUR

c) *Schneidemaschine*

Zum Zeitpunkt der Lieferung am 22.7.2017 wird gebucht (lt. Aufgabenstellung nicht verlangt):

[B-627] *Sachanlagen* 13 000 EUR
Vorsteuer 2 470 EUR
    an   *Verbindlichkeiten aus L. u. L.* 15 470 EUR

Kauf und Finanzierung werden buchhalterisch getrennt erfasst. Währungsschwankungen führen aus diesem Grund nicht zu einer Veränderung der Anschaffungskosten. Die Anschaffungskosten betragen 13 000 EUR. Die Summe der Jahresordnungszahlen beträgt $S = \frac{4 \times 5}{2} = 10$. Die Abschreibung in 2017 beträgt demnach $\frac{5}{12} \times \frac{4}{10} \times 13\,000 = 2\,166{,}67$ EUR.

[3-628]   *Abschreibungen*   2 166,67 EUR
              an *Sachanlagen*   2 166,67 EUR

Aufgrund des Vorsichtsprinzip, müssen nicht realisierte Verluste ausgewiesen werden, § 252 Abs. 1 Nr. 4 HGB. Die Verbindlichkeiten aus L. u. L. müssen deshalb am Bilanzstichtag zugeschrieben werden. *(Zu beachten ist hier auch § 256a HGB. Bei dessen Prüfung kommt man zum selben Ergebnis.)*

[3-629]   *Aufwendungen*   238 EUR
              an *Verbindlichkeiten aus L. u. L.*   238 EUR

(145) **Aufgabe 4** *Geschäfts- oder Firmenwert*   (10 Punkte)

a) Der Buchwert des Eigenkapitals ermittelt sich aus Vermögen abzüglich Schulden und stellt das bilanzierte Eigenkapital (109 800 EUR) dar.

		EUR
	Vermögen	112 500
./.	Schulden	2 700
=	Eigenkapital (Reinvermögen)	109 800

b) Der Marktwert der Vermögensgegenstände ergibt sich aus den Buchwerten der Vermögensgegenstände zzgl. der stillen Reserven.

			EUR
+	Buchwert Vermögensgegenstände		112 500
+	Grundstücke/Gebäude	16 000	
+	Sachanlagen	4 200	
=	stille Reserven	20 200	20 200
./.	Schulden		2 700
=	Eigenkapital (Reinvermögen)		130 000

Der Preis für die Vergütung des Marktwerts des Eigenkapitals würde 130 000 EUR betragen.

c) Ermittlung des Firmenwerts:

		EUR
	Kaufpreis	160 000
./.	Marktwert Eigenkapital	130 000
=	Firmenwert	30 000

Der Firmenwert beträgt 30 000 EUR.

d) Bei der Verbuchung werden zunächst die Buchwerte der Grundstücke/Gebäude sowie der Sachanlagen um die stillen Reserven aufgestockt, zusätzlich muss der Firmenwert aktiviert werden.

[B-630] Firmenwert   30 000 EUR
         Grundstücke/Gebäude   94 000 EUR
         Sachanlagen   29 200 EUR
         Rohstoffe   4 000 EUR
         Forderungen   1 500 EUR
         Bank   4 000 EUR
              an Verbindlichkeiten aus L. u. L.   160 000 EUR
                  Verbindlichkeiten aus L. u. L.   2 700 EUR

e) Handelsrechtlich werden für die betriebsgewöhnliche Nutzungsdauer eines Firmenwerts gem. § 285 Nr. 13 HGB fünf Jahre veranschlagt, sofern keine Gründe aufgezählt werden, die eine längere Nutzungsdauer rechtfertigen. Rechtfertigungsgründe wurden in der Aufgabenstellung nicht genannt. Aus diesem Grund wird eine Nutzungsdauer von fünf Jahren veranschlagt. Die »Anschaffung« des Firmenwerts erfolgt im Dezember 2017. Die Abschreibung des Firmenwerts in 2017 beträgt deshalb $\frac{1}{12} \times \frac{30\,000}{5} = 500$ EUR.

[B-631] Abschreibungen   500 EUR
              an Firmenwert   500 EUR

(146) **Aufgabe 5** *Kontrollfragen*   (*10 Punkte*)

a) Das *Maßgeblichkeitsprinzip* besagt, dass die in der Handelsbilanz zum Ansatz kommenden Werte dem Grunde und der Höhe nach auch für die Steuerbilanz gelten (Maßgeblichkeit der Handelsbilanz für die Steuerbilanz). Die Maßgeblichkeit erstreckt sich jedoch nicht auf Handelsbilanzansätze, die handelsrechtlich oder einkommensteuerrechtlich unzulässig sind bzw. den Grundsätzen ordnungsmäßiger Buchführung widersprechen. Auf Basis der Entscheidung des Großen Senats des Bundesfinanzhofs aus dem Jahr 1969 gelten folgende Grundsätze:

Handelsbilanz		*Steuerbilanz*
Aktivierungspflicht	→	Aktivierungspflicht
Aktivierungswahlrecht	→	Aktivierungspflicht
Aktivierungsverbot	→	Aktivierungsverbot
Passivierungswahlrecht	→	Passivierungsverbot
Passivierungsverbot	→	Passivierungsverbot
Passivierungspflicht	→	Passivierungspflicht

Der *Vorteil* des *Prinzips der Maßgeblichkeit* zum *separate accounting* besteht in den geringeren Kosten bei der Erstellung der beiden Werke durch die Bindung der beiden Rechenwerke aneinander. Der *Nachteil* besteht in der »Verfälschung« der Handelsbilanz, da Wahlrechte in der Handelsbilanz womöglich nur deshalb ausgeübt werden, um einen möglichst niedrigen steuerlichen Gewinn ausweisen zu können, um Steuern »zu sparen«, und nicht vor dem Hintergrund der Darstellung der tatsächlichen Vermögens- und Ertragslage.

b) Hinter dem »going-concern-principle« steht die *Fiktion der Unternehmensfortführung* im Zeitpunkt der Erstellung des Jahresabschlusses. Das »going-concern-principle« ist in § 252 Abs. 1 Nr. 2 HGB kodifiziert. Die Annahme einer Nichtfortführung des Unternehmens hätte zur Folge, dass die Einzelveräußerungswerte bzw. Liquidationswerte zum Ansatz kämen. Dies hätte zum Beispiel zur Folge, dass auch nicht realisierte Gewinne ausgewiesen werden würden.

c) Der »*derivative*« Firmenwert ist der aus dem entgeltlichen Erwerb eines Unternehmens *abgeleitete* Wert, der sich als Differenz zwischen dem Kaufpreis einerseits und dem Marktwert der Vermögensgegenstände und der Schulden (Eigenkapital) andererseits ergibt. Der »*originäre*« Firmenwert ist der vom Unternehmer selbst geschaffene Wert, der nicht bilanzierungsfähig ist und sich z. B. in selbst geschaffenen Kunden- und Mandantenstämmen und Marken widerspiegelt.

d) Grundsätzlich mangelt es dem Firmenwert am Merkmal der *Einzelveräußerbarkeit*, um als Vermögensgegenstand anerkannt zu werden. Allerdings wird der »derivative« Firmenwert gem. § 246 Abs. 1 Satz 4 HGB per Gesetz zu einem (immateriellen) Vermögensgegenstand erhoben.

e) Eine »planmäßige« Abschreibung wird in § 253 Abs. 3 HGB für die Abschreibung des abnutzbaren Anlagevermögens verlangt. Die Planmäßigkeit soll dafür sorgen, dass Abschreibungen nicht willkürlich (nach Gutdünken) z. B. in Abhängigkeit der Ertragslage oder den Wünschen des Unternehmers hinsichtlich des Ausweises eines möglichst »optimalen« Gewinns erfolgen.

Quelle: Schanz, Sebastian/Koschmieder, Simon (2014): Humoristische Zeichnungen zum Betrieblichen Rechnungswesen, Selbstverlag, Bayreuth, ISBN 978-3-00-047631-0, Seite 17.

LÖSUNG ÜBUNGSKLAUSUR 6

(147) **Aufgabe 1** *Lineare Abschreibung* (10 Punkte)

a) Da sich aus der Aufgabenstellung kein konkreter Zeitpunkt der Anschaffung bzw. des betriebsbereiten Zustands ergibt, wird angenommen, dass der Zeitpunkt des betriebsbereiten Zustands mit dem Zeitpunkt des Erwerbs übereinstimmt.

Die Anschaffungskosten betragen $\frac{148\,750}{1{,}19}$ = 125 000 EUR. Die Abschreibung in 2017 beträgt demnach $\frac{6}{12} \times \frac{125\,000}{10}$ = 6 250 EUR.

[B-632] Abschreibungen auf Anlagevermögen   6 250 EUR
             an   Wertberichtigungen auf Anlagevermögen   6 250 EUR

b) Der Buchwert der Sachanlagen beträgt zum Zeitpunkt der Veräußerung:

		EUR
	Anschaffungskosten	66 300
./.	Abschreibungen	47 100
=	Buchwert	19 200

Der Veräußerungsgewinn beträgt folglich (44 125 − 19 200 =) 24 925 EUR.

[B-633] Forderungen aus L. u. L.   52 508,75 EUR
         Wertberichtigungen auf Anlagevermögen   47 100,00 EUR
             an   Sachanlagen   66 300,00 EUR
                  sonstige betriebliche Erträge   24 925,00 EUR
                  Umsatzsteuer   8 383,75 EUR

c) Ermittlung der Abschreibung in 2017:

		EUR
	Anschaffungskosten Anfang 2012	1 500 000
./.	Abschreibungen 2012 bis 2016, $\frac{1\,500\,000}{50} \times 5 =$	150 000
=	Buchwert am 1. 1. 2017	1 350 000
+	Kosten der Erweiterung	630 000
=	Abschreibungsbasis	1 980 000
./.	Abschreibung in 2017, $\frac{1\,980\,000}{45} =$	44 000
=	Restbuchwert am 31. 12. 2017	1 936 000

[B-634] Abschreibungen auf Anlagevermögen   44 000 EUR
             an   Grundstücke/Gebäude   44 000 EUR

(148) **Aufgabe 2** *Geometrisch-degressive Abschreibung* (*10 Punkte*)

a) Die Abschreibung in 2017 beträgt

$$AfA_{2017} = 234\,124 \times \left(1 - \frac{10}{12} \times 0{,}2\right) \times (1-0{,}2)^7 \times 0{,}2 = 8\,183{,}23.$$

b) Ermittlung des Jahrs des Übergangs zur linearen Abschreibung:
Die Anschaffung der Windkraftanlage erfolgt unterjährig. Die betriebsgewöhnliche Nutzungsdauer beträgt 30 Jahre. Die Anzahl der betroffenen Kalender- bzw. Geschäfts- oder Wirtschaftsjahre beträgt hingegen 31. Um das Geschäftsjahr, in dem der Wechsel erfolgen soll, ermitteln zu können, muss von n = 31 ausgegangen werden. Es gilt (mit α = Zeitanteil der Abschreibung im ersten Jahr, hier: $\alpha = \frac{3}{12}$):

$$A_0 \times (1-\alpha \times g) \times (1-g)^{t-1} \times g \leq \frac{A_0 \times (1-\alpha \times g) \times (1-g)^{t-1}}{n+1-t^*-\alpha}$$

$$t^* \geq \left(n - \frac{1}{g}\right) + 1 - \alpha$$

Mit n = 31 beträgt der Zeitpunkt des optimalen Übergangs:

$$t^* = \left(31 - \frac{1}{0{,}1}\right) + 1 - \alpha = 21{,}75$$

aufgerundet erfolgt der optimale Übergang in t = 22 und damit am 22. Bilanzstichtag nach Erwerb der Anlage.
Sofern 2017 als 1. Jahr bezeichnet wird, sollte der Übergang in 2038 erfolgen. Die Restnutzungsdauer am Ende von 2037 beträgt 9 Jahre und 9 Monate. Zur Ermittlung der linearen Abschreibung ist zunächst der Restbuchwert am Ende von 2037 zu ermitteln. Dieser beträgt

$$RBW_{2037} = 2\,500\,000 \times \left(1 - \frac{3}{12} \times 0{,}1\right) \times (1-0{,}1)^{20} = 296\,343{,}10.$$

Die Abschreibung in 2038 beträgt dann

$$AfA_{2038} = \frac{296\,343{,}10}{9{,}75} = 30\,394{,}16.$$

c) Ermittlung des Degressionssatzes:

$$278\,240 = 378\,500 \times (1-g)^6 \Leftrightarrow g = 1 - \sqrt[6]{\frac{278\,240}{378\,500}} = 0{,}05$$

Der Degressionssatz beträgt 5 %.

(148) **Aufgabe 3** *Digitale Abschreibung* (*10 Punkte*)

a) Die Summe der Jahresordnungszahlen beträgt $S = \frac{10 \times 11}{2} = 55$. Die Abschreibung in 2017 beträgt

$$AfA_{2017} = 100\,000 \times \left(\frac{10}{12} \times \frac{10}{55} + \frac{2}{12} \times \frac{9}{55}\right) = 17\,878{,}79.$$

b) Ermittlung des Degressionsbetrags:
   1. $AfA_1 = 13\,000$

$$\Delta AfA = \frac{(A_0 - RBW_4) - n \times AfA_1}{-\frac{n \times (n-1)}{2}} = \frac{(75\,000 - 35\,000) - 4 \times 13\,000}{-\frac{4 \times 3}{2}} = 2\,000$$

Die Abschreibung in 2018 beträgt (13 000 − 2 000 =) 11 000 EUR. Nachrichtlich sind nachstehend die Restbuchwerte und die Abschreibungsbeträge der einzelnen Rechnungsperioden abgetragen.

Jahr	RBW 31.12.	AfA
2017	62 000	13 000
2018	51 000	11 000
2019	42 000	9 000
2020	35 000	7 000

   2. $AfA_1 = 14\,000$

$$\Delta AfA = \frac{(A_0 - RBW_4) - n \times AfA_1}{-\frac{n \times (n-1)}{2}} = \frac{(75\,000 - 35\,000) - 4 \times 14\,000}{-\frac{4 \times 3}{2}} = 2\,666{,}67$$

Die Abschreibung in 2018 beträgt (14 000 − 2 666,67 =) 11 333,33 EUR. Nachrichtlich sind nachstehend die Restbuchwerte und die Abschreibungsbeträge der einzelnen Rechnungsperioden abgetragen.

Jahr	RBW 31.12.	AfA
2017	61 000,00	14 000,00
2018	49 666,67	11 333,33
2019	41 000,00	8 666,67
2020	35 000,00	6 000,00

(148) **Aufgabe 4** *Leistungsabschreibung* (10 Punkte)

a) Die geschätzte Gesamtfahrleistung beträgt 182 000 km. Insgesamt werden $\left(\frac{52\,360}{1{,}19} - 15\,000 =\right)$ 29 000 EUR abgeschrieben.

		EUR
	Anschaffungskosten	44 000,00
./.	AfA 2017, 29 000 × $\frac{35\,000}{182\,000}$	5 576,92
=	RBW am 31.12.2017	38 423,08
./.	AfA 2018, 29 000 × $\frac{45\,000}{182\,000}$	7 170,33
=	RBW am 31.12.2018	31 252,75
./.	AfA 2019, 29 000 × $\frac{50\,000}{182\,000}$	7 967,03
=	RBW am 31.12.2019	23 285,71
./.	AfA 2020, 29 000 × $\frac{52\,000}{182\,000}$	8 285,71
=	RBW am 31.12.2020	15 000,00

b) Verbuchung der Veräußerung:

Forderungen aus L. u. L.	20 230 EUR	
Wertberichtigungen auf Fuhrpark	29 000 EUR	
an Fuhrpark		44 000 EUR
sonstige betriebliche Erträge		2 000 EUR
Umsatzsteuer		3 230 EUR

Aufgabe 5 *Außerplanmäßige Abschreibungen* (10 Punkte)

a) Zu unterscheiden ist zwischen *Finanzanlagen* und dem *restlichen Anlagevermögen*. Grundsätzlich ist im Anlagevermögen zwingend auf den niedrigeren Wert abzuschreiben, wenn es sich um eine *voraussichtlich dauernde Wertminderung* handelt, § 253 Abs. 3 Satz 3 HGB. Bei einer voraussichtlich nur vorübergehenden Wertminderung darf grundsätzlich nicht abgeschrieben werden, es sei denn, es handelt sich um Finanzanlagen. Finanzanlagen im Anlagevermögen müssen bei voraussichtlich dauernder Wertminderung abgeschrieben werden und *können* bei voraussichtlich *nicht* dauernder Wertminderung abgeschrieben werden, § 253 Abs. 3 Satz 4 HGB.

b) Gründe für eine voraussichtlich dauernde Wertminderung i. S. v. § 253 Abs. 3 HGB können zum Beispiel sein:

1. Elementarereignisse (Feuer, Wasser, Sturm),
2. Unfälle,
3. Fehlmaßnahmen und
4. technischer Fortschritt.

c) Zur Überprüfung, ob eine voraussichtlich dauernde Wertminderung vorliegt, muss ermittelt werden, ob der durch den Gutachter ermittelte niedrigere Wert innerhalb der halben Restnutzungsdauer (drei Jahre) erreicht wird oder nicht. Liegt der vom Gutachter ermittelte Wert niedriger als der Restbuchwert am 31. 12. 2020, liegt eine voraussichtlich dauernde Wertminderung vor mit der Konsequenz, dass auf den von dem Gutachter ermittelten Wert außerplanmäßig abgeschrieben werden muss. Problematisch ist hier die Ermittlung des Restbuchwerts am Ende von 2020, da der Übergang zur linearen Abschreibung mitberücksichtigt werden muss. Der Übergang zur linearen Abschreibung erfolgt in

$$t^* = \left(8 - \frac{1}{0{,}2}\right) + 1 = 4,$$

d. h. in 2019. Der Restbuchwert am 31.12.2018 beträgt

$$RBW_{2018} = 25\,000 \times (1 - 0{,}2)^3 = 12\,800.$$

Die lineare Abschreibung in den verbleibenden fünf Jahren beträgt demnach $\frac{12\,800}{5} = 2\,560$ EUR. Der Restbuchwert am 31.12.2020 beträgt demnach $(12\,800 - 2 \times 2\,560 =)\ 7\,680$ EUR und ist niedriger als der vom Gutachter ermittelte Wert. Eine außerplanmäßige Abschreibung kommt deshalb nicht in Betracht. Es liegt keine voraussichtlich dauernde Wertminderung vor. Nachrichtlich ist nachstehend die Entwicklung des Restbuchwertes bei »optimaler« Abschreibung dargestellt.

t	1.1.	RBW 1.1.	Abschreibung			RBW 31.12.
			degressiv	linear	AfA	
1	2016	25 000	5 000	3 125,00	5 000	20 000
2	2017	20 000	4 000	2 857,14	4 000	16 000
3	2018	16 000	3 200	2 666,67	3 200	12 800
4	2019	12 800	2 560	2 560,00	2 560	10 240
5	2020	10 240	2 048	2 560,00	2 560	7 680
6	2021	7 680	1 536	2 560,00	2 560	5 120
7	2022	5 120	1 024	2 560,00	2 560	2 560
8	2023	2 560	512	2 560,00	2 560	0

d) Nach *planmäßiger* Abschreibung beträgt der Restbuchwert am 31.12.2018 12 800 EUR. Eine außerplanmäßige Abschreibung hat nicht stattgefunden. Eine Zuschreibung ist daher nicht gegeben. Der Wertansatz zum 31.12.2018 beträgt 12 800 EUR.

(149) **Aufgabe 6** *Kontrollfragen* (*10 Punkte*)

a) Beispiele für Vermögensgegenstände; a) abnutzbar, b) beweglich, c) selbständig nutzbar, d) unterhalb der Wertgrenze

	a)	b)	c)	d)
1. Kauf von Gold für 400 EUR für Zwecke der langfristigen Anlage.	☐	☒	☒	☒
2. Nicht möglich!	☒	☐	☒	☒
3. Kauf einer Computertastatur für 50 EUR.	☒	☒	☐	☒
4. Kauf eines Bürostuhls für 900 EUR (netto).	☒	☒	☒	☐

b) Beispiele für Vermögensgegenstände: 1. Grundstücke, 2. Edelmetalle, 3. Wertpapiere und 4. Firmenwert, Rechte, Patente.

c) Eine Wertaufholung eines derivativen Firmenwerts bei vorausgegangener außerplanmäßiger Abschreibung ist gem. § 253 Abs. 5 Satz 2 HGB nicht zulässig. Dies wird damit begründet, dass eine spätere Wertsteigerung nicht auf der Zunahme des derivativen Firmenwertes, sondern durch die originäre Anstrengung »des Unternehmens« entstanden ist. Der derivative Firmenwert wird quasi durch den originären Firmenwert ersetzt.

LÖSUNG ÜBUNGSKLAUSUR 7

(150) **Aufgabe 1** *Herstellungskosten* (*10 Punkte*)

a) *Herstellungskosten*
  1. Bei dem *Stahl* handelt es sich um *Materialkosten* (genauer: Materialeinzelkosten) i. S. v. § 255 Abs. 2 Satz 2 HGB. Für diese Art von Aufwendungen (Kosten) besteht *Aktivierungspflicht*.
  2. Die Aufwendungen für den *Betriebskindergarten* stellen »*Aufwendungen für soziale Einrichtungen des Betriebs*« dar. Für diese Aufwendungen besteht *Aktivierungswahlrecht* gem. § 255 Abs. 2 Satz 3 HGB.
  3. Die Kosten für den *Außendienstmitarbeiter* stellen *Vertriebskosten* dar. Diese dürfen gem. § 255 Abs. 2 Satz 4 HGB nicht angesetzt werden. Es besteht *Aktivierungsverbot*.

b) *Zuschlagskalkulation*

		EUR	
	Materialeinzelkosten	50,00	
+	Materialgemeinkosten	62,50	
=	Materialkosten	112,50	112,50
	Fertigungslöhne	70,00	
+	Fertigungsgemeinkosten	140,00	
+	Sondereinzelkosten der Fertigung	10,00	
=/+	Fertigungskosten	220,00	220,00
=	Herstellungskosten (Untergrenze)		332,50
+	Verwaltungsgemeinkosten		99,75
=	Obergrenze		432,25

Wünscht der Unternehmer einen möglichst *hohen* Gewinn (im aktuellen Geschäftsjahr), ist die Bewertungsobergrenze anzusetzen. Da bei einer hohen Bewertung die GuV stärker entlastet wird (Buchungssatz: *Schlussbilanz // GuV*), müssen die Kaufmannsläden möglichst hoch bewertet werden, also mit 432,25 EUR. Umgekehrt muss die Bewertung mit 332,50 EUR erfolgen, wenn der Gewinn möglichst *niedrig* ausfallen soll. Die Vertriebsgemeinkosten dürfen nicht aktiviert werden, § 255 Abs. 2 Satz 4 HGB.

(151) **Aufgabe 2** *Folgebewertung im Anlage- und Umlaufvermögen* (*10 Punkte*)

		Wertkorrektur	Bilanzansatz
1.	*Wertpapiere des Umlaufvermögens*	+20 EUR	170 EUR
2.	*Wertpapiere des Anlagevermögens*	−10 TEUR	70 TEUR
3.	*Verwaltungsgebäude*	−0,3 Mio EUR	0,5 Mio EUR
4.	*Rohstoffe*	+20 EUR	50 EUR
5.	*Firmenwert*	-	50 EUR

Erläuterungen

1. Der Buchwert der Wertpapiere liegt unter den Anschaffungskosten. Dies lässt den Schluss zu, dass die Wertpapiere in früheren Geschäftsjahren bereits außerplanmäßig abgeschrieben wurden. Ist der Grund der Wertminderung weggefallen, muss zwingend zugeschrieben werden, § 253 Abs. 5 Satz 1 HGB. Bewertungsobergrenze stellen die (historischen) Anschaffungskosten dar, § 253 Abs. 1 Satz 1 HGB.
2. Vermögensgegenstände des Anlagevermögens dürfen grundsätzlich nur bei voraussichtlich *dauernder* Wertminderung abgeschrieben werden. Eine Ausnahme stellen Finanzanlagen dar. Hier besteht ein Wahlrecht zur Abschreibung, wenn die Wertminderung voraussichtlich nicht von Dauer ist, § 253 Abs. 3 Satz 4 HGB. Da lt. Aufgabenstellung ein möglichst niedriger Gewinn gewünscht ist, wird von dem Wahlrecht Gebrauch gemacht und außerplanmäßig abgeschrieben.
3. Da es sich bei dem Vermögensgegenstand um Anlagevermögen handelt und die Wertminderung voraussichtlich von Dauer ist, ist zwingend auf den niedrigeren Wert abzuschreiben, § 253 Abs. 3 Satz 3 HGB.
4. *Rohstoffe* gehören zum Umlaufvermögen. Da der Grund der Wertminderung weggefallen ist, muss zwingend zugeschrieben werden, allerdings maximal auf die (historischen) Anschaffungskosten, § 253 Abs. 5 Satz 1 i. V. m. Abs. 1 Satz 1 HGB.
5. Bei dem Firmenwert handelt es sich um Anlagevermögen. Eine Wertaufholung ist jedoch in diesem Fall nicht zulässig, § 253 Abs. 5 Satz 2 HGB.

(151) **Aufgabe 3** *Wertberichtigungen von Forderungen* (15 Punkte)

a) *Einzelwertberichtigung von Forderungen*
Bei der Information handelt es sich um eine *werterhellende* Information. Das Ereignis selbst (Eröffnung des Insolvenzverfahrens) erfolgt vor dem Bilanzstichtag (31. 12. 2016). Die Information muss gem. § 252 Abs. 1 Nr. 4 HGB bei der Erstellung des Jahresabschlusses für das Geschäftsjahr 2016 berücksichtigt werden. Durch die Eröffnung des Insolvenzverfahrens wird die Forderung uneinbringlich. Die Umsatzsteuer ist voll zu korrigieren, § 17 Abs. 2 Nr. 1 Satz 1 UStG.

[B-636] zweifelhafte Forderungen 2 856 EUR
    an Forderungen aus L. u. L.   2 856 EUR

[B-637] Abschreibungen auf Forderungen 1 920 EUR
   Umsatzsteuer 456 EUR
    an zweifelhafte Forderungen   2 376 EUR

b) *Zahlungseingang*

[B-638] Bank 1 000,00 EUR
    an zweifelhafte Forderungen   480,00 EUR
     Umsatzsteuer   159,66 EUR
     sonstige betriebliche Erträge   360,34 EUR

c) *Pauschalwertberichtigung*

Zur Ermittlung der Pauschalwertberichtigung aufgrund der Beitreibungskosten muss zunächst der Bruttoforderungsbestand nach einzelwertberichtigten Forderungen ermittelt werden. Dann ist der Nettoforderungsbestand zu ermitteln, auf Basis dessen die Wertberichtigung für sonstige Forderungsausfälle berechnet wird. Die Forderungen ggü. der öffentlichen Hand werden nicht berichtigt, da hier davon auszugehen ist, dass die Forderungen nicht ausfallen. Die Einstellung in die Pauschalwertberichtigung ermittelt sich wie folgt (alle Werte in EUR):

			netto	brutto	PWB
	(1)	Forderungsbestand am 31.12.2016		78 821	
./.	(2)	einzelwertberichtige Forderungen	2 400	2 856	
=	(3)	nicht einzelwertberichtigte Bruttoforderungen		75 965	
	(4)	dv. 2%			1 519,30
./.	(5)	umsatzsteuerbefreite Umsätze	8 435	8 435	
./.	(6)	Umsätze zum ermäßigten Steuersatz	2 500	2 675	
./.	(7)	Forderungen ggü. der öffentlichen Hand	4 500	5 355	
=	(8)	Forderungen zum Regelsteuersatz (1) – (2) – (5) – (6) – (7)	50 000	59 500	
=	(9)	Nettoforderungen (5) + (6) + (8)	60 935		
+		dv. 3%			1 828,05
=		Summe			3 347,35
./.		bereits berichtigt			2 540,00
=		Einstellung in die Pauschalwertberichtigung			807,35

Verbuchung der Zuführung:

639] *Zuführung zu Pauschalwertberichtigungen*   807,35 EUR
         an   *Pauschalwertberichtigungen zu Forderungen*   807,35 EUR

(152) **Aufgabe 4** *Bewertungsvereinfachungsverfahren*   (15 Punkte)

a) Beim periodischen lifo-Verfahren kann es vorkommen, dass Vermögensgegenstände zu einem Zeitpunkt als bereits verbraucht angenommen werden, zu dem sie noch gar nicht angeschafft waren.

b) *Periodisches lifo-Verfahren*
Bei Anwendung der *Inventurmethode* werden lediglich die einzelnen Zugänge erfasst. Der Verbrauch bzw. der Endbestand wird außerhalb der doppelten Buchführung ermittelt.
Verbuchung der Geschäftsvorfälle

640] *Handelswaren (Zugang 1)*   80 EUR
         an   *Bank*   80 EUR

641] *Bank*   180 EUR
         an   *Handelswaren (Abgang 1)*   180 EUR

642] *Handelswaren (Zugang 2)*   150 EUR
         an   *Bank*   150 EUR

[B-643]	Bank	330 EUR	
	an Handelswaren (Abgang 2)		330 EUR
[B-644]	Handelswaren (Zugang 3)	40 EUR	
	an Bank		40 EUR
[B-645]	Bank	90 EUR	
	an Handelswaren (Abgang 3)		90 EUR

Ermittlung des Werts des Endbestands

		ME	EUR/ME	EUR
	Anfangsbestand	120	1	120
+	Zugang 1	40	2	80
./.	Abgang 1	30	2 × 30 =	60
+	Zugang 2	50	3	150
./.	Abgang 2	55	50 × 3 + 5 × 2 =	160
+	Zugang 3	20	2	40
./.	Abgang 3	15	2 × 15 =	30
=	Endbestand	130	1	140*
./.	Wertkorrektur (Niederstwert)			10
=	Wert des Endbestands			130

* Im Endbestand sind 10 ME aus Zugang 1 und 120 ME aus dem Anfangsbestand enthalten. Der Wert des Endbestands ergibt demnach (10 × 2 + 120 × 1 =) 140 EUR. Allerdings muss auf 130 EUR abgeschrieben werden, da der Marktwert am Bilanzstichtag bei 1 EUR/ME liegt.

Abschluss des Kontos »Handelswaren«

[B-646]	Schlussbilanzkonto	130 EUR	
	an Handelswaren		130 EUR
[B-647]	Handelswaren	340 EUR	
	an Gewinn- und Verlustrechnung		340 EUR

Soll		Handelswaren	Haben	
AB	120	Verkauf 1	180	
Zugang 1	80	Verkauf 2	330	
Zugang 2	150	Verkauf 3	90	
Zugang 3	40	EB lt. Inventur	130	
Saldo (Gewinn)	340			
Summe	730	Summe	730	

c) *Festwert*

1. *Unterschiede* zwischen Festwert und lifo/fifo: Anders als die Verbrauchsfolgeverfahren lifo/fifo kann der Festwert auch bei Vermögensgegenständen des Anlagevermögens angewendet werden. Des Weiteren muss bei Anwendung von fifo/lifo jährlich eine körperliche

Bestandsaufnahme erfolgen, während beim Festwertverfahren nur alle drei Jahre eine körperliche Bestandsaufnahme erfolgen muss.

2. *Berechnung des Festwerts*: Die Summe der Zugänge über die betriebsgewöhnliche Nutzungsdauer beträgt: $Z = 4 \times 5\,500 = 22\,000$ EUR. Der Festwert ermittelt sich dann als

$$F = Z \times \left(\frac{1}{2} - \frac{1}{2 \times n}\right)$$
$$= 22\,000 \times \left(\frac{1}{2} - \frac{1}{2 \times 4}\right) = 8\,250.$$

Der Festwert beträgt 8 250 EUR.

3. *Bildung eines Festwertes*

Die Anschaffungskosten werden solange sofort als Aufwand erfasst, bis der Festwert erreicht ist. Weicht der Festwert um mindestens 10 % vom Wert der körperlichen Bestandsaufnahme ab, muss ein neuer Festwert festgesetzt werden. Dies ist hier der Fall, so dass am 31.12.2017 der Festwert 6 700 EUR beträgt. Die Abschreibungen in 2017 setzen sich aus den Abschreibungen der Anschaffungskosten zzgl. 800 EUR außerplanmäßige Abschreibungen zusammen.

		EUR
+	Anschaffungskosten in 2014	4 500
=	Buchwert am 31.12.2014	4 500
+	Anschaffungskosten in 2015	3 000
=	Buchwert am 31.12.2015	7 500
+	Anschaffungskosten in 2016	4 600
./.	Abschreibungen in 2016	4 600
=	Buchwert am 31.12.2016	7 500
+	Anschaffungskosten in 2017	4 200
./.	Abschreibungen in 2017	5 000
=	Bestand am 31.12.2017	6 700

(153) **Aufgabe 5** *Kontrollfragen* (*10 Punkte*)

a) *Fremdwährungsforderungen*

Die *Erstbewertung* von Forderungen in fremder Währung erfolgt zum *Briefkurs*, da das Unternehmen fremde Währung erhält und diese in EUR umtauschen muss. Die *Folgebewertung* erfolgt zum *Devisenkassamittelkurs* unter Berücksichtigung des Anschaffungskostenprinzips, wenn die Restlaufzeit der Forderung mehr als ein Jahr beträgt, andernfalls ohne Berücksichtigung des Anschaffungskostenprinzips, § 256a HGB. Dabei kann es zur Verletzung des Vorsichtsprinzips kommen (§ 252 Abs. 1 Nr. 4 HGB).

b) *Lifo-Methode*

Die lifo-Methode kann dann nicht angewendet werden, wenn sie offensichtlich gegen tatsächliche Gegebenheiten verstößt. Offensichtlich würden bei einem Eiergroßhändler bei Anwendung der lifo-Methode immer die ältesten Eier noch im Bestand sein. Da Eier verderblich sind, ist anzunehmen, dass sich nur die »frischesten« Eier noch auf Lager befinden. Die lifo-Methode ist deshalb nicht anwendbar, da sie hier gegen tatsächliche Gegebenheiten verstößt.

c) *Zuordnung von Vermögensgegenständen*
Eine *materielle* Auswirkung bedeutet, dass die Zuordnung Einfluss auf die Bewertung des Vermögensgegenstandes hat. Bei Zuordnung zum Anlagevermögen müssen neben außerplanmäßigen Abschreibungen auch planmäßige Abschreibungen vorgenommen werden, während im Umlaufvermögen ausschließlich außerplanmäßig abgeschrieben wird.

d) *Auswirkungen von Wahlrechten*
Die Wahlrechte zum Wertansatz von Erzeugnissen hat auf den Totalerfolg keine Auswirkungen. Ein niedriger Ansatz im einen Jahr, führt in diesem Jahr zu einem niedrigeren Gewinn. Wenn die angesetzten Erzeugnisse in einem späteren Jahr veräußert werden, werden den Umsatzerlösen weniger Aufwendungen entgegengestellt. Aufwand und Ertrag können durch die Ausübung von Wahlrechten in den Perioden unterschiedlich hoch ausfallen. Insgesamt, auf die Totalperiode gesehen, ist der Erfolg jedoch gleich hoch.

e) *Bewertungsvereinfachungsverfahren*
Konstruktion eines Beispiels, bei dem keine Abwertung auf den niedrigeren Marktwert erfolgt und die fifo-Methode zu höheren stillen Reserven führt als die lifo-Methode: Bei der Konstruktion des Beispiels muss ein Zugang und ein Abgang sowie ein Anfangsbestand definiert werden. Zudem muss es sich um schwankende Preise handeln. Der Marktpreis am Bilanzstichtag beträgt 3 EUR / ME.

	ME	EUR	*fifo*	EUR	*lifo*	EUR
Anfangsbestand	10	2	10 × 2 =	20	10 × 2 =	20
+ Zugang	8	1	8 × 1 =	8	8 × 1 =	8
./. Abgang	5		5 × 2 =	10	5 × 1 =	5
= Endbestand (EB)	13			18*		23**
Marktwert EB			13 × 3 =	39	13 × 3 =	39
stille Reserven EB				21		16

* 5 × 2 + 1 × 8 = 18; ** 10 × 2 + 3 × 1 = 23

LÖSUNG ÜBUNGSKLAUSUR 8

Aufgabe 1 *Verbindlichkeiten* (15 Punkte)

Verbuchung der Abschreibung

Die Abschreibung in 2017 beträgt $\frac{130\,000}{10} = 13\,000$ EUR.

Abschreibungen auf Sachanlagen	13 000 EUR	
an Werberichtigungen auf Sachanlagen		13 000 EUR

Abgrenzung des Disagios

Gemäß Aufgabenstellung ist ein möglichst hoher Gewinn gewünscht. Aus diesem Grund wird von dem Aktivierungswahlrecht des Disagios gem. § 250 Abs. 3 Satz 1 HGB Gebrauch gemacht. Das Disagio stellt im Voraus gezahlte Zinsaufwendungen dar und wird als ARAP aktiviert. Zur Ermittlung des Disagios muss zunächst der Kreditbetrag ermittelt werden. Um die Anschaffungskosten i. H. v. 130 000 EUR bezahlen zu können, werden Fremdmittel i. H. v. $\frac{130\,000}{(1-0,05)} = 136\,842,11$ EUR benötigt. Das Disagio beträgt dann $0,05 \times 136\,842,11 = 6\,842,11$ EUR. Das Disagio wird aktiviert und jährlich mit $\frac{6\,842,11}{10} = 684,21$ EUR abgeschrieben. Abschreibung des Disagios in 2017:

Abschreibungen	684,21 EUR	
an aktiver Rechnungsabgrenzungsposten		684,21 EUR

Abgrenzung der Zinsaufwendungen für den Kredit

Bei dem Kredit handelt es sich um ein Annuitätendarlehen. Die Zinsaufwendungen sind jährlich am 31. 3. eines Jahres zu entrichten. Das bedeutet, dass am Bilanzstichtag $\frac{9}{12}$ der Jahreszinsaufwendungen abgegrenzt werden müssen. Es handelt sich dabei um eine antizipative passive Abgrenzung, da der Zeitpunkt der Zahlung nach der Erfolgswirkung liegt.

1. *Ermittlung der Annuität*

$$ANN = FK_0 \times \frac{\rho \times (1+\rho)^n}{(1+\rho)^n - 1} = 136\,842,11 \times \frac{0,05 \times 1,05^{10}}{1,05^{10} - 1} = 17\,721,68$$

2. *Ermittlung der ersten Tilgungsrate (TIL_1)*

$$TIL_1 = ANN - \rho \times FK_0 = 17\,721,68 - 0,05 \times 136\,842,11 = 10\,879,57$$

3. *Ermittlung des Restbuchwerts des Kredits am 31. 3. 2017*

$$FK_5 = FK_0 - TIL_1 \times \frac{(1+\rho)^5 - 1}{\rho} = 136\,842,11 - 10\,879,57 \times \frac{1,05^5 - 1}{0,05} = 76\,725,59$$

4. *Ermittlung der Zinsen und der sonstigen Verbindlichkeiten*

Die Zinsen für die Periode 1. 4. 2017 bis 31. 3. 2018 betragen $0,05 \times 76\,725,59 = 3\,836,28$ EUR. Davon $\frac{9}{12}$ entsprechen 2 877,21 EUR.

Zinsaufwand	2 877,21 EUR	
an sonstige Verbindlichkeiten		2 877,21 EUR

Nachstehend ist nachrichtlich der Tilgungsplan des Kredits aufgeführt:

Rate	Annuität	Zins	Tilgung	FK
31.3.2012				136 842,11
31.3.2013	17 721,68	6 842,11	10 879,57	125 962,53
31.3.2014	17 721,68	6 298,13	11 423,55	114 538,98
31.3.2015	17 721,68	5 726,95	11 994,73	102 544,25
31.3.2016	17 721,68	5 127,21	12 594,47	89 949,78
31.3.2017	17 721,68	4 497,49	13 224,19	76 725,59
31.3.2018	17 721,68	3 836,28	13 885,40	62 840,20
31.3.2019	17 721,68	3 142,01	14 579,67	48 260,53
31.3.2020	17 721,68	2 413,03	15 308,65	32 951,87
31.3.2021	17 721,68	1 647,59	16 074,08	16 877,79
31.3.2022	17 721,68	843,89	16 877,79	0,00
			136 842,11	

(155) **Aufgabe 2** *Periodenabgrenzung* (20 Punkte)

a) *Selbstgeschaffener immaterieller Vermögensgegenstand des Anlagevermögens*
Bei den *Entwicklungskosten* handelt es sich um Aufwendungen zur Herstellung eines selbstgeschaffenen immateriellen Vermögensgegenstands des Anlagevermögens. Hierfür besteht ein *Aktivierungswahlrecht* gem. § 248 Abs. 2 HGB, das ausgeübt wird, da laut Aufgabenstellung ein möglichst hoher Gewinn erwünscht ist. Die *Entwicklungskosten* dürfen in Form von Herstellungskosten aktiviert werden. Die Forschungskosten dürfen nicht aktiviert werden, § 255 Abs. 2a HGB.

[B-651]   Immaterielle Vermögensgegenstände des AV   75 000 EUR
            an   Entwicklungsaufwendungen   75 000 EUR

b) *Rückstellung für ungewisse Verbindlichkeiten*
Bei den voraussichtlichen Ansprüchen des Konkurrenten handelt es sich um künftige Auszahlungen, die der Höhe nach ungewiss sind. Es ist zwingend eine Rückstellung für ungewisse Verbindlichkeiten gem. § 249 Abs. 1 Satz 1 1. Alternative HGB zu bilden. Für die Umsatzsteuer darf keine Rückstellung gebildet werden. Der Nettobetrag lautet $\frac{55\,335}{1,19}$ = 46 500 EUR.

[B-652]   Aufwand (Zuführung zu RSt)   46 500 EUR
            an   RSt für ungew. Verbindlichkeiten   46 500 EUR

c) *Passiver Rechnungsabgrenzungsposten*
Die Einzahlung, die die AG erhält, erfolgt teilweise vor Ertragswirkung. Es muss deshalb transitorisch passiv abgegrenzt werden, § 250 Abs. 2 HGB. Abgegrenzt werden nur die Erträge, das bedeutet, dass zunächst der Nettobetrag ermittelt werden muss, bevor im Anschluss die neun Monate, die auf das nachfolgende Geschäftsjahr entfallen, abgegrenzt werden. Der Nettobetrag ergibt $\frac{36\,000}{1,19}$ = 30 252,10 EUR dv. $\frac{9}{12}$ entsprechen 22 689,08 EUR.

[B-653]   Umsatzerlöse   22 689,08 EUR
            an   passiver Rechnungsabgrenzungsposten 22 689,08 EUR

d) *Anzahlung*
Die Anzahlung muss unter »erhaltene Anzahlungen« passiviert werden.

Bank	14 875 EUR	
an erhaltene Anzahlungen		12 500 EUR
Umsatzsteuer		2 375 EUR

e) *Aktiver Rechnungsabgrenzungsposten*
Die Auszahlung liegt teilweise vor dem Aufwand. Es liegt eine transitorische aktive Rechnungsabgrenzung gem. § 250 Abs. 1 HGB vor. Versicherungen unterliegen der Versicherungsteuer (= Aufwandsteuer). Vorsteuer fällt hier keine an, sodass $\frac{11}{12} \times 600 = 550$ EUR abgegrenzt werden.

aktiver Rechnungsabgrenzungsposten	550 EUR	
an Versicherungsaufwand		550 EUR

f) *Rückstellung für drohende Verluste*
Das Dauerschuldverhältnis wurde in Erwartung eines Großauftrags eingegangen. Da die Verpflichtung aus dem Vertrag noch neun Jahre besteht und die künftig erzielbare Jahresmiete unter den Auszahlungen liegt, muss eine Rückstellung für drohende Verluste gem. § 249 Abs. 1 Satz 1 2. Alternative HGB gebildet werden. Die Höhe der Rückstellung ergibt sich aus der Differenz der künftig erwarteten Einzahlungen und Auszahlungen mithin $9 \times (50\,000 - 35\,000) = 120\,000$ EUR. Buchungssatz:

Aufwand (Zuführung zu RSt)	120 000 EUR	
an Rückstellung für drohende Verluste		120 000 EUR

g) *Latente Steuern* (vgl. hierzu auch *Abb. 5* auf Seite 397)
Die Abschreibung in der Handelsbilanz in 2017 beträgt $0,2 \times 12\,000 \times \frac{6}{12} = 1\,200$ EUR während die AfA $\left(\frac{12\,000}{8} \times \frac{6}{12} = \right)$ 750 EUR beträgt. Die Entwicklung der Wertansätze in 2017 ergibt sich dann wie folgt (Werte in EUR):

		Handelsbilanz	Steuerbilanz
+	Anschaffungskosten	12 000	12 000
./.	Abschreibung	1 200	750
=	Wert am 31. 12. 2017	10 800	11 250

Der Wertansatz in der Handelsbilanz ist höher als der Ansatz in der Steuerbilanz bzw. es fallen die handelsrechtlichen Aufwendungen höher aus als die steuerrechtlichen. Es *können* daher aktive latente Steuern in der Handelsbilanz angesetzt werden (Aktivierungswahlrecht gem. § 274 Abs. 1 Satz 2 HGB). Da laut Aufgabenstellung ein möglichst hoher Gewinn gewünscht ist, wird von dem Aktivierungswahlrecht Gebrauch gemacht. Die anzusetzenden aktiven latenten Steuern ergeben sich aus dem Produkt des Steuersatzes und der Differenz der Abschreibungen mithin als $450 \times 0,4 = 180$ EUR.

aktive latente Steuern	180 EUR	
an latenter Steuerertrag		180 EUR

h) *Latente Steuern* (vgl. hierzu auch *Abb.* 5 auf Seite 397)
Da die handelsrechtlichen Abschreibungen niedriger ausfallen als die steuerrechtlichen Abschreibungen bzw. das Vermögen in der Handelsbilanz höher bewertet wird als das Vermögen in der Steuerbilanz, entstehen passive Steuerlatenzen. Für passive Steuerlatenzen besteht Passivierungspflicht gem. § 274 Abs. 1 Satz 1 HGB. Die passive Steuerlatenz beträgt 15 000 × 0,4 = 6 000 EUR.

[B-658] latenter Steueraufwand   6 000 EUR
               an   passive latente Steuern   6 000 EUR

i) *Rückstellung für ungewisse Verbindlichkeiten*
Die exakte Gewerbesteuerzahlung für das Kalenderjahr 2017 ist erst mit Sicherheit bekannt, wenn der Gewerbesteuerbescheid eingeht. Bis dahin herrscht über die Höhe der Gewerbesteuer Ungewissheit. Aus diesem Grund ist eine Rückstellung für ungewisse Verbindlichkeiten gem. § 249 Abs. 1 Satz 1 1. Alternative HGB zu bilden. Die Höhe der Rückstellung ermittelt sich wie folgt:

		EUR
	Steuerbilanzgewinn	25 400
	Erwartete Gewerbesteuer (15 %)	3 810
./.	Vorauszahlungen	2 000
=	Gewerbesteuerrückstellung	1 810

[B-659] Gewerbesteueraufwand   1 810 EUR
               an   Rückstellungen für ungew. Verbindlichkeiten   1 810 EUR

(156) **Aufgabe 3** *Fragen zur Periodenabgrenzung*   (15 Punkte)

a) Falsch sind die Aussagen 2. und 5.
Zu 2.: Eine Beeinflussung des Totalerfolgs durch Ausübung von Wahlrechten ist nicht möglich. Wird der Gewinn in einer Rechnungsperiode aufgrund von Wahlrechten hoch (niedrig) ausgewiesen, gleicht sich dies in den folgenden Rechnungsperioden wieder aus.
Zu 5.: Bei der Aussage handelt es sich um den Inhalt von § 274 Abs. 1 Satz 1 HGB. Die Aussage definiert ein Wahlrecht zur Bildung passiver latenter Steuern. Laut Gesetz sind passive latente Steuern zwingend zu bilden (Passivierungspflicht).

b) Aussage 3. ist falsch, da lediglich für *zeitlich begrenzte* Differenzen bzw. *quasi permanente* Differenzen Aktivierungswahlrecht bzw. Passivierungspflicht besteht, nicht jedoch für *permanente Differenzen*.

c) Aussage 5. ist falsch. Es besteht ein Wahlrecht. Der Unterschiedsbetrag *kann* aktiviert werden, § 250 Abs. 3 Satz 1 HGB.

(157) **Aufgabe 4** *Kontrollfragen* (*10 Punkte*)

a) Grundsätzlich stellen Schulden Finanzmittel dar, die dem Unternehmen *befristet* überlassen werden. Aus ökonomischer Sicht stellen Schulden das Pendant zu Vermögenswerten dar. Während das Vermögen das Konsumpotential reflektiert, stehen Schulden für die Einschränkung des Konsumpotentials, quasi als negative Zielgröße.

b) Während Verbindlichkeiten zu den *sicheren* Schulden zählen, gehören Rückstellungen zu den *unsicheren* Schulden.

c) Latente Steuern stellen handelsrechtlich keine Vermögensgegenstände oder Schulden dar. Die Werte sind deshalb nicht fortzuschreiben, sondern müssen an jedem Bilanzstichtag neu ermittelt werden. Rückstellungen stellen handelsrechtlich Schulden dar.

d) 1. *Permanente Differenzen*
   Grundsätzlich müsste der Totalerfolg der Steuerbilanz mit dem Totalerfolg der Handelsbilanz übereinstimmen. Sofern zahlungswirksame Geschäftsvorfälle in einem Rechenwerk niemals erfolgswirksam werden, während sie im anderen Rechenwerk irgendwann erfolgswirksam werden, ist die Übereinstimmung des Totalerfolgs beider Rechenwerke durchbrochen. Dies ist z. B. bei Aufsichtsratsvergütungen der Fall. Die Vergütungen sind zahlungswirksam und in der Handelsbilanz voll erfolgswirksam. In der Steuerbilanz sind hingegen nur 50 % der Vergütungen erfolgswirksam (§ 10 Nr. 4 KStG), die verbleibenden 50 % werden niemals erfolgswirksam.

   2. *Quasi permanente Differenzen*
   Bei quasi permanenten Differenzen ist der Zeitpunkt des Ausgleichs zwischen den beiden Rechenwerken unbestimmt. Der Totalerfolg beider Rechenwerke stimmt überein. Ein Beispiel für quasi permanente Differenzen wäre eine Abschreibung auf ein Grundstück in der Handelsbilanz, die in der Steuerbilanz nicht anerkannt wird. Eine Auflösung der buchhalterischen Differenz erfolgt spätestens bei der Veräußerung des Grundstücks.

e) Passive latente Steuern setzen voraus, dass der Wertansatz der Vermögensgegenstände in der Handelsbilanz höher ist als in der Steuerbilanz (vgl. hierzu auch *Abb. 5* auf Seite 397). Faktisch wird in der Steuerbilanz a) tendenziell »mehr« bilanziert und b) langsamer abgeschrieben. Der Gewinn der Handelsbilanz ist eher niedriger als der in der Steuerbilanz. Daraus folgt, dass die Wertansätze in der Steuerbilanz eher höher ausfallen als in der Handelsbilanz.

Ein Beispiel, das zur Bildung passiver latenter Steuern führt, ist die Aktivierung selbsterstellter immaterieller Vermögensgegenstände des Anlagevermögens in der Handelsbilanz gem. § 248 Abs. 2 HGB. Für selbsterstellte immaterielle Vermögensgegenstände des Anlagevermögens besteht in der Steuerbilanz ein Aktivierungsverbot gem. § 5 Abs. 2 EStG.

LÖSUNG ÜBUNGSKLAUSUR 9

(158) **Aufgabe 1** *Gewinnverwendung bei der AG (Viel-Wenig)* (10 Punkte)
Ein Lösungsschema findet sich bei der Lösung von Aufgabe 140 auf Seite 417.

	A-AG		B-AG		C-AG		D-AG	
	V/V	V/W	V/V	V/W	V/V	V/W	V/V	V/W
JÜ	50	50	90	90	50	50	80	80
VV			−10	−10				
Z-GRL	2	2	4	4			4	4
Z-ARL		24		38		25		38
E-ARL							50	
AS	48	24	76	38	50	25	126	38

AS = Ausschüttung, E-ARL = Entnahme aus den anderen Gewinnrücklagen, V = Viel, W = Wenig, VV = Verlustvortrag, Z-GRL = Zuführung zur gesetzlichen Rücklage, Z-ARL = Zuführung zu den anderen Gewinnrücklagen

A-AG: Die Summe aus Kapital- und gesetzlicher Rücklage beträgt 8 TEUR. Um die die geforderten 10% vom Grundkapital zu erreichen, müssen lediglich noch 2 TEUR vom Jahresüberschuss eingestellt werden.

B-AG: Die verpflichtende Zuführung zur gesetzlichen Rücklage errechnet sich als $(90 - 10) \times 0{,}05 = 4$ TEUR.

C-AG: Eine Zuführung zur gesetzlichen Rücklage ist hier nicht mehr erforderlich, da die Summe aus gesetzlicher Rücklage und Kapitalrücklage mit 15 TEUR mehr als 10% des Grundkapitals beträgt.

D-AG: Hier ist zwingend eine Zuführung zur gesetzlichen Rücklage in Höhe von $0{,}05 \times 80 = 4$ TEUR erforderlich. Sind sich Verwaltung und Anteilseigner einig (V/V), können die anderen Gewinnrücklagen vollständig aufgelöst werden.

(159) **Aufgabe 2** *Gewinnverteilung bei der OHG* (10 Punkte)

a) Ermittlung der Endbestände der Kapitalkonten am 31.12. (Werte in EUR)

	1.1.	vorab	Zinsen	4:6	Entnahmen	31.12.
A	40 000	40 000	2 400	41 600	5 000	119 000
B	60 000		3 600	62 400	15 000	111 000
Summe	100 000	40 000	6 000	104 000	20 000	230 000

b) Verbuchung der Gewinnverteilung

[-660] Gewinn- und Verlustrechnung   84 000 EUR
        an   Kapitalkonto A   84 000 EUR

[-661] Gewinn- und Verlustrechnung   66 000 EUR
        an   Kapitalkonto B   66 000 EUR

Darstellung der Kapitalkonten:

Soll	Kapitalkonto A		Haben		Soll	Kapitalkonto B		Haben
Entn.	5 000	AB	40 000		Entn.	15 000	AB	60 000
Saldo	119 000	Gewinn	84 000		Saldo	111 000	Gewinn	66 000
Summe	124 000	Summe	124 000		Summe	126 000	Summe	126 000

(160) **Aufgabe 3** *Erwerb eigener Anteile*   (10 Punkte)

a) Der Nennwert erworbener eigener Anteile darf 10 % vom Grundkapital nicht übersteigen, § 71 Abs. 2 Satz 1 AktG. Im vorliegenden Fall dürfen daher nur (100 × 0,1 =) 10 TEUR an Nennkapital zurückerworben werden. Da der Nennbetrag des geplanten Rückkaufs 50 TEUR beträgt, ist der Umfang des Rückkaufs nicht zulässig.

b) In diesem Fall stehen nicht ausreichend Gewinnrücklagen für einen Rückkauf zur Verfügung. Ein Rückkauf im geplanten Umfang ist nicht zulässig.

(160) **Aufgabe 4** *Hauptabschlussübersicht*   (15 Punkte)
Verbuchung der Sachverhalte

a) Abschluss des Warenkontos:

[-662] Wareneinsatz (GuV)   85 EUR
        an   Wareneinkauf   85 EUR

b) Abschluss der Umsatzsteuerkonten:

[-663] Umsatzsteuer   33 EUR
        an   Vorsteuer   33 EUR

Der Saldo auf dem Umsatzsteuerkonto beträgt dann (75 – 33 =) 42 TEUR.

[-664] Umsatzsteuer   42 EUR
        an   sonstige Verbindlichkeiten   42 EUR

c) Antizipative passive Rechnungsabgrenzung:

[-665] Mietaufwand   20 EUR
        an   sonstige Verbindlichkeiten   20 EUR

Zusammen mit dem Umsatzsteuersaldo aus b) beträgt der Bestand des Kontos »sonstige Verbindlichkeiten« (20 + 42 =) 62 TEUR.

Konten	Summen		Salden I		Umbuchungen		Salden II		Schlussbilanz		GuV	
Grundstücke	200		200				200		200			
Wareneinkauf	130	30	100			85			15			
Ford. aus L. u. L.	110	20	90				90		90			
Bank	155	12	143				143		143			
Eigenkapital		287		287	11			276		276		
Privat	15	4		11		11						
Rückstellungen		40		40				40		40		
Verb. aus L. u. L.	45	60		15				15		15		
Sonstige Verb.						62		62		62		
Vorsteuer	33		33			33						
Umsatzsteuer		75		75	75							
Warenverkauf		350		350	350							
Wareneinsatz					85		85				85	
Personalaufwand	91		91				91				91	
SV-Aufwand	43		43				43				43	
Mietaufwand	36		36		20		56				56	
Abschreibungen	20		20				20				20	
Summen	878	878	767	767	191	191	743	743	448	393	295	350
										350	350	

Aufgabe 5 *Kontrollfragen* (15 Punkte)

a) *Nennen Sie drei denkbare Maßgrößen der Gewinnverteilung in Personengesellschaften!*

Maßgrößen der Gewinnverteilung können sein:
1. Kapitaleinsatz,
2. (produktiver) Arbeitseinsatz,
3. persönliche Haftung (Risiko des Verlusts des Privatvermögens).

b) *Wie ist jeweils die gesetzliche Gewinnverteilung bei der OHG aus Ihrer Sicht zu beurteilen, wenn ...*

1. *... der aktuelle Zinssatz am Kapitalmarkt 10 % beträgt?*

   Da das Kapitalkonto gem. § 121 Abs. 1 Satz 1 HGB nur mit 4 % verzinst wird, hat dies zur Folge, dass die interne Rendite – d. h. die Verzinsung des im Unternehmen investierten Kapitals – niedriger ist als die externe – am Kapitalmarkt erzielbare – Rendite. Dies bedeutet, dass das gebundene Kapital im Vergleich zur Alternativanlage (festverzinsliche Anlage am Kapitalmarkt) nicht ausreichend verzinst wird. Die Pro-Kopf-Verteilung gewinnt an Gewicht.

2. *... der Arbeitseinsatz der Gesellschafter unterschiedlich war?*

   Die gesetzliche Gewinnverteilung hängt von dem Stand der Kapitalkonten und der Anzahl der Gesellschafter (Köpfe) ab. Das bedeutet, dass unabhängig vom Arbeitseinsatz der Gewinn pauschal zugeteilt wird. Eine Steuerung nach der unterschiedlichen Höhe des Arbeitseinsatzes bzw. der Produktivität ist im Gesetz nicht vorgesehen. Des Weiteren bleiben bei der Gewinnverteilung die Qualifikationen der Gesellschafter unberücksichtigt. Die gesetzliche Gewinnverteilung wird in diesen Fällen den tatsächlichen Gegebenheiten nicht gerecht.

3. *... ein Gesellschafter über ein hohes Privatvermögen außerhalb der Gesellschaft verfügt?*

   Für die Gesellschafter der OHG gilt persönliche und gesamtschuldnerische Haftung. Hat ein Gesellschafter ein höheres Privatvermögen als die anderen Gesellschafter der OHG, ist das Haftungsrisiko, welches für ihn durch seine Beteiligung an der OHG entsteht, auch höher. Für dieses höhere Risiko sollte er eine besondere Risikoprämie erhalten, die die gesetzliche Gewinnverteilung gänzlich außer Acht lässt.

4. *... ein Gesellschafter kurz vor Schluss des Geschäftsjahres eine hohe Einlage auf sein Kapitalkonto getätigt hat?*

   Nach § 121 Abs. 2 HGB werden Einlagen, welche ein Gesellschafter während eines Geschäftsjahres getätigt hat, nur im Verhältnis der abgelaufenen Zeit berücksichtigt (tägliche Verzinsung). Sie spielen somit keine, bzw. nur eine untergeordnete, Rolle bei der Gewinnverteilung, wenn sie kurz vor Ende des Geschäftsjahres getätigt wurden. Ansonsten bestünde für die Gesellschafter mit hohem Privatvermögen die Möglichkeit, kurz vor Schluss des Geschäftsjahres eine hohe Einlage zu tätigen und dafür eine höhere Gewinnzuteilung zu bekommen. Dies würde bedeuten, dass hier die Möglichkeit bestünde, sich das Risiko der persönlichen Haftung entgelten zu lassen, was allerdings den gesetzlichen Vorstellungen widerspricht.

c) *Erläutern Sie die wesentlichen Unterschiede zwischen Personen- und Kapitalgesellschaften!*

Kapitalgesellschaften	Personengesellschaften
Die Haftung ist auf das Unternehmensvermögen beschränkt.	Haftung mit Unternehmens- und Privatvermögen.
Eigene Rechtspersönlichkeit.	Keine eigene Rechtspersönlichkeit.
Mindestens ein Gesellschafter.	Mindestens zwei Gesellschafter.
Ausschüttungen sind an den Gewinn geknüpft.	Entnahmen sind unabhängig vom Periodenerfolg.

d) *Erläutern Sie die Pufferfunktion des Eigenkapitals als Gläubigerschutzfunktion!*
Das Eigenkapital als eine Form der Mittelherkunft dient grundsätzlich zum Ausgleich laufender Verluste und negativer Risiken und übernimmt damit eine Pufferfunktion im kontinuierlichen Kapitalbindungs- und Kapitalfreisetzungsprozess (Investition und Desinvestition).

Als Residuum (Restgröße) dient das Eigenkapital als zusätzliche Haftungsgröße dem Gläubigerschutz. Es verlässt das Unternehmen erst nach Befriedigung aller Gläubigeransprüche, also zuletzt. Das »Verlassen« des Eigenkapitals des Unternehmens ist – insbesondere aufgrund der Haftungsbeschränkung auf das Eigenkapital im Fall von Kapitalgesellschaften – regelungsbedürftig.

e) *Was versteht man unter der Ausschüttungsbemessungsfunktion des Jahresüberschusses?*
Insbesondere bei Kapitalgesellschaften ist die Auskehrung von Kapital an den Erfolg geknüpft. Das bedeutet, dass die Zahlungen an die Unternehmenseigner auf Basis des Jahresüberschusses bemessen werden. Es kann nicht willkürlich viel Geld an die Eigner ausgeschüttet werden. Aus Gründen des Gläubigerschutzes ist die Auskehrung von Kapital an die Anteilseigner reglementiert.

LÖSUNG ÜBUNGSKLAUSUR 10

(164) **Aufgabe 1** *Verbuchung von Geschäftsvorfällen* (*28 Punkte*)

1. Lieferwagen (*4 Punkte*)
   Richtig sind c) (1,5 Punkte) und d) (2,5 Punkte).
   Der Lieferwagen wurde am 1.1.2014 zu einem Preis von 35 700 EUR inkl. USt angeschafft. Entsprechend wurde der Lieferwagen mit $\frac{35\,700}{1,19}$ = 30 000 EUR aktiviert. Da die Nutzungsdauer insgesamt 10 Jahre umfasst, beträgt der jährliche Abschreibungsbetrag $\frac{30\,000}{10}$ = 3 000 EUR.
   Bei Verkauf am 1.1.2017 müssen zuerst die kumulierten Abschreibungen in Höhe von (3 × 3 000 =) 9 000 EUR auf dem Konto »Fuhrpark« gegengebucht werden. Erst dann kann der eigentliche Verkauf verbucht werden.
   Die richtigen Buchungssätze lauten:

-666] | Wertberichtigung auf Anlagevermögen | 9 000 EUR | |
|---|---|---|
| an Fuhrpark | | 9 000 EUR |

-667] | Bank | 19 100 EUR | |
|---|---|---|
| Verbindlichkeiten aus L. u. L. | 9 579 EUR | |
| an Fuhrpark | | 21 000 EUR |
| Umsatzsteuer | | 4 579 EUR |
| sonstige betriebliche Erträge | | 3 100 EUR |

Alternativ können die beiden vorstehenden Buchungssätze auch in einem Buchungssatz zusammengefasst werden.
Antwort a) ist falsch, da hier die Umsatzsteuer und folglich die Verbindlichkeit falsch berechnet wurde. Zudem wurde der Veräußerungsgewinn in Form eines sonstigen betrieblichen Ertrags nicht ausgewiesen. In Antwort b) sind zwar die betroffenen Konten korrekt, allerdings stimmt der Betrag der kumulierten Abschreibungen nicht.

2. Waren (*4,5 Punkte*)
   Richtig sind a) (2 Punkte) und d) (2,5 Punkte).
   Die Bestellung der Waren in 2016 erfordert keine Buchung, da lediglich ein Verpflichtungsgeschäft vorliegt. Bei Lieferung der Waren am 5.1.2017 (Erfüllungsgeschäft) lautet die Buchung wie folgt:

-668] | Wareneinkauf | 2 000 EUR | |
|---|---|---|
| Vorsteuer | 380 EUR | |
| an Verbindlichkeiten aus L. u. L. | | 2 380 EUR |

Antwort a) ist demnach korrekt.
Aufgrund der Rücksendung und der Gutschriftsanzeige müssen 40 % des Wareneinkaufs wieder ausgebucht und folglich auch 40 % der VSt und der Verbindlichkeiten aus L. u. L. korrigiert werden:

[B-669]   Verbindlichkeiten aus L. u. L.   952 EUR
              an   Wareneinkauf   800 EUR
                   Vorsteuer   152 EUR

Antwort b) ist nicht korrekt, da dort die Korrektur der Vorsteuer nicht berücksichtigt wurde.

Am 1.2.2017 werden die im Lager verbleibenden Waren im Wert von (2 000 − 800 =) 1 200 EUR bezahlt. Der Überweisungsbetrag beträgt (1,19 × 1 200 =) 1 428 EUR. Der Buchungssatz lautet:

[B-670]   Verbindlichkeiten aus L. u. L.   1 428 EUR
              an   Bank   1 428 EUR

Antwort c) ist folglich falsch.

Die Waren werden am 2.3.2017 zu einem Preis von 1 900 EUR veräußert. Der Buchungssatz lautet:

[B-671]   Kasse   2 261 EUR
              an   Warenverkauf   1 900 EUR
                   Umsatzsteuer   361 EUR

Antwort d) ist demnach korrekt.

3. Pkw   (4,5 Punkte)

Richtig sind b) (2 Punkte) und c) (2,5 Punkte).

Der Pkw muss zum Zeitpunkt der Lieferung (= Zeitpunkt der Anschaffung) in Höhe des Kaufpreises zzgl. der Anschaffungsnebenkosten (jedoch ohne Umsatzsteuer) aktiviert werden:

[B-672]   Fuhrpark   11 000 EUR
          Vorsteuer   2 090 EUR
              an   Verbindlichkeiten aus L. u. L.   13 090 EUR

Antwort b) ist folglich korrekt.

Die Abschreibung für das Jahr 2017 berechnet sich wie folgt: $11\,000 \times 0{,}20 \times \frac{9}{12} = 1\,650$ EUR. Der Buchungssatz lautet:

[B-673]   planmäßige Abschreibung   1 650 EUR
              an   Fuhrpark   1 650 EUR

Somit ist Antwort c) richtig.

Bei Antwort a) wurde die lineare AfA $\left(\frac{11\,000}{4} = 2\,750\right)$ unterstellt und die unterjährige Anschaffung nicht beachtet. Die Aussage ist deshalb falsch. Da das Zahlungsziel erst in 2018 liegt, sind keine weiteren Buchungen in 2017 erforderlich. Antwort d) bezieht sich auf die Zahlung in 2018 und ist nicht korrekt, da lt. Aufgabenstellung nur die Buchungen in 2017 betrachtet werden sollen.

4. Tilgungsdarlehen   (6 Punkte)

Richtig sind c) (3 Punkte) und d) (3 Punkte).

Das Darlehen wird am 1.5.2016 auf das Bankkonto ausbezahlt. Die Auszahlung des Darlehens erfolgt zu 98,5%. Da EE lt. Aufgabenstellung in

2016 einen möglichst hohen Gewinn anstrebt, wird von dem Aktivierungswahlrecht gem. § 250 Abs. 3 Satz 1 HGB Gebrauch gemacht. Bei dem Disagio handelt es sich quasi um eine Auszahlung vor Aufwand. Es wird deshalb ein transitorischer aktiver Rechnungsabgrenzungsposten gebildet. Der Buchungssatz zum Zeitpunkt der Auszahlung des Darlehens bei sofortiger Bildung eines aktiven Rechnungsabgrenzungspostens lautet:

-674] Bank   14 775 EUR
       ARAP (Disagio)   225 EUR
             an   Verbindlichkeiten ggü. Kreditinstituten   15 000 EUR

Der aktive Rechnungsabgrenzungsposten wird planmäßig (hier digital) abgeschrieben. Die Summe der Jahresordnungszahlen beträgt $S = \frac{5 \times 6}{2} = 15$. Die Abschreibung des Disagios in 2016 beträgt demnach $\frac{5}{15} \times \frac{8}{12} \times 225 = 50$ EUR. Der anteilige Zinsaufwand für das Jahr 2016 muss in Höhe von $\left(0,04 \times \frac{8}{12} \times 15\,000 =\right)$ 400 EUR antizipativ passiv abgegrenzt werden.

-675] Zinsaufwand   400 EUR
             an   sonstige Verbindlichkeiten   400 EUR

-676] Zinsaufwand   50 EUR
             an   ARAP (Disagio)   50 EUR

Die ersten Zins- und Tilgungszahlungen erfolgen am 30. 4. 2017. Die Zinszahlung am 30. 4. 2017 beträgt insgesamt (0,04 × 15 000 =) 600 EUR. Der Zinsaufwand vom 1. 1. 2017 bis zum 30. 4. 2017 beträgt $0{,}04 \times 15\,000 \times \frac{4}{12} = 200$ EUR. Die Tilgungszahlung beträgt $\frac{15\,000}{5} = 3\,000$ EUR.

-677] Zinsaufwand   200 EUR
       sonstige Verbindlichkeiten   400 EUR
             an   Bank   600 EUR

-678] Verbindlichkeiten ggü. Kreditinstituten 3 000 EUR
             an   Bank   3 000 EUR

Antwort d) ist deshalb korrekt.
Die Abschreibung des Disagios in 2017 beträgt $\frac{5}{15} \times \frac{4}{12} \times 225 + \frac{4}{15} \times \frac{8}{12} \times 225 = 65$ EUR. Der Zinsaufwand für das Jahr 2017 muss in Höhe von $\left(0{,}04 \times \frac{8}{12} \times (15\,000 - 3\,000) =\right)$ 320 EUR antizipativ passiv abgegrenzt werden. Buchungssätze:

-679] Zinsaufwand   320 EUR
             an   sonstige Verbindlichkeiten   320 EUR

-680] Zinsaufwand   65 EUR
             an   ARAP (Disagio)   65 EUR

Antwort c) ist demnach richtig. Bei Antwort a) handelt es sich um den Jahreszins auf den ursprünglichen Kreditbetrag. Die Antwort ist deshalb falsch. Die Auflösung des aktiven Rechnungsabgrenzungspostens in Antwort b) ist zu hoch, die Antwort ist deshalb falsch.

5. Verkaufstheke (3 Punkte)

Richtig ist a) (3 Punkte).
Bei Lieferung am 11. 2. 2017 wird die Verkaufstheke im Anlagevermögen aktiviert, da von einer voraussichtlich dauernden Nutzung im Geschäftsbetrieb ausgegangen werden kann:

[B-681]
Anlagevermögen		12 000 EUR
Vorsteuer		2 280 EUR
an	*Bank*	14 280 EUR

Antwort c) ist demnach falsch.
Die planmäßige Abschreibung in 2017 beträgt $\left(\frac{11}{12} \times \frac{12\,000}{10} =\right)$ 1 100 EUR.

[B-682]
planmäßige Abschreibung		1 100 EUR
an	*Anlagevermögen*	1 100 EUR

Antwort a) ist deshalb korrekt. Antwort d) ist falsch, da die unterjährige Anschaffung nicht berücksichtigt wurde. Eine außerplanmäßige Abschreibung kommt im Anlagevermögen nur dann in Betracht, wenn die Wertminderung voraussichtlich von Dauer ist, § 253 Abs. 3 Satz 3 HGB. Dies ist bei marktüblichen Preisschwankungen nicht der Fall, Antwort b) ist deshalb falsch.

6. Privatentnahme (4 Punkte)

Richtig sind b) (1 Punkt) und d) (3 Punkte).
Bei Kauf der Bio-Flugenten am 15. 3. 2017 lautet die Buchung wie folgt:

[B-683]
Wareneinkauf		100 EUR
Vorsteuer		19 EUR
an	*Kasse*	119 EUR

Antwort b) ist korrekt.
Die Privatentnahme der Enten erfolgt zum Teilwert (hier: Wiederbeschaffungswert). Dieser ist aufgrund des Geflügelskandals auf 5 EUR je kg gesunken. Der Differenzbetrag zum Kaufpreis stellt einen Aufwand dar. Die Umsatzsteuer bezieht sich auf den Teilwert der entnommenen Waren.

[B-684]
Privat		59,50 EUR
an	*Eigenverbrauch von Waren*	50,00 EUR
	Umsatzsteuer	9,50 EUR

Antwort d) ist deshalb richtig. Im Umkehrschluss sind die Antworten a) und c) falsch.

7. Steuern (2 Punkte)

Richtig sind a) (1 Punkt) und c) (1 Punkt).
Bei der Einkommensteuer (inkl. Solidaritätszuschlag) sowie bei der Kfz-Steuer für das ausschließlich privat genutzte Fahrzeug handelt es sich um private Steuern, die den betrieblichen Gewinn nicht mindern dürfen, insofern handelt es sich um eine Privatentnahme.

| -685] | *Privat* | 9 695 EUR | |
| | an Bank | | 9 695 EUR |

Antwort a) ist folglich korrekt. Antwort b) ist falsch, da die Kfz-Steuer exkludiert ist. Die Gewerbesteuer gehört zur betrieblichen Sphäre und mindert als Aufwandsteuer den Gewinn, Antwort c) ist deshalb richtig. Verbuchung der Aufwandsteuer:

| -686] | *Steueraufwand* | 4 500 EUR | |
| | an Bank | | 4 500 EUR |

Antwort d) ist falsch, da die Kfz-Steuer hier eine Privatentnahme darstellt.

(167) **Aufgabe 2** *Vermögensebenen und Auswirkungen im Jahresabschluss* (26 Punkte)

8. Prozesskosten (4 Punkte)

Richtig sind a) (2 Punkte) und d) (2 Punkte).

Die Bildung der Rückstellung (RSt) für ungewisse Verbindlichkeiten gem. § 249 Abs. 1 Satz 1 HGB in 2016 wurde wie folgt verbucht:

| -687] | *Aufwand* | 3 500 EUR | |
| | an RSt für ungewisse Verbindlichkeiten | | 3 500 EUR |

Da der Prozess in 2017 verloren wurde, die Prozesskosten aber erst in 2018 bezahlt werden, wird aus der ungewissen Verbindlichkeit (unter Berücksichtigung der USt) eine gewisse Verbindlichkeit in Höhe von 3 300 EUR. Die zu hoch gebildete Rückstellung wird erfolgswirksam aufgelöst.

-688]	*RSt für ungewisse Verbindlichkeiten*	3 500 EUR	
	Vorsteuer	570 EUR	
	an sonstige Verbindlichkeiten		3 570 EUR
	periodenfremder Ertrag		500 EUR

Laut Aufgabenstellung soll die saldierte Betrachtungsweise angewendet werden. Folglich liegt eine Ausgabe i. H. v. (Verbindlichkeit − Vorsteuer =) 3 000 EUR und ein Ertrag i. H. v. 500 EUR vor. Die Antworten a) und d) sind folglich korrekt. Es wird weder das Anlagevermögen verändert, noch liegt eine Auszahlung vor; die Antworten b) und c) sind falsch.

9. Waren (2 Punkte)

Richtig ist c) (2 Punkte).

Der Buchungssatz bei Aktivierung der Waren lautet:

-689]	*Wareneinkauf*	200,00 EUR	
	Vorsteuer	38,00 EUR	
	an Verbindlichkeiten aus L. u. L.		190,40 EUR
	Kasse		47,60 EUR

Es liegt sowohl eine Auszahlung (47.60 EUR) als auch eine Ausgabe (190.40 + 47.60 − 38 = 200 EUR) vor. Antwort c) ist deshalb korrekt. Das Geldvermögen sinkt um 200 EUR und es muss eine Verbindlichkeit passiviert werden (190.40 EUR), die kleiner als der Anschaffungspreis (238 EUR) ist. Die Antworten a), b) und d) sind deshalb falsch.

10. Weinflaschen (4 Punkte)
Richtig ist d) (4 Punkte).
Bei Erwerb im September 2016 werden die Weinflaschen im Umlaufvermögen aktiviert, da die Flaschen Handelswaren darstellen:

[B-690]
Wareneinkauf		400 EUR
Vorsteuer		76 EUR
an	Bank	476 EUR

Bis zum Bilanzstichtag konnten 15 Flaschen veräußert werden, sodass 5 Flaschen im Warenlager verbleiben. Für das Umlaufvermögen gilt das strenge Niederstwertprinzip, sodass bei Wertminderungen unabhängig davon, ob sie dauerhaft sind, eine außerplanmäßige Abschreibung zu erfolgen hat, § 253 Abs. 4 Satz 1 HGB. Da der Wert der verbleibenden 5 Flaschen insgesamt nur 20 EUR, also 4 EUR je Flasche, beträgt, muss eine außerplanmäßige Abschreibung in Höhe von (5 × 16 =) 80 EUR erfolgen. Eine planmäßige Abschreibung wird bei Umlaufvermögen nicht durchgeführt. Antwort a) ist falsch. Buchung in 2016:

[B-691]
außerplanmäßige Abschreibungen		80 EUR
an	*Wareneinkauf*	80 EUR

Da sich der Marktwert der Weinflaschen zum 31.12.2017 zumindest teilweise erholt hat, muss eine Wertaufholung in Höhe von (5 × 11 =) 55 EUR erfolgen. Antwort c) ist falsch.

[B-692]
Wareneinkauf		55 EUR
an	*sonstige betriebliche Erträge*	55 EUR

Durch die Wertaufholung liegt ein Ertrag verbunden mit einem Zugang auf einem aktiven Bestandskonto vor. Antwort b) ist demnach falsch. Da das Konto Wareneinkauf zum Umlaufvermögen zählt, ist Antwort d) korrekt.

11. Dachschaden (3 Punkte)
Richtig ist b) (3 Punkte).
Es muss eine Rückstellung für unterlassene Instandhaltung in Höhe der voraussichtlichen Kosten von 2 500 EUR gebildet werden, da die Instandhaltung innerhalb von drei Monaten im nachfolgenden Geschäftsjahr nachgeholt (abgeschlossen) wird, § 249 Abs. 1 Satz 2 Nr. 1 HGB. Die Umsatzsteuer darf nicht berücksichtigt (passiviert) werden.

[B-693]
Aufwand		2 500 EUR
an	*Rückstellung für unterlassene Instandhaltung*	2 500 EUR

Dies entspricht einem Aufwand verbunden mit einem Zugang auf einem passiven Bestandskonto, Antwort b) ist demnach richtig, während die Antworten a), c) und d) falsch sind.

12. Miete und Versicherungen (4 Punkte)

Richtig sind a) (2 Punkte) und c) (2 Punkte).

Die Versicherung für Dezember wird erst im neuen Jahr bezahlt. Der Aufwand ist allerdings bereits dem Jahr 2017 zuzuordnen. Es muss antizipativ passiv, durch Passivierung von sonstigen Verbindlichkeiten, abgegrenzt werden. Der Buchungssatz lautet:

[-694] *Versicherungsaufwand*   30 EUR
           an   *sonstige Verbindlichkeiten*   30 EUR

Antwort c) ist somit richtig.

Die Miete für Januar 2018 wird noch im Jahr 2017 bezahlt. Der Aufwand ist jedoch erst dem neuen Jahr zuzuordnen. Es muss ein aktiver transitorischer Rechnungsabgrenzungsposten gebildet werden. Buchung bei Bezahlung der Miete:

[-695] *Mietaufwand*   1 000 EUR
           an   *Bank*   1 000 EUR

Buchung am Bilanzstichtag:

[-696] *aktiver Rechnungsabgrenzungsposten*   1 000 EUR
           an   *Mietaufwand*   1 000 EUR

Folglich ist Antwort a) korrekt.

Bei der Mietzahlung und -abgrenzung werden gleich zwei Aktivkonten angesprochen. Das Reinvermögen verändert sich in 2017 nur um 30 EUR. Die Antworten b) und d) sind deshalb falsch.

13. Großraumkühlschrank (4 Punkte)

Richtig sind a) (2,5 Punkte) und b) (1,5 Punkte).

Unter der Berücksichtigung, dass die Umsatzsteuer nicht zu den Anschaffungskosten gehört, errechnet sich unter Berücksichtigung des Restbuchwerts ein Abschreibungssatz g in Höhe von

$$3\,500 \times (1-g)^4 = 900$$

$$g = 1 - \sqrt[4]{\frac{900}{3\,500}}$$

$$= 0{,}2879,$$

also 28,79 % (auf 2 Nachkommastellen gerundet). Antwort a) ist demnach korrekt. Der Buchungssatz in 2017 lautet:

[-697] *planmäßige Abschreibungen*   717,55 EUR
           an   *Anlagevermögen*   717,55 EUR

Die Abschreibung stellt einen Aufwand verbunden mit einem Abgang auf einem aktiven Bestandskonto dar. Antwort b) ist deshalb richtig. Das Geldvermögen ändert sich in 2016, aber nicht in 2017. Die Antworten c) und d) sind falsch.

14. Bonus (3 Punkte)

Richtig ist b) (3 Punkte).

Bei Einkauf der Sektflaschen erfolgt die Buchung:

[B-698]
Wareneinkauf	1 000 EUR	
Vorsteuer	190 EUR	
an Verbindlichkeiten aus L. u. L.		1 190 EUR

Bei Gewährung des Bonus i. H. v. (0,03 × 20 000 =) 600 EUR (netto) lautet die Buchung:

[B-699]
Verbindlichkeiten aus L. u. L.	714 EUR	
an Lieferantenboni		600 EUR
Vorsteuer		114 EUR

Somit beträgt die verbleibende Verbindlichkeit (1 190 − 714 =) 476 EUR. Antwort a) ist folglich falsch. Antwort b) ist korrekt. Es liegt weder eine Auszahlung, noch ein Aufwand vor. Aussage c) ist falsch. Durch den Bonus erhöht sich das Geldvermögen, Aussage d) ist falsch.

15. Barentnahme (2 Punkte)

Richtig ist b) (2 Punkte).

Bei Entnahme des Geldes aus der Kasse lautet die Buchung:

[B-700]
| Privat | 5 000 EUR | |
| an Kasse | | 5 000 EUR |

Eine Barentnahme führt nicht zu einer Vorsteuerkorrektur und ist auch nicht erfolgswirksam. Die Antworten a) und c) sind nicht korrekt. Der Kassenbestand, der durch die Entnahme verringert wird, gehört zum Umlaufvermögen, Antwort d) ist deshalb falsch. Antwort b) ist korrekt, die Bilanzsumme verringert sich, da sowohl das Eigenkapital als auch das Umlaufvermögen abnehmen.

(169) **Aufgabe 3** *Bewertungsvereinfachungsverfahren* (6 Punkte)

16. Sammelbewertung

Richtig sind a) (3 Punkte) und d) (3 Punkte).

	Datum	Flaschen	EUR/ME	EUR
Anfangsbestand	1. 1. 2017	10	6	60
Zugang	Januar	5	8	40
Abgang	Februar	12	10×6 + 2×8	76
Zugang	April	20	4	80
Abgang	Juli	13	3×8 + 10×4	64
Zugang	September	5	5	25
Endbestand	31. 12. 2017	15	10×4 +5×5	65

Der Wert des Verbrauchs beträgt (76 + 64 =) 140 EUR, Antwort a) ist demnach richtig. Der fiktive Wert des Endbestands nach dem periodischen Durchschnittsverfahren beträgt $\frac{10\times6+5\times8+20\times4+5\times5}{10+5+20+5} \times 15 = 76{,}88$ EUR und ist damit größer als der Wert des Endbestands nach dem permanenten fifo-Verfahren, Antwort b) ist falsch. Da das permanente fifo-Verfahren zu einem unter dem Marktpreis am Bilanzstichtag liegenden Endbestand führt, entstehen stille Reserven (stille Rücklagen), Antwort c) ist falsch. Folglich muss der Endbestand in der Schlussbilanz mit 65 EUR bewertet werden, Antwort d) ist korrekt.

Quelle: Schanz, Sebastian/Koschmieder, Simon (2014): Humoristische Zeichnungen zum Betrieblichen Rechnungswesen, Selbstverlag, Bayreuth, ISBN 978-3-00-047631-0, Seite 4.

LÖSUNG ÜBUNGSKLAUSUR 11

(170) **Aufgabe 1** *Vermögensebenen* (3 Punkte)
Richtig sind a) (1 Punkt), b) (1 Punkt) und c) (1 Punkt).

Der dem Wareneinkauf zugrundeliegende Buchungssatz lautet (z. B.)

[B-701] Wareneinkauf   10 000 EUR
         Vorsteuer   1 900 EUR
              an   Verbindlichkeiten aus L. u. L.   11 900 EUR

Das Geldvermögen sinkt um:

		EUR
./.	Verbindlichkeiten aus L. u. L.	−11 900
+	Vorsteuer (sonstige Forderung)	+1 900
=	Änderung Geldvermögen	−10 000

Insgesamt liegt eine Ausgabe vor, c) ist folglich richtig. Es liegt insgesamt eine Ausgabe i. H. v. 10 000 EUR, aber kein Aufwand vor, a) ist demnach korrekt. Weder im Soll, noch im Haben wird ein Erfolgskonto angesprochen. Das Privatkonto wird auch nicht angesprochen. Folglich bleibt das Reinvermögen unverändert. Aussage b) ist korrekt. d) ist folglich falsch.

(170) **Aufgabe 2** *Vermögensebenen* (3 Punkte)
Richtig ist b) (3 Punkte).

Die relevanten Zeitpunkte des Geschäftsvorfalls sind die Unterzeichnung des Kaufvertrags, der Zeitpunkt der Anzahlung sowie der Zeitpunkt der Lieferung. Der Zeitpunkt der Unterzeichnung des Kaufvertrags (Verpflichtungsgeschäft) erfordert keinen buchhalterischen Handlungsbedarf. Zum Zeitpunkt der Anzahlung bucht LL (z. B. bei Verkauf zu 10 000 EUR (netto) und Anzahlung i. H. v. 1 000 EUR, Buchwert 8 000 EUR):

[B-702] Kasse   1 190 EUR
              an   erhaltene Anzahlungen   1 000 EUR
                   Umsatzsteuer   190 EUR

Die Anzahlung stellt eine Einzahlung dar, die der Zunahme der passiven Bestandskonten »erhaltene Anzahlungen« und »sonstige Verbindlichkeiten (Umsatzsteuer)« entspricht. Folglich ist Aussage b) korrekt. Zum Zeitpunkt der Lieferung bucht LL:

[B-703] Forderungen aus L. u. L.   10 710 EUR
         erhaltene Anzahlungen   1 000 EUR
              an   Umlaufvermögen   8 000 EUR
                   sonstige betriebliche Erträge   2 000 EUR
                   Umsatzsteuer   1 710 EUR

Der verkaufte Lieferwagen stellt Umlaufvermögen für LL dar. Das Reinvermögen nimmt um die sonstigen betrieblichen Erträge i. H. v. 2 000 EUR zu, das Geldvermögen um die Forderungen abzüglich der Umsatzsteuer (sonstige Verbindlichkeit) zu (10 710 – 1 710 =) 9 000 EUR. Anzahlungen gehören nicht zum Geldvermögen. Folglich ist a) falsch.

Zum Zeitpunkt der Lieferung bucht MM:

[-704]
Fuhrpark	10 000 EUR	
Vorsteuer	1 710 EUR	
an geleistete Anzahlungen		1 000 EUR
Verbindlichkeiten aus L. u. L.		10 710 EUR

Die Verbindlichkeit des MM beträgt zum Zeitpunkt der Lieferung noch (11 900 – 1 190 =) 10 710 EUR, wobei der Kaufpreis 11 900 EUR betrug, c) ist demnach nicht korrekt. Da der Lieferwagen bei MM aktiviert wird, entsteht kein Aufwand, d) ist falsch.

(171) **Aufgabe 3** *Kontensystematik* (3 Punkte)
Richtig sind a) (0,5 Punkte), b) (1 Punkt), c) (1 Punkt) und d) (0,5 Punkte).

a) ist korrekt (0,5 Punkte). Über den »Umweg« des Eröffnungsbilanzkontos findet der Anfangsbestand von aktiven Bestandskonten Eingang auf der Sollseite. b) ist ebenfalls korrekt (1 Punkt). c) ist korrekt (1 Punkt). d) ist ebenfalls korrekt (0,5 Punkte).

(171) **Aufgabe 4** *Typen von Geschäftsvorfällen* (3 Punkte)
Richtig ist d) (3 Punkte).

Der zugrundeliegende Buchungssatz lautet (z. B.)

[-705]
Verbindlichkeiten ggü. Kreditinstituten	10 000 EUR	
an Bank		10 000 EUR

Da das Konto »Bank« ein aktives Bestandskonto darstellt, kann kein Passivtausch vorliegen. Aussage a) ist demnach falsch. Es wird kein Erfolgskonto angesprochen, b) ist folglich falsch und d) ist demnach korrekt. Zwar sinkt die Bilanzsumme und es liegt ebenfalls eine Aktiv-Passiv-Minderung vor, da diese jedoch nicht erfolgswirksam ist, ist c) falsch.

(171) **Aufgabe 5** *Ermittlung des Periodenerfolgs* (3 Punkte)
Richtig sind a) (1 Punkt), c) (1 Punkt) und d) (1 Punkt).

Im Soll des GuV-Kontos werden Aufwendungen verbucht. Übersteigen die Erträge die Aufwendungen, liegt ein Habensaldo vor, der im Soll des GuV-Kontos ausgewiesen wird. Gewinne stehen demnach im Soll des GuV-Kontos.

Aussage a) ist demnach korrekt. Da die Erträge im Haben stehen, ist b) falsch. In c) ist die Ermittlung des Periodenerfolgs mittels Betriebsvermögensvergleich beschrieben. c) ist korrekt. Aussage d) ist korrekt, da sich das Reinvermögen in Form des Eigenkapitals durch Änderungen in der GuV oder auf dem Privatkonto ändern kann.

(171) **Aufgabe 6** *Buchungssatz* (*3 Punkte*)
Richtig ist c) (3 Punkte).

Der korrekte Buchungssatz lautet:

[B-706]   *Forderungen aus L. u. L.*   15 708 EUR
    an   *Betriebs- und Geschäftsausstattung*   10 000 EUR
       sonstige betriebliche Erträge   3 200 EUR
       Umsatzsteuer   2 508 EUR

Aussage a) ist falsch, da die Umsatzsteuer vergessen wurde. b) ist falsch, da ein Zielverkauf vorliegt, in b) jedoch ein Barverkauf abgebildet ist. d) ist falsch, da die Forderungen zu niedrig ausgewiesen sind. Die Summen der Soll- und Habenbeträge stimmen nicht überein.

(172) **Aufgabe 7** *Deutung von Geschäftsvorfällen* (*3 Punkte*)
Richtig sind a) (1,5 Punkte) und b) (1,5 Punkte).

Privatkonten existieren nur bei Personenunternehmen, nicht jedoch bei Kapitalgesellschaften, da es sich bei Kapitalgesellschaften um eigene Rechtspersönlichkeiten handelt. Aussage a) ist folglich richtig. Da das Privatkonto im Soll angesprochen wird und ein Ertragskonto im Haben, liegt eine erfolgswirksame Entnahme vor, der Marktwert muss den Buchwert übersteigen, b) ist demnach korrekt. c) ist falsch, da eine Privat*entnahme* vorliegt, keine Privat*einlage*. Das Eigenkapital erhöht sich nicht, da die Privatentnahme den Ertrag übersteigt. Aussage d) ist deshalb falsch.

(172) **Aufgabe 8** *Warenkonto* (*4 Punkte*)
Richtig sind a) (2 Punkte) und c) (2 Punkte).

Der Warenrohgewinn ergibt sich unabhängig von der Buchungstechnik, beträgt (20 000 × 0,15 + 5 000 × 0,1 − 10 000 × 0,1 − 15 000 × 0,08 =) 1 300 EUR und wird durch den Saldo im Warenkonto abgebildet. Aussage a) ist demnach korrekt.

Soll		Warenkonto	Haben
AB	1 000	Abgang	3 000
Zugang	1 200	EB	500
Saldo	1 300		
Summe	3 500	Summe	3 500

Zum Abschluss des gemischten Warenkontos sind hier zwei Buchungen erforderlich (erfolgsneutraler und erfolgswirksamer Teil):

LÖSUNG ÜBUNGSKLAUSUR 11

1. Buchung des Endbestands lt. Inventur an das Schlussbilanzkonto:

[-707] *Schlussbilanzkonto*   500 EUR
       an   *Warenkonto*   500 EUR

2. Buchung des Warenrohgewinns an die GuV:

[-708] *Warenkonto*   1 300 EUR
       an   *Gewinn- und Verlustrechnung*   1 300 EUR

Aussage b) ist demnach falsch.

Bei der Bruttomethode werden den Aufwendungen (Wareneinsatz) die Erträge in der GuV gegenübergestellt, c) ist korrekt. Die Konten beim getrennten Warenkonto und Abschluss nach der Nettomethode lauten wie folgt:

Soll	Wareneinkauf	Haben		Soll	Warenverkauf	Haben	
AB	1 000	EB	500	WE	1 700	Verkauf	3 000
Zugang	1 200	WV	1 700	GuV	1 300		
Summe	2 200	Summe	2 200	Summe	3 000	Summe	3 000

Der Saldo auf dem Konto »Warenverkauf« beträgt 1 300 EUR. Aussage d) ist demnach falsch.

(173) **Aufgabe 9** *Umsatzsteuer und Skonto*   (4 Punkte)
Richtig ist d) (4 Punkte).

Zum Zeitpunkt der Lieferung bucht F:

[-709] *Forderungen aus L. u. L.*   17 850 EUR
       an   *Betriebs- und Geschäftsausstattung*   12 000 EUR
            sonstige betriebliche Erträge   2 550 EUR
            Skontoertrag   450 EUR
            Umsatzsteuer   2 850 EUR

Zum Zeitpunkt der Bezahlung bucht F:

[-710] *Bank*   17 314,50 EUR
      Skontoertrag   450,00 EUR
      Umsatzsteuer   85,50 EUR
       an   *Forderungen aus L. u. L.*   17 850,00 EUR

Aussage d) ist folglich richtig.

Bei a) liegt zwar ein Zielverkauf vor, allerdings werden die Forderungen erst bei Bezahlung ausgebucht, a) ist demnach falsch. Bei b) handelt es sich nicht um die Nettomethode bei der Verbuchung von Skonti. Zudem wurde der sonstige betriebliche Ertrag nicht ausgewiesen. Aussage b) ist deshalb falsch.

Der Abschluss der Umsatzsteuerkonten (nur Abschluss des Umsatzsteuerkontos, da das Vorsteuerkonto nicht angesprochen wurde) erfolgt durch:

[B-711]   Umsatzsteuer   2 764,50 EUR
          an   Umsatzsteuer-Verrechnung   2 764,50 EUR

Aussage c) ist falsch, da die Konten vertauscht wurden.

(173) **Aufgabe 10** *Lohn und Gehalt* (3 Punkte)
Richtig sind a) (0,5 Punkte), c) (2 Punkte) und d) (0,5 Punkte).

Der AN-Beitrag zur RV beträgt monatlich $\frac{57\,600}{12} \times 0{,}098 = 470{,}40$ EUR, a) ist deshalb korrekt. Der AG-Beitrag zur PV beträgt monatlich $\frac{45\,900}{12} \times 0{,}00975 = 37{,}29$ EUR, b) ist demnach falsch.

		EUR
	Gehalt	70 000,00
+	RV (57 600 × 0,098 =)	5 644,80
+	ALV (57 600 × 0,015 =)	864,00
+	KV (45 900 × 0,082 =)	3 763,80
+	PV (45 900 × (0,00975 + 0,0025) =)	562,28
=	SV-Beiträge/Jahr	10 834,88
	SV-Beiträge/Monat	902,91

Aussage c) ist demnach korrekt. Die Summe aus AG- und AN-Beiträgen beträgt pro Monat $902{,}91 + \frac{10\,307{,}03}{12} = 1\,761{,}83$ EUR. d) ist korrekt.

(174) **Aufgabe 11** *Anschaffungskosten* (3 Punkte)
Richtig sind a) (2,5 Punkte) und d) (0,5 Punkte).

Die Anschaffungskosten für das Gebäude respektive Grund und Boden berechnen sich wie folgt:

		EUR
	Kaufpreis	95 000
+	Notargebühren	1 500
+	Grunderwerbsteuer	3 325
+	Gutachten	2 500
+	Maklergebühren	1 900
=	Anschaffungskosten gesamt	104 225
	dv. Gebäude (80 %)	83 380
	dv. Grund und Boden (20 %)	20 845

Aussage a) ist demnach korrekt, b) ist falsch. Die Abschreibung auf das Gebäude in 2017 beträgt $\frac{5}{12} \times \frac{83\,380}{20} = 1\,737{,}08$ EUR. Bei Aussage c) wurde der unterjährige Erwerb nicht berücksichtigt. Aussage c) ist demnach falsch. Da A lt. Aufgabenstellung vorsteuerabzugsberechtigt ist, gehört die Umsatzsteuer nicht zu den Anschaffungskosten. d) ist korrekt.

(174) **Aufgabe 12** *Rechnungsabgrenzung* (3 Punkte)
Richtig sind a) (1 Punkt), b) (1 Punkt) und d) (1 Punkt).

Um den Kaufpreis finanzieren zu können, muss A einen Kredit i. H. v. $\frac{95\,000}{1-0{,}05} = 100\,000$ EUR aufnehmen. Aussage a) ist folglich richtig.

Das Disagio stellt quasi Auszahlungen vor Aufwand dar für die gem. § 250 Abs. 3 Satz 1 HGB ein Aktivierungswahlrecht existiert. b) ist folglich korrekt.

Eine antizipative Rechnungsabgrenzung liegt hier lediglich in Form der Zinsaufwendungen vor. Die Zinsaufwendungen, die auf November und Dezember entfallen, werden erst im neuen Geschäftsjahr bezahlt. Es handelt sich hierbei um eine antizipative *passive* Rechnungsabgrenzung, die gebildet werden *muss*. Aussage c) ist deshalb falsch.

Die Tilgungsraten für den Kredit betragen $\frac{100\,000}{8} = 12\,500$ EUR. Der Restbuchwert des Kredits beträgt nach der ersten Tilgungszahlung am 1.11.2017 noch $(100\,000 - 12\,500 =) 87\,500$ EUR. Die Zinsaufwendungen für November und Dezember betragen folglich $(87\,500 \times 0{,}1 \times \frac{2}{12} =) 1\,458{,}33$ EUR bzw. abgerundet 1458 EUR. Aussage d) ist deshalb korrekt.

(175) **Aufgabe 13** *Abschreibungen* (3 Punkte)
Richtig ist b) (3 Punkte).

Die Überführungskosten (netto) gehören zu den Anschaffungskosten. Zum Zeitpunkt der Anschaffung wird gebucht:

-712] *Fuhrpark* 48 000 EUR
Vorsteuer 9 120 EUR
   an *Verbindlichkeiten aus L. u. L.* 57 120 EUR

Aussage a) ist falsch.

Die Abschreibung in 2017 beträgt $(S = \frac{5 \times 6}{2} = 15) \; \frac{5}{15} \times \frac{6}{12} \times 48\,000 = 8\,000$ EUR. b) ist demnach korrekt. Die Aussagen c) und d) sind falsch.

(175) **Aufgabe 14** *Einzelwertberichtigungen auf Forderungen* (4 Punkte)
Richtig sind b) (2 Punkte) und c) (2 Punkte).

Da bei D die Forderung nur »wahrscheinlich« ausfällt (das Insolvenzverfahren wurde noch nicht eröffnet), darf die Umsatzsteuer nicht korrigiert werden. Es wird gebucht:

[B-713] zweifelhafte Forderungen   5 950 EUR
         an   Forderungen aus L. u. L.   5 950 EUR

[B-714] Abschreibungen   2 500 EUR
         an   zweifelhafte Forderungen   2 500 EUR

a) ist falsch und b) ist folglich korrekt. Da bei I das Insolvenzverfahren bereits eröffnet wurde, muss die Umsatzsteuer voll korrigiert werden. Es wird gebucht:

[B-715] zweifelhafte Forderungen   4 760 EUR
         an   Forderungen aus L. u. L.   4 760 EUR

[B-716] Abschreibungen   3 200 EUR
         Umsatzsteuer   4 760 EUR
         an   zweifelhafte Forderungen   3 960 EUR

c) ist demanch korrekt und (d) ist falsch.

(176) **Aufgabe 15** *Pauschalwertberichtigungen*   (3 Punkte)
Richtig ist a) (3 Punkte).

Die Pauschalwertberichtigung ermittelt sich wie folgt:

		EUR
	Forderungen	64 310
./.	Forderung ggü. D	5 950
./.	Forderung ggü. I	4 760
=	Noch nicht berichtigte Forderungen	53 600
./.	Steuerfreie Forderungen	6 000
=	Umsatzsteuerpflichtig	47 600
./.	Umsatzsteuer darauf	7 600
+	Steuerfreie Forderungen	6 000
=	Zu berichtigende Forderungen	46 000
	dv. 5%	2 300

(176) **Aufgabe 16** *Bewertung im Anlage- und Umlaufvermögen*   (3 Punkte)
Richtig sind b) (1 Punkt), c) (1 Punkt) und d) (1 Punkt).

Aufgrund des Anschaffungskostenprinzips gem. § 253 Abs. 1 Satz 1 HGB darf nicht über die Anschaffungskosten hinaus zugeschrieben werden, a) ist falsch. b) ist korrekt. Das gemilderte Niederstwertprinzip gilt für das Anlagevermögen und ist in § 253 Abs. 3 HGB kodifiziert. c) ist korrekt. d) ist korrekt. Das Vorsichtsprinzip ergibt sich aus § 252 Abs. 1 Nr. 4 HGB.

(177) **Aufgabe 17** *Gewinnverwendung bei der AG (Viel-Wenig)* (4 Punkte)
Richtig sind a) (3 Punkte) und b) (1 Punkt).

		viel/wenig	viel/viel	wenig/wenig
	Jahresüberschuss	12,50	12,50	12,50
./.	Verlustvortrag	0,50	0,50	0,50
=	BMG 1	12,00	12,00	12,00
./.	GRL (5%)	0,60	0,60	0,60
=	BMG 2	11,40	11,40	11,40
./.	ARL (50%)	5,70	0,00	11,40
+	ARL	-	4,00	-
=	Bilanzgewinn	5,70	15,40	0

a) ist demnach korrekt. Die GRL und die ARL betragen $(1 + 0{,}6 + 3 =) \, 4{,}6$ Mio. EUR), b) ist korrekt. c) und d) sind jeweils falsch.

(177) **Aufgabe 18** *Gewinne und Zielgrößen* (4 Punkte)
Richtig sind a) (2 Punkte), b) (1 Punkt) und d) (1 Punkt).

Die Summe der Zahlungsüberschüsse über die Totalperiode beträgt 20 000 EUR, also muss die Summe der Gewinne ebenfalls 20 000 EUR entsprechen, a) und b) sind deshalb korrekt. Der Gewinn in t = 3 beträgt $\left(46\,000 - \frac{90\,000}{3} =\right)$ 16 000 EUR, c) ist demnach falsch. d) ist korrekt.

Quelle: Schanz, Sebastian/Koschmieder, Simon (2014): Humoristische Zeichnungen zum Betrieblichen Rechnungswesen, Selbstverlag, Bayreuth, ISBN 978-3-00-047631-0, Seite 9.

LÖSUNG ÜBUNGSKLAUSUR 12

(178) **Aufgabe 1** *Aufgaben und Grundbegriffe des Rechnungswesens* (5 Punkte)

a) *falsch* | Zu den Aufgaben des betrieblichen Rechnungswesens gehören u. a. die (1) Dokumentations-, die (2) Rechnungslegungs- und Informationsfunktion, die (3) Kontrollfunktion sowie die (4) Planungsfunktion.

b) *wahr*

c) *falsch* | Das *externe* Rechnungswesen ist in seiner Ausgestaltung an gesetzliche Vorschriften gebunden.

d) *wahr* | Externe Adressaten des externen Rechnungswesens (Finanzbuchhaltung) sind z. B. Investoren während zu den internen Adressaten z. B. die Unternehmensleitung zählt.

e) *falsch* | In der Kostenrechnung (Betriebsbuchhaltung) können – anders als in der Finanzbuchhaltung – kalkulatorische Kosten angesetzt werden.

(179) **Aufgabe 2** *Größenbegriffe im Rechnungswesen* (5 Punkte)

a) *wahr* | Vermögen, Schulden und Eigenkapital stellen Bestände, d. h. konkrete Werte zu einem bestimmten Zeitpunkt, in der Bilanz dar. Die Aussage ist deshalb wahr.

b) *falsch* | Bei der Angabe kWh handelt es sich um eine Mengengröße.

c) *wahr*

d) *falsch* | Bestandsgrößen und Stromgrößen stehen in engem Zusammenhang zueinander. Stromgrößen (z. B. Gewinn) beschreiben die Veränderung von Bestandsgrößen (z. B. Eigenkapital).

e) *falsch* | Zum Beispiel stellt der Barkauf einer Maschine keinen Aufwand dar. Es liegt jedoch eine Auszahlung und eine Ausgabe vor.

(179) **Aufgabe 3** *Typen von Geschäftsvorfällen* (5 Punkte)

a) *falsch* | Der korrekte Buchungssatz lautet:

[B-717]
Fuhrpark	46 000 EUR	
Vorsteuer	8 740 EUR	
an Bank		54 740 EUR

b) *wahr* | Bei dem Buchungssatz werden ausschließlich aktive Bestandskonten angesprochen. Auch das Konto »Vorsteuer« stellt ein aktivisches Bestandskonto (sonstige Forderungen) dar.

c) *wahr* | Zinszahlungen sind umsatzsteuerfrei gem. § 4 Nr. 8 UStG.

d) *falsch* | Es handelt sich um einen Ertrag, der mit einem *Zugang* auf einem aktiven Bestandskonto verbunden ist.

e) *falsch* | Der Zahlungsmittelbestand erhöht sich nur durch den Geschäftsvorfall [2]. Durch den Geschäftsvorfall [1] wird er vermindert.

(180) **Aufgabe 4** *Bilanz als Instrument im Rechnungswesen* (5 Punkte)

a) *wahr*
b) *wahr* | Illiquides Vermögen wie Grundstücke und Gebäude steht in der Bilanz ganz oben, während liquides Vermögen wie Bargeld und Bankguthaben ganz unten steht.
c) *falsch* | Die linke Seite der Bilanz gibt Auskunft über die Mittelverwendung. Sie stellt das (Brutto)Vermögen dar.
d) *wahr*
e) *wahr* | Die Summen von Aktiva und Passiva stimmen für einen bestimmten Jahresabschluss immer überein, können aber in unterschiedlichen Geschäftsjahren unterschiedlich hoch ausfallen.

(180) **Aufgabe 5** *Vermögensebenen und Geschäftsvorfälle* (5 Punkte)

a) *falsch* | Bei dem Erwerb des Eichenholzes handelt es sich um einen erfolgsneutralen Vorgang. Buchungssatz:

[-718]
Rohstoffe	1 200 EUR
Vorsteuer	228 EUR
an Verbindlichkeiten aus L. u. L.	1 428 EUR

b) *falsch* | Die Umsatzsteuer gehört nicht zu den Anschaffungskosten, da die Zimmerei laut Aufgabenstellung vorsteuerabzugsberechtigt ist. Folglich muss das Rohstoffkonto einen Endbestand von 1 200 EUR ausweisen.
c) *wahr* | Der Buchungssatz lautet:

[-719]
| Verbindlichkeiten aus L. u. L. | 1 428 EUR |
| an Bank | 1 428 EUR |

d) *falsch* | Bei der Bezahlung der Verbindlichkeit handelt es sich um eine Bilanzverkürzung bzw. eine Aktiv-Passiv-Minderung.
e) *falsch* | Es handelt sich um eine Auszahlung. Eine Ausgabe liegt nicht vor, da der Auszahlung eine Abnahme der Verbindlichkeiten in gleicher Höhe gegenübersteht. Das Geldvermögen ändert sich demnach nicht.

(181) **Aufgabe 6** *Eigenkapitalunterkonten* (5 Punkte)

a) *falsch* | Das Privatkonto weist auf der Sollseite die Entnahmen und auf der Habenseite die Einlagen aus.
b) *falsch* | Das Privatkonto hat weder einen Anfangs- noch einen Endbestand. Konten, die Stromgrößen abbilden, haben keinen Anfangs- bzw. Endbestand.
c) *falsch* | Der Periodenerfolg kann auch durch den sog. Betriebsvermögensvergleich (Bestandsvergleich bzw. Distanzrechnung) ermittelt werden.
d) *wahr* | Kapitalgesellschaften stellen eigene Rechtspersönlichkeiten dar, bei denen per Definition kein Privatkonto existieren kann.
e) *wahr*

(181) **Aufgabe 7** *Warenverkehr* (5 Punkte)

Soll	Wareneinkauf		Haben	Soll	Warenverkauf		Haben
[1]	4 500	[5]	1 000	[3]	2 000	[2]	7 000
		W-Einsatz	3 500	[4]	500		
				GuV	4 500		
Summe	4 500	Summe	4 500	Summe	7 000	Summe	7 000

Abschluss des Wareneinkaufskontos:

[B-720] Schlussbilanzkonto   1 000 EUR
         an   Wareneinkauf   1 000 EUR

[B-721] Gewinn- und Verlustrechnung   3 500 EUR
         an   Wareneinkauf   3 500 EUR

Abschluss des Warenverkaufskontos:

[B-722] Warenverkauf   4 500 EUR
         an   Gewinn- und Verlustrechnung   4 500 EUR

Soll	Kasse		Haben	Soll	GuV		Haben
[1]	4 500	[3]	2 000	W-Einsatz	3 500	W-Verkauf	4 500
[2]	7 000	[4]	500	Gewinn	1 000		
		EB	9 000				
Summe	11 500	Summe	11 500	Summe	4 500	Summe	4 500

a) *falsch* | Der Wareneinsatz beträgt 3 500 EUR. Er ermittelt sich wie folgt: Anfangsbestand 4 500 EUR − Endbestand 1 000 EUR = 3 500 EUR.

b) *falsch* | Der Buchungssatz ist seitenverkehrt.

c) *falsch* | Der Saldo beträgt 4 500 EUR. Er ermittelt sich wie folgt: 7 000 (Verkäufe) − 2 000 (Rücksendung) − 500 (Kundenbonus) = 4 500 EUR.

d) *falsch* | Der Kassenbestand beträgt 9 000 EUR. Er ermittelt sich wie folgt: 4 500 + 7 000 − 2 000 − 500 = 9 000 EUR.

e) *falsch* | Das Wareneinkaufskonto stellt ein Mischkonto dar. Es enthält den Anfangsbestand, die Zugänge sowie den Endbestand zu Einstandspreisen. Der Wareneinsatz ist erfolgswirksam und wird an die GuV gebucht.

(182) **Aufgabe 8** *Steuern, Eigenverbrauch und Tausch* (10 Punkte)

a) *wahr* | Die Entnahme von Gegenständen durch einen Unternehmer aus seinem Unternehmen für Zwecke außerhalb des Unternehmens sind einer Lieferung gegen Entgelt gleichgestellt, § 3 Abs. 1b UStG. Die Bemessungsgrundlage ist der Einkaufspreis zum Zeitpunkt der Lieferung, § 10 Abs. 4 Nr. 1 UStG. Der Wert des Eigenverbrauchs bzw. die Bemessungsgrundlage für die Umsatzsteuer beträgt demnach (15 × 5 =) 75 EUR. Die Umsatzsteuer beträgt (75 × 0,19 =) 14,25 EUR.

b) *falsch* | Der Solidaritätszuschlag wurde vernachlässigt. Der korrekte Betrag lautet (14 000 × 1,055 =) 14 770 EUR.
c) *falsch* | Die Grunderwerbsteuer gehört zu den aktivierungspflichtigen Steuern. Sie stellt Anschaffungsnebenkosten dar.
d) *falsch* | Für diesen Geschäftsvorfall ist kein Buchungssatz erforderlich, da die betriebliche Sphäre nicht berührt wird.
e) *wahr* | Es handelt sich um einen Tausch ohne Baraufgabe. In diesem Fall entspricht die Umsatzsteuer des einen Tauschpartners der Vorsteuer des anderen Tauschpartners, sofern in beiden Fällen derselbe Umsatzsteuersatz zur Anwendung kommt.

(183) **Aufgabe 9** *Grundlagen der Lohnbuchhaltung* (5 Punkte)

a) *falsch* | Löhne und Gehälter stellen für *Arbeitgeber* Personalaufwand und für *Arbeitnehmer* Einkommen dar.
b) *wahr* | Weitere Merkmale sind z. B. Kinder und das Alter, die bei der Berechnung des abzugsfähigen Arbeitnehmeranteils zur Pflegeversicherung eine Rolle spielen.
c) *falsch* | Die Beitragsbemessungsgrenzen stellen die maximale Bemessungsgrundlage dar, auf deren Grundlage die entsprechenden Sozialversicherungsbeiträge berechnet werden.
d) *wahr*
e) *falsch* | Sachbezüge stellen Lohnersatz dar und gehören grundsätzlich zu den steuerpflichtigen Bezügen des Arbeitnehmers.

(184) **Aufgabe 10** *Verbuchung von Lohn und Gehalt* (5 Punkte)

a) *falsch* | Der Buchungssatz spiegelt die Verbuchung des Arbeitgeberanteils wider und nicht, wie gefordert, die des Arbeitnehmeranteils.
b) *wahr* | Die Summe aus Arbeitgeber- und Arbeitnehmeranteil beträgt (501 + 531 =) 1 032 EUR.
c) *falsch* | Der Arbeitnehmer erhält nicht das Bruttogehalt, sondern das Nettogehalt in Höhe von 1 924 EUR ausgezahlt.
d) *wahr*
e) *falsch* | Für den Steuerabzug müssen dem Arbeitgeber die individuellen Verhältnisse des Arbeitnehmers bekannt sein. Der Familienstand ist z. B. wichtig für die Bestimmung der Lohnsteuerklasse.

TEIL V

VERZEICHNISSE

Quelle: Schanz, Sebastian/Koschmieder, Simon (2014): Humoristische Zeichnungen zum Betrieblichen Rechnungswesen, Selbstverlag, Bayreuth, ISBN 978-3-00-047631-0, Seite 3.

Symbolverzeichnis

A_0 Anschaffungsauszahlung ▪ **AfA** Absetzung für Abnutzung ▪ **ANN** Annuität ▪ **d** Disagio ▪ **Δ** Veränderung (Delta) ▪ **FK** Bestand an Fremdkapital ▪ **g** geometrisch degressiver Abschreibungssatz ▪ **m³** Kubikmeter ▪ **RBW** Restbuchwert ▪ **RVAbz** abzugsfähige Beiträge zur Rentenversicherung ▪ ρ Sollzinssatz ▪ **∑** Summenzeichen ▪ **S** Summe der Jahresordnungszahlen / absolute Steuerzahlung ▪ **TIL** Tilgung ▪ **TZ** Tilgungszahlungszeitpunkt ▪ **ZI** Zinszahlung ▪ **zvJB** zu versteuernder Jahresbetrag ▪

Abkürzungsverzeichnis

A Aktiva ▪ **AB** Anfangsbestand ▪ **Abs.** Absatz ▪ **AfA** Absetzung für Abnutzung ▪ **AG** Ausgabe / Arbeitgeber / Aktiengesellschaft ▪ **AHK** Anschaffungs- und Herstellungskosten ▪ **AK** Anschaffungskosten ▪ **AktG** Aktiengesetz ▪ **ALV** Arbeitslosenversicherung ▪ **AN** Arbeitnehmer ▪ **apl.** außerplanmäßig ▪ **APMe** Aktiv-Passiv-Mehrung ▪ **APMi** Aktiv-Passiv-Minderung ▪ **AR** Ausgangsrechnung ▪ **ARAP** aktiver Rechnungsabgrenzungsposten ▪ **ARL** Andere Gewinnrücklagen ▪ **AS** Ausschüttung ▪ **AT** Aktivtausch ▪ **Au** Aufwand ▪ **AuAAB** Aufwand mit Abgang auf aktivem Bestandskonto ▪ **Aufg.** Aufgabe ▪ **Aufw.** Aufwendungen ▪ **AuZPB** Aufwand mit Zugang auf passivem Bestandskonto ▪ **AV** Anlagevermögen ▪ **AZ** Auszahlung ▪

BGB Bürgerliches Gesetzbuch ▪ **BilMoG** Bilanzrechtsmodernisierungsgesetz ▪ **BMG** Bemessungsgrundlage ▪ **BMW** Bayerische Motorenwerke ▪ **BuGA** Betriebs- und Geschäftsausstattung ▪ **BV** Betriebsvermögen, Bestandsveränderung ▪ **BW** Buchwert ▪ **bzlg.** beizulegend ▪ **bzw.** beziehungsweise ▪

CNC Computerized Numerical Control ▪

d.h. das heisst ▪ **degr.** degressiv ▪ **div.** diverse ▪ **dv.** davon ▪

E/Entn. Entnahme ▪ **EA** Eigene Anteile ▪ **E-ARL** Entnahme aus den anderen Gewinnrücklagen ▪ **EB** Endbestand ▪ **EBK** Eröffnungsbilanzkonto ▪ **Einl.** Einlage ▪ **EK** Eigenkapital ▪ **e.K./e.Kfm.** eingetragener Kaufmann ▪ **e.Kfr.** eingetragene Kauffrau ▪ **EN** Einnahme ▪ **ER** Eingangsrechnung ▪ **Er** Ertrag ▪ **ErAPB** Ertrag mit Abgang auf passivem Bestandskonto ▪ **ErZAB** Ertrag mit Zugang auf aktivem Bestandskonto ▪ **ESt** Einkommensteuer ▪ **EStG** Einkommensteuergesetz ▪ **etc.** et cetera (und so weiter) ▪ **EUR** Euro ▪ **evtl.** eventuell ▪ **EWB** Einzelwertberichtigung ▪ **EZ** Einzahlung ▪

FA Finanzamt ▪ **FE** Fertigerzeugnisse ▪ **fifo** First-in-first-out ▪ **FK** Fremdkapital ▪ **Ford.** Forderung ▪ **FW** Firmenwert ▪

GBP Britische Pfund (Währung) ▪ **gem.** gemäß ▪ **GewSt** Gewerbesteuer ▪ **GF** Geschäftsführer ▪ **gg.** gegen ▪ **ggü.** gegenüber ▪ **GK** Gezeichnetes Kapital ▪ **GKV** Gesamtkostenverfahren ▪ **GmbH** Gesellschaft mit beschränkter Haftung ▪ **GmbHG** Gesetz betreffend die Gesellschaften mit beschränkter Haftung ▪ **GoF** Geschäfts- oder Firmenwert ▪ **GRL** Gesetzliche Rücklagen ▪ **GrSt** Grundsteuer ▪ **GuB** Grund und Boden ▪ **G.u.G.** Grundstücke und Gebäude ▪ **GuV** Gewinn und Verlustrechnung ▪ **GV** Geldvermögen / Gewinnvortrag ▪ **GV-E** Geldvermögensebene ▪

HB Handelsbilanz ▪ **HGB** Handelsgesetzbuch ▪ **HK** Herstellungskosten ▪

i.d.R. in der Regel ▪ **i.H.d.** in Höhe des ▪ **i.H.v.** in Höhe von ▪ **Inv.** Inventur ▪ **i.S.d.** im Sinne des ▪ **i.S.v.** im Sinne von ▪ **i.V.m.** in Verbindung mit ▪ **IFRS** International Financial Reporting Standards ▪ **inkl.** inklusive ▪

JF Jahresfehlbetrag • **JÜ** Jahresüberschuss •

Kfz Kraftfahrzeug • **KG** Kommanditgesellschaft • **KI** Kreditinstitut • **KiSt** Kirchensteuer • **KK** Kapitalkonto • **KRL** Kapitalrücklage • **kum.** kumuliert • **KV** Krankenversicherung • **kWh** Kilowattstunde •

LB Lieferantenbonus • **lifo** Last-in-first-out • **Lkw** Lastkraftwagen • **LSt** Lohnsteuer • **lt.** laut • **L. u. L.** Lieferungen und Leistungen • **LV** Lösungsvorlage •

ME Mengeneinheit • **MW** Marktwert •

ND Nutzungsdauer • **Nrn.** Nummern •

OHG Offene Handelsgesellschaft •

P Passiva • **p. a.** per annum • **PA** Personalaufwand • **PC** Personal Computer • **Pkw** Personenkraftwagen • **PRAP** Passiver Rechnungsabgrenzungsposten • **PT** Passivtausch • **PV** Pflegeversicherung / Privatvermögen • **PWB** Pauschalwertberichtigung •

RAP Rechnungsabgrenzungsposten • **RBW** Restbuchwert • **RHB** Roh-, Hilfs- und Betriebsstoffe • **RND** Restnutzungsdauer • **RV** Reinvermögen / Rentenversicherung • **RV-E** Reinvermögenebene •

s. b. A. sonstiger betrieblicher Aufwand •
s. b. E. sonstige betriebliche Erträge • **SBK** Schlussbilanzkonto • **SGB** Sozialgesetzbuch • **SKE** Skontoertrag • **sog.** sogenannt • **SolZ** Solidaritätszuschlag • **sonst.** sonstige • **StB** Steuerbilanz • **StR** Stille Reserven • **SV** Sozialversicherung •

TEUR tausend Euro • **TÜV** Technischer Überwachungsverein •

u. a. unter anderem • **UE** Umsatzerlöse, unfertige Erzeugnisse • **UKV** Umsatzkostenverfahren • **USD** United States Dollar • **USt** Umsatzsteuer • **UStG** Umsatzsteuergesetz • **USt-Verr.** Umsatzsteuer-Verrechnungskonto • **UV** Umlaufvermögen •

Verb. Verbindlichkeit • **Vers.** Versicherung • **vgl.** vergleiche • **VSt** Vorsteuer • **VV** Verlustvortrag •

W Waren • **WBA** Warenbezugsaufwand • **WE** Wareneinkauf • **WES** Wareneinsatz • **WP** Wirtschaftsprüfung • **WV** Warenverkauf • **WVA** Warenversandaufwand •

Z Zuführung • **Z-ARL** Zuführung zu den anderen Gewinnrücklagen • **z. B.** zum Beispiel • **Z-GRL** Zuführung zur gesetzlichen Rücklage • **ZM** Zahlungsmittel • **ZM-E** Zahlungsmittelebene • **Zug.** Zugang • **zzgl.** zuzüglich •

Verzeichnis der verwendeten Konten

Kontenklasse 0 AKTIVA

Immaterielle Vermögensgegenstände, Sachanlagen und Finanzanlagen

Patente und Rechte • Geschäfts- oder Firmenwert (GoF) • Grundstücke und Gebäude • Maschinen • Betriebs- und Geschäftsausstattung (BuGA) • Fuhrpark • Wertpapiere des Anlagevermögens •

Kontenklasse 1 AKTIVA

Umlaufvermögen und aktive Rechnungsabgrenzungsosten

Roh-, Hilfs-, Betriebsstoffe (RHB) • Unfertige Erzeugnisse (UE) • Fertige Erzeugnisse (FE) • Forderungen aus Lieferungen und Leistungen (Forderungen aus L. u. L.) • Zweifelhafte

Forderungen (dubiose Forderungen) • Sonstige Forderungen • Vorsteuer • Forderungen ggü. Finanzbehörden (Vorsteuerüberhang) • Forderungen an Mitarbeiter • Geleistete Anzahlungen • Wertpapiere des Umlaufvermögens • Bank • Kasse • Aktive Rechnungsabgrenzungsposten (ARAP) • Disagio • Aktive latente Steuern • Waren •

Kontenklasse 2 PASSIVA

Eigenkapital und Rückstellungen

Eigenkapital (EK) • Privatkonto • Wertberichtigungen auf Anlagevermögen • Einzelwertberichtigungen zu Forderungen (EWB zu Ford.) • Pauschalwertberichtigungen zu Forderungen (PWB zu Ford.) • Rückstellungen • Steuerrückstellungen • Rückstellungen für Gewährleistungen • Rückstellungen für ungewisse Verbindlichkeiten • Drohverlustrückstellungen • Rückstellungen für unterlassene Instandhaltung •

Kontenklasse 3 PASSIVA

Verbindlichkeiten und passive Rechnungsabgrenzungsposten

Verbindlichkeiten ggü. Kreditinstituten (langfristige Kreditverbindlichkeiten; Darlehen) • Verbindlichkeiten aus Lieferungen und Leistungen (Verbindlichkeiten aus L. u. L.) • Sozialversicherungsverbindlichkeiten (SV-Verbindlichkeiten) • Finanzamtverbindlichkeiten (FA-Verbindlichkeiten) • Sonstige Verbindlichkeiten • Umsatzsteuer • Verbindlichkeiten ggü. Finanzbehörden (Umsatzsteuerzahllast) • Passive Rechnungsabgrenzungsposten (PRAP) • Erhaltene Anzahlungen • Passive latente Steuern •

Kontenklasse 4 GEWINN- UND VERLUSTRECHNUNG

Erträge

Umsatzerlöse • Warenverkauf • Bestandsmehrung an fertigen und unfertigen Erzeugnissen (BV FE/UE) • Sonstige betriebliche Erträge (s.b.E.) • Mieterträge • Erträge aus Wertzuschreibungen Anlagevermögen (Wertaufholung) • Erträge aus Wertzuschreibungen Umlaufvermögen • Periodenfremde Erträge • Zinserträge • Latente Steuererträge • Skontoertrag • Lieferantenboni als Ertrag • Erträge aus Auflösung Pauschalwertberichtigung • Erträge aus Auflösung Einzelwertberichtigung •

Kontenklasse 6 GEWINN- UND VERLUSTRECHNUNG

Aufwendungen

Aufwendungen für Roh-, Hilfs-, Betriebsstoffe • Personalaufwendungen (Lohn- und Gehaltsaufwand) • Abschreibungen (AfA) • Außerplanmäßige Abschreibungen (apl. AfA) • Sonstige betriebliche Aufwendungen (s. b. A.) • Bestandsminderungen an fertigen und unfertigen Erzeugnissen (BV FE/UE) • Mietaufwendungen • Verluste aus Wertminderungen des Umlaufvermögens • Abschreibung uneinbringlicher Forderungen • Einzelwertberichtigungen • Pauschalwertberichtigungen • Zuführung zu Rückstellungen • Periodenfremde Aufwendungen • Steueraufwendungen • Zinsaufwendungen • Latente Steueraufwendungen • Herstellungsaufwand • Skontoaufwand • Kundenboni als Aufwandskonto • Zuführung Einzelwertberichtigungen zu Forderungen • Zuführung Pauschalwertberichtigungen zu Forderungen • Bezugsaufwand •

Formelverzeichnis

A Lineare Abschreibung

$$AfA_t = \frac{\text{Anschaffungskosten}}{\text{Nutzungsdauer}} = \frac{A_0}{n} = AfA$$

$$RBW_t = A_0 - t \times AfA$$

B Leistungsabhängige Abschreibung

$$AfA_t = \frac{\text{Leistung in t}}{\text{Gesamtleistung}} \times \text{Anschaffungskosten}$$

$$AfA_t = \frac{L_t}{\sum_{t=1}^{n} L_t} \times A_0$$

C Geometrisch-degressive Abschreibung

$$AfA_t = RBW_{t-1} \times g$$

$$RBW_t = A_0 \times (1-g)^t$$

$$g = 1 - \sqrt[k]{\frac{RBW_k}{A_0}}$$

D Wechsel von der geometrisch-degressiven- zur linearen Abschreibung

$$t \geq \left(n - \frac{1}{g}\right) + 1$$

E Arithmetisch-degressive (digitale) Abschreibung

Der Degressionsbetrag ermittelt sich formal als

$$d = \frac{A_0 - RBW_n}{\frac{n \times (n+1)}{2}}$$

Der Abschreibungsbetrag ergibt in t

$$AfA_t = (n + 1 - t) \times d$$

$$S = \sum_{t=1}^{n} t = \frac{n \times (n+1)}{2}$$

$$AfA_t = A_0 \times \frac{n-t+1}{S} \quad \text{für} \quad 0 < t < n$$

F Fälligkeitsdarlehen

Die konstanten Zinszahlungen für $t > 0$ betragen

$$ZI_t = ZI = \rho \times FK_0 \quad \forall\, t = 1,...,T$$

Die Tilgung beträgt

$$TIL_t = \begin{cases} 0 & \text{für } t = 1,...,T-1 \\ FK_0 & \text{für } t = T \end{cases}$$

G Tilgungsdarlehen

Die konstanten Tilgungszahlungen betragen

$$TIL_t = TIL = \frac{FK_0}{TZ}.$$

Die Zinszahlungen für $t > 0$ betragen

$$ZI_t = \rho \times FK_{t-1}$$

mit $\quad FK_{t-1} = (FK_0 - (t-1) \times TIL)$

H Annuitätendarlehen

Konstante Annuität

$$ANN = FK_0 \times \frac{\rho \times (1+\rho)^T}{(1+\rho)^T - 1}$$

Periodisch abnehmende Zinszahlung

$$ZI_t = \rho \times FK_{t-1}$$

Tilgungsanteil an der Annuität

$$TIL_t = ANN - ZI_t = ANN - \rho \times FK_{t-1} = TIL_1 \times (1+\rho)^{t-1}$$

Entwicklung des Schuldenstands

$$FK_t = FK_{t-1} - TIL_t = FK_0 - TIL_1 \times \frac{(1+\rho)^t - 1}{\rho}$$